Hartwig Neumann · Das Zeughaus · Textband

Architectura militaris

Herausgegeben von Hartwig Neumann

Bernard & Graefe Verlag

Hartwig Neumann

Das Zeughaus

Die Entwicklung eines Bautyps von der spätmittelalterlichen Rüstkammer zum Arsenal im deutschsprachigen Bereich vom XV. bis XIX. Jahrhundert

Teil I: Textband

Bernard & Graefe Verlag

Zur Abbildung auf dem Schutzumschlag (Titelseite):

Ein Kulturdenkmal besonderer Art ist das ZEUGHAUS in Berlin. In der 1695 bis 1706 entstandenen monumentalen Vierflügelanlage begegnen sich die Bauaufgaben des martialischen Speichers und der repräsentativen Palastarchitektur. Hier die Hauptfassade mit dem durch Vollsäulen toskanischer Ordnung betonten Eingangsrisalit zur Prachtstraße »Unter den Linden« im Bauzustand Sommer 1990.
Foto: Hartwig Neumann

D 82
Diss. TH Aachen

© Bernard & Graefe Verlag, Bonn 1992
Alle Rechte vorbehalten. Nachdruck und fotomechanische Wiedergabe, auch auszugsweise, nur mit Genehmigung des Verlages.
Texterfassung: Hartwig Neumann
Herstellung und Layout: Walter Amann, München
Lithos: Repro GmbH, Ergolding/Landshut
Gesamtherstellung: Rieß-Druck, Benediktbeuern
Printed in Germany
ISBN 3-7637-5875-5

Inhalt

		Seite
1.	VORWORT	9
2.	EINFÜHRUNG	10
	Anmerkungen	11
3.	EINLEITUNG	12
	Anmerkung	13
3.1	Vom Nutzbau zum »Prachtgebäude« — Vom »Prachtgebäude« zum »Industriellen Komplex«	13
	Anmerkungen	17
4.	BEGRIFFSBESTIMMUNG	19
4.1	Rüstkammer / Armamentarium / Zeughaus / Arsenal — fachliche, lokale und mundartliche Bezeichnungen	19
	Anmerkungen	24
5.	STAND DER FORSCHUNG IN DER BAU- UND KUNSTGESCHICHTE	25
	Anmerkungen	29
6.	BEMERKUNGEN ZUR GESCHICHTE DES VORRATSWESENS	31
6.1	Die militärische Bevorratungswirtschaft	31
6.2	Abgrenzung zwischen militärischen und zivilen Speicherbauten	32
6.3	Das Zeugwesen — Teil der Rüstung	34
6.4	Waffen- und Kriegsmaterial in Angriff und Verteidigung	35
	Anmerkungen	35
7.	MITTELALTERLICHE UND FRÜHNEUZEITLICHE RÜSTKAMMERN	39
7.1	Private Rüstkammern	39
7.2	Rüstkammern in Burgen und Schlössern	41
7.3	Städtische Rüstkammern	41
7.4	Herrschaftliche Rüstkammern [Leibrüstkammern]	43
7.5	Klösterliche Rüstkammern	44
	Anmerkungen	44
8.	EINFÜHRUNG VON FEUERWAFFEN	48
8.1	Von der hochmittelalterlichen Stadtbefestigung und Burg über das »Feste Schloß« zur neuzeitlichen Festungsstadt und Festung: Artilleriebezogene Architektur des XV. bis XIX. Jahrhunderts	50
	Anmerkungen	52
9.	DAS ZEUGHAUS — EIN NEUER BAUTYP VON ARCHITECTURA CIVILIS ET MILITARIS	57
9.1	Die Gebäudetypen in der frühneuzeitlichen Festungsstadt	57
9.2	Das Zeughaus	60
9.3	Plazierung der Zeughäuser	61
9.3.1	Plazierung in der Stadt	62
9.3.2	Plazierung in der Festung	64
9.3.3	Plazierung in Zitadellen	65
9.4	Exkurs: Das Jagdzeughaus	65
	Anmerkungen	67

10.	**BAUHERREN**	69
	Anmerkungen	70
11.	**BAUMEISTER**	71
11.1	Architekt & Ingenieur	71
11.2	Bauausführung	72
	Anmerkungen	74
12.	**BAUKÖRPER: LAGERRAUMDISPOSITION**	75
	Anmerkungen	76
13.	**GRUNDRISSE**	77
13.1	Adaptation älterer Bausubstanz	77
13.2	Einzelflügel	78
13.3	Zweiflügelanlage	79
13.4	Dreiflügelanlage	80
13.5	Vierflügelanlage	80
13.6	Sonderformen	81
13.7	Zeughäuser bzw. Arsenale als Gebäudekomplexe	83
	Anmerkungen	85
14.	**DER BAUKÖRPER AUS KONSTRUKTIVER SICHT**	87
14.1	Baumaterialien und Wände	87
14.1.1	Fundamentierung	88
14.1.2	Keller	89
14.1.3	Stützen — Säulen / Hallen — Gewölbe	90
14.1.4	Holzdecken	94
14.1.5	Treppen — Türme	95
14.1.6	Dächer	98
14.2	Fortifikatorische Besonderheiten: Defensible Waffenspeicher	99
14.3	Technikgeschichtliche Besonderheiten	101
	Anmerkungen	102
15.	**EINRICHTUNG DES ZEUGHAUSES**	106
15.1	Personalfragen: Büchsenmeister / Feuerwerker / Zeugmeister / Zeugwart / Zeugschreiber / Zeugoffizier / Artilleriepersonal / Hilfspersonal	106
15.2	Buchführung im Zeughausbetrieb	110
15.3	Die Rolle der Inventare und Zeugbücher	113
15.4	Zur Ordnung und Anordnung der Waffen und Sammelsurien	115
15.5	Modellsammlungen in Zeughäusern: Dreidimensionale »Verkaufskataloge«	118
	Anmerkungen	120
16.	**TRAKTATLITERATUR ZUM ZEUGHAUS**	124
16.1	Die Büchsenmeister- und Feuerwerkbücher des XV.-XIX. Jahrhunderts	124
16.2	Die Lehrbücher des XV. - XIX. Jahrhunderts	127
	Anmerkungen	128
17.	**DAS »IDEALE« UND DAS »UTOPISCHE« ZEUGHAUS**	131
17.1	Von Dürer bis Weinbrenner — von Morus bis Comenius: Ungebaute Zeughäuser in den Vorstellungen von Bautheoretikern und Staatsdenkern	132
	Anmerkungen	142

18.	**VON DER ZWECKARCHITEKTUR ZUR HERRSCHAFTSARCHITEKTUR**	145
18.1	Gestaltung der Zeughäuser und ihre Verzierungen: Stärke + Festigkeit / Nutzen + Bequemlichkeit / Zierde + Schönheit	145
18.2	Portale	149
18.3	Fenster	150
18.4	Giebel	152
18.5	Säulenordnung	153
18.6	Wappen / Inschriften / Apotropismus	154
18.6.1	Wappen / Inschriften	154
18.6.2	Apotropismus	154
18.7	Exkurs: Marstall und Waffenspeicher	155
	Anmerkungen	156
19.	**NICHTMILITÄRISCHE FUNKTIONEN: DAS ZEUGHAUS / ARSENAL ALS MUSEUM**	159
19.1	Bemerkungen zur Sammelleidenschaft	159
19.2	Das Museale im Zeughaus / Arsenal	160
19.3	Curiosa im Zeughaus	163
19.4	Besichtigungen im Zeughaus	164
19.5	Fürstliche, städtische, patrizische und bürgerliche Rüst- und Kunstkammern. Beispiele	166
	Anmerkungen	167
20.	**DER FUNKTIONSWANDEL IM XIX. JAHRHUNDERT**	170
20.1	Zur Industrialisierung des Krieges	170
20.2	Das Beispiel Preußen	171
20.3	Montierungskammer und Landwehrzeughaus in Preußen	171
20.4	Zeughäuser herkömmlicher Bauart und Arsenalkomplexe als Fabrikations-, Lager-, Bereitstellungsanlagen und Ruhmeshallen	173
20.4.1	Das Königliche Zeughaus Berlin: Museale Selbstdarstellung Preußens	176
20.5	Zusammenfassung	177
	Anmerkungen	178
21.	**SCHLUSSBEMERKUNG**	180
	Englisch	181
	Französisch	182
	Niederländisch	183
	Russisch	185

ANHANG

1.	**ABKÜRZUNGSVERZEICHNIS**	186
2.	**LITERATUR- UND QUELLENVERZEICHNIS**	
2.1	Vorbemerkungen	187
2.2	Teil A. Primärliteratur	187
	Teil B. Sekundärliteratur	204
	Teil C. Codices	216

3.	**BAUTENVERZEICHNIS** Länder-, orts-, verfasseralphabetisch geordneter Katalog der Rüstkammern, Zeughäuser, Arsenale mit spezifischen Literatur- und Quellenhinweisen	218
3.1	Vorbemerkungen	218
3.2	KATALOG	219
4.	**REGISTER DER ABBILDUNGEN IM BILDBAND** . . . . [ortsalphabetisch]	269
	Tabellarischer Lebenslauf	271

BILDBAND

EINFÜHRUNG	9
TAFELN ABB. NR. 1-500	11-375

1. Vorwort

1984 präsentierte ich innerhalb der Ausstellung
ARCHITEKT & INGENIEUR —
BAUMEISTER IN KRIEG & FRIEDEN
der Herzog August Bibliothek Wolfenbüttel meine Abteilung der Architectura Militaris in dem größten Profansaal Niedersachsens, der Geschützhalle des für Bibliothekszwecke revitalisierten renaissancezeitlichen Zeughauses. Dabei konnte ich zur musealen Aufarbeitung der erstmals zu diesem Thema präsentierten Schrift- und Bildquellen zwei Joche zeughausgemäß bestücken und so für eine kurze Zeit die Urfunktion des Gebäudes dreidimensional erfahrbar machen. Seither beschäftige ich mich mit der Geschichte militärischer Speicherbauten. Mich fesselt an diesem in erfreulich hoher Zahl nachweisbaren Gebäudetypus das theoretische und praktische Zusammenwirken der »beiden Architekturen« architectura militaris und architectura civilis. Dieses Phänomen haben Bau- und Kunstgeschichte, aber auch die noch junge Disziplin der Festungsforschung bisher zu wenig berücksichtigt.

Der seltene Umstand, daß heute in meinem ersten Forschungsobjekt Zeughaus Wolfenbüttel selber die grundlegenden Quellen — Traktate, bildliche Darstellungen, Codizes — gespeichert sind, kam meinem Wunsch entgegen, einer Baugeschichte des Waffenspeichers nachzugehen. Ergänzung in der Literatur fand ich besonders in der Zentralbibliothek der Bundeswehr in Düsseldorf, deren reichen Traktatbestand zur Architectura militaris ich demnächst ausführlich vorstellen werde.

Neben den Schrift- und Bildquellen, die heute beinah ohne Ausnahme unter Rara und Rarissima archiviert werden müssen, stütze ich mich bei meinen Forschungen auf die gegenständlichen Quellen, auf die zahlreichen von mir besuchten ehemaligen Zeughäuser bzw. Arsenale im mitteleuropäischen Bereich. Ein Bautenverzeichnis ist Anlage zu dieser Arbeit.

Mit der Urfunktion des Waffenspeichers hängt es zusammen, daß ich neben den architektonischen und konstruktiven Untersuchungen die Waffengeschichte, insbesondere die Büchsenmeisterei bzw. das aus ihr hervorgewachsene Artilleriewesen untersuchte, denn aus dem Rüstungsbereich, dem jeweiligen Stand der Waffentechnik und auf Grund der politischen und strategischen Intentionen der Waffenspeichereigner kam der Zwang, das Kriegsmaterialgebäude und bald schon das sich ausweitende Areal mit den erforderlichen Zusatzbauten rundherum primär nach waffen- bzw. lagertechnischer Zweckmäßigkeit entwerfen und bauen zu lassen. So ist es besonders die Literatur zur Büchsenmeisterei und des Geschützwesens, die zum inneren und äußeren Verständnis dieses Bautyps führt. Ich habe deshalb die grundlegenden von mir konsultierten und exemplarisch ausgewählten Codizes sowie meist raren Traktate mit ihren vollen Titeln ins Literatur- und Quellenverzeichnis aufgenommen. Diese Werke spiegeln gerade über die Langtitel ihren gesamten Inhalt in übersichtlicher Form wider und lassen die Gewichtigkeit der abgehandelten Gebiete meist sehr klar erkennen. So ergibt sich, daß diese Baugeschichte gleichzeitig ein kleiner Beitrag zur Rüstungsgeschichte, darunter besonders der Artillerie und der historischen Waffenkunde, ist. Die schweren Feuerwaffen wurden in der 2. Hälfte des 15. Jh. als Feld- und bald als Festungswaffen, in planmäßigem Angriff und in der Verteidigung, mobil und stationär, immer erfolgreicher. Sie erzwangen dadurch konsequent für Lagerung und Pflege in Friedenszeiten und rasche Bereitstellung in Kriegs- und Krisenzeiten den bis dahin nicht gekannten Speichertypus »Zeughaus« bzw. »Arsenal«.

Danken möchte ich an dieser Stelle allen denen, die mir bei der Bearbeitung und Verwirklichung dieser Arbeit mit Rat und Tat geholfen haben. Ich nenne besonders den Direktor der Herzog August Bibliothek Herrn Prof. Dr. Dr. h. c. Paul Raabe für die Ermunterungen, mich mit diesem Thema zu beschäftigen, meinen verständnisvollen »Doktorvater«, Herrn Universitätsprofessor Dr. phil. Albrecht Mann, der mir zahlreiche Hinweise gab und mich immer wieder anspornte, den beiden Universitätsprofessoren Dr. phil. Hans Holländer und Dr. phil. Dieter Breuer, die als Koreferenten stets Interesse an meiner Arbeit zeigten. Ich danke den Verwaltern bzw. Eignern der besuchten Bauten, Archive, Museen, Privatsammlungen, Bibliotheken, Bauämter, Institutionen der Denkmalpflege, die ich aufsuchte; den heutigen Zeughauseignern oder Verwaltern, die mir den Zugang zu ihren Objekten ermöglichten, zu Planmaterial verhalfen und Fotoerlaubnis ausstellten; ich danke Herrn Universitätsprofessor Dr. phil. Ulrich Schütte aus Marburg für Ratschläge und meinem Freund, dem Festungsforscher Volkmar Braun aus Wesel, für das mühsame Korrekturlesen. Ganz besonders aber danke ich meiner Familie, die mich sehr oft entbehren mußte und nicht immer mit der Besichtigung neuer Festungen und Zeughäuser »entlohnt« werden konnte.

Hartwig Neumann

2. Einführung

Das von Johannes Sadeler (1550-1600) nach Johann Stradanus (1523-1605) gestochene Blatt »ARMA« aus der Serie didaktischer Darstellungen mit »LITTERAE, NVPTIAE, PIETAS und VENATIO« eines 1597 in Venedig erschienenen »Fürstenspiegels«, zeigt die durch antikisierten Helm, reich verzierten Panzer und mit einem durch ein Gorgonenhaupt geschmückten Schild wohlgerüstete Personifizierung der »BEWAFFNUNG« und damit der »RÜSTUNG« in der Mitte des Bildes. Die weibliche Gestalt thront auf einem Sortiment an Kriegs- und Werkzeug, welches zu Verteidigung und Angriff lebensnotwendig war. Diese einst zur Kavalierserziehung herangezogene allegorische und damit idealisierte bildliche Darstellung zeigt in graphischer Vollkommenheit und technischer Genauigkeit alles das an Rüstungsgütern, was in einem neuzeitlichen Armamentarium, einem Zeughaus bzw. Arsenal in der frühen Neuzeit wie auch in den folgenden Epochen für den Ernstfall durch Lagerung, Pflege, Ergänzung und gegebenenfalls Ausmusterung zwecks Modernisierung in mehr oder weniger großen Mengen bereitgehalten werden mußte.[1]

Rechts von der den Kommandostab stützenden und eine Lanze haltenden »ARMA«, die vor einem Fahnen- und Stangenwaffenensemble, bestehend aus Hellebarden und Spießen, thront, ist das Geschützwesen mit lafettierten Kanonen nebst Zubehör, darunter Pulverfaß, Pulverschaufel, Rohrwischer, Stampfer, Kugeln, Truhe für wetterempfindliche Artillerieinstrumente, dargestellt. Luntenbüchse, Pulverflasche, Pulverhorn, Helme, Brustpanzer, Schwert, Bihänder, Ketten, Fesseln, Fußangeln liegen ausgebreitet zu ihren Füßen. Auch Musikinstrumente wie Trompete mit wappentragendem Fähnchen und Kriegstrommel fehlen nicht. Zur Linken der Figur erkennt man Werkzeuge wie Schaufeln, Hacken, Säge, Hobel, Kelle, Hammer, Amboß, Hufeisen, aber auch Rollen eines Flaschenzuges, einen hölzernen Zuber und einen Anker; davor liegen Perpendikel, Kompaß, Lineal, Winkel, geöffneter Stech- und zusammengeklappter Proportionalzirkel, Elevationsmeßgerät und andere im militärischen Bereich notwendige Meßinstrumente. Eines der drei Bücher ist aufgeschlagen und läßt durch Darstellung einer pentagonalen Bastionärfestung erkennen, daß es sich um einen Fortifikationstraktat handelt. Drei Schreib- bzw. Zeichenfedern lehnen gegen den Buchblock. Bei den anderen Büchern handelt es sich um wertvolle, vielleicht in lederüberzogenen Holzdeckeln eingebundene Militärmanuale, welche mit Schließen zusammengehalten werden müssen.[2]

Die Szenen im Hintergrund zeigen, wofür dieses hier angehäufte militärische Zeug bereitgehalten wird — für die aktive Kriegführung. Nicht weit von einer Festungsstadt ist der Aufmarsch von Fußtruppen zur offenen Feldschlacht in geordneten Haufen nach dem Schema des Oranischen Exerzierreglements zu erkennen.[3] Die Arkebusiere auf beiden Seiten haben gerade geschossen. Der aufsteigende Pulverdampf zeigt das ebenso an wie die ersten Toten, die auf dem zwischen den aufeinander zumarschierenden Kampfblöcken immer beengender werdenden Schlachtfeld liegen. Die Heerführer sitzen noch unbeschadet auf ihren Pferden. Hinter dieser Szene wird gegen eine rondellierte Stadt nach offensichtlich stattgefundenem Brescheschießen von den aus einer Linie von Schanzkörben feuernden Belagerungsgeschützen ein gewaltiger Sturmangriff unternommen. Die Verstärkung kommt aus der nahen Zeltstadt, die nach den Regeln der Kastrametation in sicherem Abstand vom Kampfgeschehen aufgeschlagen wurde.[4] Eine Stadt am Fuß der Berge steht in Flammen.

Vor dem mit zahlreichen Schiffen befahrenen Meer am Land die Militärgerichtsbarkeit mit ihren Richtstätten Rad und Galgen in Aktion. Zuschauer sind beim Strafvollzug dabei. Rechts im Mittelgrund der große Kontrast zu den beschriebenen Szenen — ein friedvoller Platz, eingerahmt von offenen Verkaufsbuden, einer Kneipe mit musikhörenden Gästen in der Laube, einem Schmied, der gerade ein Pferd im Beschlaggestell hat. Es wird Vieh aufgetrieben, Pferde bringen Handelsware, Frauen tragen Schüsseln auf den Köpfen. Menschen reden miteinander. In dem vornehmen Steinbau mit dem symbolträchtigen Turm kann man über eine Balustrade in einen Versammlungssaal sehen, wo offenbar eine Beratung durch einen Hohen Rat stattfindet. Drei Distichen sind als Erklärung beigegeben:

> Nec minus armorum studijs, bellique labore,
> Et clara Princeps Palladis arte micet.
>
> Tum, si quando hostes patrias auertere praedas
> Regnatas ueniant et populare domos,
>
> Obuia signa ferat, tutetur milite fines;
> Crebra ruant tela, et plumbea grando cadat.

Diese unter freiem Himmel an einem Ort für ein bestimmtes schauendes Publikum, hier speziell zur Kavalierserziehung, zusammengetragene Vielfalt an Rüstungsgütern, an militärischem Zeug in exemplarischer Auswahl, wurde im ausgehenden Mittelalter in immer größeren Stückzahlen gelagert, wozu die Baumeister bald einen bis dahin nicht gekannten Gebäudetypus entwickelten, der primär nach militärisch-technischen Funktionen und erst sekundär nach ästhetischen Überlegungen überall da entstand, wo potentiell mit Krieg gerechnet werden, aber auch Frieden durch Abschreckung gesichert werden mußte. War das im hohen Mittelalter noch in den an fürstliche und adelige Familien gebundenen Burgen und wehrhaften Schlössern der Fall, so wurde bald der Waffenspeicher, das Zeughaus, immer mehr Bestandteil des öffentlichen Bauprogrammes auch und gerade in den zahlreichen erstarkenden Städten und unter ihnen besonders in den Residenz- und Reichsstädten, die stets befestigt waren. Ein eigenständiger Gebäudetypus bildte sich heraus.

ANMERKUNGEN:

[1] Vgl. Abb. NR. 1. — Weiteres Loseblatt in HAB, Graph. Sammlung Inv. A 1:2383 b. Eine ähnliche, wenn auch auf eine bestimmte fürstliche Person orientierte Bildaussage und damit gleichen formalen Aufbau zeigt auch die als ABB. NR. 335 wiedergegebene Titelvignette des Artillerietraktats von Surirey de Saint-Remy von 1741.

[2] Zu einem ersten Überblick über die Vielfalt an militärischen Ausrüstungsgegenständen und ihrer Klassifizierung sei verwiesen auf die mehr populären Darstellungen von L. und F. Funcken 1979/ 1980 und E. Wagner 1980/1985; auf die waffenkundlichen Arbeiten von Chr. Beaufort-Spontin 1983, W. Boeheim 1982, A. Demmin 1964, H.-U. Haedeke 1982, H. Müller 1968/ 1979, H. Müller/H. Kölling 1984, D. Pope 1971, B. Rathgen 1928, Reprint 1987, H. Wunderlich 1977.

[3] Zur Oranischen Heeresreform vgl. W. Hahlweg: Die Heeresreform der Oranier, 1973, ²1987, und J. W. Wijn: Het Krijgswezen in den tijd van Prins Maurits, 1934.

[4] Der Mathematiker und »Vater der modernen Statik« Simon Stevin (1548-1620) wurde 1617 zum »Leghermeter« des Heeres der Generalstaaten ernannt. Von seinen drei militärtechnischen Traktaten ist hier das grundlegende Werk zur Kastrametation zu nennen, in welchem er besonders seine Erfahrungen bei der Belagerung von Jülich 1610 verarbeitete: Castrametatio, dat is Legermeting, Rotterdam 1617, Leiden 1633, germ. ed. Frankfurt a. M. 1631, frz. ed. Leyden 1618. — Zur Poliorketik und Kastrametation H. Neumann: a) Architekt & Ingenieur, Ausstellungskatalog HAB 1984, S. 393-404; b) Festungsbaukunst und Festungsbautechnik, 1988, S. 332-339.

3. Einleitung

»VIS PACEM — PARABELLUM!« Dieses vielzitierte Sprichwort hat sich im Lauf der Zeit immer wieder neu bestätigt. Wer den Frieden will muß sich bewaffnen, sich rüsten, um einerseits durch qualitativ und quantitativ möglichst überlegene Ausrüstung einen potentiellen Feind vor einer kriegerischen Aktion abzuschrecken und andererseits im Falle einer Auseinandersetzung in einem »Waffengang«, bei einer Belagerung oder einer Begegnung in offener Feldschlacht, möglichst als Sieger hervorzugehen.

»VIS PACEM — PARABELLUM« beherrscht noch heute das Denken und Handeln der Kriegs- bzw. Verteidigungsminister und ihrer Gefolge in fast allen Ländern dieser Erde. Selbst für die friedliebensten Armeen ist zumindest der Aspekt der potentiellen Kriegsbereitschaft der wichtigste zu ihrer Existenzbegründung bzw. zum Nachweis ihrer Existenzberechtigung. Über die permanente und im Laufe der Zeiten stets eskalierende Aufrüstung, für Beschaffung, Lagerung und Bereitstellung dieses technisch-materiellen Zerstörungspotentials, muß das jeweilige Staatsvolk in seiner Gesamtheit allein oder im Bündnis mit Gleichgesinnten aufkommen. Selbst in der Gegenwart, in der sich inzwischen internationale Abrüstungskonferenzen jagen und angeblich öffentlich kontrollierbare Waffenzerstörungen mediengerecht in Ost und West stattfinden, wird aufgerüstet wie noch nie in der Menschheitsgeschichte und das angesichts der unvorstellbaren und längst auch unberechenbaren »Überrüstung« durch »herkömmliche« Rüstungsgüter und durch »nicht-herkömmliche« Rüstungsgüter. Zur letzteren Kategorie gehören die atomaren, biologischen und chemischen Massenvernichtungsmittel.[1]

Innerhalb der zahlreichen bau- und kunsthistorischen Untersuchungen zu den verschiedenen Gebäudetypen der frühneuzeitlichen und neuzeitlichen Städte bzw. Festungen fehlte bisher eine generelle Betrachtung des militärischen Waffen- und Zeugspeichers. Eine lange Reihe von Baumeistern, Praktikern wie Theoretikern, Militär- bzw. Zivilarchitekten und Bauingenieuren wirkte über den hier zu betrachtenden Zeitraum von vier Jahrhunderten an dieser primär militärisch bedingten Bauaufgabe, deren notwendige »Erfindung« mit der Einführung der Feuerwaffen und damit einer artilleriebezogenen Verteidigungsarchitektur als Teil der Rüstung »erzwungen« wurde: Der militärische Waffenspeicher als Zeughaus bzw. Arsenal der Zeit nach Einführung der Feuerwaffen in die europäische Armeen.

Natürlich gab es auch schon vor Einführung der Feuerwaffen Waffenlager und Rüstkammern, doch lassen sich diese Armamentarien, die meist nur als Teile eines Baukörpers nachzuweisen sind, nicht bautypologisch erfassen oder gar als eigener Bautyp beschreiben.[2]

Die heute noch erfreulich zahlreich vorhandenen ehemaligen Waffenspeicher, die ich im Anhang in einem fortzuschreibenden Bautenverzeichnis erfaßt habe, sind längst anderen Nutzungen zugeführt, weil sie meist seit über 100 Jahren und mehr den Anforderungen an den modernen militärischen Infrastrukturbau nicht mehr genügten.[3] Einige Ausnahmen gibt es in der Schweiz.

Bei der Untersuchung des Bautypus Zeughaus gelten für mich auch die zur Analyse anderer Gebäudetypen anerkannten Kriterien:

◆ Architektonische Form
◆ Architektonischer Bedeutungsinhalt
◆ Architektonische Zweckerfüllung
◆ Konstruktive Ausführung

unter Heranziehung der Bild- und Schriftquellen, der Aussagen der Hilfswissenschaften besonders in Detailfragen und der zeitgenössischen gegenständlichen, heute zumeist musealen Quellen, die einst zu den Inventaren der Waffenspeicher gehörten. Das macht einen Rückgriff auf waffenkundliche und technische Untersuchungen und damit verbundene Problemfelder unumgänglich. Ausgehend von den erhaltenden Bauten als erstrangige weil unmittelbar erfahrbare Quellen, die durch Autopsie erschlossen werden konnten, war stets ein Rückgriff auf die allgemeinen und speziellen Urfunktionen unumgänglich. Auch die Zweckarchitektur war stets Ausdruck ihrer Zeit, ist Zeuge der Vergangenheit und des Bau- und Kunstschaffens bestimmter Intentionen, Epochen, Stile und damit Teil der kulturellen Entwicklung. Es bedarf also weiter der Klärung des Wissens um den Stand der Architekturtheorie in der jeweiligen Epoche, weshalb die Traktatliteratur zusammengetragen und ausgewertet wurde. Die vorliegende Arbeit soll also nicht nur eine Architekturbeschreibung eines bisher unterbewerteten Bautypus sein, sie will auch die Bedürfnisstrukturen aufzeigen, durch die es zur Invention dieses Gebäudetypus innerhalb der Nutzarchitektur kam, will auf Herkunft und Wandel verweisen und schließlich der Denkmalpflege eine bisher fehlende Grundlage bieten.

ANMERKUNGEN:

1) Sog. A, B, C-Waffen. Es gibt eine reichhaltige meist politisch motivierte Literatur, u. a.: C. F. von Weizsäcker: Kriegsfolgen und Kriegsverhütung, München 1971; — M. Kaldor: Rüstungsbarock. Das Arsenal der Zerstörung und das Ende der militärischen Techno-Logik, Berlin 1981; — L. Köllner: Rüstungsfinanzierung Dämonie und Wirklichkeit, Frankfurt a. M. ²1970.
2) Ausnahmen bilden die Hafenstädte des Altertums um das Mittelmeer mit ihren maritim orientierten »Arsenalen«, auf die in dieser Arbeit mehrfach eingegangen wird.

3) H. Schwalm: Militärbauten. Von den Anfängen bis zur Infrastruktur der Bundeswehr, Heidelberg/Hamburg 1982. »Infrastruktur« ist nach H. Schwalm S. 9 der Unterbau im Sinne von »Voraussetzungen, notwendige Gegebenheiten und materielle Grundlagen, die eine bewaffnete Macht neben Personal und Ausrüstung für ihre Existenz und Aufgabenerfüllung benötigt. Als solche sind vor allem die baulichen Anlagen, Einrichtungen und dazugehörenden Grundstücke zu sehen«.

3.1 Vom Nutzbau zum »Prachtgebäude« — Vom »Prachtgebäude« zum »Industriellen Komplex«

Das lange Zeitalter der auf mechanischen Kräften beruhenden »kalten Waffen« [Bogen, Armbrust, Hieb-, Schlag-, Stichwaffen, Katapulte, Balisten, Antwerk] ging nicht spontan in das Zeitalter der chemisch-pyrotechnisch wirkenden »warmen Waffen« [Geschütze, Handfeuerwaffen, Minen, Bomben, Granaten, Raketen] über. Es ist kein revolutionärer Sprung feststellbar, sondern ein evolutionärer Prozeß, der sich allerdings im Vergleich mit den Zeiträumen vorher und nachher als relativ kurz erwies. In dieser Zeit der Transition, die etwa von der Mitte des 15. Jh. bis in das 1. Viertel des 16. Jh. erkennbar ist, beobachtet man auf den Schlachtfeldern oft Kalt- und und Warmwaffen im Gebrauch nebeneinander. Diese Tatsache ist besonders bildlichen Darstellungen in Miniaturen, Wiegendrucken und frühen Codizes zu entnehmen, in denen Bogen- und Armbrustschützen sowie frühe Feuerwaffen unterschiedlichster Bauarten und Kaliber quasi gleichberechtigt nebeneinander zur Durchsetzung bestimmter taktischer Aufgaben im Einsatz dargestellt sind.[1] Dieses Phänomen spiegelt sich auch in den frühen Bildtraktaten, Büchsenmeisterbüchern und der technischen Literatur wieder.[2]
In dieser Übergangszeit, während der in den privaten wie öffentlichen Rüstkammern immer mehr Feuerwaffen in vielfältigen Formen und Größen bei gleichzeitiger genereller Waffenvermehrung auftauchten, gab es einen Verdrängungsprozeß, der zur endgültigen Ausmusterung der veraltenden »Kalt-Waffen« führte. Nur wenige Einzelexemplare, selten Serien, überstanden die Aussonderung als Trophäen mit neuen, repräsentativen, didaktisch motivierten, musealen Funktionen oder sie wurden in die Bestände der friedvollen Hoffestlichkeiten der Ritterspiele, Ringrennen, Balgenstechen, Fuß- und Pferdturniere sowie als Jagdwaffen eingereiht. Bedingt durch die Leistungskraft der Feuerwaffen gegen Mauerwerk der damals vorhandenen Wehrbauten sowie gegen den Einzelkämpfer oder den Haufen in der Feldschlacht beritten oder unberitten, änderten sich die Grundlagen des gesamten Kriegswesens in Technik, Taktik und Theorie.[3]

An der Schwelle dieses neuen Zeitalters, welches mit den Leitbegriffen der »Entdeckungen und Erfindungen«, »Reformation und Humanismus« und damit der Kulturepoche »Renaissance« umrissen ist, entsteht der Waffenspeicher »Zeughaus« als ein neuer Bautyps mit einem nur ihm eigenen Gebäudecharakter, seiner typischen »CONVENIENZIA«. Der Phänotypus wurde in der 2. Hälfte des 15. Jh. ausgebildet und in der Folgezeit weiterentwickelt bzw. variiert. Manche Zeughäuser nahmen schon früh Arsenalcharakter an, wenn über die reine Lagerung von Rüstungsgütern hinaus diese auch am Ort selber produziert wurden. Die Zeughäuser füllten sich durch Pflichtabgaben der wehrhaften Untertanen bzw. der Bürgerschaft, durch Kauf, Tausch, Beute und planmäßiges Einbringen des Zeughauseigners bzw. -betreibers. In vielen Zeughäusern produzierte man zumindest Teile des Bestandes selber, was Handwerks- und Manufakturbetriebe im Zeughausbereich voraussetzte. Diese reichten von der Geschütz- und Munitionsgießerei, der Pulverherstellung im speziell eingerichteten Laboratorium über Schmieden, Tischlereien, Spenglereien und andere militärhandwerkliche Spezialbetriebe bis hin zu Werkstätten für das Lederzeug und der Kammer für die Meßinstrumente. Die bisher als Waffenlager in Burgen, wehrhaften Schlössern, Rathäusern, Wehrtürmen, sogar Kirchen oder adaptierten Stadtbauten benutzten Gewölbe und Kammern wurden rasch zu klein, ihre Zuwege zu eng und unbequem. Schweres Geschütz ließ sich anfangs nur in ebenerdigen Schuppen und Verschlägen mehr oder weniger provisorisch unterbringen. Das Zeughaus als Ort des geordneten Stapelns, des Kriegsgerätes auf planmäßig auf- und abbaubarer Halde, ist primär ein Nutzbau, dessen Funktionen durch die technischen Eigenschaften des einzulagernden Gerätes selber diktiert wurden und damit bestimmte baulich-konstruktive Maßnahmen erforderlich machten. Die Grundforderungen waren:

- ◆ Zentrale und zugriffsleichte Unterbringung aller Gemeinschaftswaffen und Ausrüstungsgegenstände, darunter besonders der Artilleriepark, soweit dieser nicht einsatzbereit auf den Wällen und in den Kasematten der ebenfalls neuartigen Wehrbauten stand, dazu der Fuhrpark und anderes Großgerät,
- ◆ Sicherung gegen Feindeinwirkung, also »weitab vom Schuß«,
- ◆ Schutz gegen Wind und Wetter,
- ◆ Zentrale Überwachung und Kontrolle,
- ◆ Zentrale Instandhaltung und Instandsetzung,
- ◆ permanente zentrale Modernisierung,
- ◆ Einsatzbereitschaft zu jeder Tages-, Nacht- und Jahreszeit.

Dieser Katalog von Forderungen wurde für die Baumeister bei ihren planerischen Überlegungen, Entwürfen und den Bauausführungen bindend. Gewaltige Militärspeicherbauten entstanden als »Konkurrenz« zu den Korn- und Salzspeichern, den Packhäusern und anderen Vorratsbauten im Stadt- bzw. Festungsbild des ausgehenden Mittelalters bzw. der frühen Neuzeit.

Während der Transitionszeit [und weit darüber hinaus bis ins 18. Jh.] galten die Werke von ◆ Vitruvius (er lebte als Protegé unter Augustus), ◆ Leon Battista Alberti (1404-1472) und ◆ Andrea di Pietro Palladio (1508-1580) als die »drei Säulen der klassischen Architekturtheorie«.[4] Nach Vitruv galt es zuerst die planvolle Konzeption des Gebäudes »RATIOCINATIO« zu erarbeiten und dann die handwerkliche Bauausführung »FABRICA« genauestens zu beachten. Auf Vitruvs Kategorien »FIRMITAS«, »UTILITAS« und »VENUSTAS« geht der bekannte Dreitakt architekturtheoretischer Forderungen zurück:[5]

- ◆ DAUERHAFTIGKEIT
- ◆ BRAUCHBARKEIT
- ◆ ANSEHNLICHKEIT

Diese Forderungen galten generell für sämtliche Gebäude, die Architekten schufen, somit auch für den neuen Bautypus Zeughaus/Arsenal. Der erstehende Militärspeicher wurde nach der Größe der zu versorgenden stehenden und zu mobilisierenden Truppen in Länge, Breite und Höhe ausgelegt. Selbst kleinste Winkel innerhalb des umbauten und damit kostbaren Raumes wurden genutzt. So findet man sehr oft in den sonst schwer nutzbaren Räumen unmittelbar unter dem Dach von Zeughäusern Kornschüttböden. Viele der Militärspeicher wurden von Anfang an als kombinierte Läger für Rüstungsgüter und Getreide erbaut, wenn auch stets die Hauptfunktion die des Waffensilos war, während die Grania-Funktion sich unterordnen mußte. Schließlich gab es für sie einen eigenen Gebäudetypus.[6]

Das hervortretendste Merkmal eines Zeughauses ist die stets im Erdgeschoß befindliche, meist gewölbte Geschützhalle zur Unterbringung von Artilleriepark und Großgerät, städtischen Wagenburgen, Lafetten, Karren, Pontons, Munition und diverser Materialvorräte. Darüber in ein oder zwei Etagen lagen die Säle zur Deponierung der Kleinwaffen, Rüstungen, Montierungen und militärischer Utensilien aller Art [ABB. NR. 35 + 36]. Trotz der großen Zahl noch immer nachweisbarer Zeughäuser ist die Suche nach einem »Ur-Zeughaus« jedoch vergebens. Es gibt keinen zeitlich wie örtlich lokalisierbaren Anfang einer typologischen Reihe, kein Urmodell, nach dem man sich richten konnte. In der Traktatliteratur kommen die Erörterungen um das beste Zeughaus mit bildlichen Darstellungen erst im ausgehenden 17. und frühen 18. Jh. vor, so besonders in den Werken der beiden Joseph Furttenbach d. Ä. (1591-1667) und d. J. (1632-1655) [ABB. NR. 322.5-10], Anton Weck (1623-1680) [ABB. NR. 195 f], Nicolaus Goldmann (1611-1665), Leonhard Christoph Sturm (1669-1719) [ABB. NR. 322.20], Bernard Forest de Belidor (1693-1761) [ABB. NR. 250 f], Surirey de Saint Remy [ABB. NR. 322.21] und Johann Rudolph Faesch (1680-1749) [ABB. NR. 222-228].

Das älteste in der Bundesrepublik Deutschland erhaltene Zeughaus, das »Hohe Haus« der Veste Coburg von 1450, stellt ein in seiner Art isoliertes Gebäude spätgotischer Bautradition dar [ABB. NR. 37, 38, 78].

Stets war in der Geschichte des Bauwesens die Funktion, der Nutzen eines Gebäudes für seine jeweilige Dimensionierung ausschlaggebend. Sie war es primär, die form- und wertbestimmend war und in der Planungs- bzw. Entwurfsphase des Baumeisters bzw. Architekten die wichtigste Rolle spielte. Unterschiedliche Funktionen bedingen unterschiedliche Ausprägungen der speziellen Bauaufgabe.[7] Beim Planen eines Zeughauses übernahm man selbstverständlich die bekannten und tradierten Grundsätze des Entwerfens und Bauens herkömmlicher Gebäudetypen. Abweichend von diesen jedoch wurden beim Militärspeicherbau Dispositionen, Konstruktionen und Dekorationen vorrangig unter militärökonomischen Zwängen und Aspekten, also primär nach dem Nutzen, getroffen.

Ein wohlbesorgtes Zeughaus brachte Macht. Macht und ihre Ausschmückung waren in allen Stilepochen bis in unsere heutige Zeit hinein sehr eng miteinander verbunden. Ästhetische und ikonographische Gestaltungsprinzipien wurden vom Architekten und sehr oft direkt oder indirekt vom Bauherrn, dem eigentlichen Machthaber, in das Bauvorhaben eingebracht. »Nutzbau« und »Prachtbau« stehen also nicht im Widerspruch. Sie schließen sich nicht gegenseitig aus! Das Zeughaus als Symbol für Wehrhaftigkeit und Stärke und Zweckbau par excellence, strahlte auch stets etwas von einem Prachtbau aus, wenn es sich auch hier meist um eine gewollt verhaltene »ELEGANTIA« handelte. Zeughäuser haben oft ein oder mehrere regelrechte Schauseiten, an denen sich der Architekt als Künstler und mit ihm die Kunsthandwerker entfalten konnten. Schon die riesigen Wandflächen boten sich zur künstlerisch-architektonischen Ausgestaltung an. Als Träger für Symbolik, Dekor, Ornamentik benutzte man Portale, Sockel, Dachaufsätze, Zwerchhäuser, Treppentürme, Fensterbereiche, wobei zu bestimmten Zeiten eine ganz bestimmte immer wieder auftauchende kanonisierte, lehrbuchartige »Gesetzmäßigkeit« zur Anwendung kam, über die man heute in einer Synopse aller Ähnlichkeiten zum Stilbegriff und damit zur zeitlichen und verwandtschaftlichen Einordnung des jeweiligen Bauwerks gelangen kann. Damit wurde auch in den meisten Fällen über die reine Zweckmäßigkeit hinaus das neuerstehende Zeughaus durch architektonische Maßnahmen wie Fassadengliederung, Anwendung bestimmter Ornamentik und Dekoration, Wappenschmuck, Inschriften, Skulpturen und, wenn auch seltener, durch absichtsvolle Verwendung von Säulenordnungen zu einem wenn auch insgesamt immer noch nüchternen und seine martialische Herkunft von außen nur in wenigen Ausnahmen verleugnenden Gebäude mit einem mehr oder weniger ausgeprägten Repräsentationsanspruch unter konsequentem Beibehalt der urfunktional bedingten inneren Raumdispositionen.

Zeughäuser rechnen zur politischen Architektur![8]
Ich habe in der Kapitelüberschrift den Begriff »Prachtgebäude« als Kontrast zum »Nutzgebäude« gewählt, obwohl dieser eigentlich ein Begriff des 18. Jh. ist. Doch meine ich, daß er für eine ganze Reihe von Zeughäusern im gesamten zu betrachtenden Zeitraum übertragen werden kann. Hier einige exemplarisch ausgewählte Beispiele:

»Prächtig« ist die schmale Nordfassade des Zeughauses in Wolfenbüttel aus dem frühen 17. Jh. [ABB. NR. 21, 409, 410, 421], prächtig ist auch der ganze Bau besonders von der Westseite, weil die Abrundung eines fürstlichen Bau- und damit Selbstdarstellungsprogrammes mit Schloß, Marstall, Bibliothek, Hofbeamtenhäusern und Zeughaus ein aufeinander abgestimmtes Ensemble von repräsentativer Schönheit inmitten einer Zitadelle war [und ist] [ABB. NR. 21, 22, 468]. — Das nach dem Krieg in seiner Tektonik, jedoch leider ohne den früheren Verputz und die nachgewiesene Polychromie wiedererstandene Zeughaus in Gießen von 1586/90 ist ein wirklicher Prachtbau eines renaissancezeitlichen Architekten, der als Vorbilder deutlich italienische Palazzi heranzog [ABB. NR. 158-160]. — Das Stadtzeughaus in Augsburg von 1602 wurde in spätmanieristischen Formen von einem »Malerarchitekten« [Joseph Heintz] entworfen und ist auch wegen der eindrucksvollen Bronzegruppe des über den Satan triumphierenden St. Michael von 1607 ein repräsentativer Prachtbau des Magistrats [ABB. NR. 177f, 433-435].- Das landständische Zeughaus in Graz von 1641/44 ist mit den Skulpturen Mars und Bellona vornehm geschmückt. Es darf in Bezug auf die Repräsentationsaufgaben nur in Zusammenhang mit dem benachbarten Landständehaus von 1565 gesehen werden, welches höchste politische Bedeutung besaß und damit reichste Prachtentfaltung frührenaissancezeitlicher Architekturauffassung widerspiegelt [ABB. NR. 425-427].[9] — In Berlin weist das i. J. 1695 grundsteingelegte kurfürstliche, bald königliche Zeughaus (1702) und spätere Waffenmuseum (1883 eröffnet) echte Palaststrukturen auf, die vom Bauherrn ausdrücklich verlangt wurden. Es war seit der ersten Bauausführungsphase an nämlich auch ein herrschaftlicher, dynastischer Denkmalbau, der nach langen Planungsphasen von zahlreichen Architekten geschaffen wurde. Allein von Jean de Bodt (1640-1745) sind mindestens fünf Entwurfszeichnungen bekannt [ABB. NR. 359/2-6]. Man betrachte an der einen Binnenhof umschließenden Vierflügelanlage den säulenbesetzten Hauptzugangsrisalit zur Magistralen »Unter den Linden« [ABB. NR. 13, 386] oder die ebenfalls der Palastarchitektur entnommene zweifache Rustizierung der umlaufenden Sockelzone [ABB. NR. 13, 337, 412]! — In Wismar soll das aus schwedischer Festungszeit (1635-1711) stammende Zeughaus von 1700 revitalisiert werden. Es ist in seinem Stil ein holländisch-klassizierender Bau wie er ähnlich nüchtern und doch monumental bei zahlreichen Militärbauten im Schwedischen Ostseereich bevorzugt wurde. — Wer sich in Mainz vom Rhein her dem Neuen Zeughaus von 1738/40 nähert, erkennt erst in unmittelbarer Nähe vor der eindrucksvollen Flußfassade einzig an der Ikonographie des Schmucks den martialisch orientierten Gebäudecharakter im Inneren [ABB. NR. 401 + 402]. Der Betrachter erfährt das vom Zeughausarchitekten Maximilian von Welsch (1671-1745) bewußt einbezogene, dem Militärspeicher sogar maßgebende, unmittelbar benachbarte Schloß in einer einmaligen Zusammenschau [ABB. NR. 11, 428], die eine gewaltige Steigerung der fürstbischöflichen Selbstdarstellung und damit höchster Repräsentationsabsichten durch bzw. über Architektur darstellt.

— Repräsentativ ist auch das kurfürstliche Zeughaus von P. A. von Verschaffelt (1710-1793) in Mannheim von 1777/78, welches gerade wegen seiner einmaligen Tektonik wenigstens in der äußeren Gebäudehülle nach dem II. Weltkrieg wieder aufgebaut wurde [ABB. NR. 429 f]. Zwar waren die Fürsten besonders im 16. und 17. Jahrhundert diejenigen, die das kulturelle Leben prägten und die sich in ihrem aus unserer heutigen Sicht überzogenen Selbstverständnis »von Gottes Gnaden« als Mäzenen der Kunst und darüber hinaus als kulturelle Gestalter fühlten und deshalb selber oft Bauanweisungen, ja sogar eigene Architekturentwürfe gaben, wie das von Friedrich dem Großen und August dem Starken bekannt ist, doch vertrat auch das starke Bürgertum respektvoll besonders in den Reichs- und Hauptstädten der zahlreichen deutschsprachigen Territorien sich selber in der repräsentativen Gestaltung von bürgerlichen Waffenspeichern. Eindrucksvolles Beispiel für bürgerliche Profanbaukunst ist z.B. die triumphale Fassade des Bürgerlichen Zeughauses in Wien. Der Bau von 1562 erhielt erst 1731/32 seine Prunkfassade. Auf der Attika plazierte man zwei Statuen FORTITUDO [Stärke] und CONSTANTIA [Beharrlichkeit] von Lorenzio Mattiellis gemeinsam eine Weltkugel tragend [ABB. NR. 9/1-2]. Im 19. Jh. entstehen auf Kosten eingehender zahlreicher kleinerer Zeughäuser militärische Komplexe und damit zentral gelegene Großspeicher. Als Beispiel sei der gut erhaltene Arsenalkomplex in Schwerin von 1840/44 genannt. Man baute absichtsvoll in der sogenannten Tudorgotik, einem gelungenen Mischstil aus Gotik und Renaissance, wie er in England beliebt war, unter Einbeziehung des florentinischen Palaststiles [ABB. NR. 466 f]. Wer heute in das Arsenalmuseum in Wien kommt, ist überrascht von der Einmaligkeit und Fülle der Architektur innen wie außen [ABB. NR. 338-340]. Kennzeichnend heißt es schon 1866 für den Arsenalkomplex von 1849 ff in der Allgemeinen Bauzeitung:

»... ein großartiges Hülfsmittel im Falle der Kriegsbereitschaft« und »eines der sehenswürdigsten Etablissements der Gegenwart«.[10]

Während in der 2. Hälfte des 19. Jh. mit der Einführung von gezogenem Geschütz ab ca. 1860, bald darauf dem neuen Werkstoff Beton, dann Panzertürmen unter Stahlkuppeln und der Brisanzgranate ab 1883 in die Feld- und Festungsartillerie die Fortifikationsbauten immer nüchterner und sachlicher wurden, ihre Grund- und Aufrisse fast nur noch von der reinen, vorausberechneten Funktion her bestimmt wurden, machten die in diesen Zeitraum neu erbauten Militärspeicher diese Entwicklung deutlich nicht mit. In den Zentren der landesherrlichen und nach 1871 auch reichsunmittelbaren militärindustriellen Komplexe entstanden z. T. grandiose Bauten, denen neben der dringend benötigten funktionalen Aufgabenlösung als Waffenspeicher und Waffenproduktionszentrum auch von der ersten Planungsphase an höchste repräsentative Aufgaben zugewiesen wurden, jetzt auch als Appell an Patriotismus und Vaterlandsliebe. So entstand als ein Teil des Arsenalkomplexes das Zeughaus in Oldenburg von 1864/67 als ein Vertreter des Historismus in neuromanischer Formensprache [ABB. NR. 399, 414.4, 474]. — Das 1868/72 bombensicher in der Festung Ingolstadt errichtete Zeughaus strahlt seine Schönheit und Ausgewogenheit der Architekturteile zueinander und der »human geformten Architektur« im Inneren[11] gerade in der äußerst sparsamen Verwendung von Zierelementen aus und wirkt in hohem Grade ästhetisch durch die Aneinanderreihung der Rundbogenportale und -fenster aus seiner konsequenten Funktionalität heraus! Es war königlicher Wille, daß bei größtmöglichem Raumgewinn kostspielige Fassadengestaltung wie an anderen zeitgleichen Militärbauten zu beobachten, hier zu unterbleiben hätte. Deshalb geht der Haupteindruck des Massivbaus noch heute von den das umliegende Häusermeer sprengenden Dimensionen des 154 m langen, 37 m breiten und 22 m hohen ehemaligen Vorratshauses der Armee aus, wie es das Modell und die Luftaufnahme zeigen [ABB. NR. 491-493]. Ganz auf militärische Zurschaustellung war das Hauptgebäude des ausgedehnten Arsenalkomplexes in Dresden-Neustadt von 1873 entworfen [ABB. NR. 485-488]. Bänderrustika, heute verlorene martialische Dachskulpturen, besonders aber die kannelierten Säulenpaare des Mittelrisalits vor der Freitreppe sind der hohen Palastarchitektur entnommen. Als zeitlich letztes Beispiel in diesem Überblick und der vorliegenden Arbeit überhaupt sei das 1874/75 fertiggestellte Gewehr-Zeughaus in Ludwigsburg zitiert [ABB. NR. 478]. Die beiden sichtbaren Hauptfassaden zur Mathildenstraße und zum Schiller-Platz hin sind durch Hausteinverblendung und fast übergroße antikische Trophäen an den Seitenrisaliten verziert [ABB. NR. 441.1-4], und im Hauptportal in der Mittelachse hat sich eine klassisch geschulte hohe Architekturauffassung manifestiert [ABB. NR. 481.2].

Zusammenfassend darf festgestellt werden, daß neben zahlreichen primär wegen ihres militärischen Nutzens entworfenen und gebauten Zeughäusern/Arsenalen bis in das ausgehende 19. Jh. eine große Anzahl von hochgradig repräsentativ und nicht etwa nur martialisch oder gar apotropäisch wirkenden Militärspeichern errichtet wurden. Meiner Untersuchung vorgreifend wäre es falsch, das Zeughaus nur der Architectura militaris zuzuordnen; es steht vielmehr zwischen den »beiden« Architekturen Architectura militaris und Architectura civilis. Es wurde, wie noch aufzuzeigen ist, oftmals von einem Architekten bzw. Baumeister entworfen, der entweder »nur« Militärbauingenieur oder »nur« Zivilarchitekt, oft aber auch Vertreter beider Architekturen war.[12] Aus sämtlichen Stilepochen sind im deutschsprachigen Bereich wenn auch meist stark überbaute Beispiele erhalten. Es ist bis auf die Ausnahmen der wenigen defensiblen Zeughäuser von Innsbruck [ABB. NR. 118, 271], Willibaldsburg [ABB. NR. 89], Neues Zeughaus Festung Rosenberg [ABB. NR. 87, 400], Neues Zeughaus Festung Marienberg [ABB. NR. 92], Neues Zeughaus Festung Königstein i. S. [ABB. NR. 207 f] und dem Zeughaus der Festung Germersheim [ABB. NR. 106, 211 f] kein rein militärischer Gebäudetyp,[13] noch stellt es ein »reines« Prachtgebäude wie Schloß, Rathaus, Kirche, Marstall[14] dar. Im folgenden Teil der Untersuchung wird nach den Begriffsbestimmungen und den Ausführungen zum Stand der Forschung die hier skizzierte Problematik weiter aus unterschiedlichen Blickwinkeln aufgenommen und vertieft.

ANMERKUNGEN:

[1] Gleichberechtigtes Nebeneinander von »kalten« und »warmen« Waffen wie Bogen und Armbrust sowie Handbüchsen und Geschützen, letztere als Legstücke oder in Feldlafetten, kommen auch in der sakralen Malerei vor. So erkennt man das Nebeneinander von Handwaffen auf dem 1483/84 entstandene Außenflügel des Hochaltars der Johanniskirche in Lüneburg. In Öltempera auf Eiche malte Hinrick Funhof die Legende der Hl. Ursula. Im Hintergrund des Gemäldes werden bei Köln auf dem Rhein die Jungfrauen durch Hunnen erschossen. Die Männer führen Armbrüste mit sich, einer von ihnen legt gerade eine Handbüchse an. Abbildung in C.Meckseper: Stadt im Wandel. Kunst und Kultur des Bürgertums in Norddeutschland 1150-1650, Ausstellungskatalog, Bd. 2, Braunschweig 1985, Kat. Nr. 1098 b, Farbreproduktion S. 1271. Ein weiteres unter diesem Aspekt wenig beachtetes Beispiel ist der »Herrenberger Altar« von Jerg Ratgeb aus dem Jahr 1519 in der Alten Staatsgalerie Stuttgart. Dort halten die bei Spiel und Trank die Zeit verbringenden Wächter durch die Himmelfahrt Christi in ihrem Tun inne. Sie sind mit detailliert dargestellter Armbrust und Handrohr ausgerüstet. Aufschlußreich ist hier auch die Trageweise der langen Luntenschnüre um den Arm und zahlreiche Stangenwaffen. — Ausschnitte aus Miniaturen von 1473, 1480, 1503 mit schwerem Geschütz etwa in D. Pope: Feuerwaffen, Wiesbaden 1971, S. 16, 19, 20-23, 28. Dazu auch Kapitel 8, Anmerkung 12.

[2] Vgl. Kapitel 16.

[3] Vgl. das 10bändige Werk: Heerwesen der Neuzeit, hrsg. von G. Ortenburg, welches mit je zwei Bänden Waffentechnik/Waffengebrauch und Heereszusammensetzung/Kriegführung in folgender Gliederung behandelt: I. Zeitalter der Landsknechte (1500-1650), II. Zeitalter der Kabinettskriege (1650-1792), III. Zeitalter der Revolutionskriege (1792-1848), IV. Zeitalter der Einigungskriege (1848-1871), V. Zeitalter der Millionenheere (1871-1914); z.Z. liegen 9 Bde vor.- Für das Kriegswesen des 14. und 15. Jh. im Spiegel zeitgenössischer Quellen über Waffentechnik und taktische Formen liegt jetzt die Habilitationsschrift von Volker Schmidtchen, Bochum 1984, im Druck vor. Der schwache Punkt dieser mit hohen Erwartungen verknüpften Arbeit ist die ungenügende Heranziehung der Sachquellen, obwohl im Urtitel deutlich herausgestellt. Der Autor benutzt zwar zahlreiche Bild- und Textquellen, jedoch nur wenige der gerade für das späte Mittelalter erfreulich reichlich vorhandenen Objekte. Objektforschung wäre bei einem militärhistorischen Thema mit so hohen Ansprüchen eigentlich eine Selbstverständlichkeit. Da, wo man sie doch verzeichnen kann, stößt man auf grobe Fehler, wie z. B. die schon in Schmidtchens Dissertation in Wort und Bildern erläuterte »neuentdeckte« Methode des »Einsteckens oder Aufsteckens« von Rohrsegmenten wie Pulverkammer und Flug bei Bombarden. Der Technikgeschichtler macht aus zwei zufällig hintereinander liegenden Rohren eine einzige »Woolwicher Steinbüchse«, was R. D. Smith vom Tower-Museum jüngst als falsch klarstellte. Schmidtchens Arbeit ist theorielastig und bringt mit einer Art Phänomenologie des Krieges leider keinen neuen Forschungsstand. So fehlt besonders das Zusammenwirken von Waffen und Festungsbau. Das Kriegswesen hat sich ja bekanntlich nicht nur im Feldkrieg entwickelt. Ansätze aus seiner Dissertation sind vom Autor nicht genutzt. Vgl. V. Schmidtchen: a) Bombarden, Befestigungen, Büchsenmeister, Düsseldorf 1977, besonders S. 25 + Abb. 15, b) Kriegswesen im späten Mittelalter. Technik, Taktik, Theorie, Weinheim 1990, besonders S. 194 f. Vgl. dazu die Rezension von Heinz Thomas in der FAZ Nr. 254 v. 31. Okt. 90 S. 39; R. D. Smith: Bombards. Mons Meg and her sisters, London 1989, besonders S. 10, 84 f.

[4] E. H. Berninger: Die drei Säulen der klassischen Architekturtheorie, in: Kultur & Technik, Nr. 3 (1989) S. 186-189; für die Transitionszeit jüngst H. Günther: Deutsche Architekturtheorie zwischen Gotik und Renaissance, Darmstadt 1988.

[5] C. Fensterbusch: Vitruv zehn Bücher,lat./germ., Darmstadt ²1976, S. 22/23.

[6] Hier einige frühe Speicherbauten, die primär als Waffensilos errichtet wurden, aber von Anfang an auch zur Einlagerung von Korn vorgesehen waren: Städt. Zeughauskomplex München von 1410, erweitert 1431 für »zewg und püchsen«, im 15. Jh. »Stathaws«, besaß über der erhaltenen Geschützhalle fünf Kornböden [ABB. NR. 213 f; vgl. R. W. Wackernagel: Münchener Zeughaus, 1983]; das multifunktionale städt. Glockenhaus in Lüneburg von 1482 mit Räumen zur Korn- und Mehllagerung [ABB. NR. 61 f, vgl. Stadt Lüneburg, 500 Jahre Glockenhaus, 1982]; das landgräfl. Zeughaus Kassel von 1581 [ABB. NR. 167 f, vgl. R. Korn: Rochus zu Linar [*1526 †1596], 1906, S. 112]; der multifunktionale Baustadel in Amberg wird in der Beschreibung von M.Schweiger: Chronica von 1564, »Bawhaus oder Bawstadel« genannt, »darauff auch treid schuet sind« sowie Vorräte an Holz, Brettern, Steinen neben dem »Geschuetz auff Redern/ins Feld vnd auff die Stadmauer zu brauchen.« [ABB. NR. 115, vgl. Festschrift der Stadt Amberg zur Wiedereröffnung des Stadtmuseums im Baustadel 1989]; in der Nordfront des Zeughauses Lübeck befand sich neben der Datierung des Baubeginns ›1594‹ ein Chronostichon, in welchem besonders die Göttin Ceres, die Allegorie auf das hier zu lagernde Korn, betont wurde:

CAESARE PRO PATRIA NVNC DECERTANTE
RVDOLPHO EXSTITIT HAEC CERERIS STRVCTVRA
STRVENTE SENATV

[ABB. NR. 146 f, vgl. H. Rathgens: KDM Lübeck Bd. 1.1, Lübeck 1939, S. 309 f], im 19. Jh. war sogar das gesamte Zeughaus zeitweise Kornspeicher; der Neue Bau in Schwäbisch Hall *1505/27, welcher als Waffen-, Korn- und Fruchtspeicher auf der höchsten Stelle der Stadt errichtet wurde und deshalb sowohl einen Zeugmeister als auch einen Kastenpfleger besaß [ABB. NR. 7, 71; vgl. Stadt Schwäbisch Hall: Der Neubau, Schwäbisch Hall 1980]. — An dieser Stelle möchte ich auf die erhaltenen Packhäuser in Tönning, Rendsburg und Kiel hinweisen. Vgl. 1) J. Habich: Luftaufnahmen und Grundkarten im Stadtkernatlas Schleswig-Holstein 1976, S. 171 [Tönning], S. 154 f [Rendsburg auch mit Hohem und Niederem Arsenal]; 2) Landesamt für Denkmalpflege Schleswig-Holstein u. a.: Baudenkmal in Gefahr. Das Kanalpackhaus Holtenau, 1978. Diese Bauten entstanden im Rahmen der Kontinentalsperre. Das Packhaus Tönning *1783 gegenüber der alten Navigationsschule wurde noch Ende des 2. Weltkrieges als Kornspeicher genutzt. Im Inneren hervorragend erhaltene, für Speicherbauten typische Balkenkonstruktion. Das Gebäude wird noch als Bauhof genutzt, es ist jedoch geplant, hier nach Übernahme durch das Bundesland ein Informationszentrum für den »Schleswig-Holsteinischen Nationalpark Wattenmeer« einzurichten. Zu diesem Programm vgl. Landesamt für den Nationalpark Schleswig-Holsteinisches Wattenmeer im Geschäftsbereich des Ministers für Natur, Umwelt und Landesentwicklung des Landes Schleswig-Holstein [Hrsg.]: Nationalpark Schleswig-Holsteinisches Wattenmeer, Tönning 1989.

[7] Heute erzeugen die Begriffe »Nutzbau« und »Zweckbau« immer noch Assoziationen mit einem angeblichem »Unwert« eines Gebäudes vor allem in ästhetischer Hinsicht. Man verbindet den Begriff mit »Schmucklosigkeit« und »Kargheit«. Man sagt, ein solches Gebäude wirke »fahl, leer, unbeseelt« und schlußfolgert daraus »Freudlosigkeit« und »Mangel an schöpferischer Phantasie«. Weil angeblich der künstlerische und damit ästhetische Wert des Zeughausbaus zurücktritt oder angeblich sogar gänzlich fehlt, zieht auch der Inventor eines solchen Gebäudes einen gewissen Mißkredit auf sich. Der allgemein gesellschaftlich anerkannte »Kunstwert« eines solchen Gebäudes sinkt. Ein ideeller oder materieller Einsatz für die Erhaltung gemäß dem Motto des Europäischen Denkmalschutzjahres »Eine Zukunft für unsere Vergangenheit« für solche oft nur durch den Druck der Fachbehörden in die Denkmalschutzlisten eingetragenen Gebäude hat bei zahlreichen Politikern und Ratsmitgliedern quer durch die Parteien ganz allgemein einen wesentlich geringeren Stellenwert, als der Einsatz für schon immer mit einer [berechtigten?] Aura umgebenen Sakralbauten, Burgen und Schlösser. Dieses Schicksal teilen sich die Zeughäuser noch immer mit zahlreichen Fortifikationsbauten der artilleriebezogenen Architektur! — L. Fischer hat jüngst in seiner Aachener Dissertation von 1987 über das Erbe der Abtei Werden a.d. Ruhr als Kgl.-Preuß. Strafanstalt zum Denkmalwert sogenannter Zweckbauten Beachtliches geschrieben. — An dieser Stelle sei eine Anmerkung zur heutigen Situation in der Bundeswehr mit ihren zahlreichen Zweckbauten erlaubt. Es gilt nach den Richtlinien für die Durchführung von Bauaufgaben des Bundes im Zuständigkeitsbereich der Finanzbauverwaltung — RB Bau — für die neu zu schaffenden Infrastrukturbauten, daß bis zu 2% der Aufwendungen für die Leistungen bildender Künstler ausgegeben werden dürfen. Hierunter sind die künstlerischen Verzierungen der Gebäude, aber auch die gartenarchitektonischen Maßnahmen zu verstehen. Zusätzlich stehen Gelder für »Kunst am Militärbau« aus dem sog. Ergänzungsfond zur Verfügung, der nach einem Beschluß des Bundeskabinetts 1976 gegründet wurde.

[8] M. Warnke: Politische Architektur in Europa, Köln 1984, S. 13: »Eine elementare politische Aufgabe wächst der Architektur dadurch zu, daß sie faktisch oder scheinbar die Sicherheit politischer Machtträger gewährleistet. Sobald Architektur nicht mehr nur gegen die Unbilden der Natur schützen, sondern Personen oder Institutionen nach innen oder nach außen sichern soll, ist sie von politischer Relevanz. Wehrkirchen, Burgen, Stadtmauern, Wachtürme, Graben, Wälle und Bunker, Geschlechtertürme, Sockelgeschosse mit Buckelquadern, Portale und Eisengitter, dies sind nur einige Stichworte für die vielfältigen Sicherheitsaufgaben, die durch Architektur wahrgenommen werden«.

[9] Vgl. J. Wastler: Landhaus Graz, Wien 1890.

[10] Allgemeine Bauzeitung Nr. 31 (1866) S. 316.

[11] H. Straub, in: Berufsschulzentrum Ingolstadt [im Zeughaus], Festschrift der Stadt Ingolstadt, 1983, S. 10.

[12] Vgl. Kapitel 11.

[13] Vgl. Kapitel 14.2.

[14] Bisher war in Bezug auf die Repräsentation des Zeughauses nur vom Äußeren gesprochen worden. Es wird in den Kapiteln 15, 18 und 19 auch die Frage nach Repräsentationsabsichten im Inneren zu reden sein.

4. Begriffsbestimmung

4.1 RÜSTKAMMER / ARMAMENTARIUM / ZEUGHAUS / ARSENAL — fachliche, lokale und mundartliche Bezeichnungen im europäischen Bereich

Die Semasiologie als Wortbedeutungslehre bemüht sich um die Interpretation einzelner Begriffe, die Onomasiologie trägt die verschiedenen Bezeichnungen eines Begriffs zusammen und bringt diese in einen Zusammenhang. Am Anfang dieser Arbeit müssen zur Klärung der Forschungsbegriffe und damit des Forschungsgegenstandes semasiologische und onomasiologische Hinweise stehen:
Die lateinische Welt benutzt den Begriff »ARMA« für das »Gefügte«, für »Werkzeug, Baugerät, Ackergerät, Kriegsgerät, Waffen, Rüstung, Bewaffnete, Waffenmacht, Verteidigungsmittel« — dem Sinne nach und in Übersetzungen je nach Kontext einsetzbare Begriffe, wobei die Schutz- und Trutzwaffen »arma atque tela« das spezielle militärische Gerät bezeichnen. Dieses Gerät oder Zeug, wie noch zu erläutern ist, lagerte im speziell für diesen Zweck durch Adaption eingerichteten oder neu erbauten Raum bzw. Gehäuse, dem »ARMAMENTARIUM«. Meist wird der Begriff »Armamentarium« mit »Zeughaus« oder »Arsenal« übersetzt, kommt aber in dem dieser Arbeit zugrunde liegenden Zeitraum (2. Hälfte des 15. Jh. bis nach der Reichsgründung im 19. Jh.) nur selten vor, weil das Latein als Gebildetensprache mit dem ausgehenden Mittelalter mehr und mehr durch die gesprochene und nun auch geschriebene deutsche Sprache ersetzt wurde. Taucht der Begriff »Armamentarium« singulär doch auf, dann im Zusammenhang mit adeligen Rüstkammern oder Leibwaffensammlungen wie dem Bildinventar der Ambraser Heldenrüstkammer »ARMAMENTARIUM HEROICUM« von 1601 [ABB. NR. 288 E], als Schlüsselbegriff für den Einstieg in ein sonst in Deutsch verfaßtes Lehrbuch wie das von Johann Ammon »ARMAMENTARIVM PRINCIPALE« von 1625, den wenigen in Latein gedruckten Traktaten, darunter denen von Vredeman de Vries [ABB. NR. 323.1-17] oder die »OPERA ALBERTI DURERI« Paris 1535/Arnheim 1603.[1] Auch im übertragenen Sinne kommt der lateinische Begriff vor, etwa im »ARMAMENTARIVM CHRISTIANORVM« des Titelkupfers einer Altarbibel von 1702 [ABB. NR. 461]. Nebeneinander, aber austauschbar, sind beide Begriffe »Zeughaus« wie »Armamentarium« immer wieder festzustellen. Hier ist auf die dekorative Druckgraphik des 17. und 18. Jh. zu verweisen, die nur zu gern zweisprachige Kurzerklärungen zu ins rechte Bild gesetzten Zeughausmotiven gab. Beispiele sind die um 1680 gedruckten beiden Blätter mit dem Zeughaus von Augsburg [ABB. NR. 177+178], die zwischen 1761 und 1765 für »Pränumeranten« aufgelegten Blätter mit dem Zeughaus von Danzig [ABB. NR. 343+344] und die Ansicht des Zeughauses in Breslau aus der berühmten Serie der Stadtprospekte von F. B. Werner und M. Engelbrecht aus der Mitte des 18. Jahrhunderts [ABB. NR. 35].

Zu unterscheiden ist der Begriff »Armamentarium« von »Armatura«, womit Wehr und Waffen zur eigenen Verteidigung, »zur Bedeckung« und zum Angriff, gemeint sind, um »den Feind zu beleidigen und zu verletzen«.[2] Beim Studium der deutschsprachigen Schrift- und Bildquellen begegnet man zahlreichen Ausdrücken, die das organisierte Waffenvorratslager entweder ganz allgemein bezeichnen oder ein bestimmtes Vorratslager vom Hauptinhalt aus gesehen charakterisieren, z. B. Antwerkstadel, Harnischkammer, Büchsenhaus, oder Bezug auf den Aufbewahrungsort nehmen, z. B. Waffengewölbe in Rathaus, Burg oder Schloß, oder Zeughaus als bestimmtes in Stadt, Festung, Burg-/Schloßbereich bekanntes Gebäude. Dabei trifft man unterschiedlichste Schreibweisen an, die meist aus der Zeit vor der grammatikalischen Vereinheitlichung stammen und oft noch mundartlich bedingt sind, z. B. im deutschschweizerischen Bereich das Suffix -hüsli; im bayerischen und österreichischen Bereich hängte man gern den im allgemeinen für ein kleines offenes Gebäude oder eine Scheune benutzten oberdeutschen Begriff »Stadel« an Stammwörter wie Puxen-, Büchsen-, Zeug- usw. an. Der zentrale deutsche Begriff aber ist »ZEUGHAUS«. »Zeug-« ist auch im Niederländischen, Dänischen, Polnischen, Schwedischen und sogar Russischen, in Schreibweise und Aussprache angepaßt, als Lehn- bzw. Fremdwort anzutreffen.

Der Begriff »ZEUG« taucht in der frühen Neuzeit in der Verbindung mit »-haus« als Bezeichnung für den neuen Gebäudetypus »Waffenspeicher« auf, in dem neben den herkömmlichen Schutz- und Trutzwaffen besonders Feuerwaffen aller Art, darunter vorzugsweise der Geschützpark, aufbewahrt wurden. Im Deutschen Wörterbuch der Gebrüder Grimm wird »Zeug« als »Sammelwort für sächliche Concreta« aus den Begriffen »gezeug/gezeugen« abgeleitet, wobei schon im 10. Jh. die Begriffe »armamenta — ziuhc« im Salzburgischen in Zusammenhang gebracht wurden.[3] Das altgermanische Substantiv mhd. [ge]ziuc, ahd. [gi]ziuch begegnet uns nicht nur im modernen Wort »Zeug«, sondern — wie erwähnt — im Niederländischen als »tuig«, im Schwedischen als »tyg«, im Polnischen als »cek«, im Russischen als »tsejch«. Nach der Feststellung im Großen Duden geht der Bedeutungswandel von »das Ziehen« über »Mittel zum Ziehen«, woraus sich die Bedeutungsinhalte »Mittel, Gerät, Stoff, Vorrat« bildeten.[4] Das zugehörige Verb ist mhd. »ziugen«, ahd. »giziugon« im Sinne von »Zeug, Gerät anschaffen, besorgen«, aber auch von »herstellen, erzeugen«.[5] Der Terminus in diesem Sinne ist Teil der Begriffe wie Werkzeug, Reißzeug, Hebezeug, Schreibzeug u. ä. Im Sinne von »Werkzeug« und »Material« gebraucht z. B. Albrecht Dürer den Begriff »gezeugs«, als er zu seiner Invention der »Bauernsäule« im Traktat »Underweysung der Messung mit dem Zirckel und Richtscheyt ...« von 1525 gleich im ersten Satz die Betrachtungen zum Holzschnitt des Sockels formuliert:

»WElicher ein victoria [Siegesmal, Gedächtnissäule] auf richten wolt darumb das er die aufruerischen bauren vberwunden het der moecht sich eins solichen **gezeugs** darzu gebrauchen/wie ich hernach leren will ...«.

Zu seiner »Siegessäule« im gleichen Traktat spricht er von »zeug« im Sinne von erbeutetem »Artilleriematerial«, welches er zur Trophäe zusammenfügen will.[6] Im Fortifikationstraktat »Etliche vnderricht/zu befestigung ...« von 1527 benutzt Dürer den Begriff bei den Speicherbauten innerhalb seiner Idealstadtplanung in beiderlei Bedeutung, nämlich für Kellereien, Kornböden und Waffenlager u. s. w. [ABB. NR. 325, besonders die Bauten 26 und 30]. Parallel zu der Gebrauchsanwendung wird »Zeug« seit dem 18. Jh. bis in die Gegenwart hinein in Zweitbedeutung für »Kram, Plunder« oder ähnlich abwertende Begriffe angewendet, hat also einen negativen Bedeutungswandel hinter sich.
Die Schreibweise »zewg« taucht im Jahr 1430 in einem Inventar auf, welches ein Brief Herzog Friedrichs von Österreich, des späteren deutschen Kaisers Friedrich III. (reg. 1439-1493), anführt. Dieser Terminus begegnet uns darin für ritterliche Schutz-, Trutz- und Turnierwaffen im ersten Drittel des 15. Jahrhunderts.[7] In dem Inventar München von 1444 taucht der Begriff sowohl als »zewg« wie auch als »ceug« [ABB. NR. 500] auf. Mit diesen Begriffen waren dort ebenso wie in Nürnberg anfänglich offenbar der Harnischwerkstoff gemeint.[8] In der Schreibweise »büchsenzewg« ist der Begriff um 1450 in Nördlingen nachgewiesen. In Breslau redete man 1483 von »der Stadt Gezeug«, wenn man die Viertelbüchsen, Haufenitzen, Kammer-, Tarris-, Hakenbüchsen usw., also die gesamten Rohre der unterschiedlich-

sten Feuerwaffengattungen, meinte. Diese ursprüngliche Anwendung des Begriffs für den Geschützpark setzte sich mehr und mehr durch, so daß die Gehäuse, in denen man dieses kostbare Gut aufbewahrte, bald selber in einer Übertragung die Bezeichnung »Zeughäuser« erhielten. Die Inventare Würzburg 1587 und Ziegenhain 1593 lauten »Zeughauß« [ABB. NR. 288 A+B], das Inventar Kassel 1603 belegt die Schreibweise »Zeugkhaus« [ABB. NR. 288 C]. Natürlich kam es immer wieder zu mundartlichen Umformungen. So erscheint das Zeughaus im Steuerregister Dinkelsbühl 1611 mundartlich geschrieben »Zeighauß«[10]; in der Festungsstadt Stein am Rhein ist es 1628 das »Zügühüßlin«; in Baden/Schweiz tauchen im Jahre 1614 die Schreibweisen »Zeüghauß« und »Züghus« auf. Auch in den anderen Sprachbereichen ist eine solche Entwicklung zu erkennen. So beschriftete der berühmte Fortifikateur Hendrik Ruse (1624-1679) auf seinem Plan von »Citadellet Frederikshaven« 1666 das dortige Zeughaus mit »Tuÿgh Huÿs«.[10] Das Militär-Handlexikon von 1881 erklärt mit der damals schon veralteten [!] Bezeichnung »Zeug« die Benennung für das gesamte Geschützwesen eines Heeres, dessen oberster Befehlshaber ursprünglich der General-Zeugmeister war. Bekanntlich aber setzte sich in dieser Anwendung der Begriff »Artillerie« in zahlreichen, meist verballhornten Schreibweisen wie Artolerei, Artillei, Archelei, Arkolai, Arkelley, Arcollai, Artälrey u. a. schon sehr früh durch. Als Inschrift findet man »ZEUGHAUS« noch im 1875 fertiggestellten Gewehr=Zeughaus von Ludwigsburg [ABB. NR. 480]. Im 20. Jh. aber wird der Begriff immer weniger zu Gunsten des Begriffs »ARSENAL« angewendet. Der Zeughaus-Begriff erweckt heute bei den Deutschen [wie eine kleine nichtrepräsentative Umfrage ergab] stets Assoziationen zum militärisch-nüchternen Speicherbau. Bei der Bundeswehr der Bundesrepublik Deutschland und ebenfalls bei der ehemaligen sog. Volksarmee der DDR ist vorwiegend von Silos und Vorratslagern die Rede. Aus der Sicht einer Begriffsgeschichte ist der Terminus »Zeughaus« für den deutschen Raum also mit dem Untergang des hier zu behandelnden Gebäudetyps mit dem beginnenden 20. Jh. ausgestorben. Anders ist das in der deutschsprachigen Schweiz, wo er wegen der konsequenten Weiterführung von kleinteiligen Militärspeichern auf Grund der dortigen ganz anderen militärischen Infrastrukturmaßnahmen amtlich noch heute benutzt wird und es z. B. in zahlreichen schweizerischen Orten ausgeschilderte »Kantonale Zeughäuser« gibt. Die frankophone Schweiz benutzt einheitlich den Terminus »Arsenal«.

Der Begriff »ARSENAL« kommt in fast allen europäischen Sprachen vor oder wird zumindest als Fremdwort verstanden und benutzt. Er wird im deutschsprachigen Bereich in früheren Zeiten oft synonym zu dem Begriff »Zeughaus« benutzt. Eine strenge inhaltliche wie zeitliche Grenze zwischen beiden Begriffen ist nicht festzustellen, wenn auch die Größe der zu benennenden Anlage und die unterschiedlichen Funktionsbereiche, wie noch zu erörtern ist, eine gewisse Rolle bei der Begriffswahl spielten. Beide Wörter kommen auch für ein und dieselbe Einrichtung nebeneinander vor. So ist ein Beispiel die Doppelbenennung der »R.[UE] DE L'ARSENAL — ZEUGHAUSGAS« in Köln in vergoldetem Haustein am Zeughaus selber [ABB. NR. 161.2]; der 1873 erbaute Waffenspeicher in Ludwigsburg heißt seit seinem Bau *1873 durch Inschrift ausgewiesen ganz deutsch »ZEUGHAUS« [ABB. NR. 480], während der unmittelbar benachbarte barocke Waffenspeicher *1761 die französische Bezeichnung »Arsenal« trägt [ABB. NR. 179+180]. Oft ist aber auch für manche Großkomplexe des Landzeugwesens die Bezeichnung »Arsenal« vorbehalten. Nach dem sächsischen Arsenal in Dresden aus dem letzten Viertel des 19. Jh. [ABB. NR. 484] nenne ich als wohl berühmtestes Arsenal im deutschsprachigen Bereich das »K. K. Arsenal Wien« aus der Mitte des 19. Jahrhunderts [ABB. NR. 472+489].

»Arsenal« kommt aus dem arabischen Sprachbereich. Man benutzt dort »dar(es) sina'a «,[11] »dar-as-sina'a«,[12] »dar-azzana«[13] für »Haus der Handwerksarbeit, Schiffswerft«, »Haus der Handwerkerarbeit« bzw. für »Werkhaus«. Die Venezianer übernahmen den Begriff als »darsena«, bzw. »arzenal«, woraus das italienische Wort »arsenale« entstand.[14] Unter venezianischem Einfluß schon gelangte der Begriff in die europäischen Sprachen, darunter auch ins Deutsche. Wie das Fremdwort verballhornt wurde, zeigt etwa die Wahl der Bezeichnung »Arschanahl« durch Veit Clement i. J. 1566, als er in einer Projektstudie unter Zuhilfenahme eines Modells dem sächsischen Kurfürsten vorschlug, ein Arsenal zu bauen, welches von der Elbe her über einen Kanal befahrbar sein sollte.[15] Das Gebiet an der Donau vor dem Neuthor in Wien, wo kaiserliche »Streitschiffe«, aber auch Heereskriegsmaterial im 16. Jh. in großen Mengen lagerte, wird vor dem Abbruch 1561 als das »Alte arsional« bezeichnet.[16] Verballhornung aber auch in den anderen Sprachgebieten; so wurde das Arsenal von Willemstad in Holland »Arttionaelhuys« genannt. In Rechnungen von 1616 heißt der dort 1590/91 errichtete Bau, der Vorläufer des heute noch erhaltenen Arsenals von 1792 [ABB. NR. 171], »ardinaelshuis«.[17] Das Arsenal von Veere wird noch 1696 in der Chronik von M. Smallegange »Archenael« genannt.[18] Es ließen sich zahlreiche weitere Beispiele anfügen. In Venedig selber hat man im 16. Jh. logisch, aber trotzdem irrtümlich, den Begriff »Arsenal« von »Arx Senatus« als »Festung des Senats« deuten wollen. Mit dem Urbegriff »Arsenal« verbindet man heute vor allem »L'Arsenale della Republicca di Venezia«, also den im Jahr 1104 gegründeten und stetig erweiterten maritimen Großwerkplatz der einstigen politisch wie wirtschaftlich auf das Meer orientierten Serenissima [ABB. NR. 15+16]. In Glanzzeiten arbeiteten dort in dem durch defensible Mauern eng umgrenzten Bereich inmitten der Lagunenstadt bis zu 15000 privilegierte Arsenalotti. Das Arsenal war

»for centuries the largest productive installation in all Europe«,

wie der Kenner der Arsenalgeschichte Gianni de Michelis charakterisiert.[19] In diesem Sinne wird z. B. der Begriff vom Centre International de la Mer in der Corderie Royale des Arsenals Colbert in Rochefort gebraucht. Im aktuellen Rundgangsprospekt heißt es:

»L'Arsenal est un lieu où est réuni l'ensemble des ateliers nécessaires à la construction, à l'armement et à la réparation des navires«.

Berühmte Marine-Arsenale, oftmals sogar regelrechte Arsenal-Städte, welche die Tradition des venezianischen Werft-, Lagerhaltungs-, Versorgungs- und Instandsetzungskomplexes an Meeresküsten, auf Inseln oder an Flüssen bzw. Kanälen aufnahmen, weiterführten und immer wieder besonders kriegs-, schiffs-, maschinentechnisch weiterentwickelten, sind u. a.:

Dänemark:	Kopenhagen mit Nyholm, Frederiksholm und Christiansholm;
Deutschland:	Cuxhaven, Emden, Hamburg, Kiel, Wilhelmshaven;
England:	Chatham, London, Northfleet, Plymouth, Portsmouth, Sheerness; Korfu, Gibraltar, Malta, Menorca;
Finnland:	Sveaborg-Suomenlinna;
Frankreich:	Brest, Calais, Cherbourg, Dünkirchen, Rochefort, Rouen, Lorient, Marseille, Toulon;
Italien:	Ancona, Comacchio, Genua, La Spezia, Trieste, Venedig;
Niederlande:	Amsterdam, Den Helder [Nieuwe Diep], Enkhuizen, Hellevoetsluis, Medemblik, Rotterdam, Vlissingen;
Portugal:	Lissabon;
Rußland:	Kronstadt, St. Petersburg, Sewastopol, Wladiwostok;
Schweden:	Karlskrona;
Spanien:	Cadiz, Cartagena, Ferrol, La Carraca

u. v. a. auch außerhalb Europas, besonders zahlreich auch im hispano-amerikanischen Raum.[20] Diese meist im 18. und frühen 19. Jh. gegründeten oder ausgebauten Marine-Arsenale waren in Friedenszeiten Produktions-, Bereitstellungs-, Versorgungsbasen für die Kriegsflotte. Als erste technische Großeinrichtung sind die Werften mit ihren Dockanlagen zu nennen. In Kriegszeiten waren sie stellungsartige Nachschubbasen, aus denen sowohl ein Angriff zur See gestartet werden konnte, als auch im Krisenfall ein gesicherter Rückzug möglich war. Stets waren diese im Laufe der Zeiten anwachsenden Marinezentren fortifiziert, um ankernde Flotten, Vorrats-, Werk-, Pack-, Dockanlagen, Zeughäuser, Magazine, Kasernen und die Marinearbeiter auch gegen einen Angriff von der Landseite aus optimal schützen zu können.²¹

Im Französischen wird »l'arsenal — les arsenaux« generell für alle Arten von Waffenspeichern gebraucht, während im deutschsprachigen Bereich im 17., besonders aber im 18. und 19. Jh. »Arsenal« überwiegend für Marine-, also Seezeughäuser im Gegensatz zu den Landzeughäusern Verwendung fand. Das geschah ganz im Sinne des Ur-Arsenals von Venedig. Für die kurze deutsche Küste sind die Marinearsenale von Cuxhaven, Emden, Kiel, Wilhelmshaven zu nennen. Der uns noch mehrfach begegnende wichtigste Vertreter der deutschen Architektur in der 1. Hälfte des 17. Jh., Joseph Furttenbach (1591-1667), benutzte in seinen zahlreichen architekturtheoretischen Traktaten und Bauanweisungen den deutschen Begriff [ABB. NR. 331/1-8], während der neben seinem eigenen Gedankengut auch das des Nicolaus Goldmann (1611-1665) publizierende Leonhard Christoph Sturm (1669-1719) als führender Architekturtheoretiker seiner Zeit »Arsenal« im skizzierten Sinne für einen befestigten Seehafen vewendet, den darin befindlichen speziellen einflügeligen Waffenspeicher aber als »Zeughaus« anspricht [ABB. NR. 332]. In der Neuauflage der Sturmschen Werke teilt der Verleger und Kunsthändler Jeremias Wolff aus Augsburg die Gliederung des Gesamtwerks mit. Unter »M« handelt er »Stadt= Thore/Bruecken/ Zeughaeuser« ab, getrennt davon unter »N« »Schiffhaeuser und Arsenale«. Den Waffenspeicher in seiner Idealstadt von 1718 benennt Sturm deutsch. In der vorgeschlagenen Garnisonsstadt liegen sich »Zeughauß«, »Gouverneurs Hauß«, »Rathauß« und »Kornhauß« als wichtigste Großbauten unter »856 Steinerne Privat-Häuser« und »344 Höltzerne Privat-Häuser« gegenüber [ABB. NR. 328].

Nebeneinander, aber austauschbar, sind die Begriffe »Zeughaus« und »Arsenal« ebenso wie das Begriffspaar »Armamentarium — Zeughaus« bzw. »Armamentarium — Arsenal« in Schrift- und Bildquellen zu entdecken. So wird in der mehrsprachigen Schweiz »Zeughaus« und »Arsenal« inhaltlich äquivalent benutzt. Französische oder französisch geschulte oder auch nur modemäßig francophil gesinnte Bauherren und Architekten beschrifteten besonders in der barocken Epoche ihre Projektpläne in Französisch. Sie benutzten etwa für das berühmteste aller deutschen Zeughäuser in Berlin »L'Arsenal« [ABB. NR. 360]. Abhandlungen und Abbildungen in Architekturtraktaten französischer Provenienz verwenden selbstverständlich »L'Arsenal«. Die Sprache und damit die Nomenklatur der Militärbaumeister, Architekten wie Ingenieure, war lange Zeit Französisch. Und diese Sprache war grenzüberschreitend, bestimmte ganz wesentlich die kulturelle und damit auch die bauliche Entwicklung in Europa wie die drei »Architekturen« architectura militaris, architectura civilis, architectura navalis, welche im Zeughaus- bzw. Arsenalbau mit ihrem speziellen Grundwissen, Axiomen, Erfahrungen, Anschauungen stets zusammenwirkten. Eine streng definierte und die Begriffe voneinander abgrenzende Anwendung gibt es also nicht.

Das ahd. »rustig«, mhd. »rüstic«, mnd. »rustich« in der Bedeutung von »bereit, gerüstet, kampfbereit« hatte schon während der Reformationszeit den Begriffsinhalt wie er heute noch besteht. Martin Luther (1483-1546) war es, der i. J. 1522 bei seiner Bibelübersetzung den Begriff »RÜSTZEUG« prägte. In der Apostelgeschichte 9,15 heißt es bei ihm:

> »Der HErr sprach zu ihm: Gehe hin, denn dieser [Saulus] ist mir ein auserwählter rüst=zeug, daß er meinen namen trage vor den heyden, und vor den königen, und vor den kindern von Israel«.²²

In modernen Bibelübersetzungen ist man jüngst wieder auf den heute verständlicheren Begriff »Werkzeug« gekommen.²³ Rüstzeug bedeutete also soviel wie Werkzeug im Sinne technischer Gerätschaft, mit der man sich [aus-]rüsten, sich wappnen, aber auch schmücken konnte.²⁴ Der Begriff »RÜSTKAMMER« [frz. cabinet d'armes oder Magazin d'armes] im Sinne eines festen Ortes, an dem solche »Werkzeuge«, eben »Rüstzeug« zusammengetragen und unterhalten wurde, ist weit verbreitet gewesen. Schließlich hatte jeder freie Bürger in der Zeit, als die Selbstbewaffnung noch Bestandteil des allgemeinen Bürgerrechts war, seine private Rüstkammer zu Hause; jeder Adelige von weltlichem und geistlichem Stand besaß seine Leibrüstkammer. In Rathäusern, Klöstern, auf Burgen und Schlössern treffen wir auf Rüstkammern, die meist in adaptierten Räumen der vorhandenen Baulichkeiten untergebracht wurden. Gemeinsames Kennzeichen ist das Fehlen der Großwaffen, besonders der Geschütze, die nicht in »Kammern« zu deponieren waren. Beim Anwachsen der Rüstkammerinhalte allerdings konnte die Notwendigkeit zum Erstellen eines eigenen Gehäuses, eines Zeughauses, entstehen. Oft aber sind private Rüstkammern z. B. von Fürsten als Leibrüstkammern im fürstlichen Zeughaus ein Eigenbestand gewesen, eine Art Depositum außerhalb der institutionalisierten Zeughausverwaltung unter direkter fürstlicher Regie. In den Städten unterstanden Rüstkammern des Rathauses meist dem Bürgermeister oder einem Ratsherren, der das städtische Rüst- bzw. Zeugamt verwaltete. Als Beispiel sei die herzogliche Leibrüstkammer im Zeughaus Wolfenbüttel genannt [ABB. NR. 288 G]; ein Inventar von 1623 für Hohenzollern nennt neben der »Risstcammer« auch ein »Zeughauß«; seit 1720 findet man in den Lüneburger Kämmereirechnungen eine Rüstkammer im Oberen Gewandhaus des Rathauses, wo Harnische, Helme und Handwaffen seit 1569 vom Rat aufbewahrt wurden, weil die Gewandschneider ihren Verkaufsraum aufgegeben hatten; die berühmten Ambraser Sammlungen bestanden aus fünf voneinander inhaltlich unabhängigen Rüstkammern; am sächsischen Hofe führte man gar Inventare über neun Rüstkammern.²⁵ Die Rüstkammern besonders von

Standespersonen stehen auch in unmittelbarem Zusammenhang mit den Kunst- und Wunderkammern, wie in Kapitel 19.5 erörtert wird.

Europäische Bezeichnungen für Rüstkammern/Zeughäuser/Arsenale

ALTVENEZIANISCH:
darsena, arzenal

DEUTSCH:
Antwerchstadel,
Armamentarium,

Arsenal
Artilleriedépôt,
Balistarium [z. B. Rostock 14. Jh.],
Blydenhaus, Pleidenhaus [z.B. Frankfurt a. M. 1280 (!), in Köln als Bliden- und Werkhaus 1348],
Buchsenhaus, Puchsenhaus, Puxenhaus, [bussenhusz, z. B. Lüneburg 1483],
Büchsenhaus [z. B. Schwäbisch-Hall 1509/27; Erwähnung auf Burg/Schloß Dillenburg 1463/64]
Büchsenstadel, Puchsenstadel [z. B. Regensburg 1530],
Bussenhof [z. B. Bremen 1503],
Bussenhus [z. B. Stade 2. Hälfte 16. Jh. des »Rades Bussenhus«],
Harnischhüsli [zahlreich in der Schweiz],
hus to den bussen [z. B. Rostock 15. Jh.],
Jagdzeughaus [z. B. Rastatt, Würzburg, Karlsruhe],
Kriegsmaterialdepot, -gebäude [heute in der Schweiz]
Magazingewölbe,
Montierungskammer,
Rüsthaus,

Rüstkammer [z. B. Leibrüstkammern der Coburger Herzöge des 16./17. Jh.] mit Harnisch-, Pistolen-, Gewehr-, Jagd-, Reitzeug-, Pulverkammern [z. B. harnskamer im Schloß Celle 1457, Gewehrkammer Schloß Dresden, Rüstkammer der Stadt Emden],
Schotkamere [z.B. Bremen 1395],
Spiesshaus,
Waffendepôt,
Waffengewölbe,
Waffenkammer,
Waffenlager,
Waffensilo,
Waffenspeicher,

Zeughaus [Zeughauß, Zeugkhauß, Zeuckhaus u. ä.],
Zeugkasten,
Zeugmagazin,
Zevg-Plei-Plid-oder Blidhaus [z. B. Konstanz 1417, es wurde 1523 zum Zeughaus ausgebaut, 1624 al fresco bemalt, 1826 restauriert, 1845 verkauft, heute stark überbautes Privathaus],
Zeugspeicher,
Zeugstadel [bayer. und österreich. Bez., z. B. Neuburg/Donau im 17. Jh., München, Ingolstadt],
Züghuss.

DÄNISCH:
Artillerimagasiner, Harniskkammre, Livrustkammaren, Rustkamre, Thöighuus, Tøjhus, Söe-Thöighuus (1677), Söe-Töihuset (1761), Arsenalet, Artillerimagasiner.

ENGLISCH:
Arsenal, Armoury, warehouses [speziell für Hafenspeicher], Artillery store [speziell für armaments].

FRANZÖSISCH:
Arsenal, Arcenal, Dépôt, Magasin d'Artillerie, Cabinet d'armes, Magazin d'armes.

GRIECHISCH:
Arsenal: ἡ ὁπλοθήκη.
Zeughaus: ἡ σκευοθήκη, ἡ ὁπλοθήκη, τὸ ὁπλοφυλάκιον.

ITALIENISCH:
Arsenale.

LATEINISCH:
Armamentarium, stratageum, arsitium, arsena.

NIEDERLÄNDISCH:
Arcenaal (1799), Arsenaal, ammonitiehuis, bushuis, bussenhuis, legerbevoorrading, Magazijn van Oorlogs-Vooraat, Oorlogsmagazijn, tuighuis, wapenhuis, wapenmagazijn.

NORWEGISCH:
Rustkammeret.

POLNISCH:
Arsenal, Zbrojownia [Zeughaus, Waffenkammer, -museum, -fabrik], cekhauz [in den Wörterbüchern meist mit + für »veralteter Begriff« angegeben].

RUSSISCH:
Artillerijskij tsejchgaus: цейхгáyc
Bez. des Artilleriearsenals in Leningrad; ins Russische kamen auch unter Zar Peter d. Gr. die aus dem nhd. übernommenen Bezeichnungen Zeugwärter und Zeuchmeister: цейхвáхтер цейхмéйстер
Orushejnaja palat Bez. der Rüstkammer in Moskau].

SCHWEDISCH:
Arsenal, Livrustkammaren, Tyghus.

SPANISCH:
Arsenal, Armeria.

TÜRKISCH:
1. silâh ve mühimmat deposu, 2. silâhane, 3. tophane [1. - 3. umfassen Zeughaus, Arsenal, Geschützgießerei] 4. tersane [nur für Marinearsenal].

ANMERKUNGEN:

[1] Es ist geradezu ein Kennzeichen, daß der überwiegende Teil der handschrift. überlieferten Büchsenmeisterbücher und der gedruckten Traktate in deutscher Sprache abgefaßt ist. Das belegt schon eine Titeldurchsicht der Codices im Anhang 2.C und die reproduzierten Titelblätter [ABB. NR. 315, 319, 321]. Als Beispiel der Verwendung des Begriffs »Zeug« im Sinne nichtmilitärischer Gerätschaften sei auf das Buch von Hadrian von Mynsicht verwiesen, welches unter dem Titel: Thesaurus et Armamentarium medico-chymicum in Lübeck 1646 erschien und u.a. das Medizinerbesteck abhandelt.

[2] W. Dilich: Krieges=Schule, 1689, S. 475.

[3] Grimm/Grimm: Deutsches Wörterbuch, Bd. 15, 1956, Sp. 825-839, 856-860, 872-873 für Zeug, Zeugamt, Zeughaus, Zeugherr, Zeugjagen, Zeugwagen. Hier auch die ältesten Nachweise der Begriffe. Vgl. dazu B. Poten: Handwörterbuch, Bd. 9, S. 380; A. Niemann: Militär=Handlexikon, 1881, S. 1024 f.

[4] G. Drosdowski / P. Grebe u.a.: Großer Duden, 1963, Bd. 7, S. 780.

[5] E. Wasserzieher/ E. Betz: Ableitendes Wörterbuch, ^{18}1974, S. 453; K. Bergmann / P. I. Fuchs: Deutsches Wörterbuch, 1923, S. 351 f; F. Kluge / W. Mitzka: Etymologisches Wörterbuch, ^{20}1967, S. 881.

[6] H.-E. Mittig: Dürers Bauernsäule. Ein Monument des Widerspruchs, 1984, S. 6 f, 19.

[7] Vgl. E. Wenzel: Ein Inventar ritterlichen Rüstzeugs von 1430, in: ZHWK Bd. 16 (1940/42), S. 28 f.

[8] Inventar von 1444 im Stadtarchiv München, Cimelie 31.

[9] Stadtarchiv Dinkelsbühl, Bestand B 69 Stadtkämmerei v. 1611.

[10] H. Krabbe: Katellet gennem 300 År, 1964, S. 24 f.

[11] F. Kluge, op. cit., S. 32.

[12] E. Wasserzieher, op. cit., S. 119. Analog auch im Großen Duden.

[13] K. Bergmann / P. I. Fuchs, op. cit., S. 11.

[14] M. Wis: Ricerche sopra gli italianismi nella lingua tedesca, 1955, S. 95: Arsenal, Arzenal, Arsinal(e), Arschanal, Arschinal.

[15] C. Gurlitt: KDM Dresden, 1903, S. 329.

[16] W. Boeheim: Zeugbücher, Teil II, S. 295 f. und J. E. Schlager: Wiener Flußstreitschiffahrt, 1846, S 273 ff.

[17] Gemeindearchiv Willemstad, Dokument Nr. 512.

[18] M. Smallegange: Chronik, 1696, S. 587.

[19] G. de Michelis: L'Arsenale Riordinato, 1987, S. 11. Weitere Literatur zum Arsenal Venedig im Bautenverzeichnis. Ein ideales Marinearsenal z.B. bei D. Diderot / J. B. D'Alembert: 1750 [ABB. NR. 17] und bei N. Goldmann in L. Chr. Sturm, 1721 [ABB. NR. 332, 333]. — Q. Hughes: Britain in the Mediterranean & the defence of her naval stations, 1981.

[20] Die englische Arsenalkette zog sich um den ganzen Globus. Zu den zitierten europäischen Arsenalen kamen noch dazu: Alexandria, Aden, Singapur, Sidney, Auckland, Simonstown, Halifax u.a. — Die USA besaßen folgende wichtige Seearsenale: Portsmouth in New Hampshire, Boston, Brooklyn, Philadelphia, Charleston, San Francisco, San Diego, später auch Pearl Harbor.

[21] Am Beispiel von L'Arsenal de Colbert in Rochefort möchte ich die arsenaltypischen Gebäude nennen: ◆ La Maison du Roy *1674, ◆ Les Cales et les Hangars de Contruction, ◆ Les Formes de Radoub *1683, ◆ Les fosses aux Mats, ◆ La Corderie Royale [Architekt François Blondel], ◆ Le Batiment de la Mature, ◆ Le Magasin General *1680-90, ◆ Les Magasins Dits Particuliers, ◆ Les Differents Ateliers, ◆ La Fonderie *1668, ◆ Les Poudrieres, ◆ L'Artillerie Navale *1838, ◆ Le Magasin Aux Vivres, ◆ Les Casernes *1693 und 1799, ◆ L'Hopital de la Marine *1680/82, ◆ Les Remparts *1675, 1688, +1924, ◆ Les Quais. ◆ Le Bagne, ◆ Le Pont Transbordeur.
In der vorliegenden Arbeit schließe ich diese militärbau- wie stadtbaugeschichtlich hochinteressanten Anlagen der »maritimen Großzeughäuser« von der intensiveren Betrachtung aus. Für ihre gemeinsame Bau- und Technikgeschichte ist eine separate Untersuchung notwendig. Lit. im Bauten- u. Literaturverzeichnis unter den Orten bzw. den Verfassern: J. G. Coad, G. Dagnaud, A. Dupont, Ph. Hichborn, Qu. Hughes op. cit., P. Lecestre, P. M. J. L. Lombaerde, H. Martin, P. C. Saal, E. Weyl, Commissaire Général de la Marine, J. Heeres, G. Jackson. Vgl. Kap. 5.0 Anmerkung 20, Kap. 6, Anmerkung 20.
Traktatliteratur: J. Furttenbach Architectura navalis, 1629, Reprint 1975; L. Chr. Sturm: Vollständige Anleitung, 1721.

[22] Zitat aus: Biblia Das ist Die gantze Heil. Schrifft, Alten und Neuen Testaments, Nach der Teutschen Übersetzung D. Martin Luthers, Basel 1746.

[23] Deutsche Bibelgesellschaft: Die Bibel im heutigen Deutsch. Die Gute Nachricht des Alten und Neuen Testaments, Stuttgart ^{2}1982, S. 140. »Rüstzeug« ist durch »Werkzeug« ersetzt.

[24] A. Velter: Das Buch vom Werkzeug, 1979, S. 8: »Die Schaffung von Gerätschaften zum Handeln und Verwandeln stellt ja gerade das entscheidende Kennzeichen des Menschentums dar.« — Oberst W. von Kamptz benutzt in seinem für die Verhältnisse des 19. Jh. grundlegenden Aufsatz den deutschen Begriff »Streitmittel« für die Ausrüstungsgegenstände einer Festung, die schon in Friedenszeiten geordnet gelagert werden müssen. Vgl. W. v. Kamptz: Ansichten über die Lagerung der Streitmittel in einer Festung, in: Kriegstechnische Zeitschrift Bd. 57 (1865) S. 283-313.

[25] E. Lieber: Verzeichnis der Inventare der Staatl. Kunstsammlungen Dresden 1568-1945, Dresden 1979, besonders S. 24-72.

[26] K. Schalk benutzt den sich nicht durchsetzenden Begriff eines »Waffenaushilfsdepots« für städtische Waffenlager, weil aus diesen die privaten Rüstkammern der freien Bürger, die diese ins Feld nehmen mußten, nur ergänzt bzw. das schwere Zeug gestellt wurde. Vgl. K. Schalk: Die historische Waffensammlung der Stadt Wien, in: ZHWK Nr. 2 (1900), S. 247.

5. Stand der Forschung in der Bau- und Kunstgeschichte

Für jeden Gebäudetypus, so auch für den des Zeughauses, gilt der Forschungsdreitakt:

- Bauanalyse [Form und Konstruktion],
- Funktionsanalyse [Zweckerfüllung],
- Analyse der ästhetischen Wirkung und Bedeutungsgehalt.

Der in der frühen Neuzeit entstehende eigenständige Gebäudetypus »Zeughaus« spiegelt architekturtheoretische, baulich-konstruktive, waffentechnische, künstlerische, militärökonomische, soziale Zustände bestimmter Epochen und Herrschaftsformen wider. Die wenigen »reinen« erhaltenen Zeughausbauten sind heute nach den mittlerweile in allen Bundesländern eingeführten Denkmalschutzgesetzen als Zeugen der Vergangenheit innerhalb der Sparte der Baudenkmäler unter Schutz gestellt. Dabei werden mancherorts sogar Zeughäuser und Arsenale ausdrücklich beim Namen genannt.[1] Der Waffenspeicher als ein durch das Zusammenwirken von architectura militaris und architectura civilis erstellter Profanbau mit spezifischer Eigenart fällt unter den 1975 zum Europäischen Denkmalschutzjahr verkündeten Leitgedanken:

EINE ZUKUNFT
FÜR UNSERE VERGANGENHEIT!

Das ist die gesetzliche, die amtliche Lage in unserem Land, die diesen historischen Gebäuden einen ersten Schutz einräumt und die hier nicht weiter vertieft werden soll. Ich verweise auf die Denkmalschutzgesetze der Länder und ihre Kontexte.[2] Ähnlich ist dieser Schutz auch in Österreich und der Schweiz fixiert. In der Praxis sieht das aber oftmals ganz anders aus. Das Verständnis für ein Zeughaus als Baudenkmal ist in der breiten Öffentlichkeit, auch bei zahlreichen Politikern, relativ gering und darf nicht am hohen Ansehen der allgemeinen Wertschätzung für Sakralbauten, Burgen, Schlösser, Fachwerkhäuser und in jüngster Zeit besonders industrietechnischer Denkmäler gemessen werden. Diese stehen in hohem Kurs bei der Bevölkerung auch dank der intensiven Bildungsarbeit durch die staatlichen Denkmalpflegeinstanzen sowie Schul- und Wissenschaftsinstitutionen. Doch auch in Forschung und Lehre sieht es mit den zivilen und militärischen Speicherbauten und hier besonders dem Zeughaus noch immer schlecht aus. Gerade die Kunstwissenschaften haben die Nutzbauarchitektur und da besonders die militärisch orientierten sehr vernachlässigt. Der Bautypus wurde bisher »übersehen« oder nur tangential angesprochen. Monographische Arbeiten und übergreifende Untersuchungen gibt es zu wenig. Einzig Zeughäuser, die, aus welchen speziellen [meist städtebaulichen] Gründen auch immer in den letzten Jahrzehnten durch neue Funktionsfindung vor Verfall und Abriß gerettet wurden, sind besser erforscht, wenn auch die Publikationen der jeweiligen Bauaufnahmen, Gutachten, archäologischen Befunde, die bautechnischen Einrichtungen der Revitalisierungsmaßnahmen und die eigentlich wertvollen Gedanken der planenden und ausführenden Architekten nur selten und meist unausreichend publiziert wurden.[3] Für die Bundesrepublik Deutschland, die DDR und Österreich gibt es bisher kein Inventar der vorhandenen oder gar abgegangenen Zeughäuser.

Sehr hilfreich war mir bei der Erfassung der schweizerischen Orte mit heute noch existierenden und teilweise sogar in Urfunktion genutzten Bauten das Buch von E. Leu.[4] Aus der Schweiz sind auch zwei besonders für das 19. Jh. wichtige Publikationen der Kriegsmaterialverwaltung [KMV], der Zeughausverwaltung Thun sowie der Militärdirektion Basel zu nennen.[5] In den Katalogen der wenigen originären »Zeughausmuseen« Graz, Solothurn, München, Köln, die hier zumindest teilweise wegen ihrer Einheit von Gehäuse und Inhalt zuerst anzuführen sind, ist neben waffenkundlichen Abhandlungen auch stets etwas über die eigene Hausgeschichte zu finden.[6] Für Österreich sind unter primär baugeschichtlichen Aspekten besonders das Bürgerliche Zeughaus Wien und das Zeughaus in Innsbruck bearbeitet,[7] in der Bundesrepublik das Hohe Haus in der Veste Coburg.[8] Für das Thema Zeughaus als Bedeutungsträger sind nur die Untersuchungen von M. Arndt und A. Stobel über das Zeughaus Berlin bzw. das Arsenal Wien des 19. Jahrhunderts zu nennen.[9]

Quellen der Zeughaus-Forschung sind neben der ersten Quelle der Gebäude selber und den Schriftquellen auch die bildlichen Darstellungen. Abgesehen von den quellenkundlich meist hochwertigen, aber generell seltenen historischen Unikatplänen, gar Entwürfen oder Bauausführungsplänen, sind die großen Bildwerke wie Hogenbergs Geschichtsblätter in der Edition von Fritz Hellwig, die verschiedenen Kupferstich-Editionen aus den Offizinen Merian, Bodenehr, besonders die Fülle an Darstellungen in den Traktaten zur Architectura militaris zu nennen. Einzig für das Zeughaus in Mannheim liegt eine vorbildliche Planungsgeschichte durch H. Huth vor.[10] Neue Publikationen wie beispielsweise F.-D. Jacobs entwicklungsgeschichtliche und quellenkundliche

Darstellung historischer Stadtansichten von 1982 sind heranzuziehen.[11]

Es ist auffallend, daß gerade während der Abfassung meiner Arbeit zu einer ganzen Reihe von Zeughäusern neue Nutzungsmöglichkeiten gefunden wurden. Zu folgenden Zeughäusern gibt es derzeitig entscheidende Planungsphasen oder gerade angelaufene Bauuntersuchungen und Revitalisierungsmaßnahmen:

Amberg	[Kurfüstl. Zeughaus]	ABB. NR. 116
Bamberg	[Jagdzeughaus]	
Coburg	[Herzogl. Stadtzeughaus]	ABB. NR. 60, 403, 404
Germersheim	[Defensibles Zeughaus]	ABB. NR. 106, 211
Ludwigsburg	[Arsenal und Zeughaus]	ABB. NR. 441, 477 ff
Oldenburg	[Zeughaus als Teil des Arsenals]	ABB. NR. 399, 474
Spandau	[in der Zitadelle]	ABB. NR. 101, 398
Vechta	[in der Zitadelle]	ABB. NR. 153, 154
Wismar	[Stadtzeughaus]	

Seit kurzer Zeit abgeschlossene Sanierung und Umbauten lassen sich für folgende Zeughäuser anführen:

Aarburg	[2 Festungszeughäuser]	ABB. NR. 88
Amberg	[Städt. Zeughaus]	ABB. NR. 115
Ingolstadt[12]	[Festungszeughaus]	ABB. NR. 491-493
Lemgo	[Städt. Zeughaus]	ABB. NR. 139, 140
Luzern[12]	[Städt. Zeughaus]	ABB. NR. 8
Lübeck	[Städt. Zeughaus]	ABB. NR. 147, 229
Neumarkt i. d. O.	[Städt. Zeughaus]	ABB. NR. 45
Wolfenbüttel[12]	[Herzogl. Zeughaus]	ABB. NR. 22, 236-239

Die außerordentlich wertvolle Kriegsruine des Zeughauses (2. Hälfte 16. Jh.) in der Zitadelle Jülich (*1549 ff) wurde ohne vorherige Bau- und Fotoaufnahmen angeblich aus Sicherheitsgründen i. J. 1964 gesprengt [ABB. NR. 96-99]; das kompakte Zeughaus in der ehemaligen bastionierten Festungsstadt Braunau am Inn (*1672/76) fiel noch 1971 restlos zugunsten eines Neubaus für ein Unfallkrankenhaus meines Wissens ohne eine Bestandsaufnahme; vom 1968 in der ehemaligen Festungsstadt Forchheim abgerissenen Zeughauskomplex blieben nur zwei Torhäuser des Zeughofes und einige Spolien; der restlose Abriß des ehemaligen Kgl. Zeughauses Hannover in den Jahren 1955/56 bleibt völlig unverständlich [ABB. NR. 185-188]; in Kassel wird seit Jahrzehnten um die Zukunft des nur noch als gesicherter Torso erhaltenen Zeughauses diskutiert [ABB. NR. 169]; der ruinöse Zustand des Zeughaustraktes der barocken Festung Rothenberg über Schnaittach steckt voller Probleme, zumal hier offenbar nur ein Erhalt als gesicherte Ruine infrage kommt [ABB. NR. 91] so wie es mit den freigelegten Resten des Alten Zeughauses in der Zitadelle Spandau geschehen ist [Abb. NR. 101,235]. Analog ist der Fall des Zeughauses auf der Oberfestung des Hohentwiel, wo die gesamte Anlage nur noch als Ruine existiert [ABB. NR. 85]; während z. B. das Wertheimer Zeughaus auf Burg/Festung Breuberg i. O. [wünschenswert] rekonstruierbar wäre [ABB. NR. 120,121]. An dem sich in desolatem Zustand befindlichen Zeughaus [und ebenfalls am benachbarten ehemaligen Proviantmagazin in der zu Magazinzwecken adaptierten romanischen Peterskirche] in der Leonhardskapelle des 12. Jh. inmitten der Zitadelle Petersberg über Erfurt [ABB. NR. 135] müßte dringend wenigstens Substanzerhaltung eingeleitet werden. An ein älteres Beispiel aus der Schweiz möchte ich noch erinnern, an das man heute in Basel ungern denkt. Die Stimmbürger entschieden i. J. 1936 mit 18473 Ja- gegen 9937 Nein-Stimmen für den Abriß des Baseler Zeughauses, welches nach A. Meier als »eines der schönsten Baudenkmäler unserer Stadt« galt.[13]

Neben diesen negativen Beispielen möchte ich aber einige Zeughäuser wegen ihrer z. T. schon langjährigen Umnutzung als denkmalpflegerisch gelungene und von der Fachwelt wie der Bevölkerung angenommene Beispiele des vorbildlichen Erhalts und der Verwendung historischer Bausubstanzen nennen:

BUNDESREPUBLIK DEUTSCHLAND

Zeughaus Augsburg, ABB. NR. 356
Zeughaus Festung Marienberg/Würzburg, ABB. NR. 92
Zeughäuser Festung Rosenberg/Kronach, ABB. NR. 405, 406
Hohes Haus Veste Coburg, ABB. NR. 37, 38
Städt. Zeughaus Köln, ABB. NR. 113, 114, 264
Zeughaus Festung Hellenstein
Zeughaus Mannheim, ABB. NR. 375, 429, 430
Büchsenhaus Schwäbisch-Hall, ABB. NR. 7, 71
Altes und Neues Zeughaus Mainz, ABB. NR. 375, 402
Zeughaus Gießen, ABB. NR. 159
Niederes Arsenal Rendsburg, ABB. NR. 124, 125
Jagdzeughaus Würzburg, Abb. NR. 145
Jagdzeughaus Karlsruhe, ABB. NR. 112

und unter Verwendung von mehr oder weniger umfangreichen Relikten:

Kurfürstl. Hannover, ABB. NR. 110
Städt. Zeughaus München, ABB. NR. 214
Städt. Zeughaus Nürnberg, ABB. NR. 369, 417
Städt. Zeughaus Ulm, ABB. NR. 215

DDR

Zeughaus Berlin, ABB. NR. 126, 337, 439
Altes und Neues Zeughaus Festung Königstein, ABB. NR. 82, 83
Schwerin, ABB. NR. 466, 467

ÖSTERREICH

Zeughaus <u>Graz</u>, ABB. NR. 425-427
Arsenal <u>Wien</u>, ABB. NR. 338, 489
Zeughaus <u>Forchtenstein</u>

SCHWEIZ

Zeughaus <u>Solothurn</u>, ABB. NR. 348, 414
Zeughaus <u>St. Gallen</u>, ABB. NR. 494
Zeughaus <u>Luzern</u>, ABB. NR. 8
Zeughaus <u>Liestal</u>, ABB. NR. 143, 144

Zeughäuser gehören zu den Baudenkmälern, die neben ihrem möglicherweise hohen Erlebniswert als dreidimensionale Quellen der Geschichtsforschung unter verschiedensten Ansätzen dienen können. Es gibt eine erfreulich große Anzahl an Einzelveröffentlichungen zu bestimmten Zeughäusern meist als Beitrag zur jeweiligen Ortsgeschichte oder primär aus waffenkundlicher Sicht verfaßt. Die im Bautenverzeichnis im Anhang dieser Untersuchung angezeigten Publikationen haben unterschiedlichsten Umfang und Gehalt. Verzeichnet sind sowohl Materialsammlungen, Magister- und Diplomarbeiten, Dissertationen, Habilitationen sowie wissenschaftliche Bücher und Aufsätze, als auch heimatkundlich orientierte und populäre Darstellungen, Aufsätze, Beschreibungen, Führer, Faltblätter u. ä. Entsprechend den unterschiedlichen Forschungsansätzen und -intentionen, die der Bautypus Waffenspeicher bietet, behandeln die in meiner Bibliographie aufgenommenen Autoren ihre Themen aus unterschiedlichsten Blickwinkeln. So läßt sich die Geschichte eines Zeughauses unter bau- und kunsthistorischen, technikgeschichtlichen, waffenkundlichen, technologischen, kartographischen, militärhistorischen, städtebaulichen, stadtplanerischen, ökonomischen, soziologischen, denkmalpflegerischen, musealen, heimatkundlichen und touristischen Aspekten erforschen und darstellen. Wir haben von allen genannten Kategorien Beispiele, doch sind diese insgesamt gesehen und gemessen an der hohen Bedeutung, die ein solches Bauwerk aus vergangenen Epochen für uns heute und in Zukunft haben kann, viel zu gering. Neben der immer noch festzustellenden allgemeinen Abneigung gegen Militärisches aus der Vergangenheit [die wohl nur behutsam abzubauen ist] kommt auch die in der Einleitung angesprochene relative Nüchternheit, eben das originär Martialische im Phänotypus Zeughaus, zum Ausdruck und zur Wirkung auf die heutigen Menschen.

Gewiß ist eine der größten Schwierigkeiten beim Erhalt eines Bauwerks die Frage nach der Nutzung. Bekanntlich ist [im wahrsten Sinne des Wortes] fundamentaler Grundsatz der heutigen Denkmalpflege die Suche nach einer angemessenen Funktion für ein Baudenkmal. Kann keine Nutzung gefunden werden, entfällt eine Unterhaltung und damit eine Pflege; das Denkmal geht dann über kurz oder lang verloren. Zeughäuser lassen sich in ihrer Urfunktion zum Glück nicht wiederbeleben. Um so schwieriger ist, die Neu- bzw. Umnutzung bei zur Sanierung anstehenden ehemaligen Waffenspeichern besonders auf kommunaler Ebene durchzusetzen. Diese Schwierigkeiten haben auch ihren Grund im Gebäudecharakter.

So erfreulich umfangreich das Literaturverzeichnis zu den einzelnen Zeughäusern auch geworden ist, zeigt doch die genauere Analyse, daß analog zur jahrzehntelangen akademischen Mißachtung der Erzeugnisse der Architectura militaris schlechthin [soweit es sich nicht um die oft überstrapazierten Burgen handelt!] die geringe Beachtung im Wissenschaftsbereich sich z.B. in den älteren Inventarisationen der Kunstdenkmäler niedergeschlagen hat.[14] In den kurz vor der Jahrhundertwende einsetzenden Publikationen der KDM kommen die Zeughäuser meist, wenn überhaupt, zu knapp weg durch zu kurze Abhandlungen, Weglassung der baulichen, technischen, historischen Besonderheiten [die man vielleicht zum Zeitpunkt der Abfassung noch nicht alle kannte].[15]

Anders ist das deutlich in der Reihe der in Erscheinung begriffenen Reihe »Denkmaltopographie der Bundesrepublik Deutschland«, die auf einem seit 1980 bundeseinheitlich angewandten Konzept der Vereinigung der Landesdenkmalpfleger »als Instrument der Schnellerfassung ... das dennoch den Ansprüchen der Wissenschaft und denkmalpflegerischer Praxis genügt« in Verantwortung der Landesdenkmalämter erscheint.[16] Die vorliegenden Bände Wolfenbüttel und Kassel z. B. räumen den Zeughäusern und generell den baulichen Relikten der einst schwer befestigten Städte umfangreicheren Platz einschließlich eines Umgebungsschutzes ein. Auch die folgenden literaturkritischen Anmerkungen charakterisieren den derzeitigen Forschungsstand. Anspruchsvolle architekturtheoretische Werke wie das von Henry-Russell Hitchcock: German Renaissance Architecture, 1981, oder das 1989 erschienene Werk von Georg Skalecki: Deutsche Architektur zur Zeit des Dreißigjährigen Krieges. Der Einfluß Italiens auf das deutsche Bauschaffen, 1989, gehen an den Bauten der Militärarchitektur und damit auch der Zeughäuser wie Dutzende anderer anspruchsvoller, ebenfalls ganze Epochen abhandelnder Fach- und Lehrbücher vorbei; es sei denn, man kann die »schöne« Fassade des Augsburger Waffenspeichers vorstellen.[17] Einzig das von der Bauakademie der DDR herausgegebene Buch von Hans-Joachim Kadatz: Deutsche Renaissancebaukunst von der frühbürgerlichen Revolution bis zum Ausgang des Dreißigjährigen Krieges, 1983, geht bei der Darstellung der »marxistischen Renaissanceforschung« auf Fortifikationsbauten vornehmlich im Grundriß im Kapitel »Feudale Stadtbaukunst« ein, läßt aber auch die militärischen Zweckbauten fast außer Betracht.[18] Als Beispiel eines ganze Stilepochen umfassenden Werkes möchte ich aus der langen Reihe auch Anthony Blunt et al.: Kunst und Kultur des Barock und Rokoko. Architektur und Dekoration, 1979, nennen. Die Autoren versuchen zwar laut Vorwort »zu erklären, was eigentlich die Begriffe Barock und Rokoko umschließt«, lassen aber bei den Betrachtungen die Militärbaukunst und die Nutzbauten so gut wie unbeachtet. Barockforschung unter Ausschluß des Festungsbaus und des »niederen Profanbaus« aber ist m. E. unmöglich! Schwerpunkte sind in den angeführten Werken eindrucksvoll abgehandelt Kirchen- und Schloßbauten, ländliche Wohnsitze, Rathäuser, Bürgerhäuser, Stadtbaukunst [wenn auch sehr unterschiedlich gewichtet, so findet man bei Salecki nicht einen Stadt- oder gar Festungsplan unter den 173 Abbildungen], als ob sich »Renaissance«, »Barock« oder der von Skalecki als »notwendige Ergänzung in die Kunstgeschichte eingebrachte Begriff des »Klassizismus« für die Bauten der 1. Hälfte des 17. Jh., nur in Bauwerken der »Friedensarchitektur« vollzogen hätte! Man kann nicht den Palast in Jülich, wie H.-R. Hitchcock es tat, ohne Bezug zur diesen umgebenden gleichzeitigen Zitadelle beschreiben und analysieren. Der Palazzo in Fortezza ist ein konstruktiver Entwurf. In den meisten Publikationen zur Militär- und Profanarchitektur scheint es Speicherbauten [noch] nicht zu geben!

Etwas erfreulicher sieht es auf dem in dieser Untersuchung nur zu tangierenden Gebiet der See-Arsenale aus. 1987 erschien der von E. Concina herausgegebene Aufsatzband: Arsenali e città nell' Occidente europeo, in welchem überwiegend große Seearsenale [urbs in urbe] abgehandelt werden.[19] Reichhaltige Hinweise dazu findet man auch in dem 1983 erschienenen Buch von J. G. Coad: Historic Architecture of the Royal Navy.[20] Das Thema der See-Arsenale ist in der Forschung also aktuell. Vor wenigen Wochen hat ein erster internationaler Kongreß, verbunden mit einer Ausstellung zu diesem Themenkreis, in Antwerpen stattgefunden.[21] Die Ergebnisse sollen publiziert werden.

In der vorliegenden Untersuchung stütze ich mich auf ca. 130 erhaltene, überbaute und ruinöse Zeughäuser im deutschsprachigen Bereich, die ich als primäre Quellen fast alle einer Autopsie unterzogen habe. Dazu kommen eine ganze Reihe ausländischer Zeughäuser/Arsenale, die ich zu Vergleichszwecken besucht habe. Mein Bautenverzeichnis stellt einen ersten, in Zukunft besonders auch für die noch unbekannten weil abgegangenen Waffenspeicher der verschiedenen Epochen fortzuschreibenden Ansatz dar. Es drängt sich hier die Frage auf, wieviel solcher Zeughäuser bzw. Arsenale es eigentlich im Untersuchungsbereich gegeben hat. Klären wir kurz die drei Möglichkeiten, angenähert zahlen- und lagemäßig auf Rüstkammern, Zeughäuser, Arsenale zu stoßen:

(1) C. Tillmann hat in seinem umfangreichen Werk der lexikalischen Erfassung der deutschen Burgen und Schlösser im deutschen Kulturraum über 19.000 Objekte zusammengetragen. Er nennt 6.500 Burgen, Ruinen, Burgreste; 6.600 Schlösser und 5.900 verschwundene Burgen.[22] Im Standardwerk der Burgenkunde von O. Piper findet man in seinem Burgenlexikon allein rund 3.500 Burgen.[23] In Burgen findet man vorwiegend Rüstkammern, wenn diese zu Festungen ausgebaut wurden auch regelrechte Zeughäuser. Als Beispiel nenne ich Burg/Festung Forchtenstein mit dem Esterházyschen Zeughaus neben Resten einer von diesem auch räumlich getrennten Leibrüstkammer. Im Bereich von Schlössern, besonders den sogenannten wehrhaften Schlössern der Zeit bis etwa zum Dreißigjährigen Krieg, treffen wir oft Rüstkammern, Zeughäuser oder gar beides an.

(2) Bei Betrachtung einer der neuen Publikation des Instituts für vergleichende Städtegeschichte Münster beigefügten »vorläufigen« Karte über die »Verbreitung der Städte in Mitteleuropa, Entwicklung bis 1945« ist man überwältigt von der riesigen Anzahl der Städte, die der Kartenautor Heinz Stoob durch entsprechende graphische Kürzel und Farbgebung geschickt in Zeitstufen und Formen der Stadtbefestigung gruppiert.[24] Insbesondere die mit dem endenden 15. Jh. zuerst rondellierten, dann im 16. Jh. bastionierten Städte kommen für einen möglichen Nachweis eines Zeughauses infrage.[25] Auch die von W. Müller-Wiener in seinem Beitrag zum Schlagwort »Festung« für das RDK 1982 erarbeiteten Karten mit den Festungen in Mitteleuropa vor 1648/1648-1710/1710-1815 und für die Zeit nach 1815 sowie Karten vom Typus der Taf. 98 in dem Lehrbuch des Ingenieuroffiziers M. K. E. v. Prittwitz und Gaffron (1795-1885): Beitraege zur angewandten Befestigungskunst, 1836, mit den preußischen Festungen i. J. 1833 wurden von mir zur Suche nach Festungs-Zeughäusern herangezogen.[26]

(3) Neben Burgen, Schlössern und Städten ist eine Entdeckungsmöglichkeit von Waffenspeichern im geistlichen Herrschaftsbereich zu nennen. Ich meine nicht die Residenz- und Landesstädte der Fürstbischöfe, denn diese sind unter den Festungsstädten zu erfassen, ich meine die klösterlichen und stiftischen Rüstkammern, die hier und da auch zu regelrechten Zeughäusern anwuchsen. Mir ist eine Verbreitungskarte der Klöster des deutschen Kulturgebietes nicht bekannt. Sie wird, falls sie existiert, von ähnlicher Problematik sein wie die zitierte noch vorläufige Karte von H. Stoob. Die klösterlichen Waffenspeicher finden sich in Anlagen, die der Türkenbedrohung besonders durch ihre geographische Lage ausgesetzt waren und bei Kriegsnöten nicht auf eine starke Eigenverteidigung mit jeder Zeit zur Verfügung stehenden Waffen verzichten konnten, z. B. die Rüstkammern von Göttweig, Herzogenburg, Kremsmünster, Zwettel.

Zum Stand der Forschung muß noch angemerkt werden, daß durch die Auflage von Reprints bzw. Faksimile-Editionen seltener Traktate zu Architekturtheorie, Festungsbaukunst, Waffenkunde, Artilleriewesen schwer erreichbare, wenig beachtete, vielleicht sogar in der Forschung in Vergessenheit geratene Autoren wieder greifbar sind. Ich ergänze meine 1988 gegebene Aufstellung mit folgenden Titelhinweisen:[27]

W. Boeheim, 1890 // 1982
A. Demmin 1893 // 1964
J. Furttenbach, Architectura Recreationis, 1640 // 1988
N. Goldmann 1696 // 1962
ZHWK 1897-1944 // 1972 ff

Zusammenfassend erkennt man also, daß eine quantitative Aussage über die Anzahl ehemaliger Zeughausbauten nicht möglich ist. Es kann zwar angenommen werden, daß jede mehr oder weniger optimal befestigte Stadt auch ein Waffenlager hatte, doch mußte das nicht in jedem Fall auch ein eigens dazu erbautes Gehäuse sein, sondern wird in den überwiegenden Fällen ein aptiertes Gebäude gewesen sein, auf das man auswich, als die Türme und das Rathausgewölbe oder andere Hohlräume zu Lagerzwecken nicht mehr ausreichten.

Forschungslücken in der Bau- und Kunstgeschichte des Gebäudetypus Zeughaus sind aus verschiedenen Ansätzen heraus überall festzustellen. Sie auszufüllen, wird vornehme Aufgabe von Bau- und Kunsthistorikern sein. Die vorliegende Untersuchung soll dazu Verständnis schaffen, einen Einblick in die Forschungsproblematik geben, und sie will die Geschichte des Waffenspeichers innerhalb der kulturellen Entwicklung über einen Zeitraum von über 400 Jahren aufzeigen.

ANMERKUNGEN:

[1] Vgl. H.-H. Möller: Was ist ein Kulturdenkmal?, 1982, darin: Wehrbauten, Befestigungen und militärische Anlagen S. 52-55, worin neben Burgen, Stadtbefestigungen, Festungen und Bunkern auch namentlich die Gebäudetypen Zeughaus, Arsenal und Kaserne aufgeführt werden.

[2] Vgl. W. Brönner: Deutsches Nationalkomitee für Denkmalschutz. Denkmalschutzgesetze [der Bundesländer und der DDR], 1982.

[3] Als vorbildliches Beispiel nenne ich die durch das Hochbauamt und die Museumsverwaltung Luzern erarbeitete »Dokumentation zeughaus pfistergasse 24 luzern« von 1977, auf Grund derer das dortige Zeughaus unter pfleglichem Beibehalt der Originalsubstanz in ein Museum umgewandelt wurde. [ABB. NR. 8].

[4] Vgl. E. Leu: Zeughäuser-Arsenaux, 1946.

[5] KMV: Geschichte der Kriegsmaterialverwaltung, 1977. — C. Hildebrandt: Zeughaus-Chronik Thun, 1982. — Militärdirektion Kanton Bern: 100 Jahre Militäranstalten, 1978.

[6] P. Krenn: Landeszeughaus Graz, 1969, 1974, 1990. — N. Vital: Zeughaus Solothurn, 1980. — R. H. Wackernagel: Münchner Zeughaus, 1983; — Köln. Stadtmuseum: Auswahlkatalog, 1984.

[7] Vgl. W. Hummelberger: Bürgerliches Zeughaus Wien, 1972. — Katalog Wiener Bürgerliches Zeughaus, 1977. — J. Garber: Zeughaus Innsbruck, 1928.

[8] R. Teufel: Bauten Veste Coburg, 1956.

[9] M. Arndt: Ruhmeshalle Berliner Zeughaus, 1985. — A. Strobl: K. K. Arsenal Wien, 1961.

[10] Vgl. H. Huth: a) Die Planungsgeschichte des Zeughauses in Mannheim, in: Mannheimer Hefte Nr. 2 (1978) S. 111-119; b) KDM Stadt Kreis Mannheim, 1982, S. 133-149.

[11] Vgl. F.-D. Jacob: Stadtansichten, 1982. Dieses reich illustrierte Buch zeigt allerdings textlich seine Herkunft, so S. 37:
»Merian verstand es immer, sich andere künstlerische Hände dienstbar zu machen, ja sie regelrecht auszubeuten«,
oder S. 149:
»Die künstlerische Grundauffassung des Schöpfers eines Kunstwerkes und damit auch einer Stadtansicht wird maßgeblich durch seine Klassenzugehörigkeit, sein soziales Milieu und seine Weltanschauung geprägt. Über seine Tätigkeit realisiert sich der Klassencharakter der Kunst, der grundsätzlich durch ihre Überbaufunktion gegeben ist«.

[12] An dieser Stelle möchte ich den Architekten und Planern der sehr erfolgreich durchgeführten Revitalisierung der Zeughäuser von Wolfenbüttel: Prof. Dr.-Ing. Friedrich Wilhelm Kraemer (1907-1990), Braunschweig/Köln; Ingolstadt: Architekt Erhard Fischer, München; Luzern: Dr. Josef Brülisauer für die Gespräche und Informationen herzlich danken!

[13] Man vergleiche in A. Meier: Verschwundenes Basel, 1968, Abb. 133/134 und Abb. 135!

[14] Ein Analogon zur Nutzungsproblematik ist der mit den neuen Landesdenkmalgesetzen ebenfalls unter gesetzlichem Schutz stehende, oft großflächige Relikte umfassende Festungsbau aus dem gleichen Zeitraum! Vgl. v. Verf.: Festungsbaukunst und Festungsbautechnik, 1988, S. 345 ff Kapitel Militärarchitektur und Denkmalpflege. Als »Fallstudie« zur jahrzehntelangen Mißachtung eines Kulturdenkmals ersten Ranges verweise ich auf meinen Großen Kunst- und Bauführer Zitadelle Jülich 1986, und meine Dokumentation über die Schleifung der Festung Jülich 1860 unter Berücksichtigung der heutigen baulichen Situation, 1986.

[15] Vgl. KDM-Inventarisation in Mitteleuropa, Verzeichnis der bisher erschienenen Bände, in: DKD Nr. 26 (1968) S. 123 f, Nr. 27 (1969) S. 54-80, 197 f.

[16] Wetteraukreis I [mit der Festungsstadt Büdingen] 1982; Wolfenbüttel Stadt 1983; Kassel I 1984; Schwalm-Eder-Kreis I [mit der Festung Ziegenhain] 1985; Lahn-Dill-Kreis I [mit der Dillenburg] 1986. Zitat von G. Kiesow aus Bd. Kassel I op. cit. Dazu V. Osteneck: Denkmaltopographie Bundesrepublik Deutschland, in: DKD 45. Jg. (1987) S. 86-92.

[17] Bibliographische Angaben vgl. Lit.-Verzeichnisse im Anhang.

[18] Es gibt also noch keine »marxistische Zeughausforschung«.

[19] Venedig, Arsenali in Sicilia, Pisa, Genua, Istanbul, Marseille, Rochefort, Toulon, El Ferrol, aber auch etwas verirrt in dieser Umgebung, weil ohne Wasseranbindung, das Zeughaus von Augsburg.

[20] Weitere Literatur zu See-Arsenalen vgl. Kap. 4 Anmerkung 19.

[21] Simon Stevinstichting: Antwerpen tijdens her Franse Keizerrijk 1804-1814 Marine-Arsenaal, Metropool en Vestingstad. Internationaal Colloquium 3 t/m 5 august 1989.

[22] Vgl. C. Tillmann: Lexikon der deutschen Burgen und Schlösser, 1958/59/60/61, hier Bd. 1 S. VIII. — An das Problem der Begriffsüberschneidung Burg-Schloß sei hier erinnert. Erst im späten 17. Jh. setzt sich der Terminus »Schloß« in seinem heute verstandenen Sinn für ein wohnliches, auf Repräsentation aus-

und eingerichtetes, nichtdefensibles, besonders schönes, vom Adel genutztes Gebäude durch, während er sehr häufig seit der 2. Hälfte des 15. Jh. statt Burg für wehrhafte Anlagen dominierend angewandt wurde, nachdem er schon im 14. Jh. nachweisbar ist. Über eine allgemein anerkannte Typisierung bzw. Klassifikation von Burg/Schloß gibt es zahlreiche publizierte Vorschläge, so u. a. H. Spiegel, ²1970 und W. Luyken, 1981. Vgl. zur Typologie der »festen Schlösser« für den Zeitraum 1450-1650 die Habilitation von U. Schütte, 1988.

[23]) Vgl. O. Piper: Burgenkunde, ²1967, bearb. v. W. Meyer.

[24]) Vgl. H. Stoob: Faltblatt zu seinem Beitrag: Die Stadtbefestigung. Vergleichende Überlegungen zur bürgerlichen Siedlungs- und Baugeschichte, besonders der frühen Neuzeit, in: K. Krüger: Europäische Städte im Zeitalter des Barock, 1988, S. 25-54. Die Karte verlangt nach Ergänzungen, darunter m. E. auch endlich einmal die exakten Be- und Entfestigungsdaten!

[25]) Weitere Publikationen, die zur Suche nach Zeughäusern heranzuziehen sind: P. Menne: Festungen des norddeutschen Raumes, 1942; H. Neumann: Festungsbaukunst und Festungsbautechnik, 1988, S. 37-40, sowie die jeweiligen Bau- und Kunstführer sowie Reiseführer der entsprechenden Städte bzw. Regionen.

[26]) Vgl. W. Müller-Wiener: Festung, in: RDK Bd. VIII/87, 1982, Sp. 304-348, hier Sp. 311-314. Der Plan des v. Prittwitz und Gaffron in H. Neumann/U. Liessem: Die Klassizistische Großfestung Koblenz, 1989, S. 13. — Im Hinblick auf Werke des Festungsbaus und der militärischen Nutzbauten empfehle ich auch stets die Benutzung des aktuellen Stadtplans.

[27]) H. Neumann, 1988, op. cit., S. 396-399, 437 f.

6. Bemerkungen zur Geschichte des Vorratswesens

satz für zweckmäßige baulich-technische Einrichtungen, für die Unterhaltung und die notwendige Umschichtung erreicht werden. Die Geschichte des Vorratswesens ist noch nicht geschrieben. Von zentraler Bedeutung für das militärische Vorratswesen ist der Militärspeicher Zeughaus bzw. Arsenal.

Speichern ist ein uraltes Prinzip der Vorratshaltung. »VORRAT« ist eine Anhäufung von Sachgütern in mehr oder weniger großen Mengen, die zum Gebrauch oder Verbrauch für spätere Zeiten sicher an einer Stelle gelagert, deponiert, gespeichert werden. Vorrat bedeutet somit Verfügbarkeit in Notzeiten. Dieser Vorteil kann nur mit hohem Kapitalein-

6.1 Die militärische Bevorratungswirtschaft

»FELIX CIVITAS QVAE IN PACE
DE BELLO COGITAT!«

»Glücklich die Stadt, die im Frieden des Krieges gedenkt« — so lautet der Titel eines seltenen Kupferstichs von Peter Isselburg aus dem Jahr 1614 vom festlichen Aufzug bewaffneter Bürger von Nürnberg vor den Mauern ihrer Stadt zur Heerschau, zum Manöver, zum Falkenschießen, zum Schützenfest. Es wurde in regelmäßigen Abständen in der Reichsstadt abgehalten. Die Märkte und Straßen in der Stadt waren für dieses friedvolle und doch so martialische Spiel längst zu eng geworden, denn es war die Zeit großer Armeen, die eingekleidet, ausgerüstet, verpflegt und angeleitet werden mußten. Das freie Feld extra muros bot sich an, zumal von den Wällen aus die Daheimgebliebenen, die Frauen und Kinder, die Fremden und die Handelsleute sich diesem Schauspiel in »Breitwandformat« hingeben konnten. Da ziehen Musketiere, Pikeniere, Kanoniere, Reiter, Schanzer, Militärmusiker, Wagenführer, Fahnenschwenker an den Bürgern der Reichsstadt in vollem Ornat und wohl gerüstet vorbei. Das über dem dargestellten Geschehen flatternde Motto zeigt an, daß in der fortifizierten Reichsstadt Nürnberg Waffen in Friedenszeiten für den Ernstfall in Mengen gehortet, gewartet, friedensmäßig ausprobiert [wir würden heute sagen getestet] und in festlichen Paraden und Manövern vorgeführt wurden. Wir wissen aus der Waffenkunde, daß ein Großteil der Rüstungsgüter in Nürnberg selber produziert wurde. Ähnlich, wenn auch nicht ganz so grandios wie in Nürnberg, hat es sicher in vielen Städten, besonders in den Residenz-, Hansestädten und den Freien Reichsstädten des ausgehenden 16., im 17. und 18. Jh. ausgesehen. Jedes Gemeinwesen war um seine dauernde Sicherheit bemüht. Diese Sicherheit glaubte man einerseits durch eine moderne Fortifikation,[1] andererseits durch beste Eigenbewaffnung erreichen zu können. Da, wo Rüstungsgüter gehortet wurden, mußten entsprechende Militärspeicher vorhanden sein.

P. Isselburg bildet auf dem genannten Stich ca. 1000 ausgerüstete Kämpfer ab. Man kann die hohen Kosten für Herstellung und Unterhalt dieser Rüstung nur erahnen. Die in der Waffenproduktion tätige Nürnberger Handwerkerschaft mit ihren hochspezialisierten Berufszweigen und die Zünfte blühten auf, weil sie nicht nur Rüstungsgüter für den Eigenverbrauch produzierten. Die Rüstungsproduktion der Stadt überstieg schon im 16. Jh. die Grenzen des Eigenverbrauchs bzw. -gebrauchs. Es wurde mit Waffen aller Art gehandelt. Das Zeugamt der Stadt Nürnberg gab Aufträge über das benötigte und lagerfähige Kriegsmaterial hinaus, weil der Waffenverkauf bzw. -handel zunehmend lukrativ wurde.[2] Heute noch lassen sich in jeder größeren europäischen Waffensammlung Schutz- und Trutzwaffen nürnbergischer Provenienz nachweisen.

Mit dem Aufkommen der mit Feuerwaffen ausgerüsteten Heere der Frühen Neuzeit mußte man sich verstärkt mit den Problemen der Waffenherstellung, Lagerung, Bereitstellung, Unterhaltung, Ge- und Verbrauch, Ersatzbeschaffung und dem Transport beschäftigen, also Phänomenen, die man heute der Logistik zuordnet. Wenn man mit Henning Eichberg das Militär definiert als

»eine Organisation zur (realen oder potentiellen) Gewaltanwendung zwischen Menschengruppen im Hinblick auf politische Zwecke, so ist das, was Militär und Technik verbindet, in erster Linie das Element der Gewaltanwendung«.[3]

Bei Gewaltanwendungen in Angriff oder Verteidigung, die stets auf konkrete Ziele ausgerichtet sind, stehen als Mittler zwischen Kampfeswillen und Kriegsziel Waffen, die sich im

Laufe der Menschheitsgeschichte vom einfachsten Werkzeug bis zur komplizierten Kriegsmaschine entwickelt haben. Militärische Rüstung und das damit verbundene Beschaffungswesen waren [und sind] stets vorratsintensiv. Je größer eine zu versorgende Armee, desto größer die Anstrengungen der Bevorratungswirtschaft und des Beschaffungswesens. Die Kriege der Neuzeit sind lange Zeiten Auseinandersetzungen mit riesigen Heeren bezahlter Söldner. Den Volkskrieg gab es — mit lokalen Ausnahmen — erst seit der Französischen Revolution; das Zeitalter der Massenheere ist dem 20. Jahrhundert mit seinen Weltkriegen vorbehalten gewesen.

6.2 Abgrenzung zwischen militärischen und zivilen Speicherbauten

Im Kriegsfall war die neuzeitliche Stadt innerhalb ihrer Umwallung eingeschlossen und im Status eines »geschlossenen Handelsstaates«. Nichts ging mehr in die Stadt herein, nichts gelangte mehr heraus. Der anrückende Feind erzwang die Autarkie intra muros. Die Vorsorge war in Friedenszeiten durch Einlagerung materiell mehr oder weniger gut vorbereitet. Analoges gilt für eine belagerte Burg bzw. ein wehrhaftes Schloß oder eine Höhenfestung.

Im zivilen Leben der Menschen in der Stadt und auf dem Land ist der Lagerraum bzw. Speicher nicht wegzudenken. Schon im 13. Jh. kam ein Bautyp des bürgerlichen Stadthauses auf, dessen Giebel zur Straße orientiert war. Dieses Haus aus Holz, bald aus Ziegeln und Haustein bestehend, war Werkstätte [unten], Wohnung [Mitte] und Warenspeicher [unten und mehrfach übereinander im Dachraum].[4] Der Transport in der Vertikalen wurde jahrhundertelang über mechanische Aufzüge und Winden vorgenommen, die meist außen vor der Straßenfassade in Betrieb gesetzt werden konnten.[5] Eingelagert wurden alle nur denkbaren Güter, die voraussichtlich und der Erfahrung nach notwendig gebraucht wurden, um kommende Not-, Krisen- und Kriegszeiten überstehen zu können, aber auch, um zu bestimmten Zeiten günstiger anbieten und verkaufen zu können. Man stapelte im Privatbereich für den Eigenbedarf vorwiegend nicht-militärische Rohstoffe und Fertigprodukte auch in Vorratskammern, -kellern und -gewölben. Auch auf dem Lande gab es über Jahrhunderte bäuerliche, großbäuerliche und grundherrliche Speicherbauten. So sind die speziell Körnerfrüchte erfassenden »SPIKER« [Speicher, spica lat. Ähre, spicarium spätlat. Ährenbehälter; Bez. im bergischen Land »Steengaden«] des 15.-19. Jh. im Münsterland besonders intensiv von J. Schepers und A. Eggert untersucht und dokumentiert.[6] Diese »vornehmsten Nebenbauten« des bäuerlichen Hofes waren zwei- bis dreigeschossige Fachwerk-, Backstein- oder Natursteingebäude, in deren Erdgeschossen Back- und Brauräume, darüber Schütt- und Lagerräume anzutreffen sind. Die Bauten sind meist turmartig, darunter sogar eine Anzahl defensibel eingerichtet, also als Fluchtspeicher gegen kleinere Überfälle und marodierende Truppenteile.[7]

Das private, städtische, genossenschaftliche, klösterliche oder staatliche Provianthaus, der Korn- oder Getreidespeicher, auch Grania, Kornboden, Körner-Magazin, Kornschütte, Schüttboden, Provianthaus, Fruchtscheune, in der heutigen Zeit Getreidesilo genannt,[8] war der Ort, in dem die Lagerung dieses wichtigen Versorgungsgutes vorgenommen wurde. Einlagerungen wurden in Zeiten des materiellen Überhanges vorgenommen.[9] Es entstand in der Stadt früh ein dem Zeughaus verwandter Gebäudetypus des speziellen Kornspeichers. Aus der großen Zahl an noch vorhandenen Kornspeichern im Betrachtungszeitraum habe ich einige den Bautypus Grania repräsentierende Beispiele ausgewählt:

- Das Muthaus/Hagenhaus in Hardegsen von 1324 ist der größte weltliche Bau des Mittelalters in Niedersachsen. Er hatte im Laufe seiner frühen Geschichte multifunktionale Zwecke zu erfüllen, darunter besonders als Kornspeicher und als Rüstkammer [ABB. NR. 26.9].[10]
- Das Große Magazin der Zitadelle Metz von 1570 ist in der Hauptsubstanz erhalten. Die Abbildungen zeigen den Aufbau dieses renaissancezeitlichen Speichergebäudes, welches von Anfang an auch als Weinlager konzipiert wurde [ABB. NR. 26.8].[11]
- Das herzogliche Kornhaus Wolfenbüttel von 1659/62 liegt parallel zum Zeughaus von 1613/19. Es ist das größte Fachwerkhaus der historischen Residenz- und Festungsstadt und harrt derzeitig einer Umnutzung durch die HAB [ABB. NR. 24].[12]
- Seit der Umwandlung in ein Museum kann man im Schwedenspeicher der Festungsstadt Stade von 1692 auch im Inneren den weitgehend originalen hölzernen Gebäudeaufbau genau studieren [ABB. NR. 26.3].[13]
- Das Museggmagazin von 1684 in Luzern ist in bestem Bauzustand. Es diente ab 1707 als Salzmagazin und heute als Zeughaus [!] der schweizerischen Armee [ABB. NR. 26.2].[14]
- In der klassizistischen Festungsstadt Minden ist das Proviantmagazin von 1836 neben der ehemaligen Heeres-Bäckerei von 1832/34 nach Wiederaufbau und gelungener Umnutzung 1975/77 ein Musterbeispiel der Übernahme romanischer Rundbögen in die Militärarchitektur in Preußen [ABB. NR. 26.5].[15]
- Das Getreidemagazin der ehemaligen russischen Festung Modlin an der Mündung des Narew in die Weichsel von

1835/39 ist noch erhalten. Es handelt sich um ein durch schwerste Kanonen defensiblen Komplex, in dem einst »Jedermann Vorräthe niederlegen und durch Vermittlung der polnischen Bank eine Anzahlung erhalten kann, um in den Stand gesetzt zu sein bessere und vortheilhaftere Zeiten zum Verkauf der Landesprodukte abzuwarten«.[ABB. NR. 26.6].[16]

Nicht abgebildet, aber wegen vorbildlicher Revitalisierung sei auch auf folgende Kornspeicher hingewiesen:

- Das Kornhaus der Reichsstädtischen Festungsstadt Ulm von 1594.
- »Leerer Beutel« in der Reichsstadt Regensburg von 1597/98//1606/07.[17]
- Das Kornhaus in der Festungsstadt Rotenburg/Wümme von 1769.[18]
- Das Landesherrliche Harzkornmagazin in Osterode von 1720/22.[19]

Die überaus zahlreichen Speichertypen in den Häfen und Marine-Arsenalen wie Stapelhäuser, Warenschuppen, Gildehallen, Stauräume, Hallen, Kammern, Gewölbe, Packräume usw. für Lebensmittel, Rohstoffe, Handelswaren aller Art kann hier nicht berichtet werden. Dieses Thema bedarf einer eigenen Untersuchung.[20]

Aus der Traktatliteratur möchte ich hier besonders das von Nicolaus Goldmann (1611-1665) vorgeschlagene »Getreyd = oder Proviant = Haus« anführen [ABB. NR. 25], weil es als bombensicheres Speichergebäude zivile und militärische Funktionen zu erfüllen hatte und unserem Thema sehr nahe steht. Der wichtigste deutsche Architekturkritiker um 1700, Leonhard Christoph Sturm (1669-1708), unterbreitete seinen Lesern die Vorstellungen Goldmanns,

»daß man etwas von versorgung solcher Magazyn wider ein feindliches Bombardement rede/und es doch nutzlich ist/ wenn die Anfaenger der Bau=Kunst auch in diesem Stuecke nicht gantz unwissend bleiben …«.[21]

Sturms bautechnische Voraussetzungen sind (1) bequemer Auf- und Abtransport des Korns; (2) Große Räume zur Schüttung und Umwendung; (3) perfekt zu dirigierende Luftkonvektion; (4) Sicherheit gegen unbefugte Menschen und Tiere wie Vögel, Ratten, Mäuse; (5) Feuersicherheit. Zu (1) meint Sturm, daß er für das Kornhaus die gleiche Lageposition vorschlage wie die für seinen »reichsfürstlichen« Zeughauskomplex aus dem gleichen Traktat [ABB. NR. 353];[22] zu (2) fordert er niedrige Böden, um eine große Anzahl von Schüttebenen zu erhalten, wobei er die Stockwerkebenen durch zwei Reihen hölzerner Ständer oder Säulen in drei schwellenfreie Schiffe einteilt und außerdem neben Winden auch Rutschbretter für gefüllte Säcke vorschlägt; zu (3) empfiehlt er viele dicht schließbare Fenster, die je nach Witterung geöffnet oder verschlossen werden; zu (4) schlägt er einen nach innen orientierten Fenstermechanismus vor, damit von außen mit dichten Netzen die Öffnungen verhängt werden können; auch soll der steinerne Massivbau mit tief in das Erdreich gehenden Mauern, Abdichtung aller Gewölbe und metallenen Netzen vor der unteren Fensterreihe die Nager abhalten; zu (5) verlangt er eine gute Administration. In Zeiten der Beschießung empfiehlt Sturm

»das Gespaerre ordentlich Creutz= weiß darueber zusammen schlichte/und mit Mist wohl bedecke/dabey Tag und Nacht mit Wasser und Spruetzen in guter Bereitschafft stehe«.

Sein Konstruktionsvorschlag zeigt das siebenstöckige Kornhaus in einer Dimensionierung, die ein Durchschlagen jeden Bombentyps aus dem Erfahrungsbereich des Architekten verhindert hätte. Wie ein bombensicheres Proviantmagazin in der Bauwirklichkeit aussieht, kann z. B. an dem erhaltenen Körnermagazin der Bundesfestung Rastatt von 1854/55 studiert werden. Das Gebäude steht z. Z. vor einer Umnutzung und damit einer Sanierung.[23]

Die wichtigsten Hauptspeicherbauten im zivilen und militärischen Bereich sind:

A. **Zivile Speicherbauten**

1. Bauhöfe in mittelalterlichen Städten als multifunktionale Vorratshöfe für Baugerät, -materialien, Rüstungsgüter aller Art.[24]
2. Holzmagazine
3. Kornhäuser
4. Salzspeicher[25]
5. Schüttböden, Fruchthallen für Hülsenfrüchte und getrocknete oder andere lagerfähige Nahrungsmittel.

B. **Militärische Speicherbauten**

1. Fortifikations-Bauhof mit Werkstätten, Magazinen, Depots der Festungsverwaltung u.s.w.
2. Artillerie-Bauhof und Artilleriewagenhaus
3. Fouragemagazin
4. Hafermagazin, Rauhfuttermagazin
5. Heumagazin[26]
6. Laboratorien für die Büchsenmeister, Feuerwerker und Artilleristen
7. Lafettenschuppen
8. Mehlmagazin[27]
9. Montierungskammern[28]
10. Palisadenmagazin
11. Proviantmagazin
12. Pulvermagazine[29]
    [Kriegs- und Friedenspulvermagazine]
13. Remisen
14. Ställe
15. Strohmagazin

16. Waffenkammern
17. Wagenhäuser z. B. auch für Pontons, fahrbare Feldschmieden, Munitionskarren
17. Schuppen und Scheunen[30] und viele andere Speicherbauten
18. Zeughaus/Arsenal

In einem räumlich vom Zeughaus abgesonderten Bereich lagen oft die zur Geschützherstellung rechnenden Bauten wie Schmelzhütten, Kanonengießereien, Stückbohrwerke, Pulvermühlen. Der Bau dieser »Erzeugungs-Localien« gehört allerdings nach Meinung des Obersten im k. k. Génie-Stab Julius von Wurmb und zahlreichen anderen Militärbauingenieuren »seiner Natur nach, in die specielle Technik, und nicht in die Kriegsbaukunst«.[31]

Auf multifunktionale Speicherbauten wurde schon oben hingewiesen.[32] Stets wurde die Verantwortlichkeit über die Aufbewahrung militärischer Vorräte reglementiert. So etwa stehen nach Moritz K. E. v. Prittwitz und Gaffron, 1836, die Gebäude zur Aufbewahrung der militärischen Vorräte im nachnapoleonischen Preußen unter Verwaltung der Artillerie: Zeughäuser, Pulvermagazine, Wagenhäuser, Laboratorien, Nutzholzschuppen; unter Verwaltung der Fortifikation: Palisaden-, Utensilien-, Materialienschuppen; unter Verwaltung der Proviantämter: Lebensmittelvorräte, Bäckereien usw.[33]

6.3 Das Zeugwesen — Teil der Rüstung

> »Dieweil nun offenbahr am Tag ligt/daß Krieg vnd Feindschafft etwann vnversehens vnd schnell entstehen/ welchs man in vergangenen Jahren/ vnnd noch taeglich mehr dann ander Zeit gnugsam erfahren / so muß man sich dargegen schicken / damit man auch alle Stund vnnd Tag zu der Gegenwehr geruestet sey«.
>
> Johann Ammon:
> ARMAMENTARIUM PRINCIPALE, 1625

Das Handwerk war in der frühen Neuzeit in den Städten konzentriert. Die Städte waren bis auf wenige Ausnahmen befestigt. Im Krisen- und Kriegsfall wurde neben dem aus dem Zeughaus entnommenen Material auch Kriegsgerät und Waffen durch Ankauf von außerhalb und durch Anordnung zur beschleunigten Neuherstellung in den eigenen Handwerksbetrieben und frühen Formen der Militärmanufakturen betrieben. Die Umstellung von der Friedens- auf die Kriegswirtschaft und umgekehrt war stets mit freiwilligen oder aufgezwungenen Entbehrungen der Bevölkerung verbunden, obwohl einzelne Menschen und Gruppen an der Aufrüstung verdienten. Krieg wurde für manche Heerführer, Unternehmer und Handelshäuser zum profitablen Geschäft.[34] In J. Zedlers Universal-Lexikon heißt es zu »Rüstung« ganz allgemein und noch heute gültig:

»Waffen und Gezeug, womit sich die Kriegsleute ... zum Streit ausstaffiren«.[35]

Damit ist Rüstung eine Erhöhung der Abschreckungs-, Zerstörungs- bzw. Tötungsfähigkeit im Vergleich zu den meist nur vermuteten analogen Fähigkeiten eines potentiellen Gegners. Dies wird durch Schutz- und Trutzwaffen erreicht. Letztere lassen sich in Nah- und Fernkampfwaffen einteilen.[36] Rüstung wurde für Krieg und Frieden betrieben. Die Friedenszeit ist je nach politischer Lage und ideologischem Eigenverständnis die Zeit der Herstellung und Anhäufung von Kriegsgütern. Damit verbunden ist eine Erprobung in Versuchsreihen auf Funktionsfähigkeit, Leistungssteigerung und in neueren Zeiten sogar exakter wissenschaftlicher, d. h. wehrtechnischer Forschung. Große Mengen identischer Waffen wurden seriell und in arbeitsteiligen Formen schon im späten 15. Jh. produziert. Gerade in der Entwicklung der militärischen Rüstung ist eine Standardisierung von Einzelwaffen und Waffensystemen schon im folgenden Jahrhundert festzustellen. Die Professionalisierung des Kriegswesens, die Herausbildung von immer mehr Spezialisten war die Folge. In Kriegszeiten gelangen die Rüstungsgüter zum Gebrauch und Verbrauch in den Einsatz. Rüsten, Aufrüsten, Nachrüsten, Abrüsten, [Überrüsten!] kann einerseits Krieg bedeuten oder zu ihm hinführen; denn Rüstung droht und ruft damit Ängste bei einem potentiellen Gegner hervor. Andererseits aber hat Rüstung auch eine meist bewußt intendierte Abschreckungswirkung. Jeder potentielle Angreifer muß bei seinen Abwägungen über Krieg und Frieden das wohlgefüllte Zeughaus des Gegners als Kalkül in seine Berechnungen einbeziehen. Dies gilt z. B. auch für Fortifikationsbauten, die ebenfalls Teil der Rüstung sind. Defensionsarchitektur beruht ebenfalls zuerst einmal auf Abschreckung ganz im Gegensatz etwa zu Bauten wie Schlössern, Kirchen, Rathäusern, Theatern, Akademien, Opern, Marställen, Universitäten usw., die ausgesprochene Gebäude der »Friedensarchitektur« sind. Man hat lange die Erzeugnisse der Architectura civilis so bezeichnet, während Architectura militaris als »Kriegsbaukunst« angesehen wurde, also stets neben ihrer zweifellos martialischen Hauptfunktion auch anerkannte »Kunst« und damit im früheren Verständnis der Begriffsinhalte auch »Technik« war.[37]

6.4 Waffen- und Kriegsmaterial in Angriff und Verteidigung

Im Laufe der Menschheitsgeschichte entwickelte sich das Waffenhandwerk zu höchster Perfektion. Obwohl die Produkte immer zahlreicher gefragt wurden und dadurch eine beinah permanente Ausweitung des Angebotskataloges verbunden mit einer Qualitätssteigerung in Material, Anwendungstechnik, Variation und Leistung sprich Zerstörungseffizienz festzustellen ist, blieb die Herstellung doch über Jahrhunderte bis in die Zeiten des Absolutismus Handwerk auch als die Waffenproduktion »staatlichen« Ursprungs mehr und mehr zunahm. Man denke etwa an die merkantilistische Rüstungspolitik Ludwigs XIV. und seiner Nachahmer. Eine Rüstungsindustrie im modernen Sinn entstand erst mit der vollentwickelten kapitalistischen Produktionsweise im 19. Jh. Sie hängt mit der Bildung der Nationalstaaten zusammen und der damit verbundenen allgemeinen Industrialisierung und Technisierung. Rüstungsindustrie erforderte riesige ökonomische, finanzielle und damit politische Anstrengungen, die in der letztgenannten Epoche nur noch der Staat als Oberster Zeugmeister übernehmen konnte. Über die nationalen Kriegsministerien wurde die staatliche bzw. staatlich gelenkte oder halbstaatliche Massenproduktion abgewickelt. Kleine Privatunternehmen gingen ein. Waffenproduktion entstand punktuell um zentralstaatliche Arsenale. Staatsmonopol und Privatmonopolisten verbündeten sich.[38] Bekanntestes Beispiel ist die Verquickung der Firma Krupp in Essen mit dem preußischen Staat, dann dem Deutschen Reich, heute mit der Bundesrepublik Deutschland!

Die Anzahl der zur zweckmäßigen Ausrüstung einer Armee benötigten Waffen mußte von Fachleuten möglichst vor Beginn des Kriegszuges berechnet werden. Wehrtechnisches Kostendenken war nämlich stets Teil der planmäßigen Rüstungsbemühungen. E. A. Nohn:

»Erst derjenige, der sich mit Bedacht und Aufwand an Zeit und Mühe ein Kampfgerät, seine Waffe schuf, kann als der erste Wehrtechniker gelten«.[39]

Leonhard Fronsperger (1520-1575) ist mit seinen umfangreichen Traktaten, die unter den Titeln »Von Kayserlichem Kriegßrechten« und »Kriegßbuch« mehrfach erschienen, einer der ersten Militärfachbuchautoren des 16. Jh. Er schrieb seine Traktate auf Grund eigener Erfahrungen als Zeugmeister und Offizier im Türkenkrieg und gibt den Stand der gesamten Heeresorganisation, Ämter, Rüstung, Unterhaltung, Bewaffnung, Strategie und Taktik des 16. Jh. an, darunter auch »Von Geschuetz vnd Kriegßruestung der Arckelley/was nemlich in ein Zeug=hauß gehoert/an Geschuetz vnd Munition/mit aller zugehoerung« und eine Berechnung über die für eine Armee von 20.000 — 30.000 Mann notwendigen Ausrüstungsgegenstände im Traktat »Von Wagenburg und Feldlägern, item von allerlei Geschuetz und Feuerwerk«.[40] Die genaue Anzahl der verschiedenen Geschütztypen und ihrer notwendigen Munition wird für vier Tage angegeben. Diese Berechnungen müssen übereinstimmen mit dem Inventar der Zeughäuser, zu denen man vor Beginn des Kriegszuges Zugriff hatte.

Mit welch hohem Mathematisierungsgrad die planmäßige Vorratshaltung schon im frühen 18. Jh. vorgenommen wurde, zeigen zum Beispiel die Vorausberechnungen Vaubans (1633-1707) für eine Belagerung.[41] Der Meister des Festungsbaus und ranghöchste Poliorketiker im Reiche Ludwigs XIV. ging von den vorhandenen Geschütztypen 4, 8, 12, 16, 24 Pfünder aus, um diese effektiv auf Bastionen und Wällen zu postieren. Er gibt Auskünfte über benötigtes Zeug wie Anzahl der Kugeln, Granaten, Mörser, Bomben, Lafetten, Bettungen, Ladeschaufeln, Wischer, Nadeln, Luntenstöcke, Winden, Böcke u. s. w. in genauer Aufschlüsselung, weiter Seilwerk, Schmiedezubehör, Gewehre nebst deren Ersatzteilen, Werkzeuge, Anzahl der Helme, Säbel, Piquen usw. Das Zeug des Mineurs für den unterirdischen Krieg schlüsselt er ebenso auf wie die notwendigen Blei-, Pulver-, Holzvorräte bis hin zu den während einer Belagerung benötigten Tierhäuten, Nägeln, Papier, Laternen usw.[42] Indem durch G. A. v. Clair in deutscher Edition herausgegebenen Werk Vaubans, in dem alles das auch tabliert aufgelistet ist, findet man Vaubans Vorüberlegungen bzw. Kalkulationen bis hin zur Anzahl der benötigten Soldatenpfeifen nebst Tabak für die Dauer einer Belagerung.[43]

ANMERKUNGEN:

[1] Reproduktion in H. Langer: Der Dreißigjährige Krieg, Hortus Bellicus, ³1982, Abb. 20. Ein Original im GNM Nürnberg. — Stadtbefestigung, in: Bayer. KDM, Bd. Nürnberg, ²1977, S. 165-176; H.-J. Neubauer: Bau der Großen Bastei hinter der Veste 1538-1545, in: Nürnberger Mitteilungen Bd. 69 (1982) S. 196-263.

[2] J. K. W. Willers: Nürnberger Handfeuerwaffen, Entwicklung, Herstellung, Absatz, 1973.- Im späten 14. Jh. kaufte der Nürnberger Rat noch Handfeuerwaffen zur Mauerverteidigung. Für das 15. Jh. ist das Inventar des Konrad Gürtler von 1462 die wichtigste waffengeschichtl. Quelle: Stadtarchiv S. II, L. 33 Nr. 3. Daraus ist zu entnehmen, daß damals Handbüchsen neben dem Zeughaus auch auf den Mauern und im Rathaus verwahrt wurden. Die Zeughauskapazität war noch zu gering. Dabei stand der Waffenproduktionsboom erst am Anfang seiner Entwicklung!

[3] H. Eichberg: Historische Relativität, ²1987, S. 15. — Der Begriff »Militär« ist im Wörterbuch zur deutschen Militärgeschichte der DDR von 1985 nicht vorhanden, wohl das Wortfeld S. 531-641.

4) A. Bernt/G. Binding: Das Deutsche Bürgerhaus, Bd. 1-30, 1959-1982, für alle deutschen Gegenden mit genauer Darstellung in Zeichnungen und Fotos. Die Hausforschung beschäftigt sich neben der Bau- und Sozialstruktur des Bürgerhauses auch mit den im Gebäude befindlichen Werkstätten, Lagern, Ladengeschäften, Büros.

5) Vgl. Kapitel 14.3.

6) A. Eggert/J. Schepers: Spieker »Bauernburgen« Kemenaden, Bäuerliche Speicherbauten im Münsterland, 1985. — Beschreibung von Wehrspeichern auch in Stadtarchiv Remscheid: Feste Türme und Wehrspeicher auf Remscheider Höfen, 1962. — In der Rezension von H. Hinz: Motte und Donjon, 1981, durch Cord Meckseper, in: Burgen und Schlösser Nr. 1 (1982), S. 53, in der Zusammenfassung die Feststellung, daß der bäuerliche Speicher aus der Motte im Spätmittelalter entstanden, »also als in den bäuerlichen Bereich abgesunkenes Kulturgut anzusehen ist«.

7) A. Eggert, op. cit., Abb. S. 82-85.

8) O. Gallois/A. Schäfer: Lagerhäuser (Speicher), in: Deutsches Bauhandbuch, Bd. 2, 1880, S. 956-975.

9) Ein hervorragendes Beispiel der planerischen staatlichen Getreidepolitik war die Maßnahme Friedrichs d. Gr., der in der allgemeinen Hungersnot 1771/72 durch Entnahme aus den Staatsspeichern den Kornpreis um die Hälfte niedriger halten konnte, als in den Nachbarländern; zusätzlich ließ er aus diesem Vorrat eine große Zahl an Flüchtlingen ernähren [Kommißbrot]. Vgl. dazu G. Schmoller: Getreidehandelspolitik und Kriegsmagazinverwaltung Brandenburg — Preussen bis 1740, 1901.

10) Muthäuser gibt es auch u. a. in Beverungen, Giebichenstein und Hessen [ehemals DDR], Jühncke, Lindau am Harz, Lutter am Barenberge, Marienburg, Poppenburg, Steuerwald. Es ist noch ungeklärt, ob sie als multifunktionale Speicherbauten, darunter also auch als Rüstkammer, oder als wehrhaft ausgebaute Herrenhäuser innerhalb einer Burg anzusprechen sind. Musshäuser oder Muserien könnten sich von »mus« = alte Bez. für Ringpanzerwerk vor dem Auftreten der Plattenharnische ableiten, dann wäre das Gebäude auch als Rüstkammer anzusprechen; »muos« = Mahl, Speise könnte für einen Getreidekasten stehen. Belegte Schreibweisen für den Bau in Hardegsen von 1324 Moyshaus, Moßhaus, Moßhuse, heute Muthaus. Eine Begehung zeigt aber, daß 1. und 2. Obergeschoß stets auch zum Wohnen eingerichtet waren. Lit.: Diverse Chroniken, Berichte, Abschriften im Stadtarchiv Hardegsen. — R. Huber: Glossarium Artis, Burgen und Feste Plätze, ²1977, S. 94 erklärt Mushaus/Moßhaus mit Küchen- und Wirtschaftsgebäude einer Burg, teilweise auch Gesindehaus; frz. commune économiques.

11) Vgl. C. Turrel: Metz Deux mille ans d'architecture militaire, 1986.

12) Vgl. E. Pantel: Baudenkmale in Niedersachsen, Stadt Wolfenbüttel, 1983, S. 44.

13) Vgl. Museumsverein Stade: Schwedenspeicher-Museum, ²1982. — J. Bohmbach/V. Rihsé: Schwedenspeicher, 1978.

14) Vgl. A. Reinle: KDM Luzern, 1954, S. 61-63, 65. — Auch in der ehem. preuß. Festungsstadt Torgau wurde 1812 das Zeughaus in dem ehem. Kornspeicher v. 1479/1593 eingerichtet [ABB. NR. 136].

15) Vgl. Stadt Minden: Minden Zeugen und Zeugnisse seiner städtebaulichen Entwicklung, 1979, Abb. 20-24. — Stadt Minden: Baudenkmale Denkmalschutzzonen, 1977. — V. U. Meinhard: Festung Minden, 1958, S. 62 f, Taf. 39, Abb. 40 f. — L. Schreiner: Bautätigkeit in Minden z. Z. des Klassizismus, 1977.

16) Eine genaue Beschreibung in Wort und Bild in der Allgemeinen Bauzeitung, Jg. 1944, S. 73-81.

17) Vgl. W. Pfeiffer: Der Leere Beutel, Sonderdruck, 1982.

18) Der Kornspeicher in Rotenburg-Wümme *1769 ist 1988 zum Geschäfts-, Wohn- und Kunstzentrum hergerichtet. Er gilt am Rand der neuen Fußgängerzone als städtebauliche Dominante.

19) Vgl. M. Granzin: Harz-Kornmagazin, 1972. — Stadt Osterode: Unser neues Rathaus, Festschrift zur Einweihung des Harzkornmagazins als Verwaltungsgebäude, 1989.

20) Ich verweise auf die Untersuchung von Jonathan Coad: Historic Architecture of the Royal Navy, 1983; Jacques Heeres: Fortifications, portes de villes, places publiques dans le monde méditerranéen, 1986; Philip Hichborn: Report on European Dock-Yards, 1886; G. Jackson: The History and Archeology of Ports, 1983; zum Marinearsenal Wilhelmshaven a) G. Koop/K. Galle/F. Klein: Von der Kaiserlichen Werft zum Marinearsenal seit 1870, 1982; b) G. Koop/E. Mulitze: Marine in Wilhelmshaven, Bildchronik, 1987; weiter zu Speicherkomplexen des 19. Jh. die Untersuchung von Karin Maak: Speicherstadt im Hamburger Freihafen, 1985:
»Die Speicherstadt galt bereits zur Zeit ihrer Entstehung keineswegs nur als schlichte Nutzarchitektur, vielmehr stellte sie mit Warenpalästen, die Stadt, Burg oder gar Kirche vergleichbar waren, eine effektvolle Inszenierung zur Verherrlichung Hamburgs wirtschaftlicher Kraft dar«.
So auch die Aussagen des Bildbandes von H. Meyer-Veden und R. Lange: Die Hamburger Speicherstadt, 1989, in dem die Topographie der Speicherstadt in Form eines Rundgangs erkundet wird.

21) Vgl. L. Chr. Sturm: Architectura Civili-Militaris, 1719, V. Hauptstück, S. 41 f und ders.: Der verneuerte Goldmann, 1721. — Vgl. auch die Reproduktion der beiden Textseiten zu ABB. NR. 25. — Eine weitere wichtige Traktatstelle »Vnderricht das Getreyde zuverwahren« von B. Lorini: Funff Bucher Von Vestung Bauwen, 1607, S. 142 f. — G. Frh. v. Hauser: Befestigung der Staaten, 1817, handelt die gesamte Nahrungsmittelversorgung seiner Zeit ab, darunter S. 7-52 die Verpflegungskunde und zum Getreidevorrat.

22) Sturm meint sein Konzept der parallel zueinander liegenden Kompaktgebäude, die an den Schmalseiten zur Bildung des Binnenhofs mit kurzen und schmalen Quergebäuden geschlossen werden, wie das ABB. NR. 353 zeigt.

23) Im Stadtarchiv Rastatt Bestand STADTA-RA-A-3754, Nr. 116, eine genaue Beschreibung von 1878 in einem handschriftl. Fragment zur Festungsbaugeschichte; Grundrisse im Bestand K1604, fol. 63.

24) Der ehem. Bauhof in Mainz wurde als kurfürstl. Sattelkammer 1711, 1770/1776 erbaut bzw. erweitert und diente im 19. Jh. als Artillerie- und Genie-Bauhof sowie Artilleriekaserne. Die Anlage wurde 1942/1961-62 zerstört. — Der Bauhof in Amberg wurde schon als vorbildlich revitalisierter Speicherkomplex erwähnt. Seit 1989 ist dort das Städt. Museum untergebracht. Vgl. J. v. Rauchbauer: Festschrift zur Wiedereröffnung des Stadtmuseums von 1989.

25) z. B. die 6 Salzspeicher in der Hansestadt Lübeck an der Trave erbaut im 16.-18.Jh. Diese Speicherbauten dienten auch zeit-

weise als Holz- und Kornspeicher. In der ehemaligen Festungsstadt <u>Königshofen</u> liegt der sehenswerte Salzstadel in der Kellereistraße.

26) Der Vierflügelbau »Churfürstlicher-Heu-Magazin-Stadel« in <u>München</u> nimmt im Grundriß genau die Form der ihn umgebenden Bastion am Kosttor auf. Vgl. den Grundriß von 1793 in H. Lehmbruch: Neues München, 1987, S. 30.

27) In der Festung <u>Landau</u> ist noch eine Reihe von militärischen Speicherbauten bzw. Magazinen erhalten, so das bombensichere Provianthaus *1785 mit Bäckerei, Mehlmagazin, Altes Hafermagazin, Artilleriewagenhaus, Kriegsbäckerei *1861/64, Neues Hafermagazin *1914/16. Vgl. F. Raithel/R. Übel: 300 Jahre Festung Landau, Landau 1989, S. 99 ff.

28) <u>Montierungskammern</u> sind kleinere Räumlichkeiten ohne bauliche Bedingungen zur Aufbewahrung von Ersatz- und Vorratsbekleidung und Ausrüstungsstücken, Stallsachen u. a. meist in oder im unmittelbaren Bereich einer Kaserne liegend. Ein besonderes Inventar einer Montierungskammer besitzt die Hess. Landes- und Hochschulbibliothek Darmstadt. Es handelt sich um das »Buchsweiler Inventar« von 1749-1786 angelegt durch Landgraf IX. v. Hessen-Darmstadt und seinen Nachfolger Ludwig X. in 3 Foliobänden:
Hs 1538 Inventarium über die … Mundirungen,
Hs 1539 Inventarium über die Grenadiermützen,
Hs 1540 Inventarium über die Flinthen, Degen, Säbel und Trommeln [Dublikat mit Schriftwechsel über beabsichtigte Verlagerung der Waffen- und Ausrüstungsgegegenstände im Besitz des Hessischen Hausarchivs im Hess. Staatsarchiv].
Hs 1522 Neuer Index zu dem Inventario über die Grenadiermützen …
Lit.: G. Lehmann [Geheimer Kriegsrat]: Forschungen und Urkunden zur Geschichte der Uniformierung der Preuss. Armee 1713-1807, 1900. — H. Knötel: Bemerkungen über das Inventar der Buchsweiler Montierungskammer, in: Zeitschrift für Heereskunde, Heft 1932, S. 512 f. — H. Bleckwenn: Die Buchsweiler Inventarien, masch.-schriftl. Ausarbeitung i. d. Landesbibliothek Darmstadt, Sammelmappe 66 A 282, Nr. 1,6.

29) Der in der Zitadelle und im napoleonischen Brückenkopf <u>Jülich</u> vorkommende Bautypus »Magasin à Poudre« bzw. »Poudrière de Guerre« geht auf Vorstellungen Vaubans zurück und läßt sich in zahlreichen Varianten in Festungen aller Erdteile als Speicher für das kostbare wie gefährliche Pulver zur Lagerung in Fässern bis in die 2. Hälfte 19. Jh. nachweisen. Der Bautyp ist gekennzeichnet durch einen in der Länge variablen Rechteckgrundriß mit schwerer Tonne, darüber Satteldach. Zur Luftkonvektion sind vor den Schlitzen innen und außen Türen angebracht. Die Schlitze verlaufen in der Mauerdicke zweifach rechtwinklig gebrochen, um einen direkten Einschuß zu verhindern. Die Stirnwände mit doppelt verschließbarer Tür und Fenstern stehen nicht im Verband mit der Tonne, damit diese nach einer möglichen Explosion durch »Wegklappen« der Stirnwände unberührt bleibt. Strebepfeiler stützen die Längsseiten [ABB. NR. 26.4]. Eine größere Untersuchung zu Pulvermagazinen ist v. Verf. in Vorbereitung. Vgl. H. Neumann: a) Großer Zitadellenführer Jülich, 1986, S. 84 f; b) Festungsbaukunst und Festungsbautechnik, 1988, S. 307.

30) <u>Schuppen</u> in zahlreichen nichttypisierten Formen in offener oder Leichtbauweise für unterschiedlichste Speicherzwecke. Diese standen meist auf gemauerten Sockeln und hatten oft gemauerte Pfeiler und stabile Zwischenböden im Dachraum.

31) Vgl. J. v. Wurmb: Lehrbuch der Kriegs=Baukunst, 1852, S. 252.

32) Wie groß die Bedeutung des verbrauchergerechten Lagerns von Nahrung und Rüstungsgütern auf engstem Raum war, zeigen z. B. die einstöckigen Kampftürme in der Chinesischen Mauer, in deren Erdgeschossen sich Wohnung, Getreide- und Waffenspeicher befinden. So konnte man in der Abgelegenheit eine gewisse Autarkie der Turmmannschaft erreichen. Lit: a) Abb. in L. Zhewene: Die Grosse Mauer, 1982, b) Ders.: Chinas Große Mauer, 1986.

33) Vgl. M. v. Prittwitz: Beitraege zur Befestigungskunst, 1836. Dazu H. Neumann/U. Liessem: Klassizistische Großfestung Koblenz, 1989, S. 42.

34) Man denke an die Rolle Wallensteins (1583-1634) als Kriegsunternehmer und damit Kriegsgewinnler! Vgl. Militärgeschichtl. Forschungsamt: Deutsche Militärgeschichte 1648-1939, 1983, Bd. 1, Teil 1 S. 144-150, ebenda Teil III S. 48-51.

35) Bd. 32 Sp. 1781.

36) Weiteres zur Klassifikation in den Handbüchern der Waffenkunde von W. Boeheim 1982; A. Demmin 1964; Chr. Beaufort-Spontin 1982//83; Th. Bruno 1977; H.-U. Haedecke 1982 im Lit.-Verz.

37) Unsere Ausstellung »Architekt & Ingenieur. Baumeister in Krieg & Frieden« der Herzog August Bibliothek Wolfenbüttel 1984 galt der erstmaligen Präsentation »beider Architekturen« neben- bzw. miteinander und ihrem gemeinsamen Fundament Mathematik, speziell der Geometrie, als Kunst und Wissenschaft. Vgl. U. Schütte/ H. Neumann: Ausstellungskatalog HAB, 1984.

38) Musterbeispiel ist das Arsenal in Wien. Vgl. Kapitel 20.4.0

39) Vgl. E. A. Nohn: Wehrtechnisches Kostendenken in Mittelalter und Neuzeit, in: Wehrtechnische Monatshefte Nr. 65 (1968) S. 9. — In der NATO spricht man von »Cost Effectivness Approach«, also einer Kostenwirksamkeitsanalyse. — Es ist hier nicht der Ort, innerhalb der Geschichte der Rüstung und Waffenentwicklung über die »Nebenfrüchte«, also die im zivilen Sektor nutzbar gewordenen Erfindungen oder gar über ihre Bedeutung für den allgemeinen technischen Fortschritt zu referieren: »Krieg ist der älteste Lehrmeister der Technik«.

40) Vgl. Primärliteratur im Lit.-Verz. unter Fronsperger. Ein unpubliziertes Manuskript »Von Geschütz Der grossenn stück Büchsenn Auch Boller oder Mörsern/durch welches diese Zeit die starckenn wöhrlichenn Gebew oder Befestungenn zubetzwingenn vnnd eröbernn…« in der SLB Dresden unter Msc. Dresd. C73 [Mikrofilm beim Verf.].

41) Association des Amis de la Maison Vauban: Vauban sa vie — son œuvre, 1983. — M. Parent: Vauban un encyclopediste avant la lettre, 1982. — Vauban et l'architecture militaire, Monuments Historiques No. 126 (1983). — Zu baugeschichtlichen Betrachtungen der Vaubanschen Festungen, hier besonders der Lage der Magazine und Arsenale, empfehle ich die einmalige Modellsammlung im Museé des Plans-Reliefs Paris im Vergleich mit modernen Luftbildern: Museé des Plans-Reliefs, Collection Royale, Katalog o. J.; — C. Brisac: Le Museé des Plans-Reliefs, 1981; R. Bornecque: La France de Vauban, 1984; — G. Monsaingeon: Zitadellen der Eitelkeit. Der Krieg als Metapher, in: Zeitschrift für Kunst und Kultur, Nr. 3 (1986), S. 106-122. — Monuments Historiques No. 148 (1986): Les Plans Reliefs. — Faucherre, N./Monsaingeon, G./de Roux, A.: Les

Plans en relief des places du Roy, Paris 1989. — Über Festungsreliefs in italienischen Sammlungen informiert besonders mit Bildmaterial A. Fara: Il Sistema e La Città. Architettura fortificata dell'Europa moderna dai trattati alle realizzazioni 1464 - 1794, Genova 1989.

[42]) Vgl. M. Augoyat: Atlasband zu Marschall Vauban's Angriff und Belagerung fester Plätze, 1841, Pl.17 »Handwerkszeug des Mineurs«, [Hacken, Hämmer, Meißel, Stein-, Erdbohrer, Brechstangen, Schaufeln u. ä.], dazu Textbd. S. 164 ff.

[43]) Vgl. G. A. v. Clair: Abhandlungen von der Vertheidigung der Festungen ein Original=Werk des Herrn Marschalls Vauban, 1770, besonders Tab. IV-XIII.

7. Mittelalterliche und frühneuzeitliche Rüstkammern

Der Begriff »RÜSTKAMMER« dient zur Kennzeichnung für einen Ort, an bzw. in dem Schutzwaffen zur Erhaltung der Kampfkraft und Kampffähigkeit sowie Trutzwaffen zur Schädigung oder Vernichtung eines Gegners für längere Zeiten aufbewahrt wurden.[1] Mit dem Gesandten aus Venedig, der im Jahr 1577 die damals schon bekannten Rüstkammern auf Schloß Ambras besuchte, unterscheiden wir Rüstkammern »per l'utilità« im Sinne einer Gebrauchsrüstkammer von einer Rüstkammer »per ornamento«, also einem Militärspeicher im Sinne einer Dekorations- und Repräsentationseinrichtung[2] »theatrum virtutis et memoriae«.[3] Die Ordnungsprinzipien sind demnach entweder streng funktional, waffenorientiert, materialdicht, benutzergefällig oder museal und repräsentativ, etwa durch Aufstellung der Sammelstücke nach Alter, Verwandtschaft, typologischen Reihen oder innerer Thematik.[4] Es kamen zu diesem Zweck Räumlichkeiten unterschiedlichster Bauqualitäten und Ausdehnungen in Gebrauch, die fast immer als Teile auch anderweitig genutzter Gebäude feststellbar sind. Ausnahmen bilden etwa die fünf Rüstkammern auf Schloß Ambras, für die besondere Bauten errichtet wurden.[5] Diese Waffenlager in Form von Kellern, Dachböden, Kammern haben baulich nichts gemeinsames. Die Räumlichkeiten waren nicht waffenorientiert und speicherökonomisch gebaut, sie unterlagen keiner »Normung« und waren somit keine »Regelbauten«. Jeder Besitzer einer Waffenausrüstung sah sich nach einem zweckmäßigen Ort um, der ihm und seiner speziellen Ausrüstung am besten entsprach: Größe, Lage, Trockenheit, Sicherheit, Überwachbarkeit und andere Kriterien waren maßgebend. Eine Gemeinsamkeit aber hatten alle neuzeitlichen Gebrauchsrüstkammern, es fehlte das Großgerät. Das Großgerät des Mittelalters mit Antwerk, Sturmzeug, Schießzeug, Werfzeug, Brandzeug usw.,[6] und der das mechanische Großgerät allmählich ablösende Geschütz- und Wagenpark, waren meist in Schuppen und Scheunen, im Rathaus und in Türmen der Befestigungen untergebracht. Gerade diese Situation erzwang die architektonische Entwicklung waffenorientierter Großspeicher, eben der Zeughäuser. Der Begriff »Rüstkammer« ging aber nach der »Einführung« von Zeughäusern nicht verloren. Er wurde weiter benutzt und zwar einerseits für herrschaftliche Waffensammlungen, die mehr und mehr Repräsentationscharakter annahmen und oft noch näher mit dem Begriff »Leibrüstkammer« bezeichnet wurden,[7] zum anderen für Waffensammlungen, in denen kein Großgerät gelagert war [ABB. NR. 47.2]. Diese Rüstkammern konnten aber von so großem baulichen Umfang sein, daß man das Wort »Kammer« oft durch »Haus« zu »Rüsthaus« ersetzte.[8] Im Laufe der Zeiten wurde der Begriff Rüstkammer aber auch immer wieder synonym mit dem Begriff Zeughaus benutzt. Eine ganz strenge Abgrenzung gab es also nie.

Heute beschränkt er sich allerdings nur noch auf museale Artefaktensammlungen, in denen meist als Kern das Inventar einer Rüstkammer per l'utilità oder per ornamento steckt.

7.1 Private Rüstkammern

> »Nicht allein jeder Adelige sondern auch jeder zünftige Bürger hat in seinem Haus eine Rüstkammer, um bei jedem Aufruf gewappnet erscheinen zu können.«
>
> Enea Silvio Piccolomini [Pius II. in spe] 1444 nach einem Besuch von Regensburg, Augsburg und Nürnberg

Solange die Selbstbewaffnung Bestandteil des uralten, ererbten, also allgemeinen Rechtes war, gab es Rüstkammern im privaten Besitz. Das Inventar dieser Kammern bestand in den persönlichen Ausrüstungsstücken, also dem Besitz des freien und damit waffenfähigen Stadtbürgers und eines jeden Adeligen. Sie lagerten die in ihrem Eigentum befindlichen Ausrüstungsgegenstände in den unmittelbaren Lebensbereichen ein. Beim Stadtbürger lagen Wohn- und Arbeitsbereich oft eng zusammen. Die persönliche Wehr- und Waffenpflicht, die stets auch als Waffenrecht angesehen wurde, galt über Jahrhunderte. Sie war verbunden mit der pflichtgemäßen Stellung von bestimmten Waffen und persönlichem Einsatz im Bedrohungs- bzw. Kriegsfalle.[9] Diese Bereithaltungs- und Bereitstellungspflicht des Einzelbürgers bestand etwa gegenüber einem Territorialherren oder dem Magistrat einer Stadt und ging erst im 16., besonders aber im 17. Jh. durch Einführung neuer Kriegstechniken und Kriegsorganisationsformen wie denen des Landsknechtsheeres verloren, wenn auch die Landsknechte ihre engere Ausrüstung noch in den Zeiten des Dreißigjährigen Krieges eigenverantwortlich mitbringen mußten und somit selber über eine wenn auch meist bescheidene »Privatrüstkammer« verfügten.[10] Das aufstrebende Bürgertum hatte bald die Möglichkeit erkannt, sich der Pflicht, in persona der Obrigkeit gerüstet zu stellen, durch Geldzahlung zu entziehen. Man kaufte sich frei oder schickte sogar Stellvertreter. Aus der Kasse mit den Ablösesummen wurden Berufssoldaten, also Söldner, angeworben.[11] Die drückende Unbequemlichkeit für Bürger, die einem Handwerk oder einem Geschäft nachgingen, konnte so wesentlich erleichtert werden. Der Bürger blieb als spezialisierte Arbeitskraft in Werkstätten, Kaufläden und Gehöften dem Gemeinwesen erhalten, was die Konskription aus diesen Gründen noch förderte. Handel und Gewerbe florierten weiter. Parallell zu dieser Entwicklung läßt sich aber eine scheinbar gegenläufige Neigung der Menschen feststellen. Was für den Adel die Turniere und höfischen Kampfesspiele bedeuteten, waren für die Stadtbürger die schon im 13. Jh. nachweisbaren Schützenfeste, die die Schützengesellschaften in regelmäßigen Abständen abhielten.[12] Die Schützenbruderschaften sind mit der Entwicklung des weltlichen Zunft- und Gildewesens und den kirchlichen Lebensgemeinschaften von Laienbrüdern, die im ausgehenden Mittelalter den Höhepunkt ihrer Entwicklung erreicht hatten, eng verbunden [Schützengesellschaft, -bruderschaft, -gilde]. Doch mit der allgemeinen Einführung der Handfeuerwaffen im 15. Jh. entstanden auch losgelöst von der Geistlichkeit, den Orden und mönchischen Stiftungen die Büchsenschützenbruderschaften, welche durch den Landesherrn oder den Stadtrat gefördert wurden. Der Begriff des »Schützen« hängt mit dem Begriff »schießen« zusammen und schließt stets den Schutzgedanken für die Gesellschaft, die Bruderschaft, die Vereinigung ein. Die korporative Einstellung ging auch auf die Verpflichtung zurück, bestimmte Stadt- und Mauerviertel der Befestigung in Friedenszeiten zu pflegen und zu unterhalten, in Kriegszeiten zu armieren und zu verteidigen.[13] Die Schützenvereine zogen immer mehr Bürger an. Ihre Feste waren jahrhundertelang Höhepunkte im städtischen Leben und noch heute zehren von dieser Tradition zahlreiche Schützenvereinigungen in allen Regionen. Die Schießspiele hielt man zum Wohlgefallen der Akteure und Zuschauer ab, zur Ertüchtigung, also aus sportlichen und kämpferischen Gründen, hier und da auch als Teil eines Gottesdienstes. Die Bedeutung stieg noch vom Ende des Mittelalters bis in das 17. Jh., weil hier dem Landesfürsten in Form einer Bürgermiliz im Ernstfall auch zur Landesverteidigung gerüstete Männer in einer Art »stehendem Heer« zur Verfügung standen und das Landesaufgebot, welches meist von Adel, Klerus und Bürgertum gestellt werden mußte, wesentlich vergrößerten und stabilisierten. Daher erfreuten sich die Schützenvereine größter Beliebtheit und Zuwendung durch die wie auch immer politisch und konfessionell orientierte Obrigkeit. So etwa wurde Jungherzog Wilhelm V. von Jülich, Kleve, Berg (*1516 †1592) Mitglied in der Schützenbruderschaft; er erwarb sogar die Königswürde beim großen Vogelschießen im Jahre 1533.[14] Die Schützenvereine besaßen zumeist auch ihre »Vereinshäuser«. In diesen adaptierten oder neu gebauten, jedoch keinen eigenen Bautyp bildenden Schützenhäusern gab es die vereinseigenen Rüstkammern, in denen neben »Dutzendware« an Waffen oft auch waffentechnische Raritäten vorhanden waren bzw. noch sind.[15] Die Schießbahn z. B. in der Festungsstadt Jülich hatte man aus Sicherheitsgründen in den trockenen Bereich des Festungsgrabens gelegt. Die Vogelstangen lagen natürlich wegen der »Volksaufmärsche« weit außerhalb der Wälle bzw. der Stadtgrenzen. Die Schützenhäuser dienten auch zur Aufbewahrung der »Kleinodien« wie Schützensilber, Fahnen, Trommeln, auch Mitgliedsbüchern und Statuten in der Schützenlade. Selbst in späterer Zeit, als es längst planmäßig errichtete Zeughäuser gab, wurde der Begriff »Rüstkammer« für die Schützen beibehalten. Zum Beispiel unterscheidet Franciscus Philipp Florin in seinem »Haus=Vater« von 1705 Rüstkammern von Zeughäusern, indem er feststellt, daß in einem Zeughaus

»nur grosses/und zu des Landes Defension benoethigtes Gewehr enthalten« sei, in der Rüstkammer aber »kleine rare/und zum taeglichen Gebrauch befindliche Waffen/ enthalten/daher auch Harnisch und Stechzeug der Fuersten hier aufbehalten werden«.

Er schränkt allerdings sofort ein, daß in der Vergangenheit, »da Turniere noch gebraeuchlich warn« das Stechzeug »in Bereitschafft« gehalten werden mußte. Diese Bemerkung zeigt, daß das Stechzeug zu Florinis Zeiten bereits nur noch musealen Charakter in den privaten Rüstkammern hatte.[16] Johann Peter Willebrand erweitert in seinem Traktat über den Grundriß einer schönen Stadt von 1775 den Begriff Rüstkammer zu Rüsthaus, zu dem er allerdings meint, daß diese

»oft nur mit Denkmaehlern voriger unsichern Zeiten, oft aber auch mit Vertheidigungs=Werkzeugen angefuellet sind«.[17]

7.2 Rüstkammern in Burgen und Schlössern

Auch in den durch die wissenschaftliche Burgenforschung herausgearbeiteten zahlreichen Burgentypen und in den wehrhaften Schlössern der Frühen Neuzeit war die Forderung nach einer Rüstkammer bzw. eines Rüsthauses keine eigenständige Bauaufgabe.[18] Man nutzte vorhandenen Raum in der Burg, wobei als Waffenlager oft auch Räumlichkeiten dienten, die sonst ungenutzt blieben, etwa Zwickel unter Treppenläufen. In großen Burganlagen hat man die Rüstkammer meist in den innersten, also den sichersten Bering gelegt.[19] Natürlich waren die wichtigsten Rüstungsgegenstände der Burginsassen oftmals wegen des günstigen Zugriffs auch in der Dürnitz und in Sälen und Fluren an den Wänden und Fensternischen griffbereit aufgehängt. Dort sammelte man zu jeder Zeit auch Trophäen und Gedenkstücke aus Erinnerungs- und Repräsentationsgründen.
Die Burg des Mittelalters auf Bergeshöhe oder im flachen Land wird mit der Entwicklung des Lehnswesens und der Territorialstaatlichkeit mehr und mehr zum Wohnsitz adeliger Familien. Im Herrensitz Burg symbolisierte sich die machthabende und -erhaltende Oberschicht sowie des mit Grundbesitz ausgestatteten Lehnsmannes. Erst durch die Wirkungen von Feuerwaffen erlitt die Burg tiefgreifende Funktionsveränderungen. Und das ist seit der frühen Neuzeit der Fall. Sie entwickelte sich nun mehr und mehr zum adeligen Landsitz, zum Gutsbesitz. Der wehrhafte Charakter der Bauten wurde zurückgedrängt. Nur in wenigen Fällen konnte die Burg zum frühneuzeitlichen festen Schloß oder gar zur neuzeitlichen Festung nach den Grundsätzen der artilleriebezogenen Architektur umgebaut sprich erweitert werden.[20]
Diese zum Schloß mit Wohn- und Repräsentationseinrichtungen ausgestatte Burg mit ihren z. T. schnell überholten fortifikatorischen Bauelementen,[21] die man zu gern lange Epochen aus symbolischen und traditionalistischen Gründen beibehielt, wurden sogar im 19. Jh. im Rahmen des »introvertierten Bauens« zur Herstellung der familiären Burg bzw. Schloß als Eigendenkmal der Burgenromantik künstlich völlig neu geschaffen.[22] In diesen von Harald Herzog untersuchten Bauten im Rheinland gibt es — soweit sie überlebt haben — aus den ererbten ehemaligen Waffen- und Rüstkammern hervorgegangene oder übriggebliebene Schausammlungen von Rüstungsgütern. Diese entstanden seit wenigstens dem 18. Jh. zu Prunk- und Schauzwecken, im 19. Jh. dann mit historischem Anspruch erwachsene und heute teilweise erhalten wie die Fürstlich Salm-Reifferscheidtsche Sammlung auf Schloß Dyck[23] oder die Gräflich Mirbach-Harffsche Sammlung ehemals auf Schloß Harff[24] oder die i.allg. nicht zugängliche Rüstkammer von Schloß Detmold als einem sehr bedeutenden Rest einer spätmittelalterlichen bzw. frühneuzeitlichen Rüstkammer, deren Geschichte noch unerforscht ist,[25] oder die sehr inhaltsreiche »Rist Cammer oder Armamentarium« des Fürsten Adam von Liechtenstein[26] u.v.a. Ein gutes weil erhaltenes Beispiel einer Rüstkammer in einer Burg sind Räumlichkeiten und Inventar der Churburg bei Schluderns. Zwar stammt das älteste Verzeichnis erst von 1783, doch ist das Inventar aus den langen Zeiträumen davor weitgehend erhalten, da die Anlage weltentfernt lag, unzugänglich war, bei Kriegen und Einquartierungen unbeachtet blieb und schließlich eine Reihe von Besitzern stets dafür sorgte, daß der familiäre Waffenbesitz zusammenblieb. Die Rüstkammer Churburg ist nicht aus einer planmäßigen Sammlung hervorgegangen, sondern aus Stücken, die sowohl den Schloßbesitzern als auch ihren Leuten zur Ausrüstung dienten.[27] Im Schloß zu Neuburg a.d. Donau gab es im »Zeug- und Rüsthaus« der Neuburger Pfalzgrafen, begründet 1521, eine bedeutende Zeugsammlung. Besonders wertvoll war innerhalb dieses Bestandes die Harnischsammlung in der Rüstkammer.[28] Das neben dem Rüsthaus bestehende Zeughaus bot den notwendigen Raum auch für die Feuerwaffen.

7.3 Städtische Rüstkammern

In der umwehrten mittelalterlichen Stadt hatte der Rat die »öffentlich-rechtlichen« Rüstungsgüter, also die Gemeinschaftswaffen, auf Lagerräume in Türmen der Befestigung,[29] im Rathauskeller bzw. auf dem Rathausboden,[30] manchmal sogar in Kirchen, oft auch dezentralisiert an mehreren Orten gleichzeitig eingelagert. Man erkannte früh die Notwendigkeit einer gemeinschaftlichen Rüstung als höchste Sicherheitsgarantie für das Gemeinwesen. Das städtische Großgerät lagerte oft hinter dem Rathaus in mehr oder weniger einfach errichteten Schuppen oder Bretterverschlägen. Einige Beispiele zu städtischen Rüstkammern:

In Winterthur gab es bereits i. J. 1405 für die Bürgerschaft eine Kriegssteuer, die »in Naturalien« die Waffeneinlieferungspflicht in die städtische Rüstkammer, dem späteren Zeughaus, vorschrieb.[31]
In Wimpfen, wo man das offenbar multifunktionale Zeughaus Werkhaus nannte, und dafür lange Zeit auch den Schützenturm belegte, mußte umgekehrt jeder wehrpflichtige Bürger bei Aufnahme ins Bürgerrecht in der städtischen Rüstkammer kaufen![32]
Die Stadt Soest lagerte ihre Waffenvorräte im Unterbau eines Turmes von St. Patroklus. Diese Rüstkammer war in

einem abgeschlossenen Saal mit drei Kreuzgewölben innerhalb des »bürgerlichen« Westwerks in Stadtmitte sicher untergebracht und einst unmittelbar mit dem Rathaus baulich verbunden.[33] In Trier verstand man unter dem Begriff Rathaus den gesamten Häuserkomplex, welcher sich an der Nordseite vom Kornmarkt erstreckte und Gebäude für Verwaltung und Lagerzwecke umfaßte, jedoch heute nicht mehr — auch nicht in Bildquellen — vorhanden ist. Im Obergeschoß des Rathauses befand sich die Rüstkammer in mehreren Gemächern. Sie wird urkundlich 1571 im Westbau genannt und unterstand keinem Zeug-, sondern einem Schützenmeister.[34] Musterbeispiel für das Inventar einer städtischen Rüstkammer ist die heutige Sammlung der Stadt Emden. Sie hat sich seit jeher im Rathaus befunden. Die Gründung der Rüstkammer kann mit dem Jahr 1465 angenommen werden, weil damals Graf Ulrich I. der Stadt Statuten auferlegt hatte, die die Bürgerschaft zur Stadtverteidigung verpflichteten, Harnisch und Gewehr anzuschaffen. Die Unterbringung der Rüstkammer im Rathaus ist nach Othmar Baron Potier aber erst im letzten Viertel des 16. Jh. belegt.[35] Noch 1813 wurde aus dem Bestand für den aktiven Dienst Material entnommen, viel später von Kaiser Wilhelm I. dann aus repräsentativen und patriotischen Gründen wieder durch wichtige Überweisungen aufgefüllt.

Ein Blick in die Traktatliteratur zeigt: J. Furttenbach d. Ä. (1591-1667) stellt im Rahmen seiner umfassenden Gebäudelehre in der Architectura Recreationis von 1640 zwei »Burgerliche Rath Hauß« vor, in denen kleinere oder größere Rüstkammern integrale bauliche Bestandteile sind.[36] Der erste Grundriß ABB. NR. 48.1 zeigt innerhalb des ausgedehnten Rathauskomplexes ein Quartier im Erdgeschoß für das »Zeüg Ampt« [Pfeil 1]. Von den mit ›S‹ gekennzeichneten Gewölben stehen zwölf über einen Gang im Winkelhaken des Rathausquadrums mit dem Binnenhof und zwei von vier Hauptportici in Verbindung [Pfeil 2]:

»Zeueg Amptstuben in welcher die Zeueg Herren ihre Ampttaeg mit zuziehung dero Zeugwarthen halten/alles vnnd sovil das Zeughauß betrifft«.[37]

Er verweist hier auf den Entwurf eines separaten Zeughauses in seiner »Architectura Universalis«, Kupferstiche Nr. 38-40 [ABB. NR. 331.5-7, Text 331.8]. Im zweiten Rathausentwurf[38] ABB. NR. 48.2 ist neben der »Kriegs Ambt Stuben« [Pfeil 1] nur eine

»Armeria, oder kleines Ruestkaemmerlin/darinnen ein Anzahl Fewrrohr/neben andern kurtzen Woehren so hiezugegen vmb Reputation deß Rathhauß willen im Vorrath gehalten werden«.[39]

Diese Rüstkammer liegt neben der Ratsstube [Pfeil 2], weil ein rascher Zugriff ermöglicht sein sollte und besonders wegen der vom Autoren betonten Reputationserfüllung im Haus der Bürger. Dazu gehört auch seine »Verordnung« für jedes Rathaus:

»auch ein sondere Reputation, daß man in jedem hoff/ iedoch beyderseits/vnd auff vier Raedlin stehenden Hagelstuecklin Geschuetz daselbsten halten thue«.[40]

In den Quellen zur Militärspeichergeschichte kommt der Begriff Rüstkammer auch in Zusammenhang mit der Zeugkammer vor. So gab es neben dem Waffenbestand im »Büchsenhaus« von Schwäbisch-Hall die »Magistrale Zeüg: vnd Rüst Cammer«. Dieser Bestand war im Rathaus in zwei Räumen untergebracht und umfaßte Stangenwaffen, Kürisse, Harnische, Schwerter, Turnierlanzen, Trommeln, Pauke, Fahnen, Pistolen, Musketen u. s. w., wie es das Inventar von 1666/67 im Stadtarchiv belegt. Es lagerten aber zur gleichen Zeit auch städtische Waffen in einem nicht näher nachzuweisenden Bau am Schuhmarkt und »Auff den Thürnen in der Statt vnd Vor=Stätten«. Diese ratseigene Sammlung existierte neben der im »Neuen Bau oder Zeughauß« von 1505/27, wo leichte und schwere Feuerwaffen, Steinkugelvorräte, Lunten, Pulver und Blei, Musketen u.a. deponiert waren.[41] Ein eindrucksvolles Bild einer Rüstkammer im Rathaus bietet heute die städtische Waffensammlung im Rathaus zu Stein am Rhein in der Gemeindestube im 2. Stock des 1539 errichteten gotischen Rathauses. Dieser Bestand ist nie durch Kauf erweitert, sondern übriggebliebener Rest der städtischen Rüstung aus dem Zeughaus von 1621/24, welches unweit vom Rathaus steht und heute der Feuerwehr dient.[42]

Ein weiteres Beispiel einer Rathaus-Sammlung findet man in Zug im 1505 erbauten Rathaus.[43] Der Zeughausverwalter hat dort im früheren Versammlungsraum der Bürgerschaft in den vierziger Jahren des 19. Jh. eine heute sehr kostbare Waffensammlung vor der Verschrottung aus der bis dahin erhaltenen städtischen Rüstkammer gerettet.

Braunschweig wuchs bekanntlich aus 5 Weichbildern zusammen: Altstadt, Neustadt, Hagen, Altewiek und Sack. Jeder dieser Stadtteile besaß bis zur Schaffung eines zentralen Zeughauses 1604 eigene Rüstkammern, wie der Zeugmeister Zacharias Boilings (†1633) in einer Handschrift mitteilte. Diese z. T. schlecht bestückten Rüstkammern waren in den jeweiligen Rathäusern und der Neustadtwaage mehr oder weniger provisorisch untergebracht.[44]

Als letztes Beispiel führe ich Rothenburg ob der Tauber an. Neben den Waffendepots in den zahlreichen Türmen und Verteidigungswerken lagerte lange Zeit die Hauptmenge des städtischen Rüstzeugs im Rathaus im erhaltenen Kellergewölbe zu ebener Erde. In dem Zeughaus hinter dem ehemaligen St. Jakobsschulhaus standen die wenigen Geschütze großen Kalibers und die Rüstwagen, zu welchen im Ernstfalle die nahen Klöster die Bespannung stellen mußten, so daß man sich eine eigene Pferdehaltung für Zeughauszwecke ersparen konnte.[45]

7.4 Herrschaftliche Rüstkammern: Leibrüstkammern

Die Welt des Rittertums bestand nicht nur aus gelebter Tugend und edlem Ritterdasein — es gab blutige Fehden, Raubzüge, Überfälle und nicht zuletzt die grausamen Kreuzzüge. Der Ritter besaß martialische Rüstung bestehend aus Panzer, Kettenhemd und Helm. Er führte Schwert, Lanze, Streitkolben, Armbrust und verfügte somit über eine persönliche Leibrüstkammer. Ähnlich war es auch in der nachmittelalterlichen Zeit. Die dem Hoch- und Niederadel angehörenden Familien besaßen ihre privaten Familien- und Leibrüstkammern. Bei größeren Rüstkammern wurden diese unterteilt, auch auf verschiedene Räumlichkeiten aufgeteilt, so daß in der Benennung Unterschiede auftauchen. Da gibt es z. B. spezielle Harnischkammern,[46] Gewehrkammern[47] u. a. m. Die Rüstkammer am sächsischen Hof in Dresden wurde durch Kurfürst August (1553-1586) als Aufbewahrungsort für sein privates Turnierzeug begründet. Das zwanzig Jahre nach dem Tod des Kurfürsten angelegte Inventar von 1605 zeigt die »kanzleigerechte Gliederung der verworrenen, uferlosen Bestände« ritterlicher, aber auch knechtischer Waffen in zehn Unterkammern, die zusammen die Rüstkammer ergaben:[48] Paillenkammer [Harnische und Zubehör für Turniere], Andere Harnischkammer, Dritte Harnischkammer, Kurkammer [mit Kurschwert und Blankwaffen], Lange Wehr Kammer [große Schlacht- und Reitschwerter], Ungarische Kammer [mit meist orientalischen Waffen], Sattelstube, Büchsenstube, Büchsenkammer, Inventionskammer [Gegenstände für Maskeraden und Hoffeste]. Der sächsische Kurfürst hatte das Reichsamt des Erzmarschalls [archimarescallus] inne, also des formal ranghöchsten Waffenträgers des Reiches. Seine Rüstkammer gehörte deutlich überwiegend in den Bereich der Rüstkammer per ornamento. L. Siklóssy gibt an, daß Kaiser Rudolf I. (1576-1608) seine eigene Leibrüstkammer stetig erweiterte. So schrieb er i. J. 1599 dem Grafen Miklós Zrinyi, dieser möge den von ihm in einer Schlacht erbeuteten, mit Gemmen verzierten türkischen Schild an ihn abgeben,

»da wir u.a. für unser Privatarsenal [!] auch einen solchen Schild wünschen, fordern wir dich huldvoll, auf ihn uns zu schenken und unverzüglich zukommen zu lassen«.[49]

Die private Rüstkammer des Herzogs Julius von Wolfenbüttel (1568-1589) war im Schloß untergebracht. Sie mußte laut herzoglicher Fremdenführungsordnung von 1578 stets den erlauchten Gästen vorgezeigt werden, in Ausnahmefällen führte man auch auf die Wälle und ins Gießhaus.[50] Sein Nachfolger Herzog August d. J. (1579-1666) liebte Pferde, Waffen und Bücher. Zu allen drei Kammern sammelte er Artefakte aller Art.[51] Die Rüstkammer diente 1644 in Wolfenbüttel zur Aufstellung der Bibliothek. Durch einen Erweiterungsbau war 1646 mehr Platz geschaffen worden.

Die berühmte Bibliotheksrotunde entstand erst zwischen 1706 und 1710, so daß ein Umzug aus dem als Marstall und Rüstkammer dienenden Gebäude stattfinden konnte. Sigmund von Birken (1626-1681), Nürnberger Poet und seit 1645 ff Prinzenerzieher in Wolfenbüttel, schrieb in einem Sonett auf die fürstliche Bibliothek in der Residenz- und Festungsstadt 1669:

»Das Haus des Bücher-Zimmers. Diß Haus/kan ungefragt dir seinen Herren nennen. Hierunten in dem Stall/steht/ manchs gutes Pferd. Dort oben unterm Dach/ ligt Rüstung/ Spieß und Schwert...«.[52]

August korrespondierte mit Gelehrten aus aller Welt, darunter auch dem polyglotten Kunstsammler und -händler Philipp Hainhofer (1578-1647) aus Augsburg. Der Patrizier Hainhofer besorgte seit 1613 als herzoglicher Agent seltene Druckwerke, Goldschmiedearbeiten, Gemälde, Schränke und für die Leibrüstkammer prunkvolle Waffen. Laut Hainhofers Sendung von 1643 lieferte dieser auch:

»... waffen, so IFG in die rüst Cammer zu Wolfenbüttel underthänigst verehret werden. aine schöne helleparden, mit 2. fewrbüchsen darbeÿ. ain braiter deegen, mit ainer fewrbüchsen. ain büchß mit 2. büchsen oder schussen. ain dolch mit 2. seegen oder Campelen. Noch in dem kästlin, mit außstehendem zaichen vnd numer [80] gemerkhet aine metalline karrenbüchse mit Ihren zugehör«.[53]

Hainhofer schickte gezielt für die »Herzoglich-private Leib=Rüstkammer«, die deutlich repräsentative Züge trug, sehr originelle, handwerklich hochstehende, prunkvolle Kombinationswaffen wie:[54]

◆ eine Hellebarde mit 2 Feuerrohren[55]
◆ ein Degen mit 1 Feuerrohr[56]
◆ eine doppelläufige Büchse
◆ ein Dolch mit 2 Sägen
◆ sowie ein Modell einer Karrenbüchse mit Zubehör.[57]

Dieses Stück könnte ähnliche gewesen sein wie die Modelle von Zeugmeister Johann Carl (1587-1665) aus Nürnberg, der zahlreiche Zeughausmodelle als dreidimensionalen Verkaufskatalog schuf [ABB. NR. 312.1-3].[58] Innerhalb der heutigen Kunstsammlungen der Veste Coburg hat man den gelungenen Versuch gemacht, eine Rüstkammer des 16. bzw. 17. Jh. durch entsprechende Aufstellung der Objekte zu rekonstruieren. Wenn auch der Charakter mehr dem eines Zeughauses entspricht, so stammt doch ein Großteil der gezeigten Waffen und Rüstungen aus den Beständen der fürstlichen Leibrüstkammern der Coburger Herzöge ergänzt durch Bestände aus den beiden Coburger Zeughäusern. Die fürstlichen Leibrüstkammern enthielten in dieser Zeit vorwiegend prunkvolle Waffen und Rüstungen, die zur Repräsentation, nicht zum Kriegsgang eingesetzt wurden.[59]

7.5 Klösterliche Rüstkammern

Klosterarchitektur ist eine besondere Architektur, die in ihrer äußeren wie inneren Organisation nicht mit dem Stadt-, Burg- und Schloßbegriff in Verbindung zu bringen ist. Sie hat eine eigene Bau- und Bedeutungsgeschichte. Wenn in Klöstern Rüstkammern nachzuweisen sind, dann vorzugsweise da, wo sie einem Feinde geographisch ungünstig ausgesetzt waren. Das gilt besonders für Klostergemeinschaften, die in den Gebieten ansässig waren, welche von den Türken bedroht wurden. Sie konnten auf Eigenbewaffnung aus existenziellen Gründen nicht verzichten. Das ließ sich auch mit den christlichen Geboten in Einklang bringen, da die Türken als »Ungläubige« und »Feinde des christlichen Abendlandes« von kirchlicher und weltlicher Obrigkeit angesehen wurden. Die Äbte der Klöster gingen als Standespersonen aber auch oft der Jagd in höfischer Art nach, weshalb die äbtischen Jagdkammern weitere bald auch prunkvoll ausstaffierte Waffenansammlungen in Klöstern darstellten, die allerdings friedfertiger Natur waren und in den folgenden vier Beispielen später mit den Rüstkammerbeständen vereint wurden:

(1) Göttweig:[60]
Die heutige Waffenkammer birgt Reste der ehemaligen Rüstkammer und der Jagdkammer. Beim großen Brand von 1718 wurde der Hauptteil des Altbestandes vernichtet. Der erste klösterliche Wehrbau entstand in Göttweig schon in gotischer Zeit. Die Türkennot war so groß, daß sich z. B. Abt Matthias II. von Znaim (1516-1532) von Göttweig aus an der Spitze eines Heeres gegen die Türken stellte. Die Rüstkammer befand sich früher in dem z. T. noch bestehenden Gebäude der Hauptmannschaft im Pfortentrakt und in einigen Türmen des Berings. Die Umbauten nach dem Brand und die durch Lucas von Hildebrand (1668-1745) 1719 vorgesehene mächtige Neubefestigung, die auf zeittypischen Erkenntnissen der Feuerwaffenleistung beruhten, aber ebenso hohen repräsentativen Charakter haben sollten, wurden auch wegen einer zu erwartenden neuen Türkennot vorbeugend entworfen. Sie blieben jedoch unausgeführt. Die »imperiale Klosterarchitektur nach dem Escorial-Schema« wurde in einer Folge von 15 Kupferstichen durch Salomon Kleiner (1703-1761) eindrucksvoll dokumentiert.[61]

(2) Herzogenburg:[62]
Das barocke Stift entstand 1714-1785 nach Plänen des führenden österreichischen Klosterbaumeisters Jakob Prandtauer (1660-1726), der Festsaal nach Johann Bernhard Fischer von Erlach (1656-1723). Innerhalb der reichen Sammlungen ist die stiftliche Rüstkammer heute Rest einer einst bedeutenden Sammlung. Die großen Verluste waren in den Zeiten der napoleonischen Kriege zu verzeichnen, als die Metallabgabeverordnungen über Gegenstände aus Bronzeguß auch Waffen und Rüstungen aller Art einschlossen.

(3) Kremsmünster:[63]
Die durch Abt Gregor Lechner (1543-1558) gegründete stiftische Rüstkammer [heute in Raum V/7 und angrenzenden Bereichen] besteht aus den Sammlungen 1. Gebrauchswaffen, 2. historische Erinnerungsstücke, 3. Jagdkammer. Sie ist so aufgebaut wie eine Rüstkammer des 17. Jh., obwohl die Bestände einst in anderen Räumen deponiert waren, die kein Architekturspezifikum aufwiesen. So lagerte das Inventar zu 1. im Brauhausturm der Stiftsbefestigung und einem Speicher in Hofmitte der Anlage, die Bestände zu 2. und 3. waren in der Prälatur untergebracht. Die äbtische Jagdkammer ist allerdings erst in unserer Zeit der Rüstkammer zugeschlagen. Sie war einst eine eigenständig gewachsene Kammer.

(4) Zwettl:[64]
Das Zisterzienserkloster mit Bauten des 14., 15. und frühen 18. Jh. besitzt eine Waffensammlung, die aus der ehemaligen klösterlichen Rüstkammer hervorgegangen ist.

ANMERKUNGEN:

[1]) Rüstkammern als Teile der Kunst- und Wunderkammern werden im Kapitel 19.5 behandelt, darunter auch die in ihrer Art einmalige private »Ruest: vnd Kunst Cammer« des Joseph Furttenbach d. Ä. (1591-1667) in Ulm mit dem 1660 publizierten Inventarium, weil der museale und didaktische Charakter überwiegt [ABB. NR. 458]. Das älteste in dieser Arbeit berücksichtigte Inventar einer Rüstkammer einer Burg ist das des »harnaszchhuse« [Harnischhaus] von Kapellendorf aus dem Jahr 1392. Vgl. H. Müller: Waffenverzeichnis der Burg Kapellendorf von 1392, in: Aus der Vergangenheit der Stadt Erfurt, Nr. 5 (1988), S. 67-79.

[2]) Vgl. A. Auer: Inventarium der Ambraser Sammlung 1621, 1984, S. II.

[3]) Vgl. E. Scheicher, in O. Trapp: Tiroler Burgenbuch, Bd. 6, 1982, S. 139-190.

[4]) Vgl. Kapitel 19. — Es gibt keine feste Ordnung der Rüstkammern wegen ihrer Diversifikationen zu unterschiedlichen Zeiten an unterschiedlichen Orten. Für ein typische Grobeinteilung aber läßt sich die Churburger Rüstkammer heranziehen: 1. Schutzwaffen, 2. Trutzwaffen: a) Blankwaffen, b) Stangenwaffen, c) Fernwaffen, d) Verschiedenes. Vgl. dazu Anmerkung 27.

[5]) a) Das in seiner Art einmalige Bildinventar J. Schrenck v. Notzing: Armamentarium Ambrasianum Heroicum — Ambrasische Heldenrüstkammer, lat. ed. 1601, germ. ed. 1603, Reprint 1982; vgl. dazu Kapitel 19; b) Kunsthistorisches Museum Sammlung Schloß Ambras: Die Rüstkammern, 1981; c) E. v. Sacken: Die Rüstkammern der K. K. Ambraser Sammlung, 2 Bde, 1855/1981; d) E. Scheicher: Schloss Ambras, 1981.

6) Vgl. R. Huber: Glossarium Artis. Burgen und Feste Plätze, ²1977, S. 151-175.
7) Coburg, Dresden, Stockholm, Wolfenbüttel u. a.
8) Vgl. Anmerkung 17).
9) In Pößneck z. B. mußte ein Bürger in der Mitte des 15. Jh. entweder zwei alte Armbrüste reparieren lassen oder eine neue kaufen, wenn er in den Rat aufgenommen werden wollte. Der Preis für eine Armbrust war 1446/47 höher als der für eine »böchße« nämlich für erstere 2 schog, auch 1 schog 24 groschen, für die Feuerwaffe nur 39 groschen! Vgl. Hermann Müller: Waffen und Wehr der Stadt Pößneck, in: ZHWK Nr. 3 (1929), S. 49-54.
10) In dieser Gestellungspflicht der Grundausrüstung liegt die Ursache, daß die riesigen Heere oft so uneinheitlich ausgerüstet waren. Da führten die Söldner unterschiedlichste Waffen ins Feld, die in ihren Teilen nicht austauschbar, nur individuell reparierbar, auch veraltet waren, vielleicht wegen Kostenersparnis aus einem Gelegenheitskauf stammten. — Johannes Willers: Bewaffnung und Ausrüstung im Dreißigjährigen Krieg, in: G. Schuhmann: Gustaf Adolf, Wallenstein und der Dreißigjährige Krieg in Franken, Ausstellungskatalog 1982, S. 74-81. — H. Langer: Der Dreißigjährige Krieg Hortus Bellicus, ³1982. — E. Wagner: Tracht, Wehr und Waffen im Dreißigjährigen Krieg, 1980. — In der Schweiz gibt es wie oben schon angeführt auch heute noch Zeughäuser. Sie sind ebenso dezentralisiert wie die Mobilmachungsplätze. Die persönlichen Ausrüstungsgegenstände wie die Waffe inklusive Taschenmunition hat der Bürger immer noch zu Hause, so daß er im Prinzip schon auf dem Weg zum Mobilmachungsplatz uralten Traditionen folgend kampffähig ist. Mit der neuen Uniform, die anfangs der 90er Jahre für die ganze Armee eingeführt wird, bekommt er sogar den Kampfanzug nach Hause in seine »Privatrüstkammer«.
11) »Sold« lat. solidus Lohn, Löhnung. Der »Soldat« ist früher der gegen Sold dienende Krieger, heute jeder uniformierte Angehörige einer Armee. »Söldner« ist ein Krieger, der gegen Sold für fremde Interessen, also nicht seine ureigenen, kämpft. Söldnerheere bestimmen vom Niedergang des Lehnsaufgebotes des ausgehenden Mittelalters bis zur Französischen Revolution, dem Beginn des Aufkommens der Volksheeren und dem Ende der Konskription, den Kern fast aller europäischen Heere.
12) Turniere sind friedvolle Waffengänge, Kampfspiele, in denen es nicht auf die Verletzung oder gar Vernichtung des Gegners ankam, sondern auf die Zurschaustellung geschickter Waffen- und Pferdeführung. Das Gestech bezeichnet ein Kampfspiel, in dem zwei Gegner aufeinandertreffen. Im Mittelalter war die Turnier- und Kriegsausrüstung noch identisch, trennte sich dann aber mehr und mehr aus funktionalen Gründen. Zu den Turnierwaffen vgl. W. Boeheim: Handbuch der Waffenkunde, 1890/1982, S. 517-571. Das Vogelschießen entwickelte sich aus den Schießspielen des mittelalterlichen Adels und ist schon im 13. Jh. nachweisbar. Lit.: A. Edelmann: Schützenwesen und Schützenfeste der deutschen Städte vom 13. bis zum 19. Jh., 1890. — H. Müller: Von Schützenvögeln und Vogelschützen, 1982. — T. Reintges: Ursprung und Wesen der spätmittelalterlichen Schützengilden, 1963 [darin die wichtigsten konkurrierenden Theorien über Wesen und Ursprung der Schützengesellschaften S. 307-328]. — Städt. Museum Schloß Rheydt: Der Vogelschuß. Schützensilber und Schützenwesen in Mönchengladbach und Umgebung, 1983.

13) So war z. B. die Stadt Pößneck im 15. Jh. in vier Stadtviertel eingeteilt. Von 1500 Bewohnern standen 260 wehrhafte Bürger zur Verfügung, wie aus dem »Registrum des Harnasch civitatis pessenigk von anno Domini 1448« zu entnehmen ist. Vgl. H. Müller: Waffen und Wehr der Stadt Pößneck, in: ZHWK Bd. 3 Nr. 3 (1929), S. 51. — Lemgo hat im 15. Jh. die Blütezeit seines Handwerks zu verzeichnen. Die Gildemannschaften der Stadt hatten ganz bestimmte Verteidigungsabschnitte der Stadtbefestigung zu unterhalten und zu verteidigen, so sind u. a. überliefert: ◆ Wandmacherwall mit Rondell ◆ Kramer- und Schusterwall mit Rondell ◆ Bäckeramtswall ◆ Kaufmannswall ◆ Leineweberwall u. a. Vgl. K. Meier-Lemgo: Die Festung Lemgo, in: Mitteilungen aus der lippischen Geschichts- und Landeskunde, Detmold 1955, S. 90-114. — Einen vielleicht etwas gewagten Vergleich möchte ich ziehen zwischen der eben vollständig aufgelösten sog. »Kampfgruppe der Arbeiterklasse« in der ehemaligen DDR und den Schützenbruderschaften vergangener Epochen. Die aus Parteiveteranen und Parteitreuen in den Betrieben und Verwaltungen zusammengestellte bewaffnete Macht der SED zur Territorialverteidigung hatte offiziell weder Polizeifunktionen noch den Kombattantenstatus, war aber mit Geschützen und Granatwerfern ausgerüstet. Sie stand zum Waffengang im Notfalle als erste Truppe zur Verfügung bis die eigentliche Armee, die NVA und die Grenztruppen, einsatzfähig gewesen wären. Man erinnere sich der Bedeutung der Kampfgruppen beim Mauerbau 1961! Lit.: U. Rühmland: NVA in Stichworten, ⁷1985, S. 78-82. — J. Nawrocki: Bewaffnete Organe in der DDR, 1979, S. 145-156.
14) Vgl. J. Kuhl: Geschichte der Stadt Jülich, Bd. IV, 1897, S. 148.- Wie ein solches fürstliches Freischießen unter Erzherzog Ferdinand II. von Tirol ablief, berichtet für eine Veranstaltung in Prag 1565 der Cod. germ. 944 [33 Blätter] des Bayer. Hauptstaatsarchivs; Auszüge in A. Edelmann, op. cit., S. 121-124. Im Cod. Guelf. 1.2.1.Aug. 2° der HAB 39 kol. Abbildungen, 1 Holzschnitt und 1 Radierung zu den Augsburger Schützenfesten von 1411-1567, darin Bl. 379/380 Augsburger Schießen mit Falkonetten, Abb. 695 in: Herzog August, Ausstellungskatalog der HAB 1979.
15) Vgl. Blick in die Rüstkammer der St. Antonii- und Sebastiani-Schützenbruderschaft im Schützenhaus in der Schützenstraße der Festungsstadt Jülich um 1930 in H. Neumann: Jülich auf alten Fotografien, 1980, S. 120. Bis auf ein Exemplar in Privatbesitz sind sämtliche Armbrüste, Spannbänke, Winden, Köcher, Bolzen, Werkzeuge usw. im II. Weltkrieg zerstört. Das barocke Schützenhaus ebenda S. 119.
16) Vgl. F.P. Florinus: Des Klugen Und Rechts=verstaendigen Haus= Vaters Buch, 1705, S. 130.
17) Vgl. J. P. Willebrand: Grundriß einer schoenen Stadt, 1775, S. 243.
18) Grundlegend O. Piper: Burgenkunde, ³1912, 1968; W. Hotz: Kunstgeschichte der deutschen Burg, ⁴1979; als Fachzeitschrift erscheint seit 1959 in der Nachfolge der 1899 gegründeten Zeitschrift »Der Burgwart« die Zeitschrift »Burgen und Schlösser« der Deutschen Burgenvereinigung e.V. für Burgenkunde und Denkmalpflege.
19) Vgl. R. Huber: Glossarium Artis, op. cit., S. 38 f.
20) Vgl. Kapitel 8.
21) Ein Beispiel sei aus den Quellen zitiert: In Cod. Guelf. 86.5 Extr. 2° »Nachricht Deß Uhralten Fürstligen Haußeß undt Ambtß Haartzburgh« aus dem 17. Jh. ist von anderer Hand eine

»Relation Oder gegen bericht Wegen des Hauses Hartzburgh …« datiert 7. September 1574 nebst kol. Plänen beigefügt. Plan 1 ist der »Burg-Zustand«, unter dem Buchstaben G ist »Das Haus der Harnisch Kammer« eingezeichnet. Die anderen Pläne zeigen Bestandsaufnahme, Umbauprojekt der Burg in ein festes Schloß in Fachwerk und den Bastionierungsvorschlag. Aus dem Text geht hervor, daß die Zeugmeister Cordt Mente d. Ä. (†1576), Simon Thomas und der Architekt und Erbauer des Wolfenbütteler Zeughauses Paul Francke (1538-1615) die Harzburg am genannten Tag besichtigten und in herzoglichem Auftrag Überlegungen anstellten, die Burg zum festen Schloß umzubauen. Das Unternehmen blieb Projekt.

22) Vgl. H. Herzog: Rheinische Schloßbauten im 19. Jh., 1981. »Introvertiertes Bauen« nennt der Autor einen baukünstlerischen Vorgang, den er in fünf Stufen beobachtet hat und der zum rheinischen Schloß als Eigendenkmal im Sinne der inhaltlich und formal letztmöglichen, qualitativ höchsten Kunstform einschließlich der in ihm stattgefundenen Lebensform führte. Analoge Untersuchungen für die anderen deutschsprachigen Gebiete fehlen noch.

23) M. v. Ehrenthal: Die Waffensammlung des Fürsten Salm-Reifferscheidt zu Schloss Dyck, 1906. Im Vorwort heißt es: »Die Sammlung verdankt ihre Entstehung der Gepflogenheit alter Fürsten- und Herrengeschlechter, nicht allein Wehr und Waffen zu Kriegszwecken, sondern auch solche zur Jagd und zum Schmuck in ihren Burgen anzuhäufen« — H. Kisky et al: Schloß Dyck, ³1972.

24) Ein Blick in die Waffenhalle von Schloß Harff in H. Herzog, Rheinische Schloßbauten, op. cit., Abb. 77. Die gesamte Anlage mußte 1972 dem fortschreitenden Braunkohlentagebau restlos weichen. Die Waffensammlung des Grafen von Mirbach — Harff war mir trotz Bemühungen nicht zugänglich.

25) Vgl. K. Ullmann: Waffenkammer [Schloß Detmold], in O. Gaul: KDM Westfalen, Bd. Detmold, 1968, S. 305-312. Ein Katalog ist in Bearbeitung.

26) Inventar von 1712. Vgl. G. Wilhelm: a) Katalog der Ausstellung der Fürstlich Liechtensteinischen Rüstkammer, 1952/53; b) Die Rüstkammer des Fürsten J. A. v. Liechtenstein im Schlosse Feldsberg, in: Jahrbuch des Histor. Vereins f. d. Fürstentum Liechtenstein, Bd. 70/75 (1971), S. 421-457.

27) Vgl. O. Graf v. Trapp: Rüstkammer Churburg, 1931. Einblick in die Rüstkammer geben die Farbfotos S. 192-197 in W. Meyer/ E. Lessing: Deutsche Ritter Deutsche Burgen, ²1984.

28) Vgl. A. v. Reitzenstein: Die Harnischkammer des Neuburger Schlosses im Jahre 1628, in: ZHWK Bd. 15, Nr. 2 (1973), S. 146-158. Inventare von 1628, 1654, 1750, 1800.

29) Ein eindrucksvolles Beispiel für eine Rüstkammer im Turm ist im 1477 vollendeten Holstentor in Lübeck zu sehen. Vgl. die recht genaue Abbildung auf dem 50-DM-Schein der Deutschen Bundesbank. Ist das Gebäude schon wehrbaugeschichtlich von hoher Bedeutung, weil es sich um die letzte Anwendung des im Mittelalter beliebten Doppelturmtors handelt, so steckt seine weitere Bedeutung in der baulichen Herrichtung als Artilleriestand. 1526 gab es laut Inventar 48 große Feuerwaffen, darunter Steinbüchsen sowie Halb- und Viertelschlangen, für die entsprechende Schießkammern in den Turmwänden vorhanden sind. Vgl. W. Schadendorf: a) Das Holstentor, o. J., S. 46; b) Das Holstentor zu Lübeck. Der Bau und seine Geschichte, 1978. Zu einer hochmittelalterlichen Rüstkammer hochoben im Turm vgl. Burg Bürresheim in der Eifel [ABB. NR. 18].

30) Im 1406 erbauten Rathausturm von Köln wurden auch Ratsweinkeller, Ratskammer, Ratsarchiv und eine Rüstkammer eingebracht. Das verlangte feuerfeste und damit steinerne Gewölbe. Neben dieser Waffenkammer für »Kleinzeug« besaß der Rat das schon 1348 nachweisbare Bliden- und Werkhaus als Vorgänger des 1594-1606 erbauten Zeughauses.

31) Vgl. G. Meyer v. Knonau: Der Canton Zürich, Bd. II 1846, S. 304.

32) Vgl. L. Frohnhäuser: Geschichte der Reichsstadt Wimpfen, 1870, S. 184, 190, 203.

33) Vgl. H. Schwartz: Soest in seinen Denkmälern, 1956, S. 16, 20, 37, 53 f. — In der einzig erhaltenen Torburg der Stadtbefestigung, dem Osthofen-Tor von 1523/26, gibt es die einzigartige Sammlung von fast 30.000 Armbrustbolzen, die bis in das späte 19. Jh. in der städt. Rüstkammer im Patrokli-Turm, dann lange Zeit auf dem Rathausboden gelagert hatten. Sie sind museal sehr geschickt in einer Großraumvitrine mit zahlreichen Artefakten aus der Soester Wehrgeschichte präsentiert. Das Inventar der Bolzen in H. Schwartz, op. cit., S. 63. Ein Pendant zum Westwerk mit Rüstkammer Soest findet man nach H. Schwartz, S. 54, in Maursmünster im Unterelsaß [frz. Marmoutier], einer 1789 aufgehobenen Benediktinerabtei; Kirche Westbau 12. Jh., Lang- u. Querhaus 13. Jh., Chor 1761/67, seit 1818 ruinös.

34) Im Stadtarchiv Trier befindet sich ein redigiertes Manuskript der Beschreibung der weltlichen KDM von 1940, welches ursprünglich für die Reihe der KDM der Rheinprovinz vorgesehen war, jedoch wegen der Kriegsumstände nie erschien; darin zu Rüstkammern u. Zeughäusern S. 173-199.

35) Vgl. O. B. Potier: Inventar Rüstkammer Emden, 1903, S. 3. Bis zur Zerstörung des Rathauses Emden, erbaut 1574/76, gab es die Sammlung im 3. Stockwerk hinter der Balustrade. Vgl. Ansicht u. Lageplan ABB. NR. 27.1-2. Besonders interessant ist, daß der gesamte Altbestand deutlich defensiver Natur ist.

36) J. Furttenbach: Recreationis, 1640, S. 82 ff.

37) J. Furttenbach: ebenda S. 88.

38) J. Furttenbach: ebenda S. 92 ff, Stich No 31.

39) J. Furttenbach: ebenda S. 93.

40) J. Furttenbach: ebenda S. 89. Hagelschüsse wirken auf kurze Entfernungen verheerend. Es handelt sich um Streuschüsse vieler kleiner Geschosse unterschiedlichster Formen und Materialien, die aus einem großen Kaliber verschossen werden. In den Codizes zur Büchsenmeisterei werden sie auch Igelschüsse genannt. Sie sind die Vorläufer der später aufkommenden Kartätschen und nicht zu verwechseln mit Schußsalven aus Orgelgeschützen. Vgl. A. Dolleczek: Geschichte der Österreichischen Artillerie, 1887/1973, S. 41 f.

41) Stadtarchiv, Findbuch Nr. 4, Nr. 3689: Inventarium Über: Die Innere: und Äußere Rüstkammer von 1667. — Stadt Schwäbisch-Hall: Der Neubau, Festschrift 1980. — W. German: Geschichte des »Neubaus« in Schwäb. Hall, in: Blätter des Schwäbischen Albvereins, Nr. 9 (1927), Sp. 252-254.

42) Vgl. E. A. Gessler: Die Rathaus-Sammlung Stein am Rhein, 1932.

43) Vgl. K. Frei: Historisch-antiquarische Sammlung in Zug, 1931.

44) Vgl. H. Floto: Boilings Monita, in: Zeitschrift des historischen Vereins für Niedersachsen, Jg. 1868, Hannover 1870, S. 235, 239.

45) Vgl. K. Heller: Rothenburg in Wehr und Waffen, ²1926.

46) Vgl. A. Neuhaus: Die Harnischkammer des Freiherrn Christoph v. Wolkenstein in Innsbruck, in: ZHWK Bd. 7 (1915/17),

⁴⁷) S. 192-196; darin Wortlaut der »Inventary und Verzaichnus der Harnisch Cammer« von 1564 und 1567 von Schloß Rodeneck.
⁴⁷) Vgl. A. Sitte: Die gräfl. Schönbornsche Gewehrkammer zu Würzburg, in: ZHWK Nr. 4 (1906/08), S. 105 ff; Neuburg vgl. Anmerkung 28. — Baker: The Royal Gunroom at Sandringham, 1989 [von mir noch nicht eingesehen].
⁴⁸) Vgl. D. Schaal: Die Rüstkammer des Kurfürsten, in: Dresdner Hefte Nr. 4 (1986), S. 33-40, hier S. 34. — E. Lieber: Verzeichnis der Inventare der Staatl. Kunstsammlungen Dresden 1568-1945, 1979, S. 24-72.
⁴⁹) Vgl. L. Sikklóssy: Mükincseink vándorútja Bécsbe [Die Wanderschaft unserer Kunstschätze], Budapest 1919, S. 133, [zitiert nach F. Temesváry: Waffenschätze Prunkwaffen, Budapest 1982, S. 9, 50].
⁵⁰) Die private Rüstkammer des Herzogs lag damals im Schloß. Die Fremdenführungsordnung von 1578 unterscheidet zwischen Sattel- und Harnischkammer, die beide voneinander örtlich getrennt lagen. Der Herzog verbot darin das Betreten des Gießhauses. Original: Staatsarchiv Wolfenbüttel, 40 Slg. 1, Nr. 648.
⁵¹) Das multifunktionale Gebäude gestochen von M. Merian nach einer Zeichnung von Conrad Buno, Maße: 17,1 x 12,6 cm, in: Topographia Braunschweig und Lüneburg, 1654, S. 210: Fürstliche Bibliothec in Wolfenbüttel Wie solche von Aussen anzusehen; Abb. in: HAB August-Katalog 1979, S. 332, Kat. Nr. 709.
⁵²) Vgl. S. v. Birken: Guelfis oder Nider Sächsischer Lorbeerhayn, 1669, S .230.
⁵³) Vgl. R. Gobiet: Der Briefwechsel zwischen Philipp Hainhofer und Herzog August d. J., 1984, Brief Nr. 1370.
⁵⁴) Vgl. H.-W. Lewerken: Kombinationswaffen des 15.-19. Jh., 1989.
⁵⁵) ähnl. Lewerken, op.cit., Nr. 64-67.
⁵⁶) ähnl. Lewerken, op.cit., Nr. 31.
⁵⁷) Zu Karrenbüchsen vgl. den Zeughaus-Verkaufskatalog »Karnwerg mit dem geschütze…« von 1586, Cod. Guelf. 158 Extrav. Dazu H. Neumann: Architect & Ingenieur, HAB 1984, Nr. 280 und S. 346 f.
⁵⁸) Vgl. Kapitel 15.5.
⁵⁹) Vgl. J. v. Loßnitzer: Studien aus der Waffensammlung der Veste Coburg, in: ZHWK Bd. 8, Nr. 1/2 (1918-20), S. 346-349.- Kunstsammlungen der Veste Coburg. Reihe Westermann Museum 1981. Leider gibt es noch immer keinen aktuellen Katalog der Waffenbestände!
⁶⁰) Vgl. L. Fischer: Die Göttweiger Waffenkammer, in: G. M. Lechner: 900 Jahre Stift Göttweig, 1983, S. 429-442.
⁶¹) Baugeschichte ebenda S. 322-388; und W. G. Rizzi: Ergänzung zur Baugeschichte des Stifts Göttweig, in: Wiener Jahrbuch für Kunstgeschichte, Bd. XXIX (1976).
⁶²) Vgl. Th. Bruno/O. Gamber: Das Stift Herzogenburg. Die Stiftsche Rüstkammer, o. J.
⁶³) Vgl. O. Gamber: Rüstkammer, in: O. Wutzel: 1200 Jahre Kremsmünster. Stiftsführer, ⁵1977, S. 184-192. — B. Thomas: Die Rüstkammer von Stift Kremsmünster, in: ZHWK Bd. 5 (1963), S. 41-62.
⁶⁴) Vgl. L. Schmidt: Katalog der Waffensammlung des Stiftes Zwettl, 1976. — Buberl, Paul [Bearb]: Die KDM des Zisterzienserklosters Zwettl, Baden bei Wien 1940.

8. Einführung von Feuerwaffen

»Es ist ein grausam rasend ding zu grossem verderben der Land vnd Leuten/Instrument erfinden vnd auffrichten/damit man Fewer/Stein/ Bleyerne vnnd Eyserne Kugeln in die Leut/Mawren/Staett vnd Thuerne/mit erschroecklichem Hall vnnd Donner wirfft/biß man sie fellet«.

Johann Ammon: Armamentarivm Principale, 1625

Der überwiegende Teil von Publikationen zur Geschichte der Feuerwaffen setzt mit der Legende um den Mönch Berthold Schwarz ein. In der Traktatliteratur wird dem »Muench, der die Chymie sehr liebte«, dem Nygramantikus, Alchimisten und Magier, stets in Worten, oft in Illustrationen, gar in Gedichten gedacht.[1] Auch in der neueren Literatur spukt der von einem halben Dutzend Städten in Anspruch genommene »Erfinder« des Schießpulvers und des Geschützes, der gegen 1380 seine »Forschungen« betrieben haben soll. Dabei hat Wilfried Tittmann schon 1983 den Mythos um den »Schwarzen Berthold« gründlich aufgedeckt. Er hat gezeigt, daß die historischen Fehldeutungen der Bertholdlegende im Grunde in der Mißachtung der quellenkritischen Analyse der Legende selber liegen. Er führt das Bild des Berthold Schwarz in überzeugender Weise auf einen Mythos zurück, der im frühen 15. Jh. in den Schreiberwerkstätten entstand.[2]

Die Explosion von Pulver nach der Zündung besteht in der spontanen Volumen- und Druckausdehnung durch die Oxidation von Schwefel und Kohle mit dem aus Salpeter freiwerdenden Sauerstoff. Durch chemische und physikalische Zustandsänderungen werden Kräfte frei, die martialisch oder auch friedlich eingesetzt werden können. Die Erfindung des Schießpulvers aus einer Mischung der einzeln harmlosen Komponenten Salpeter : Schwefel : Kohle im Verhältnis von ca. 75% KNO_2 : 12% S : 13% C ist zeitlich und geographisch schwer zu fixieren. Schießpulverähnliche Brandsätze hat es bereits im 10. Jh. in China gegeben. Wahrscheinlich ist das Schießpulver als Explosionspulvermischung über die arabische Welt nach Europa gekommen. Hier erst wurde es zur Perfektion weiterentwickelt.[3]

Der Nachweis, an welchem Ort die ältesten Geschütze produziert und in Dienst gestellt wurden, läßt sich nicht erbringen. Sicher ist, daß im 14. Jh. die Bedeutung der Geschütze schon sehr hoch war, so daß sich zuerst die reichen Städte mit solchen »machinae bellicae« ausrüsteten.[4] Die folgende Tabelle gibt für einige Städte den Erstnachweis für Geschütze an:[5]

Metz 1324; Florenz 1326; Cividale und Alicante 1331, Este 1334, Rouen 1338; Cambray 1339; Tarifa 1344; Mainz und Toulouse 1345; Crecy 1346; Aachen 1346: »It pro una busa ferrea ad sagittandum tonitrum -5 schilde, et illam busam habet adhuc Ar. Schiffelart. It pro salpetro ad sagittandum cum busa -illa 7s. It magistro Petro carpentario de ligneo opere ad busam 6 s.« — so das Zitat aus den Stadtrechnungen.[6] Nürnberg 1356; Deventer 1348 Ankauf von 3 »donrebussen«; Utrecht 1360 Ankauf von 11 Bronzerohren; Erfurt 1362; Straßburg 1363; Perugia 1363 erstmals Handfeuerwaffen; in den Kämmerei-Rechnungen von Braunschweig von 1388 wird eine große Büchse in städtischem Besitz genannt;[7] Augsburg 1370 Bronzegußrohre; Köln 1370; Regensburg 1379 Handfeuerwaffen; Hildesheim 1383 eine große Büchse auf Rädern; Lüneburg 1388 wird ein Aufseher für das städtische Geschütz erwähnt; Hannover 1397; Carcasonne 1412; Bergen-op-Zoom 1490.

Im Codex des Walter de Milimete »De nobilitatibus, sapientiis et prudentiis regum« von 1326 findet man die älteste bekannte Abbildung eines Geschützes als birnenförmigen »Feuertopf«, aus dem gerade nach dem Zünden durch den Büchsenmeister mittels Gluthaken ein Kugelpfeil herausschnellt.[8] Die älteste datierbare Geschützbeschreibung stammt von 1376.[9] P. W. Roth publizierte 1978 eine Geschützabbildung aus diesem Jahr auf einem redenden Siegel des Hans Pommer.[10] Erzbischof Siegfried von Westerburg belagert die Stadt Aachen i. J. 1275 — so das Thema einer Zeichnung aus dem 15. Jh. mit einer schweren Kammerbüchse, die Steinkugeln auf ein Stadttor feuert.[11] Auch auf einigen Miniaturen des 15. Jh. sind nebeneinander Pfeil und Bogen, Armbrust und erste Geschütze sowie Handfeuerwaffen zu sehen.[12] Die älteste erhaltene Feuerwaffe im Zeughausmuseum Kopenhagen ist eine dänische Lotbüchse aus Schmiedeeisen um 1400, gefunden in den Trümmern der i. J. 1426 zerstörten Burg Vedelspang in Schleswig.[13] Die ältesten Geschützrohre im 14. Jh. waren geschmiedet und verschweißt,[14] später aus Eisen[15] oder Bronze gegossen.[16] Die älteste Methode der Rohrherstellung war die nach dem Stabringverfahren, bei dem um aneinandergeschweißte Längsstäbe eiserne Ringe zu deren Zusammenhalt heiß aufgezogen wurden.[17] Die »Faule Magd« von 1430 aus dem Zeughaus in Dresden, heute im Militärhistorischen Museum Dresden, ist ein solches spätes Beispiel [ABB. NR. 32].[18]

Gegen Ende des 15. Jh. ist die hohe Zeit der Riesengeschütze, der Bombarden. Die zahlreich nachweisbaren Rohre sind sämtlich sehr individuell in Größe und technischer und künstlerischer Gestaltung. Sie brachten große Transportprobleme mit sich und wurden meist als Legstücke eingesetzt.[19] Kleinere Rohre lafettierte man so, daß ein Horn Höhenrichtung oder eine Drehgabel und andere Gestellarten die Elevation in allen Richtungen zuließen. Mit dem beginnenden 16. Jh. vergrößerten sich die Geschützparks besonders in den Städten, so daß eine Klassifizierung der Rohrvielfalt und damit verbunden eine erste Normung zwangsläufig wurde. Unter Maximilian I. (1497-1517) wurde — wie das aus dem »Weißkunig« von 1514 und den handschriftlichen Zeugbüchern hervorgeht[20] — eine solche Rohrklassifikation in »Geschlechter« vorgenommen. Man unterschied Hauptbüchsen, Scharfmetzen, Schlangen von Mörsern und diversen Sonderformen wie Hagel- und Orgelgeschützen. Unter Maximilian wurden Rohre neben dem traditionellen Schmiedeverfahren über einen Kern auch aus dem Vollen geschmiedet und anschließend ausgebohrt. Kaiser Karl V. (1517-1556) führte die Normung der Rohre weiter, jedoch bestand seine Hausartillerie insbesondere nach dem Zuwachs an Beuterohren aus dem Schmalkaldischen Krieg, die er zum großen Teil zur Schwächung der Städte einzog, mit 520 Stücken [!] aus einer Vielfalt von Rohren unterschiedlichster Dimensionierungen und Kaliber.[21] Ähnlich sah es in den deutschen Territorien aus. Noch 50 Jahre später gab es Riesengeschütze, wie etwa die Familie der geschmiedeten »Wilden Männer« aus Wolfenbüttel[22] und das Bronzerohr »Vogel Greif« vom Ehrenbreitstein.[23] Die Geschütze verschossen zuerst Steinkugeln, aus kleineren Kalibern Blei. Zündung erfolgte anfangs mittels Loseisen. Die Lunte war im 3. Viertel des 14. Jh. bekannt. Sie wurde vorzugsweise für Handfeuerwaffen verwendet. Gegen Mitte des 15. Jh. kam es zur Einführung der Schildzapfen; die Lafetten wurden verbessert. In dieser Zeit benutzte man auch erste Eisenkugeln.[24] Die Kaliber konnten für diese Munition bei gleicher Leistung verkleinert werden, was das Gesamtgewicht eines Geschützes wesentlich herabsetzte, den Transport erleichterte und den Lagerraum im Zeughaus wesentlich verringerte. Die Eisenvollkugeln verdrängten die Steinkugeln ohne sie bis ins späte 16. Jh. gänzlich zu ersetzen. In der 2. Hälfte des 16. Jh. kannte man Hohlgeschosse, sogenannte Bomben, mit verschiedenen Zündern. Man benutzte bald Stangenkugeln, Schiebekugeln, Kettenkugeln. Aus Mörsern warf man auch Hohlkugeln mit Sprengladungen. Diego Uffano beschreibt Zeitzünder für solche Hohlgeschosse.[25] Erst zum Ende des 18. Jh. kamen Schlagröhren auf, ab Mitte 19. Jh. Granaten als Langgeschosse mit Bleiwarzen oder Bleihemden für die gezogenen Vorder- und dann die neue Generation der Hinterlader.[26] 1883 wurde die Brisanzgranate eingeführt.

Die Geschützbedienung mit den im Kampf rhythmisch ablaufenden und sich wiederholenden Tätigkeiten: Laden/ Richten/Abfeuern/Säubern/Auf- und Abprotzen erforderte eine gut geübte Mannschaft. Der Ladevorgang war in der frühen Zeit sehr umständlich und konnte lange andauern. Das Artilleriezubehör wie Ladeschaufel, Stopfer, Bohrer, Kratzer, Wischer u. a. Werkzeug mußte im Feldkampf stets aus den Zeughäusern mitgeführt werden oder im Festungskampf bereitliegen, ebenso die z. T. sehr empfindlichen Instrumente wie Quadrant, Triangel, Winkelmaß, Wasserwaage, Kalibermaßstab, Stech- und Tasterzirkel, Kompaß. Dazu waren besondere Lagerräume bzw. Schränke oder Truhen im Zeughaus während der Friedenszeit vorgesehen. Erst Ende des 19. Jh. wurden Schnellfeuergeschütze entwickelt. Bei den Handfeuerwaffen ist das in Tannenberg aufgefundene Exemplar einer Handbüchse aus Bronze mit eisernem Ladestock für Bleikugeln i. J. 1399 im Einsatz gewesen.[27] Die Entwicklungsreihen der Handfeuerwaffen nach der Schäftung sind: Stockbüchse/ Arkebuse/Muskete/Flinte bzw. nach der Zündung Lunte/Luntenschloß/Batteriesteinschloß/Radschloß, später das den Zündvorgang bei jedem Wetter revolutionierende Perkussionsgewehr und in der Mitte des 19. Jh. Gewehre mit gezogenem Lauf.[28]

Militärwesen und Kunst sind früher keine Gegensätze gewesen. Gerade mit ihrem auf anderen technischen Gebieten nie erreichten Formenreichtum waren die Feuerwaffen oftmals über ihre Urfunktion des Schießens, also des Anrichtens von Schaden, Bedeutungsträger und Repräsentationsobjekte bis weit in das ausgehende 18. Jh. Geschützrohre waren im handwerklichen Bereich in der Herstellung durch Gießen oder Schmieden und Schweißen sehr früh zur Perfektion entwickelt. Parallel dazu vervollkommnete man die Methoden der künstlerischen Verzierungen der Außenhaut, die oft ganze ikonographische Programme enthalten.[29] Als besonderes Beispiel erinnere ich an das Bronzerohr »Der Drache«, einer doppelten Feldschlange von 1514. Das ganz in gotischen Traditionen durch die Übernahme des Maßwerks am Mündungsteil gestaltete Rohr hatte neben dem relativ niedrigen Kampfwert höchste repräsentative Funktionen. Es stammt aus dem Urinventar des Zeughauses Basel [ABB. NR. 31].[30] Der schmiedeeiserne »Wilde Mann« von 1586, ein fast sechs Meter langer Hinterlader mit reicher Verzierung durch zeittypisches Rollwerk, welches, Vorlagebüchern entnommen, sich auch in den Giebelfeldern des Wolfenbütteler Zeughauses wiederfindet, war über Jahrhunderte sehenswertes Objekt im Zeughaus. Es wurde als Attraktion sogar in der Topographia von M. Zeiller/M. Merian, später von L. Chr. Sturm in seinem gedruckten Reisebericht erwähnt.[31] Der Repräsentationscharakter des schon genannten »Vogel Greif« von 1524 auf der Festung Ehrenbreitstein ist ein weiteres Beispiel ebenso wie die 10 Bronzerohre 2. Hälfte 16. Jh. im Bayerischen Armeemuseum, darunter ein Paar Doppelkartaunen aus dem Kurfürstlichen Zeughaus in Amberg.[32] Weiter nenne ich die ABB. NR. 291.2 abgebildeten renaissancezeitlichen Rohre Nr. 1-5 und die »sachlichen« Rohren Nr. 6-8 des 19. Jh. aus dem Zeughaus Berlin. Aus Platzmangel erspare ich mir die Fortsetzung der Liste heute noch vorhandener kostbarer Rohre aus berühmten Zeughausinventaren mit dem Verweis auf die wissenschaftlichen Kataloge der heutigen Zeughaus-Museen und Waffensammlungen.[33] Daß aber auch die Handfeuerwaffen und Serienprodukte, die in großer Anzahl und in fast identischer Form produziert, absichtsvoll »schön« gestaltet wurden, belegt der Blick auf die Einlegearbeiten der »Massenware« Puffer im Zeughaus Graz [ABB. NR. 303, 304].

Die Artillerie im Betrachtungszeitraum läßt sich grob einteilen in die Epoche der glatten Vorderlader vom frühen 14. Jh. bis kurz nach der Mitte des 19. Jh. und in die anschließende Zeit des gezogenen Hinterladers. Die Geschichte dieser Waffengattung ist eng mit der Entwicklung des Festungsbauwesens verknüpft. Diese Zusammenhänge sollen im folgenden Kapitel aufgezeigt werden, weil auch das Zeughaus mit dem Artillerie- und Fortifikationswesen aufs engste verknüpft ist.

8.1 Von der hochmittelalterlichen Stadtbefestigung und Burg über das ›Feste Schloß‹ zur neuzeitlichen Festungsstadt und Festung: Artilleriebezogene Architektur des XV.-XIX. Jahrhunderts

Seit der vermehrten Einführung von Pulvergeschützen in Angriff und Verteidigung während der 2. Hälfte des 15. Jh. läßt sich für sämtliche folgenden Zeitabschnitte nachweisen, daß der jeweilige technische und physikalisch-chemische Stand der Feuerwaffen, der Stand des Schießens mit Kanonen und Haubitzen, des Werfens mit Mörsern, des Sprengens mit Petarden und Minen, seine adäquate technische und baulich-architektonische Entsprechung im permanenten Festungsbau erforderte. Artilleriewesen und Festungsbauwesen waren ein korrespondierendes Paar im labilen Gleichgewicht. Dieses war oftmals gestört, wenn auf artilleristischer Seite leistungssteigernde technische Innovationen zur Einführung gelangten. Ich denke etwa an die stetige Vervollkommnung der Rohrherstellung nach beiderlei Arten Schmieden und Gießen, an die Verbesserung des Pulvers, an die unterschiedlichen Munitionsarten, an die Einführung des Balanceschildzapfens kurz nach der Mitte des 15. Jh., später an die Einführung der Richtschraube statt der Richtkeile und Richthörner, an die Vielzahl der Lafettierungsmöglichkeiten, aber auch an die sich ändernden Auffassungen der Heerführer und Festungskommandanten über die geschützunterstützte Strategie und Taktik in Angriff und Verteidigung. Der Festungsbau konnte sich nicht schnell genug durch baulich-konstruktive Ergänzungsmaßnahmen oder besser noch durch Neuentwicklungen anpassen. Die in Erde, Natur- und Kunststein, später in Beton und Stahlbeton dreidimensional vorbereiteten potentiellen Hauptkampflinien und Schlachtfelder hinkten meist der Artillerieüberlegenheit mehr oder weniger hinterher und überholten sie nur selten und dann für kurze Zeiten. Zu allen Epochen hatten die Waffen über die Militärbaumeister Einwirkungen auf die Wehrarchitektur. Das galt auch im Mittelalter für die meist ringförmigen Stadtbefestigungen, die ganz nach dem Stand der »kalten Waffen«, also der im Sammelbegriff »Antwerk« zusammengefaßten, auf antike Vorbilder zurückgehenden Angriffs-, Belagerungs- und Abwehrgeräte und -maschinen sowie den Waffen Pfeil und Bogen bzw. Bolzen und Armbrust, bautechnisch eingerichtet waren.[34] So findet man hinter dem nassen oder trockenen Graben eine Wallmauer von meist nur wenigen Metern Dicke, auf der eine mit oder ohne Zinnen versehene Wehrgangkommunikation verläuft. In den wirksamen Abständen der Armbrust sind Mauertürme zu finden, die oft als Halbschalentürme ausgebildet waren, um bei der Einnahme durch den Feind noch vom Stadtinneren aus in den Turm einwirken zu können. In bestimmten Abständen gab es Tore, die oft zu wahren Torburgen ausgebaut wurden, weil der Angriff sich auf diese künstlichen »Verletzungen« der Umwallung konzentrierte. Nach der Mitte des 14. Jh. war in fast allen Stadtbefestigungen ein Zwinger vorhanden, der auch vor die Stadttore trat und dort beim frühen Feuerwaffeneinsatz eine Flankierung der beiderseits angrenzenden Zwingerräume ermöglichte unter Beherrschung derer, die durch die nun mehrfach gestaffelten Stadttore hinein oder hinaus wollten.

Die mittelalterlichen Burgen als wehrhafte Sitze von Feudalfamilien waren ebenfalls in baulicher Art auf das mechanische Kriegsgerät angepaßt. Erstmals nachweisbar wurde eine Burg durch Einsatz von Feuerwaffen zur Aufgabe bei der Belagerung von Tannenberg i. J. 1399 gezwungen. Das Geschütz vom Typus eines Legstücks warf 250 Pfund schwere Steine etwa 150 m weit und richtete gewaltige Zerstörungen an. Während dieser Belagerung schrieb ein Büchsenmeister, daß man aus dem »slozz mit bley« geschossen habe. Vermutlich waren frühe Handbüchsen zum Einsatz gekommen.[35] Wir begegnen hier den Begriffen »Burg« und »Schloß« gleichberechtigt nebeneinander für ein und dasselbe Bauwerk! Bereits 1225 erscheint eine der größten Burgen Deutschlands, die Veste Coburg, als »sloss«, während die Ersterwähnung von 1207 noch von »castrum Choburg« im Sinne von »Burg« spricht.[36]

In der Kastellologie sind die Begriffe Burg, Schloß, Festung usw. trotz zahlreicher Versuche noch immer nicht einheitlich definiert.[37] Gerade das Beispiel Coburg zeigt, daß im Mittelalter Wehranlagen auch mit »Schloß« bezeichnet wurden. Das Burg-Schloß-Schema geht in der modernen Literatur meist vom heutigen Begriffsinhalt aus, der im Historismus entstanden sein mag, und trennt zwischen beiden. Die Begriffe stehen sich aber historisch gesehen nicht konträr gegenüber. Die Burgenkunde kennt auch die Kombination von Burg und Schloß im Terminus »Festes Schloß« oder »Wehrhaftes Schloß«. Feste Schlösser sind fürstliche und adelige Wohnbauten, die auf den Einsatz von Pulverwaffen baulich-konstruktiv reagierten und entsprechende Wehrbauelemente aufweisen. Baugeschichtliche Untersuchungen zeigen, daß die Gemeinsamkeiten der festen Schlösser doch sehr unterschiedliche architektonische und fortifikatorische Ausprägungen fanden. Ulrich Schütte hat mit seiner Untersuchung zum Übergang der spätmittelalterlichen Burg zur frühen Neuzeit mit ihren Umbauten zu repräsentativen Wohn- und Verwaltungssitzen, wehrhaften Schlössern, den Zeitraum zwischen 1450 und 1650 untersucht.[38] Eine These dieser Arbeit geht davon aus, daß trotz unterschiedlicher Funktionen Burg bzw. Schloß stets in irgend einer Weise befestigt waren für »BELLUM« [Krieg] als auch »IUCUNDITAS« [Annehmlichkeit, Bequemlichkeit] und »VOLUPTAS« [Vergnügen]. Diese Feststellung trifft nicht nur für das Residenzschloß zu, sondern auch für das Landschloß, und hat nur wenige Ausnahmen im unbefestigten Stadtschloß. Der Prozeß der Verringerung der Wehrqualitäten zu Gunsten der Wohnqualitäten ist tatsächlich seit Mitte des 15. Jh. feststellbar. Schütte sieht den jeweiligen Anteil an fortifikatorischen Elementen als Indikator für die Bedeutung des Burg- bzw. Schloßbaues. Noch bis ins 17. Jh. gibt es fortifizierte Burgen des meist landständigen Adels, durch Neu- und Anbauten wehrhaft aktualisiert. Man führte den »Altbau« weiter und unternahm bauliche Anpassungen entsprechend den neuen Anforderungen besonders der Feuerwaffen. Allerdings waren die wehrhaften Baukörper dieser »befestigten Schlösser« oft nur noch repräsentativ und für den aktiven Einsatz nicht oder nur bedingt geeignet. Schüttes Untersuchung dieser Fragen, die die Burgenforschung als Spätphase ihrer Forschungsintentionen bisher vernachlässigte, ist an zahlreichen Beispielen geführt.

Zum Begriff »Festung« liegt ebenfalls keine von allen Wissenschaften und Hilfswissenschaften angenommene Definition vor. Ich verstehe unter Festungsbauten alle diejenigen Wehrbauten, deren Grundrisse und Profile, also die Ausdehnung in den drei Dimensionen, durch die als Geraden angenommenen Schußlinien primär des Defensionsgeschützes und für den Nahbereich auch von Handfeuerwaffen bestimmt werden. Die Erkenntnisse der Ballistik, so empirisch sie auch lange Zeit betrieben werden mußte, waren grundrißbestimmend.[39] Es entstand <u>artilleriebezogene Architektur</u> in nicht mehr übersehbaren theoretischen und wirklich aufgeführten Variationen im gesamten hier zu behandelnden Zeitraum. In der Zeit des Experimentierens, Probierens, Theoretisierens um neue, auf den Einsatz von Pulverwaffen basierende Wehrbauformen, eben der Transitionszeit von ca. 1450 bis 1530, gibt es zahlreiche oft auch kuriose Lösungen. Der Rondell- bzw. Basteibau sowie der feuerkräftige Artillerieturm wurden für einige Jahrzehnte typisch. Allerdings sind aus dieser Epoche nur wenige »reine« Bauten erhalten [ABB. NR. 80+81]. Immer war die Grundforderung, statisch sichere und taktisch richtige Aufstellung von Feuerwaffen in Stellung in ein baulich vorbereitetes Kampffeld zu bringen. Nachteile der konkaven Mauerführungen waren die sogenannten »Toten Winkel«, das sind die Räume vor den Rundungen, die nicht durch seitwärts aufgestellte Feuerwaffen flankierend bestrichen werden konten, und so einem Feind eine relativ ungestörte Annäherung ermöglichten. Konsequente Antwort auf dieses Phänomen war die Schaffung polygonaler Wallmauern und die Erfindung des Bastionärsystems. Wo zum ersten Male der Prototyp »Bastion« auftauchte, ist bisher nicht festzustellen. Der Renaissanceforscher J. R. Hale will auch keine Lösung vorgeben, »that can only follow from a detailed comparative chronology of military architecture in France, Germany, Italy, and the Iberian peninsula from the middle of the fifteenth to the middle of the sexteenth centuries«.[40]

Allerdings wird deutlich, daß in der ersten Hälfte des 16. Jh. Italien das Land ist, in dem die Bastionierung vorrangig betrieben wurde. Es gibt Vorformen polygonaler Befestigungen vor 1500 im Mittelmeerraum. Italienische Bastionen jedoch waren bald die Vorbilder in ganz Europa. Eine Bastion ist ein im Grundriß pfeilspitzenförmiger Erdkörper, der meist im künstlich ausgehobenen oder vertieften Graben vor die Verteidigungsfront des Walles vorgeschoben wird, ohne sich von dieser zu trennen. Seine beiden charakteristischen, in der Spitze im Bastionswinkel zusammenlaufenden Abschnitte nennt man Facen, die meist kürzeren Abschnitte, die zur Kurtine als Verbindungswall zweier Bastionen weisen, nennt man Flanken. Lange Zeit hindurch war die Flankenverteidigung die wichtigere vor der Seiten- und Frontalverteidigung. Dort konnte man geschützt gegen Feindfeuer und -einsicht Defensionswaffen postieren, was oftmals in mehreren Feueretagen übereinander geschah. Diese Geschütze waren durch das Bastionsohr gegen Feindsicht und vor allem direkten Beschuß sicher. Das Ohr, eckig oder rund ausgebildet, ließ nur Schußrichtungen parallel zur Kurtine und über den Kessel vor der Kurtine hindurch in den Graben vor der Nachbarbastion zu. Nur im Schußfeld des Flankengeschützes hätte ein Feind seine gerade diese Stellungen bedrohenden Geschütze aufstellen müssen, was aber bei intakten Flankenstellungen der Verteidiger nicht oder nur unter größten Verlusten möglich war. Gelangte der Feind doch an den äußeren Grabenrand, um von dort aus mit Steilfeuerwaffen über die Bastionsohren hinweg in die retirierten Flankenstellungen hineinzuwerfen, so zog sich der Verteidiger in die vorbereiteten halboffenen Kasematten zurück. Diese waren bombensicher eingewölbt. Die auf dieser Erkenntnis basierenden, zu einem geschlossenen Tracé entwickelten Wehranlagen beruhen also auf sich gegenseitig flankierenden und deckenden Eigengeschützen. So ergab sich zwangsläufig die spitze Bastionsform. Die Forderung nach direkter, horitzontaler und wechselseitig sich bedeckender Flankenstellungen erzwang Grundrisse aus der Reihe der Regelvielecke. Diese konnte man vom Reißbrett aus in die Landschaft idealerweise nur bei Neugründungen übertragen [ABB. NR. 86, 87, 96, 100.1]. Wir haben es dann oft mit Fällen realisierter idealer Stadtplanung zu tun [ABB. NR. 100, 103]. Bei der Masse der vorhandenen irregulären Städte und neu zu fortifizierenden Wehrbauten nahm man die vorgefundenen Formen auf, so daß heute zahlenmäßig nur wenige reguläre Festungsstädte und Festungen in der Bauwirklichkeit nachweisbar sind. Die meisten Städte umgaben sich unter Aufwendung hoher Geldmittel und neuer Formen der Arbeitsorganisation mit einem irregulären Bastionsgürtel [ABB. NR. 56, 57, 59, 66, 67, 69, 74, 77, 82].[41] Das Durchblättern der großen Topographien aus den Offizinen Hogenberg, Merian, Bodenehr, Person u. a. belegt diese Tatsache.

Älteste artilleriebezogene Architektur ist in der deutschsprachigen Schweiz mit dem Baseltor in Solothurn 1504/08[42] und dem Rennwegbollwerk in Zürich 1521/32 zu nennen, erste Bastionierung einer Stadt Genf 1526/60; für Österreich ist der Kaisert genannte Artillerieturm 1518/22 der Festung Kufstein frühes Beispiel; in England ist es der Strong Tower von Dartmouth Castle 1481, die Forts Heinrichs VII. Deal, Walmer, Sandown 1539/40 und die frühen Bastionierungen der Städte Portsmouth 1545 und Berwick-Upon-Tweed 1558/61; in Frankreich die Festungsstadt Navarrenx 1538. In Österreich entstand Klagenfurt im Bastionärsystem der altitalienischen Manier in den Jahren 1543-1592 nach Plänen von Domenico de Lalio aus Lugano. In Deutschland war die italienische Befestigungsart über Nürnberg 1538 von Süden durch Baumeister Fazzuni und über Jülich vor 1549 von Westen aus durch die Baumeisterdynastie Pasqualini eingedrungen. Die älteste bastionierte Festungsstadt mit bastionierter Zitadelle vom Typus Palazzo in Fortezza ist Jülich an der Rur, eine trotz Planreduktionen in weiten Teilen realisierte Idealstadtanlage der Renaissance.

Die Art und Weise, einen Platz zu fortifizieren, richtete sich neben dem Stand der Waffen auch nach einem Katalog von Determinanten, die nicht nur mathematisch-geometrischer, physikalischer, pyrotechnischer, topographischer, strategischer und taktischer Natur waren, sondern auch in der jeweiligen historischen Situation von Staat, Gesellschaft, Kultur, geltende Kunstauffassungen ihren Ursprung hatten. Es sind auch Abhängigkeiten von der Astrologie und Mystik bekannt.[43] Die zeittypischen Angriffsmethoden und ihre Wechselverhältnisse auf die fortifikatorische Bauwirklichkeit, der genannte Stand der Verteidigungsmittel einschließlich der von den Werken umschlossenen Infrastrukturbauten wie Zeughäusern, Magazinen, Kasernen, in früherer Zeit auch Fürstenschlössern, Amtssitzen und in Festungsstädten natürlich Bürgerhäusern — alles diente dem Ziel, eine maximale Wirkung im Nah- und Fernkampf zu erreichen. Diese Bedingungen gingen in das ingeniöse Denken und Handeln der Militärbaumeister mehr oder weniger gewichtig ein und führten zu massenhaften individuellen Entwürfen von Festungsfronten, den Manieren oder Systemen. Die Anzahl dieser Manieren ist retroperspektiv unübersehbar, zumal sich auch im Laufe der Zeiten Fachunkundige damit beschäftigten, zahlreich in Fachbüchern und Streitschriften publizierten, und die Architectura militaris zumindest bis zur Französischen Revolution Teil des allgemeinen Bildungskanons war. Die Vielfalt der Formen besticht. H. Eichberg hat schon von Fortifikationslabyrinthik gesprochen![44] Stets war der Drang nach Geometrisierung, Regularität, höchster Symmetrie und Axialität feststellbar, weil damit auch Vollkommenheit verknüpft wurde. Dieser Drang ist auch bei fast sämtlichen irregulären Anlagen erkennbar. Daß der Festungsbau stets als Kunst und Technik aufgefaßt wurde, darf nicht verwundern.[45]

In Renaissance und Barock ist die »Ideale Stadtplanung« als Utopie und Wirklichkeit fast durchgängig mit der Architectura militaris verbunden. Oftmals werden mittelalterliche feste Schlösser auf hohem Bergesrücken zu neuzeitlichen Artilleriefestungen erweitert. Städte in der Ebene erfahren oft permanente Erweiterung und Ausbau. Allerdings sind durch sämtliche Epochen artilleriebezogen befestigte Städte im deutschen Sprachraum selten. Ich habe anderenortes für den Zeitraum 2. Hälfte 15. Jh. bis in unsere Zeit hinein die Entwicklung und spezifischen Ausprägungen der Wehr- und Schutzbauarchitektur an zahlreichen Beispielen für den deutschsprachigen Kulturraum zusammengetragen und die Architectura militaris als Verbindung von Kunst und Technik und ihrer Abhängigkeit von der Architectura Civilis herausgearbeitet. Deshalb kann ich auf einer erneuten Ausbreitung an dieser Stelle verzichten.[46]

ANMERKUNGEN:

[1)] Die Traktate der Pyrotechnik, des Artilleriewesens und der Militärarchitektur berichten in großer Zahl über die Doppelerfindung. An erster Stelle sind die in zahlreichen Abschriften bekannten Feuerwerkbücher von 1420 zu nennen, die sämtlich die Legende abhandeln. Vgl. dazu Kapitel 16.1. An gedruckten Werken nenne ich nur die Traktate von Diego Uffano, Archeley, 1613; Johann Theodor de Bry: Kunstbüchlein Von Geschuetz vnnd Fewerwerck, 1619. — Als eindrucksvolles bildliches Beispiel verweise ich auf den Kupferstich von Matthias Rembold »Bildnus Des Ehrwürdigen vnd Sinnreichen Vatters Bertold Schwartz genandt, francisaner Ordens, Doctor, Alchimist, vnd Erfinder der freyen kunst des Büchsenschießens im Jar 1380« nebst seiner »Reimweise Erklaerung/ueber die Erfindung deß Pulffers« in Joseph Furttenbachs Buechsenmeisterey=Schul von 1643. Vgl. H. Neumann: Architekt & Ingenieur, 1984, S. 327 f.

[2)] W. Tittmann: Der Mythos vom „Schwarzen Berthold", in: ZHWK Nr. 1 (1983) S. 17-30. Dazu auch D. L. Simms: Archimedes and the Invention of artillery and gunpowder, in: Technology and Culture, Vol. 28 Nr. 1 (1987) S. 67-79.

3) Salpeter, mhd. salniter, lat. sal nitrum, Salze der Salpetersäure HNO_3: KNO_3, $Ca(NO_3)_2 \cdot 4 H_2O$ [Kalksalpeter], $NaNO_3$ [Chilesalpeter]. Mit dem Aufkommen der Explosionswaffen auf Schwarzpulverbasis entstand zuerst das neue Handwerk des Salpetersiedens, dann ein regelrechter Wirtschaftszweig mit Verbindungen quer durch Europa, der bis zum Einsatz von brisanteren Explosionspulvermischungen, die industriell hergestellt wurden, wie den explosiven Pikraten als den Salzen der organischen Pikrinsäure und 1886 der Erfindung des rauchschwachen Pulvers auf der Basis der Cellulose- und Stärkenitrate [Schießbaumwolle] und immer wirksamer werdenden Substanzen. Vgl. zur Pulverchemie das Oerlikon-Taschenbuch der schweizerischen Rüstungsfirma Werkzeugmaschinenfabrik Oerlikon-Bührle & Co., 1956, S. 36-69. Als Beispiel einer wahren Fundgrube für Rezepturen von Explosionspulvermischungen des 16. und 17. Jh. nenne ich eine anonyme Handschrift »Kunst: oder Artholorey-Buch, darinnen zu befündenn, waß Artholoria Ist, oder waß darzu gehöret, Auch Wie vnnd durch Wem, die selbe erfunden Ist worden, Auch Noch Heudiges Tages Vonn Andern erfunden wirdt«; 1. Hälfte 17. Jh., in HAB Cod. Guelf. 1101 Helmst. Es handelt sich um ein Handbuch eines unbekannten Praktikers, also eines Feuerwerkers oder Büchsenmeisters: Fol 1 ein gemaltes Wappen mit drei Rosenblüten im Schild, als Helmschmuck die halbe Figur eines Mannes mit erhobener brennender Granate. Nach einer Abhandlung über B. Schwarz folgt »Salpedter Leudterung vnnd wie Mann damit soll vmb gehen«, dann folgen Rezepte. Diese sind aus verschiedenen Quellen zusammengetragen, wie der Hinweis auf die Spezialmischung von P. Buchner aus Dresden 1621/22 zeigt. Die Pulversätze aus Salpeter, Schwefel, Kohle, Terpentin, Braunstein, Leinöl, Kampfer, Harzen u.a. Ausgangsstoffen sind nach diesem Manuale »anrührbar«.- Die in Kapitel 15 und 16 vorgestellten Büchsenmeisterbücher und Artillerietraktate widmen sich fast sämtlich auch der Pulverherstellung, -aufbewahrung und -handhabung, was sehr früh zur Entwicklung des neuen Bautypus »Pulvermagazin« führte. Die einzige mir bekannte perfekt erhaltene Pulvermühlenanlage ist das heutige Pulvermühlenmuseum Frederiksvaerk am Arresee, begründet 1756/58 und bis 1965 [!] im Dienst, heute Filiale des Zeughausmuseums Kopenhagen. Die Anlage besteht aus Pulverisier-, Körn-, Vermengungs-, Poliermühlen, Satzmagazinen, Körn- und Siebhaus, Trockenräumen und ist mit allen Originalgerätschaften und Instrumenten ausgestattet. Vgl. S. J. v. Romocki: Geschichte der Explosivstoffe, 1895, ²1983; B. Rathgen: Pulver und Salpeter vor 1450, 1926; H. W. Prinzler: Pyrobolia, 1981; als populäre Einführung K. Allen: The Story of Gunpowder, 1973. — Zur inneren und äußeren Ballistik und Geschützmechanik in moderner Sicht vgl. L. Hänert: Geschütz und Schuß, ³1940.

4) Als bedeutende Quellenpublikation gilt August Essenwein: Quellen zur Geschichte der Feuerwaffen. Facsimilierte Nachbildungen alter Originalzeichnungen, Miniaturen, Holzschnitte und Kupferstiche, nebst Aufnahmen alter Originalwaffen und Modelle, Text- und Bildband, 1871, Faksimile 1969.- Zusammenstellung der Geschützrohre der wichtigsten europ. Artillerien in W. Gohlke: Geschichte der gesamten Feuerwaffen bis 1850, ²1911. Weiter zum Geschützwesen die einführenden Publikationen von I. V. Hogg: a) A History of Artillery, 1974; b) Illustrated History of Ammunition, 1985; J. Batchelor/I. Hogg: Artillerie, 1977; D. Pope: Feuerwaffen, 1971; E. Egg u. a.: Kanonen. Illustrierte Geschichte der Artillerie, 1975; A. Dolleczek: Geschichte der Österr. Artillerie, 1887, Reprint 1973; J. Albarda/F. L. Kroesen: Nederlands Geschut sinds 1677, 1978; B. Rathgen: Das Geschütz im Mittelalter, 1928, Reprint 1987; H. Neumann: Artillerie-, Zeugwesen und Meßgeräte, in: Architekt & Ingenieur, Ausstellungskatalog 1984, S. 327-348; D. Goetz: Die Anfänge der Artillerie, 1985.

5) Die Daten sind der jeweiligen im Bautenverzeichnis aufgeführten Literatur und E. Götzinger: Reallexikon der Deutschen Altertümer, 1881, S. 121 f, entnommen.

6) J. Laurent: Aachener Stadtrechnungen aus dem XIV. Jahrhundert, 1866, S. 182.

7) Meier: Artillerie der Stadt Braunschweig, in: Zeitschrift des Harzvereins 30. Jg. (1897), S. 41.

8) Original im Christ Church College Oxford, ms. 92, f. 70^v. Farbige Abbildung in D. Pope: Feuerwaffen, 1971, S. 9; dort auch in Farbe das wohl älteste erhaltene Pulvergeschützrohr dieses Typus. Eine weitere Darstellung von Milimete in E. Egg, op. cit., S. 13, leider ohne genaue Quellenangabe.

9) M. Jähns: Geschichte der Kriegwissenschaften, Bd. I, 1897, S. 234-236.

10) P. W. Roth: Eine Geschützabbildung von 1376, in: ZHWK Nr. 1 (1978), S. 57 f. Das originale Siegeltypar in Steiermärk. Landesarchiv, Urkunde Nr. 3250b-(1376-V-25).

11) Abb. in W. Schäfke: Der Name der Freiheit 1288-1988. Handbuch zur Ausstellung des Kölnischen Stadtmuseums 1988, S. 210.

12) Ein Musterbeispiel erwähnte ich schon im Kapitel 3, Anmerkung 1. Weitere Abbildungsbeispiele Abb. D.Pope, op. cit., S. 19-22. Sehr eindrucksvoll sind die Abbildungen von Kampfesszenen mit Pfeil und Bogen, Handrohr und Geschütz nebeneinander auf den illuminierten Holzschnitten der Schlachten Neuss (1474), Héricourt (1474) und Murten (1476) in der Inkunabel 265 der F. F. Hofbibliothek Donaueschingen von 1477; das kommentierte und transkribierte Faksimile erschien 1966 unter dem Titel: Geschichte Peter Hagenbachs und der Burgunderkriege. — F. Deuchler: Die Burgunderbeute, Inventare der Beutestücke aus den Schlachten, Bern 1963. — H. P. Trenschel: Drei Geschützfragmente aus der Burgunderbeute, in: Jahrbuch Bernisches Historisches Museum, Bde. XLVII/XLVIII (1967/68), S. 9-60.

13) Kgl. Dän. Zeughausmuseum: Ausstellungskatalog, ²1979, S. 44 f, mit Abb.

14) O. Johannsen: Die Anwendung des Gußeisens im Geschützwesen des Mittelalters und der Renaissance, in: ZHWK Bd. 8, Nr. 1/2 (1918), S. 1-20.

15) K. Ritter: Aufbau und Herstellung der schmiedeeisernen Steinbüchsen des Mittelalters, in: Techn. Mitteilungen Krupp, Nr. 5 (1938).

16) H. Müller, Deutsche Bronzerohre 1450-1750, 1968. — O. Johannsen publizierte im Archiv f. d. Geschichte der Naturwissenschaften und der Technik, Bd. 7 (1916), S. 165-184, den Bericht des Büchsengießens durch Kaspar Brunner (†1561) nach dem 1547 datierten Codex Ms 523 des Staatsarchivs Nürnberg. — E. Egg: Der Tiroler Geschützguß 1400-1600, 1961.

17) Wichtige Traktate speziell zum Artilleriewesen, besonders zur Geschützrohrherstellung für unterschiedliche Epochen: Wil-

helm Dilich gen. Schäfer: Kriegßbuch, 1608. — Francis Malthus: Pratique de la Gverre. Contenant l'vsage de l'artillerie, 1646. — Casimir Simienowicz: Artis Magnae Artilleriae Pars Prima, 1650. — Michael Mieth, Artilleriae Recentior Praxis, 1684. 2. Auflage unter dem Titel: Neuere curiöse Geschütz-Beschreibung, 1705. — Johann Siegmund Buchner: Theorie et Praxix Artilleriae, 1685. — Surirey de Saint-Remy: Memoires d'Artillerie, 1741. — Denis Diderot/Jean Baptiste d'Alembert: Encyclopédie, 1751-1780, mit der berühmten Folge an Kupferstichen zum Geschützguß. — Gaspard Monge: Description de l'art de fabriquer les canons, An 2 [=1794]. — Paul Breman: [Verkaufs-] Catalogue No 46, Artillery, London 1980. Dazu Kap. 16.- In Augsburg hat sich das reichsstädtische Gießhaus mit angegliedertem Kanonenbohrturm von 1602, Erstlingswerk von Elias Holl (1573-1646) in seiner Heimatstadt, erhalten. Die Räume werden durch eine Schule und Diensträume genutzt, letztere wurden nachträglich mehretagig in den Turm eingebaut. Vgl. dazu W. Ruckdeschel/K. Luther: Technische Denkmale in Augsburg, 1984, Rundgang Nr. (6). — M. Kunz/E. Papke: Seltene Bücher zur frühen Geschichte der Artillerie im Armeemuseum der DDR, in: Militärgeschichte Nr. 2 (1984) S. 171-179.

[18]) Zur Faulen Magd vgl. O. Baarmann, 1906/08; zur Konservierung und Restaurierung von Rohr und Lafette des 1955 aus den Trümmern des Dresdener Schlosses geretteten Geschützes, J. Streubel, 1983; Gesamtgeschichte in M. Lachmann u. a., 1987.

[19]) O. Baarmann: Die Entwicklung der Geschützlafette bis zum Beginn des 16. Jh., in: Beiträge zur Geschichte der Handfeuerwaffen. Festschrift M. Thierbach 1905, S. 54-85. — Im Cod. Guelf. 161 Blankenburg, sine nota, 15. Jh., findet man fol 166r-192r eine sehr große Anzahl von hölzernen Lafetten unterschiedlichster Bauarten. Die Rohre sind mit Gold angelegt, die Beschläge der Lafetten blau.

In seinem als erste deutsche kriegswissenschaftliche Enzyklopädie anerkannten Kriegsbuch von 1559/62 gibt Graf Reinhard v. Solms (1491-1562) im Bd. Artillerie folgende Angaben für Transporte vom Belagerungsgeschütz seiner Zeit: Scharfmetze 85 Pferde, Nachtigall 70 Pferde, Kartaune 45 Pferde, Notschlange 16 Pferde, für das kleine Feldgeschütz der Falkonette reichte 1 Pferd.

Im frühen 17. Jh. wurden schwere Geschütze, etwa eine Kartaune mit 48 Pfund Kugelgewicht, auf hölzernen Kastenlafetten durch 20 Pferde gezogen; dazu kam der Train aus mehreren bespannten Wagen mit Pulver, Munition, Lunten, Balken und Brettern, Werkzeug für die Schanzarbeiten, Instrumente des Büchsenmeisters und der Hilfskräfte.

[20]) Der Weißkunig. Eine Erzehlung von den Thaten Kaiser Maximilian des Ersten… Prosaroman von Marx Treitzsaurwein [von Ehrentreich], mit [238] Holzschnitten von Hans Burgkmair (1473-1531), H. Schäufelein u. a., Augsburg 1514; Erstdruck Wien 1775 mit den Abbildungen nach den originalen Holzstöcken; zahlreiche Editionen, jüngst mit Kommentaren von H. Engels, E. Geck und H. Th. Musper, 1968, sowie Reprint der ed. princ. mit Kommentar und Bildkatalog von Chr.-M. Dreissiger, Leipzig/Weinheim 1985. Auf zahlreichen Abbildungen kommen Artillerieszenen und Belagerungen vor, die von hohem Quellenwert sind. — W. Boeheim: Die Zeugbücher Kaiser Maximilians I., in: Jahrbuch der kunsthistor. Sammlungen des Allerhöchsten Kaiserhauses Wien, Bd. XIII, S. 94-201, Bd. XV, S. 295-391 [Entwurfcodices zu den Zeugbüchern in a) Staatsbibliothek München cod. icon. 222, b) Österr. Nationalbibliothek Cod. 10 824; dazu Kat. Nr. 475, 476, 479 im Ausstellungskatalog Maximilian I. 1969]. — G. Kurzmann: Kaiser Maximilian I. und das Kriegswesen der österr. Länder und des Reiches, 1985.

[21]) [Geschützbuch Kaiser Karls V.]; 111 Blatt; 29,5 x 40 cm; sine nota. Das Exemplar HAB Cod. Guelf. 31 Helmst. ist eine der beiden bekannten Urschriften. Vgl. zu dieser artilleristischen Bilderhandschrift H. Neumann: Festungsbaukunst und Festungsbautechnik, 1988, S. 290 f. — E. Egg: op. cit., S. 64-68.- P. Krenn: Heerwesen, Waffe und Turnier, in: Ausstellungskatalog Maximimilian I., 1969. — Speziell über die aus den hessischen Zeughäusern 1547 entnommenen Geschütze siehe B. Müller: Die Rüstung Philipps des Großmütigen, in: Philipp der Großmütige, 1904, S. 155-228 und G. Paetel: Die Organisation des hessischen Heeres, Berlin 1897, S. 195 ff.

[22]) Die Familie der Riesengeschütze »Wilder Mann« stammt aus dem ausgehenden 16., frühen 17. Jh. und ist unter den wolfenbüttelschen Herzögen Julius (1568-1589), Heinrich Julius (1589-1613) und August (1635-1666) im Harz unter hohem techn., arbeitsorganisatorischen und finanziellen Aufwand aus geschmiedetem und verschweißtem Eisen hergestellt worden. Es lassen sich z. Z. 6 Rohre nachweisen, das längste mit 11,40 m Länge; nur 2 sind original erhalten, eines davon in unfertigem Zustand. Zum erhaltenen Rohr »Wilder Mann« von 1586 vgl. H. Neumann: Architekt & Ingenieur, Ausstellungskatalog HAB 1984, S. 330-333. Eine historische und technikgeschichtliche Abhandlung ist nach abgeschlossenen physikal.-chem. Untersuchungen v. Verf. in Vorbereitung. — M. Merian: Topographia vnd Eigentliche Beschreibung Der Vornembsten Stäte, Schlösser auch anderer Plätze, 1654, S. 208:

»In diesem/von lauter Steinen auffgeführten/vnd mit Schiefer bedecktem Zeughause/ist eine zimliche menge allerhand Waffen/Kriegs Instrumenten/grosser vnd kleiner Geschuetze/vnd anderer Armatur/vnd vnter denselben zwey ueberauß lange vnd dicke eiserne Stuecke verhanden/darunter das eine das allergroesseste vnd laengste Geschuetz in gantz Teutschland ist«.

L. Chr. Sturm war nicht so begeistert. Er bezeichnet die »Wilden Männer« wegen der Größe nach dem bloßen Ansehen in: Architectonische Reise=Anmerkungen, 1719, S. 6, völlig richtig als [militärisch] unbrauchbar!

[23]) »Vogel Greif« 1524 aus Bronze gegossen, ca. 5 m lang, 9000 kg, Kaliber 28 cm, Rückführung des Beutestücks aus dem Musée de l'Armée Paris auf die Zitadelle von Koblenz i. J. 1984, Vgl. Führungsblatt Landesmuseums Koblenz, Ehrenbreitstein, Nr. 2, o. J. — R. Wille: Die Riesengeschütze des MA und der Neuzeit, 1870.

[24]) Vgl. M. Jähns: Geschichte der Kriegswissenschaften, Bd. 1, 1889, S. 405 ff und H. Delbrück: Geschichte der Kriegskunst, 5 Bde, 1908-1936, hier Bd. IV, S. 42 ff.

[25]) D. Uffano, Artilleriekapitän i. d. Zitadelle Antwerpen, zählte in seinem Traktat »Archeley/Das ist: Gruendlicher vnd Eygentlicher Bericht von Geschuetz vnd aller zugehoer«, germ. ed. von Theodor de Bry 1614, span. ed. princ. 1613, die Geschütztypen seiner Zeit auf; er kennt Zeitzünder für Hohlkugeln, Papierkartuschen, Raketen und Petarden.

[26]) Heeresreformer v. Scharnhorst (1755-1813) hatte eine gewisse Normierung des preuß. Artilleriematerials eingeführt,

doch behielt man auch die Rohrkonstruktionen der achtziger Jahre des 18. Jh. bis lange ins 19. Jh. bei. Die Neuentwicklungen der Rohre von 1831/33 führten zu veränderten Längen, Metallstärken, Kammergrößen, doch das Grundprinzip des glatten Vorderladers wurde beibehalten. Vgl. J. G. D. v. Scharnhorst: Handbuch für Offiziere in den angewandten Theilen der Kriegs=Wissenschaften, Bd. 1 Von der Artillerie, 1815, bearb. von J. G. v. Hoyer. — H. Neumann/U. Liessem: Die Klassizistische Großfestung Koblenz, 1989, besonders S. 44 ff. Dort auch die grundlegenden Traktate des Artilleriewesens und Festungsbaus für die 1. Hälfte des 19. Jh. im Lit.-Verz. — H. Neumann: Das Ende einer Festung. Belagerungsübung, Schießversuche und erste Schleifungsmaßnahmen in Jülich 1860, 1987, S. 72, 96.

27) H. Müller-Hickler: Über die Funde auf der Burg Tannenberg, in: ZHWK Bd. 4, Nr. 8 (1933), S. 175-181.- J. Hefner v. Alteneck u. a.: Die Burg Tannenberg und ihre Ausgrabungen, 1850. — Das Original dieser kleinsten gegossenen Büchse des 14. Jh. befindet sich im GNM Nürnberg. Eine Replik wird im Handel angeboten.

28) Vgl. P. Sixl: Entwicklung und Gebrauch der Handfeuerwaffen, in: ZHWK 23. Jg., Bd. 3 (1920), Nr. 8, S. 231-236; Nr. 9, S. 269-271; Nr. 10, S. 285-288; Nr. 11, S. 327-329; Nr. 12, S. 361-365. Weiter neben den Handbüchern von W. Boeheim 1890/1966, A. Demmin 1893/1964 auch J. B. Kist: Niederländische Musketen und Pistolen, 1974; H. Müller: Gewehre-Pistolen-Revolver, 1979; E. Wagner: Tracht, Wehr und Waffen, 1980.

29) H. Müller: Deutsche Bronzerohre 1450-1750, 1968. — Zu welchen »Auswüchsen« es bei der Verzierung von Rohren kommen konnte, zeigen die drei als hochverzierte Säulen mit korinthischen und dorischen Kapitellen als Mündungsteil ausgebildeten Bronzerohre aus dem Zeughaus derer von Radziwill. Vgl. M. v. Ehrenthal: Die fürstl. Radziwillsche Rüstkammer zu Nieswiez, in: ZHWK Bd. 2 (1900/02), Nr. 5, S. 142-145; Nr. 6, S. 221-223, 276. Zumindest das dritte Rohr Fig. 3, S. 222 ist erhalten. Es befindet sich im Muzeum Wojska Polskiego in Warschau.

30) E. A. Geißler: Die großen Geschütze aus dem Zeughausbestand der Stadt Basel, in: ZHWK Bd. 6 (1975), S. 3-12, S. 50-6. — Land Tirol: Maximilian I., Ausstellungskatalog, 1969, Kat. Nr. 4, 81.

31) Vgl. Anmerkung 22.

32) E. Schalkhaußer: Bronzegeschütze des 16. Jh. im Bayerischen Armeemuseum, 1977 [Sonderdruck].

33) Vgl. die Angaben im Bautenverzeichnis. Das Heeresgeschichtl. Museum Wien besitzt allein 158 Rohre des 17., 18. und 19. Jh. in der aktuellen Sammlung, wie das jüngste Inventar von E. Gabriel: Geschützrohre, o. J., ausweist.

34) N. Grabherr: Das Antwerk. Seine Wirkungsweise und sein Einfluß auf den Burgenbau, in: Burgen und Schlösser, Nr. 3 (1963), S. 45-50. »Für das Rheinland lassen sich vor der Mitte der vierziger Jahre des 14. Jahrhunderts Feuerwaffen mit Bestimmtheit nicht nachweisen«, so U. Mainzer in seiner Dissertation: Stadttore im Rheinland, 1973, S. 21; dort auch das Kapitel über den Einfluß der Waffen auf die Torarchitektur.

35) Vgl. Anmerkung 27. Zitat nach H. Müller-Hickler, op. cit., S. 178.

36) Vgl. R. Teufel: Die mittelalterlichen Bauten der Veste Coburg, in: Jahrbuch der Coburger Landesstiftung, 1956, S. 13-94.

37) Die Begriffsunsicherheiten sind auch durch die folgenden wichtigen Publikationen nicht beseitigt: H. Spiegel: Schutzbauten und Wehrbauten, ²1970; W. Luyken: a) Burgenkundliche Begriffsbestimmung, 1981, b) Bildung der Burgenfachsprache und ihren Nutzen, in: Der Niederrhein, Nr. 2 (1978), S. 53-58; Glossarium Artis Bd. 1, Burgen und Feste Plätze, ²1977; Bd. 7 Festungen, 1979. Im englischsprachigen Bereich werden mit »castle« unterschiedlichste Wehr- und Repräsentationsbauten von der Prähistorie bis zu den pseudogotischen shames benannt. Zur Terminologie zuletzt U. Schütte, 1988; dazu die folgende Anmerkung:

38) U. Schütte: »Feste Schlösser«. Studien zur Wehrhaftigkeit der Schloßarchitektur im Deutschen Reich zwischen 1450 und 1650, Habilitationsschrift Frankfurt a. M. 1988 [noch ungedruckt].

39) N. Tartaglia (1499-1557) diskutierte erstmals die Theorie der kurvenförmigen Wurflinie von Geschossen, die die tradierte Auffassung von der Flugbahn als einer Resultanten zweier geradliniger, durch eine kurze Scheitelkurve miteinander verbundener Bewegungsgeraden schnell ablöste. Die aber ebenfalls irrtümlichen Auffassungen Tartaglias gingen über 100 Jahre in die Literatur und damit in die Praxis ein. Daß in Wirklichkeit die Flugbahn eine parabolische Form hat, erkannte er nicht. Neben den Faktoren Anfangsgeschwindigkeit, Abschußwinkel, Schwerkraft, Luftwiderstand, Drall u. a. war die parabolische Form nur nach Erfindung der Infinitesimalrechnung durch G. W. v. Leibnitz (1646-1716) und den Erkenntnissen von L. Euler (1707-1783) [Grundsätze der Artillerie, 1745] genau zu ermitteln. Vgl. N. Tartaglia: a) La Noua Scientia, ed. princ. 1537, Abb. S. 12; b) Questii et Inventioni Diverse, ed. princ. 1546; von beiden Werken auch germ. [Plagiat durch W. H. Ryff in dessen »Geometrischer büxenmeisterey« 1547], engl. und frz. Editionen. Dazu G. Harig: Walter Hermann Ryff und Nicolo Tartaglia. Ein Beitrag zur Entwicklung der Dynamik im 16. Jh., in: Forschungen und Fortschritte, 32. Jg., Nr. 2 (1958), S. 40-47. — Zur frühen Theorie der ballistischen Kurve siehe auch L. Fronsperger: Kriegßbuch, 1566, 8. Buch, S. CXCIII.

40) J. R. Hale: Renaissance War Studies, 1983, S. 2.

41) Der wohl älteste gedruckte Traktat zur Bastionierung stammt v. Giovanni Baptista della Valla: Retenere et fortificare una citta con bastioni, Venedig ed. princ. 1524, welcher allein bis 1558 10 mal neu aufgelegt wurde! Für den deutschsprachigen Bereich sorgte Daniel Specklin mit seiner Architectura Von Vestungen, Manuskript 1583, ed. princ. 1589, für weite Verbreitung des neuitalienischen Bastionärsystems.

42) Farbfoto des Baseltores, welches durch zwei Rondelle aus Buckelquadern flankiert wird, in P. L. Glanz: Das Schweizer Haus. Wohn-, Wehr- und Gemeinschaftsbau, 1963, S. 72.

43) Älteste deutschsprachige Vorschläge von Hans Schermer über artilleriebezogene Architektur von 1485/1500 [nach Jähns »Wiegenschrift der modernen Fortifikation«], findet man im Cod. Pal. germ. 562 der UB Heidelberg. Dazu J. Wille: Die deutschen pfälzischen Handschriften des XVI. und XVII. Jh. i. d. Universitäts-Bibliothek in Heidelberg, 1903, S. 79; Chr. Hagenmeyer: Kriegswissenschaftliche Texte des ausgehenden 15. Jh., Schermers Basteienbau-Wagenburgordnung-Feuerwerksrezepte, in: Tijdschrift voor germanse philologie, Bd. 56, Leuven 1967, S. 169-197; M. Jähns: Hans Schermer und die Befestigungskunst um 1480, in: Archiv für die Artillerie- und Ingenieur-Offiziere, 55. Jg., Bd. 98 (1891), S. 545 f.

44) Eine Erklärung aus heutiger Sicht zur Fortifikationslabyrinthik, die über den technisch-fortifiatorisch-mathematischen Ansatz hinausgeht, sucht H. Eichberg, indem er über die sog. Konfigurationsanalyse vorschlägt, die Rationalität der Festung aus Sicht der historischen Verhaltensforschung zu klären. Danach sei die zeittypische gesellschaftliche Geometrie der Exerzitien in Tanz, Fechten, Reiten, Voltigieren, Ballhausspielen, Exerzieren, der Hang der Zeit zum geometrischen Gartenstil, die hohe Bedeutung der Zentralperspektive in der Malerei u. a. zu berücksichtigen. All diese Verhaltensmuster stehen in Verbindung mit der Fortifikationsregularität als Teil einer die gesamte Gesellschaft betreffenden Konfiguration. Dazu H. Eichberg: a) Geometrie als barocke Verhaltensnorm. Fortifikation und Exerzitien, in: Zeitschrift für Historische Forschung, Bd. 1, Nr. 4 (1977), B S. 17-50, b) Die Rationalität der Technik ist veränderlich. Festungsbau im Barock, in: Technikgeschichte historische Beiträge und neuere Ansätze, hrsg. von U. Troitzsch und G. Wohlauf, 1980, S. 212-240; c) Die historische Relativität der Sachen oder Gespenster im Zeughaus, ²1987.

45) Der frz. Militärarchitekt und Kunsttheoretiker Eugène-Emmanuel Viollet-le-Duc (1814-1879) beschrieb die Entwicklung des Befestigungs- und Belagerungswesens an einem »wachsenden« Beispiel einer hypothetischen »lieu fortifié« vom gallischen Oppidum bis zur polygonalen Enceinte bei der Einführung des gezogenen Geschützes in der 2. Hälfte des 19. Jh. unter dem Titel: Histoire d'une Forteresse, 1874; dazu auch vom selben Autor: An Essay on the Military Architecture of the Middle Ages, Oxford 1860.

46) H. Neumann: a) Architectura Militaris, in: Architekt & Ingenieur. Baumeister in Krieg & Frieden, 1984, S. 281-404; b) Festungsbaukunst und Festungsbautechnik, 1988.

9. Das Zeughaus — ein neuer Bautyp von Architectura Civilis et Militaris

Zum Gebäudetypus »Zeughaus« als »opera oder Kunst« schreibt Joseph Furttenbach d. Ä. (1591-1667) in seiner »Architectura Martialis« von 1630 die Belehrung an einen Büchsenmeister:

»soviel als das Gebaeuw anbelangen thut/so solten ihr mit einem Architecto Militari, wie auch jngleichem mit einem Architecto Civili hiervon nach notturfft reden/diese beede durch ihre vernuenfftige suggestion wurden euch solches Werck in einmischung baider ernanten Architecturen ... beneben ewer dritten Stimm also anstellen/das es ruchtbar vnd ruehmlich sein solte«.[1]

Das »Zeughaus« ist für ihn also eine **gemeinsame Bauaufgabe beider Architekturen** architectura civilis et architectura militaris, die der berühmte Ingenieur und Bautheoretiker aus Ulm

»als jetztmahlen wolvertrawte Schwester und Bruder«[2]

bezeichnete. Beim Entwurf eines solchen Gebäudes soll dann als dritter Beteiligter der Büchsenmeister angehört werden. Mit der Auffassung steht Furttenbach nicht allein. Ihm schloß sich der Bautheoretiker der nächsten Generation Leonhard Christoph Sturm (1669-1719) an. In der Vorrede seiner Edition der »Goldmannischen Civil=Baukunst: Vollstaendige Anweisung« von 1696 bemerkt er:

»Es sind einige Gebaeude/welche nach ihrem Endzweck und Nutzen eigentlich zur Befestigung der Staedte und also zu der **Kriegs=Bau=Kunst** gehoeren/doch vornehmlich auß den Reguln der **Civil-Bau=Kunst** muessen erlernet werden«.

Zu den so charakterisierten Gebäuden rechnet er neben Brücken, Kasematten, Toren und Kasernen auch die

»**Arsenal** oder **Zeughaeusser**/worinnen theils das Geschuetz und die Ammunition gemachet/theils beydes nach der Bereitung bewahret wird ...«.[3]

Der frühneuzeitliche Waffenspeicher Zeughaus bzw. Arsenal ist also nach diesen beiden wichtigen Bautheoretikern eine Bauaufgabe »beider Architekturen«. Damit muß der weitverbreiteten Auffassung widersprochen werden, nach der die Kriegsbaukunst allein zur Errichtung eines baulich-technischen Verteidigungssystems gegen einen möglichen Angreifer zuständig gewesen sei. Man denke etwa an die zahlreichen Gebäudetypen der [wie man heute sagen würde] militärischen Infrastrukturbauten innerhalb der fortifikatorischen Bereiche, die speziell von Architekten und Ingenieuren des Militärbauwesens bis zum Ende des 19. Jahrhundert entworfen und gebaut wurden!

9.1 Die Gebäudetypen in der frühneuzeitlichen Festungsstadt

»Ein ›Gebäudetypus‹ ist dadurch charakterisiert, daß er von religiösen, politischen und sozialen Faktoren bestimmt ist und in den Traktaten durch die Angaben zu Gebäudestruktur — Gebäudekörper, innere Aufteilung — und zur Gestaltung der äußeren Flächen, der Fassaden beschrieben wird«,

so definiert Ulrich Schütte den in der historischen Traktatliteratur nicht vorkommenden Begriff, mit dem sich die unterschiedlichsten Bauten klassifizieren lassen.[4] Ich möchte nun noch zu den drei Adjektiven das vierte mit »militärisch« einfügen, um auch die Gebäude mit martialischem Charakter einzubeziehen. Es geht also bei der Beschreibung von Bauten um bestimmte Grundformen, die zwar im Laufe des hier zu betrachtenden Zeitraumes immer wieder variiert wurden, doch ihre Charakteristika nicht verloren. Vitruv teilte die Gebäude schon in sakrale und profane, und die profanen wiederum in öffentliche und private Bauten ein. Leon Battista Alberti (1404-1472) gliederte sein berühmtes Architekturbuch nach dieser Klassifikation. L. Chr. Sturm beschäftigte sich nach den Furttenbachs sehr intensiv mit der Gebäudelehre. Er teilte bei der Edition der von ihm gesammelten Architektur-Manuskripte des Nikolaus Goldmann alle von diesem erörterten Bauten seiner Zeit ein. So findet man im Traktat »Prodromus architecturae Goldmannianae« von 1714 in Tabellenform die »Vollstaendige Anweisung zu der Civil-Bau=Kunst« des Nikolaus Goldmann (1611-1665).[5] Dort ist das Zeughaus als »publiques Gebaeude« rubriziert. Der Verleger Sturms, der Kunsthändler Jeremias Wolff (1663-1724) aus Augsburg, teilt dem Leser in der Edition des Sturmschen Gesamtwerkes dessen Gliederungsaufbau mit. Die Gliederung wird hier zur Verdeutlichung der damals anerkannten Gebäudettypen und der Stellung des Zeughauses unter ihnen zitiert:[6]

A. Kunstwoerter der Civil-Bau=Kunst
B. Pracht=Gebaeude zu erfinden
C. Bogenstellungen
D. Beyzierden der Architectur
 [d.i. Malerei und Bildhauerei]
E. Symetrie [einschließlich des Tempels Salomons]
F. Innerliche Austheilung der Gebaeude
G. Burgerl. Wohnhaeuser [mit zahlreichen Beispielen]
H. Kirchen wohl anzugeben [evgl. und kathol. Kirchen]
I. Zucht=und Liebes=Gebaeude [Schulen, Akademien, Gefängnisse, Zuchthäuser, Spitäler, Waisenhäuser]
K. Land= und Rath=Haeuser
L. Wasserkuenste/Wasserleitungen
 [darin auch eine befestigte Mühle in einer Festung]
M. Stadt=Thore/Bruecken/**Zeughaeuser**
N. Schiffhaeuser und **[Marine-]Arsenale**
O. Grabmahle der Verstorbenen zu Ehren
P. Grosse Herren Pallaeste
Q. Landwohnung und Meyerey.

Eine Reihe von Traktaten, die sich mit der Baukunst und artilleristischen bzw. ingenieurtechnischen Problemen befassen, sind mit Illustrationen im Sinne einer »Vorstellung oder Idée Générale Einer Festung mit einer Citadelle«[7] versehen, die das Tracé oder den Situationsplan einer idealisierten und schematisierten Festungsstadt des Barock mit dem Verlauf der Kernumwallung und zahlreichen Außen- und Vorwerken vorstellt. Der Festungsgrundriß ist aus bastionären Fronten unterschiedlicher Manieren und mit entsprechenden Außenwerken wie Ravelins, Fleschen, Lünetten, Horn-, Kronwerken, Wallsystemen zusammengesetzt. Der Autor hat die bastionären Fronten wie ein Puzzle aneinandergereiht, so daß sich ein geschlossenes Bastionärtracé einer Stadt ergab, welches nur an einer Stelle verändert wurde, um die hier in den Stadtgrundriß mit zwei oder mehr Bastionen eingreifende Zitadelle fortifikatorisch vernünftig einzubinden. Solche Tafeln mit der Synopse unterschiedlichster doch verwandter Werke eigneten sich besonders gut zur illustrierenden Erläuterung der Fortifikationsnomenklatur, zur Verdeutlichung der Charakteristika verschiedener Manieren und zur Anzeige der wichtigsten Gebäudetypen und ihrer Lage innerhalb der idealisierten regulären Stadtanlage. Zwei Beispiele zeigen die ABB. NR. 33 und 34.[8]

Der Altdorfer Professor für Mathematik und Physik und Vater des Architekturtheoretikers Leonhard Christoph Sturm, Johann Christian Sturm, gab i. J. 1707 ein heute sehr seltenes »Anfangsbüchlein« der Mathematik heraus: Mathesis compendiaria sive tyrocinia mathematica. Seine Abhandlungen über die Kriegs- und Zivilbaukunst illustrierte er mit einem Kupferstich. In Deutsch und Latein zeigt der Autor neben den Fortifikationsbauten auch die wichtigsten Gebäude intra muros an:

a. Gouverneurs hauß b. Capelle c. Casernen d. Arsenal und Magazyn e. Paradeplatz f. Esplanade g. Commendanten hauß h. **Zeughauß** i. Rathauß l. Börse m. Kirchen n. Corps de guarde o. Proviant häußer p. Casernen q. Vieh= und Windmühlen.

Johann Rudolf Fäsch gibt eine ähnliche synoptische Lehrtafel seinem Ingenieur-Artillerie- und See=Lexicon von 1726 bei. Als bedeutende Großbauten seiner Schema-Stadt nennt er:

ee. **Zeug-Haus**, ff. Magazin de vivres.[9]

Sturm stellt sich Kommandantur und Zeughaus sowie Rathaus und Börse als Vierflügelanlagen inmitten der Stadt jeweils an einem Markt liegend vor. Links befinden sich die beiden Militärgebäude, rechts als Pendants die beiden Zivilgebäude. Bei Fäsch liegen die ebenfalls als mächtige Vierflügelanlagen vorgesehenen Zeughaus- und Getreidespeicher symmetrisch in Randlage mit unmittelbarer Kommunikation zur Wallgasse, die alle Bastionen und Kurtinen verbindet. Diese Idealschemata von Festungsstädten waren primär auf didaktische Wirkungen hin entworfen und ausgesprochenen Lehrbüchern beigegeben. Die planerische Verwandtschaft zu den Entwürfen von Idealstädten ist unverkennbar.

Die frühneuzeitlichen Festungsstädte in den Epochen Renaissance und Barock, gleichgültig ob sie gewachsene und damit meist irreguläre Stadtgrundrisse hatten oder quasi vom Idealplan auf dem Reißbrett in die Landschaft transponiert wurden und damit meist reguläre Stadtgrundrisse aufwiesen und ihre Bebauung an radialen oder rektangulären Straßennetzen orientierten, besaßen fortikatorische wie stadtplanerische Maximen:

◆ Rundumverteidigung durch gleichstarke Fronten:
 Abwehr gegen eine Bedrohung von Außen,
 Abwehr gegen eine Bedrohung von Innen,
◆ Polygonale Werke sowie Wall- und Mauerführung;
◆ Abstände der vor die Wallinie tretenden Bastionen und Außenwerke innerhalb der wirksamen Schußweite der zum Einsatz gelangenden Geschütztypen und Handfeuerwaffen;
◆ Rationale Straßenführung und Quartierbildung;
◆ Gebäuderangordnung;
◆ Gebäudebedeutungsordnung;
◆ gesichertes Zentrum der Landesverwaltung mit Kanzlei, Registratur, Archiv, Schatulle usw.;
◆ gesichertes Zentrum für den Landesherren und seinen Hofstaat zu Wohn- und Repräsentationszwecken [Schloß und zugehöriges Bautenensemble mit Kapelle, Kunst-

und Wunderkammer, Ballhaus, Theater, Marstall, **Zeughaus**, Kornhaus, Park- u. Gartenanlage usw.;
- Schaffung einer wirtschaftlich starken Bürgerstadt mit Werkstätten, Magazinbauten, Markt usw;
- Übersichtlichkeit der Gesamtanlage;
- Zweckmäßigkeit;
- Planstadt als Gesamtkunstwerk: Schönheit, Einmaligkeit, Denkmalcharakter ...[10]

Die so konzipierte Residenz- und Festungsstadt war mehr als nur taktische Ortsverteidigung, sie war eingegrabene, aufgemauerte und verzierte Langzeitstrategie einer geplanten, also zielbewußten baulichen Machtentfaltung eines Fürsten als »Principe« der Renaissance und als »Bienfaisant« des Barock.[11] In einer solchen Festungsstadt, die in diesen Epochen meist auch permanente oder temporäre Residenzstadt war, gab es ein fast als kanonisch zu bezeichnendes Programm von Gebäuden. Georg Conrad Martius [das ist G. C. Stahl] gibt in seinem Neu=aufgeführter Europaeischer INGENIEUR: oder Kriegs=Bau=Kuenst von 1696 im XVIII. Kapitel »Von dem innwendigen Coerper der Vestung/das ist/von Ordonnantz und Beschaffenheit der Gassen/der Haeuser/sowohl Public-Gebaeude/als Privat-Haeuser/und dergleichen« seine Betrachtungen zur Stadtbaukunst nur unter der Voraussetzung, daß es sich um neu zu erbauende Festungsstädte handelt,

»dann alten Staedten laeßt sichs nicht viel aendern«.[12]

Und

»Die Außtheilung der Haeuser anbelangend/so sind selbige entweder Public= oder Privat-Haeuser: und jene entweder zum Kriegs=Stand/oder zum Politisch=und geistlichen Wesen. Die Publiquen Haeuser zu Kriegs=Sachen sind **Zeug=Ammunition=Pulver=Haeuser** und Mühlen und dergleichen«.[13]

Johann Friedrich Penther subsummiert in der Anleitung zur Buergerlichen Bau=Kunst von 1744:

»Landes=Herrn Residenz-Schloß, Lust-Haeuser, Orangerie-Treib=Haeuser, Menagerien, Jagd=Haeuser, Ball-Haeuser, Reit=Haeuser, Reitstaelle, Bibliothec, Kunst=Kammern, dann die Stadt=oder Rath=Haeuser, Boersen, Kauff=Haeuser, Brau=Schlacht=Proviant-und Manufactur-Haeuser, **Zeug=Haeuser**, Gieß=Haeuser, Casernen, Pulver=Thuerne, Thore, Leucht=Thuerne, Ehren=Pforten und dergleichen mehr«.[14]

Dieses ist das den »Geistlichen publiquen Gebaeuden« entgegengesetzte Programm »Weltlicher publiquer Gebaeude«. Penther nahm sich deutlich die Einteilung der Gebäude von Sturm als Beispiel, wenn er auch — typisch für seine Zeit — das Zeughaus mit den Zuchthäusern und Gefängnissen in den Städten

»dahin bringen [will], wo sie nicht viel ins Gesicht fallen«.[15]

Er gibt also dem Waffenspeicher keinerlei repräsentative Funktionen mehr, wie das noch vor ihm die anderen Bautheoretiker getan hatten. Er sieht das Zeughaus auf einer Bedeutungsebene mit Zuchthaus und Gefängnis, die in seiner »bürgerlichen« Stadt möglichst dem Gesichtsfeld aller und damit dem Lebensbereich der Bürger entzogen werden sollen. J. F. Penther (1693-1749) war ein Hauptvertreter der sich besonders im 18. Jh. entfaltenden »Buergerlichen Baukunst«. Von Laurenz Johann Daniel Succov [auch Suckow] stammt der letzte das gesamte Gebiet der Zivilbaukunst abhandelnde Architekturtraktat. In »Erste Gründe der bürgerlichen Baukunst« von 1751 gibt er innerhalb seiner Gebäudelehre die allgemeinen Eigenschaften der Gebäude an. Nur darin wird der Gebäudetypus Zeughaus noch erwähnt; er ordnet diese Bauaufgabe nur noch der Militärarchitektur zu. Und die war nicht sein Thema:

»Ist der Zweck der Gebaeude, die aeußere Sicherheit aller Buerger zu befoerdern; so dienen selbige entweder dazu, andere Voelker abzuhalten, daß sie uns nicht schaden, oder man kan dieses nicht behaupten. Jenes giebt die Gruende zur Kriegsbaukunst, welche zugleich **Zeughaeuser**, oder solche Gebaeude noethig macht, in welchen dasjenige, was zur Vertheidigung dient, aufbehalten wird«.[16]

Christian Ludwig Stieglitz (1756-1836), Verfasser der Encyklopädie der bürgerlichen Baukunst von 1792/98, ist der Übersetzer des neben dem Werk von J. F. Blondel (1705-1774)[17] wohl wichtigsten Architekturlehrbuches zur Bürgerlichen Baukunst der 2. Hälfte des 18. Jh. von Francesco Milizia (1725-1798).[18] Er zählt folgende »Zur oeffentlichen Sicherheit gehoerige Gebaeude« auf: Stadttore, Kasernen, Gefängnisse, **Zeughäuser**, Häfen, Leuchttürme, Brücken, Straßen, die er von »Zur Befoerderung des gemeinen Besten gehoerigen Gebaeude« wie Hohe Schulen, Bibliotheken, Kunstakademien, Schulgebäuden von »Zum gemeinen Wesen gehoerige Gebaeude« wie Gerichtshöfen, Börsen, Münzen, Banken und »Gebaeude fuer den oeffentlichen Ueberfluß« wie Märkten, Plätzen, Magazinen, Manufakturgebäuden, Backöfen, Schlachtbänken und »Gebaeude fuer die Gesundheit und andere oeffentliche Beduerfnisse« mit Hospitälern und Armenhäusern, Lazaretten, Gottesäckern, Kloaken, Wasserleitungen, -behältnissen, Springbrunnen, Bädern, Brunnen, Zisternen und »Gebaeude zur oeffentlichen Pracht« mit Denkmälern, Triumphbögen, Obelisken, Säulen von »Gebaeuden zu Schauspielen« wie Rennbahnen, Schauspielhäusern, Feuerwerken [!] usw. von »Gebaeude zum erhabnen Endzweck, oder Kirchen« unterscheidet. Dazu kommen noch zur Abrundung dieses sehr ausführlich in Text und Illustrationen vorgestellten Programms die Paläste mit ihren »Zubehoerungen« sowie die Bürger- und Landhäuser. Den Gebäudetypus Zeughaus erkennt Milizia wie schon vor ihm Furttenbach und Sturm voll für »beide Architekturen« an. Da sich der Autor in seinem Werk für die vitruvianischen

drei Forderungen
- ♦ Schönheit
- ♦ Bequemlichkeit
- ♦ Festigkeit

für alle Gebäude einsetzt, ist seine Begründung hier aufschlußreich:

»Die **Zeughaeuser** moegen fuer die Marine, oder zur Fabricirung und Aufbewahrung der Waffen und Kriegsgeraethe bestimmt seyn, so gehoert ihr Bau allemal unmittelbar fuer die Kriegsbau Kunst. Man kann ihrentwegen des Saint Remy Mémoires de l'Artillerie, die Schriften Goldmanns, Sturms, Faesch, und des Belidor Science des Ingénieurs zu Rathe ziehen. Weil aber doch außer den Kuechen, Magazinen, Wohnungen fuer Arbeiter, und Wachen im Bodengeschoß bequeme und schoene Zimmer fuer die Officiers und Oberaufseher seyn muessen, so erhellt daraus, daß dergleichen Gebaeude auch fuer die Civilbaukunst gehoeren. Sie erfordern regelmaessige Verhaeltnisse, Formen und Eintheilungen etc. Man kann Dorische und andre analogische Verzierungen in einem maennlichen Geschmack dabey anbringen«.[19]

Die Vielfalt an Gebäudetypen im militärischen Bereich in den drei Stadttypen, die von Fürsten und Adel, von der Geistlichkeit oder von Bürgern selber regiert und verwaltet wurden, kann man aus den bildlichen Darstellungen der jeweiligen Festungsstädte und aus eventuell vorhandenen historischen Stadt- und Festungsmodellen entnehmen. In den für zahlreiche deutsche Städte vorliegenden Festungsgeschichten aus neuerer Zeit findet man oft in Tabellenform die entsprechenden spezifisch fortifikatorisch-militärischen Gebäudetypen, wie sie z. B. Edmund Spohr für die Festung Düsseldorf aufgestellt hat.[20] Minden hat ein entsprechendes Verzeichnis der Denkmalschutzzonen aufgelegt, in dem auch die erhaltenen militärischen Gebäudetypen aus der Zeit der klassizistischen Festung verzeichnet sind.[21] Schließlich sei an die älteren und neuen Inventarbände der KDM erinnert, die inzwischen für fast jede ehemalige Festungsstadt im deutschsprachigen Bereich vorliegen.[22]

9.2 Das Zeughaus

»Diese Gattung von Gebaeuden schreibt sich nicht aus dem Alterthum her, sondern nimmt ihren Ursprung nach Erfindung des Pulvers, massen das hauptsaechlichste, so darin enthalten, und verwahret wird, solche Waffen und Gewehr sind, welche mit Schies = Pulver geladen werden, und was darzu noethig, ins besondere ist es ein Aufenthalt des so genannten groben Geschuetzes, welches wohl verdient, daß es einen eigenen ordentlichen und sichern Ort zur Verwahrung habe«.

Johann Friedrich Penther (1693-1749)[23]

Ein besonderer Gebäudetypus in frühneuzeitlichen Festungsstädten, Festungen, offenen Städten[24] sowie im Bereich wehrhafter Schlösser und zum Artillerieeinsatz umgebauter Burgen und einiger besonders exponierter Klöster ist der Waffenspeicher »Zeughaus«. Das hier folgende Schema zeigt die Waffenspeicher des Spätmittelalters »Rüstkammer« und der frühen Neuzeit »Zeughaus« mit ihrem jeweiligen Status, der von der Bauherrenseite bzw. von der Besitzer- und Betreiberseite her festgelegt ist. Nur wer das »Jus Armorum« oder das Recht auf »Usus Armorum publicus« besaß, konnte als Oberster Zeugherr auftreten. Das Recht auf Bau und Einrichtung von solchen Waffenspeichern besaßen allein die Fürsten und die Städte; es handelte sich also um die »Jura Majestica«, welche nur diejenigen besaßen, die über das »Jure Territoriali« in ihren Landen verfügten — wie es F. P. Florinus in seinem »Haus= Vater« von 1705 so treffend formulierte.[25] Rüstkammern im Sinne von Privatwaffendepots Einzelner gab es zu jeder Zeit. Sie lassen sich im Altertum und besonders im Mittelalter vor der Einführung von Feuerwaffen nachweisen. Nach Einführung der Feuerwaffen findet man sie noch lange Zeiten als Waffendepositorien Einzelner im Privatbereich. Bei adeligen und fürstlichen Rüstkammern spricht man deshalb ganz gezielt von Leibrüstkammern. Florinus billigte generell allen Waffenträgern, die ihre persönlichen Waffen und Rüstungen nur

»zu ihrer Defension, wie auch zur Zierd und Ergoetzung gebrauchen koennen«,

kleine, privatime Rüstkammern zu.[26] Man unterscheidet zweckmäßigerweise Weltliche von Geistlichen Rüstkammern, also die Waffenlager des freien Bürgers, der Angehörigen des Adels, der Regenten von denen der Bischöfe und Äbte.

Ausgehend vom Gebäudetypus Zeughaus mit der meist eingewölbten Geschützhalle als Hauptcharakteristikum unterscheidet man die gesellschaftlichen Waffenspeicher, nämlich die städtisch-bürgerlichen Zeughäuser, von den besonders in der Schweiz noch z. T. in Diensten stehenden Kantonalen Zeughäusern bzw. den in Österreich einst so benannten Landschaftlichen Zeughäusern von den Fürstlich-Adeligen Zeughäusern. Letztere sind in die Weltlichen Zeughäuser und die Geistlichen Zeughäuser, erstere wiederum in Kaiserliche, Königliche, Herzogliche, Gräfliche

Zeughäuser, letztere in Bischöfliche und Klösterliche bzw. Stiftische Zeughäuser einzuteilen. Unter europäischem Aspekt müssen noch die Päpstlichen Zeughäuser genannt werden, da der Papst als weltliches Oberhaupt des Vatikanstaates wie als Oberhaupt der Römisch-Katholischen Kirche schon sehr früh eigene artilleriebezogene Wehrbauten und damit auch Waffenspeicher errichten ließ und unterhielt.[27] Eine eigene Rubrik in dem Schema nehmen die auf nationaler Basis besonders im 19. Jh. meist als industrielle Komplexe geschaffenen Arsenale ein.[28]

9.3 Plazierung der Zeughäuser

Kaiser Maximilian I. (1459-1519) stellte schon früh eine neue Zeugordnung in den Mittelpunkt seiner zahlreichen militärischen Vorhaben zum Schutze des riesigen Reiches. Er verordnete Zeughäuser, deren Lagepositionen im Land nach strategischen Gesichtspunkten ausgewählt wurden. Unter ähnlichen strategischen Überlegungen waren im 16. Jh. die sächsischen Zeughäuser verteilt.[29] Hier soll die Lageposition der Zeughäuser in Stadt und Festung näher untersucht werden. In Johann Heinrich Zedlers Universal-Lexicon von 1732-1754 werden vier Kriterien zur Beurteilung für einen Zeugbau genannt:

◆ Lage ◆ Struktur ◆ Disposition ◆ »Nettigkeit«.

Ich habe in der folgenden Abbildung die Lagepositionen der Zeughäuser in Stadt und Festung nach den Befunden und dem mir zugänglichen Planmaterial zusammengefaßt.[30] Das Zeughaus war jahrhundertelang Mittelpunkt der Rüstungsanstrengung. Hier am Ort der Waffenausgabe fand die aktive Mobilmachung statt. Während zahlreiche relativ nüchterne Zeughäuser des 16. und 17. Jh. auch noch im 18. Jh. beibehalten werden, wird der Zeughausneubau des Barock wie in Mainz, Magdeburg, Mannheim, Karlsruhe, Ludwigsburg, Berlin u. s. w. mehr und mehr Bestandteil des höfischen Zeremoniells eines Fürsten oder Fürstbischofs, der seine Residenzstadt in ganzen Quartieren, Straßenzügen, Plätzen, oftmals im gesamten Grundriß nach einheitlichen Schemata planen und ausführen ließ. Zeughäuser wurden stilgerecht in die fürstlichen Architekturvorstellungen im »Dienste der Herrscherapotheose« und der »REPRESENTATIO« eingebunden.[31] Erst nach der Französi-

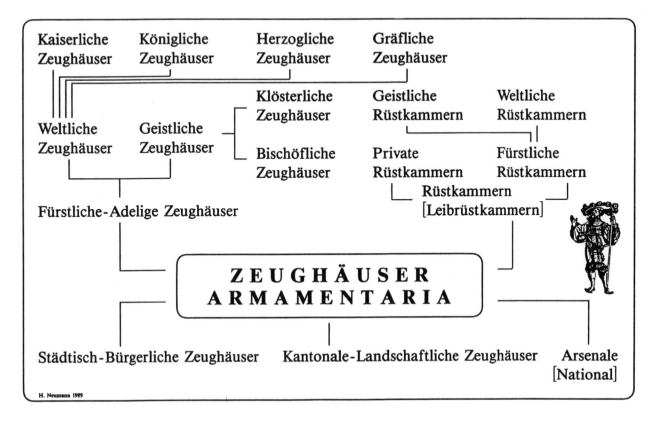

Zeughäuser – Lagepositionen

1. Stadt

1.1 Stadtmitte [Schloß-, Markt-, Rathauskomplex]
1.2 Am Wall
1.3 An sonstigen Orten ohne militärische und repräsentative Absicht

2. Festung

2.1 Am Wall   2.2 Gebäudekomplex   2.3 Teil des Schlosses
2.4 Separatgebäude

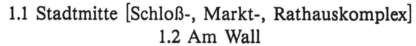

H. Neumann

schen Revolution wandelt sich diese Auffassung und führt mit dem 19. Jh. zu anderen Strukturen, die auf Repräsentation allerdings ebensowenig verzichten, wie noch auszuführen sein wird. Die Plazierung der Waffenspeicher wird in der Traktatliteratur, wenn überhaupt, dann nur kurz im Text angesprochen, kommt aber in den bildlichen Darstellungen von Ideal-, Muster- und Projektfestungen meist vor. Sämtliche herangezogenen Bücher handeln allerdings nur das Zeughaus in der befestigten Stadt ab; kein Autor geht auf die Lage etwa in spätmittelalterlichen Burgen, wehrhaften Schlössern, Höhenfestungen ein. Dort lassen sich auch schlecht Lagepositionen theoretisch begründen, weil auf die topographische Situation Rücksicht genommen werden mußte und eine Generalisierung somit nicht möglich war.

9.3.1 Plazierung in der Stadt

Einige Theoretiker der Militär- und Zivilarchitektur sollen hier zu diesem Thema zitiert werden:

Joseph Furttenbach (1591-1667): Architectura Martialis, Ulm 1630, S.14 [vgl. ABB. NR. 331.4]:

»... Zeughauß. Dessen aigentlicher Stand solte nit vnbillich in dem mittel der Statt sein/damit man von demselbigen auß/gar fueglich an alle Ort gelangen/vnd die taeglich erfordernde Munition bald darauß abholen moechte. Wann aber ein Statt sehr groß sein solte/so wurde es die Notturfft erhaischen/zway dergleichen Zeughaeuser/vnnd nemblich das eine oben/das ander aber vnten in der Statt zuerbawen/damit also jedes seinen halben theil/vnd die zu negst bey ihm ligende oerter mit Munition versehen koende«.

Wendelin Schildknecht: Harmonia in Fortalitiis construendis, defendis & oppugnandis. Das ist Eine einstimmige, gründliche und außführliche ... Beschreibung Festungen zu bawen, Alten Stettin 16 52, Teil 1, S. 121:

»Das Rathauß/oder dargegen das Zeughauß/stehet am fueglichsten und beqvehmsten recht mitten auf dem Marckt=oder Sammelplatz/welches ins Vier Eck/und auff jeder Ecken mit einem runden oder 6=eckichten Thurn/und alles von starcken dicken festen Mauren erbawet sey«.

Georg Andreas Böckler (* zwischen 1617/1620 †1687): Manvale Architectvrae Militaris, oder Handbüchlein über die Fortification und Vestungs Bawkunst, 4 Teile in 2 Bänden, Franckfort a. M. 1659-60; Bd. 1, S. 126.[32]

»Die Zeughaeuser sollen nechst an dem Wall an den Gassen gebawet werden/damit man die beduerfftige Waffen vnd Geschuetz in Eyl auß denselbigen nehmen koenne/ingleichem sollen auch die andere Gebaeuwe worinn man die Munition/Pulver/Lunden/Granaten vnnd andere Fewerwercke verwahret/nit weit von dem Wall/vnnd derer an vnterschiedlichen Orthen auffgebauwet/fleissig vnd starck gewoelbt/inwendig getaeffelt/fuer Wasser vnd Fewer wol verwahret werden«.

Johann Georg Pasch: Florilegium fortificatorium tripartium, Oder Kurtze/leichte/iedoch gründliche Anweisung zu der ietzigen Zeit üblichen Krieges Bau=Kunst ..., Halla 1662, S. 196 f:

»Die Haeuser sind zweyerley; oeffentliche/als Kirchen/ Rathhaus/**Zeuch=Ruest=Proviant=Wacht=Haeuser**/ Zimmer=Hoff/und dergleichen/welche alle also anzuordnen/daß ein iegliches an seinen gebuehrlichen Ort zu liegen komme ... Die Zeughaeuser leget man in der naehesten Gassen an dem Walle/damit man die Munition und Geschuetze aus demselben geschwind zu Hand haben moege ... Die Proviant-Haeuser kan man an unterschiedlichen Oertern/wo man wil/disponiren ...«.

Leonhard Christoph Sturm (1669-1719): Architectura civili-militaris, Auspurg MDCCXIX, darin Nikolaus Goldmanns Text S. 25 zur Lagedisposition ABB. NR. 218:

»Davon ist zu mercken/daß in den gar grossen Staedten nicht ein einiges **Zeughauß** genugsam sey/sondern moegen nach den vier Winden/derer nicht weit von den Waellen vier oder mehr angegeben werden. Diese Gebaeude sollen jederzeit allein stehen/aber an jeder Seite moechte ein grosser Platz und mitten darinne ein grosser Hof wie ein Marckt=Platz angeleget werden ...«.

Hannß Friedrich von Fleming (1670-1733): Der Vollkommene Teutsche Soldat, Leipzig 1726, Kapitel »Von den Zeug=Haeusern« S. 431f:

»Die **Arsenale** und **Zeug=Haeuser** muessen nicht weit von dem Haupt=Wall inwendig der Festung erbauet seyn, damit man in Fall der Noth die Stuecke aus denselben bald zu Walle bringen, und von denselben wieder abfuehren koenne«.

Johann Friedrich Penther (1693-1749): Vierter Theil der ausfuehrlichen Anleitung zur Buergerlichen Bau=Kunst, Augspurg 1748, Bd. 4, S. 7:

»**Zeug=Hauser**, Zucht=Haeuser, Gefaengnisse bringt man dahin, wo sie nicht viel ins Gesicht fallen. Opern=Haeuser, Reit=Haeuser koennen in einer Residenz-Stadt nicht weit vom Schlosse liegen«.

Christian Ludwig Stieglitz (1756-1836): Encyklopaedie der Buergerlichen Baukunst, in welcher alle Faecher dieser Kunst nach alphabetischer Ordnung abgehandelt sind, Leipzig 1798, Teil 5, S. 558:

»Ein solches Gebaeude [gemeint ist das Zeughaus] muß an einem Ende der Stadt angelegt seyn, und allein stehn, und ringsherum freye Plaetze haben, damit man von allen Seiten hinein= und herausfahren kann. Diese freyen Plaetze müssen wieder mit einer Mauer umgeben seyn, die gegen die Hauptstraßen zu Thore hat, damit im noethigen Falle das Geschuetz sogleich von allen Seiten auf die Waelle der Stadt kann gefahren werden ...«.

Schildknecht, der seinen Traktat als der Stadt Stettin Ingenieur, Zeugmeister und Feldmesser schrieb, sieht den zentralen Markt- und Versammlungsplatz als den Standort des städtischen Zeughauses; das »Zeuchhaus« von Pasch soll am »gebuehrlichen Ort«, also nahe am Wall stehen, wie es auch Böckler in seinem wegen des Formates quer — 12° gedruckten Manuale fordert, um das Material ungehindert auf den Wallgassen an alle gewünschten Orte des Festungsumzugs zu bringen. Ähnlich argumentierte auch Johann Friedrich v. Fleming im Traktat »Vollkommener Teutscher Soldat« von 1726.[33] Das Zeughaus von Ravensburg ist ein solches Beispiel,[34] während das Zeughaus von Zweibrücken zu Beginn des 17. Jh. ganz unverständlich außerhalb der Stadtmauer, aber an diese mit einer Langseite angelehnt nachzuweisen ist.[35] Penther sieht Gefängnisse, Zuchthäuser und Zeughäuser als verwandte Bauten an, die man im Gegensatz zu Opernhäusern und Reithallen aus dem Blickfeld der Bürger und Besucher herausnehmen soll! Der Autor führt dieses stadtästhetische Argument leider nicht weiter aus. Er sieht im Zeughaus offenbar nur ein Gebäude zwingender Notwendigkeit rein funktional. Im Jahr der Französischen Revolution stellt Stieglitz in seinem Handbuch für »Staatswirthe, Baumeister und Landwirthe« sein Zeughaus einsam auf einen freien Platz. Das ummauerte Areal soll aber über ein Gittertor mit der Hauptstraße in Verbindung stehen, damit eine rasche Positionierung des Geschützes auf den Wällen der Stadt gegeben ist.

In der Praxis sind neben solchen meist überzeugenden Argumenten auch andere Gründe für die Lagepositionen von Waffenspeichern ausschlaggebend gewesen. So liegt das städtische Zeughaus Wien auf dem Boden eines früheren jüdischen Schächthauses, welches nach einem Progrom im 15. Jh. verschwand. Es war also »frevelhafter« Boden, den niemand haben wollte, so daß dort nur das Waffendepot erstehen konnte. Die große künstlerische Ausgestaltung des Bürgerlichen Zeughauses fand erst im 18. Jh. nach den Siegen gegen die Türken statt, als keiner mehr an die alte Bedeutung des Ortes dachte.[36]

Daß auch später bei einem schon vorhandenen Zeughausbau die Umgebung an dieses angepaßt wurde, zeigt das Beispiel Berlin. Die hervorragende städtebauliche Bedeutung erkennend hat man das palastartige Zeughaus in die z. T. viel später entstehende Gebäudegruppe der Prachtstraße »Unter den Linden« mit Schloß, Marstall, Neuer Wache usw. als Teil des Repräsentations-Ensembles aufgenommen, wie Laurenz Demps jüngst ausgearbeitet hat.[37] Auf die Anpassung des Neuen Zeughauses *1738-41 in Mainz an die fürstbischöflichen Bauten ist oben schon hingewiesen. Diese Positionierung war aber auch bestimmt durch den schützenden Fluß, der zum günstigen Rüstzeugtransport

63

per Schiff diente, und dem gegenüberliegenden Brückenkopf Kastel sowie der unmittelbaren Nähe des Alten Zeughauses *1603/04, welches seine Urfunktionen behielt. Das »Flußargument« gibt es sonst für Deutschland nicht. Es spielte aber in Frankreich und Belgien eine große Rolle. So liegt das Musterbeispiel eines französischen Landarsenals, auf Befehl von Vauban 1692/1693 in der Großfestung Namur errichtet, unmittelbar am Fluß. Der 100 m lange und 15 m breite Bau ist nach der Restaurierung 1982 in hervorragendem Zustand. Vgl. ABB. NR. 260-263.[38] Analoge Positionen haben bzw. hatten die französischen Arsenale in den Festungsstädten Tournai a. d. Escaut, Douai a. d. Scarpe, Maubeuge a. d. Sambre, Toul und Thionville a. d. Mosel, Straßburg a. d. Ill, Auxonne a. d. Petite Saône.

9.3.2 Plazierung in der Festung

Die eben skizzierten Plazierungen des Zeughauses in der Stadt gelten in den meisten Fällen für die befestigte Stadt der Frühen Neuzeit, die Festungsstadt in der Ebene. Bei in der Niederung liegenden Burgen bzw. wehrhaften Schlössern brauchte man ein Zeughaus nur einfach in den zur Erweiterung der Defensionsanlagen eingezogenen Landgürtel hineinzubauen, wie das etwa bei Burg Loevestein an der Waal geschah, nachdem diese durch ein bastioniertes Pentagon den neuzeitlichen Gegebenheiten der Artillerieverteidigung baulich angepaßt war. In den wenigen unbefestigten Städten, zumeist offenen Bergstädten mit Sonderrechten seit ihrer Gründung, gab es keine Zeughäuser, es sei denn, daß es sich um ausgesprochene Garnisonstädte handelte, die mit dem »stehenden Heer« entstanden.[39] Problemhaft, wie oben schon angesprochen, war die Lage der Zeughäuser aber in Höhenburgen, wehrhaften Bergschlössern und Höhenfestungen. Den Vorteil der Überhöhung der Umgebung mußte man gegen die natürlichen, meist einengenden Gegebenheiten der Höhenlage aufrechnen. Da, wo aus strategischen oder symbolischen Gründen die Anlagen nicht aufgegeben werden konnten, wurden die natürlichen Gegebenheiten zu Gunsten einer auf dem Reißbrett konstruierten Topographie dahingehend verändert, daß z. B. durch Geländeanschüttungen zusätzlicher Raum geschaffen wurde, neue Befestigungsringe um die Kernanlage, die mehr und mehr Donjoncharakter erhielt, zu ziehen. Für diese ringartige Erweiterung sind die Höhenburgen bzw. Höhenfestungen von Spangenberg,[40] Hochburg bei Emmendingen,[41] Breuberg i. O., Marienberg über Würzburg mit ihren in den Erweiterungen entstandenen Zeughäusern beispielhaft. ABB. NR.92 läßt den von der Natur her vorhanden Höhenrücken trotz der ausgedehnten Bebauung noch erkennen. Am höchsten Punkt über dem Main haben einst die Burganlagen unterschiedlichster Zeiten gestanden, symbolisiert durch den auf dem Foto deutlich erkennbaren Bergfried. Teil des mittelalterlichen Berings sind Graben und Mauern nebst der Doppelturmtoranlage genannt Scherenbergtor, welches ebenfalls deutlich zu erkennen ist. Links daneben der Kiliansturm. Ausbauten zum festen Höhenschloß der Renaissance sind durch mächtige einen Binnenhof umschließende Großbauten erkenntlich, darunter das mit ›3‹ gekennzeichnete Alte Zeughaus *1477/80. Weitere Ausbaustufen, die abgetreppt und unter Erdanschüttung entlang des Bergrückens nach Westen zur Artillerieverteidigung gebaut wurden, umschließen das Neue Zeughaus *1702/12 ›1‹ und ›2‹, welches mit seinen zwei Flügeln neben der Speicherfunktion für Waffen und Wein eine deutliche fortifikatorische Sperrfunktion hatte.[42] Die Burganlage Breuberg im Odenwald wurde sogar zweimal zur Festung erweitert und hat in jeder Erweiterung ein eigenes Zeughaus. So liegt das Wertheimer Zeughaus in einem Nutzbauensemble der 1. Hälfte des 16. Jh. unmittelbar an der Umfassungsmauer der inneren Vorburg mit Ställen, Wegehalle, Eingangsbau, während das Erbacher Zeughaus frei auf der Anschüttung damals weit außerhalb des Schußbereiches steht.[43] Das Obere Zeughaus ›P‹ und das Untere Zeughaus ›M‹ der Festung Aarburg [ABB. NR. 88.1+2] liegen in der Mitte der langgestreckten Höhenfestung am sichersten Ort zwischen Tal- und Bergfronten, letzteres unmittelbar am Hochwerk, einer fortifikatorisch zur Abschnittsbildung ausgenutzten Geländestufe quer durch die Festung. Es ist genau die Stelle, die ein wegen der beidseitigen Steilabhänge nur von der Tal- oder Bergseite hervordringender Feind zu allerletzt hätte einnehmen müssen.[44] Mit einer »Schildmauerfunktion« ist auch der multifunktionale Zeughaustrakt der heute ruinösen Bergfestung Rothenberg *1729 ff versehen. ABB. NR.91.1+2 zeigen den Lageplan und ein aktuelles Luftbild, auf denen der Zeughaustrakt mit ›J‹ gekennzeichnet ist. Er teilt die Festung deutlich in zwei Verteidigungsabschnitte. Die mittlere Durchfahrt war im Ernstfall bei feindlichem Sturm rasch zu schließen. Das Zeughaus der Festung Willibaldsburg über Eichstätt [ABB. NR. 89.1+2] konnte über exakt regelmäßigem Rechteckgrundriß erbaut werden, weil sich ein Abschnitt einer langen Wehrmauer anbot, von innen mit dem kürzeren Waffenspeicher bebaut zu werden. Das in der Fachliteratur immer wieder gelobte Arsenal der Höhenfestung Mont-Royal über der Moselstadt Traben-Trarbach [ABB. NR. 90 [Pfeil]][45] konnte — wie die Ansichten aus dem Artillerietraktat von Surirey de Saint-Remy von 1741 ABB. NR. 42+43 zeigen, extrem regelmäßig gebaut werden, weil die Fortifikation auf dem Berg eine so riesige Ausdehnung hatte, daß ebener Platz genug für das Arsenal vorhanden war. Zur pentagonalen Kernfestung des Mont-Royal gehörten neben dem Zeughaus Back-, Schlachthäuser, Küchen, Mühlen, 3 Pulvermagazine, 22 Kasernen für insgesamt 4000 Mann, 2 Offiziershäuser, 5 Zisternen, über 100 projektierte Privathäuser, Straßen, Plätze usw. Platz genug war auch auf dem Tafelberg über dem Städtchen Königstein in der Sächsischen Schweiz, wo innerhalb des durch den senkrechten Felsabhang des Berges vorgegebenen Tracés der Festung Königstein für die Zeughäuser und zahlreiche andere Bauten genug Platz vorhanden war, wie das die Luftaufnahme ABB. NR. 82 deutlich zeigt. Oft gab es keinerlei Erweiterungsmöglichkeit in Bergfestungen, so daß die Zeughäuser — wie auch andere Gebäude — an oder auf älteren Umfassungsmauern errichtet wurden und damit ihre Grundrisse vom Rechteck mehr oder weniger abwichen und unregelmäßig wurden.[46] In den meisten Fällen aber adaptierte man vorhandene Gebäude.

9.3.3 Plazierung in Zitadellen

»Citadella« bedeutet im Italienischen soviel wie »Kleine Stadt«. Im Militärbauwesen ist die Zitadelle eine Festung besonderer Art. Man kann sie, wenn sie an eine Stadtfestung angebunden ist, als Kernwerk der Gesamtfestung bezeichnen, als letzten Rückzugsort, waffentechnisch und bautechnisch stärkstes Propugnaculum mit selbständigen, in sich geschlossenen, artilleriebezogenen Verteidigungsanlagen. In bester Lage erbaut, dominiert sie in allen Fällen die eigene Stadt, von der sie stets durch eine Esplanade getrennt ist. Zitadellen hatten die Aufgabe, sich möglichst lange bei Überfällen und Belagerungen autark zu behaupten. In ihnen symbolisiert sich aber nicht nur die militärische Macht, sondern sehr oft auch der weltliche Anspruch eines Herrschers. Gerade in der Frühen Neuzeit begegnet man oft Zitadellen vom Typus des »Palazzo in Fortezza«. Es gibt drei-, vier-, fünf-, sechs- und mehreckige Grundrißformen. Bei ihrer Konzeption gingen die Baumeister auch von Vorstellungen des idealen Bauens und der idealen Stadtplanung aus, so daß wir zumeist extrem reguläre Zitadellen finden. Wenn das Mauergeviert in einer quadratischen bzw. rechteckigen Zitadelle wie in Jülich bzw. Spandau oder das Wallpentagon in einer Zitadelle wie Lille und Arras reguläre Linienführungen aufweist, dann gilt das auch für die Regularität der Gebäudedispositionen im Zitadelleninneren. Ob ein Schloß zentrisch zum Wallgeviert liegt wie in Jülich, oder sich im Mittelpunkt ein großer freier Platz befindet, um den herum die Bebauung gruppiert ist wie in Arras und Lille, dem Zeughaus kommt in jedem Falle eine hohe Bedeutung und damit ein besonderer Platz zu. In der hexagonalen Zitadelle, die M. v. Welsch 1730 für seinen noch unveröffentlichten Fortifikationstraktat konzipierte, liegt der Zeughaus- bzw. Arsenal ›E‹ wie es ABB. NR. 95 zeigt, als Gebäudekomplex vor einem Innenwall. In der Mitte der Zitadelle befindet sich ein weiter Paradeplatz, auf den Baumalleen zuführen. Das Zeughaus in der Zitadelle Jülich lag am Innenwall allerdings so dicht, daß man aus dem Obergeschoß direkt auf den Wallgang treten konnte. Vgl. ABB. NR. 96. Altes wie Neues Zeughaus in der Zitadelle Spandau haben ihre Lage an bzw. vor einem Innenwall [ABB. NR. 101.1+2]; die Zitadellen von Dömitz [ABB. NR. 100.1+2], Kiel/Friedrichsort [ABB. NR. 102], Arras [ABB. NR. 105], Lille [ABB. NR. 104.1+2] usw. sind sämtlich Zitadellenzeughäuser über regulären Grundrissen. Die Vierflügelanlage in der Zitadelle Arras ist das bedeutendste Bauwerk und liegt streng symmetrisch zur Hauptachse vor der SW-Bastion. Die Dimensionierung der Zeughäuser in Zitadellen und die Gestaltung des Äußeren war stets abhängig von den taktischen und repräsentativ-politischen Aufgaben zur Zeit ihrer Entstehung. Jedes Zitadellenzeughaus hat bei all den Gemeinsamkeiten des Bautyps doch seine individuelle Bau- und Kunstgeschichte.

Die Lagepositionen der Zeughäuser in den Idealplänen und theoretischen Werken von Dürer, Specklin, Furttenbach, Sturm u. a. soll in einem folgenden Kapitel abgehandelt werden.[47]

9.4 Exkurs: Das Jagdzeughaus[48]

Die Hohe Jagd war jahrhundertelang Privileg der Fürsten und des Adels und diente vornehmlich dem Vergnügen. Es gab die hohe Jagdleistung und »massenhaftes« Jagen als gesellschaftliches, höfisches Ereignis, welches festlich begangen wurde und daher stets einem Zeremoniell unterlag. Die verschiedenen Jagdrequisiten und das Jagdzeug wurde in Jagdkammern deponiert, um eine große geladene Jagdgesellschaft ausrüsten zu können. Die Fürsten besaßen auch ihre Leibjagdkammern mit den persönlichen oft besonders reichen und künstlerisch hochwertigen, streckenweise verschwenderischen Requisiten an Jagdwaffen, Jagdutensilien, Jagdschmuck usw. Bald schon waren die verschiedenen Jagdkammern räumlich zu klein, so daß regelrechte Zeughäuser, die auch Jagdhöfe genannt wurden,[49] errichtet werden mußten. Als Nebengebäude entstanden Hundeställe und Wagenremisen. Man lagerte alles das ein, was an Gerätschaften mit der Jagd zu tun hatte, und das war landschaftlich und zeitlich oft ganz unterschiedlich: Wolfszeug, Hasennetze, Vogelfangnetze, Jagdlappen, Jagdwaffen, Fuhrwerke, Bärenfangkästen, Schlitten, Werkzeuge usw., aber auch Heu für die winterliche Wildfütterung. Das Jagdzeughaus hat mit dem militärischen Waffenzeughaus die Gemeinsamkeit von der Funktion her, denn beide sind Speicherbauten. Es gibt aber keine typologische Reihe. Die Bauten sind in unterschiedlichster Auslegung in der Dimensionierung und Ausstattung nachweisbar. Sie sind besonders zahlreich im Zeitalter des Barock, wo das Jagen hochgeschätzter Teil des höfischen Lebens war. Jagdkammern findet man deshalb in beinah jedem Schloß und adeligen Landsitz, besonders natürlich in zu diesem Zwecke gebauten Jagdschlössern.[50]

Es sind nur wenige, sämtlich stark überbaute Jagdzeughäuser erhalten. Einige der wichtigsten Bauten werden hier neben Hinweisen auf eine Reihe von berühmten heute musealen Sammlungen, die aus ehemaligen Jagdkammer- und Jagdzeughausbeständen hervorgingen, genannt:

JAGDZEUGHÄUSER

- Jagdzeughaus Bamberg, Siechenstraße 75, * 1737/38 durch Hofbaumeister Justus Heinrich Dientzenhofer nach Plänen von Johann Jacob Michael Küchel für Fürstbischof Friedrich Karl von Schönborn; Großer Wappenstein über dem Hauptportal von Bildhauer Johann Heinrich Bayer; von 1821-1901 Kavallerie-Reitschule, 1901-1918 Militärmagazin, heute Lagerräume. Projekt: Einrichtung eines Feuerwehrmuseums.[51]

- Jagdzeughaus im Elbsandsteingebirge, östlich des Schrammstein und südlich von Ottendorf gelegen. Das Gebäude liegt in einer Talweitung; stammt angeblich von 1642; es war Wohnort und Lager der kurfürstlichen Jagdknechte und Zeichenschläger sowie des Jagdzeugs; mehrfach um- und ausgebaut; lange Zeit gastronomische Nutzung; heute Ferienlager.

- Das Jagdzeughaus Karlsruhe, Kaiserstr. 6, erbaut 1779 durch Wilhelm Jeremias Müller; einheitliche Baugruppe aus drei Gebäuden, die den Jagdzeughof einschließen. Hauptbau ist ein zweigeschossiger, langgestreckter Baukörper mit Mansarddach und Mittelrisalit mit Uhrenturm. Dieser bildet mit zwei Pavillons und einem in Eisengitter zur Straße gesetzten Portal den Jagdzeughof. 1944 stark zerstört; 1955 ff in den äußeren Formen aufgebaut, wie es ABB. NR. 112+437 zeigen. Nutzer ist die Universität Karlsruhe.

- Jagdzeughaus Kassel-Waldau. Die KDM von 1910 beschreiben das erhaltene landgräfliche Jagdzeughaus als »scheunenartiges Gebäude«.[52] Es wird seit Jahren als Fachgeschäft für Tapeten genutzt. Das Fachwerk ist in gutem Zustand. Das langgestreckte einflügelige Gebäude hat zwei Reihen charakteristischer Luken im Satteldach. Das Gebäude ist eingeschossig. Im Inneren tragen zwei Reihen schmuckloser hölzerner Stützen den Dachstuhl. In den beiden Schmalseiten sind die Einfahrtstore. Es fehlen weitere baugeschichtliche Daten.

- Jagdkammer der Äbte von Kloster Kremsmünster.[53]

- Jagdzeughaus Rastatt, Engelstr. 31, 1760/70 erbautes markgräfliches Jagdzeughaus, dann Militärspital; seit 1834-1972 Georg-Augusta-Viktoria-Armen-Erziehungshaus; Renovation 1969; heutige Nutzer Polizei und Wasserwirtschaftsamt. Zweigeschossiger Putzwerksteinbau mit Mansarddach, vierachsigem Mittelrisalit mit Dreieckgiebel und Dachreiter, je siebenachsige Seitentrakte.

- Fürstbischöfliches Jagdzeughaus Würzburg, Zellerstr. 315, vollendet 1724 nach Bauplänen von Balthasar Neumann, heutiger Nutzer ist die Flurbereinigungsdirektion. Auf ABB. NR. 145 erkennt man den besonders wertvollen Aufbau des ehemaligen Hauptportals mit Diana vor einem Waldrelief, flankiert von über toskanischen Pilastern ruhendem Wildschwein und Hirsch. Die Göttin der Tiere steht auf einem mit Hörnern versehenen Sockel. Sie ist in Tierfelle eingehüllt, trägt einen Köcher mit Pfeilen auf dem Rücken und einen Bogen in ihrer Rechten. Der Entwurf stammt von Clemens Lünenschloß, die Ausführung i. J. 1723 ist Claude Curé (†1745) zugeschrieben.

JAGDMUSEEN

- Hessischer Jägerhof Kranichstein/Darmstadt, Wolfskehlerstr. 130. 1690 erweiterte Ernst Ludwig von Hessen-Darmstadt das 1572-1578 durch Landgraf Georg I. von Hessen-Darmstadt erbaute Jagdschloß Kranichstein durch ein ›Hunting Arsenal‹. Das heutige dortige Jagdmuseum besitzt eine wichtige erst 1917 vom letzten Hessischen Großherzog durch Zusammenziehung seiner Bestände aus allen seinen Jagdschlössern begründete Sammlung von Jagdwaffen aus vier Jahrhunderten. Das eigentliche Jagdzeughaus ist stark überbaut und mit neuen Eingängen für Wohnzwecke eingerichtet. Nur ein Raum ist museal mit Ausstellungsobjekten mehrheitlich anderer Provenienz eingerichtet.[54]

- Wiener Hofjagdkammer. Das erste Inventar stammt von 1785, die Bestände befinden sich heute in den Sammlungen des Kunsthistorischen Museums Wien.

- Bad Wildungen. Militär- und Jagdabteilung der Staatlichen Kunstsammlungen Kassel mit dem fast vollständigem Bestand aus den ehemaligen Jagdkammern des Hessisch-Kasselschen Fürstenhauses im von 1663-1714 entstandenen Schloß Friedrichstein.[55]

- Herzogliche Jagdkammer im Württenbergischen Landesmuseum Stuttgart, Altes Schloß, mit u. a. über 400 Gewehren;

- Deutsches Jagdmuseum München.[56]

- Schloß Neuenhof — heute als Jagdmuseum des Germanischen Nationalmuseums Nürnberg eingerichtet.

- Schloß Clemenswerth in Sögel als Jagdschloß von Kurfürst Clemens-August erbaut.

ANMERKUNGEN:

[1] Vgl. J. Furttenbach: Architectura Martialis, Ulm 1630, S. 11.

[2] Vgl. J. Furttenbach: Paß Verwahrung, Augspurg 1651, S. 2. Er unterschied in seinen Architekturbüchern die Bauaufgaben von arch. mil. et arch. civ. von der »dritten« Architektur, der architectura navalis. — Auch die Kornspeicher rechnet Furttenbach ebenda zur gemeinsamen Aufgabe beider Architekturen: »Noch kommen billich dazu die publique Korn=und Proviant=Haeuser/ob sie schon nicht allein eine Art solcher Militaer-Gebaeude sind/sondern auch ausser diesem Gebrauch von guter Obrigkeiten unterhalten werden/damit wo Theurung einfaellet/durch den darauf gesammelten Vorrath der Boßheit der Korn=Schinder/und der Nothdurff der Armuth liebreiche Vorsorge geschehe«.

[3] Vgl. L. Chr. Sturm: Architectura Civili-Militaris. Oder Vollstaendige Anweisung / ..., Augspurg Anno MDCCXIX, Vorrede.

[4] Vgl. U. Schütte: Die Lehre von den Gebäudetypen, in: Architekt & Ingenieur, Ausstellungskatalog HAB 1984, S. 156-262, hier S. 156.

[5] Vgl. L. Chr. Sturm: Prodromus architecturae Goldmannianae, oder Getreue und gründliche Anweisung... zu der Civil-Bau-Kunst, 1714, S. 20.

[6] Vgl. L. Chr. Sturm, Sammelband i. d. HAB Wolfenbüttel, Signatur Uf 4°125, Vorwort.

[7] Eine ähnliche Idée Général gab J. R. Fäsch auch seinem Buch: Kurtze, jedoch grund=und deutliche Anfangs=Gruende zu der Fortification, 1725, bei. Vgl. H. Neumann: Festungbaukunst und Festungsbautechnik in Deutschland (16.-20.Jh.), in: Eine Zukunft für unsere Vergangenheit, 1981, S. 51. Dort liegen zwei Vierflügelanlagen nebeneinander im Süden der Stadt, jedoch auch unmittelbar an der Wallgasse. Das Zeughaus in der Zitadelle ist trapezförmig durch das auch in der Zitadellenbebauung aufgenommene Hexagon der Zitadelle.

[8] Synopsen aus mehreren bastionären Fronten waren sehr beliebt. Hier zwei Beispiele der 1. Hälfte des 18. Jh., die aber keine Gebäudetypen darstellen:
a) SPECULUM ARCHITECTURAE MILITARIS oder Eigendlicher Prospect der heutigen Befestigungs=Art, nach Anweisung der Zwantzig berühmster Baumeister in Europa, Kupferstich im Großformat 49 x 56 cm; H. Neumann, Architekt & Ingenieur, 1984, Nr. 235, abgebildet in Wolfenbütteler Bibliotheksinformationen Nr.1 (1984), S. 6/7.
b) ARCHITECTURAE MILITARIS SYNOPSIS VOLLSTAENDIGER ENTWURF der INGENIEUR KUNST; 57,6 x 48,7 cm; mit 39 Manieren; in H. Neumann: Festungsbaukunst und Festungsbautechnik, 1988, S.181.

[9] Vgl. J. R. Fäsch, Lexikon, 1726, Tab. III.

[10] Vgl. H. Neumann: Reißbrett und Kanonendonner. Festungstädte der Neuzeit, in: Klar und Lichtvoll wie eine Regel — Planstädte der Neuzeit, Begleitband zur gleichnamigen Ausstellung des Badischen Landesmuseums Karlsruhe 1990, S. 51-76.

[11] Es lassen sich retroperspektiv gewichtige Nachteile für »Reißbrettstädte« feststellen, so u. a.:
♦ Uniformität und Hierarchie ♦ Repressionsfunktionen der Fortifikation nach Innen und Außen ♦ Hemmung der Entfaltungs- und Entwicklungsmöglichkeiten für die Bürger ♦ Fortifikatorische Starrheit durch die baulichen Superstrukturen ♦ keine Siedlungstradition ♦ »Regelbauten«, Typisierung, »Normung« ♦ Schnelles Veralten der Gesamtanlage ... Vgl. Kapitel 17, Anmerkung 13.

[12] Martius, a. a. O. S. 258.

[13] Martius, ebenda, S. 260.

[14] Penther, a. a. O., Bd. 4, S. 8.

[15] Penther, ebenda, Bd. 4, S. 7. Penther (1693-1749) war Kgl. Großbritannischer Rat und Professor der Georg-August-Universität Göttingen und Oberbauinspektor. Er war ein Hauptvertreter der sich im 18. Jh. entfaltenden »Buergerliche Baukunst«. Man vergleiche den Langtitel von Bd. 4 im Literaturverzeichnis A.

[16] L. J. D. Suckow, a. a. O., 31781, 8, S. 3.

[17] Vgl. J. Blondel: Cours D'Architecture, 6 Teile in 2 Bdn, Paris 1675-1683; darin jedoch nichts zum Zeughaus.

[18] Vgl. F. Milizia: Grundsätze der bürgerlichen Baukunst, 1. Buch Von der Zierlichkeit, 2. Buch Vom Ebenmaße oder der Symmetrie, 3. Buch Von der Wohlgereimtheit oder Eurythmie, 4. Buch Von dem Schicklichen oder der Convenienz, Leipzig 1784-1786.

[19] Milizia, ebenda, Bd. 2, S. 166, 4; leider o. Abb.

[20] Vgl. E. Spohr: Düsseldorf Stadt und Festung, ²1979, S. 473-475.

[21] Stadtplanungs- und Vermessungsamt Minden/Landeskonservator Münster: Faltblatt Baudenkmäler und Denkmalschutzzonen Minden 1977. Darin auch die Gebäude St.Johannis-Kirche 1824 vom Landwehrzeughaus umgebaut, der Artillerie-Zeughof von 1820 in der Königstr. 13 und das ehemals armierte Wagenhaus Nr. 2 am Simeonsplatz Nr. 21 von 1854.

[22] Vgl. das ortsalphabetische Bautenverzeichnis im Anhang.

[23] Vgl. J. F. Penther: Buergerliche Bau=Kunst, T. 4, 1748, S. 70.

[24] Zeughäuser in nichtbefestigten oder entfestigten Orten waren meist Garnisonstädte. Im Ernstfall mußte die Garnison ausgerüstet werden. Als Beispiel einer ganzen Kette solche Zeughäuser nenne ich die unter Kurfürst Johann Philipp v. Schönborn (1647-1673) innerhalb seiner Heeresorganisation für das mainzische Territorium neben dem Hauptzeughaus in der Zitadelle Mainz errichteten Waffenspeicher Königstein, Höchst am Main, Starkenburg bei Heppenheim a. d. Bergstraße, Gernsheim, Lahnstein, Lahneck, Bingen für alle Waffen, Munition und Geschütz. Für letzteres existiert ein erzstiftisches Artillerie-Inventar. Dazu F. P. Kahlenberg: Kurmainzische Verteidigungseinrichtungen und Baugeschichte der Festung Mainz im 17. und 18. Jh., 1963, S. 59. Oberaufsicht führte der Obristzeugmeister des Erzstiftes, vor Ort betreuten Zeugmeister die Inventare.

[25] Vgl. F. Ph. Florini: Kluger und rechtsverständiger Haus=Vater, ed. 1705, S. 142 f, 465.

[26] Ebenda.

[27] So wird z. B. der heutige Besucher der in einer pentagonalen Zitadelle stehenden Engelsburg in Rom im Hof des Engels [Cortile dell'Angelo] zahlreiche Kugelpyramiden aus Steinmunition finden und im Inneren eine bis in die Moderne reichende Waffensammlung, worunter der Artilleriesaal mit ältesten Geschützen, Zeughausmodellen und Zubehör hier besonders zu erwähnen ist. Vgl. C. D'Onofrio: Come visitare Castel S. Angelo nella storia di Roma e del Papato, 1980. — L. Santini: Die Engelsburg, [Führer] Roma 1982. — G. Angeletti: L'armeria storica di Castel Sant'Angelo, Guida, Roma 1991.

[28] Schon in der Frühen Neuzeit entstanden auch schon als »national« anzusprechende Zeughauskomplexe, wie in Innsbruck ab

1490, in Malaga ab 1497, in Medina del Campo ab 1495, in London ab ca. 1520, in Paris ab ca. 1550, in Turin ab 1570, in Mechelen ab 1591. Das Arsenal von Venedig entfaltete seine größten Aktivitäten im 16. Jh. Zum frühen Arsenalbetrieb zu Mechelen vgl. B. Roosens: Het arsenaal van Mechelen en de wapenhandel (1551-1567), in: Bijdragen tot de geschiedenis, 60. Jg., Nr. 3/4 (1977) S.175-247. Zum Arsenal in Turin sei auf die jüngste Festschrift von G. Amoretti verwiesen: L'Arsenale di Torino 1570-1981, Note Storiche, Torino 1981.

[29] Es handelt sich um die sächs. Zeughäuser in Dresden, Freiberg, Königstein, Leipzig, Magdeburg, Pirna, Senftenberg, Stolpen, Torgau, Wittenberg und Zwickau.

[30] Zur Analyse der Lageposition von Zeughäusern zieht man sämtliche bildlichen Darstellungen der jeweiligen Stadt bzw. Festung heran. Gerade für die Festungsstädte lassen sich nach Konsultation der internationalen Archive, Museen und Sammlungen Quellenwerke erarbeiten. Mein Katalog »Bildliche Darstellungen von Stadt und Festung Jülich« mit 586 Katalognummern-Vorlagen erschien als Bd. 5 der Reihe Architectura Militaris 1991. Ein analoger Katalog ist für die Historische Festungsstadt Wolfenbüttel v. Verf. in Bearbeitung. Ich bitte um Hinweise auf bildliche Darstellungen besonders in Privatsammlungen.

[31] S. Schrader hat sich in ihrer Untersuchung: Architektur der barocken Hoftheater in Deutschland, 1988, mit diesem Problem der hierarchisch geordneten Gebäudetypen auseinandergesetzt.

[32] Vgl. B. Vollmer: Die deutsche Palladio-Ausgabe, 1983, S. 143-145 und A 12.

[33] S. 431.

[34] Vgl. die Darstellung auf dem Stadtprospekt von Konrad Böckh von 1616, Reproduktion in A. Dreher: Geschichte der Reichsstadt Ravensburg, Bd. 1, 1972, Abb. 46.

[35] Vorsatzblatt in L. Molitor: Zweibrücken, Burg und Stadt vor den Zerstörungen des siebzehnten Jahrhunderts, 1879.

[36] Diesen Hinweis verdanke ich Dr. Rudolf Novak aus Wien. Vgl. W. Hummelberger: Das Bürgerliche Zeughaus, 1972, S. 34.

[37] Vgl. L. Demps: Die Neue Wache. Entstehung und Geschichte eines Bauwerkes, 1988.

[38] Vgl. den Ausstellungskatalog zur Eröffnung 1982: Namur, un arsenal parmi tant d'autres? hrsg. von Facultés Universitaires Notre-Dames de la Paix Namur. — Die Lage innerhalb der Gesamtfestung wird deutlich bei einem Blick in die durch den Militäringenieur Ludwigs XV. Larcher d'Aubancourt 1746 über einem Grundriß von 7 x 7 m gebauten Maquette. Original im Musée des Plans-Reliefs Paris. Abb.in J. André u.a.: Images de Namur, Namur 1983, S. 39.

[39] Vgl. Anmerkung 24.

[40] Vgl. Lageplan und Luftaufnahme der erst 1866 aufgehobenen Bergfestung in H. Neumann: Festungsbaukunst und Festungsbautechnik, 1988, S. 231.

[41] Lageplan und Luftaufnahme mit den markanten Entwicklungsstufen in drei Bauhorizonten ebenda S. 50 f.

[42] Der Südhang und Talgrund der Festung wurde durch den Maschikuliturm *1724-28 mit vier Feueretagen beherrscht. Er besaß als Artillerieturm zumindest zeitweise einen eigenen Waffen- und Munitionsvorrat. Vgl. M. v. Freeden: Festung Marienberg, 1982, und E. Kuhn: Festung Marienberg Würzburg, 1978. Foto u. Schnitt in H. Neumann, op. cit., S. 118.

[43] Das Wertheimer Zeughaus, heute Ruine, und das Erbacher Zeughaus, heute Scheune, auf ABB. NR. 81 mit W und E gekennzeichnet.

[44] Vgl. U. Merz: Zur Geschichte der Festung Aarburg, Denkschrift 1893, Taf. XI.

[45] Näheres in Kapitel 13.6.

[46] »Un des plus magnifiques de tous ceux qu'on a bâti dans les places du roy«, so B. Forest de Bélidor in seinem Traktat: La Science des Ingenieurs, 1729, Teil IV. über dieses Arsenal. Selbst Penther ist voll des Lobes in seiner »Bürgerlichen Baukunst« von 1748, § 269. — Über die Festung vgl. H. Vogts: KDM des Kreises Zell a. d. Mosel, 1938 mit ausführlichen Quellen- und Literaturangaben. Im Koblenzer Staatsarchiv liegen diverse Akten und Pläne, darunter Abt. 702, Nr. 8 Planaufnahmen von 1702, Nr. 2268 Gesamtplan von ca. 1697, Nr.585 Umgebungsplan.

[47] Kapitel 17.

[48] Eine baugeschichtliche Untersuchung zum Jagdzeughaus im deutschen Kulturraum gibt es meines Wissens nicht. Hier soll nur in Ergänzung der Abhandlung über das Zeughaus als Militärwaffenspeicher einige Hinweise auf das Zeughaus als Jagdwaffen- und Jagdzeugspeicher gegeben werden. Als Standardwerk unter der deutschsprachigen Jagdliteratur ist das zweibändige Werk des Oberforst- und Wildmeisters Johann Friedrich von Fleming zu nennen: Der Vollkommene Teutsche Jäger, Leipzig ^{1}1719-1723, ^{2}1749; Reprint Graz 1972. — Zu den einzelnen Jagdzeughäusern vgl. auch das Bautenverzeichnis.

[49] Vgl. zu den Jagdhöfen in Kirrbach, Hambrücken und Projekten U. Hassler: Die Baupolitik des Kardinals Damian Hugo v. Schönborn [reg. 1719-1743]. Landesplanung und profane Baumaßnahmen in den Jahren 1719-1743, 1985, S. 202-207.

[50] E. Hofmann: Jagdschloß Kranichstein, Darmstadt 1981.

[51] Vgl. Bauaufnahmen aus dem Jahr 1827, als das Jagdzeughaus Reithaus der Garnison Bamberg war, in A. Graf von und zu Egloffstein: Barocke Jagdkultur der Fürstbischöfe von Bamberg, 1984, S. 33.

[52] Vgl. KDM Regierungsbezirk Cassel Bd. IV 1910. — Ansicht und Schnitt im Denkmalbuch der Stadt Kassel. Gesamtanlage Ortskern Waldau, 1979, S. 13.

[53] Amt der oö. Landesregierung/Benediktinerstift Kremsmünster: 1200 Jahre Kremsmünster. Stiftsführer. Geschichte Kunstsammlungen Sternwarte, Linz 1977.

[54] Vgl. etwa innerhalb der Rüstkammer am sächsischen Hof die Jägerkammer, Spießkammer, Fangeisenkammer, Kammer für Armbrüste und Schießzeug u. a. Dazu E. Lieber: Verzeichnis der Inventare der Staatlichen Kunstsammlungen Dresden 1568-1945, 1979.

[55] Vgl. E. Link: Schloß Friedrichstein. Militär- und Jagdabteilung der Staatlichen Kunstsammlungen Kassel; Museumsführer, 1982.

[56] Vgl. Deutsches Jagdmuseum München. Reihe Museum Westermann Verlag, Braunschweig 1979.

10. Bauherren

»Zeughaeuser anlegen stehet niemand zu, als der krieges=volck zu halten befugt, weil das eine ohne das andere nicht seyn kan«,

so heißt es bei Johann Theodor Jablonski: Allgemeines LEXICON Der Kuenste und Wissenschaften, Leipzig 1721, S. 903. Diese lapidare Feststellung ist kurz vorher von Philipp Florin in seinem viel gelesenen Haus-Vatter von 1705 expliziert worden. Florin spricht von ›JUS ARMORUM‹ und ›USUS ARMORUM PUBLICUS‹ als dem Recht, Zeughäuser einzurichten. Dieses aber besitzen nur die fürstlichen Stände und die Städte. Er führt aus, daß dieses Recht:

»welches demnach niemanden/dann nur denenjenigen erlaubt ist/so die Jura Magistica haben/oder mit dem Jure Territoriali und hohen Regalien in ihrem Lande versehen sind,«[1]

nicht das allen Privatmenschen zuzusprechende ›USUS ARMORUM‹, also den Waffengebrauch nur zur Selbstverteidigung, ausschließt. Daraus folgt, daß Florin jedem Bürger das Recht auf seine ganz persönliche Leibrüstkammer zuspricht. Diese Auffassungen sind Teil der vielgelesenen Morallehre Florins, in der der höfische Absolutismus eine besondere Rolle spielt, denn der Hausvater ist auch der Landesvater, der Fürst. Und der war im 16. und besonders im 17. und 18. Jh. der größte Bauherr, der Mäzen aller Künste. Die Rolle des fürstlichen Bauherrn ist schon oft untersucht worden. Grundlage jeden Entwerfens, jeder Architektur sind ›RATIO‹ und ›INGENIUM‹. Frage ist also stets, ob der Fürst persönlich die jeweiligen Bauvorhaben initiierte oder ob sie ihm von »außen« empfohlen, gar aufgezwungen wurden. Natürlich orientierte sich der Fürst an den Baugepflogenheiten der standesgemäßen Schicht und der benachbarten oft noch verwandten Potentaten. Ein gewisses Programm war unumgänglich zur Sicherung des Status »Von Gottes Gnaden«. So steht an erster Stelle stets die Bauaufgabe ›Schloß‹ mit allen Variationen vom Residenzschloß bis zum Jagdschloß. Die zweite Frage ist, wie weit der Fürst persönlich in den Architekturentwurf korrigierend eingegriffen hat, ob er gar selber Entwurfsskizzen lieferte. Auf diese Frage kann man wohl nur von Objekt zu Objekt eine Antwort finden. Eigentlich sorgte die Kavaliererziehung als Teil der angestrebten universalen Bildung dafür, daß die Adeligen und zukünftigen Regenten in »beiden« Architekturen zumindest eingeführt wurden und auf den obligaten, oft mehrjährigen Bildungsreisen durch Europa, wichtige Bauten im Mittelpunkt des erzieherischen Interesses standen, darunter besonders auch Fortifikationsbauten und Zeughäuser.[2] Die stets neu gestellte Frage ist auch, wieweit der Regent vom ›bauwurmb‹ durchdrungen war, wie es mit der fürstlichen Schatulle stand, wer die unmittelbaren Bauberater, Hofbaumeister, die am Hofe tätigen Künstler waren. Gerade die Fürsten der höfisch-klerikalen Zeit des Barock waren bekanntlich vom Bauen begeistert, ja teils besessen. Das belegen nicht nur die ausgeführten Bauten, sondern auch forschende Blicke in die Fürstenbibliotheken mit einem Bestand an Architekturtraktaten, in die fürstlichen Modellkammern, in die Sammlungen bildlicher Darstellungen, in die Kunst- und Wunderkammern usw.[3]

◆ Von August dem Starken sind z.B. zahlreiche Bauentwurfsskizzen aus eigener Hand bekannt, darunter auch ein in ABB. NR. 182 vorgestelltes dreiflügeliges Arsenal für die Landeshauptstadt Dresden. Wieweit das vierflügelige Arsenalprojekt auf einer Medaille von 1732 auf den Kurfürsten zurückgeht, ist unklar, aber sehr wahrscheinlich. Vgl. ABB. NR. 329.

◆ Der fürstliche Erbauer des Neuen Zeughauses der Festung Marienberg über Würzburg von 1708/12, Fürstbischof Johann Philipp von Greiffenclau, ließ sein riesiges Wappen über einem der Portale des Ostflügels statt eines Fensters anbringen. Als Inschrift über dem Esplanadentor des Südflügels wählte er nach einem Bibelzitat:

CUM FORTIS ARMATUS CUSTODIT ATRIUM SUUM, IN PACE SUNT EA QUAE POSSIDET, LUC. II. CAP.

das heißt: Wenn der Starke seinen Hof bewacht, hat sein Besitz Frieden!

An zahlreichen fürstlichen und adeligen Zeughäusern findet man bis in die Zeit der Französischen Revolution stets Wappen, Monogramme und Inschriften des fürstlichen bzw. adeligen Bauherrn.[4]
Ein wohl einmaliges Beispiel, wie der Kaiser höchstpersönlich gegen den Bürgerwillen indirekter Bauherr eines Landständezeughauses wurde, zeigt die Schenkung des Ortes Klagenfurt i. J. 1518 an die Landstände unter den einzigen Bedingungen, daß diese den Ort befestigen und ein Zeughaus erbauen müßten. Diese Auflagen wurden erfüllt. Es entstand 1543/92 nicht nur eine der frühesten bastio-

nierten Festungsstädte im deutschsprachigen Bereich, sondern auch ein oft gerühmtes, heute noch mit Resten der Bausubstanz im nördlichen Flügel des Landhauses vertretenes Zeughaus ABB.NR.46.1+2. 1564 ist in Klagenfurt erwartungsgemäß kein städtischer, sondern ein landschaftlicher Zeugwart nachweisbar.[5]

Aber kommen wir zu den Städten als Bauherren von Zeughäusern:

PUBLICAE SALUTI MDCLXVII

lautet die vergoldete Inschrift in Capitalis auf dem Architrav des Zeughausportals Löwentor [F] in Ulm, die ABB.NR.216 im Vorkriegszustand wiedergibt. »Dem öffentlichen Wohl« verpflichtet kam der Magistrat der Reichsstadt dem Bau des Stadtzeughauses und seinem Ausbau zum Zeughauskomplex nach. Auch Inschriften wie:

PACIS FIRMAMENTO — BELLI INSTRVMENTO

in der Hauptfassade des Stadtzeughauses Augsburg blickgefällig im 1. Stock neben der Bronzegruppe des St.Michael ebenfalls in goldenen Lettern fixiert [ABB. NR. 177+178], vermittelt dem gebildeten Besucher oder Passanten die Doppelaufgabe dieser städtischen Einrichtung »zur Sicherung des Friedens« und »dem Rüstzeug des Krieges«. Friedenssicherung und Kriegsdurchführung sah man nicht als Widerspruch an, vielmehr mußte man der letztgenannten Aufgabe nur nachkommen, wenn das Gemeinwesen von außen angegriffen würde. Die Formulierungen stammen vom Präzeptor Daniel Prasch, den der Magistrat in dieser wichtigen Frage konsultiert hatte.

Der Magistrat von Bremen brauchte nicht als Bauherr eines Zeughauses aufzutreten, weil sich ihm 1597 die günstige Gelegenheit bot, die Kirche des Katharinen-Klosters für die weltliche Aufgabe der Waffenlagerung zu adaptieren. Die Kirche war vom Bau her ideal für diese Zwecke, wie ABB. NR. 129 deutlich zeigt. Als Beispiel sei hier angeführt, daß in Bremen zwischen 1670 und 1702 90 Mann bei der Artillerie dienten, davon 10 als Offiziere, Feuerwerker und Stückmeister, 30-40 Konstabler genannte Kanoniere und 40 Mieker, das waren Handlanger. Die wehrfähige Einwohnerschaft war in Kompanien eingeteilt. Während die Bremische ›Kriegskammer‹ vor allem den Sold an die stehende Truppe und die zum Kriegsdienst gerufenen Bürger zahlte, daneben auch Anschaffungskosten für Pferde und Montierung sowie Getreide für die Verpflegung aufbrachte, war die ›Schottkammer‹ für Artillerie, Munition, Festungsausbau und Zeughaus verantwortlich. Eine Spezifikation von 1701 berichtet von 104 Kanonen im Zeughaus, 145 in Stellungen auf den Wällen und Bastionen und 6 Stücken auf den Hauptwachen.[6]

Wie bei allen anderen gehobenen Bauaufgaben auch, so beeinflußte der Bauherr — ob Fürst, Adeliger oder Magistrat — in hohem Maße durch Einwirkung das Äußere des Bauwerks Zeughaus besonders im Hinblick auf ästhetische und ikonographische Funktionen. Der Bauherr war der Finanzier des stets teuren Großunternehmens Zeughausneubau. Er wirkte meist nach einem Programm. Diese Tatsachen sollten auch am Militärspeicher ablesbar sein, wenn auch etwa im Vergleich mit Gebäuden der Friedensarchitektur wie Schloß und Marstall deutlich in reduzierter Form der martialischen Gebäudenutzung angepaßt.

ANMERKUNGEN:

[1] Ed.princ. als OECONOMVS PRVDENS ET LEGALIS. Oder Allgemeiner Klug=und Rechts=verstaendiger Haus-Vatter ..., Franckfurt und Leipzig 1702, Folgeband 1719, ²1722. Florin war Theologe, für die speziellen Rechtsfragen war der Mitverfasser J. Chr. Donauer verantwortlich.

[2] Ein Musterbeispiel: F. Rudolphi, Gotha Diplomatica, Bd. II, T. 2, 1712, Caput LXI: Von Reisen Fuerstlicher junger Herrschaft, S.333-376. Es handelt sich um die minutiös beschriebene Kavalierstour der Jungherzöge Albrecht, Bernhard und Heinrich von Sachsen/Gotha i. J. 1688/69 nach Süddeutschland und durch die Schweiz. Unter ihren dort abgedruckten »Instructionen Was auf der gnaedig erlaubten Reise zu observiren waer« steht unter »Nr. 22 Ob die [besuchte] Stadt eine Festung und wie die Fortification beschaffen sey; Nr. 23 Ob ein Zeughauß vorhanden und was notabels darinnen zu sehen sey.«

[3] Es gibt aber ein seltenes Beispiel der massiven Kritik an der ungehemmten Baufreude eines Fürsten. So erhoben die Untertanen in Gotha gegen ihren Herzog den »Vorwurf ruhmsüchtiger Baulust«, da dieser doch materiell erschöpft sei. Ausführliche Darstellung in F. Rudolphi: Gotha Diplomatica, 1717.

[4] Vgl. die Tabelle in Kapitel 18.6.

[5] M.Wutte: Das Zeughaus zu Klagenfurt, in: Klagenfurter Zeitung v. 27. Febr. 1927, Feuilleton. — Domenico de Lalio (†1563) war Baumeister altitalienischer Festungsbauschule, der in Klagenfurt einen an den Ecken und Kurtinenmitten bastionierten rhomboiden Grundriß schuf.

[6] Mitteilungen des Staatsarchivs Bremen.

11. Baumeister

Hauptaufgaben des Bauens im Mittelalter waren Kirchen, Klöster und Burgen. Der quellenmäßig erst ab 13. Jh. faßbare Baumeister [magister operis = Werkmeister] fertigte die notwendigen Werkrisse und Modelle an.[1] Im hohen Mittelalter bzw. der frühen Neuzeit bildeten sich zwei für das Bauwesen zuständige Berufe »ARCHITEKT« [gr. Oberster der Bauleute] und »INGENIEUR« [lat. ingenium = Erfindung, kluger Einfall] heraus. Während sich das Berufsbild des Architekten wenig veränderte, entstand das Berufsbild des Ingenieurs erst neu. Dieser beschäftigte sich mit zahlreichen, besonders technischen Tätigkeiten, darunter ursprünglich vorwiegend militärischen Bauaufgaben. Beide Berufsgruppen haben ihre Gemeinsamkeiten in der Mathematik, besonders der Geometrie, in »Kunst und Wissenschaft« und basieren bis zum Ende des 18. Jahrhunderts auf den Lehren Vitruvs — deshalb auch der epocheübergreifende Begriff des Vitruvianismus für diesen Zeitraum.[2]

11.1 Architekt & Ingenieur

Seit dem frühen 17. Jahrhundert lassen sich Unterschiede zwischen dem Architekten, der noch oft Baumeister genannt wird, und dem Ingenieur feststellen. Dem Architekten werden die drei Takte Kunst / Zierform / Geist zugeordnet, dem Ingenieur Zweckform / Technik. Während der Architekt der Schaffende war [und ist], der aus bearbeiteten Naturstoffen Raumbildendes und Raumfüllendes im Sinne einer kreativen Handlung schuf und dekorierte, ist der Militärbaumeister und Ingenieur der speziell für militärische und technische Zwecke einzusetzende Fachmann, der unter dem unmittelbaren Einfluß von Naturgesetzlichkeit und Technik baute, z.B. den Gesetzen der Ballistik. Der Ingenieur wird mehr und mehr für das Militärbauwesen verantwortlich, besonders für den Fortifikationsbau: Der Ingenieur wird »Kriegsbaumeister«. So stand er dem Architekten als »Friedensbaumeister« gegenüber, obwohl sich bald ihre Aufgaben und Tätigkeiten vermischten. Architekten kümmerten sich um sämtliche Bauaufgaben und auch um die Bautheorie. Sie haben zwei Hauptaufgaben der Planung und Errichtung von Gebäuden. Vorwiegend innerhalb der Stadtbaukunst architectura civilis und der Militärbaukunst architectura militaris liegt das weite Tätigkeitsfeld im gesamten hier zu betrachtenden Zeitraum. In der Bauwirklichkeit bedeutete das engste Zusammenarbeit mit der fürstlichen oder städtischen Bauverwaltung und damit dem Bauherrn selber. Während das Berufsbild des Architekten recht frei von Reglementierungen blieb, war das Berufsbild des Ingenieurs bald an ein solches geknüpft, so meist über die militärische Laufbahn und ab Mitte 18.Jh. auch an einen obligaten Besuch einer Ingenieur-Akademie oder einer ähnlichen Institution. Der Bauingenieur setzte sich beim Militärbau besonders mit bautechnisch-fortifikatorischen Problemen auseinander, kam aber auch bald mit den Problemen der »Schönbaukunst« in Berührung, etwa bei Errichtung der Festungstore, Gouvernementsgebäude, Zeughäuser, Kasernen, Festungskirchen u.a. Heute zeigt uns erst eine Analyse der Arbeiten des jeweiligen Militärbauingenieurs, ob er mehr Ingenieur oder mehr Meister war. Leider liegen nur für wenige von ihnen Œuvreverzeichnisse vor. Das Wissen des Ingenieuroffiziers war exakt und mathematisch fundiert sowie konstruktiv / technisch und empirisch / experimentell untermauert. Es gibt eine beinah unübersehbare Zahl von Traktaten gerade zum Kriegsbauwesen.[3]

Baumeister der Zeughäuser waren entweder Architekten oder Ingenieure oder beides und entweder Militärs oder Zivilisten. Eine Regel bei der Berufung ist nicht zu erkennen. Dazu einige exemplarisch ausgewählte Namen:

MILITÄRS:

Berlin: ◆ Jean Baptiste Broebes (ca. 1660-1720) war Kgl. Preuß. Ingenieur und Architekt, wie es im Langtitel seines Traktates: Prospect der Palläste und Lust=Schlösser Seiner Königlichen Majestät in Preussen, 1733, heißt. Zuerst Capitain-Ing. und Baumeister Friedrichs I., dann Professor für Zivil- und Militärarchitektur an der Kgl. Kunst-Akademie Berlin, hat er im zitierten Stichewerk auch das Zeughaus Berlin aufgenommen. [Vgl. ABB. NR. 244.]
◆ General Jean de Bodt (1670-1745). Er bewarb sich als Generalmajor und Kommandant der Festung Wesel nach 30 Jahren preußischen Diensten in Sachsen, wo er als Generallieutenant und Chef des sächsischen Ingenieur-Korps,

Direktor der Fortifikationen und sämtlicher Festungs- und Militärgebäude überwechselte. Er hat u.a. am Bau des Zeughauses Berlin großen Anteil. [ABB. NR. 359.2-6.]

Germersheim: Bundesfestungszeughaus Architekt: ♦ Ing.-Major und Festungsbau-Director 1833-46 Friedrich [v.] Schmauß (1792-1846),[4] Bauleitung: ♦ Ing.-Hauptm. Anhaus. [ABB. NR. 211.]

Ludwigsburg: ♦ Hauptmann der Artillerie Karl Ludwig Ferdinand Freiherr von Schell (1732-1790) als Oberstleutnant und Kommandant des in Ludwigsburg stationierten Nikolai'schen Artillerieregiments.[5]

Mainz: ♦ Maximilian von Welsch (1671-1745) um 1712 Direktor des Militärbauwesens im Kurstaat Mainz und im Fürstbistum Bamberg; [6] als Major Kompaniechef; u.a. Neues Zeughaus Mainz. [ABB. NR. 11.]

Würzburg: ♦ Balthasar Neumann (1687-1753), Titel von 1727: »Seiner Hochfürstl. Gnaden Zu Würtzburg, Obrist Wacht: Meister der Artillerie, Ingenieur, und Architect Balthhasar Neuman«.[7] Vgl. Jagdzeughaus Würzburg. [ABB. NR. 145.]

ZIVILISTEN:

Augsburg: ♦ Elias Holl (1573-1646), »Hauptmeister des deutschen Frühbarock«, war in »beiden« Architekturen geschult. Nach dem reichsstädtischen Gießhaus mit angeschlossenem Geschützrohrbohrturm von 1601 folgte 1602/07 das Zeughaus [ABB. NR. 356], dann die Metze und das Rathaus.[8]

Coburg: ♦ Der Erbauer des Stadtzeughauses in Coburg in den Jahren 1616-1621 war der unter Herzog Johann Casimir (1586-1633) tätige herzogliche »architectus et pictor« Peter Sengelaub (1558-1622).[9]

Dresden: ♦ Paul Buchner (1531-1607) arbeitete sich vom Tischler und Schraubenmacher zum Bau-, Zeugmeister und Feuerwerker empor. Er wohnte ab 1568 im Zeughaus und ist im sächsischen Raum in der 2. Hälfte des 16. Jh. der berühmteste Architekt und Ingenieur. [ABB. NR. 83, 195.]

Oldenburg: ♦ Hero Diedrich Hillerns (1807-1885)[10], baute als großherzoglich-oldenburgischer Oberbaurat Militär-, Zivil- und Sakralbauten in Oldenburg, darunter auch den Arsenalkomplex Oldenburg. [ABB. NR. 473.]

St. Gallen + Herisau: ♦ Der zivile Architekt Felix Wilhelm Kubly (1802-1872) baute die beiden Zeughäuser 1838-41 im Stile des zeitgleichen Münchener Klassizismus.[11]

Spandau: ♦ 1856 legte der Preuß. Geheime Baurat Busse Pläne für die Schaffung eines Artillerie-Zeughauses in der Zitadelle vor. Es wurde 1857 errichtet. [ABB. NR. 101.1+2.]

Wien: Für ♦ Anton Ospel (†1677), den Umgestalter des Bürgerlichen Zeughauses Wien [ABB. NR. 9.1+2], ist eine seltene Berufskombination nachweisbar. Er war Architekt und Zeugwart zugleich. Seine Berufung 1721 eröffnet er mit einem öffentlichen Artillerieschießen. Ospel ist auch als Architekt von Sakral- und Profanbauten bekannt.[12]

In der 1. Hälfte des 19. Jh. war es der in Preußen neben dem »Artillerieoffizier vom Platz« installierte »Ingenieur vom Platz«, der für die Errichtung wie Veränderungen der Festungsbauten einer Festungsstadt nebst sämtlichen Infrastrukturbauten verantwortlich war. Er plante selber. Für die offenen, also unbefestigten Städte gab es die zivilen Stellen der Garnisonbaudirektionen bei den Generalkommandos, die die Bautätigkeit und -aufsicht etwa über den Kasernenbau führten. Über allem stand das Kriegsministerium. Ab 1873 kam das gesamte militärische Bauwesen mit der Bauverwaltung in militärische Hände der neugeschaffenen Intendantur- und Bauräte bei den jeweiligen Armeekorps.[13]

11.2 Bauausführung

In den Schrift- und Bildquellen zur Geschichte des Waffenspeichers sind nur wenige Hinweise auf die Bauausführung zu finden. Das hat seinen Grund in der analogen Problemstellung bei den Bauausführungen anderer Großbauten. Der Auftraggeber, der Bauherr, der Finanzier hat nach entsprechender Prüfung der vorgelegten Bauentwurfspläne und möglicherweise der Vorstellung eines Modells nach Abänderungen, die meist Reduktionen bedeuteten, den Baubeginn am vorgesehenen Bauort festgelegt und sicher meist über die Zeit der Fertigstellung feste Vorstellungen gehabt. Bauorganisation und Baustelleneinrichtung durch das Baubüro mit dem Bauleiter an der Spitze waren gegenüber den Epochen des Mittelalters durch stark vermehrten Steinbau innerhalb der Aufgabengebiete von architectura civilis und architectura militaris in der frühen Neuzeit stark angewachsen. Die fürstlichen oder städtischen Bauämter waren bald zu nach ökonomischen Regeln arbeitenden Institutionen geworden, die im allgemeinen funktionierten, wenn auch bei jedem Neubau immer neue, besonders technische Probleme auftauchten. So war etwa die Fundamentierung auf Rostgründung, ein seit der Römerzeit tradiertes Verfahren, noch bis ins 19. Jh. voller Probleme, wie der Bau des wohl letzten auf Pfahlrosten errichteten Zeughauses in der Bundesfestung Germersheim aus der Zeit noch vor der Mitte des 19. Jh. zeigt. Die Architekten und Ingenieure waren entweder Zivilisten oder Militärs. Eine Regel für die Berufung ist nicht zu erkennen. Leider gibt es nur ganz wenige Œuvreverzeichnisse von Architekten und Ingenieuren in höfischen Diensten, im Stadt- und Militärbauwesen, so daß zahlreiche Planautoren für Zeughäuser noch gar nicht bekannt sind. Wenige von ihnen hatten die Möglichkeit, sich selber sichtbar am oder im Zeughaus zu verewigen. Das Privileg der Selbstdarstellung war sonst nur dem Bauherrn vorbehalten, wie am anderen Ort dargestellt ist.[14] Hier die Beispiele:

- Wertheimer Zeughaus in Burg / Festung Breuberg i. O., ABB. NR. 121: Über seinem Zeughausportal konnte sich der Fortifikateur und Steinmetz mit Inschrift, Datierung 1528 und einer lebensgroßen Hüftfigur als Schütze selber darstellen:

**HANS STAINMILLER MACHT MICH
ANNO. DOMINI
M.D.XX.VIII**

Die aus rotem Sandstein bestehende Skulptur mit antikisierter Kleidung eines wohl ledernen Muskelpanzers mit auf den Schultern liegenden Löwenhäuptern, aus deren Mäulern die Arme hervordringen, und gehörntem Helm wird stets als Armbrustschütze bezeichnet. Es spricht aber viel dafür, daß es sich um einen Handbüchsenschützen handelt, der seine Waffe von der Wange abschießt. Bei der leider verlorenen Waffe handelt es sich vermutlich um eine Handbüchse mit Druckknopfschloß wie es im Cod. icon. 222 der Bayerischen Staatsbibliothek aus der Zeit um 1507 dargestellt ist. Der Knopf wurde mit dem Mittelfinger der linken Hand betätigt, während die rechte Hand die deutlich mit einem »Schnabel« am Kolbenansatz versehene Büchse an die Wange zu genauem Zielen hält.[15]

- Städt. Zeughaus Braunschweig im Brüdernkloster, ABB. NR. 123: Im erhaltenen Portal des früheren Zeughauses im Brüdern-Kloster ist als Schlußstein ein Keilstein mit einem Kopf eingesetzt. Es handelt sich vermutlich um den Baumeister und Steinmetz BERTHOLD FREWLER, der im darunterliegenden Dreieckgiebel auch sein Monogramm, das Baumeisterzeichen und die Datierung ›**1604**‹ eingeschlagen hat. Vgl. ABB. NR. 372+373.

- Zeughaus von Solothurn, ABB. NR. 122: Auf einem der hölzernen Ständer in der 1. Waffenetage unmittelbar an der hellsten Stelle in Fensternähe Name, Inschrift, Datierung und ein Haus- bzw. Werkmeisterzeichen:

*** MICHEL* SVTER
* ZV* DER* ZIT
* WERCH*MEIST=
ER* ZV*SOLOTHVRN.
ANNO: MDCXIIII
16 [Zeichen] 14**

- Am Treppenturm des Zeughauses in Schweinfurt [ABB. NR. 384] findet man neben dem doppelköpfigen, mit ›1590‹ datierten schwarzen Reichsadler mit vergoldeter Krone und Fängen sowie einem Brustschild mit dem vereinfachten Wappen Kaiser Rudolphs II. (1576-1612) in Kerbschnitt eingeschlagene Namen der vier Inhaber des reichsstädtischen Bauamtes [Baue-mester], ABB. NR. 418:

Wolff	**Kremer**	[Cremer, Cramer]
Urban	**Freundt**	[müßte heißen Fend]
Christoffel	**Bartt**	[Barth]
Johan[n]	**Holtzapffel**	

- Niederes Arsenal Rendsburg, ABB. NR. 125: Unter dem königlichen Monogramm im Dreieckgiebel des Hauptportals [ABB. NR. 124] findet man eine vergoldete Inschrift des Chefs der dänischen und holsteinischen Artillerie in Capitalis:

»**EZECHIAS LEVIN VON ARENTSKIOLD
ANNO 1740 ME CONSTRUXIT**«

- Groot-Arsenaal der Festung Bergen-op-Zoom von 1764 zeigt neben den Emblemen der Republik und reichen Trophäen im Schlußstein der Westfront Datum und Namen des entwerfenden Militäringenieurs:

»**B. I. de Roy div. et invent.**«

Für die Kontrolle, also Eingang und Ausgang von Material und Menschen, deren Entlöhnung, die je nach Baustelle und Zeit quantitativ sehr unterschiedlich sein konnte, waren auch Bauschreiber notwendig. Mit deren Hilfe konnte die Bauleitung die Kalkulationen über die benötigten Pferde, Wagen, Karren, das Werkzeug wie Schippen, Pickel, Gerüsthölzer usw. anstellen und planmäßig formulieren.[16] Bei der Untersuchung der Zeughäuser ist mir nur das barocke Arsenal in Ludwigsburg begegnet, wo — sonst ganz unüblich — die Lage des Grundsteins auf einer Planaufnahme von 1761 eingezeichnet ist. Vgl. ABB. NR. 180 [Pfeil].

Bauherr / Auftraggeber / Finanzier Zeugamt	
Baumeister:	Architekt und / oder Ingenier
Hilfsberufe:[17]	Maurer, Steinmetzen, Ziegler, Zimmerer, Schreiner, Wagner, Schlosser, Dachdecker, Glaser, Schmied, Tagelöhner, ggbf. Soldaten und zum Bau »Condemmnierte«
Bauverwaltung + Bauaufsicht mit Bauschreiber	

ANMERKUNGEN:

1) G. Binding/N. Nussbaum: Der mittelalterliche Baubetrieb nördlich der Alpen in zeitgenössischen Darstellungen, 1978. — U. Coenen: a) Die gotischen Werkmeisterbücher des 15. und 16.Jahrhunderts, Schriftliche Hausarbeit zur Magisterprüfung, Köln 1984; b) Die spätgotischen Werkmeisterbücher in Deutschland als Beitrag zur mittelalterlichen Architekturtheorie. Untersuchung und Edition der Lehrschriften für Entwurf und Ausführung von Sakralbauten, Dissertation Aachen 1989.

2) Vgl. U. Schütte: Architekt und Ingenieur, in: U. Schütte/H. Neumann: Architekt & Ingenieur. Baumeister in Krieg & Frieden, Ausstellungskatalog der HAB 1984, S.18-31. — H. Ricken: a) Der Architekt. Geschichte eines Berufs, 1977; b) Historische Berufsbilder. Der Architekt zwischen Zweck und Schönheit, 1990. H. Schimank: Der Ingenieur. Entwicklung eines Berufes bis Ende des 19. Jahrhunderts, 1961. — F. Hart: Architektur und Ingenieurbau, 1961.

3) M. Jähns: Geschichte der Kriegswissenschaften, 3 Bde, 1889-91. H. Neumann: Architectura Militaris, in: Architekt & Ingenieur, op.cit., S. 282-404. — Ich verweise besonders auf das Kapitel:»Den nohtwendigsten Eigenschafften eines Bauwmeisters/ so er sonderbar wüssen soll« in J. Ardüser: Architectura Von Vestungen, 1643; und Kapitel »Der Ingenieur« in Chr. Weigel: Abbildung der Gemein-Nuetzlichen Haupt=Staende Von denen Regenten Und ihren So in Friedens= als Kriegs=Zeiten zugeordnete Bediente, 1698; Faksimile mit einem Vorwort von F. Klemm, 1966: S.30-32, beides auch im Faksimile in H.Neumann: Festungsbaukunst und Festungsbautechnik, 1988, S.151 und 153.

4) Vgl. J. Probst: Geschichte der Stadt und Festung Germersheim, 1898, 1974, besonders S. 499-502: Friedrich Ritter von Schmauß.

5) Vgl. D. Wetzel: Das K.W. Arsenal zu Ludwigsburg, in: Besondere Beilage des Staats-Anzeigers für Württemberg, Nr. 5/6 (1903), S. 65-75.

6) Vgl. F. Arens: Maximilian von Welsch. Architekt der Schönbornbischöfe, 1986. — W. Einsingbach: Zum Leben des Mainzer Barockarchitekten Maximilian v. Welsch zwischen 1693 und 1704..., in: Mainzer Zeitschrift Nr. 67/68 (1972/73), S. 214-229.

7) Es gibt zwar eine umfangreiche B.-Neumann-Literatur, jedoch nur wenig Publiziertes zu dessen militärischem Leben und Werk. Vgl. ADB, Bd. 52, S. 668-684; M. H. v. Freeden: Balthasar Neumann, Leben und Werk, 1981; Mainfränkisches Museum: Aus Balthasar Neumanns Baubüro, Ausstellungskatalog 1987; H. Reuther: a) Balthasar Neumann. Der mainfränkische Barockbaumeister, 1983; b) Die Zeichnungen aus dem Nachlaß Balthasar Neumanns der Bestände in der Kunstbibliothek Berlin, 1979.

8) Vgl. B. Roeck: Elias Holl Architekt einer europäischen Stadt, 1985. — W. Baer u.a.: Elias Holl und das Augsburger Rathaus, 1985.

9) W. Föhl: Coburg. Ein Führer durch Stadt und Resienz, 1955, S. 41-43, 46.

10) Vgl. K. A. Zugermeier: Leben und Werk des großherzoglich-oldenburgischen Oberbaurats Hero Diedrich Hillerns, 1983.

11) Vgl. B. Schubiger: a) Felix Wilhelm Kubly 1802-1872. Ein Schweizer Architekt zwischen Klassizismus und Historismus, 1984; b) Die Vollendung des St. Galler Klosterplatzes im 19. Jh., in: Zeitschrift für schweizerische Archäologie und Kunstgeschichte, Nr. 37 (1980), S. 123-144.

12) Vgl. W. Hummelberger: Das Bürgerliche Zeughaus Wien, 1972, S. 51 ff.

13) Zur Militärbauverwaltung vgl. Kriegsministerium [Hrsg.]: Das Königlich Preußische Kriegsministerium 1809-1909, 1909.

14) Vgl. Kapitel 10.0 + Kapitel 18.6.

15) Vgl. die Zeichnung Abb. 15 in A. Hoff: Feuerwaffen. Ein waffenhistorisches Handbuch, Bd. 1 (1969), und Abb. 51 in H. Boockmann: Die Stadt im Spätmittelalter, München 1986, S. 40. Hier sind zwei Büchsenschützen auf einem Gemälde »Schlacht am Walde« zwischen den nürnbergischen Truppen und denen des Markgrafen Kasimir von Brandenburg-Ansbach am 19. Juni 1502 dargestellt, die deutlich »an der Wange« abschießen. Auch kommen noch drei Büchsenschützen in Wartehaltung vor. Sie halten ihre Büchsen schräg nach vorn. Die Rekonstruktion dieses einmaligen persönlichen Dokumentes eines frühen Renaissancebaumeisters ist vom Verf. in Vorbereitung.

16) H. C. Lavater: Kriegs-Buechlein, 1644/1973 S. 36: Von dem obersten Schreibern/desselben Ampt/Eyd vnd Beruff.

17) Vgl. zu alten Berufsdarstellungen: Jost Amman [Holzschnitte] /Hans Sachs [Verse]: Eygentliche Beschreibung Aller Staende auff Erden/Hoher vnd Nidriger/Geistlicher vnd Weltlicher/ Aller Kuensten/Handwerckern vnd Haendlern/etc. Franckfurt am Mayn M. D. LXVIII. Editionen a) eingeleitet von B. A. Rifkin, New York 1973, b) hrsg.v. M. Lemmer, Leipzig 1975. — Chr. Weigel, op. cit., 1698/1966.

12. Baukörper: Lagerraumdisposition

Die unterschiedlichen Lagerraumdispositionen des Zeughauses sind durch Um- und Durchschreiten erlebbar und unter Beachtung seiner städtebaulichen Lage und dem meist gewollten Zusammenspiel mit Umgebung, Stadtbild, Stadtsilhouette, Dachlandschaft, Ensemblefunktion usw. zu beurteilen. Der Gesamteindruck schließt auch die Komposition, also die bestimmte Zusammensetzung von Teilen zu einem Ganzen ein. Damit werden die architektonisch-gestalterischen Ausdrucksmittel angesprochen, die am und im Zeughausbau zu finden sind. Wenn ein Bauherr den Neubau eines Waffenspeichers plante und unter hohem finanziellen Einsatz auch baute, wollte er auf engstem Raum möglichst viele Rüstungsgüter stapeln. Aus dieser primären Nutzungsfunktion heraus entstand die architektonische Forderung nach einem zentral gelegenen, übersichtlichen, mit guten Zuwegen und Durchfahrten versehenen Großgebäude. Die Forderung nach höchster Sicherheit des schweren Gerätes, darunter besonders des Geschützparks, verlangte im Zeughaus zu ebener Erde die massive Einwölbung. So entstand die Geschützhalle, die im allgemeinen wegen des hohen Bodendrucks der eingelagerten Kanonen, Mörser, Kugeln, Pulverfässer und anderer Vorräte nicht unterkellert war. Durch die Schaffung massiver Deckenkonstruktionen durch Einwölbung wurden die oben auftretenden hohen Verkehrslasten aufgenommen, ein gewisser Feuerschutz gewährleistet und für den Belagerungskrieg ein bombensicheres Gebäude zumindest im unteren Teil geschaffen. Die Hallenbildung als Großraum ohne Zwischenwände erbrachte neben einer großen Zahl von Stellmöglichkeit auch Übersichtlichkeit. Das Gebäude ›Zeughaus‹ hebt sich in den meisten Fällen von seiner Umgebung in Länge, Breite und Höhe mit einer gewissen Wuchtigkeit ab. Das gilt auch für die heute noch erhaltenen Zeughäuser, wie z. B. in Schwäbisch-Hall [ABB. NR. 7], Wolfenbüttel [ABB. NR. 70], Coburg [ABB. NR. 60], Lüneburg [ABB. NR. 61]. Man darf annehmen, daß die Grundsteinlegung eines solch wichtigen Großgebäudes, wie es ein Zeughaus zu allen Zeiten darstellte, als feierlicher Akt wohl meist im Beisein des Bauherrn oder seines Vertreters begangen wurde. So wie schon im Mittelalter seit dem 12. Jh. nachweisbar Gebäude im Baugelände mit Seilen zwischen entsprechenden Keilen abgesteckt bzw. aufgeschnürt wurden, dürfte auch bei den Waffenspeichern eine entsprechende Einmessung ins Gelände stattgefunden haben. Das geschah nach den Entwurfsplänen und hier und da nach dreidimensionalen Modellen.[1] Die bautechnische Bewältigung der Probleme wurde entsprechend den zeittypischen Gerätschaften und Bauhilfskonstruktionen durchgeführt, so Materialtransporte über Leitern, Laufschrägen und Wenderampen, Baugerüste, hölzerne Aufzugssysteme mit Rollen und Haspeln, Einsatz von Flaschenzügen und nicht zuletzt der klassischen Bauzange. Mörtel unterschiedlichster Mischungen aus Sand, gebranntem und gelöschtem Kalk sowie noch weitgehend unbekannten Zuschlägen auch organischer Stoffe, wurde auf der Baustelle zubereitet. Eine ganze Armada von bespannten Wagen und unbespannten Karren war in der Bausaison Tag und Nacht unterwegs, um aus den möglichst nahen Steinbrüchen das Baumaterial oder die Ziegel aus den Feldbrandöfen oder später aus den Ziegeleien zu holen. Das Mauerwerk der Zeughäuser ist sehr unterschiedlich. Mal trifft man Sichtmauerwerk aus Ziegeln [Köln, Jülich, Göteborg, fast alle niederländischen Zeughäuser] unter Verwendung von Formziegeln [Oldenburg, Spandau], mal verputztes Mauerwerk aus Bruch-, Geröll- und Lesesteinen [Gießen, Wolfenbüttel, Königstein], mal sauber bearbeitetes Quadermauerwerk [Rosenberg, Germersheim, Hannover]. Fachwerk ist nur bei den reinen schmuck- und bedeutungslosen Artillerieschuppen in den Festungen, die keinerlei Repräsentationszwecken dienten, anzutreffen. Eine Ausnahme bildet das Herzogliche Zeughaus von 1643 in Hannover, wie eine Zeichnung von 1675 [ABB. NR. 108] und eine Vorkriegsaufnahme [ABB. NR. 111] belegen. In Hannover war damals der überwiegende Teil aller Häuser Fachwerkbauten wie das auch für Celle und Wolfenbüttel noch heute augenfällig festzustellen ist. Während in Wolfenbüttel aber das Zeughaus mit rot eingefärbtem Putz versehen wurde, das Aussehen des Zeughauses in Celle ist leider unbekannt, hat der Architekt in Hannover einfach auf das hausteinerne Erdgeschoß ein Fachwerkobergeschoß aufgesetzt und so eine optisch gefällige Anpassung an das Straßen- bzw. Stadtbild gefunden.[2] Ganz wichtig unter den zahlreichen am Bau beteiligten Handwerkern und Hilfsberufen waren die Steinmetzen. Sie arbeiteten mit Zweispitz und dem Fläche genannten Beil und anderem Spezialwerkzeug. In der Renaissance verbreitete sich die Manier der Steinoberflächenscharrierung mit dem Scharriereisen, welches ein Schlagwerkzeug ist und zahlreiche Musterungen der Steinoberflächen durch unterschiedliche Bearbeitungstechniken ermöglicht.[3]
Von einer Fülle an Bauplastik können wir beim Zeughaus über die gesamte Betrachtungszeit aus noch zu erörternden Gründen nicht reden, wohl aber von bedeutenden bis sehr

bedeutenden Einzelleistungen. Für eine Überfülle an Prachtentfaltung wie an anderen Gebäudetypen, etwa am Marstall, war das Zeughaus bis auf wenige Ausnahmen, darunter an erster Stelle das palastartige Zeughaus in Berlin, nicht vorgesehen. Zeittypische Ornamentformen sind selbstverständlich in die Zeughausarchitektur eingegangen, so daß schon von den äußeren Merkmalen her eine Zeitstellung und eine stilistische Zu- bzw. Einordnung möglich ist. Neben der Schulung und Traditionspflege aller am Bau Beteiligten waren es für mehrere Handwerkssparten besonders die Vorlagebücher, die den Formen- und Motivreichtum bildlich so überzeugend darstellten, daß er in allen möglichen Materialien und Techniken am und im Zeughaus auftaucht. Beispiele sind Ornamentformen wie das Roll- und Beschlagwerk, welches im Renaissancejahrhundert aus dem niederländischen Raum über Vorlagebücher in den deutschen Kulturraum vordrang. Stark zu kurz kommt nur die Malerei. Wir finden die Bemalung von Zeughausaußenwänden mit Motiven wie Fahnen, Wappen, Inschriften, martialischen Szenen usw. besonders in der Schweiz, wo die Hausbemalung nach verschiedenen Methoden weit verbreitet war. Ansonsten muß es der Einzeluntersuchung vorbehalten bleiben, wie weit auch die anderen Zeughäuser im deutschen Raum ganz oder teilweise bemalt waren.[4]

ANMERKUNGEN:

[1]) So wie zahlreiche Architekturmodelle, besonders auch Fortifikationsmaquetten, im Laufe der Zeiten nach Gebrauch als sperriges Gut mit angeblich oft nur noch wenig Informationsgehalt vernichtet wurden, war es offenbar auch bei Modellen von Zeughäusern. Mir ist nur das Zeughausmodell von Ulm aus dem Inventar der Modellkammer von 1793 bekannt. Das Inventar führt als Nr. 18 die Modellböden XX-XXIV auf, darunter ein Modell zur Visierung des Kornhauses und die »Modellvisierung« zum Neuen Bau. Vgl. A. Häberle: Das Schicksal der Ulmer Zeughäuser, des einstigen Stolzes der Reichsstadt, in: Ulmer Historische Blätter Nr. 9 (1927), S. 4. — Daß sich im Verständnis des Architekturmodells als historischer Quelle oft wenig geändert hat, zeigt z.B. das zur Revitalisierung des Zeughauses Wolfenbüttel 1976-81 angefertigte Modell der Geschützhalle. Es ist trotz intensiver Nachforschungen schon jetzt nicht mehr nachzuweisen!

[2]) In der Baupraxis galt die Holzarchitektur sehr lange Zeit als »niedere« Architektur. Der erste Traktat in Deutschland, der Holzkonstruktionen bei Gebäuden ausführlicher darstellt, ist das Buch von Johann Wilhelm: Architectvra Civilis ... Beschreib=oder Vorreissung der fürnembsten Tachwerck/ ... ed. princ. 1649. Das Buch, in dem auch hölzerne Geräte und Maschinen vorgestellt werden, erfährt immer wieder Neuauflagen bis ins 18. Jh. Vgl. U. Schütte: Architekt & Ingenieur, Ausstellungskatalog 1984, Kat. Nr. 25, S. 21, 91, 225.

[3]) In der Ausstellung »Renaissance im Weserraum« des Weserrenaissance-Museums Schloß Brake 1989 sind die Arbeitstechniken und Werkzeuge der Steinmetzen bzw. Steinbildhauer und Zimmerer jüngst museumsdidaktisch sehr anschaulich mit Originalwerkzeugen, Proben und Spolien behandelt worden. Vgl. G. U. Großmann: Renaissance im Weserraum, Ausstellungskatalog, Bd. 1, 1989, Steinbearbeitung Kat. Nr. 181-270; Holzbearbeitung Kat. Nr. 271-354. Diese Geräte haben sich meist bis ins 19. Jh. hinein nicht geändert. — Landesinstitut für Bauwesen und angewandte Bauschadensforschung: Naturstein Erhaltung und Restaurierung von Außenbauteilen, 1987, S.140-142, steinmetzmäßige Oberflächen-Bearbeitungstechniken, Werkzeug und entsprechende Oberflächenbearbeitung in synoptischen Abbildungen.

[4]) Vgl. die Reste der Bemalung des Zeughauses Luzern zur Flußseite auf ABB. NR. 8. Zu den Fassadenfresken Ende 16., frühes 17. Jh. [Francesco Antonio Giorioli] und von 1926 siehe auch die Zeughausdokumentation Bd. 1 vom Hochbauamt des Kantons Luzern 1977.

13. Grundrisse

Gebäude sind raumerfüllende Körper, die aus Projektionen der drei Hauptebenen I. Grundriß oder Draufsicht, II. Aufriß oder Ansicht und III. Seitenriß oder Seitenansicht geplant aber auch analytisch erschlossen werden. Durchdringen diese Ebenen den Körper, entstehen IV. Schnitte. Man unterscheidet Längs-, Quer-, Horizontal- und Vertikalschnitte. In diesem Kapitel werden die Grundrißtypen und ihre Modifikationen vorgestellt; die Betrachtung der Aufrisse und Schnitte ist an mehreren anderen Stellen der Arbeit aufgenommen.

Die Gebäudeanalyse der gebauten und ungebauten Waffenspeicher und Zeughaus- bzw. Arsenalkomplexe zeigt, daß zwar die meisten von ihnen einem der bekannten Grundrißschemata zuzuordnen sind, aber eine Duplizität zeit- und damit stilgleicher oder stilähnlicher Gebäude selbst auch über längere Zeiten hinweg nicht möglich ist. Jedes Zeughaus bzw. Arsenal hat seine nur ihm eigene Grundriß- und Aufrißdispositionen, die allerdings verwandte Merkmale aufweisen. Es gab beim Zeughausbau während der gesamten Untersuchungszeit keine Normierung der Dimensionen, keine »Regelbauten« und damit keine Wiederholungen an anderem Ort. Wiederholungen gab es nur da, wo Mehrflügelanlagen aus der entsprechenden Anordnung mehrerer sonst gleichartiger Trakte zusammengesetzt wurden. Die Gleichartigkeit kann sich auf den ganzen Flügel innen und außen oder — je nach Funktionsverteilung in den Innenräumen nur auf die Außenfassaden beziehen.[1] Die folgenden Angaben sind nicht quantitativ. Trotzdem wird deutlich, daß die Einflügelanlage im Sinne eines Kompaktbaus mit ein oder zwei Hauptdurchfahrten über fünf Jahrhunderte bevorzug gebaut wurde. Zweiflügelanlagen sind entweder nur Wiederholungen der Einflügelanlage unmittelbar nebeneinander meist unter einem gemeinsamen Dach, oder, allerdings seltener, rechtwinklig zur L-Form zusammengesetzt. Offene Dreiflügelanlagen in U-Form kommen nur im Barock vor. Es handelt sich um eine in dieser Epoche sehr beliebte Grundrißform besonders für Schloßbauten. Vierflügelanlagen sind meist sehr repräsentative Waffenspeicher oder Teile von Komplexen mit hohem Symbol- und Repräsentationscharakter. Nicht feststellbar sind im gesamten Untersuchungszeitraum Grundrißformen mit konkaven, konvexen, segmentbogigen oder zirkularen Grundrißausbildungen. Wenn z. B. das Motiv des bogenförmigen Gebäudetraktes in der Architektur nach W. Götz im frühen 18. Jh. sehr beliebt und am folgerichtigsten beim Marstall von Pommersfelden angewendet wird,[2] so kann das für den Gebäudetypus Zeughaus nicht festgestellt werden. »Ornamentale Grundrißlösungen« gibt es da nicht, weil man wegen der Primärfunktion des Gebäudes von der möglichst günstigsten Packungsdichte der Rüstungsmaterialien ausgehen mußte. Stark bevorzugt sind also rechteckige Grundrisse der Zeughäuser. Sie wurden von der Speicher-Ökonomie diktiert und sind ein Gebäudecharakteristikum.[3] Ein weiteres mit dem Grundriß in unmittelbarem Zusammenhang stehendes Merkmal ist die Anordnung der Zeughausportale. Zur raschen Erschließung des Speichers war es notwendig, entsprechend den ein- und auszubringenden Großgeräten wie Geschützen, beladenen und bespannten Wagen und Pontons Portale entsprechender Dimensionierung einzubauen. Größte Vorteile waren gegeben, wenn eine, möglichst zwei Durchfahrten durch das gesamte Gebäude eine Kommunikation auch mit Pferdegespannen zuließ. Die Erschließung durch Portale auch in den Querachsen zum Zeughof hin war — wenn die topographische Lage es ermöglichte — stets durchgeführt. Meist wurde aber eine Gebäudeachse besonders genutzt; den anderen Toren waren dann Nebenfunktionen zugeordnet. Immer lassen sich Haupt- und Nebenportale durch ihre besondere architektonische Durchbildung und Ausstattung erkennen.[4]

13.1 Adaptation älterer Bausubstanz

Zu allen Zeiten wurden Waffenspeicher auch in Gebäuden eingerichtet, die ursprünglich für andere Zwecke entworfen und gebaut waren. Das gilt besonders für das Landwehrzeughaus des 19. Jh. Dieses ließ sich relativ unkompliziert und meist ohne größere Um- bzw. Ausbauten durchführen, da man keinerlei Geschütze und schweres Gerät unterbringen mußte.[5] Beispiele dazu sind die Landwehrzeughäuser in der renaissancezeitlichen Kapelle von Schloß Jülich in der Zitadelle, in der Franziskanerkirche in Neuß [ABB. NR. 138] und die drei Waffenspeicher in Warendorf im Franziskanerkloster mit Waffenkammer im Refektorium und einer Montierstube, Lederzeuglager auf dem Klosterboden, in der Johannes- oder Nepomuk-Kapelle (+), in der Rüstkammern der Kavallerie eingerichtet wurden, und in der baulich erweiterten Elementarschule. Beinah ideale Räumlichkeiten zur Einrichtung von Waffenspeichern boten Sakralbauten. Diese massiven Steinbauten besaßen de origine »Geschützhallen« in den Haupt- und Nebenschiffen. Die Einwölbungen waren aus Stein und damit weitgehend bomben- und feuersicher. Während man den Geschützpark und die Fahrzeuge, Brückenteile und anderes Großgerät ohne bauliche Vorbereitungen in die Schiffe einstellen konnte, mußte man zur Lagerung von Kleingeräten nur hölzerne Stellagen vor den Wänden oder auf den Emporen einbringen, um ausreichende Speicherflächen zu erhalten. Die Lage der so adaptierten Kirchen inmitten der Städte weitab von der Hauptkampflinie des Festungsumzuges war ebenfalls ein günstiger Faktor. Bremen hatte schon im ausgehenden 16. Jh. die Gelegenheit, die Katharinen-Kloster-Kirche zum Zeughaus umzufunktionieren [ABB. NR. 128]. Ein Blick ins Innere ist auf einer Lithographie [ABB. NR. 129] festgehalten und zeigt die zeughausgemäße Einrichtung durch lafettierte Geschütze unter dem bremischen Wappen. Ein Musterbeispiel für Zweckentfremdung von Sakralbauten ist die Nutzung der Minderbroederskerk in Maastricht Vestingstad als »Slands Magasyn« in den Jahren 1675 bis 1867. ABB. NR. 308-311 geben die vier instruktivsten der 11 kolorierten Federzeichnungen aus einer Handschrift wider.[6] Das Herzogliche Zeughaus in Braunschweig wurde ab 1695 im Pauliner-Kloster eingerichtet, nachdem die Planungen dazu schon seit 1687 liefen. Den Lageplan zeigt ABB. NR. 130. Offensichtlich wurde der Chor auf herzogliche Anordnung 1734 so umbaut und verkleidet, daß man von der Sakralstruktur von außen nichts mehr erkennen konnte. ABB. NR. 131 zeigt die von einem Oberstleutnant als illusionistische Prunkfassade aus massivem unteren Mauerwerk und verputztem oberen Fachwerk geschaffene Verblendung. Das riesige hölzerne Monogramm im Dreiecksgiebel auf dem Kupferstich ist im Original erhalten [ABB. NR. 133]. Der Chor konnte nach Entfernung der Verblendung 1904 ins damals Vaterländische Museum transloziert werden und bildet heute einen wertvollen Teil des Landesmuseums Braunschweig an der Ägidienkirche [ABB. NR. 132.1+2].[7] Ein Musterbeispiel für Überbauung historischer Substanz stellt das Rüst- und Kornhaus in der Burg und Festung Querfurt dar [ABB. NR. 137.1+2]. Das Gebäude ist 42,4 m lang bei einer mittleren Breite von 19 m. Es besteht, wie der Grundriß [ABB. NR. 137.3] zeigt, aus mehreren archäologisch bestens untersuchten Gebäuden. Romanische Baureste, gotische Keller, ottonische Gewölbereste sind erhalten. Durch Abbröckeln des Putzes wurden erst die zahlreichen Baunähte und diversen Spolien, auch Fenster, Türen, Profile in situ sichtbar. Von außen macht der Bau flüchtig betrachtet den Eindruck eines Einflügelbaus. Im Verlaufe einer komplizierten Baugeschichte entstand das Gebäude aus einem Palas, dessen gekuppelte spätromanische Arkadenfenster noch in der Nordwand sichtbar sind. 1535 war eine wichtige Erweiterung, später wurde der Bau noch einmal verlängert.[8] Daß auch mittelalterliche Wehrbauten zu Zeughauszwecken adaptiert wurden und so wenigstens zeitweise einem Abriß entgingen, zeigt ein Beispiel aus Koblenz. Das um 1390 zur Doppelturmtoranlage ausgebaute Löhrtor wurde 1661 als Zeughaus der Stadt eingerichtet. Vor dem Bau erstreckte sich als guter Schutz feldseitig eine 1609/11 erbaute Bastion.[9] Als Torgau preußische Festung wurde, hat man 1812 das 1479-1538 erbaute Kornmagazin inmitten der Stadt zum Zeughaus adaptiert [ABB. 136.1]. Die Preußen konnten in der Festung Erfurt auf die in der Zitadelle Petersberg schon i. J. 1677 zu einem Zeughaus umgewandelte romanische Leonhardskapelle aus der 1.Hälfte des 12. Jh. zurückgreifen. Vgl. dazu ABB. NR. 135.[10]

13.2 Einzelflügel

Meist handelt es sich um langgestreckte Einzelflügel, deren Längen auch durch die geforderte Kapazität des zu erstellenden Lagerraumes bedingt waren. Leonhard Fronsperger (1520-1575) forderte für seine Zeit einen Zeughausgrundriß von »20 Werckschuch Länge und 50. Breyte«[11]; das »Kloken- und bussenhusz« in Lüneburg von 1482 hat eine Grundfläche von 39 x 12,5 m bei einer Firsthöhe von 20 m [ABB. NR. 62]; das vollständig außen wie innen erhaltene Zeughaus in Graz hat eine 11,5 m lange Straßenfront und eine Gebäudetiefe von 52,60 m; das 1845 abgerissene Zeughaus des Fränkischen Kreises in Nürnberg hatte eine Grundfläche von 60 x 12 m; Superstrukturen des 19. Jh. liegen vor im einflügeligen, vierstöckigen Zeughaus Ingolstadt mit den Grundmaßen 144 x 37 x 22 m [ABB. NR. 493] und dem Zeughaus in Ludwigsburg von 1872/75 mit einer Länge von rund 100 m; Lageplan dazu auf ABB. NR. 477+478. Auch in den Vorschlägen der ungebauten Zeughäuser kommen die Einflügelanlagen vor, so zuerst bei Albrecht Dürer in seinem Fortifikationstraktat »Etliche vnderricht/zu befestigen« von 1527, wo er im Holzschnittgrundriß seiner idealen Königstadt gleich zwei Kompaktbauten nebeneinander vorsieht, wie das ABB. NR. 325 zeigt.

Neben den langflügeligen Bauten gab es auch kurzflügelige,

bei denen jedoch meist die Gebäudebreite größer war. Ein solcher gewaltiger »Klotz« im Stadtbild fiel besonders auf. In der Schweiz entstanden zahlreiche Zeughaus-Kompaktbauten in der Form des schmalen gestelzten Kubus mit großen Mauerflächen und Satteldach, wie er ähnlich auch für zahlreiche Kornspeicher in der Schweiz typisch wurde. Ein markantes Beispiel ist das sanierte Alte Zeughaus Liestal/Baselland aus der Zeit um 1523.

In Bezug auf die Hauptachsen und die Lage der Hauptportale lassen sich folgende Typen des einflügeligen Zeughauses unterscheiden:

I. Längsachse, Hauptportal in einer Schmalseite:
Zeughaus Wolfenbüttel, ABB. NR. 68+69.
Zeughaus Lübeck, ABB. NR. 147+229+231.
Zeughaus Schaffhausen, ABB. NR. 34.1+2
Zeughaus Liestal/Baselland, ABB. NR. 143.
Jagdzeughaus Würzburg, ABB. NR. 145.
Zeughaus Stade, ABB. NR. 44.
Arsenal Mont-Royal, ABB. NR. 42+43.
Bürgerliches Zeughaus Wien, ABB. NR. 9.1+2.

II. Längsachse, Hauptportal in der Mitte einer Längsseite:
Zeughaus Mannheim mit der Hauptfront zum Platz hin orientiert, ABB. NR. 357+358.
Zeughaus Gießen, ABB. NR. 157.

III. Längsachse, nicht in der Mitte befindliches Hauptportal:
Zeughaus Köln, ABB. NR. 113+114.

IV. Längsachse, 2 Hauptportale in einer Langseite:
Neues Zeughaus Mainz mit ursprünglich in beiden Geschossen ungeteilten Waffensälen; durch die Portale der Rheinfront war einst sogar Be- und Entladung von Schiffen möglich. [ABB. NR. 11.2.]
Altes Zeughaus Danzig, ABB. NR. 343 ff.

V. Längsachse mit 3 symmetrisch angeordneten Hauptportalen:
Armamentarium Delft mit drei direkt zum Wasser vermittelnden Portalen, ABB. NR. 51/6.1.

VI. Längsachse mit 2 Hauptportalen in der Schmalseite:
Zeughaus Kassel [ABB. NR. 66.2 und ABB. NR. 167+168].
Neues Zeughaus Zitadelle Spandau, ABB. NR. 101.1+2.

VII. Hauptportal in der Schmalseite neben der Mittelachse:
Altes Zeughaus Festung Königstein, Grundriß [ABB. NR. 152.1., ABB. NR. 82+83].
Zeughaus Lemgo, ABB. NR. 140.

VIII. Sonderfälle:
Ein Sonderfall ist das »einflügelige« Zeughaus der frühbarocken Schloßanlage Friedenstein in Gotha. Das Schloß ist in seiner Art, was die Architekturgeschichte, das zugrunde liegende ikonographische Programm und den Grundriß betrifft, singulär! Letzterer zeigt auf ABB. NR. 202.1 die 1643/54 zur U-Form zusammengefügten 3 mächtigen Trakte, die durch eine wesentlich schwächere Mauer im Süden geschlossen und damit zu einer Art Vierflügelanlage wurden.[12] In dieser Anlage [ABB. NR. 202.2] sind die notwendigen Nutzgebäude des Schloßbereiches sämtlich voll in die Kompaktbauten einbezogen, also buchstäblich unter einem Dach in den gesamten höfischen Bereich integriert. So auch die sich diagonal gegenüberliegenden Zweckbauten Marstall und Zeughaus. Letzteres liegt im südlichen Ostflügel und grenzt unmittelbar an einen der wuchtigen Türme, in dem sich früher das Archiv befand. Der Gothaer Chronist Friederich Rudolphi beschreibt den Ostflügel:

»Absonderlich aber wird dieses Schloß der ordentlichen Eintheilung wegen geruehmet; Indem auf der einen Seiten nach Osten zu die Dienst=Gemaecher/nehmlich die Silber=Kammer/Kuechen und Keller/Stuben sambt den Zehr=Garten in einer richtigen Ordnung nacheinander benebst einer geraumen Hoff=Kueche anzutreffen; Und beschleust diese Seite das Zeuchhauß«[13]

Unter den die drei Flügel umziehenden Arkaden liegt das eindrucksvolle Zeughausportal [ABB. NR. 362]. Bisher fanden sich weder Vorbilder noch Nachahmungen der Disposition dieses einflügeligen Waffenspeichers.

13.3 Zweiflügelanlagen

Bei den aus zwei Flügeln bestehenden Zeughäusern kann man zwischen folgenden Typen unterscheiden:

I. 2 weitgehend identische Trakte mit gemeinsamer Längswand:
Neues Zeughaus Danzig, ABB. NR. 175. »Arcenaal op de Gasthuys-velden te Breda«, ABB. NR. 51.1.[14]

II. 2 Trakte rechtwinklig in L-Form aneinandergesetzt:
Das Zeughaus in Augsburg ist eine Winkelhakenanlage, die allerdings aus einem älteren Gebäude, dem 1505 erbauten Kornhaus, und dem unter Elias Holl neu gebauten und mit einer Geschützhalle versehenen weiteren Trakt besteht, in dem sich in der Schmalseite das repräsentative Hauptportal befindet [ABB. NR. 177+356.1]. In der Literatur wird die

Augsburger L-Anlage als Teil eines nicht realisierten kreuzförmigen Zeughauskomplexes angesprochen, wie es J. Furttenbach um 1630 vorschlug [ABB. NR. 52,53], was sich aber planungsgeschichtlich als irrig erwiesen hat; denn der hakenförmige Grundriß wurde schon 1589 durch den Stadtwerkmeister Jakob Eschay eingeleitet. Holl trug die Verantwortung erst ab 1602 bis zur Fertigstellung des Komplexes 1607.[15]

Das Neue Zeughaus der Festung Marienberg über Würzburg von 1708/12 sperrt mit einem Flügel, an den noch bergauf der Kommandantenbau gesetzt ist, den Hals des Bergsporns ähnlich einer Schildmauer im mittelalterlichen Burgenbau [ABB. NR. 92].[16] Flügellängen: 100 m und 60 m.

Das Alte Zeughaus in Ludwigsburg, stets Arsenal genannt, hat L-förmigen Grundriß, wie die ABB. NR. 179+180 zeigen. Diese Form findet hier die Begründung in dem nie verwirklichten Projekt ABB. NR. 181, den Arsenalplatz in der Rasterstadt an dem südlichen Teil mit Arsenal, General-Magazin und Artilleriekaserne einzufassen. Die Ausführung unterblieb zu einem Zeitpunkt, als das Arsenal bereits fertiggestellt war.

13.4 Dreiflügelanlagen

Die dreiflügeligen Grundrißdispositionen, die für die Ausprägung des Barockschlosses so typisch sind, wurden im Nutzbaubereich wenig angewendet. Im Zeughausbereich sind sie ausgesprochen selten. Als Beispiele der ungebauten Zeughausarchitektur ist der Entwurf für Dresden [ABB. NR. 182] zu nennen, bei dessen Öffnung zur vierten Seite hin der damals vorhandene beinah überdimensionale Pulverturm den »Zentralbau« des Baubereiches bildet. August der Starke (1694-1733) soll persönlich zu diesem Projekt Skizzen eingegeben haben. Bei der Hufeisenanlage können die freiliegenden Trakte länger sein als der sie verbindende Quertrakt, wie das z. B. beim Neuen Zeughaus in Zürich von 1838 [ABB. 191] der Fall ist.

Der mächtige Einflügelbau des Zeughauses in Gießen von 1586/90 ist Teil einer durch ihn, Schloß und Rentamt gebildeten Dreiflügelanlage aus unterschiedlichen sich auch nicht berührenden Bauten, die einen freien Platz einschließen.

Weitere Beispiele von Dreiflügelanlagen:
Meppen (*1751), ABB. NR. 74;
Kiel-Friedrichsort, ABB. NR. 189.
Hannover, ABB. NR. 185+65. Maße: Frontbau 85,5 x 18,1 m, Seitenflügel 40 x 18,1 m.

Rendsburg Hohes (*1696) und Niederes Arsenal am Paradeplatz. Aus der dänischen Festungszeit sind zwei U-förmige Arsenale, die mit den freien Schenkeln zusammengeführt, die einmalige Variante einer Vierflügelanlage ergeben.[17]

Das Alte Zeughaus in Mainz, Sautanz genannt, ist eine 1604/05 erbaute U-förmige Anlage direkt hinter dem Neuen Zeughaus am Rhein.

Eines der schönsten Beispiele ist das Zeughaus in der Zitadelle von Lille. Vauban betrachtete diesen seinen Bau *1668 als »Reine des Citadelles«, ABB. NR. 104.1. Seit 1919 liegt das Arsenal in Trümmern.

Ähnlich wie in Friedrichsort, wo der offene Teil des U-förmigen Grundrisses durch eine leichte Mauer mit dem Hauptportal zugesetzt ist und so zu einer geschlossenen Vierflügelanlage überleitet, ist die Situation im Zeughaus Innsbruck [ABB. NR. 118; ABB. NR. 199-201].

Der Zeughauskomplex Kopenhagen * 1598-1604 in dem Kupferstich ABB. NR. 192 bestand aus 3 etwa gleichgroßen Gebäuden, die vierte Seite ist hier durch kurze Querbauten mit der offenen Schiffsdurchfahrt, einem Seetor, versehen. Heute ist als Zeughaus nur der Einflügelbau links auf dem Bild ABB. NR. 193+194 erhalten.

13.5 Vierflügelanlagen

Vier gleichartige oder ähnlich strukturierte Einflügelbauten oder zwei Paare können zu regulären Vierflügelanlagen zusammengesetzt werden. Sie umschließen dann einen quadratischen oder rechteckigen Binnenhof. Zeughäuser dieser Art nach Palazzo-Schema bilden von außen einen massigen Baublock, der meistens üppig verziert wurde. In dem Vorschlag von J. Furttenbach geht dieser von vier gleichartigen Trakten aus, die wie ein Kreuz inmitten eines riesigen mit Gebäuden und Mauern abgeschlossenen Zeughauskomplexes stehen. Grundrisse zeigen die ABB. NR. 331.5,6,7; die Plazierung im Mittelpunkt seiner Handels- und Gewerbestadt ist den ABB. NR. 52+53 zu entnehmen. Auch die Furttenbachsche oktogonale Idealstadt [ABB. NR. 330] weist zentral statt eines Palastes oder Amtsverwalterhauses das defensible Zeughaus dieser Bauart auf und charakterisiert damit diesen Entwurf als eine reine Festungsstadt. Die Realisierung eines solchen Zeughausprojektes ist mir nicht bekannt!

Einige Beispiele:

In der Festung Tönning entstand 1709/13 ein Zeughaus als Vierflügelanlage mit Lafettenmagazin, Werkstatt und Materialhaus. Es wurde schon 1723/24 wieder niedergelegt.
Das Arsenal der Festung Naarden *1688 [ABB. NR. 198.1] ist einer der wenigen Zeughäuser des Vierflügeltyps in den Niederlanden. Einen Blick in den charakteristischen Binnenhof zeigt ABB. NR. 198.3.
Das Arsenal in Warschau *1638/43 ist eine Vierflügelanlage, deren Flügel allerdings von außen jeweils andere Gestaltung erfahren haben. Im Binnenhof sind Arkaden zum Einstellen der Geschütze.[18] Musterbeispiele von Vierflügelanlagen findet man in Frankreich. An erster Stelle ist das Arsenal in der Zitadelle von Arras *1668/70 zu nennen [ABB. NR. 105].[19] Es handelt sich um eine streng symmetrische Anlage im Stile eines Palazzos. Weitere Arsenale dieses Typs gibt es in Auxonne, La Fère u.a. ehemaligen Villes Fortifiées.
Im Idealstadtentwurf von Daniel Specklin im Manuskript von 1583 bzw. der editio princeps seines berühmten Lehrbuches von 1589 [ABB. NR. 326] ist die Bebauung ganz auf das Radialstraßennetz ausgerichtet. Das dem Text nach nicht genau lokalisierbare Zeughaus muß also trapezoiden Vierflügelcharakter haben oder zumindest Teil einer solchen Vierflügelanlage sein.

Sonderformen der Vierflügelanlage:

Eine Sonderform weist das Alte Zeughaus in Dresden (*1559/63), ABB. NR.197.2, auf. Die Vierflügelanlage baut sich über einem Parallelogramm auf. Einer der Längsflügel ist wesentlich schmaler als die anderen Flügel [ABB. NR. 195].
In der Zitadelle von Besançon, die 1677-1711 entstand, stößt man auf eine nicht ganz geschlossene vierflügelige Arsenalanlage. Wegen des Steilabhangs des nahen Felsens mußte der Grundriß als verschobenes Viereck angelegt und diese Form auch im Binnenhof aufgenommen werden.[20]
Ein weiterer Sonderfall wäre beinah das als klassisches Quadrum bekannte und oft beschriebene Berliner Zeughaus geworden, hätte sich der Urentwurf des Johann Arnold v. Nering (1659-1695) durchgesetzt. Grundsteinlegung war am 25.05.1695. Nering hatte für die zweistöckige Vierflügelanlage um einen Binnenhof den feldseitigen Trakt in gebogenem Grundriß im Bau beginnen lassen, weil er Rücksichten auf eine der unmittelbar in diesem Bereich liegenden Bastionen der Stadtbefestigung nehmen mußte. Die Rundung verbesserte das Durchfahren der Bastion mit Wagen und Karren [ABB. NR. 13; 461+462]. Der Nering-Plan wurde von Friedrich Adler 1863 publiziert.[21] Auf die Ähnlichkeit mit dem von Nikolaus Goldmann vorgelegten Zeughausentwurf wies Isolde Küster hin [ABB. NR. 218].[22] Bei dem Bau dieses Flügels aber stürzte ein Teil der Wölbungen ein. Der Nachfolger des Architekten und Bauleiters Martin v. Grünberg (1655-1706) änderte den Plan zum rektangulären Vierflügelbau ab. Die Maße des Kubus betragen außen 90 x 90 m; der Binnenhof hat 39 m Seitenlänge.
Das ideale Zeughausprojekt von Friedrich Weinbrenner (1766-1826) [ABB. NR. 334.1-4] stellt ein ganz in klassistischer Art konstruiertes vierflügeliges Zeughaus über exakt quadratischem Grundriß dar, welches in der Mitte eines rechteckigen rundum mit zahlreichen Hilfsgebäuden bestandenen Zeughofes steht.[23]

13.6 Sonderformen

Zeughäuser im Bereich von auf Bergen liegenden Wehrbauten stehen oft innerhalb des Berings unmittelbar an der Umfassungsmauer oder sind Teil derselben. Das hat den Hauptgrund in den meist ungünstigen topographischen Verhältnissen, weil der Platz auf dem Berg nicht ausreichte, die Bauten weiträumig auseinanderzuziehen. Das eindrucksvollste Beispiel für diese Situation ist das spätgotische Zeughaus in der Veste Coburg, welches das Luftbild ABB. NR. 78 und der dazu synoptische Lageplan ABB. NR. 77 als den die gesamte Anlage beherrschenden Bau erkennen lassen. Die Gegenüberstellung von fotografischer und zeichnerischer Bestandsaufnahme, letztere mit Einzeichnung der Umfassungsmauer ABB. NR. 37+38 sowie ABB. NR. 39+40, zeigen den gewaltigen Kasten von den Längs- und Schmalseiten. Die Ringmauer läuft durch das Gebäude bzw. dieses sitzt mit seiner Außenmauer auf dieser auf. Der Grundriß ist deshalb auch nicht genau rechteckig.
In der 1656/80 zur Festung ausgebauten Burg Stolpen sind vom defensiblen Zeughaus noch eine Reihe von Schießscharten erhalten. Der in seiner Größe nur vom noch erhaltenen Kornhaus übertroffene Waffenspeicher lehnte gegen die äußere Mauer bzw. war Teil derselben. Das Gebäude war multifunktional; denn es beinhaltete neben den Waffen die Obere Wache sowie auch Wirtschafts- und Wohnräume. Es ist bekannt als Zwangsaufenthaltsort der Reichsgräfin Cosel (1680-1745).
Aus dem Alten Zeughaus der Festung Rosenberg über Kronach, welches ebenfalls wie das benachbarte Neue Zeughaus [ABB. NR. 87] auch mit seiner Außenmauer den ehemaligen mittelalterlichen Bering aufgenommen hat,

ließen sich die Rüstungsgüter aus dem 1. Stockwerk unmittelbar auf den Wall fahren, wie das ABB. NR. 405 zeigt. Der Grundriß paßt sich dem ausgestellten Bering an. Das Gebäude war ursprünglich durch Scharten zu verteidigen, wie das auch beim Zeughaus der Willibaldsburg über Eichstätt [ABB. NR. 89] festzustellen ist.

Das leider heute ruinöse Zeughaus in der Oberfestung des Hohentwiels [ABB. NR. 85.2] hat ein leicht verschobenes Rechteck als Grundriß wegen der Nachbarbebauung der sog. Fürstenburg, auf die Rücksicht genommen werden mußte.

Doch auch in der Ebene gibt es Sonderfälle. So zeigt ABB. NR. 113 das Zeughaus in Köln, welches mit seiner Südseite auf der gesamten Länge von 66,80 m in den Jahren 1594-1606 auf der römischen Stadtmauer gegründet wurde.

Das Zeughaus aus der 2. Hälfte des 16. Jh. in der Zitadelle Jülich hatte — wie eine Vorkriegsaufnahme ABB. NR. 99 zeigt — unmittelbare Kommunikationsverbindung mit dem Oberwall aus dem Obergeschoß heraus, weil das Gebäude mit seiner Rückfront unmittelbar gegen den Innenwall in der SW-Ecke der Zitadelle eingestellt war, wie es das Luftbild ABB. NR.96 aus der Zeit kurz vor der sinnlosen Zerstörung zeigt.

Ähnlich lehnte das Alte Zeughaus in der Zitadelle Spandau [ABB. NR. 101.1] an dem Innenwall der S-Kurtine, wie die ausgegrabenen und inzwischen gesicherten Baurelikte ABB. NR. 235 deutlich belegen.

Hier muß aber noch ein Sonderfall aus dem Bereich der nichtgebauten Zeughäuser vorgestellt werden. Nach den großartigen theoretischen Überlegungen von J. Furttenbach d. Ä. zu einem Zeughauskomplex inmitten der »Gewerb = Statt-gebaeuw« [ABB. NR. 52,53] bringt sein Sohn in der Publikation über die »Paß Verwahrung" von 1651 zwei von ihm selbst »in das Kupffer geradirte« Blätter mit Profil und Grundrissen der vom Vater im Text genau beschriebenen Invention eines »Stadtthors zu gleich aber auch das Zeughauß zuversetzen und ... zuverwahren waere« [ABB. NR. 55.1-2].[24] Es handelt sich um eine permanente, defensible Torpassage von der er entsprechend der Anzahl der Zugänge für seine Idealstadt 4 Anlagen vorsieht [ABB. NR. 52+53]. Von diesem neuen Zeughaustyp sind die Furttenbachs so überzeugt, daß sie von ihrem früher publizierten Zeughausprojekt Abstand nehmen:

»Nun das alte Zeughauß kan quitirt, und anderwarts zu gebrauchen«[25]

Es handelt sich um die Invention einer Stadttorfortifikation, die an das nach traditioneller Art im Wall stehende Torgebäude anschließt. Neu ist die Lage im Inneren der Stadt und nicht feldseitig vor den Torgebäuden wie das bei den hochmittelalterlichen Barbakanen stets der Fall war. Der Furttenbachsche Entwurf stellt eine unmittelbar gegen den Innenwall geschobene Verteidigungseinrichtung dar, die mustergültig nach den Forderungen der »beiden Architekturen« konstruiert ist und mit ihren baulichen Einrichtungen die Torpassage perfekt kontrollieren und einen eindringenden Feind in seinem Vormarsch in die Stadt zu jeder Zeit hindern kann. Die Anlagen bestehen aus über rechteckigem Grundriß erbauten palisaden- und grabenumwehrten Dreiflügelanlagen, die zur Stadtseite mit je zwei Halbbastionen ähnlich einem Hornwerk aus der niederländischen Befestigungsmanier abschließen, und zum Innenwall hin mit aus Erdreich angeschütteten Plattformen für rückwärtigen Geschützeinsatz bestehen.

Die Konstruktion ist in sich konsequent und erfüllt die Grundforderungen des neuzeitlichen Festungsbaus. Jede Stelle im Umfeld ist durch Feuerwaffen beherrschbar. Da die Entfernungen kurz sind, kommen vorzugsweise kleine mobile Geschütze zum Einsatz, die etwa zum Feuern des Hagelschusses geeignet sind, was besonders gegen Fußtruppen und Pferde im Nahbereich — und um den handelt es sich hier — gefürchtet war. Die Hauptschußlinien in den beiden Ebenen kann man den Kupferstichen entnehmen. Aber auch und besonders der durch Geschützplattformen verstärkte Innenwall und der durch drei defensible Kasernen- und Magazinbauten gebildete Binnenhof ist durch die besondere Architektur und vorgegebene Schußrichtungen raumerfüllend beherrschbar. Aus den Kasernen heraus sollen die Soldaten im Alarmfall auf einen durch eine krenelierte Mauer geschützten Gang treten und durch entsprechende Scharten in den als Zwinger wirkenden »Principal Hoff« schießen und mit

»Handgranaten/Brandkugeln/Bechringen/Stainen/Pistol= vnd Pandalierschussen/etc. gewaltig auff die Feind herunder spilen/vnnd also gleich in diesem Paß solchen boesen Leuten das Trinckgelt geben koenden«[26],

so der Autor in seiner farbigen Schilderung. Zwei im Plan symmetrisch zur Längsachse vorgesehene Zeughäuser in sicherster, also stadtseitiger Position, sind

»einig vnd allein mit dem Vorrath deß groben Geschuetzes außzuruesten«.

Die anderen Waffen finden ihre Lager in den oberen Kammern und unter den Dächern. Auch besitzen die in der »Paß Verwahrung« ansässigen Söldner und Handwerker eine eigene Ausrüstung, die sie in ihren Wohnungen als Leibrüstkammern privat verwalten und pflegen:

»Der Schuetzen Gewoehr anbelangt/so solle zuvorderst ein jeder sein Mußqueten auff der Achsel/Item sein Seitengewoehr/neben einem starcken Dolchen/vnd einer Pistolen an den Guertel steckend/haben. Ferner vnd vber das/in seiner Wohnungsstuben/in einem besondern verschlossenen Kasten/noch ein gemeines Luntenrohr/sowol noch ein Fewrschloß Pandalierrohr/oder auch ein Pestone, neben einem Vorrath von Pulffer vnnd Lunten/Kuglen/Item ein

Helleparten/Sturmhauben vnd Schußfreyen Leib/in Vorrath haben...«[27]

Bei der Beschreibung der »civilischen Gebaeuwen« ihrer defensiblen Torpassage teilen die beiden Autoren mit, daß als Besatzung in Betracht kommen

»in Woehr= vnd Waffen wolgeuebte/erfahrne/getrewe Patriotten vnd Burger/oder dergleichen Landleüt/... mit sonderbarer industria, neben gutem Verstand zu defendiren wissen«[28].

Besonders den Handwerkern wollen die Furttenbachs »Losamenter« bauen, in denen diese ihrem Handwerk in Ruhe nachgehen können und dabei den Vorteil bieten, Tag und Nacht einsatzfähig zu sein. Wegen der Betreuung des Inventars der Waffenspeicher möchten sie besonders Büchsenmeister und Waffenproduzenten ansiedeln. Die ledigen wie verheirateten Stadtsoldaten unter der Führung eines Leutenants sind in entsprechenden Kammern und Stuben untergebracht, wobei auch an Küchen, Brunnen, Aufzüge, Abtritte [Secrets] u.a.m. gedacht ist.

Die beiden Geschützhallen des Zeughauses haben runde Schießscharten, durch die eine Defension im Frontalschuß und aus den benachbarten beiden Kellergewölben auch der Flankenschuß zur vollkommenen Bestreichung der letzten stadtseitigen Brücke möglich ist. Die »leütenants und corporals cammern« liegen über den Zeughausgewölben und schließen baulich die »Granatten Cammer« ein, in die auch die Fallgatter des darunterliegenden Tortunnels aufgezogen werden. Im reichlich vorhandenen Dachraum sollen nicht nur ganz oben Kornböden eingerichtet sein, auf denen auch die Privatrationen der Besatzung lagern, sondern auch eine große Zahl

»Armerien vnd Ruest Kammer[n]« für »Handwaffen vnd Mußquetten/Handt: vnd Pandtalier Rohren/Pistolen/... Doppelhacken auff ihren Boecken dastehend/ Harnisch/ Piquen/Helleparten/Lunten/Sailer/Handmuehlen/etc. in Summa alle vonnoethen habende Handwaffen/in geschmeidiger vnd guter Bereitschafft...«[29]

Im engsten Raum, der aus Sicherheitsgründen direkt unter dem First liegt, sollen Vorräte an Pulver und seine Bestandteile, Handgranaten, Brandkugeln, Pech- und Sturmkränze »wol verwahrt gehalten werden«.

Die Furttenbachs schlagen also eine für ihre Zeit in höchstem Maße defensible weil konsequent fortifikatorisch begründete Torpassage einschließlich vollkommen geschützter Zeughäuser vor, die nach ihrer Meinung für jede Toranlage einer befestigten Stadt erforderlich seien und das in früheren Traktaten vorgestellte Zeughaus ersetzen sollten. Bei diesen »inneren Barbakanen« handelt es sich um ungebaute Wehrarchitektur, denn mir ist keine nach diesen Vorstellungen ausgeführte Anlage bekannt.[30]

13.7 Zeughäuser bzw. Arsenale als Gebäudekomplexe aus der Traktatliteratur

Wenn um das Gebäude des Waffenspeichers eine Reihe von Nebengebäuden nachzuweisen sind, deren Funktionen der Zweckerfüllung des Hauptgebäudes dienen, so handelt es sich um Zeughaus- bzw. Arsenalkomplexe. In der Bauwirklichkeit sind Zeughauskomplexe selten, in der Literatur aber kommen eine Reihe von Entwürfen vor, die hier vom Grundriß her angesprochen werden müssen. Die oben erörterten Hauptaufgaben des Zeughauses wurden in den Komplexen ergänzt, indem man in ihren Bereichen zumindest Teile der Rüstungsgüter und Waffen produzierte. Deshalb waren die dazu notwendigen Werkstätten und Magazine einschließlich der Personalwohnungen vorhanden. Die Inventoren gruppierten diese Bauten um das zentrale Zeughaus als Quadrat- oder Rechteckanlage und schufen so zwischen diesen und dem Zentralbau geschützte Werkhöfe. Im Gegensatz zu den Marinearsenalen, die stets Komplexe waren, um den Schiffbau, deren Ausrüstung und Armierung zu gewährleisten, war im Bereich der Landzeughäuser die Produktion der Waffen und Rüstungsgüter vor dem 19. Jh. meist dezentralisiert, die Werkstätten bzw. die Manufakturen waren z. T. weit zerstreut im Lande. Zwischen dem Herstellungsort und dem Stapelplatz war oft ein langer Transport notwendig. Bedeutende deutsche Zeughauskomplexe gab es in den Freien Reichsstädten Nürnberg und Ulm. Während von der Nürnberger Anlage nur noch ein Teil des ehemaligen Haupteingangstraktes [ABB. NR. 117+417] vorhanden ist, kann man in Ulm trotz stärkster Zerstörungen im II. Weltkrieg und in den Nachkriegsjahrzehnten wesentliche Gebäude und Teile davon noch vor Ort erfahren. Hellmut Pflüger hat den Zeughauskomplex zeichnerisch rekonstruiert [ABB. NR. 215.1]. Es hatte sich herausgestellt, daß die Darstellung von M. Merian in dessen »Topographia Sveviae« von 1643 [Ausschnitt als ABB. NR. 215.2] fehlerhaft ist.[31]

Am besten wird die Einrichtung eines Zeughauskomplexes deutlich am Entwurf von Johann Rudolph Fäsch in dem »ausfuehrlichen Dessein« von J. F. Penther auf ABB. NR. 219, Fig.1. Er fordert folgende in Gebäuden festinstallierte Institutionen um sein zentral gelegenes Zeughaus:[32]

1) Artillerie=Officiers Wohnung
2) Corps de Garde
3) Platz zu Putzung des Hau= und Schies=Gewehrs
4) Platz zu Putzung Schies=Gewehrs
5) Proviant=Haeuser
6)   „   „
7) Magazin zu Karren und allerhand Flechtwerck
8) Magazin zu allerhand Schantz=Zeug
9) Zeug=Wagners ⎫
10) Zeug=Buechsenmeisters ⎪
11) Zeug=Schmids ⎬ Wohnung und
12) Zeug=Drechselers ⎪ zum Theil Werkstätte
13) Stueckgiessers ⎪
14) Zeug=Schlossers ⎭
15) Gies=Haus
16) das eigentliche Zeug=Haus
17) die Wage
18) Stueckgiesser
19) Zeug=Seiler
20) Zeug=Zimmermeister
21) Bediente zur Wage
22) Zeug=Tischler
23) Zeug=Buechsenschaefter
24) 25) 26) 27) 28) 29) Artillerie=Officiers
30) Magazin zu allerhand Schantz=Zeug
31) Magazin zu allerhand Materialien
32) Magazin zu Pulver=und Kugel=Waegen
33) Magazin zu Laffeten und Protz=Waegen
34) 35) Roß=Muehlen
36) Palisaden
37) 38) Caponieren
39) Palisaden
40) Bauzimmer=Hof
41) Hand=Muehlen
42) Magazin zu allerhand Bruecken=Geraethe
43) Magazin zu allerhand Hebezeug
44) Magazin zu den Pontons und ihren Wagen
45) Hand=Muehlen
    Bl. Bley=, Bo. Bomben=, Br. Brunnen=,
    Ku. Kugel=Plaetze.

Von J. R. Fäsch stammen die in den ABB. NR. 222-228 wiedergegebenen Kupferstiche zu seinem grandiosen Zeughauskomplex, in dem der Bauhof und das Proviantmagazin eine besondere Rolle spielen. Penther lobt den Projektvorschlag zum Fäsch'schen Zeughauskomplex, kritisiert aber das Fehlen eines Laboratoriums und glaubt nicht, daß in der Baupraxis einem Bauherrn eine solche riesige Fläche zur Verfügung stehe, um diesen Vorschlag zu realisieren. Er merkt an, daß z. B. Palisaden und Brückenhölzer nicht unbedingt im Zeughausbereich gelagert sein müssen, sondern daß dafür so manche ungenutzte Stelle in der Stadt bzw. Festung mit einem Schuppen dienen könne. Im »Behaeltnis der Kriegs=Geratschaften«, also im Zeughaus selber, sollten aber die notwendigsten Waffen gestapelt sein. Er verweist auf die beiden Kupferstiche des von ihm als Vorbild angesehenen Arsenalkomplexes vom Mont-Royal im Traktat von Surirey de Saint Remy von 1697 [ABB. NR. 42+43]. Penther legte auch einen eigenen Entwurf eines Zeughauskomplexes vor. Ein palastartiges Quadrum toskanischer Ordnung [ABB. NR. 220] bildet das die gesamten Nebengebäude stark überragende Zentralgebäude einer im ganzen quadratischen Anlage [ABB. NR. 221]. Die Funktionen der Gebäude entnehme man den Legenden zu den Abbildungen im Bildband.[33]

Ein weiterer Zeughauskomplex aus der Hand des Bautheoretikers Leonhard Christian Sturm, von ihm als »Zeughaus für einen Reichsfürsten« bezeichnet, ist im Grundriß ein aus zwei parallel liegenden langrechteckigen Zentralgebäuden in einem durch diverse Nebengebäude nach außen abgeschlossenen Rechteckareal, wie es ABB. NR. 219, Fig.1, im Grundriß zeigt. ABB. NR. 353 zeigt die gleichartige innere Disposition der dreischiffigen Zeughausflügel, ABB. NR. 354+355 die wichtigsten Ansichten von Haupt- und Nebengebäuden. Die Funktionen der Bauten entnehme man den ausführlichen Legenden zu den Abbildungen im Bildband.[35] Sturm publizierte auch den Vorschlag des Nikolaus Goldmann zu einem Zeughauskomplex. ABB. NR. 218 zeigt die Lagedisposition dieser Anlage, die außen mit vier Pulvertürmen und Wohngebäuden für Personal und Handwerker und »alle [Personen] die Waffen machen oder aufbutzen« abschließt, im Inneren aber das Zeughaus aus sich kreuzförmig schneidenden Flügeln vorsieht, vor denen sich vier Märkte ausbreiten, die mit einer Mauer eingefaßt sind. Das von Goldmann vorgesehene Areal hat bei einer Seitenlänge von 90 Rheinländischen Ruten 81 000 Quadratruten Fläche. Zahlreiche Gassen münden im Komplex, um das Geschütz im Ernstfall über viele Gassen ausfahren zu können. Die Funktion der Gebäude entnehme man ebenfalls der Legende zur Abbildung im Bildband.

Als letztes Beispiel aus der deutschsprachigen Traktatliteratur verweise ich auf den Arsenalkomplex des Königlichen Professors der Mathematik in den französischen Artillerieschulen und Ordentlichem Kommissar der Artillerie, Monsieur Bernard Forest de Bélidor (1693-1761) aus seinem Buch »Ingenieur=Wissenschaft bey aufzuführenden Vestungs=Werken und buergerlichen Gebaeuden« von 1757/58.[35] Grundriß, Ansicht und Profile zeigt die ABB. NR. 250. Der dreischiffige Kompaktbau ist umgeben von über die Außenwände verbundenen Nebengebäuden, in denen vor einer Schmalseite Werkstätten, nach rechts und links Schuppen und in den beiden das Hauptgebäude flankierenden pavillonartigen Bauten Wohnungen für die Artillerieoffiziere, also für das höhere Zeugpersonal untergebracht sind. Das als Fig. 1 beigegebene Profil des Arsenals nach der Linie E. F. in Fig. 6 zeigt, daß das Gebäude nicht eingewölbt ist, sondern Holzbalkendecken aufweist. Die als ABB. NR. 251.1+2 abgebildete Handzeichnung zeigt mit

Sicherheit keine Kaserne in Saarlouis, sondern ist eine leichte Modifikation des Arsenal-Entwurfs von Bélidor für Saarlouis [?].³⁶ Auf Bélidors Entwurf für ein doppelstöckiges, gewölbtes, einflügeliges Zeughaus [ABB. NR. 249] mit der originalen Beschreibung sei an dieser Stelle verwiesen. »Apparatus bellicus MDCC ...« ein vierflügeliger Zeughauskomplex mit im Binnenhof liegendem Flügelkreuz und einem Turm als Zentralbau im geometrischen Mittelpunkt der Anlage ist in dem nicht verwirklichten Projekt von Zacharias Longelune (1669-1748) für Dresden-Neustadt als Entwurfszeichnung des kursächsischen Hofmedailleurs Heinrich Paul Groskurt (zw. 1694-1751) für eine Medaille von 1731 [ABB. NR. 329] überliefert. Die Medaille wurde nie geprägt, da der Zeughauskomplex nicht gebaut wurde.³⁷ Die Federzeichnung befand sich einst in der Korrespondenz des ranghöchsten kursächsischen Generalfeldmarschall Reichsgraf A. Christoph von Wackerbarth (1662-1734) von 1732 mit König August dem Starken.

ANMERKUNGEN:

[1] In den Marinearsenalen spielt die Iteration von ganzen Gebäuden eine große Rolle. Vgl. dazu die Pläne der im Kapitel genannten Marinearsenale und zum Vergleich ein rektangulärcs mit einem zirkularen Marinearsenal [ABB. NR. 332 und ABB. NR. 333].

[2] Vgl. W. Götz: Deutsche Marställe des Barock, 1964, S. 46.

[3] Das heißt nicht etwa, daß man schweres Geschütz nicht auf einer bogenförmigen Linie positionieren kann. Gerade in den Batterietürmen der Transitionszeit gab es diese Möglichkeiten genug, auf die man sich wieder in der Neudeutschen Befestigungsmanier besann, als man in der 1. Hälfte des 19. Jh. in den klassizistischen Großfestungen wiederum gerundete, also turmartige Wehrbauten zum kasemattierten Geschützeinsatz in polygonale Tracés einbaute. »Turm Ungenannt« auf dem Ehrenbreitstein über Koblenz ist ein frühes Beispiel, aber auch das »Fort Tilly« in Ingolstadt und zahlreiche Bauten in der ehemaligen Bundesfestung Ulm.

[4] Vgl. Kapitel 18.2.

[5] Vgl. Kapitel 20.3.

[6] Codex im Rijksarchief Limburg zu Maastricht, Signatur Kaart-coll.nr. 367.

[7] Vgl. Chr. Römer: Die Dominikaner in Braunschweig. Vom mittelalterlichen Paulinerkloster zum St.-Albertus-Magnus-Kloster, 1980.

[8] Vgl. H.Wäscher: Die Baugeschichte der Burg Querfurt, ²1956, S. 14 f, Abb. 4. — R.Schmitt: Bauarchäologische Forschungen auf den Burgen Querfurt, Neuenburg/Freyburg und Heldrungen, in: Beiträge zur Burgenforschung. Festschrift Hermann Wäscher zum 100. Geburtstag, 1989, S. 138-151.

[9] Vgl. F. Michel: KDM Koblenz, Profane Denkmäler, ²1986, S. 54 f.

[10] Ehemalige Leonhardskapelle auf dem Petersberg, in: KDM Erfurt, Bd. 2, 1929, S. 643-648.

[11] Vgl. L. Fronsperger: Kriegßbuch, Bd. 2, 1596, S. CVIIᵛ.

[12] W. Steguweit stellt in seinen Anmerkungen zur Baugeschichte fest: »Schloß Friedenstein ist ein Bau, dessen einzelne Teile — Hauptflügel, Seitenflügel, Treppenhäuser, pavillonartige Türme — eindeutig eine Dreiflügelanlage bilden, »das erste vollendete Hufeisen in Deutschland (Thomae)«. Maße des Hofes 86 x 65 m bei Flügellängen von 140 und 110 m. Vgl. Museen der Stadt Gotha: Von der Kunstkammer zum Schloßmuseum, ²1987, S. 7, 10, 11.

[13] Vgl. F. Rudolphi: Gotha Diplomatica, Bd. II, 2. Teil, 1717, S. 162. Dazu jüngst G. Skalecki: Deutsche Architektur zur Zeit des Dreißigjährigen Krieges. Der Einfluß Italiens auf das deutsche Bauschaffen, 1989, S. 228-232.

[14] *1770. Grundriß, Ansicht, Schnitte im Algemeen Rijksarchief 's-Gravenhage, Kaartafdeling OBZ-434. Abb. in Dienst Gebouwen, Werken en Terreinen [Hrsg.]: 300 Jaar Bouwen voor de Landsverdediging, 1988, S. 86.

[15] Baureferat der Stadt Augsburg: Das Augsburger Zeughaus, o. J., S. 8 f.

[16] Eine eindrucksvolle Schildmauer ist auf der Willibaldsburg über Eichstätt erhalten. Dort kann man die einstige Sperr- und Schutzfunktion eines solchen Bauwerks im hochmittelalterlichen Burgenbau deutlich ablesen.

[17] Eine eindrucksvolle Synopse von modernem Senkrechtluftbild und farbig angelegter und durch das Fortifikationstracé ergänzter Grundkarte im Stadtkernatlas Schleswig-Holstein in der Bearbeitung von J. Habich, 1976, S. 154/155. Hauptmann G. Wittje gibt in seinem Manuskriptdruck »Charakteristik der Festung Rendsburg« in der Mitte des 19. Jh. fol 35 eine Beschreibung:
»Die zur Vertheidigung nöthigen Haupt-Etablissements befinden sich im Neuwerke, hier ist das massiv erbaute, mit 2 Seitenflügeln versehene und 4. Etagen enthaltende Zeughaus A, mit den, durch einen Hofraum mit Mauer und Thor getrennten, daran angebauten Werkstätten der Schmiede, Stellmacher, Tischler, Schlosser, Metall= und Holzdrechsler etc., welche in ihrer Front nach außen hin die Bureaux und Modellkammern enthielten. Auf dem Hofe der Werkstatten lagern die gegen den förmlichen Angriff bestimmten Bombenkanonen=, Kanonen=, und Mörserröhre, alles von Eisen und schwedischem Guß, im ganzen waren nur 6- bis 84pfündige metallene Mörserröhre vorhanden. Im Untern Raume des Zeughauses standen, sowie auch noch auf dem Vorhofe desselben, die zu den obigen Röhren gehörigen Lafetten. Vor der vordern Front lagerten die schweren Bomben sowie der Rest aller noch übrigen Fahrzeuge. Am Fuße des Walles von Königsflügellinie, an der Westseite des Zeughauses lagerten noch an 50. metallene 6 pfündige Kanonenröhre, welche theils holländischen, englischen, französischen oder italiänischen Ursprungs waren«

[18] Vgl. W. Hentschel: Die sächs. Baukunst des 18. Jh. in Polen, Bd. 1, 1967, Das Zeughaus [Warschau] S. 316-319, Abb. 423-427.

[19] Das Vierflügelarsenal in der Zitadelle Arras ist das Zentralgebäude der Festung, welches in der Lage genau auf die Achse der Porte Royale orientiert ist.

[20] Vgl. R.Dutriez: Besançon Ville Fortifiee de Vauban à Séré de Rivières, 1981, Plan S. 275, Nr. 23.

[21] Vgl. F. Adler: Aus Andreas Schlüters Leben, in: Zeitschrift für Bauwesen, Bd. 13 (1863).

[22] Vgl. I. Küster: Leonhard Christoph Sturm, Leben und Leistung auf dem Gebiet der Zivilbaukunst in Theorie und Praxis, Dissertation, Berlin 1940, S. 62 [masch.-schriftl.].

23) Vgl. Kapitel 17.1.
24) Vgl. Langtitel von J. Furttenbach, Paß Verwahrung, 1651. Dieser Traktat umfaßt nach der Dedikation 28 Textseiten und die Kupfertafeln C und D. Vgl. ABB. NR. 322.5.
25) ebenda S. 1.
26) ebenda S. 14
27) ebenda S. 26
28) ebenda S. 18
29) ebenda S .23
30) Mir ist keine Anlage bekannt, die nach diesen Vorstellungen erbaut wurde. Natürlich sind die Gedanken bei der zusätzlichen Sicherung von Toranlagen mittelalterlicher Befestigungen nach Einführung der Feuerwaffen überall aktuell gewesen. Das führte zu Konstruktionen von feldseitigen, mit den Toren durch Flügelmauern verbundenen Wehranlagen, den Barbakanen. Diese machten die Toranlagen oft zu wahren Torburgen. Ein hervorragendes Beispiel ist die genau über einem exakten Halbkreis errichtete Barbakane vor dem Hauptzugang zur Grafenburg in Carcasonne. Vgl. L. Deveze: Carcasonne, Firenze 1980, Abb. S. 5, 16 u.a. In F. Grimal: Cité de Carcassonne, 1966, o. S., abgebildet die klassische Barbakane der Porte Narbonnaise mit ihrem kompletten Verteidigungssystem einer solchen hochmittelalterlichen Torverteidigungsanlage ante portas ähnlich den Aufgaben der Grabenkaponnieren späterer artilleriebezogener Militärarchitektur. Als Beispiele von Barbakanen der Transitionszeit verweise ich auf das Vorwerk des Reichenbacher Tores, genannt Kaisertrutz, in Görlitz von 1490, eine Zirkularbefestigung von 19 m Durchmesser, und die Runde Bastei vor dem Florianstor in Krakau, vgl. J. Piwowonski: Mury, Ktore Bronily Krakowa, Krakow 1986, Taf. 11,15. In Rothenburg ob der Tauber hat man zur zusätzlichen Torsicherung im 16. Jh. eine im Grundriß achteckige weil aus zwei zusammengelegten ringförmigen Verteidigungsanlagen bestehende, ebenfalls einen »Principal Hoff« bildende, das Spittalviertel absichernde Toranlage mit 7 Toren errichtet. Auch hier war der Artillerieeinsatz von Anfang an vorgesehen. Vgl. K. Heller, Rothenburg in Wehr und Waffen, ²1926, S. 36 f, Grundriß u. Schrägsicht. In Neubrandenburg liegen weit vor der Flucht der Ringmauer besonders vor Friedländer und Neuem Tor Zwinger bildende Verteidigungsanlagen und Zingel genannte dreigeschoßige Defensionswerke aus 4 m dicken Mauern mit je 20 Schießscharten für Armbrust [!], Hakenbüchsen und Kleingeschütz. Vgl. G. Krüger: KDM Mecklenburg-Strelitz, Bd. I, III. Abteilg. Amtsgerichtsbezirk Friedland, Neubrandenburg 1929, S. 90 f. Diese Beispiele aus einer Fülle insgesamt unter dem hier angesprochenen Gesichtspunkt noch nicht näher untersuchter Torvorverteidigungsanlagen zeigen feldseitige Ausbreitung mit defensiblen Werken — nicht stadtseitige wie in den Vorschlägen der Furttenbachs. Vgl. U. Mainzer: Stadttore im Rheinland, Bildband, 1975. — K. R. Langewischer Nachf. [Hrsg.]: Tore, Türme und Brunnen aus vier Jahrhunderten deutscher Vergangenheit, Königstein i.T. 1960 und [angekündigt für 1991] A. Antonow: Stadttore. Von der Antike bis zur Gegenwart.
31) Vgl. J. F. Penther: Buergerliche Bau=Kunst, 4. T., 1748, S. 73 f.
32) Siehe dazu die ausführlichen Legenden zu ABB. NR. 215+216.
33) Vgl. J. F. Penther, op. cit., Tab. LXII, Fig. 3, S. 74-76.
34) Vgl. L. Chr. Sturm, op. cit., S. 25 ff. — Dazu auch J. F. Penther, op. cit., S. 71-73, Tab. LXII, Fig. 2.
35) Germ. ed. Nuernberg 1757/58, Teil 1/IV, Taf. 27 f; frz. ed. princ. Paris 1729 als »La Science des Ingénieur ...«.
36) Vgl. T. Huber: Saarlouis Beispiele einer barocken Festungsstadt, 1980, Abb. 39.
37) Wohl ist die Vorderseite mit dem Porträt Augusts des Starken schon auf dem Avers einer Goldmedaille [o. J.] auf die Wiederherstellung des Weißen Adlerordens 1705 — so wie hier dargestellt — geprägt worden. Farbabbildung auf dem Umschlag von Bd. 13 des Jahrbuchs der Staatlichen Kunstsammlungen Dresden für 1981.

14. Der Baukörper aus konstruktiver Sicht

Ein Baukörper setzt sich aus Bauwerksteilen, diese aus Bauteilen und diese wiederum aus Bauelementen zusammen. Bauelemente sind die kleinsten aus Baustoffen geformten Einheiten unterschiedlichster Bearbeitung, deren Verwendungsformen sich entweder aus der Notwendigkeit der Konstruktionen ergeben oder aus dem Bedürfnis des Architekten und Bauherrn nach Schmuck und Verzierungen. Bauteile sind unterschiedlich gestaltete Einheiten, die als Teile des Bauwerks tragende oder raumteilende Funktionen haben, Bauwerksteile sind die großen Teile eines Baukörpers wie Joche, Gewölbe, Dächer usw. Im Baukörper des Gebäudetyps »Zeughaus« begegnet man sämtlichen bautechnischen Konstruktionsmerkmalen und Baumaterialien wie bei anderen Bauaufgaben auch. Es waren oft die gleichen Architekten am Werk, der Zeitgeschmack schlug sich an mehreren Gebäuden unterschiedlichster Nutzungen nieder, ein aufeinander abgestimmtes Gebäudeprogramm mußte verwirklicht werden, und schließlich sollte das Gebäude nach außen hin seine Zweckhaftigkeit demonstrieren.

14.1 Baumaterial und Wände

Das Baumaterial mit seiner speziellen Behandlung gab den Zeughäusern mit dem jeweiligen Grund- und Aufriß das für den Bau typische architektonische Bild und signalisierte dem Betrachter die Zweckmäßigkeit und die Schönheit des Gebäudes. Das Baumaterial wurde nach unterschiedlichsten Kriterien in der Planungsphase des Neubaus festgelegt. So bestimmten z.B. im nord- und nordwestdeutschen und niederländischen Bereich das geologische Fehlen von Naturstein das Bauen in Kunststein, also in Ziegeln, wie es die Zeughäuser von Lübeck, Rendsburg, Kiel-Friedrichsort, Vechta, Altes Zeughaus Oldenburg [ABB. NR. 151], Arsenalkomplex Oldenburg, Jülich, Köln usw. und fast alle Zeughäuser im niederländischen Raum [ABB. NR. 51.1-51.5] beweisen. Nur zur Betonung bestimmter Achsen, Kanten, Gesimse, Gurte, Friese sowie zu den Dekorationselementen wurde der wesentlich teurere Naturstein herantransportiert. Wo Naturstein in beliebiger Menge und ausreichender Qualität anstand, etwa beim Zeughausbau in den auf Bergen liegenden Festungen Kronach [beide Zeughäuser ABB. NR. 87.3], Wülzburg, Rothenberg [ABB. NR. 91][1] u.v.a. entstanden die ganzen Baukörper aus lagerhaft geschichteten Natursteinblöcken. Viele von ihnen waren steinsichtig angelegt, die rechtwinkligen Blöcke also sauber behauen und meist auch mit mehr oder weniger ausgeprägten Verzierungen z.B. durch Saumschlag oder Ausformung als Diamantbossen oder nur durch unterschiedliche steinmetzmäßige Oberflächen-Bearbeitungstechniken versehen[2], z.B. das Landwehrzeughaus Berlin [ABB. NR. 482.1]. Einen Verputz innen wie außen wendete man an, wenn Lesesteine oder unregelmäßig gebrochenes Steinmaterial unterschiedlichster Größen und Strukturen auch unter Verwendung von Schutt etwa in Schalenmauern zu Wänden aufgemauert wurden, wie z.B. im Zeughaus Wolfenbüttel. Dort ist jüngst nach genauster Analyse der Handkellenputz alter Art aufgebracht und wieder rot eingefärbt worden. Das Foto ABB. 24 zeigt deutlich die Oberflächenstruktur der verputzten Außenhaut. Es kamen unterschiedliche Putztechniken zur Anwendung. Besonders hinzuweisen ist auf den Streifenputz am Zeughaus Lemgo, der in der alten Hansestadt ortstypisch ist.[3] Bei Putzbauten begegnet man oft Hausteinblöcken als wirksame Kantenbetonung, z.B. bei den Zeughäusern im Baustadel Amberg [ABB. NR.115], Stade [ABB. NR. 44], Königstein [ABB. NR. 83.2], Schweinfurt [ABB. NR. 384], Stadtzeughaus Coburg [ABB. NR. 403], Überlingen [ABB. NR. 141+142]. Dort wurden die Blöcke zur Stabilisierung an den Gebäudekanten oft ein- und ausspringend gesetzt, diese aber entweder als Sichtteile beibehalten — wie z.B. die interessanterweise nur platzseitigen Kanten des Zeughauses Wolfenbüttel [ABB.NR. 21+24], in der Zeichnung ABB.NR. 22 — oder ohne Rücksicht auf die Maße der wirklich darunterliegenden Quader illusionistisch übermalt — wie die nach exakter Bauanalyse jüngst am Zeughaus Luzern wiedererstandene ideale Quaderung mit starker gemalter [!] Schattenwirkung [ABB.NR. 414.3] zeigt — oder man berücksichtige die statisch bedingte Eckquaderung nicht und überputzte bzw. überstrich einfach mit der zugehörigen Wandung, wie das am Zeughaus Liestal [ABB. NR. 144] zu beobachten ist. Illusionistisch ist auch die Bemalung von Teilen der Fassaden im Zeughauskomplex Ulm, wo — wie es die Aufnahme der Zeughausgasse von 1930 [ABB. NR. 230] zeigt — bei dem Wiederaufbau des Löwenbaus 1977 weißer Verputz mit eingeritzter Idealquaderteilung und Facetten-Quadereinritzung um die Fenster nach historischem Befund rekonstruiert wurde. Beim Ganzziegelbau kommt es häufig zur Verwendung von Hausteinen zur Betonung bestimmter Achsen und Linien, häufig gerade im 19. Jh. auch zur Verwendung von Formziegeln unterschiedlichster Gestalt und Farben. Beispiele dafür sind die Waffenspeicher Arsenal Oldenburg [ABB. NR. 399], Neues Zeughaus Zitadelle Spandau [ABB. NR. 101.2+398] und Bauten im K. K. Arsenal in Wien [ABB. NR. 338-340]; letzteres ist auch ein Musterbeispiel für die Verwendung von Terrakotta als Werkstoff, besonders für Bildwerke und Ornamente. Formziegel tauchen aber auch schon früher auf, so z.B. die Ziegel mit den eingebrannten Vertiefungen für die Scharniere von Fenstern und Türen im Zeughaus Rendsburg [ABB. NR. 388+389]. Da man keine Natursteinblöcke zur Verfügung hatte, in die man nach uralter Technik die notwendigen Eisenteile mit Blei hätte fixieren können, kam es zu dieser technisch notwendigen Lösung, während bei den eben zitierten Zeughäusern die Formziegel meist zu pompösen [Wien] oder verhaltenen Dekorationszwecken [Oldenburg] benutzt wurden.

Holzarchitektur — Fachwerk gehörte lange Zeit zu den »niederen« Bauaufgaben, die lange ohne Traktate blieb, obwohl sich sehr früh ganze Städte in Niedersachsen, Elsaß, Schweiz, Hessen, Franken in vorbildlicher Weise in Fachwerkarchitektur darstellten, darunter Wolfenbüttel, Braunschweig, Hannover und Celle als Residenz- und Festungsstädte des 16. und 17. Jh. Obwohl es preiswerter als die Massivbauten war, ist Fachwerk nur an wenigen Zeughäusern nachweisbar, so am Herzoglichen Zeughaus Hannover als auf den massiven zweistöckigen Unterbau gesetztes drittes Stockwerk, wie es ABB. NR. 111 aus der Vorkriegssituation zeigt, in Lemgo [ABB. NR. 140] und in Innsbruck [ABB. NR. 200], wo das Zeughaus im 3,25 m hohen Obergeschoß aus verputztem Fachwerk besteht. Letzteres war ganz im Gegensatz zu den beiden zuerst erwähnten Zeughäusern ein Zweckbau ohne größere Repräsentationsaufgaben. Weitgehend ungeklärt ist noch das in Hornburg im Volksmund »Zeughaus« oder »Stelzenhaus« genannte Fachwerkgebäude von 1565 mit einer deutlich erkennbaren Verlängerung der straßenseitigen Schmalseite von 1609.[4]

Im Barock wurde generell die Rustizierung der Außenwände im Erdgeschoß- bzw. Sockelbereich für große öffentliche Bauten üblich. Es läßt sich eine Fülle unterschiedlicher Rustizierungsarten feststellen. Allen voran geht in dieser Epoche die Bänderrustika, wie sie an den repräsentativen Zeughäusern in Berlin [ABB. NR. 337+360], Leipzig [ABB. NR. 20], Bürgerliches Zeughaus Wien [ABB. NR. 9], Neues Zeughaus Mainz [ABB. NR. 11], Magdeburg [ABB. NR. 149+150] und an anderen Orten zu finden ist. Es gab selbst Bänderrustika in Ziegeln am Zeughaus Willemstad [ABB. NR. 171] und am Hohen Arsenal Rendsburg [ABB. NR.387], wo auch aus der Fassadenebene hervortretende Türrahmen und Gesimse aus Feldbrandsteinen bestehen. Jedes einzelne Zeughaus muß in Fragen des Baumaterials und der Anwendung individuell untersucht werden. Über innere Mauerkonstruktionen geben nur Autopsie und Analyse vor Ort Auskünfte. Der heutige Zustand von Fassaden entspricht nicht immer dem Urzustand. War z. B. das Zeughaus in der Zitadelle Jülich [ABB. NR. 98] als Ziegelbau ursprünglich verputzt oder wie die benachbarten Schloßflügel steinsichtig [ABB. NR. 97+99], so zeigt sich z.B. heute das mächtige Zeughaus in Gießen in für die Gegend typischem rotbraunen Bruchsteinmauerwerk [ABB. NR. 159] und gibt einen intensiven Eindruck des einst martialischen Gebäudes. Doch der Schein trügt. Das gesamte Gebäude war einst verputzt und — wie glaubhafte Quellen berichten — sogar polychrom gefaßt. Damit hatte der Bau für Zeitgenossen einen ganz anderen, sicher auch mehr repräsentativen Eindruck vermittelt, zumal — wie oben schon ausgeführt — das Zeughaus zusammen mit dem benachbarten Schloß und Rentamt als ein Baukomplex gesehen werden muß.

Die Materialkunde mit Mauerwerk, Bodenbeschaffenheit usw. wird in der historischen Traktatliteratur nur wenig und wenn überhaupt, dann nicht in den Traktaten zur Architectura Militaris sondern nur in den zur Architectura Civilis gehörigen abgehandelt.

14.1.1 Fundamentierung

Das meist massive Zeughausgebäude wird über die Sockelzone nicht nur gegen aufsteigende Erdfeuchte vom angeschütteten oder/und natürlich anstehenden Boden getrennt, es sitzt auch auf dem die gewaltigen Bodendrücke aufnehmenden Fundament. Das Fundament verhindert das Einsinken des Gebäudes insgesamt und in seinen Teilen in den Baugrund und beugt damit dem Zerreißen oder der Einsturzgefahr auf Dauer vor. Techniken dazu sind seit dem Altertum bekannt. Sie reichen vom einfachen Natursteinfundament, in dem Steine härtester Art und größter Dimensionen in den Fundamentgraben eingebracht wurden, bis zu hochkomplizierten Holzpfahl- bzw. Holzrostgründungen in feuchtem Baugrund. Da ein Baucharakteristikum des Zeughauses [bei einigen unten vorzustellenden Ausnahmen] die Kellerlosigkeit ist, war das jeweilige Fundamentierungsproblem zu allen Zeiten im Vergleich zu ähnlichen Großbauten mit Kellern einfacher zu lösen. Drei Besonderheiten möchte ich hier erwähnen:

◆ Findlingsgründung: Bei der Besichtigung des Zeughauses in Meppen fällt auf, daß aus dem Untergrund in die heutige Rasenebene hinein große Findlinge sitzen, die dort auch beim Einbruch eines bis zum Boden gehenden Verandafensters ans Tageslicht kamen. Der ganz aus Ziegeln bestehende dreiflügelige Waffenspeicher wurde in einer einst feuchten Gegend 1771 ff errichtet, und man brauchte für das Fundament diese waagrechte Schichtung aus Findlingen. Ob diese Fundamentierung vielleicht zu einem früheren heute Paulsburg genannten festen Amtssitz des 14. Jh. († 1562) gehört, auf deren Resten man das Zeughaus zweckmäßigerweise gegründet hat, läßt sich wohl nur durch archäologische Untersuchungen klären.[5] Auf den Findlingen liegt eine poröse Schicht von Ziegelmehl und Schlacken, darauf ruht dann die erste Ziegelschicht. Diese Fundamentierungsmethode ist im Sandboden Norddeutschlands sehr verbreitet, zumal die Lesesteine von den Feldern weggeschafft wurden und die Landwirtschaft nicht weiter behinderten. Auch das Zeughaus in Lübeck hat ein solches Fundament, allerdings aus behauenen Findlingen. Auf ABB. NR. 147 ist die obere Schichtung deutlich zu erkennen. Diese Technik wurde jüngst bei Ausgrabungen im Bereich der oberirdisch bis auf das Zeughaus restlos geschleiften Zitadelle von Vechta ergraben.[6]

♦ Pfahlrostgründung: Das im im folgenden Kapitel 14.2 näher behandelte defensible Zeughaus der klassizistischen Festung Germersheim soll in Zukunft Museumszwecken dienen. Als Voruntersuchung zur Standfestigkeit der mit Wänden von 3,90 m Dicke ausgestatteten Kasematten mußte die Fundamentierung punktuell untersucht werden. Bekannt war, daß das Zeughaus in einst feuchtem Gebiet eines alten Rheinarms errichtet wurde, welches seit langer Zeit durch Grundwasserabsenkungen trocken fiel und so gefährliche Setz- und Senkungsrisse am Zeughaus bedingte. Die Untersuchung ergab, daß die Fundamente auf einem waagerecht liegenden Eichenholzrost aufgemauert sind, der Rost wiederum bündelartig auf bis zu 12 m langen Eichenholzstämmen ruht, die einst in den Untergrund gerammt wurden. Diese Fundamentierungstechnik ist seit der Antike bekannt. Gefahr für die Tragfähigkeit entsteht, wenn die Hölzer trocken fallen, denn dann erst beginnt der Fäulnisprozeß, der nur noch durch moderne Nachgründung ersetzt werden kann. Die Pfahlrostgründung wird bei zahlreichen im flachen und einst feuchten Land errichteten Zeughäusern anzutreffen sein.[7]

♦ Felsgründung: Zumindest Teile der Zeughäuser in der Veste Coburg, den Festungen Rosenberg über Kronach, Willibaldsburg über Eichstätt, Marienberg über Würzburg, sind auf Fels und gleichzeitig mit einem Teil auf ältere Wehrmauern gegründet. Ein partiell einmaliges Fundament besitzt das Zeughaus in Köln, es ruht mit der gesamten Südfront auf der römischen Stadtmauer.

14.1.2 Keller

Bis auf wenige Ausnahmen besitzen als Waffenspeicher neu erbaute Zeughäuser in der gesamten Betrachtungszeit keine Unterkellerung. Diese Beobachtung ist ein weiteres Gebäudecharakteristikum und insbesondere aus der Tatsache abzuleiten, daß die voll bepackten Geschützhallen riesige Bodendrücke erzeugten, und die früher nur empirisch einzuschätzende Statik der leeren Gehäuse der meist massiven Waffenspeicher noch stark komplizierten. Die meisten Geschützhallen waren neben dem riesige Bodendrücke ins Gebäude bringenden Geschützrohren noch mit schweren Steinplatten oder Pflasterung versehen. Die Traktate schweigen also aus einleuchtendem Grund zu diesem Thema. Nur zwei zeitlich weit auseinanderliegende Autoren verlangen Unterkellerung. Der eine war Albrecht Dürer i.J. 1527. Die Zeughäuser seiner Königsstadt sehen schwere Einwölbungen und Unterkellerung vor [ABB. NR. 325]. Der andere war Julius von Wurmb. Er fordert in seinem ›Lehrbuch der Kriegsbaukunst‹ von 1852 für seine »Depositorien der Artillerie-Zeughäuser«:

»Ferner sind diese Gebäude mit luftigen und trockenen Kellern zu versehen, in welche Rampen, nicht Stiegenführen sollen, damit sie als Fuhrwerks- und sonstige Depots benützt werden können«.[8]

Wurmb konnte den Keller fordern, da er im Erdgeschoß seines Zeughauses keine Rohre, sondern nur Lafetten, Bettungen, Speichen, Naben, Felgen, Achsen nebst Eisenteilen und Mörser-Schleifen lagern wollte. Nur Zeughäuser, die von Anfang an multifunktional geplant und gebaut wurden, versah man hier und da mit Kellerräumen. So ist für die Vierflügelanlage in Dresden von 1559/63 überliefert, daß in den Kellern Wein gelagert wurde, wie das im von Anfang an unterkellerten Stadtzeughaus in Coburg auch der Fall war [und noch ist!].[9] Der Chronist Dresdens, Anton Weck, berichtet 1580 von dem merkwürdigen aus sieben Jochen bestehenden »Zeughauß=Keller«, in dem zu seiner Zeit immerhin »13752 Eymer« Wein lagerten. Seinen Text findet man als ABB. NR. 196.

Ein weiteres kombiniertes Waffen-/Wein-Speichergebäude ist von Anfang an das Neue Zeughaus der Festung Marienberg über Würzburg von 1708/12. Da, wo einst in einer stützenlos gewölbten Halle des 100 m langen und 20 m breiten Südflügels bis 1867 die Geschütze standen, befindet sich heute das Weinmuseum des Mainfränkischen Museums mit seiner »Kelterhalle«.

Das Alte Zeughaus in der Festung Rosenberg über Kronach besitzt im Südteil einen originalen Keller sowie eine Brunnenanlage. Das Gebäude hatte stets multifunktionale Aufgaben.

Das Kurfürstliche Zeughaus in Mannheim von 1777/78 mußte nach dem II. Weltkrieg im oberirdischen Gehäuse neu aufgebaut werden, im Inneren aber hat der aus schweren Sandsteinquadern gebaute und mit Kreuzgratgewölben versehene dreischiffige Keller [ABB. NR. 246] das Inferno heil überstanden. Hier wird heute die römische Sammlung des Reiss-Museums präsentiert.

An der Zeughaus-Ruine in der Festung Rothenberg kann

man heute noch die Schächte erkennen, die für die Belüftung der Gewölbe unter dem Zeughaus und seinen Nebentrakten dienten. Man darf aber nicht von einer Unterkellerung sprechen, weil die riesigen Hohlräume schon vor dem Zeughausbau vorhanden waren. Es handelt sich um den überwölbten inneren Graben der 1703 geschleiften Ganerbenburg, dem Vorläuferbau der heutigen Festung.
Wie eine solche Kellereinrichtung im 16. Jh. aussah, zeigt der Querschnitt des Großen Magazins von Metz auf ABB. NR. 26/8.1, welches 1570 in der dortigen Zitadelle als Lebensmittelmagazin entstand. Die Weinfässer liegen in exakter Reihung in dem dreischiffig eingewölbten Erdgeschoß. Im Zeughaus Liestal/Baselland *1523 wurde erst für die Museumsnutzung das Gebäude teilweise unterkellert. Aus ähnlichen Gründen unterkellerte man auch das i. J. 1981 fertiggestellte Zeughaus in Neumarkt in der Oberpfalz, ABB. NR. 45.1+4. Im neuen Keller konnte die für ein Theater- und Konzerthaus notwendige Technik verschwinden.

14.1.3 Stützen — Säulen/Hallen — Gewölbe

Die gebäudetypische Geschützhalle im Erdgeschoß eines Zeughauses für das »grobe Geschuetz« und die darüberliegende Waffenhalle für das »klein Geschuetz«, beide voll eingerichtet mit zeittypischem Inventar der Mitte des 18. Jh., zeigen in »Perspectivischer Vorstellung« die Kupferstiche ABB. NR. 35+36 von Georg Balthasar Probst (um 1731-1801). Solche oder ähnlich große Räume, gewölbt oder flach gedeckt, sind aus mehreren Gründen für das Zeughaus vom 15. bis zum Ende des 19. Jh. gebäudetypisch. Man benötigte große Räume für die Unterbringung der schweren Feuerwaffen und des Großgerätes zu ebener Erde, darüber in mehreren Stockwerken leichter zu handhabendes Kleingerät. J. F. Penther bemerkt:

»… ist es ein Aufenthalt des so genannten groben Geschuetzes, welches wohl verdienet, daß es einen eigenen ordentlichen und sichern Ort zur Verwahrung habe, Worzu nun eben kein hohes Gebaeude noethig waere, da die Canonen=Laeufe und Moerser sich ohne grosse Muehe nicht in die Hoehe bringen lassen; Allein da doch dieserwegen ein ziemlicher Raum noethig ist, so sucht man diesen noch besser zu nutzen, und ueberbauet den Raum … noch mit ein oder zwey Etagen, um in selben das kleine Geschuetz bewahren zu koennen und vorraethig beysammen in guter Ordnung zu haben«.[10]

Das massenhafte Lagern von Gütern in großen Räumen bzw. Hallen hat auch andere Vorteile. In großen Räumen sind bekanntlich die Temperaturschwankungen geringer. Die konstante Trockenheit kam den eingelagerten Gütern zugute. Gewölbe oder feste Decken hielten aber nicht nur die Temperatur konstant, sondern sie schützten auch bei Brand und direktem Beschuß. Daher wurden bei größerer Reichweite der Geschütze die Gewölbe im 18. und besonders 19. Jh. durch entsprechende Dimensionierung bombensicherer gemacht. Die Höhe der Räume trug sicher schon früher zur Demonstration der militärischen Macht bei, denn von Hallen ging stets eine besondere Wirkung auf die Menschen aus — man denke an sakrale und profane Hallen in anderen Gebäudetypen. In erster Linie aber war im Zeughaus als Waffenspeicher Stapelraum »die Wände hoch« notwendig, wie es die eben zitierten Abbildungen deutlich zeigen.

Räume werden durch Decken nach oben abgeschlossen. Im Zeughausbau trifft man auf Holz- und Massivdecken. Die ersteren sind ebene Decken, sie werden im folgenden Abschnitt besprochen, letztere sind gewölbte Decken. Vgl. die Synopse der ABB. NR. 4 + 5. Stützen in Form von Pfeilern und Säulen in vielfältigsten Formen und Maßen leiten als tragende Bauwerksteile von oben auf sie einwirkende Kräfte ab. Dazu gehören neben dem Eigengewicht des Gebäudes auch die Lasten von Regen, Schnee und Wind sowie die Verkehrslasten auf den verschiedenen Böden. Der untere Deckendruck wird punktuell auf wenige Stellen der Stützen konzentriert. Dadurch werden keine durchgehenden oder längeren Wände notwendig. So tragen Stützen zur Raumvergrößerung bei und zur besseren Kommunikation zwischen den durch ihre Aufreihungen gebildeten Schiffen. Auch sind sie Gliederungselemente der Geschützhallen. Allerdings sind die Abstände der Stützen für Deckenbalken konstruktiv begrenzt durch die maximal verwertbare natürliche Länge von Baumstämmen, die nur ca. 6 m beträgt. Legte man also einen Deckenbalken auf einer Stütze auf und verlängert ihn quasi durch einen weiteren Stamm, so konnte man den Raum bei Schaffung einer Zweischiffigkeit verdoppeln.

Säulen- bzw. pfeilergestützte zwei- bzw. dreischiffige Hallenarchitektur gab es schon in früheren Zeiten: Ritterliche und mönchische Hallen [z.B. Dormitorien], Versammlungs- und Festhallen, Rathaus- und Sitzungssäle, Hospitalhallen, Marställe, Manufakturgebäude [z.B. Tuchhallen], Stapelorte der Hafen- und Handelsstädte usw. Der christliche Kirchenbau ist seit der salischen Zeit ohne Säulen nicht vorstellbar.[11] Während aber in den Kirchenschiffen der Fluchtpunkt im Mittelschiff auf den Altar im Chor oder einer Apsis liegt, ist die Hauptblickrichtung in der Geschützhalle des Zeughauses stets auf die Hauptportale gerichtet, die eine Einfahrt von Gespannen, oft sogar eine Durchfahrt durch die gesamte Halle ermöglichten.

Schon in der Antike gab es ausgeprägte Hallenbauten. So waren neben dem griechischen und römischen Tempelbau zu Marktzwecken oder für öffentliche Gerichtsverhandlungen gebaute Hallen pfeiler- bzw. säulengestützt. Höchste Ausprägungen erhielten Säulen im Tempelbau. Ein dem Thema dieser Arbeit sehr naheliegendes Beispiel zeigt ABB. NR. 23 mit ergrabenem Grundriß und Rekonstruktion des durch 2 Stützpfeilerreihen dreischiffig gemachten

Arsenalgebäudes ›Skeuothek‹ im Hafen von Piräus, erbaut 346-330 v. Chr. für die Ausrüstung von 150 athenischen Kriegsschiffen. Das Gebäude war 118,40 m lang und 16,25 m breit. Die Stützen dienten als Träger des Daches und als Ordnungssystem für die Lagerhaltung. Für jedes Schiff war ein Joch vorhanden, in dem sehr hoch gestapelt wurde, weshalb die Fenster knapp unter dem Triglyphenfries angeordnet sind.[12] Es handelt sich um eine der zahlreichen Präfigurationen der mehrschiffigen frühneuzeitlichen Stapelhalle im klassischen Altertum.

Gewölbe sind sphärische Raumdecken für Längsbauten i. Ggs. zu Kuppelabschlüssen, die in Zeughäusern originär nicht vorkommen.[13] Das Tonnengewölbe ist die einfachste und billigste Lösung für ein- bis dreischiffige Waffenspeicher. Kreuzgewölbe mit den typischen Graten sind wesentlich seltener. Kreuzrippengewölbe mit spitzen Bögen bestehen aus den kraftableitenden Rippen, die Kappen sind mit leichtem Material geschlossen, so z. B. die im Krieg zerstörte spätgotische Zeughaushalle des Westbaus im Zeughauskomplex Ulm von 1522, die ein Vorkriegsfoto [ABB. NR. 232] zeigt. Dort bestanden die Kappen aus Ziegeln. Ein weiteres Beispiel ist der dreischiffige Kanonensaal im Stadtzeughaus München von 1491/93, ABB. NR. 297.1 + 2. Aus 10 Säulen steigen die Rippen unmittelbar auf und bilden in der Begrenzung der Joche Spitzbögen, während sich in dem Joch kreuzende Rippen exakte Halbkreise bilden.

Im Zeughausgewölbebau gab es echte bautechnische Leistungen. So etwa ist die rund 100 m lange Geschützhalle des ab 1709 erbauten und 1867 von sämtlichen Waffen und Rüstungsgütern geräumten Neuen Zeughauses der Festung Marienberg völlig stützenlos erbaut worden. Für 1719 ist nachgewiesen, daß hier neben Weinkeltern 160 Kanonen plaziert waren. Die heute größte profane Halle in Niedersachsen ist die durch 22 Pfeiler in drei Schiffe geteilte Geschützhalle des Zeughauses Wolfenbüttel. Die Einwölbungen des Kasseler Zeughauses als eines der größten je erbauten Waffenspeicher muß beeindruckend gewesen sein!

Stützen sind lotrechte Bauelemente unterschiedlichster Querschnitte und Längen zur punktförmigen Aufnahme von Lasten i. Ggs. zu Mauern, die flächige Auflagen haben. Sie bilden in ihrer regelmäßigen Reihung eine Versteifung des Baukörpers, was bei den gewaltigen Dimensionen einer Geschützhalle, ja eines ganzen Zeughausmassivbaus notwendig war. Die wichtigsten Formen der Stützen sind Pfeiler und Säulen. Bei den Pfeilern kommen solche mit quadratischen und andere mit rechteckigen Querschnitten vor. Ihre Kanten sind meist abgefast. Bei den Säulen unterscheidet man im kunsthistorischen Sinne die Säule von der Rundstütze. Erstere hat die klassische Entasis genannte Schwellung, während die Rundstütze stets gleichen Durchmesser aufweist, wie das Beispiel in der Waffenhalle auf der Plassenburg [ABB. NR. 19.1] zeigt. Die Standorte der Stützen im Grundriß der Geschützhallen sind stets abhängig von der Hallengröße und vor allem von der Spannweite der Gewölbe. Die Stützen wiederholen sich in gleichförmiger Reihung und sind damit eindrucksvoll raumgliedernd. Rundstützen sind jahrhundertelang aus Stein, selten aus Holz; erst im 19. Jh. im Rahmen der Entwicklung der ›Eisenarchitektur‹ wird das Material Eisen zu hohlen Rundstützen bzw. Säulen vergossen, wie etwa das Zeug- und das Wagenhaus im Arsenal Oldenburg [ABB. NR. 414.4 und ABB. NR. 496] anzeigen. Jetzt konnten durch die günstigen Materialeigenschaften des Gußeisens gleiche Lasten mit wesentlich dünneren Stützen getragen werden, so daß solche Geschützhallen zumindest einen Teil ihres martialisch-festen Eindrucks verloren.[14]

Bei hölzernen Stützen findet man zwischen Stützenkopf und Holzbalken der Deckenträger einen Konstruktionsteil, der Sattelholz genannt wird. Wie auf ABB. NR. 258+259 aus dem Zeughaus Schweinfurt ersichtlich, verkürzt das waagerechte Sattelholz, welches aus mehreren übereinanderliegenden unterschiedlich langen Stücken bestehen kann, die freie Länge des Balkens und damit dessen Spannweite. Es verbreitet gleichzeitig dessen Auflage, d. h. die Durchbiegung des Balkens wird reduziert. Oft sind Sattelhölzer mit Schnitzereien wie in Schweinfurt oder in Lübeck verziert, originale Farbfassungen ließen sich noch nicht nachweisen. Hölzerne Pfeiler ruhen meist auf einer steinernen Fußplatte, wie die Beispiele Namur [ABB. NR. 262] und Schweinfurt [ABB. NR. 257] sehr eindrucksvoll zeigen. Das hatte sicher auch seinen Grund in der Abweisung kapillarer Feuchtigkeitswirkungen[15] und auch eine Art Prellsteinfunktion beim robusten Umgehen mit dem schweren Gerät in der meist schlecht beleuchteten Geschützhalle. Der Vierkantpfeiler ist meist aus einem Baum gefertigt und mehr oder weniger stark gefast, wie es die Fotos aus dem Obergeschoß des Zeughauses Solothurn [ABB. NR. 50.2 und ABB. NR. 122] belegen.

Gewölbe ruhen auf Stützen, die als Pfeiler oder Säulen ausgebildet sind. Große Kräfte nach den Seiten wirken auf die Umfassungsmauern, die nicht nur aus wehrtechnischen Gründen, sondern auch aus empirisch-statischen Gründen oft sehr dick aufgemauert sind. So weist z. B. das Zeughaus Kopenhagen mit rund 7 m auffallend dicke Außenwände auf, während das Wolfenbütteler Zeughaus nur auf Dicken von 1,90 m im EG kommt, bei einer Geschoßhöhe von 6,50 m; im OG fällt das Maß sogar auf 0,80 m ab. Es lag allerdings »weitab vom Schuß«. Das eingewölbte Zeughaus Vechta hat so schmale, geziegelte Außenmauern, daß dem Gewölbedruck von außen wie bei den oben behandelten Pulvermagazinen Kontreforts entgegengestellt werden mußten. Die ABB. NR. 153+154 zeigen, daß vor jeder Längsseite 6 Pfeiler lehnen und sogar Pfeiler über Eck an den 4 Gebäudekanten errichtet wurden. Zwischen Stütze und Last liegt der Pfeilerkopf als Zwischenglied, wie bei der Säule das Kapitell. ABB. NR. 239.1 zeigt den Blick in eines der beiden Nebenschiffe des Zeughauses Wolfenbüttel mit den mäch-

tigen Pfeilern. Man erkennt den gestelzten Gewölbeansatz mit ca. 90° für die Seitenschiffe, welche die gleiche Scheitelhöhe haben wie das Hauptschiff. ABB. NR. 239.2 zeigt die Nahaufnahme eines solchen reich profilierten Pfeilerkopfes. Freistehende Stützen haben bei Gewölben oft ihre Entsprechung in Wandvorlagen oder Kragsteinen. Letztere wurden als Konsolen oftmals selber Zierglieder wie z. B. die Konsolen in den baugeschichtlich verwandten Zeughäusern von Kopenhagen und Wolfenbüttel.
Säulen sind in der Geschützhalle von Waffenspeichern also primär funktional eingesetzt, wenn auch hier und da besonders dekorative Lösungen gefunden wurden wie z.B. im Holl-Bau des Augsburger Zeughauses, wo marmorne monolithische Säulen stehen, die einen Durchmesser von nur 38 cm aufweisen. Die Architekten und Ingenieure benutzten Säulen mit symbolisch-allegorischen Aussagen und zur Dekoration nicht in der Geschützhalle, sondern vornehmlich außen am Gebäude. Vgl. dazu Kapitel 18.5.

Einige Beispiele erhaltener, nichtgewölbter Geschützhallen:

Graz: 5 Stockwerke, alle durchgehende Hallen mit Holzdecken und Holzstützen bei einem Gebäudemaß von 11,5 m x 52,65 m. ABB. NR. 298 zeigt eine der zahlreichen Stützen.[16]

Lübeck: Das mit 10 x 60 m Grundfläche auffallend schmale einschiffige Gebäude besaß keine Stützen, die quadratischen Deckenhölzer mit Seitenlängen von 35 bis 38 cm steckten beiderseits in den Wänden, bildeten also eine offene Balkendecke. ABB. NR. 146 zeigt den Grundriß, ABB. NR. 231 den Querschnitt des Gebäudes. Die beiden oberen Geschosse wurden einst von auf der Längsachse stehenden Holzsäulen in der Stärke von 28 x 57 cm geteilt, die an die Dachstuhlhängewerkkonstruktion angebunden waren. Unter dem Dach gab es einst noch drei Böden.

Lüneburg: Das Glockenhaus mit 40 m Seitenlänge hat drei Stockwerke, die Holzdecken und je 14 Ständerkonstruktionen, die die Hallen dreischiffig und etwa gleichbreit einteilen, sind weitgehend erhalten. Von außen sind die Decken deutlich ablesbar durch die stichbogigen Fensteröffnungen, unter denen im 1. und 2. Geschoß grün glasierte Platten zu einem durchgehenden Fries zusammengesetzt sind. Das spitzbogige Portal zur Glockenstraße hin war das Hauptportal zur Halle im Erdgeschoß.

Ludwigsburg: Das neue Zeughaus im Erdgeschoß besitzt lange Hallen ohne Stützen; Querschnitt zeigt ABB.NR.478, zur Hofseite beiderseits des Mittelrisalits je 6 große Portale, die direkt in die EG-Halle führen. Ihre Pendants zur Mathildenstraße bestehen aus großen, fast bis zur Straßenebene durchgehenden Fenster.

Luzern: a) Vier Säulen bilden die Zweischiffigkeit, Grundriß ABB. NR. 155. ABB. NR. 414.2 zeigt eine der Säulen aus Stein in dorischer Ordnung. Die Decken sämtlich aus Holz.
b) Das dreischiffige Musegg-Magazin benötigt 16 Säulen zur Einteilung des Raumes von 26 x 52 m. Sie stammen noch aus der Erbauungszeit 1685/88.

Mainz: Das Neue Zeughaus hatte vor dem Krieg im EG und OG durchgehende Hallen.[17]

Mannheim: Im EG trugen einst 2 Reihen je 14 monolithische Säulen dorischer Ordnung eine flache Holzdecke auf Unterzügen. Das Kellergeschoß mit Kreuzgratgewölben in 3 Schiffen auf rechteckigen Pfeilern ist noch original. Nachempfundene Säulen sind im EG zwar beibehalten, die Decke aber in Stahlbeton ausgeführt [ABB. NR. 245].

Mont-Royal: Der Schnitt durch das Gebäude [ABB. NR. 47.1 aus ABB. NR. 42] zeigt die flachgedeckte dreischiffige Geschützhalle und die stockwerkspezifische Einrichtung. Das Mittelschiff ist auffallend schmal, weil es wohl nur der Ein- und Ausfahrt dienen sollte.

Namur: Die hölzernen Pfeiler [ABB. NR. 260-263] sind sehr grob und ohne Verzierungen gearbeitet. Sie stehen auf Blausteinquadern. Interessant sind die originalen Wandauflagen, wie sie ABB. NR. 263 in einer Nahaufnahme zeigt.

Oldenburg: Im Alten Zeughaus tragen nur zwei echte Säulen die Erdgeschoßdecke, wie ein historischer Plan [ABB. NR. 151] anzeigt.

Oldenburg: Im Arsenalzeughaus bestehen die Rundstützen aus hohlen gußeisernen Rundstützen, also Rohren, wie es zeitgenössische Zeichnungen [ABB. NR. 415] mit Ansicht, Querschnitt und Untersicht des Kapitells zeigten. In den anderen Gebäuden des Arsenals einst ebenfalls eiserne Rundstützen. Vgl. ABB. 496.2+3.

Saarlouis: 40 Stützen im Arsenal vom Typ Mont-Royal [ABB. NR. 250+251].

Stein am Rhein: Das dreigeschossige Zeughaus mit 2 Böden unter dem Dach, im EG starke Holzpfosten mit Trägern, offenbar aus der Erbauungszeit 1621/24.

Schwäbisch-Hall: Der Grundriß [ABB. NR. 71] zeigt, daß drei Stützen die Flachdecke tragen. Insgesamt sind 3 gleichbreite Schiffe mit je 5 Jochen vorhanden. Eindrucksvolle hölzerne Ständer und Holzbalkendecken sind erhalten, wenn auch in veränderter Form.

Schweinfurt: ABB. NR. 258 zeigt eine der wenigen erhaltenen, weil lange Zeit eingemauerten hölzernen achteckigen Stützen, die auf Steinplatten stehen. ABB. NR. 258 zeigt den oberen Teil der Stützen mit dem Sattelholz.

Solothurn: Es gibt in der noch mit originalem Steinfußboden versehenen Geschützhalle 12 freistehende Stützen und 6 Wandvorlagen, sämtlich mit unterschiedlichen quadratischen Querschnitten, wie der Grundriß [ABB. NR. 41.1] zeigt. Einer der mächtigen Steinpfeiler ist auf ABB. NR. 414.1 zu sehen.

Zürich: ABB. NR. 4 zeigt ein Musterbeispiel einer flachen Zeughausdecke mit Rundstützen.

Einige Beispiele erhaltener, eingewölbter Geschützhallen:

Amberg: Bei den eben abgeschlossenen Sanierungsarbeiten und archäologischen Untersuchungen am Baustadel hat sich gezeigt, daß die heutige Einwölbung im EG des Südflügels nach Fertigstellung des Gebäudes geschah, als sich offenbar die Notwendigkeit einer gewölbten Geschützhalle zur Lagerung von Feuerwaffen und wahrscheinlich auch Pulver als zwingend erwies.

<u>Augsburg</u>: Der Altbau weist 2 Reihen mit je 5 Pfeilern auf und ist dreischiffig. Der Holl-Bau ist ebenfalls dreischiffig mit 2 Reihen von je 9 Säulen aus Marmor mit je 2 Wandvorlagen, ergibt je 10 Joche. Der Abstand der Säulen in der Längsrichtung beträgt erstaunliche 5,60 m bei einem Säulendurchmesser von nur 38 cm.

<u>Berlin</u>: Ursprünglich 64 mächtige Pfeiler in jedem der beiden Geschosse; Vorkriegsfoto ABB. NR. 465. Kupferstich aus Lorenz Beger »Thesaurus Brandenburgicus selectus«, Bd. II, um 1700 zeigt einen Blick in die dreischiffige Halle, die einst fast sakrale Wirkung hatte. Dazu auch das Vorkriegsfoto auf ABB. NR. 244. Grundrisse für beide Stockwerke [ABB. NR. 461+462] nach dem Umbau im ausgehenden 19. Jh.

<u>Coburg</u>: Das zweischiffige Stadtzeughaus, Grundriß ABB. NR. 165, hatte einst 7 Säulen. Die Geschützhalle liegt über einem Keller!

<u>Danzig</u>: Altes Zeughaus [ABB. NR. 172] vierschiffig, 15 Pfeiler in drei Reihen bilden insgesamt 24 Joche. Pfeiler erkennbar auf dem Foto ABB. NR. 240.

<u>Dresden</u>: Im Alten Zeughaus gab es 35 mittlere Säulen in 4 Flügeln; Grundriß ABB. NR. 197.2.

<u>Dresden</u>: Arsenal, Gewölbe im Hauptgebäude getragen von zahlreichen Pfeilern. ABB. NR. 484 zeigt den Grundriß des dreiflügeligen Hauptgebäudes.

<u>Eichstätt-Willibaldsburg</u>: 22 Stützen ergeben Dreischiffigkeit. ABB. NR. 89.1 zeigt den Grundriß.

<u>Gießen</u>: Grundriß ABB. NR. 157 zeigt 15 freistehende quadratische Pfeiler auf der Mittelachse der zweischiffigen Geschützhalle; ABB. NR. 158 Schnitt a-b zeigt auch die exakte Plazierung der Stützen in den 5 folgenden Geschossen, genau auf den vertikalen Achsen der Stützen des EG. Die Dimensionierung der hölzernen Stützen nimmt mit der Höhe ab, da die Lasten geringer werden.

<u>Gotha</u>: Das Zeughaus ist einschiffig mit einem durchgehenden Tonnengewölbe, welches auf den Außenmauern aufliegt. ABB. NR. 202.1 zeigt den Grundriß im Vergleich auch zu dem schräg gegenüberliegenden Marstall, der mit 22 Stützen in drei Schiffe aufgeteilt ist, um Boxen für die Pferde abzuteilen.

<u>Hannover</u>: Die gemauerten und verputzten Pfeiler des dreiflügeligen »Königliche Zeughaus« sind auf den ABB. NR. 247+248 erkennbar.

<u>Innsbruck</u>: Die Gesamtanlage hat ein Außenmaß von 83,48 x 41,30 m. Der durch zwei 10,20 m breite Langflügel gebildete Hof von 78,24 x 20,90 m weist beiderseits je 10 Arkaden auf mit insgesamt 18 Pfeilern, in denen ehemals die kaiserlichen Hauptstücke und schweres Kriegsgerät Platz hatten. Das Erdgeschoß ist 4,54 m hoch. Die Pfeiler, welche den Segmentbogen tragen, sind mit dreieckigen Streben seitlich verstärkt. Der Grundriß ist ABB. NR. 271.1 zu entnehmen. Ähnliche Lauben sah L. Chr. Sturm viel später in seinem Zeughaus-Projekt [ABB. NR. 353] vor. Penther schreibt dazu:

»Sturm ... setzt in der Mitte zwey Gebaeude zum eigentlichen Zeug=hause, so vorn und hinten mit Portalen zu samen gehaenget sind, und zwischen sich einen schmalen langen Hof lassen, welcher an den zwey Seiten der Zeug=Haus=Gebaeude bedeckte Colonnaden hat«.[18]

Sturms Projekt bestand aus 2 Langflügeln mit zwei diese verbindenden kurzen Querflügeln. Im Binnenhof Kolonaden mit je 10paarigen Stützen auf jeder Seite; in den Gebäuden je 24 Pfeiler, wie der Schnitt ABB. NR. 355 zeigt; im 1. Geschoß über jedem EG -Pfeiler je 1 Paar Säulen.

<u>Kassel</u>: 15 auf der Mittelachse stehende rechteckige Pfeiler trugen die Wölbungen zweier Schiffe, wie der Schnitt ABB. NR. 168.1 zeigt.

<u>Koblenz</u>: ABB. NR. 162 zeigt 2 x 9 rechteckige Pfeiler für 3 Schiffe.

<u>Köln</u>: einst 13 viereckige, gefaste Stützen im EG ergaben 26 Joche [ABB. NR. 241]. ABB. NR. 242+243 sind Aufnahmen der Kriegsruine mit Blicken in die Geschützhalle. Bei der Zerstörung sind die stabilsten Bauteile, die Gewölbegrate, stehen geblieben. Hier und da erkennt man schmiedeeiserne Ringe in den Gewölbescheiteln, die früher zum Aufziehen von Lasten dienten. Die heutige flache Betondecke zeigt ABB. NR. 452.2.

<u>Königstein</u>: Altes Zeughaus [ABB. NR. 152.1] zeigt mittig die drei mächtigen gedrungenen Säulen toskanischer Ordnung, wie sie nur hier anzutreffen sind. Sie teilen die Halle in zwei gleichbreite Schiffe. Die Hauptportale sitzen allerdings asymmetrisch in den Schmalfronten. Zeichnerische Aufnahme der Säulen ABB. NR. 152.2. Auf dem Foto ABB. NR. 233 sind zwei der drei Säulen erkennbar.

<u>Kopenhagen</u>: Die Geschützhalle ist 157 m lang und 17 m breit bei den Gebäudeaußenmaßen 163 x 24 m und einer Firsthöhe von 24 m. 16 mächtige, im Querschnitt quadratische, abgefaste Vierkantpfeiler von 3,30 m Höhe aus Granit und Sandsteinquadern [ABB. NR. 50.1] tragen die 34 Kreuzgewölbe der zwei Schiffe, welche 1598-1604 als Teil des Königlichen Arsenals erbaut wurden. Schnittzeichnung ABB. NR. 194 zeigt die besonders starken Außenmauern.

<u>Kronach-Rosenberg</u>: Das einschiffige Neue Zeughaus im Grundriß ABB. NR. 87.2.

<u>München</u>: Das Stadtzeughaus ist mit seinem gotischen Gewölbe des 15. Jh. dreischiffig in der Geschützhalle nach den Kriegszerstörungen wiedererstanden. ABB. NR. 297.1+2 zeigen aktuelle Fotoaufnahmen. Der bemerkenswerte Hallenboden ist original.[20]

<u>Spandau</u>: In der östlichen Schmalseite des Neuen Zeughauses in der Zitadelle zwei Hauptportale. In beiden Geschos-

sen ursprünglich je eine zweischiffige, 6-jochige Pfeilerhalle, im Obergeschoß durchgängig Kreuzgratgewölbe.
Thorn: ABB.NR. 164.1 zeigt 4 Schiffe. 1 Hauptschiff mit 15 Stützen auf der Mittellinie und je 2 Reihen à 15 Stützen für die Nebenschiffe, diese deutlich schwächer dimensioniert.
Ulm: ABB. NR. 232 zeigt die zerstörte Geschützhalle mit den spätgotischen Rundstützen und Gewölben.
Wolfenbüttel: dreischiffig, 2 Reihen mit je 11 Pfeilern, Mittelschiff breiter als die beiden Seitenschiffe, die gestelzte Gewölbe aufweisen. Grundriß ABB. NR. 163. Der Plan ABB. NR. 69 zeigt den Grundriß in der irregulären Zitadelle Wolfenbüttel irrtümlich nur mit 20 Pfeilern. Pfeiler Foto ABB. NR. 239.1. Auf ABB. NR. 239.2 ist die Stelzung erkenntlich. Einen Pfeilerkopf zeigt die Nahaufnahme ABB. NR. 239.2. Auch die obere Halle war einst säulengestützt; vor der Revitalisierung waren Säulen »massenhaft« vorhanden, wie ABB.NR. 255 beweist, heute gibt es offiziell kein einziges Exemplar mehr. ABB.NR. 256 zeigt den Kopf eines von mir wiederentdeckten Exemplares mit Aufmaßen, früher polychrom.[21]
Wülzburg: Den Schnitt durch das riesige Tonnengewölbe zeigt ABB. NR. 86.1.
Würzburg-Marienberg: Neues Zeughaus L-Typ, einer der Flügel allein 100 x 20 m stützenlos.
Vechta: Der Grundriß ABB. NR. 153 zeigt die noch vorhandenen 6 quadratischen Pfeiler, 2 Schiffe, tonnengewölbt, die Widerlager liegen außerhalb des Gebäudes, auf jeder Längsseite 6 Pfeiler, ebenfalls über Eck 4 wie ABB. NR. 154 zeigt.
Ziegenhain: 8 Rundstützen in der Mittellinie, 2 x 17 eckige Stützen zu den beiden Nebenschiffen, insgesamt vierschiffig. ABB. NR. 173 zeigt den Grundriß.

14.1.4 Holzdecken

Meist bieten sich Decken zur inneren Untersuchung nur bei Bauarbeiten an. Sonst ist man auf ihre äußere Gestalt, Vergleiche mit ähnlichen Bauteilen in anderen Gebäuden und auf historisches Planmaterial angewiesen. Die Zeughäuser haben als unterschiedlich dimensionierte Großspeicher entsprechend ihrer Stockwerkzahl eine unterschiedliche Anzahl von Decken, die früher oft mit dem Hinweis auf das Material »Böden« genannt wurden. Im Großen [Gelben] Zeughaus Zürich, als Büchsenhaus 1487 erbaut, wurde nach dem inneren Umbau nach den einzulagernden Rüstungsgütern unterschieden:

EG Artilleriegeschoß   1. Stock Musketenboden
2. Stock Harnischboden 3. Stock Spießboden.

Ähnliche Bezeichnungen lassen sich in fast allen Zeughäusern, insbesondere in den Inventaren, nachweisen. Diese Geschosse wurden durch das Speichergehäuse einteilende Decken voneinander getrennt und Großräume, meist regelrechte Hallen, gebildet. Was in einem Raum die Decke war, war im darüberliegenden Raum der Fußboden, also die Verkehrs- und Lagerfläche. Die Schnittzeichnung vom Zeughaus Mont-Royal [ABB. NR. 47.1] zeigt eine ähnliche Einteilung in vier übereinanderliegende Geschosse wie die zitierte in Zürich, die voneinander durch Holzbalkendecken getrennt sind. Solche Decken waren bis ins 19. Jh. in den Waffenspeichern überall da üblich, wo keine Steineinwölbungen vorgesehen waren, und das war nur bei den Geschützhallen im Erdgeschoß der Fall. Im Bildband sind einige Schnittzeichnungen aufgenommen, aus denen man die Holzdecken und sogar Hinweise auf ihre Konstruktionen mehr oder weniger deutlich erkennen kann. Beispiele sind das Zeughaus Luzern [ABB. NR. 155] mit 3 Decken, Längsschnitt durch das Gebrauchsmagazin; Altes Zeughaus Oldenburg [ABB. NR. 151]; Schnitte durch das Zeughaus Gießen [ABB. NR. 158+160] und die Ansicht des Zeughausprojekts von Weinbrenner [ABB. NR. 334.1]. Der Querschnitt durch das Grand Magazin in der Zitadelle Metz [ABB. NR. 26/8.1] zeigt sehr deutlich die drei Holzbalkendecken, die untere liegt auf dem steinernen Gewölbe nichttragend auf. Die Schnittzeichnung durch das heute als Zeughaus genutzte Musegg-Magazin Luzern [ABB. NR. 26.2] mit sieben Holzbalkendecken zeigt, daß die Deckenkonstruktionen in anderen Magazinbauten des Zivilbereichs nach den gleichen Techniken entstanden, wie im Zeughausbau. Es waren ja auch dieselben Handwerker beschäftigt, um ähnliche Aufgaben zu erfüllen.

Da die meisten Holzdecken heute verloren sind, darf auf die originalen Holzbalkendecken im Zeughaus Graz und Solothurn hingewiesen werden. Beide Waffenspeicher haben keine Einwölbungen ihrer Geschützhallen, sondern äußerst robuste, einfach bearbeitete Holzdecken, wie schon aus der Schnittzeichnung für Solothurn [ABB. NR. 41.1] und dem Foto ABB. NR. 296 zu entnehmen ist. Die Fotos aus dem Grazer Zeughaus belegen, daß selbst die freien Balkenflächen der ›Contignation‹, wie L.Chr. Sturm das Balkenlager nannte, benutzt wurden, um dort Kleingerät wie Pulverflaschen [ABB. NR. 305], aber auch größere und schwerere Stücke wie Morione [ABB. NR. 298] an der Decke in der Geschützhalle hängend und somit handgerecht aufzubewahren. Die so genutzten Balkenflächen addierten sich zu ausgedehnten Nutzflächen, was bei Einwölbungen — wie es das danebenstehende Bild ABB. NR. 297.2 von der Geschützhalle München zeigt — nicht möglich war. Ebenfalls original und durch sachgemäße Holzkonservierung trotz intensiver Begehung durch die neuen Nutzer geschützt, ist die Holzbalkendecke im Arsenal von Namur. Die Fotos ABB. NR. 260-262 zeigen den einfachen, auf den Querbalken aufliegenden Bretterboden. Nachträglich in einen vorhandenen Raum eingebaute Holzdecken zeigen die Pläne ABB. NR. 308+309 zur Einrichtung einer für Zeughauszwecke adaptierten Kirche in Maastricht.
Bei den riesigen Mengen an Holz, was in die überwiegend

aus Steinmaterial erbauten Gehäuse der Waffenspeicher eingebracht werden mußte, ist die permanente Furcht aller am Bau und dessen Unterhaltung Beteiligter vor Feuer in Friedens- und Kriegszeiten verständlich. Die Zeughäuser wurden zwar nie in der durch Festungswerke vorgeplanten Hauptkampflinie gebaut, doch war die Gefahr durch den »Roten Hahn« immer gegeben, was übrigens auch ein Grund war, Nachbarbebauung vom Zeughaus möglichst weit entfernt zu halten.

Im 19. Jh. kam die Eisenkonstruktion auf. Das Zeughaus des Arsenals von Oldenburg [ABB.NR.415] ist ein solches Beispiel. Wieweit dieses beim eben angelaufenen Sanierungsprogramm als zeit- und bautypisch erhalten bleibt, muß abgewartet werden.

Moderne Betondecken in Zeughäusern findet man in den ehemaligen Waffenspeichern von Neumarkt i.d.O. [ABB. NR. 45.1+4], im »Anschnitt« im Zeughaus Mannheim [ABB. NR. 245] und an zahlreichen anderen Orten. Sie müssen oft aus Sicherheitsgründen neu eingezogen werden, wenn der alte Boden nicht mehr tragfähig ist. Es gibt aber auch revitalisierte Zeughäuser, in denen man die originalen Böden so weit als möglich beibehalten hat, wie die Beispiele Luzern und der Baustadel Amberg zeigen, wo es ein Vergnügen bereitet, originale Holzbalkendecken mit Holzdielen zu begehen und die Räume so ursprünglicher zu erleben. Es gab in Zeughäusern an bestimmten Stellen auch Holzdecken mit Verputz. So wie von oben als Nutzungsflächen Dielenbretter auf die Balken gebracht wurden, war auch ein Vernageln mit Schalbrettern von unten üblich oder nach entsprechenden technischen Vorbereitungen sogar das Einbringen von Schlacken oder Stroh-Lehm-Verstrichen etwa zur Vorbereitung einer Bemalung. Die Decke der Rüstkammer im Turm von Schloß Bürresheim [ABB. NR. 18] zeigt passend zu den verputzten Gefachen der runden Fachwerkwand die entsprechende Deckenkonstruktion. Aktuell ist dieses Problem im Stadtzeughaus Coburg, welches seit 1986 zur Nutzung für das Staatsarchiv grundlegend saniert wird. Zu den an mehreren Stellen aufgefundenen Teilen farbig gefaßter Holzdecken haben Landbauamt und Staatliche Denkmalpflege entschieden, die Malereien durch Retusche an den Stellen zu erhalten, wo die Farben in gutem Zustand sind, während die Befunde an den Holzbalken und Füllbrettern durch eine Kalkbehandlung reversibel überdeckt und nach Befund rekonstruiert werden sollen. Die Kassettendecke im 2. Obergeschoß aus späterer Zeit bleibt ebenfalls erhalten. Sie wurde inzwischen im Stuckbereich teilweise ergänzt und farblich neutral behandelt.[21]

14.1.5 Treppen — Türme

Treppen dienen in Nutzbauten primär der Hauptfunktion des ganzen Gebäudes. Da auf repräsentativ ausgeformte, unnötigen Raum einnehmende Treppenanlagen in den meisten Fällen verzichtet wurde, kamen die einfachen bewährten Treppentypen zur Anwendung.[22] Sie wurden im allgemeinen so plaziert, wie es der vom Architekten vorgesehene Funktionsablauf im und um das Zeughaus vorsah. Da die Funktionsabläufe sich mit der Zeit stark änderten und für jedes erhaltene ehemalige Zeughaus Umnutzungen für das ganze Gebäude nachweisbar sind, lassen sich heute nur noch wenige originale Treppenanlagen in Waffenspeichern finden. J. Furttenbach möchte in den Zeughäusern nicht so lange Treppen haben, weil das bei Alarm einen Zeitverlust bedeuten würde. Er will die Kommunikation zwischen den einzelnen Etagen des Zeughauses optimieren. Und das war Aufgabe des Architekten. So kommt es dann auch nicht zur Ausbildung von Prunktreppen in Waffenspeichern, sondern zu rein funktionalen Treppenanlagen. Ausnahmen gibt es nur da, wo deutlich auch oder nur noch repräsentative Forderungen an den Waffenspeicher gestellt werden, wie das Beispiel Zeughaus Berlin zeigt. Die leichten, meist im Gebäudeinneren untergebrachten Treppen aus Holz sind längst verschwunden. Nachweisen lassen sich originale Treppen noch da, wo sie aus Steinmaterial bestehen und Teil eines entweder dem Gebäude von außen angelehnten [Altes Zeughaus Mainz], in eine Mauer partiell einbezogenen [Lübeck] oder voll ins Gebäudeinnere inkorporierten Treppenturms [Solothurn] bzw. Treppenhauses sind. Das Aufspüren der originären Dispositionen der inneren Treppen macht heute große Schwierigkeiten. Neben der Bauanalyse kann einzig historisches Planmaterial mehr oder weniger genaue Hinweise für bestimmte Zeiten geben.[23] Meist fehlt es aber an bildlichen Darstellungen aus der Erbauungszeit. Um die Schwierigkeit zu verdeutlichen: Über Jahre verfolge ich die Revitalisierungsmaßnahmen des Zeughauses Wolfenbüttel. Die Gebäudegeschichte kann jetzt geschrieben werden — das Problem der einstigen Treppenanlagen aber ist mir noch immer völlig unklar.

Wenn ein Zeughaus Türme aufweist, sind es stets Treppentürme, nie Türme zur Defension. Natürlich sind die außerhalb des Waffenspeichergehäuses befindlichen Treppentürme, die in den meisten Fällen Wendeltreppen enthalten, auch Blickfang für den Gesamtbau. Sie sind stets wirksam in der Architektur z. B. durch ihre charakteristischen Fensterschlitze, die Dachausbildung, und sie sind geeignete weil blickfangende Orte für Dekorationen, Inschriften und Symbolik. Im folgenden Teil wird auf die wichtigsten Treppenanlagen in gebauten und ungebauten Zeughäusern hingewiesen:

Amberg: Ein quadratischer Treppenturm steht außen im Stoß des S- und O-Flügels vom Kurfürstlichen Zeughaus, wie es die Lageskizze mit der Ziffer ›9‹ auf ABB. NR. 116.1 zeigt. Der heute gelb verputzte Turm mit geblockten Kanten und Zeltdach entstand in der 4. Bauphase des Waffenspeicherkomplexes 1606/07. Die vierarmige Treppe über vier Podeste in jedem Stockwerk läuft um einen quadratischen

Mittelpfeiler [ABB. NR. 267.3]. Dieser ist hohl, was man in jeder Etage an Rundbogenöffnungen des Pfeilers erkennt. Im Treppenhaus gratiges Kreuzgratgewölbe [ABB. NR. 267.1], oberer Abschluß im 4. Stock durch eine Balustrade, darüber ein spätgotisches Sterngewölbe mit kurpfälzischem Wappen im ovalen Schlußstein. Die Konfiguration zeigt ABB. NR. 267.2. Ob der Architekt der Heidelberger Künstler Johann Schoch war, der die Entwürfe für das Zeughaus — Südflügel anfertigte?[24]

Augsburg: Im hofseitigen Stoß der beiden Gebäude des L-förmigen Zeughauskomplexes steht ein eckiger Treppenturm, den der Kupferstich von 1607 [ABB. NR. 117] schon mit Zeltdach und Sonnenuhr zeigt. Zugänge vom Hof und aus der Geschützhalle des Holl-Traktes. Wie in Amberg eine quadratische hohle Spindel, in den Ecken jeweils quadratische Podeste, Decken im Aufgang tonnengewölbt, über den Absätzen kreuzgewölbt.

Berlin: Der Plan auf ABB. NR. 268 zeigt den Entwurf zu einer Freitreppe für den Zeughausbinnenhof. Der Aufriß wurde von dem Ingenieuroffizier und Architekten Jean de Bodt (1670-1745) signiert. Als Bauleiter am Zeughaus in den Jahren 1699-1707 hinterließ er eine Plansammlung von Zeughausentwürfen, von denen ABB. NR. 359.1-6 die wichtigsten Blätter zeigt. Das zweiarmige, nicht geschlossene Treppenoval hatte die Antrittsbereiche in der Höhe des Gebäudesockels nochmals besonders ausgeformt. Die Geländer stimmten mit denen der nach klassischer dorischer Ordnung entworfenen Fensterfront überein. De Bodt plante noch weitere vier Treppenanlagen in den vier Ecken des Binnenhofes ebenfalls in ovaler Form mit je drei Zugängen vom Hof her.[25] Vgl. dazu die folgende Treppenanlage an gleicher Stelle!

Berlin: Eine Freitreppe im überdachten Binnenhof der Vierflügelanlage wurde unter F. G. Hitzig 1877/81 gegen den N-Flügel geschaffen. ABB. NR. 461+462 zeigen Grundrisse, ABB. NR. 463 den Hauptschnitt durch die Anlage. Die gewundene, äußerst repräsentative Treppenanlage hatte entsprechend den staatlich vorgegebenen Intentionen des Umbaus zu einem Denkmal der Selbstdarstellung Preußens höchste architektonische Stellung innerhalb des ikonographischen Programms. Vom Lichthof aus, der wegen der geschickten Überdachung ein vom Wetter unabhängiger Innenraum geworden war, konnten sich die Besucher zur Herrscherhalle als neuen Zentralbau mit der Gedächtnis- und Ruhmeshalle im Nordflügel des Quadrums nähern. Die im letzten Krieg zerstörte Treppe war von Skulpturen flankiert. ABB. NR. 464 zeigt zwei sitzende Krieger auf den Antrittspostamenten in antikischen Rüstungen; Blickpunkt ist die Kolossalstatue der Borussia ebenfalls von Reinhold Begas (1831-1911), dem wohl ersten Vertreter des Neubarock der Wilhelminischen Ära. Einzig die von Otto Lessing gegossene Bronzetür zur Herrscherhalle ist heute noch in überholungsbedürftigem Zustand vorhanden. Die Masken von A. Schlüter, aufgestelltes Ge-

schütz und die Fahnen über den beiden ovalen Treppenanlagen gaben der Freitreppe die martialisch-feierliche Rahmung.[26]

Die oben vorgestellte Planung einer Freitreppe durch de Bodt dürfte Hitzig gekannt haben, auch wenn die Plansammlung aus dem Nachlaß von de Bodts erst 1886 entdeckt und 1891 durch R. Steche publiziert wurde.

Coburg: Die beiden fast identischen Wendeltreppenanlagen in gegenüberliegenden Ecken des 1616/21 gebauten Stadtzeughauses [ABB. NR. 165] sind von außen in den Schmalseiten des Kompaktbaus nur an nach oben versetzten kleineren Fenstern zu erkennen. Neben dem Hauptportal gibt es aber das kleinere bossierte Nebenportal, welches in eine der Treppen führt, wie das die Zeichnung ABB. NR. 166 und die Bestandsaufnahme von 1896, ABB. NR. 403, zeigen.

Danzig: Zum Alten Zeughaus *1601/09 gehören zwei vorgestellte oktogonale Treppentürme, die integrale Bauwerksteile der Prunkfassade sind. Der Grundriß [ABB. NR. 172] zeigt die Lage zum Gebäude, der Kupferstich [ABB. NR. 343] die repräsentative Schaufront im Jahre 1761/65, das Foto ABB. NR. 345.1 ist eine Vorkriegsaufnahme, zum Vergleich auf ABB. NR. 345.3 die heutige Situation nach dem reduzierten Wiederaufbau.

Dresden: Der berühmte, zum Parallelogramm verschobene Grundriß des Alten Zeughauses zeigt ABB. NR. 197.2. Zwei Treppentürme, die auch in der zeitgenössischen Ansicht ABB. NR. 195 sichtbar sind, weil sie hoch über das Dach ragen, liegen an einem der Langflügel. Im Binnenhof sind weitere Treppenanlagen eingezeichnet.

Dresden: Vor dem Arsenalhauptgebäude in der Albertstadt [ABB. NR. 487] liegt eine breite Freitreppe, die auf die palazzoähnliche neorenaissancezeitliche Hauptfront des Zeughauses führt. Die Treppe war einst martialisch mit Kugelpyramiden flankiert, wo man etwa im Schloßbereich Buchsbäume gesetzt hätte.

Dresden: Im schon oben vorgestellten dreiflügeligen Zeughausprojekt [ABB. NR. 182] sind große Freitreppen beiderseits des Querflügels vorgesehen. Das damals in zahlreichen Entwürfen durchdachte Zeughaus sollte ein bedeutender Teil der Repräsentativarchitektur Augusts des Starken (1694-1733) werden.

Germersheim: Leider sind die in der Schnittzeichnung [ABB. NR. 212] dargestellten beiden vermutlich gußeisernen Wendeltreppen zur inneren Kommunikation für Menschen, weniger für Material, vom 2. Stock bis unter das Dach nicht mehr vorhanden.

Gießen: Aus den Grundrissen [ABB. NR. 157] und der Ansicht von Südwesten [ABB. NR. 159] ist die Lage und Proportionierung des Mittelrisalits vom Zeughaus des Ebert Baldwein *1586/90 ersichtlich. Beide Portale, ihrer Bedeutung und Funktion nach zwar unterschiedlich dimensioniert, sind architektonisch äußerlich zu einem repräsentativen Bauteil, einem Doppelportal, durch den gemeinsamen Architrav mit Aufsatz zusammengefaßt. Innerlich stehen beide Portale mit ihren Funktionen nicht in Verbindung. Links ist nämlich der Zugang zur Treppenspindel als der einzigen Verbindung zwischen sämtlichen Stockwerken, während rechts durch das größere Portal die Kommunikation in das Erdgeschoß mit der Geschützhalle gewährleistet war. In der gegenüberliegenden Nordostwand sitzt nur das entsprechende Portal der Querdurchfahrt und keine weitere Treppenanlage, so daß hier das Portal nicht mittig sitzt und das Pendant zum Treppenportal durch ein Fenster des Erdgeschosses gebildet wird. Eine einmalige wie originelle Treppenanlage![27]

Hannover: Im einstigen dreiflügeligen Kgl. Zeughaus *1849 gab es — wie den Grundrissen [ABB. NR. 185] zu entnehmen ist — zahlreiche innere »Gebrauchs-Treppenanlagen« und eine monumentale Freitreppe im Innenhof vor dem Querflügel.

Innsbruck: Hier trifft man — wie schon die Zeichnung in einem der Zeugbücher Kaiser Maximilians I. von 1507 zeigt — auf stiegenartige Treppen beiderseits der Toranlage. Vgl. ABB. NR. 199+200.

Kassel: Der achteckige Treppenturm des 1581 ff erbauten Zeughauses steht nicht ganz an der Ecke des einst ca. 97 x 22 m Grundfläche messenden Waffenspeichers. Zugänge hatte er von der Straßenseite her und von der Geschützhalle aus. Zur Lage von Turm und Zeughaus zu den nahen Festungswerken i. J. 1610 zeigt ABB. NR. 66.2. Die Vorkriegssituation zeigt ABB. NR. 167, die heutige als »gesicherte Ruine« [ABB. NR. 169].

Köln: Der an der westlichen Schmalseite des Zeughauses lehnende Treppenturm [ABB. NR. 264.1] hat den Zweiten Weltkrieg im Gegensatz zum Gebäudeinneren überstanden. Lageplan ABB. NR. 161.2. Der 23,60 m hohe Turm ist unten pentagonal, oben oktogonal. Ablesbar an der Gliederung sind sechs Abschnitte. Kleine Fenster sorgen für die Belichtung der Treppe, die unten ihren Hauptzugang durch ein gotisierendes Portal hat. Oben acht Fenster mit Korbbögen, durch die aus der Turmkammer der Türmer die ganze Stadt im Blickfeld hatte. Auch die durch eine Brüstung abgeschlossene Plattform ist im letzten Stück über eine Leiter stets begehbar gewesen. Unter den Fenstern sitzen Wappen aus Sandstein, darunter der doppelköpfige Adler.

Königstein: An das Alte Festungszeughaus von 1594 ist ein Treppenhaus [ABB. NR. 83.1] nachträglich angesetzt. Darin befindet sich eine geradläufige Treppe, die gegenüber einer eventuell vor der inneren Nordwand geplanten oder gar gebauten Wendeltreppe zahlreiche Vorteile hatte. Die genannte Wendeltreppe wird nur durch ein rhombisches Fenster [ABB. NR. 83.2] in der Rückwand nachweisbar. Heinrich Schuster äußert sich in seiner nicht überholten Baugeschichte der sächsischen Bergfestung:
»Die Anordnung des besonderen Treppenhauses mit der weit zweckmäßigeren, gradläufigen Treppe an Stelle des noch durchaus üblichen Wendelsteins muß entschieden als Fortschritt bezeichnet werden«.[28]

Kopenhagen: Der oktogonale Treppenturm des Zeughauses steht im Gebäude und ist von außen erst ab Dachkante als Turm zu erkennen.

Kronach: Altes *1477, spätes 16. Jh. erhöht, und Neues Zeughaus *1588/91 in der Festung Rosenberg stoßen leicht gewinkelt aneinander. Im Stoß findet man einen leicht in die beiden Zeughauswände eingestellten »runden Luntenturm[29]« genannten Treppenturm aus Sandsteinquadern mit geschwungener Haube, wie ihn ABB. NR. 87 zeigt. Man kann ihn nur vom Alten Zeughaus aus begehen.[30]

Lübeck: ABB. NR. 174 zeigt den oktogonalen Treppenturm im Grundriß und im Foto. Er ist in die dem Haupteingang gegenüberliegende Südfassade zur Hälfte eingestellt und endet im Stufengiebelbereich mit dem Zugang zum dahinterliegenden Bodenraum. Er verbindet also das Erdgeschoß mit allen darüberliegenden Ebenen bis in den Dachraum hinein.

Mainz: Das Alte Zeughaus »Sautanz« *1604/05 hat einen oktogonalen Treppenturm mit welscher Haube, in dem sich unten in dem viereckigen Bauteil einer der Haupteingänge befindet. ABB. NR. 375 zeigt den Turm vor der Restaurierung, ABB. NR. 374 nach der Restaurierung zur heutigen Nutzung durch den Landtag Rheinland-Pfalz.

Oldenburg: ABB. NR. 151 zeigt eine einfache geradläufige Holztreppe mit Umlenkpodest in einer Gebäudeecke des Alten Zeughauses.

Oldenburg: In den Grundrissen [ABB. NR. 496.1] und Schnitten [ABB. NR. 496.3] des Artillerie-Wagenhauses erkennt man neben verschiedenen inneren Treppenanlagen außen lange zum ersten Stock führende treppenähnliche Rampen, wie sie auch im Landwehrzeughaus Berlin-Mitte [ABB.NR.482.1] vorhanden waren. Fuhrwerke konnten so direkt in das 1. Stockwerk ein- und ausfahren.

Schweinfurt: ABB.NR.384 zeigt den platzseitig in Gebäudemitte vorgestellten achteckigen Treppenturm mit der Wendeltreppe von 1589 / 90. Der Turm war Blickfang vom davorliegenden stets kleinteilig bebauten dreieckigen Platz.

Schleswig: Zum nur in Plänen nachweisbaren Zeughaus der Festung Gottorp gehörte ein runder Treppenturm, der von außen etwa in Gebäudemitte angestellt war, wie es die ABB.NR.203 zeigt.

Solothurn: Hier ist ein runder Wendeltreppenturm voll inkorporiert und daher von außen nicht sichtbar, sondern nur durch ein kleines Lichtfenster zu erahnen. Der Lageplan [ABB. NR. 41.2] zeigt den Turm und das Gebäude im Schnitt. Auf dem Foto ABB. NR. 414.1 erkennt man ein Zugangsportal in der noch mit den originalen Steinplatten belegten Geschützhalle. Die Stufen sind so breit ausgelegt, daß auch eine bequeme Begehung mit geschulterten Stangenwaffen möglich war.

Wien: Die beiden Türme des Kommandantenbaus *1850/56 vom K. K. Arsenal [ABB. NR. 338] sind integrale Bestandteile der besonderen Architektur des Gesamtkunstwerks Arsenal. Die Detailansichten vermitteln die ABB. NR. 339+340.

Ungebaute Entwürfe:

Der von Joseph Furttenbach d. Ä. (1591-1667) entworfene defensible Zeughauskomplex in Kreuzform, den er für seine ideale Festungsstadt [ABB. NR. 330] in die Mitte des Oktogons vorsieht und auch in der Handels- und Gewerbestadt [ABB. NR. 52+53] zentral plazieren will, hat als ein Charakteristikum im Schnittpunkt der vier innen wie außen identischen Trakte einen kreisrunden Turm, der eine Wendeltreppe enthält. Er tritt erst über den Dächern äußerlich in Erscheinung, wie der Ansicht ABB. NR. 331.1 zu entnehmen ist. ABB. NR. 331.2 zeigt den Grundriß, in dem mit CCCC die zentral liegende »Schneckenstiege« eingezeichnet ist,

»welche just in der mitten deß Zeughauß auffgebawet wird / vnd hiezugegen einem Wacht Thurn gleich sihet«.[31]

Diese von ihm auch »Principal Stiegen« genannte Treppe umläuft eine hohle Spindel, die der mündlichen Befehlsweitergabe dienen soll

»dadurch man nicht allein von oben herab/vnnd widerumben von vnten hinauff reden/auch was zu thun/anbefehlen kan«,[32]

und durch die ein Zugwerk läuft, »das auff ein mahl ein zimbliche Anzahl Mußquetten/Lunten/Ruestungen/oder anders dergleichen Ding/inn einem Korb mit geringer Muehe hinauff zuziehen/oder herab zu lassen die erwuenschte Gelegenheit zu haben«.[33]

Auf der Tafel mit dem Grundriß des zweiten Stockwerks seines Zeughauses gibt Furttenbach die Schnittzeichnung vom Treppenturm [ABB. NR. 331.5] bei. Als Ergänzung sieht er die im Grundriß [ABB. NR. 331.1] eingezeichneten geradläufigen Treppenanlagen an den vier Flügelschmalseiten an, über die man bis unter das Dach gelangt. Er hat sie besonders breit angelegt, damit die sich oben armierenden Truppen rasch aus dem Gebäude gelangen, ohne die Vorkehrungen in den Geschützhallen zu beeinträchtigen. Unter die Treppenansätze postiert Furttenbach schwere Mörser zur Nutzung des Raumes und um diese schweren Waffen rasch auf den Zeughof schieben zu können.

Im Entwurf eines Zeughauskomplexes für einen Reichsfürsten durch Leonhard Christoph Sturm (1669-1719) liegen sich gemäß des Sturm'schen Grundrisses [ABB. NR. 353] die Treppenhäuser ›t‹ und die Aufzughäuser ›tt‹ beiderseits der Durchfahrt ›T‹ in den die beiden Langflügel verbindenden kurzen Querbauten direkt gegenüber.

Im Entwurf eines Zeughauskomplexes durch Johann Friedrich Penther (1693-1749) aus seiner »Buergerlichen Bau=Kunst« von 1748 sind im Erdgeschoß 24 Portale aus den Geschützhallen der Vierflügelanlage in den Zeughof vorgesehen. Im Grundriß Fig. 2 [ABB. NR. 220] sind diese mit den Ziffern 1 bis 25 gekennzeichnet. Die Portale 4, 11, 18 und 25 sind die in Mittelrisaliten liegenden Hauptportale, die bis zum Binnenhof bei i, k, l, m durchgehen. In den aus den Gebäudeflügeln vortretenden Bauteilen befinden sich geradläufige Treppen mit rechtwinkligen Umkehrpodesten, die von außen als solche nicht erkennbar sind, wie Fig.1 in der zitierten Abbildung anzeigt.

Im Entwurf eines Zeughauskomplexes durch Johann Rudolph Fäsch (1756-1836) gibt es ebenfalls vier Hauptportale, die zum Binnenhof durchgehen. Der Grundriß [ABB. NR. 225] zeigt, daß Fäsch im Vergleich zu Penther nur in den beiden kurzen Flügeln allerdings doppelte geradläufige Treppenanlagen vorsieht, die deutlich innerhalb der Bauten liegen, weil die Baukörper nur leicht vor die Fronten treten, um die Gebäude von außen zeitgemäß zu gliedern.

Im Entwurf eines idealen Zeughauses durch Friedrich Weinbrenner (1766-1826) mit der Plangruppe [ABB. NR. 334.1-4] sind die im Binnenhof unter freiem Himmel rampenartig aufsteigenden Treppen entsprechend den Intentionen des Inventors in klassischer Art vorgesehen.

14.1.6 Dächer

Der Abschluß des Zeughausgebäudes besteht aus unterschiedlichsten Dachtragwerken meist aus Holz und festen Dachdeckungen. Es gibt kein gebäudespezifisches Dach, vielmehr kommen die meisten bekannten Dacharten vor. Sie bilden mit den Dächern der gebauten Umgebung die typische Dachlandschaft. Am häufigsten sind Sattel- und Walmdach für die Langbauten der frühen Zeit. Auf Treppentürmen begegnet man Kegel-, Zelt-, Kuppeldach und Dachhaube. Satteldächer sind meist steiler als Walmdächer [z.B. Neues Zeughaus Zitadelle Spandau, Hohes und Niederes Arsenal Rendsburg]. Im Dachraum ergab das mehrere nach oben immer schmaler werdende Holzböden, auf denen oft auch Getreide lagerte, weshalb man in zahlreichen Zeughäusern von Kornböden sprach. Penther stellte kritisch an diesen Dachformen fest:[34]

»Als es noch die hohe Teutsche Daecher durchgaengig brauchte, war man nicht gewohnet Architectur an den Gebaeuden zu sehen, und also befremdet es auch, wenn man bey [heutiger] Architectur ein hohes Dach antrift«.

Penther wie auch Fäsch gaben ihren Zeughäusern im Gegensatz zu Sturm, der deshalb auch von Penther kritisiert wurde, einen Flachdachabschluß in Form einer Terrasse, die an der umlaufenden Gebäudekante hervorragende Möglichkeiten zur gebäudespezifischen Dekoration bot, wie z. B. am Zeughaus in Berlin [ABB. NR. 13]. Man beachte dazu die unterschiedlichen Dachentwürfe von Jean de Bodt für dieses Bauwerk auf seinen Projektplänen [ABB. NR.

359.2-5]. Vereinzelt kommen auch Mansarddächer vor, so am Jagdzeughaus Karlsruhe [ABB. NR. 112] und am Neuen Zeughaus Mainz [ABB. NR. 11]. Im Dachraum war durch diese neue Dachform bei vorgeschriebener Traufhöhe der Einbau eines zusätzlichen »Fast-Vollgeschosses« möglich. Die unterschiedlich gedeckte Dachhaut ist entweder eine gleichmäßig mit Schiefer, Dachpfannen oder Platten bedeckte ungestörte Fläche, wie das Dach vom »Neuen Haus« in der Veste Coburg [ABB. NR. 40] oder durch eine oder mehrere Reihen von Dachfenstern, -luken, -gauben oder -erkern unterbrochene wie das Dach vom Zeughaus Mont-Royal [ABB. NR. 42 f]. B. Lorini meint, daß nur »bleyerne Dach am besten« sind, um das besonders für Zeughäuser schädliche Regenwasser abzuleiten.[35]

In einigen ehemaligen Zeughäusern trifft man noch auf originale Dachstuhlkonstruktionen, die als besondere handwerksgeschichtliche Zeugnisse einzustufen sind. Auf das Dachgeschoß im Zeughaus Augsburg sei hier besonders hingewiesen. Es ist weitgehend erhalten und auch zugänglich.[36] Der 10 m hohe Dachstuhl des Stadtzeughauses Coburg wurde jüngst mit altem Holz rekonstruiert. Das auf ABB. NR. 252 gezeigte ehemalige Exerzierhaus von 1769/72 in Darmstadt wurde schon früh zum Zeughaus adaptiert. Hier ist auf den besonderen Dachstuhl hinzuweisen, der einen Raum von 44,25 m Spannweite in 14 m Höhe überdeckt und deshalb schon zu seiner Entstehungszeit als architektonisches Unikum berühmt wurde, was den Abriß 1893 allerdings nicht verhinderte.[37]

14.2 Fortifikatorische Besonderheiten: Defensible Zeughäuser

Es gibt nur wenige Bauten, die Kombinationen von Defensions- und Militärspeichern darstellen und somit architektonische Besonderheiten sind. Um den einmaligen Grund- und Aufriß dieser Zeughäuser zu erklären, muß man feststellen, daß über die Speicherfunktionen hinaus diese Bauten auch Schutzfunktionen hatten. Gemeinsames Baumerkmal ist die Einrichtung von Eigenverteidigungsmöglichkeiten, die der Architekt resp. Ingenieur in seinem Entwurf vorgesehen und in der Bauausführung voll berücksichtigt hat.[38]
Eines der ältesten und noch erhaltenen Zeughäuser mit wehrhaftem Charakter stammt aus der Zeit Kaiser Maximilians I. und steht in der Nähe seines ehemaligen Hauptwaffenplatzes Innsbruck. Es wurde 1500-1505 außerhalb der Stadt erbaut [ABB.NR.118]. Zwei parallele Gebäude mit je 78 x 21 m Grundrißmaß schließen einen Binnenhof ein. Im Obergeschoß und den Dachräumen lagerte leichtes Kriegszeug; in den Arkaden der Hofseiten standen die schweren Geschütze und Artilleriegerät aller Art [ABB. NR. 199-201]. Als Nebenbetriebe, die das Zeughaus belieferten, lagen am nahen Sill-Fluß Pulver-, Bohrmühle, Pulvertürme, Hammerschmiede, Rädermacherwerkstatt. Das Zeughaus war nur an einer Stelle konsequent defensibel durch ein mit Schießscharten versehenes, vor eine Gebäudeecke diagonal zum Gesamtgrundriß vortretendes Rondell, aus dem man zwei Längsseiten der Anlage bestreichen konnte. Die anderen Ecken waren nicht rondelliert, da dort Bebauung mit hohen Gebäuden anschloß [ABB. NR. 271]. Außerdem bildete der Fluß ein vorzügliches Annäherungshindernis. Die Verteidigung war allerdings nur mit kleinkalibrigen Feuerwaffen möglich.[39] Das Rondell war gleichzeitig Pulvergewölbe und ist deshalb entsprechend dimensioniert.
In der ehemaligen Deutschordensburg Bütow [Bytów] wurden zwei Rundtürme und der Flügel Neues Haus um 1820 zum Landwehrzeughaus adaptiert. In drei Geschossen lagerten Waffen. Im Obergeschoß verläuft ein Wehrgang in der äußeren hier dickeren Wehrmauer, die eine verteidigbare Längswand des Zeughauses bildet [ABB. NR. 270].[40]
Im untersuchten Zeughausbereich gibt es noch heute ein in seiner Art einmaliges defensibles Zeughaus in der mit Finanzhilfe des Deutschen Bundes [1815-1866] unter bayerischer Oberhoheit ab 1834 erbauten Festung Germersheim [Lageplan und Grundriß ABB. NR. 106]. Dieses in seiner herausragenden Bedeutung als Denkmal der Militärbaugeschichte lange verkannte Gebäude hat schon zu seiner Erbauungszeit so hohe Beachtung gefunden, daß in der Allgemeinen Bauzeitung von 1849 [!] eine Beschreibung dieser fortifikatorisch wie architektonisch einmaligen Kombination von Defensions- und Speicherbau in einem Großgebäude für alle Welt offengelegt wurde.[41] Wegen der detaillierten Beschreibungen und den maßstabsgerechten Illustrationen darf vermutet werden, daß der Autor dieses und der anderen Beiträge über die Germersheimer Torgebäude mit den Brückensystemen und dem Kriegspulvermagazin der Chefkonstrukteur des Zeughauskomplexes und der Festung Germersheim, Festungsbaudirektor Ing.-Oberst Friedrich von Schmauß (1792-1846), war oder zumindest Text und Pläne den amtlichen Unterlagen des Festungsbaubüros entnommen waren [ABB. NR. 211, 212].[42] Der Entwurf wurde unter der Bauleitung des Ing.-Hauptmanns Anhaus mit einem zweistöckigen Baukörper von 71,45 m Länge mit zwei 33,10 m Länge messenden stadtseitigen Frontflügelbauten und insgesamt 37 Geschützständen bei unteren Mauerstärken bis zu 4 m Bauwirklichkeit. Das Gebäude besteht aus blaßgelbem Ziegelmauerwerk; für architektonisch-optisch wirksame Teile wie Sockel, Gurt- und Hauptgesims, Eckquaderung, Tür- und Fenstereinfassungen verwendete man jedoch zur Betonung weißen Sandstein [ABB.NR.392]. Der Zeughauskomplex ruht im feuch-

ten Untergrund auf erst kürzlich archäologisch untersuchter Holzgründung. Diese besteht aus einer riesigen Zahl von Eichenholzpfählen, die unter den Fundamenten entsprechend den unterschiedlichen Bodendrücken der aufgehenden Bauteile mit Längen bis zu 12 m in Bündelung eingeschlagen sind. Die Erklärung der Sonderrolle dieses Zeughauses findet man nur in der Zusammenschau mit dem Gesamtkonzept des wohl letztmals mit einer geschlossenen Stadtumwallung versehenen deutschen Festungsneubaus. Die 3200 m lange Enceinte Germersheims bestand aus einem geschlossenen Polygonzug von sechs Verteidigungsabschnitten, die hier »Fronten« genannt wurden. Innerhalb der Fortifikation, die noch ganz auf den Einsatz glatter Vorderlader berechnet und deshalb schon zum Ende ihrer Fertigstellung fortifikatorisch veraltete, hatten sämtliche militärischen Großgebäude besondere auf die umliegenden Werke und Fronten exakt baulich abgestimmte Aufgaben im Falle einer artilleristischen Verteidigung zu übernehmen. Die noch heute erhaltenen Großbauten wie die Stengelkaserne mit 220 m Länge und 270 Schießscharten für den Geschütz- und Handfeuerwaffeneinsatz, die Seysselkaserne mit 450 m Länge und um 45° vorgebogenen Flügelbauten, das voll kasemattierte Militärlazarett mit 233 m Länge, das Proviantmagazin mit Bäckerei, Kriegsmühle und Schlachthaus ebenfalls defensibel wie die Toranlagen und das Zeughaus. Diese Bauten waren als Teile des Umzuges in der Wallinien oder parallel zu ihnen plaziert und in Feldrichtung baulich-konstruktiv defensibel vorbereitet. Der Ausschnitt aus dem Feuerplan der Südwestfront für die Vollarmierung zeigt sehr deutlich die frontale und die aus den jeweiligen Flankengebäuden der genannten Komplexe wirkenden Schußlinien, die vorausberechnete Areale in der Fortifikationstopographie beherrschen sollten.[43] Beim Entwurf des Zeughauses Germersheim kam es deshalb zu der hier aufgezeigten einmaligen Grundrißausbildung, die konsequent auch einen Einfluß auf die Gestaltung der Fassaden hatte. Das langgestreckte Gebäude steht in der Mitte der 530 m langen Fronte Reuß im NO als fortifikatorischer Abschnitt derselben innerhalb des hier ausgesparten Wallumzugs, von dem es zu beiden Seiten durch Gräben getrennt ist. Zwei Reihen von Geschützständen treten an den feldseitigen Ecken des Baublocks angewinkelt nach außen, um in den vorliegenden 30 m breiten, einst inondierbaren Hauptgraben hineinwirken zu können. Vor der Zeughausfront liegt eine Defensivkaserne, die ganz die Aufgabe der Grabenkaponnieren des neudeutschen System übernehmen sollte. Genau auf die Spitze dieses von der Oberetage des Zeughauses kommandierten Baus waren die genannten Geschützstellungen berechnet. Die Schußlinien aus der Kaponniere und der unteren Feuerebene des Zeughauses ermöglichen ein verheerendes Kreuzfeuer im Hauptgraben. Die Geschütze der oberen Feueretage waren zur lückenlosen Bestreichung des Glacis und des davorliegenden Terrains vorgesehen. An den Köpfen des Langbaus sind stadtseitig kurze Querflügelbauten angesetzt, so daß zwischen diesen, der inneren Langfront des Zeughauses und der gegenüberliegenden Lafettenremise ein gegen den direkten Schuß gesicherter Hof die Lagerung von Materialien aller Art unter freiem Himmel erlaubte. Dort befand sich auch der Zeughaus-Brunnen. Im Inneren ist das Zeughaus baulich so organisiert, daß sich neben den kasemattenartigen Geschützstellungen, die durch eingemauerte Anhalt-, Aufzieh- und Anbindhaken sowie die im Einsatz für die Bedienungsmannschaften lebenswichtigen Rauchabzugsöffnungen in den Wänden erkennbar sind, zahlreiche Handpulvermagazine und Depots für die Munition befinden. Reste des originalen Parkettfußbodens (!) sind auch noch erhalten. Die andere Hauptaufgabe des Zeughauses, seine Urfunktion als Waffen- und Waffenzubehörspeicher, war ebenfalls voll erfüllt. So gibt es im Erdgeschoß die Halle für die Bereitstellung von schwerem Geschütz mit großen Kommunikationsportalen, eine einst mustergültig eingerichtete Eisenwerkstätte [ABB. NR. 275], eine Holzwerkstätte mit diversen Materialhandmagazinen und Depoträumen für Werkzeuge, Material und Kleingerät. Im Obergeschoß gab es neben den Geschützständen Magazine für Patronensäckchen und Hülsen. Im Gewehrsaal lagerten die Karabiner, Pistolen, Säbel usw. auf bzw. in Holzgestellen. Daneben findet man Lager für Schanzzeug, Sandsäcke und Seilwerk. Durch die Decken gehen mechanische Aufzugssysteme, darunter auch ein Geschützaufzug unmittelbar hinter dem Holzflügeln des Hauptportals. Ganze heizbare Wohneinheiten mit Zimmern, Kammern, Küchen, Speisekammern, Abtritten für Oberzeug-, Unterzeugwart und Zeugdiener sowie eine Registratur, in der das Aktenmaterial und die Handbibliothek vermutet werden darf, sind im Bau untergebracht. Der Einzug von bombensicheren Tonnengewölben auch im Obergeschoß war für einen solchen Defensivbau eine zwingende Notwendigkeit. Sie werden über sog. Eselsrücken entwässert. Eine weitere technische Besonderheit war das bei Gefahr abwerfbare Dach.[44]

Das Zeughaus der Stadt und Republik Luzern von 1567/68 im für die Schweiz typischen Kompaktbau weist beiderseits des Hauptportals 2 mächtige Kanonenscharten auf [ABB. NR. 8]. Diese wurden erst im 19. Jh. eingebrochen, um das Zeughaus in Richtung Vorplatz und Hauptstraße gegen einen Sturm defensibel zu machen. Der unmittelbare Anlaß zu dieser baulichen Maßnahme ist mir nicht bekannt.[45]

Es gibt noch eine Reihe von leicht defensiblen Zeughäusern, deren Außenmauern Teile des Berings einer Höhenfestung sind. Es handelt sich um die Waffenspeicher Rosenberg, Marienberg, Willibaldsburg, die im Kapitel über Grundrißausbildung behandelt sind.[46] Das im Urentwurf schwer befestigte K.K. Arsenal von Wien wird in Kapitel 21 vorgestellt, das defensible Landwehrzeughaus Osterode i. P. in Kapitel 21.2. Die ungebauten defensiblen Zeughauskomplexe aus der Traktatliteratur wurden im Gang der Untersuchung schon mehrfach angesprochen.[47]

14.3 Technikgeschichtliche Besonderheiten

»Man sollte eine Geschichte der Technik als einen Wissenschaftszweig betrachten, der die Entwicklung der Arbeitsmittel im System der gesellschaftlichen Produktion, sowohl im Zusammenhang mit Arbeitsformen und Arbeitsmethoden wie auch besonders im Zusammenhang mit dem Arbeitsgegenstand demonstriert«,

so Albrecht Timm in seiner Einführung in die Technikgeschichte.[48] Hier soll nur auf einige speicher- bzw. zeughausspezifische »Arbeitsgegenstände« hingewiesen werden. Natürlich gab es in Zeughäusern früher unterschiedlichste »mechanische Künste« wie Flaschenzüge, Hebegeräte, Schrauben u.a. W. Dilich handelt in seiner »Krieges=Schule« von 1589 im Kapitel »Von ARMAMENTARIIS, oder Zeug=Häusern/Und Von denen darzu gehoerigen MACHINIS, besonders aber von TORMENTIS, und dem Geschuetze« im 20. Kapitel »Von Hebe=Zeugen« solche Instrumente unter Beigabe von exakten Abbildungen ab:

»Hebe=Zeuge sind mancherley/etliche nemlich von Schrauben zugerichtet/etliche mit Winden/etliche aber haben weder Schrauben noch Waltzen/und heben dennoch eine grosse Last«.[49]

Das für die Geschützrohrhandhabung notwendige Hebezeug ist in zeitgenössischen Darstellungen im Bildband abgebildet [ABB. NR. 277. 1-5], darunter besonders eindrucksvoll auf der Zeichnung von Leonardo da Vinci aus dem Jahr 1487 [ABB. NR. 3]. Der Blick des G. B. Probst (+1801) in der Mitte des 18. Jh. in die typisch eingerichtete Geschützhalle eines Zeughauses zeigt vorn rechts das zur Manipulation schwerer Lasten im Zeughausbetrieb, besonders natürlich zur Rohrbewegung, notwendige Hebegerät [ABB. NR. 36]. Beim Bau und vermutlich auch im Betrieb des Zeughauses Mannheim hat man über Tretmühlen angetriebene Kräne eingesetzt, die in zwei Zeichnungen des kurpfälzischen Ingenieurs und Landvermessers Ferdinand Denis erhalten sind.[50] Für einen Speicherbau sind Aufzüge besonders wichtig, um das Ein- und Ausbringen, also Lösch- und Ladearbeiten des Stapelgutes in kurzer Zeit mit wenig Kraftaufwand zu ermöglichen.[51] Es gibt Aufzugsysteme außerhalb und innerhalb eines Speichers. Bei den äußeren Systemen läßt man den Ausleger so weit vor die Fassade vorkragen, daß sowohl die Einholung durch in den jeweiligen Etagen beschäftigte Lagerarbeiter möglich ist, als auch um ein Scheuern an der Wandung und dem Speichergut zu verhindern. Die Ausleger dieser meist einfachen Seilwinden findet man noch an zahlreichen Bauten, besonders an Fachwerkhäusern, in denen einst der Boden- und Dachraum zu Lagerzwecken diente. Hier einige Beispiele: Das Magazin der Kur-Brandenburgischen Flotte (1685-1717) in Emden [ABB. NR. 26.1], der Schwedenspeicher in Stade [ABB. NR. 26. 3], das Muthaus in Hardegsen [ABB. NR. 26.9]. In fast jedem mehrstöckigen Zeughaus hat es früher innere und äußere Aufzugsysteme gegeben, was in Giebelfeldern oft noch erkennbar ist, z.B. am Glockenhaus in Lüneburg [ABB. NR. 61,62], den Zeughäusern von Querfurt [ABB. NR. 137.2], Plassenburg [ABB. NR. 84,408], Solothurn [ABB. NR. 348.1], Coevoorden [ABB. NR. 51.2] und Woerden [ABB. NR. 51.5]. Im Zeughaus Oldenburg gibt es in der Mittelachse eine Durchfahrt [ABB. NR. 475]. Um den Ent- und Beladevorgang so kurz wie möglich zu halten, liegt die Umladestelle unmittelbar an der Treppenanlage. Dort kann man erkennen, daß einst durch entsprechende Lastluken die Geschosse bis in den Dachraum hinein mit einem freien Seilaufzug bedient werden konnten. Die mechanischen Teile solcher Anlagen sind durch Gebäudeumnutzung und meist damit verbundener Modernisierung verschwunden. Nur hier und da kann man in den Böden Öffnungen erkennen, die zur Seilführung und für Gegengewichte, Rollen u.ä. dienten. Es handelt sich um handgetriebene Seilwinden, wie sie über Jahrhunderte üblich waren. Eine große hölzerne Scheibe mit einem Durchmesser bis ca. 4 m ist auf einem Wellenbaum meist im höchstgelegenen Boden plaziert [ABB. NR. 273.1]. Damit das Zugtau nicht abgleiten kann sind eiserne, gabelförmige Zinken aufgenagelt [ABB. NR. 274.1-2]. Das unendliche Antriebsseil verlief durch Bodenöffnungen bis ins Erdgeschoß, also meist in die Geschützhalle, damit das Seil von allen Ebenen aus bewegt werden konnte. Das Transportseil wickelt sich je nach Stand der beladenen Plattform auf den Wellenbaum.[52] Auf dem Längsschnitt des Alten Zeughauses Oldenburg [ABB. NR. 151] ist eine solche Anlage deutlich zu erkennen. Das Rad mit dem Wellenbaum sitzt hoch oben unter dem Dachgiebel, das Förderseil reicht bis in die Halle. Im Zeughaus Solothurn von 1610/15 ragt z.B. in der vierten Speicherebene über der Ladeluke ein Ladebaum zur Platzseite vor [ABB. NR. 41.1+ 348.1]. Im Baustadel von Amberg ist noch eine funktionsfähige Seilwinde des Lastenaufzugs im Obergeschoß des Südflügels beim Ostgiebel erhalten. Auf dem Dachboden des Zeughauses von 1594 in Lübeck ist das große Rad erhalten [ABB. NR. 274.1]. Es ist von ähnlicher Konstruktion wie das Rad im Zeughaus der ehemaligen Schwedenfestung Wismar [ABB. NR. 274.2], welches um 1700 als Monumentalbau der 1635-1711 erstandenen Fortifikation gebaut wurde und die Schleifung i.J. 1717 überdauerte. Es ist auffallend, daß in den in der Traktatliteratur abgehandelten Zeughäusern Aufzüge nicht dargestellt sind. So wäre z. B. im Arsenal von Mont-Royal eigentlich eine solche Einrichtung zu erwarten, zumal im Querschnitt im 3. Stockwerk zahlreiche Mörser deponiert sind [ABB. NR. 42+43]. Vielleicht hat sie der Künstler nicht für darstellenswert gehalten. J. Furttenbach

101

allerdings sieht in seinem schon mehrfach zitierten Zeughauskomplex [ABB. NR. 331 ff] im »Zentralbau« der kreuzförmigen Anlage den Turm mit einer »Schneckenstiegen« vor. In der hohlen Spindel dieser Treppenanlage soll ein Zugwerk installiert werden,

»das auff ein mahl ein zimbliche Anzahl Mußquetten/Lunden/Ruestungen/oder anders dergleichen Ding/inn einem Korb mit geringer Muehe hinauff zuziehen/oer herab zu lassen«.[53]

Für zahlreiche Zeughäuser ist die Fördertechnik noch völlig ungeklärt, so etwa für das Zeughaus des frühen 17. Jh. in Wolfenbüttel trotz sehr genauer Untersuchungen während der jahrelangen Revitalisierungsmaßnahmen des monumentalen Militärspeichers [ABB. NR. 21, 22].

Einst hat es auch in fast jedem größeren Zeughaus eine Geschützwaage gegeben. Das war besonders dann der Fall, wenn eine Geschützrohrgießerei in der Nähe war und Rohre an die Zeughausverwaltung abzugeben hatte. Mir sind nur wenige Exemplare bekannt, die wohl wegen ihrer »musealen« Funktion überlebt haben. Zum einen handelt es sich um die schmiedeeiserne Hängewaage aus dem Zeughaus in Bern, inschriftlich mit ›1752‹ datiert und vom Schlossermeister »CR BACHMANN« signiert. Sie wurde 1977 grundlegend restauriert und ist seither in der ständigen Ausstellung im Historischen Museum zu Bern zu finden.[54] Zum anderen hängt eine ähnliche Balkenwaage in der Sammlung »Rüstkammer« der ständigen Ausstellung der Kunstsammlungen Veste Coburg. Beide Waagen sind vom Typus des auf ABB. NR. 4 im Zeughaus »In Gassen« Zürich erkenntlichen Exemplars, welches im Mittelschiff genau oberhalb der Offiziersgruppe in einer Deckenöse hängt. Während man auf den genannten Waagen nur die Rohre und natürlich Munition wiegen konnte, war die aus einem ganzen Waaghaus bestehende Waage im Zeughaus Kopenhagen dazu bestimmt, gesamte Geschütze auch einschließlich ihrer Lafetten mit größten Gewichten zu wiegen. ABB. NR. 276 zeigt das mit ›1604‹ datierte Werk des Zimmermeisters Vit Kragen, der sich auch einen Namen durch den Bau der Drachenturmspitze der Kopenhagener Börse gemacht hat. Die Waage, heute noch in situ, wurde einst günstig unmittelbar hinter einem der beiden Hauptportale des Einflügelbaus plaziert, so daß die angelieferten Rohre direkt nach dem Einbringen ins Zeughaus gewogen und durch entsprechende Gravur markiert und klassifiziert werden konnten. Die Waage arbeitet nach dem Dezimalprinzip im Verhältnis 1:20 und zeichnete sich noch heute durch bequeme Bedienung und hohe Genauigkeit aus.[55] Neben handwerklich hochstehender Materialbearbeitung weist das Gehäuse reiche Schnitzverzierungen auf und war daher neben seiner militärtechnischen Funktion deutlich hochrangiges Repräsentationsobjekt König Christians IV. von Dänemark (1588-1648). Von einer ähnlichen Konstruktion kann die von F. Rudolphi genannte Geschützwaage in Gotha gewesen sein, die er nach der Zitation sämtlicher Inschriften von 19 Großen Stücken und 60 Regiments-Stücken erwähnt:

»Unter dem Schwipbogen des Thurns [beim Zeughaus] ist eine notable Waage/auf welche alle vorherstehenden Canonen gewogen/und doch von der Kuenstlichkeit/daß sie auch einen Ducaten ziehet anzumerke«.[56]

Von besonderem technikgeschichtlichen Interesse sowohl unter dem Aspekt der Geräte- und Instrumentenkunde aus als auch der Arbeitsweise sind die heute verschwundenen Eisenwerkstätten des Zeughauses in Germersheim [ABB. NR. 211/212], erbaut 1834 für 12 Arbeiter, die sämtliche für den aktiven Verteidigungsfall erforderlichen Eisenarbeiten hier anfertigen sollten. Ich verweise dazu auf die ausführlichen Legenden zu den drei Tafeln des Bildbandes, die genaue Aufnahmen der Einrichtungen von 1849 wiedergeben [ABB. NR. 275.1-3]. Sie sind heute sämtlich nicht mehr vorhanden.

In das nach Plänen von Philipp Willem Schonk von 1789 in den Jahren 1793/94 errichtete Arsenal in der Vestingstad Willemstad [ABB. NR. 171] hatte man zur Gewinnung von Frischwasser eine »regenbak« mit 400 t Fassungsvermögen eingebaut. Dieser Raum ist während der jüngsten Restaurierungen wiederentdeckt worden und dient heute als Weinkeller.[57]

So manches Zeughaus hat noch unbekannte oder unentdeckte technikgeschichtliche Besonderheiten, die nur durch intensive Autopsie im Objekt vor Ort entdeckt werden können.

ANMERKUNGEN:

[1] Das Zeughaus der Festung Rothenberg und die gesamten Wehr- und Infrastrukturbauten bestehen aus einem weißlichgrauen, optisch sehr vornehm wirkenden Kalkgestein, welches beim Bau der Festung 1756 ff in maßgenaue Quader geschlagen und vermauert wurde. Was man damals nicht wußte, müssen wir heute erfahren, der Kalkstein ist nicht umweltresistent besonders gegen die Azidität der Luft bzw. des Regens. Der Kalk zerfällt und zwingt die Restauratoren zu einer im allgemeinen unbeliebten konservatorischen Maßnahme, Beton zu verwenden. Nur so ist der Zerfall überhaupt aufzuhalten. Ähnlich ist das Problem auf der Festung Wülzburg, wo derzeitig Spritzbeton die gewölbten Kasematten in den Bastionen stabilisiert und einen schlimmen Anblick bietet. Wände werden in Beton erneuert und dann mit Riemchen aus dem Urmaterial bedeckt. Die jahrelang in der Zitadelle Jülich zu beobachtende Betonhörigkeit der staatlichen Denkmalpflege als »Ersatz« für Bauelemente aus dem Aachener Blaustein genannten oft marmorartigen Kalkgestein hat andere Ursachen als den hier herangezitierten »sauren Regen«. Man ist jüngst nach jahrelangem Protest v. Verf. endlich zum Blaustein zurückgekehrt!

²⁾ Vgl. Landesinstitut für Bauwesen und angewandte Bauschadensforschung: Naturstein. Erhaltung und Restaurierung von Außenbauteilen, 1987, S. 140-142, mit Synopse von Oberflächenbearbeitungen als Fotos und entsprechendem Werkzeug des Steinmetzen.

³⁾ Vgl. G. U. Großmann: Renaissance im Weserraum, Bd. 1 Katalog, 1989, Kat. Nr. 4+698.

⁴⁾ Laut Aussagen des Heimatpflegers Gustav Himmler wurde das Gebäude 1975, als es in den Besitz der Stadt Hornburg kam, völlig umgebaut. Das frühere Innere des Hauses deutete auf eine Nutzung als Waffenspeicher hin, beim Umbau aber sei die Eigenart des Gebäudes innen vollständig verändert und modernisiert worden. So gab es etwa an den Wänden noch Vorrichtungen, an denen die Bekleidung und Waffen aufgehängt werden konnten.

⁵⁾ Vor dem stark umgebauten Zeughaus Meppen zwei identische eiserne Kanonenrohre von 1662 mit dem Wappen des Bischofs Bernhard von Galen, vermutlich bei der Schleifung der Festung 1762 unbrauchbar gemacht. Im Bau sind nur noch die quadratischen Fenster original, der Sandsteinfries über dem heutigen Haupteingang ist ein sekundär nach hier verbrachter Abguß, original und in situ der Wappenstein des Fürstbischofs Clemens August (1700-1761) [ABB. NR. 423]. Im Inneren nur ein Raum original, darin weitgehend unbekannt ein Kamin und eine ehemals farbig gefaßte Stuckdecke mit 9 Gefachen von hoher Qualität, vermutlich einst Zeugmeister- bzw. Kommandantenzimmer [?].

⁶⁾ Vgl. V. Popko: Archäologische Untersuchungen auf der ehemaligen Zitadelle in Vechta, Teil 1 Grabungen 1987, in: Oldenburger Münsterland 1989, S. 142-156; Teil 2 Grabungen 1988 in: ebenda 1990, S. 188-202. Teil 1, S. 149, Fragmente des Kasemattenfundaments mit 2 Findlingsreihen aus der 1. Festungsbauperiode; Teil 2, S. 197, Findlingsfundament der wiedergefundenen Brauerei.

⁷⁾ 1976-81 wurde das Zeughaus Wolfenbüttel (*1613-1619) revitalisiert. Jeder einzelne Pfeiler der 60 m langen Geschützhalle und die Außenmauern mußten nachgegründet werden. Es hatte sich gezeigt, daß die originale Gründungstiefe nur 1,70 m betrug, die standfesten Schichten aber erst in 3,50-5 m Tiefe nachzuweisen sind. Rund um jeden Stützpfeiler wurden vier Preßbetonpfähle [das bedeutete, keinerlei Bodenentnahme] und entsprechende Stücke an den ca. 170 lfdm Außenmauern, davon 130 lfdm Längswände, eingearbeitet. Über diesen Pfählen wurden Stahlbeton»kragen«, die mit Edelstahlstäben mit den Natursteinpfeilern bzw. den Wänden »vernagelt«. Die auf ABB. NR. 239.3 erkennbaren Zuganker zur Erreichung der Standsicherheit fielen weg, da ihre Aufgabe durch die Stahlbetondecke über der zementierten Gewölbezone übernommen wurde [ABB. NR. 238]. Dazu vom Verf. in Vorbereitung: Das Zeughaus Wolfenbüttel. Baugeschichte, Kunstgeschichte und Revitalisierung eines ehemaligen Waffenspeichers [Arbeitstitel].

⁸⁾ Vgl. J. v. Wurmb: Lehrbuch der Kriegsbaukunst, 1852, S. 248 + Fig. 253 im Bildband.

⁹⁾ Kein fremder Wein wurde lange Zeit in Coburg eingeführt, doch das Großunternehmen Weinanbau des Coburger Herzogs schlug fehl. Die Elblinger Pflanze fiel auf Coburger Hängen sauer aus. Der Wein wurde gewässert und gezuckert den Gästen angeboten.

¹⁰⁾ Vgl. J. F. Penther: Buergerliche Baukunst, 4. Teil, 1748, S. 70.

¹¹⁾ Die zum Zeughaus adaptierte Kirche in Bremen mit ihren durch Rundsäulen gebildeten drei Schiffen [ABB. NR. 129].

¹²⁾ Ein Beispiel eines durch Säulen in drei Schiffe gegliederten Speicherbaus besonderer Art bildet ein »Wasserzeughaus« auf der wasserlosen Inselfestung Hormoz. Es handelt sich um eine Zisterne, die mit 15,30 x 5,80 x 3 m mit einem von 10 Säulen getragenen spätgotisches Kreuzgewölbe ausgestattet ist. Vgl. W. Kleiss: Die portugiesische Seefestung auf der Insel Hormoz am Persischen Golf, in: architectura, Bd. 8 (1978), S. 166 ff, hier Abb. 6, 7, 8.

¹³⁾ Ausnahme bildet die große Kuppel im Zeughaus Berlin von 1880, doch die ist nicht mehr Teil des Urbaus, sondern Teil des zum Denkmal und Museum umfunktionierten Waffenspeichers. [ABB. NR. 463].

¹⁴⁾ In England sind um 1800 gußeiserne Säulen in Industrie- und Speicherbau nachzuweisen. Im Zeughausbau hat es natürlich schon immer Eisenverwendung gegeben, so in den Werksteinbauten für Dübel, Klammern, Mauer- und Gewölbeanker usw.

¹⁵⁾ Aus diesem Grund forderten zahlreiche Traktatautoren das Aufstellen des Geschützes im Zeughaus auf »starcken untergelegten Fußbretern« wie H. F. v. Fleming im »Teutschen Soldat«, ed. 1726 S. 431.

¹⁶⁾ Für jede Etage Führungsblätter mit Grundriß in mehreren Sprachen vorhanden.

¹⁷⁾ Umfangreiche Plansammlung von Längs- und Querschnitten beider Zeughäuser im Staatshochbauamt Mainz-Süd von 1915.

¹⁸⁾ Vgl. Penther, Buergerliche Baukunst, 1748, S. 71.

¹⁹⁾ Die Halle ist der einzige größere profane Gewölberaum Münchens aus dem Mittelalter. Der umfangreichste Bestand an Zeughausmaterialien in der Bundesrepublik ist hier 1977 in zeughausgemäßer Art aufgestellt; der Katalog von R. H. Wakkernagel: das münchner zeughaus, 1983.

²⁰⁾ Vgl. H. Neumann: Zeughaus Wolfenbüttel. Kleine Dokumentation nur für die Bibliotheksleitung, Manuskript 1983 [i. d. HAB].

²¹⁾ Für Auskünfte danke ich Dipl.-Ing. Jürgen Oehm vom Landbauamt Coburg.

²²⁾ Vgl. F. Mielke: Die Geschichte der Deutschen Treppen, 1966.

²³⁾ In den auch dieser Arbeit beigefügten Reproduktionen historischer Pläne werden die Treppen i. a. nur symbolisch oder ungenau angegeben, so daß oft der Treppentyp nur zu erahnen ist. Zahlreiche Typen kommen vor, darunter einläufige [gerade und mit Wendelstufen]; zweiläufige [mit oder ohne Eckpodest, Wendelstufen, Zwischenpodest]; zweiläufig-gewendelt; dreiläufig; runde Treppen [mit Zwischenpodest] und am häufigsten Spindeltreppen mit hohler oder voller Spindel.

²⁴⁾ Vgl. F. Mader: KDM Amberg, 1909, S. 145 f.

²⁵⁾ Die Pläne de Bodts aus dessen Nachlaß, erst 1886 in Dresden entdeckt, publiziert von R. Steche: Pläne für das K. Zeughaus und ein K. Stallgebäude zu Berlin, 1891.

²⁶⁾ Vgl. M. Arndt: Die Ruhmeshalle im Berliner Zeughaus. Eine Selbstdarstellung Preußens nach der Reichgründung, 1985, besonders S. 39 ff.

²⁷⁾ Vgl. S. Voigt: Eberdt Baldwein der Baumeister Landgraf Ludwig IV. von Hessen-Marburg 1567-1592, Marburg 1939 [masch.- schriftl. Dissertation], besonders S. 71-88 + Abb. 24-36.

²⁸⁾ Vgl. H. Schuster: Die Baugeschichte der Festung Königstein, 1926, S. 91.

29) Im Luntenturm konnte man einst die frisch hergestellten Lunten zum Trocknen aufhängen bzw. trocken lagern. Türme dieser Art gehören also zum Zeughausbereich, wie z.B. auch der Luntenturm in der Festung Sonnenstein über Pirna. Vgl. W. Bachmann/W. Hentschel: KDM Pirna, 1929, S. 18+28.

30) T. Breuer: Bayerische KDM. Landkreis Kronach, 1964, S. 102-105.

31) Vgl. J. Furttenbach: Architectura martialis, 1630, S. 13.

32) ebenda S. 17.

33) ebenda.

34) Vgl. J. F. Penther: Buergerliche Bau=Kunst, Teil 4, 1748, S. 75.

35) Vgl. B. Lorini: Von Vestung Bauen, 1607, Teil 2, S. 143.

36) Vgl. die Fotos und die Modell-Aufnahme des Dachstuhls vom Holl-Bau in der vom Baureferat Augsburg herausgegebenen Schrift: Das Augsburger Zeughaus, o. J., S. 18, 19, 28.

37) Vorbild war das durch Landgraf Ludwig IX. von Hanau-Lichtenberg 1741 in Pirmasens erbaute Exerzierhaus. — Vgl. E. Anthes: Das Zeughaus (ehemalige Exercierhaus) in Darmstadt, in: Quartalblätter des historischen Vereins für das Grossherzogtum Hessen, N. F., Bd. 1, Nr. 9 (1893), S. 283-287. — G. Haupt: KDM Darmstadt, 1952, S. 173-176, 191 f; Tafelband S. 140-144, Risse und Schnitte.

38) Defensive Infrastrukturbauten sind selten. Man findet sie besonders in Festungen der Neudeutschen Manier. Hier zwei Beispiele aus dem Kasernenbau des 19. Jh.: a) Von der ehemaligen Welfenkaserne in Hannover:
»Situation des Militairtablissements im Listen-Felde vor Hannover, Anlage Nro 1 zum Berichte des Hauptmanns Jüngst (1825-1918) vom 11ten November 1858, gez. Zinne, signiert: Jüngst [m. p.]«; Rahmenformat: 49,2 x 32,2 cm; Lithographie; Original: Stadtarchiv Hannover, Karten, 817, der das Casernement für 1 Bat. Infanterie, 1 Bat. Artillerie und 1 Rgt. Infanterie zeigt, welches entsprechend der Unterbringungsaufgabe eine Grundrißdisposition bestehend aus drei zusammenhängenden Baublöcken aufweist. Für sämtliche Gebäudefronten ist teilweise enfilierende oder/und flankierende Bestreichung aus Handfeuerwaffen vorgesehen. Die Schußlinien der Rundumverteidigung sind im Plan genau eingezeichnet. Diese Konstruktion richtete sich allerdings nicht gegen einen äußeren Feind, der eine Gebäudebelagerung durchführen könnte, sondern klar gegen revoltierende Gruppen der Bevölkerung, gegen revolutionäre Bürgerbewegungen, mit denen man offenbar damals rechnete. Vgl. W. Voigt und S. Auffarth: Wie man Kasernen vor der Menge schützt: Ein Plan aus dem Jahre 1858, in: ARCH + Nr. 71 (1983), S. 4; b) Die Defensivkaserne der Zitadelle Petersberg über Erfurt liegt in 74 m Entfernung parallel zur Längsachse der ehemaligen dreischiffigen romanischen Pfeilerbasilika Peterskirche, die 1820 durch rigorosen Umbau zu einem »Fortifikations=Proviantmagazin« umfunktioniert wurde [ABB. NR. 26.7]. Die Kaserne entstand als preußischer Militärbau 1828-31 über eine Länge von 165 m und einer Breite von 19,60 m. Der wie ein Sperriegel an den Hang gelegte Bau deckte mit seiner Feuerüberlegenheit aus drei Ebenen eine ganze Zitadellenfront und Teile der anstoßenden Stadtumwallung. Zum Hang hin besteht das Gebäude unten aus 2,50 m dickem Mauerwerk, welches sich nach oben auf 2 m verjüngt. Die nur zur Feldseite befindlichen Geschützstellungen in Form von Kasematten innerhalb der Kaserne sind im unteren Bereich durch eine Krenelierung für den Handfeuerwaffeneinsatz noch vervollkommnet. Das ursprüngliche Flachdach war einst durch einen Erdaufwurf bombensicher. Die innere Organisation der Kaserne zeigt konsequent verteidigungsfähige Abschnitte mit Versatzfalzen, in die Palisaden bzw. Hölzer eingelegt werden konnten, um jeden Korridor, ja jede Stube im Ernstfall abschnittsweise verteidigen zu können. Vgl. KDM Erfurt, 1929, S. 731 f, Abb. 573, 576 f; Proviantmagazin S. 529-620.

39) J. Garber: a) Das Zeughaus Kaiser Maximilians I. in Innsbruck, in: Wiener Jahrbuch für Kunstgeschichte, Bd. 5 (1928), S. 142-160; b) Jörg Kölderers Zeichnungen, Schlernschrift Nr. 12, 1927. G. Kurzmann: Kaiser Maximilian I. und das Kriegswesen der österreichischen Länder und des Reiches, 1985.

40) Auf Bütow gab es schon um 1609 eine »Arcollai-Kammer« in einem der Türme. Vgl. L. Böttger: KDM Regierungsbezirk Köslin, Bd. 2, 1894, S. 152-184.

41) Diese Tatsache verwundert sehr, denn gerade hatte man in der ebenfalls neu erstandenen klassizistischen Großfestung Koblenz schlechte Erfahrungen gemacht mit der unauthorisierten Publikation eines »Spionageberichtes« über die Fortifikationsbauten, den der Royal Engineer John H. Humfrey nach mindestens dreijähriger Auskundschaftung vor Ort 1838 in England edierte und der 1842 in deutscher und 1845 französischer Übersetzung zum Ärgernis der preußischen Militärverwaltung erschien. Vgl. H. Neumann/U. Liessem: Klassizistische Großfestung Koblenz, 1989, mit dem Reprint des Humfrey-Berichtes germ. ed.

42) Allgemeine Bauzeitung, Nr. 14 (1849), Textband S. 112-115, Atlas Taf. 258, 260, 261. Zum Kriegspulvermagazin S. 110 f., zu den Torgebäuden und Brücken Nr. 13 (1848), S. 210-215, 283, Abb. 291, 293, 295, 297.

43) Vgl. den Feuerleitplan der SW-Front in G. Ball: Germersheim, 1930, Reprint 1984, S. 69.

44) Wenn man die Wehr- und Infrastrukturbauten der 1748 auf 6 Inseln vor Helsinki gegründeten Seefestung Suomenlinna, ehemals Sveaborg, betrachtet, so erkennt man zahlreiche Bauten in klassizistischer Bauweise mit deutlicher Verwandtschaft zu der neudeutschen Schule der russ. Epoche, die von 1808-1918 andauerte. Vgl. dazu die vorbildliche zeichnerische Bestandsaufnahme der Festung: Suomenlinnan Käyttösuunnitelmaehdotus, 1974. Russische Ingenieure projektierten 1836 auch eine defensible Große Kaserne für die nordwestlichen Insel Länsi-Mustasar, deren Architektur in klarem Zusammenhang mit dem 2 Jahre zuvor in Germersheim gebauten Zeughaus steht. Vgl. Abb. 15 in U.-R. Kauppi: Länsi-Mustasaaren rakennus-historia, 1985. Die Verbindungen der Ingenieuroffiziere der Neudeutschen Schule nach Rußland, allen voran des genialen Koblenz-Inventors E. L. v. Aster (1778-1855), von dem u. a. der Fortifikationsplan der russischen Festung Modlin von 1838 stammt [ABB. NR. 26.6], und dem Generalinspekteur der preußischen Festungen und nachmaligen Kriegsminister J. G. G. v. Rauch (1774-1841), beide russische Ordensträger, ist ungeklärt und bedarf einer eigenen Untersuchung. Vgl. dazu H. Neumann/U. Liessem, op. cit., S. 33 ff.

45) A. Reinle: KDM Luzern, Bd. 3, Teil 2, 1954, S. 52-57.

46) Kapitel 13.6.

47) Kapitel 21.2, Beispiel Nr. 3.

48) A. Timm: Einführung in die Technikgeschichte, 1972, S. 9. Zum Problemkreis Technikgeschichte F. Klemm: Zur Kulturgeschichte der Technik, ²1982, und: Ferrum. Nachrichten aus der Eisen-Bibliothek, Schaffhausen, Nr. 53 (1982) mit den Beiträ-

gen und Referaten zur 4. Technikgeschichtliche Arbeitstagung 1981 der Eisen-Bibliothek »Was ist Technikgeschichte?«.

49) Die alte Bezeichnung »Zug« umfaßte alle mechanischen Geräte wie Hebezeuge mit Flaschenzügen, Wagen-, Last-, Bockwinden, Aufzügen u.ä. Vgl. W. Dilich: Krieges=Schule, 1589, S. 469-472. Im Reprint der Werke von Alessandro Capra: La Nuova Architettura civile e militare 1717 von 1987 Flaschenzüge und Hebezeuge in Holzschnitten. Als ein Hauptwerk gilt der stark illustrierte Band »Schau=Platz der Heb=Zeuge« von J. Leupold aus dem Jahr 1725. Ein originales »Hebezeug mit Vier bäumen« zum Einsetzen von Geschützrohren vom Typus ABB.NR. 277.4 ist im Musée de l'Armée Paris erhalten. Abb. in T. Wise: Artillery Equipments of the Napoleonic Wars, 1983, S. 18 und R. Wilkinson-Latham: Napoleons Artillerie, 1980, S. 12. — Dazu auch J. Furttenbach: Architectura martialis, 1630, S. 35-38, Taf. 4, S. 42 f, Taf. 5. — Chr. F. v. Geissler: Neue, Curieuse und vollkommene Artillerie, 1718/1977, Kap. 18 »Von allerhand Art Hebezeug«, S. 51-55. — A. Capra: La Nuova Architettura civile e militare, 1717/1987, Libro Quinto: Della Machine. — Im sog. Instrumentenbuch des Herzogs Julius von Wolfenbüttel (*1528 †1589) aus dem Jahr 1573 findet man [wahrscheinliche] Eigenzeichnungen des Herzogs mit zahlreichen technischen Geräten wie Winden, Fördergeräten, Kränen, Hebebäumen. Original: Staatsarchiv Wolfenbüttel, Signatur 2 Ht 5228.

50) Vgl. M. Bitz: Fabriken und ihre Technologie im 17. und 18. Jahrhundert in Südwestdeutschland, in: Barock in Baden-Württemberg, Ausstellungskatalog des Bad. Landesmuseums, Bruchsal (1981), Bd. 2, S. 459-469, hier Abb. 16 und Anmerkung 29.

51) Vgl. Deutsches Bauhandbuch, Bd. 2: O. Gallois/A. Schäfer: Lagerhäuser, S. 959-961.

52) Auf dem Dachboden der inmitten der Vesting Loevestein liegenden donjonartigen Burg ist ein »grote takelrad« noch vollständig erhalten. Vgl. Matrijs Kijkgids 1: Loevestein, 1986, S. 20.

53) Vgl. J. Furttenbach: Architectura Martialis, 1630, S. 17.

54) Inv. Nr. 19404. Vgl. P. Hofer: KDM Kanton Bern, Bd. 3, 1947, S. 221, Anmerkungen 1+2. — Abbildung der Waage in Militärdirektion Bern: 100 jahre kantonale Militäranstalten Bern, 1978, Taf. 12.

55) Vgl. Royal Danish Arsenal Museum: a) The Cannon Hall, ^{3}1971, Nr.103; b) Illustrierter Katalog für die permanente Ausstellung, ^{2}1979, A 103.

56) Vgl. F. Rudolphi: Gotha Diplomatica, Bd. 2, Teil 2, 1717, S. 202.

57) Weit außerhalb unseres Betrachtungsbereichs liegt die venezianische Festung Réthymnon auf Kreta. Das 1580/81 errichtete zweistöckige Zeughaus mit Holzzwischendecke besteht aus der Geschützhalle und dem Speicherraum für Ausrüstungsstücke. Das Dach ist als Flachterrasse ausgebildet, um das kostbare Niederschlagswasser zu sammeln und über eine gemauerte Leitung in eine der zahlreichen Fortifikationszisternen nahe der Bastion St. Elias abzuführen. Süßwasser war in der auf massiven Felsgrund gebauten Fortezza sehr knapp und zwang deshalb zu dieser im Mittelmeerraum seit Jahrhunderten bekannten Wassergewinnungsmethode. Dieser Gedanke geht auf antike Methoden der Regenwassergewinnung im mittelmeerischen Atriumhaus zurück. Dort wurde das Wasser über die zum Binnenhof geneigten Pultdächer zum Compluvium, der Zisternenanlage, abgeleitet. Vgl. A. Malegari/ Ch.Stratidakis: Réthymnon, 1986, S. 38, 44. Zur Fortifikationsgeschichte auch M. G. Youmbakis: Fortezza. The History of the venetian Fortress at Rethymnon, 1970.

15. Einrichtung des Zeughauses

»also wolt nur gleich das Schuld buch fuer euch nemmen/allda ein Post nach der andern herab summie ren/vnd also besehen ob sie Debitor, oder aber Creditor restiere/hernach ernante Posten samentlich vnd nach einander auß dem Schuldbuch herauß ziehen/so werdet ir einen andern auch verpitschierten Billantz (oder Inventarium) ... finden«. Josef Furttenbach d. Ä., Architectura Martialis, 1630, S. 91.

Ein Waffenlager, welches nicht musealen Charakter hat, ist Spiegel einer bestimmten Kampfkraft der auszurüstenden Truppen und der zur Anwendung vorgesehenen Taktik der Befehlshaber. Es herrschte im Zeughausbetrieb stets zentralisierte Befehlsgewalt »von oben nach unten«. Zur perfekten Organisation der Abwicklung der Geschäfte eines Zeughaus- bzw. Arsenalbetriebes wie Eingang, Ausgang, Lagerung, Unterhaltung, Aussonderung, An- und Verkauf von Rüstungsgütern, Bewachung, Führung der Zeugamtsrechnungen, zeichnerische Aufnahmen, Anleitung und Überwachung der technischen Hilfskräfte sowie ähnliche Tätigkeiten gehörte entsprechendes Fachpersonal und eine fortlaufende Buchführung. Diese Feststellungen haben für den gesamten Untersuchungsbereich Gültigkeit.

15.1 Personalfragen

Zeughauskämmerer/Zeugmeister/Zeugwart/Zeugschreiber/Zeugdiener/Büchsenmeister/Zeugoffizier/Feuerwerker/Artillerie- und Hilfspersonal

»Gleich wie ein Schiff auff dem Meere ohne einen erfahrnen Schiff= oder Stewrman nicht kan fortkommen, und sein fürhaben fruchtbarlich vollenden, also auch eine Arthollerey, sie mag so gut und wol versehen sein, als es menschliche Vernunfft zu wege bringen kan, So ist sie doch unnütz und gantz vergebens, wo nicht ein erfahrner und geübter Zeugmeister dabey«,

so schreibt i. J. 1661 der vom Stadtrat als Zeugherr der Altstadt von Braunschweig bestellte Zacharias Boilings (†1630) in seinen »Monita ad Armamentarium Civitatis Brunsvicensis«.[1] Er weist mit seinem drastischen Vergleich auf die hohe Bedeutung des Zeugmeisters für eine Artillerieausrüstung hin. Als Chef einer Zeughausverwaltung mit einer Verantwortung über teure Rüstungsutensilien war er bis ins ausgehende 18. Jh. meist ein Zivilist, der dem Zeughauseigner bzw. -betreiber mündlich durch Rapport und schriftlich über Inventare stets Rechenschaft schuldig war. Er dirigierte eine hohe Zahl von Handwerkern im Zeughaus, die Z. Boilings 1650 mit Zeugwart, Böttcher, Pulvermacher und Dachdecker angibt.[2] Er spricht dem Zeugmeister selber die Erfahrungen »aller handtwercker, so sich bey der Arthollerey gebrauchen laßen, als Pulvermacher, Salpeter=Sieders, Gießers, Ladenmachers, Klein= und Grobschmiedes, Rademachers, Platners, und aller die darzu gehören »zu und fordert für ihn die Kenntnisse und Befehlsgewalt auch im Feld bei der Geschützführung und der Anwendung von Petarden und Contreminen«, wenn kein Ingenieur verhanden« und faßt die Universalität dieses Berufsstandes mit den Worten zusammen:

»Sein [d .h. des Zeugmeisters] Ampt und Dienst erfordert mehr Wissenschaft, als man ohne große Weitleufftigkeit beschreiben kan«.[3]

Der Zeugmeister hatte einen wesentlich höheren gesellschaftlichen Rang als der Büchsenmeister. In Braunschweig unterrichtete nach dem Bericht von Z. Boilings im 17. Jh. der Zeugmeister »Büchsenmeisterey und Fewrwercke«[4], und bei Durchsicht der Traktate und Codizes wird man feststellen, daß unter den Autoren zahlreiche ausgewiesene Zeugmeister sind.[5] Reinhard Graf von Solms forderte in seinem Kriegßbuch in 27 Punkten Können bzw. Eigenschaften des Zeugmeisters, darunter auch:

◆ gottesfürchtig und ehrlich ◆ glaubhaftig und kein Trinker ◆ gütig und lieblich im Frieden, ernsthaft in der Not ◆ tägliche Beratschlagung über seinen Dienst mit den Untergebenen ◆ Aufsicht führen ◆ Musterung und Abrechnung ◆ Wissen um die notwendigen Pferde für jedes Geschütz und woher sie geholt werden müssen ◆ Berechnung von für einen Kriegszug nötigen Mannschaften und Gerät ◆ absolute Geheimhaltung über den Artilleriepark ◆ besorgt die Einstellung von Büchsenmeistern und Knechten ◆ Prüfung der Bewerber durch Abfragen des Fachwissens ◆ Verordnung eines Probeschießens für Bewerber ◆ er soll schreiben können ◆ er soll ein Geschütz maßstabsgerecht zeichnen können.[6]

Auch im Kriegsbüchlein des Hauptmanns Hans Conrad Lavater von 1659 findet man die Aufgaben eines Zeugherrn bzw. Zeugmeisters und — was diesen seltenen Traktat besonders auszeichnet — er bringt zu den einzelnen Ämtern und Chargen die jeweilige Eidesformel, darunter auch die für Zeugherrn bzw. Zeugmeister.⁷

Der Ratsspiegel der Stadt Freiburg von 1638 gibt eine Aufstellung der Ämter und Dienste und des Hilfspersonals der Stadtverwaltung an. In der langen Liste der den städtischen Etat stark belastenden Stellen sind neben zwei Werkmeistern, drei für die Vermessung von Bauten und Grundstücken angestellten Markern auch zwei Zeugmeister der Zeughausverwaltung genannt.⁸

Den Rang des Zeugmeisters bei Hofe und damit in der Gesellschaft listet F. Rudolphi in seinem Corpus-Werk »Gotha Diplomatica« von 1717 auf. Danach verzeichnete die »Fürstl.Saechsische Friedensteinische Locations-Ordnung 1697« als Nr. 76 Baumeister, Nr. 79 Bau= Inspector, Nr. 95 Zeughaus=Verwalter, Nr. 107 Hoff= Tapezirer und Hoff=Schneider/ Confecturier/ Hoff=Uhrmacher/ Hoff=Gaertner/ Zeug=Waerter; vor Nr. 95 rangieren u. a. die Hoff=Musici, der Exercitien Meister, Schreiber, Richter, Apotheker; nach Nr. 95 folgen u. a. Silberdiener, Hof=Buchdrucker, Hof=Perruquenmacher, Bauschreiber, Copist und nach Nr. 107 Laqueyen, Mund=Koch sowie als Nr. 112 an letzter Stelle der Rangordnung die Fuerstl. Sattler= und Leib= Knechte.⁹ Der Zeugwart oder Zeugwärter [auch Stückwart, frz. Garde d'Artillerie] steht als Aufsichtsführer deutlich rangmäßig und damit auch in der Besoldung unter dem Zeugmeister. Als ein Beispiel der Berufung eines Zeugmeisters an ein fürstliches Zeughaus verweise ich auf die »Bestallunge Des Neuen Zeugk: vnd Rüst=meisters Philipp Heinrichen Reinharts, Item Büchßenmeisters Martin Schmidts, vnd Zeugknechts Görg Thilen. Anno i6i8. i6i9. bis i6i9« durch Herzog Johann Casimir von Sachsen-Coburg (1586-1633).¹⁰ Reinhart hatte sich für die Anstellung in Coburg in seiner vorherigen Dienststelle Neuburg »ledig« gemacht und das von 1616-1621 durch den als architectus und pictor tätigen Peter Sengelaub (1558-1622) im Bau befindliche Stadtzeughaus in der Residenzstadt Coburg übernommen. Nach vollzogenen Berufungen dieser oder ähnlicher Art unterschrieben Zeugmeister oft als »Bestellter Zeugk: Vnd Rüstmeister«, um den amtlichen Vollzug der Berufung bzw. Ernennung anzuzeigen.

Unter Kaiser Maximilian I. unterschied man den »Obriste Zeugmeister« als Generalverwalter aller Zeughäuser vom »Obriste Feldzeugmeister«, der im Krieg die Kommandogewalt über den gesamten Artilleriepark, darunter auch sämtliche Büchsenmeister, hatte. In den Feldarmeen verschwand der Begriff Zeugmeister aber im Laufe des 17. Jh., während er sich in den Städten bis Ende 18. Jh. hielt. In den Landsknechtsheeren hieß der Verwalter der Waffen und Ausrüstungen auch »Rüstmeister«. Der städtische Zeugmeister war meist auch Ratsherr oder vom Rat beauftragt und hatte oft über die Zeughausverwaltung hinaus das gesamte städtische Waffenwesen unter sich. Er ist auch unter den Bezeichnungen »Zeugherr«, »Zeugkämmerer« bzw. »Zeughauskämmerer« in der Literatur bekannt. Dazu schufen die Städte oft ein Zeugamt im Sinne einer Artilleriematerial verwaltenden Behörde mit Sitz im Rathaus. Vgl. dazu die Rathausgrundrisse von J. Furttenbach von 1640 auf ABB. NR. 48.1 [Pfeil 1 Zeugamt] und ABB. NR. 48.2 [Pfeil 1 Kriegsamt]. In Preußen stand der Generalfeldzeugmeister zuletzt im Range eines Feldmarschalls. Nach der Reichsgründung 1871 hatte das Zeugpersonal in der Armee nur noch die Verwaltung und Aufbewahrung der für den Kriegsfall vorrätig zu haltenden Rüstungsgüter und nicht mehr die unmittelbare Verwaltung der bei den Truppen befindlichen Waffen- und Munitionsvorräten zu sorgen. In der kaiserlichen Armee gab es die Ränge der »Zeugoffiziere«, der »Zeugfeldwebel« und »Zeugsergeanten«, als militärische, also uniformierte Bedienstete der Artilleriedepots.

Unter unmittelbarem Befehl des Zeugmeisters stand meist der Büchsenmeister. Er war als Geschützführer der gefragte Spezialist und folgte dem mittelalterlichen Antwerkmeister. Der Büchsenmeister war in der Anfangszeit ein regelrechter Handwerker. Er wurde während der Transitionszeit ein gesuchter Spezialist, ein Praktiker der mathematischen »Wissenschaften«, der sich mit dem Artillerie- und Fortifikationswesen permanent auseinandersetzen mußte. ABB. NR. 318 zeigt den »Büchsenmeyster« dieser Zeit in seiner vornehmen »Dienstkleidung« auf einem seltenen Holzschnitt von Erhard Schön (1536). Aus dem Berufsstand entwickelte sich im 17. und 18. Jh. der Artillerie- und Genieoffizier. Der Büchsenmeister war Zivilist und verdingte sich frei. An der Kriegesbeute war er — um Anreize für seine Tätigkeit zu geben — stark beteiligt. So wurden ihm oft nach erfolgreicher Belagerung die erbeuteten Geschütze zugesprochen; auch durfte er die Munition zur Rohstoffgewinnung aufsammeln u. v. m. Anton Dolleczek gibt seiner umfassenden Geschichte der Österreichischen Artillerie ein Kapitel »Der Büchsenmeister« bei, und bei Johann Ammon findet man in seinem Armamentarivm Principale von 1625 ein Kapitel »Wie ein Buechsenmeister beschaffen seyn soll« und »Buechsenmeister wie er soll schwehren vnd angeloben«.¹¹ Neben dem verlangten technischen und artilleristischen Wissen werden hier vom Büchsenmeister besonders Tugenden gefordert wie:

»daß er Gott vor allen dingen Lieb vnd vor Augen habe/... Er soll auch friedsam/froelich/vnd vnverzagt sein/Gott vnd fromkeit lieben/vnd mehr vor Augen haben/dann das Gut oder Gelt/sich auch in Kriegsleuffen vnd noethen als ein frewdiger Mann troestlich halten/... soll er allzeit rathen/ die Sach ohn Krieg zu enden/...Er soll sich auch allezeit fuer trunckenheit hueten/... sol er sich huetten vor warmer vnnd truckener Speiß vnnd Tranck/sonder soll kalte vnd feuchte Speiß vnd Tranck niessen/soll sich auch fuer stopfender Speiß huetten/als Eyer/ Gebratenes/etc. ... Er soll auch

107

kein starcken Wein trincken/er sey dann wol temperirt/...
Er soll auch schreiben und lesen koennen.«

Hier wird also der Büchsenmeister als ganzer Mensch mit Leib und Seele besonders moralisch beansprucht. Ob alle so vergatterten Büchsenmeister sich daran gehalten haben, ist nicht zu überprüfen. Die Forderungen nach Beherrschung von Sprache und Schrift kommt weit am Ende, aber noch vor den handwerklich-technischen Forderungen an Kenntnissen, Fähigkeiten und Fertigkeiten. Die Zeughausbediensteten hatten — regional unterschiedlich und doch auch durch Wanderungen, Traktat- und Erfahrungsaustausch, ein eigenes Zeughaus-Vokabular geschaffen, eine Art Dienstsprache, die Außenstehende nur schwer verstanden. Wettendorfer hat sich mit dieser Frage beschäftigt, indem er die termini technici aus frühen Quellen, vor allem Inventaren, herauszog und diese in moderner Sprache erklärte und damit so manches Inventar und manche Zeugamtsrechnung erst verständlich machte.[12]

Im Laufe der Zeiten entwickelte sich aus dem Büchsenmeister der technisch ausgebildete Artillerist und Feuerwerker. Die Fürstenhöfe, aber auch die Städte rissen sich zeitweise um die Büchsenmeister, insbesondere, wenn ein Kriegszug oder eine Belagerung in Aussicht stand. Manche Stadt vermietete sogar ihre Büchsenmeister gegen harte Zahlungen. Man kann die theoretische Zahl der Büchsenmeister in einer ersten Näherung an der Zahl der ins Gefecht gebrachten Geschütze ermessen, doch im Realfall hatte jeder Büchsenmeister mehrere Geschütze, eine ganze Batterie, geführt. In Nürnberg hatte man i. J. 1449/50 über 150 »Stückwärter«, also Büchsenmeister, unter Vertrag, und konnte damit jedem größeren städtischen Geschütz einen Mann zuordnen. 1625 unterhielt die Stadt Hamburg 14 dort »Constabler« genannte Büchsenmeister, was zahlenmäßig hoch lag, jedoch bei der Anzahl der Bastionen mit 21 sicher zu wenig war. 1737 unterhielt die Stadt für 315 Kanonen 186 Artilleristen.[13] Hohe Geldsummen wurden bei der Anwerbung den Büchsenmeistern aus der Fremde geboten. Sie mußten sich allerdings stets einer theoretischen Prüfung unterziehen, die in den sogenannten 12 Büchsenmeisterfragen gipfelten,[14] oder durch öffentliches Probeschießen ihre Kenntnisse nachweisen. Die Bewerber in Hamburg z.B. wurden nach einem vom Rat zusammengestellten Fragenkatalog examiniert, der aus dem Standardwerk zur Büchsenmeisterei des »Kgl.Majors und der Krone Polens General-Feldzeugmeister-Leutnant« Casimir Simienowicz zusammengestellt war.[15] F. Rudolphi berichtet aus der Residenzstadt Gotha, daß der Maitre d'Artillerie der Stadt die Schlüssel zu den Zeughäusern besaß, also Zeugmeisterfunktion ausübte, aber »bloß von dem kleinen Rathe bestellet und von dem grossen [Rath nur] confirmiret [wurde]«.[16] Büchsenmeister hatten oft die Funktion als Zeugmeister und umgekehrt. Die Übergänge sind fließend, die Tätigkeitsmerkmale nicht eindeutig, wie das in so vielen Berufen früher der Fall war. Die Aufgabenbereiche sind im Laufe der Jahrhunderte nicht exakt von einander zu trennen.

»Eines Büchsenmeisters Verrichtung aber ist/daß ernuechtern und maessig lebe/lesen/schreiben und rechnen koenne/alle Stücke von Feurwercken zum Schimpff und Ernste/ auch Salpeter zu reinigen und zu laeutern/in allen Stuecken mit dem Pulver gebuehrlich vom ersten biß zum letzten/ja mit Boellern und allerhand grobem Geschuetze/wie solches Namen haben mag/auch denen Instrumentis recht umbzugehen wisse/und ueber das auch Batterien auffzufuehren/ Schieß=Loecher zuordnen/und Schantz=Koerbe zu setzen/erfahrten seye«.

Diese Forderungen gab W. Dilich in seiner berühmten Kriegs=Schule von 1689.[17] Graf v. Solms forderte in seinem Kriegsbuch von 1559:

»Die Buechsenmeister, wenn sie nicht in den Zeughaeusern zu thun haben, sollen sich doch stets ueben, Festungen aufreißen, ihre Sachen beschreiben, einer von dem andern lernen, Kriegshistorien lesen, und ueber den Vortheil, den sie darin gebrauchen, fleißig nachdenken«.[18]

Conrad Matschoß gibt seinen Lebensbeschreibungen aus der Geschichte der Technik zum Berufsstand der Büchsenmeister 23 besonders hervortretende Namen bis zu Kaiser Maximilian I. an.[19] In der Literatur taucht immer wieder auch die Bezeichnung »Constabler« [Constaffler] auf. Dies war ursprünglich eine Charge neben den Büchsenmeistern, die über diesen standen, dann aber mehr und mehr zu reinen Geschützbedienern, zu Kanonieren, wurden. Dieser Vorgang läßt sich zeitlich und landschaftlich nicht genau eingrenzen.[20]

Welch hohe gesellschaftliche Stellung Zeug- und Büchsenmeister besaßen, zeigen die bildlichen Darstellungen. In den Büchsenmeisterbüchern kommen Porträts vor, wie z.B. ABB. NR. 279 aus Cod. Guelf. 455 Aug. 2°, einem Codex »wie ein zeughaus gehalten werden ...« aus dem 3. Viertel des 16. Jh., in dem noch weitere Abbildungen von Büchsenmeistern in Aktion in vollendeten aquarellierten Federzeichnungen zu finden sind. Seinem gedruckten Traktat »Büchsenmeisterey Buch« von 1618 gab der Hamburger Büchsenmeister Hans Guhle sogar ein eigenes Porträt auf der Titelseite bei [ABB. NR. 322.2]. Als Novum in der Literaturgattung der Büchsenmeisterbücher bringt er sogar seinen gesamten Werdegang als Büchsenmeister.[21] Eine der wenigen authentischen Darstellungen eines Büchsenmeisters aus der Anfangszeit des frühneuzeitlichen Zeughausbetriebs stellt die Grabplatte des 1501 verstorbenen »bussen meyster Martin Mercz« [ABB. NR. 278.1+2] an der Kirche St. Martin in Amberg dar. Der standesgemäß gekleidete Büchsenmeister, der auch Autor eines grundlegenden Büchsenmeisterbuches [Cgm. 599] ist, steht symbolträchtig auf einem Geschützrohr. Die Platte ist mit Inschriften übersät. Aber auch in der Druckgraphik stößt man auf Zeug- und Büchsenmeister. So der Kupferstich mit dem Nürnbergischen Zeugmeisters Johann Carl (1587-1665) [ABB. NR. 284] im 75. Lebensjahr, der auch nach dem Tode Carls ein Pendant als Gedenkblatt fand.[22]

Von ganz anderer Art ist die persönliche Überlieferung des Zeugmeisters Tobias Küster. In der Geschützhalle des Zeughauses Wolfenbüttel entdeckt der aufmerksame Besucher an den westlichen Pfeilerflächen (6) und (22) in Augenhöhe zwei fast identische Inschriften in einfachem Kerbschnitt, wie es die ABB. NR. 280.1+2 wiedergeben. Küster (†1628) war zur Zeit des Zeughausneubaus durch Paul Francke offensichtlich eine bedeutende Person am herzoglichen Hofe. In Schriftquellen taucht er vor 1600 als Büchsenmeister auf, er bekam später auch die Aufgaben des Zeugmeisters und Feuerwerkers. Die Bestallung zum Zeugmeister ist erhalten. Früher konnte die gebildete Welt Abbreviaturen wie diese Inschrift auflösen. Eine plausible Auflösung der Buchstabenfolge ist mir aber noch nicht gelungen.[23]

Man begegnet in den Bezeichnungen für gehobene Berufe im Zeug- und Geschützwesen oft dem Begriff »Meister«: Antwerk-, Zeug-, Büchsen-, Schanz-, Brücken-, Wagen-, Zahl-, Muster-, Pfennig-, Rott-, Quartier-, Wach-, Proviant-, Geschirrmeister und im zivilen Bereich den Bürger-, Wacht-, Polizei-, Jäger-, Stall-, Berg-, Münzmeister, in Verbindung mit Handwerksberufen den Bäcker-, Fleischer-, Tischler-, Schmiede-, Brau-, Fischmeister usw. Der Begriff kommt vom lateinischen »magister«. Einleitend wurde zu dieser Arbeit schon vom magister operis, dem Bau-, besser Werkmeister im mittelalterlichen Baubetrieb gesprochen. Die urdeutsche Form war »maistr(o)« aus »ma[g]istro« und wurde als mhd. »meister« und ahd »meistar« weitergeführt. Der Begriff kommt entsprechend abgewandelt im Niederländischen, Englischen, Französischen, Italienischen vor. Er ist Titel zahlreicher höherer und höchster Ämter oder Berufe, in denen im allgemeinen Höchstleistungen und Höchstwissen verlangt wurde.[24] So auch in den vorliegenden Fällen.

Die im Zeughausbetrieb verdungenen Handwerker sind schon oben genannt worden. Je nach Notwendigkeit und Erfordernissen des Zeughausbestandes wurden auch Aufträge an Handwerker nach außen vergeben oder Spezialisten ins Zeughaus geholt. Es gab ja nicht bei jeder Zeughausverwaltung sämtliche benötigten Handwerker. Das wären zu viele gewesen: Plattner, Schwertfeger, Armbruster, Pfeilmacher, Spießmacher, Büchsenmacher, Pulvermacher, Zimmerleute, Seiler, Schreiner, Drechsler, Faßbinder, Stückgießer, Schanzbauer, Schmiede, darunter Spezialisten wie Hellebarden- und Degenschmiede, Sattler, Fuhrleute, Kolbenschäfter, Böttcher u.v.a.[25] Der Rüstungsbetrieb Zeughaus sorgte damit für Jahrhunderte wie heute noch die Rüstungsindustrie für Herausbildung und Beschäftigung von technischen Spezialberufen mit damals oft hohen kunsthandwerklichen Fähigkeiten.

Wenn man historische Abbildungen von Zeug- und Büchsenmeistern betrachtet, dann fällt auf, daß beide am Gürtel meist eine Kurzwaffe tragen. Das zeigen deutlich die ABB. NR. 282 und 283.1 aus Vegetius »Vier bücher der Ritterschaft« in der Edition Augsburg 1529 und aus Leonhard Fronspergers Kriegsbuch von 1559. Ein Exemplar eines solchen Dolches zeigt ABB. NR. 283.2. Während aber der Zeugmeister den Dolch mehr als passive Waffe aus symbolischen und repräsentativen Gründen trug, benötigte der Büchsenmeister ihn auch aktiv zur Nahverteidigung im Feld etwa bei einem Überfall auf sein Geschütz. Oft ist der Büchsenmeisterdolch mit anderen Geräten bzw. Instrumenten kombiniert, wie der von mir 1984 vorgestellte Büchsenmeisterzirkel bzw. Stückmeisterdolch Braunschweigischer Provenienz des 16. Jh., einer Kombinationswaffe, welche in zusammengeklapptem Zustand wie der oben genannte Dolch als zweischneidige Stichwaffe benutzt werden konnte und in geöffnetem Zustand als Kaliberstab und Zirkel diente.[26]

Johann Rudolph Fäsch, Leonhard Christoph Sturm und Johann Friedrich Penther sind die einzigen Traktatautoren, die auch die Wohnungen der höheren Bediensteten im Zeughauskomplex berücksichtigten. ABB. NR. 219 zeigt in Figur 1 die Positionen der Wohnungen für die Artillerieoffiziere nach Fäsch, Figur 2 die Konstablerwohnungen nach Sturm und Figur 3 die Wohnungen der »Ober=Bedienten beym Zeug=Haus« nach Penther. Sturm empfiehlt, an

»einige Wohnungen zu dencken/die in dem Bezirck des Zeughauses mit liegen müssen/zum allerwenigsten muß einer von den Ober= und einer von den Unter=Officiers darinnen wohnen/und Auffsicht ueber das Zeughauß haben«.[27]

Besonders in den Zeughaus- bzw. Arsenalkomplexen waren stets Dienstwohnungen vorgesehen. So begegnete mir ein undatiertes Zeughausprojekt in einer Plansammlung des 18. Jh., in dem neben Pferdeställen beim Zeughaus auch extra eine Wohnung für einen Mathematik-Professor vorgesehen ist.[28] In der zweiten Hälfte des 19. Jh. gehörten zu den Artillerie-Depôts stets auch die notwendigen Dienstwohnungsgebäude. ABB. NR. 483 zeigt die Artillerie-Werkstätten Spandau. Neben den reinen Produktionshallen, erkenntlich am Sheddach, liegen Verwaltungs- und Wohngebäude eingepaßt in Grünanlagen im Stile der Schinkel-Schule im unmittelbaren Fabrikgelände. ABB. NR. 484 zeigt das Arsenal in Dresden im ausgehenden 19. Jh. Neben den Werkstätten sind Verwaltungsgebäude, Magazine und Wohngebäude ausgewiesen. ABB. NR. 489.1 zeigt unter ›B‹ die bevorzugt gelegenen Eckpavillons mit Offizierswohnungen, ›C‹ ebenfalls sowie auch Mannschaftswohnungen, ›D‹ sind reine Kasernen für unverheiratete Soldaten. In

ABB. NR. 489.2 ebenfalls Arsenal-Wohnungen unter ›D‹. In diesem Zusammenhang muß auf ein in seiner Art einmaliges Gebäude, das »Haus zum Riesen« in Heidelberg, Hauptstr. 52, hin gewiesen werden. Es gehörte einem Oberzeugmeister, der sich 1707 dieses Gebäude unter Verwendung von Steinen aus dem Dicken Turm des Heidelberger Schlosses durch den Architekten J. A. Breunig hat erbauen lassen. Es war der Oberzeugmeister, Obristjägermeister und Generalleutnant Eberhard Friedrich von Venningen, der sich hier seinen Stadtpalais schuf. Das dreistöckige Gebäude zeichnet sich durch einen Mittelrisalit aus, der über der Dachschrägen durch einen Segmentgiebel abgeschlossen wird. Unten das rundbogige Hauptportal, dann ein Balkon, darüber in einer Rundnische die lebensgroße Figur des Bauherrn in Rüstung mit abgelegtem Helm; beiderseits breite Pilaster, die mit reliefierten Emblemen martialischer Motive aus Krieg, Jagd, Kunst, Wissenschaft [Trophäen, Waffen, Rüstungsteile, Kriegsmusikinstrumente] versehen sind[29] [ABB. NR. 283/3].

»Das Artillerie-Depôt hat den Zweck, die ... Streitmittel aufzubewahren, in Stand zu halten, nach Bedürfniss zu ergänzen, zum Friedens- und Kriegsgebrauch an die Truppen zu verabreichen und das bei denselben ausser Gebrauch tretende Material wieder in Empfang zu nehmen«,

so definiert Hauptmann Reuter i. J. 1873 die Aufgaben des Berliner Depôts und analog hat es für alle anderen Depots im Reich gegolten.[30] Die unter dem Befehl eines Majors der Artillerie stehende Dienststelle besaß etatsgemäß Zeugpersonal bestehend aus 1 Zeughauptmann, Zeuglieutenants, Zeugfeldwebel, Zeugsergeanten, Zeughaus-Büchsenmeister, Feuerwerkslieutenant und Hilfspersonal. Der Zeughauptmann war für Buchführung, Kassengeschäfte, Revision, also für die ökonomischen Aufgaben verantwortlich. Die Zeuglieutenants verwalteten die Bestände und hatten in ihren Revieren die administrative Revision monatlich durchzuführen. Zeugfeldwebel gehörten dem Soldatenstande an. »Sie sind für die mehr mechanischen Verrichtungen im äusseren Dienste bestimmt« und unterstehen den Zeuglieutenants. ABB. NR. 130 zeigt den Lageplan im ehemaligen Pauliner-Kloster Braunschweig gegengezeichnet von einem Zeugfeldwebel namens Schwebs. Der Zeughausbüchsenmeister hatte die Gewehraufseher zu unterrichten, die Handwaffen in gutem Zustand zu halten und sich besonders um die gezogenen Geschützrohre zu kümmern. Der Feuerwerker [alte Bezeichnung auch Artificier] verwaltete das Laboratorium und alle Munitionsarbeiten. Er übte in Berlin auch die Aufsicht über die Bibliothek und das Archiv mit dem Planmaterial.

Ein gesellschaftliches Phänomen ist, daß die neuen Erzeugnisse der Artillerie und Pyrotechnik neben ihren martialischen Zwecken auch der Prachtentfaltung höfischer und städtischer Festlichkeiten in einem Maße dienten, wie es heute beinah unvorstellbar ist.[31] Das Feuerwerk mit seinen seit dem frühen 14. Jh. entwickelten pyrotechnischen Effekten der Schwärmer, Kammerschläge, Raketen, Lichtröhren, Blitze, Feuerräder, Leuchtkugeln, Schnur- und Räderfeuerwerke, Feuerwerke in Engels-, Bauten-, Tiergestalt, auf und im Wasser mit entsprechender Illumination und theatralischer Wirkung usw. mit ihrer Verbindung zur Festarchitektur und zur Gartengestaltung war besonders im Barock bis ins 18. Jh. die friedliche Seite der Aufgaben von Zeugmeister bzw. Büchsenmeister bzw. Feuerwerker. Es wird in der Traktatliteratur stets in Abgrenzung vom »Ernstfeuerwerk« [Schimpffeuerwerk] »Lustfeuerwerk« genannt.[32] W. Oechslin und A. Buschow haben jüngst aufgezeigt, daß der Architekt als Inszenierungskünstler der Festarchitektur ohne Pyrotechnik nicht auskam. Architekturteile wie illuminierte Triumphbögen, Pyramiden, Pfeiler, Türme, Säulen, Fontainen, Ornamente, ja ganze Bauten von Burgen, Schlössern, Grotten wurden feuerwerksmäßig ausstaffiert. Die Büchsenmeisterbücher und Traktate widmen sich fast alle dem Thema des Ernst- und Lustfeuerwerks.[33] Erst nach dem Dreißigjährigen Krieg entstand der Feuerwerker als eigener wehrtechnischer Beruf. Vorher war er mit der Person des Büchsenmeisters oft identisch, jetzt aber trat er eigenständig auf. Im Jahr 1840 führte die AKO vom 8.9.1836 in Preußen zu einer einheitlichen Ausbildung für das Feuerwerkerpersonal in Heer und Marine. Die Feuerwerker hatten nun neben dem Truppendienst auch Tätigkeiten außerhalb der Armee wahrzunehmen, darunter Entwicklung, Erprobung und Herstellung von Munition sowie Landesvermessungsaufgaben.

15.2 Buchführung im Zeughaus

Ein Blick in die Traktatliteratur zeigt, daß sich nur Joseph Furttenbach d. Ä. intensiver mit Fragen der Zeughausbuchführung und der Anlage von Inventaren beschäftigt hat. Sein Buch »Architectura Militaris« von 1630, gewidmet »allen Martialischen/Besonders den Zeugwarten vnd Buechsenmeistern«, handelt über ein »wolgeordnetes Zeug= oder Ruest-Hauß«. In Dialogform zwischen dem [Zeugmeister] Capo und einem lernbegierigen Büchsenmeister, der im Felde alt geworden, jetzt gern an festem Ort die Berufung zum Zeugmeister erlangen möchte, und deshalb um ein »Scizzo oder Copia« über die Buchhaltung in einem Zeughaus bittet. J. Furttenbach kommt im 3. Teil seiner Arbeit:

Auszug aus dem Inventarium Herzog Ludwig-Rudolphs von Braunschweig-Lüneburg (reg. 1714-1731), der im Zeughaus Wolfenbüttel 1732 neu angelegten Rüst= und Harnisch=Cammer, Titelseite Abb.-Nr. 288 G. Original Staatsarchiv Wolfenbüttel 1 Alt, 25 Nr. 17. Auf diesen Seiten sind die durch Johann Sebastian Hauschka (1695-1775) hergestellten vier gezogenen Vorderlader von 1729/30 mit Kugelformer, Wischer und Setzkolben recht genau beschrieben. Zwei der Geschütze sind nachweisbar. In diesem Bestandsinventar findet man leider keine Angaben von Werten, Anschaffungsdaten und Ortsangaben zur Aufbewahrung. Vgl. H. Neumann: Architekt & Ingenieur, 1984, S. 333-336.

»In was Form vnnd Regul alles Geschuetz/Munition, vnd Ruestungen in zwayen Buechern sollen auffgeschrieben werden/damit man stundlich darueber gute satte Rechenschafft geben moege«[34]

diesem Wunsch nach. Im Mittelpunkt stehen für ihn zwei zu führende Bücher:

- ◆ Das »Giornal oder das Tagebuch« als Zugangs- und Abgangsverzeichnis. Es ist täglich fortzuschreiben.
- ◆ Das »Schuldbuch« mit Register zur Führung sich gegenüberstehender Debito-[Empfangs-] und Credito-[Ausgabe-]seiten.

Debito minus Credito ergibt den von Furttenbach »Bilantz oder ein Inventarium« genannten Vorratsbestand. Was Furttenbach mitteilte, hatte in den Zeughausverwaltungen schon über ein Dezennium Gültigkeit.

Die Mathematisierung der Vorratshaltung im Zeughaus bzw. Arsenal im kameralistischen Sinne des Barockzeitalters zeigen die Berechnungen Sébastien le Prestre de Vaubans (1633-1707) für eine zu erwartende Belagerung. In seinem durch den Kgl. Preuß. Ing. Capitaine G. A. von Clair »auf höchsten Befehl« in deutscher Übersetzung 1770 herausgegebenen Traktat:

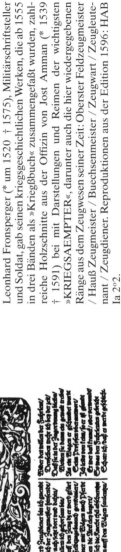

Leonhard Fronsperger (* um 1520 † 1575), Militärschriftsteller und Soldat, gab seinen kriegsgeschichtlichen Werken, die ab 1555 in drei Bänden als »Kriegßbuch« zusammengefaßt wurden, zahlreiche Holzschnitte aus der Offizin von Jost Amman (* 1539 † 1591) bei mit Darstellungen und Reimen der wichtigsten »KRIEGSAEMPTER«, darunter auch die hier wiedergegebenen Ränge aus dem Zeugwesen seiner Zeit: Oberster Feldzeugmeister / Hauß Zeugmeister / Buechsenmeister / Zeugwart / Zeugleutenant / Zeugmeister / Zeugdiener. Reproduktionen aus der Edition 1596: HAB Ia 2° 2.

Abhandlung der Vertheidigung der Festungen ein Original=Werk des Herrn Marschalls von Vauban, Berlin/Potsdam 1770.[35]

gibt er Auskunft über die Anzahl der Defensionsgeschütze in der zu verteidigenden hypothetischen Forteresse. Vauban, der als führender Militärbaumeister und Marschall von Frankreich Ludwigs XIV. den Ehrentitel »Ingénieur du Roi« trug, hat in seinem Leben 33 Festungen neu gebaut. 411 archivierte Fortifikationsprojekte für 160 Plätze sind bisher der Forschung bekannt geworden. Er hat eine große Zahl an Belagerungen geführt bzw. an leitender Stelle teilgenommen. Vauban war die absolute Autorität auf seinem Fachgebiet, zu dem auch die Planung von kompletten Garnisonstädten und deren Militär- und Zivilbauten gehörte. Vauban geht bei seinen Berechnungen zur Bereitstellung des Verteidigungsmaterials von 8 Geschützen pro Bastion aus und unterscheidet 4-, 8-, 12-, 16-, 24pfündige Geschütze, die zum Einsatz kommen. Er gibt in tabellarisch übersichtlicher und knapper Form — Tab. V-XIV — genau aufgeschlüsselt Auskünfte über die Anzahl der bereitzuhaltenden Kugeln, Granaten, Bomben, Mörser, Lafetten, Bettungen, Ladeschaufeln, Wischer, Nadeln, Luntenstöcken, Winden, Böcke usw., dazu Seilwerk, Schmiedezubehör, Gewehre einschließlich deren Ersatzteilen, Werkzeuge, Helme, Säbel, Piquen usw. Danach widmet er sich dem Spezialwerkzeug der Mineure, um dann Angaben zu machen über die Blei-, Pulver- und Holzvorräte, Lunten, Häute, Nägel, Papier, Laternen, Chemikalien für den Pyrotechniker und zuletzt — auf Tab. XV — gibt er über die Anzahl der Pfeifen seine Berechnung des notwendig werdenden Tabakquantums an.

Vauban empfiehlt

»da man in Festungen gemeiniglich Zeughaeuser antrifft, welche entweder gute oder nur unvollkommen mit den noethigen Munitionen versehen sind«[36]

eine genaue stets schriftliche Aufstellung des Zeughausbestandes in einer Tabelle. In die 1. Kolumne kam das Bestandsverzeichnis, daneben sollen die im voraus als notwendig berechneten Dinge in der 2. Kolumne aufgezählt werden, womit sich in der 3. Kolumne als Differenz die Beschaffungsnotwendigkeit ergibt. Ergänzend meint Vauban, daß man eine 4. Kolumne anhängen könne, in der die verdorbenen und untauglichen Dinge, also die auszumusternden Objekte, verzeichnet werden können. Dieses Beispiel zeigt, daß Vauban ganz im Sinne einer modernen Buchführung den von ihm zu planenden militärischen Einsatz über die vorhandenen Mittel entsprechend einer Ist-Stärkeliste als objektiv nachprüfbares, am Ort befindliches Gerät und Zubehör, sowie einer Soll-Stärkeliste entscheidet und aus der Differenz erkennt, was noch alles fehlt, um den Anforderungen des Generalstabs zu genügen. Das Fehlende mußte aus anderen Zeughäusern beschafft, angefertigt oder ersetzt werden …

Lagerung und Bereitstellung sind zwei voneinander abhängige Phänomene. Zum Lagerwesen im Zeughaus- bzw. Arsenalbetrieb gehörte stets eine fachspezifische Lagerhausverwaltung und zu dieser zwangsläufig eine meist streng reglementierte Buchführung im Sinne von Eingangs-, Ausgangs- und Bestandsaufnahmen. Diese sollten im bestimmten Turnus lückenlos angelegt werden. Die Zeughausinventare und die sie oft ergänzenden Zeugamtsrechnungen stellen für die heutige Forschung als handgefertigte Schrift- und [selten] auch als Bildquellen eine Quellengattung besonderer Art dar.[37]

15.3 Die Rolle der Inventare und Zeugbücher

Ganz allgemein ist ein Inventar ein Verzeichnis über Vermögensgegenstände. Es gibt Inventare verschiedenster Art. So führte man etwa am Hofe der Wolfenbütteler Herzöge Inventare der fürstlichen Kleider-, Silber-, Schmuck- und Leinwandkammern, des Reitzeugs, des Backhauses, der Küche, der Keller, des Brauhauses, der Aussteuern, der Registratur im Kanzleigewölbe, der Tresore, Kisten, Laden, Möbel und Tapeten usw. Meist stellten auch und gerade die Inhalte von Waffenspeichern riesige Vermögenswerte dar. Die Inventarisation im Zeughaus durch Zeugmeister, Zeugschreiber und Hilfspersonal geschah über immer wiederkehrende Tätigkeiten des Zählens, Messens, Wiegens, Berechnens, ja auch des Schätzens der eingelagerten oder verausgabten Rüstungsgüter und dem schriftlichen Verzeichnen der Arbeitsergebnisse. Das dauerte seine Zeit je nach der Fülle der verwalteten Gegenstände. So wissen wir aus

einem allerdings sehr umfangreichen und genauen Inventar des Zeughauses Ulm von 1793, daß der Zeugschreiber zur Aufstellung ohne das gesonderte Verzeichnis der Geschütze allein 51 Arbeitstage benötigte![38] Die Tafeln ABB. NR. 288 geben Titelseiten von handschriftlichen Inventaren unterschiedlichster Zeiten wieder:

[A] Inuentarium der Kriegsrüstung im Stadtzeughaus Würzburg 1587, [B] Inuentarium des Festungszeughauses Ziegenhain 1593, [C] Inuentarium des Stadtzeughauses Kassel 1603, [D] Inuentarium der »Capitahll Vestung Wulfenbüttel« 1656, [F] die Inventarisation des Zeughauses Mannheim 1762, [G] Inventarium der herzoglichen »Rüst=und Harnisch=Cammer« als Depositum im Zeughaus Wolfenbüttel 1732,

ABB. NR. 287 zeigt einen Auszug aus einem der wenigen

mir bekannten gedruckten Zeughausinventare, hier aus der Festung Philippsburg. Das Blatt stammt aus einem Konvolut:

»Philippsburgische Fortifications=Bau=Rechnung« von 1726-1730.

Es bringt auch in Geld spezifizierte Ausgaben des Zeugwarts »zu einiger Reparation des Zeug=Hausses, Artillerie-Magazins« u. a. Posten.[39] Selten sind die Sachwerte in Geldwerten in den Inventaren erfaßt. Ein herausragendes Beispiel ist das auffälligerweise in rotem Ledereinband mit Goldpressung versehene

»Inventarium sambt der taxation über des Churfürsten zu Sachsenn etc. Artolerey, Munition, Kriegs-Rüstunge und andern Vorradt in allen Ihrn Churf. Gnaden Zeugheusern des gantzen Landes ahn Nachvollgenden Ordten, Alss: Drehsden ..., Leipzigk [Vehstung Bleissenburgk], Wittenbergk, Zwickaw undt Pirna. Anno 1581. Auffgerichtet von Paulus Buchner churf. Haus-Zeugmeister.«

Dieses Generalinventar der sächsischen Zeughäuser zu Ende des 16. Jh. gibt die Buchnersche Taxation für jedes einzelne oder in Gruppen zusammengefaßte Objekt an. Unbrauchbare Stücke sind gekennzeichnet. Paul Buchner (1531-1607) kommt dabei auf die stolze Summe von über 573.605 Gulden. Hier ist die hohe Bedeutung des Waffenbestandes als Teil des Staatsschatzes, des Staatsvermögens, überdeutlich.[40] Für die historische Waffenkunde sind zeitgenössische Preise von hoher Bedeutung. A. Diener-Schönberg hat auf der Basis des Preisindex kurz nach der Jahrhundertwende eine Vergleichsberechnung durchgeführt und kam auf die stolze Summe von 13.766.520 Reichsmark, die das sächsische Inventar annähernd repräsentierte.[41] Ein anderes Beispiel sei für das Inventar der Rüstkammer für Harnisch und Geschütz der Burg Landskron bei Villach i. J. 1590 zitiert. Der Wert mit 17.000 Gulden entsprach bei 1 Gulden = 60 Kreuzer und einem Preis von 30 Kreuzer für 1 Schwein einem Gegenwert von 34.000 Schweinen![42]

Ich möchte hier auch auf das älteste von mir herangezogene Waffenverzeichnis verweisen. Es ist das Bestandsverzeichnis eines Rüst- bzw. »harnnaszchuse« der Wasserburg Kapellendorf bei Erfurt, genau datiert mit 26. März 1392. In dieser Zeit setzte man in der Burg noch Pfeile ein, obschon erste Feuerwaffen mit »eylf buchsin« verzeichnet sind. Ob es sich um Hand-, Haken-, Lot-, Stein-, Kammerbüchsen handelt, ist ungewiß, da nähere Hinweise fehlen. Es heißt nur, daß neun davon sich in »laden« befanden, also irgend eine Bettung hatten. Hauptanzahl der Waffen bilden die Armbrüste mit 88 Stück. Der zugehörige Bolzenvorrat wird nur pauschal in bestimmten Behältnissen aufbewahrt angegeben. Das Verzeichnis enthält keine als persönliche Rüstung angesehenen Hieb-, Stich- und Schlagwaffen, da die von Erfurt aus im Verteidigungsfall geschickten Krieger diese stets selber mit sich führten.[43]

Der weit verbreitete Begriff »Inventar« ist in der Zeughausbuchführung der Stadt Braunschweig bis weit ins 17. Jh. hinein ersetzt durch den Begriff »Heergewätebuch«. Dort nannte man, wie der Zeugherr Zacharias Boilings (†1663) berichtet, die vollständige Ausrüstung für die ins Feld ziehenden mannbaren Bürgersöhne, Handwerksgesellen, Brauerknechte zu Pferd mit Panzer, Schwert, Lanze, Büchse, Armbrust das »Heergewäte«.[44] In Ingolstadt heißt das Buch, in dem handgeschrieben über das »Gezeug im Oberland« mit Details über Haken- und Bockbüchsen sowie Pulvervorräten für 1488/89 berichtet wird, das »Copialbuch«.[45]

Es gibt in den Inventaren auch hier und da Abbildungen. Ich nenne als Beispiel das von mir in Kopenhagen gefundene

»Inventarium auf allen Bollwercken, Thürnen und Zeughäusern umme und in dieser guten Statt [Hamburg] alles Geschütz, Pulver, Lunten, Salpeter, Schwefel, Kuglen, Muscetten, Harnisch und alle andere Ammunition, so zu dieser Zeit vorhanden, jedes an seinem Orte, von mir Christoffer Kellinghusen gezeichnet und beschrieben 1652 d. 31. Oct.«[46]

Dieser gebundenen Handschrift liegt ein kleiner Plan der 21 Hamburger Bastionen bei. In der Reihenfolge ist jedes Geschütz auf jeder Bastion symbolisiert und der Bestand einschließlich Kugeln, Pulver und Gerätschaft bis fol. 22 angegeben. Wir haben es also mit einem Armierungsplan zu tun. Dann folgt das eigentliche Zeughausinventar bis fol 36 einschließlich »Feuerwerker Losament« ohne Abbildungen:

»Inuentarium. Anno 1652 (und Ao.1653) Bei Zeiten der Ehrnuesten Großachtbarn vnd Wolweisen. Herrn H:Jürgen Möller vnd H:Lucas von Sprekelßen, vnd der Ehrnesten Achtbarn vnd Fürnemen, Caspar Roch, vnd Peter von Spretelßenn. wolverordente Herrn vnd Bürger, der Artolerei. Ist auf allen Bollwerken, Thürnen, vnd Zeugheußern, [?] vnd in dieser guten Statt, aller Geschütz, Pulver, Luntenn, Salpeter, Schwefel, Kugeln, Muschetten, Harnisch, vnnd alle andere Ammunition, so zu dieser Zeit vorhanden, ieder an seinem orte, von mir Christoffer Kellinghusen, gezeichnet vnd beschrieben worden«.

Ein Zusatz besagt, daß die im Titel genannten Herren am 31.10.1653 die entsprechende Visitation gehalten haben. Doch nun zu den seltenen Bildinventaren:

Im Auftrag Kaiser Maximilians I. (1493-1519) entstanden zu dessen Gebrauch und Ruhm eine Reihe von Hand- und Gebrauchsbüchern, die Elisabeth Hirtl in ihrer Dissertation unter dem Blickwinkel als Geschichtsquellen untersucht hat:[47]

◆ Lehrbücher ◆ Jagdbücher ◆ Geheimes Jagdbuch ◆ Fischereibuch ◆ Gebetbücher ◆ Gedenkbücher ◆ Zeugbücher.

In der kulturgeschichtlich einmaligen Folge ragen die 3 Zeugbücher mit einer Fülle von Informationen über die kaiserlichen Zeughäuser und dort eingelagerte Waffen hervor.[48] Es handelt sich um Inventare mit bildlichen Darstellungen. »Bildinventare« dürfen nicht mit technischen Bilderhandschriften wie den im folgenden Kapitel vorzustellenden Büchsenmeisterbüchern verwechselt werden. Es handelt sich nämlich nicht um textliche Abhandlungen, sondern um eine vorwiegend zeichnerische Bestandsaufnahme von Waffen und Gerät, darunter auch einer erst durch Josef Garber dem 1500/05 erbauten Zeughaus Innsbruck zugeordneten Architekturdarstellung.[49+50] Vgl. ABB. NR. 118, 199-201. Die Unikatbände werden in Wien aufbewahrt und wurden von Wendelin Boeheim in den Jahrbüchern des Allerhöchsten Kaiserhauses publiziert.[51] Bd. 1 umfaßt die Tiroler Zeughäuser Innsbruck, Sigmundskron und ein Zeughaus »in Italia«, [Verona]; Bd. 2 die Zeughäuser Wien, Hochosterwitz, Graz und Görz; Bd. 3 umfaßt die Zeughäuser Breisach und Lindau in den österreichischen Vorlanden. Die Blätter mit dem Monogramm ›I.K.‹ werden dem kaiserlichen Hofmaler Jörg Kölderer zugesprochen. Es handelt sich um mit Aquarellfarben getönte Federzeichnungen höchster Präzision. Andere unsignierte Blätter mögen Kölderers Schüler angefertigt haben. Die Zeugbücher gehen vielleicht auf Vorarbeiten des Zeugmeisters Bartholomäus Freisleben zurück, der 1493 zu diesem Amte berufen, sofort den kaiserlichen Auftrag zur Anlage eines Gesamtinventars der Zeughäuser einleitete. Die Datierung der drei in mit schwarzem Samt überzogenen Holzdeckeln gebundenen Bücher mit silbernen und vergoldeten Schließen und Gravuren ist allerdings noch nicht eindeutig. W. Boeheim gibt 1515/16 an, E. Egg 1512, J. Garber frühestens 1515.

Auf das einzige gedruckte Bildinventar der Ambraser Rüstkammer habe ich schon oben mehrfach hingewiesen.[52] Bei allen individuellen Verschiedenheiten der inventarmäßigen Erfassung und Überwachung der Rüstungsgüter in den Zeughäusern war die Führung dieser Verzeichnisse stets gewissen Formalia unterworfen unabhängig von der Zeit der Inspektion und damit verbundenen Inventarisation. Die Ordnung im Zeughausbestand sollte sich im Normal- und erst recht im Ernstfall in der Ordnung der Buchführung und umgekehrt die Buchführung in der Ordnung im Gebäude an und mit den Sachen wiederspiegeln. Die wenigen Bildinventare dienten neben der anschaulichen Generalübersicht über die Bestände auch kaiserlichen Bildungs- und Repräsentationsabsichten.

15.4 Zur Ordnung und Anordnung der Waffen und Sammelsurien

Die Ordnung eines Zeughauses spiegelt sich in der Unterbringung von Waffen und Gerät sowie der Möblierung wider. Im Inneren herrschte stets das Reihungsprinzip insbesondere für serielle Produkte vor und das Bestreben nach größtmöglicher aber immer noch optimal bearbeitbarer Packungsdichte. Von diesen Prinzipien wich man nur in einem schludrig geführten Zeughaus ab oder wenn es sich um Präsentation von Trophäen und Beutestücke handelte. Ein Blick in die dreischiffigen Zeughaushallen des Erd- und Obergeschosses auf den von G. B. Probst um 1750 perspektivisch angefertigten Kupferstichen [ABB. NR. 35+36] zeigt die zeughausgemäße Einrichtung und das scheinbar bunte Leben während der Friedenszeit sehr reizvoll, weil künstlerisch stark überhöht. Das gilt ebenfalls von dem im Kupferstich festgehaltenen Bühnenbild zur Oper »Il Pomo d'Oro« von 1668 für eine Szene, die in der geschmückten Geschützhalle eines Zeughauses stattfindet. Vgl. dazu ABB. NR. 442. Anders sieht es schon beim Packungsplan ABB. NR. 292 im Berliner Zeughaus um 1732 aus. Die im Original leider kriegsverlustige Zeichnung zeigt die extrem raumsparende Positionierung des lafettierten Geschützes. Damals befanden sich 723 Geschütze und 78060 Handfeuerwaffen im Zeughaus. In der Mitte ruhen bei gleichartigen Geschützen die Lafettenschwänze unter dem Mündungsteil des folgenden, sie sind zum Lagern also »ineinander« gefahren und nur so auch »abbaubar«. Diese Art der Lagerung bestätigt für 1717 auch der Grundriß des Magdeburger Zeughauses [ABB. NR. 150]. Der dortige Zeugmeister hat 48 Geschütze und 24 Mörser lafettiert in Ruhestellung untergebracht. Als Kommunikationsgänge verbleiben nur Längs- und Querachse, die zu den vier Portalen führen. In den Zeughäusern Preußens in der Mitte des 19. Jh. werden die Geschütze wohl nach den Angaben von E. Dziobek gelagert worden sein. Er teilt mit, daß stets die Räder der Geschütze von den Achsen abgezogen werden sollen, die Lafetten auf die Stirn gestellt und unter einem Winkel von 63°-70° an die Wände gelehnt werden und zwar nebeneinander und so viel wie möglich hintereinander. Rahmenlafetten sollen senkrecht auf der Stirn stehen. Bildmaterial für diese Art der Lagerung habe ich bisher nicht gefunden. Wenn man sich die ehemaligen Geschützhallen in den Zeughäusern Köln [ABB. NR. 241-243], Danzig [ABB. NR. 240], Wolfenbüttel [ABB. NR. 238+239], Ulm [ABB .NR. 232], Mannheim [ABB. NR. 245+246], Hannover [ABB. NR. 247+248, zum Vergleich ABB. NR. 244] anschaut, lassen sich die früheren Einrichtungen noch erahnen, oft auch rekonstruieren. Es kann aber auf einige wenige weitgehend noch originale bzw. originalgetreue Einrichtung von

Geschützhallen verwiesen werden:

- Kopenhagen, ABB. NR. 50.1.;
- Altes Zeughaus Festung Königstein, ABB. NR. 233;
- Graz, ABB.NR. 298+299;
- Solothurn;
- Forchtenstein u. a.

Nachträglich zeughausgemäß eingerichtet für museale Zwecke sind u. a. die Geschützhallen in:

- Neues Zeughaus Festung Königstein, ABB. NR. 234;
- Stadtzeughaus München, ABB. NR. 297.1+2;
- Hauptgebäude des Arsenals Dresden, ABB. NR.460.2.

Zahlreiche neue oder neu an a-historischen Orten zusammengestellte Waffensammlungen sollen einen zeughausgemäßen Eindruck machen, so u.a. die Waffensammlungen:

- Bayerisches Nationalmuseum München,
- Schloß Sigmaringen, ABB. NR. 453;
- [früher] Altes Schloß Stuttgart, ABB. NR. 454.

Museumsdidaktisch gelungener sind oft zeitweise Waffenaufstellungen in der baulich nicht mehr historischen Geschützhalle am historischen Ort und Gebäude so u. a. im

- Zeughaus Köln, ABB. NR. 452.1+2,

während man mancherorts auf Rüstkammer- oder Zeughauscharakter ganz verzichtet, so z.B. im Schweizerischen Landesmuseum Zürich. Beide Arten der Repräsentation haben ihre Reize für den Bildungssuchenden wie den Wissenschaftler sowie auch Vor- und Nachteile. D. R. Forrer plädierte z.B. für die gesicherte historische Präsentation von Waffen und Rüstung. Er wendete sich entschieden gegen einen Mischmasch von historisch nicht zueinander gehörenden Exponaten. So gibt er ein Beispiel vor, indem er auf ein Fresko im Schloß Issogne / Aostatal verweist, wo das Leben in einer Wachtstube um 1490-1500 dargestellt ist. Man kann z.B. diesem Bild und ähnlichen Bildquellen die zeitgemäße Kombination von Rüstung und Waffen und die richtige Ablage oder Aufhängung entnehmen.[53] Im Geschoß über der Geschützhalle, wo kleinteiligere Rüstungsgüter deponiert wurden, vermitteln neben den wenigen zeitgenössischen bildlichen Darstellungen die wenigen originaliter erhaltenen Räumlichkeiten. So sind die entsprechenden Räume, Kammern, Flure, Verschläge besonders in

- Graz, ABB. NR. 298-306;
- Solothurn, ABB. NR. 50.2, 296.1+2;
- Kopenhagen [54];
- Forchtenstein [55]

anzuführen. ABB. NR.47.1 gibt einen Schnitt durch das Zeughaus/Arsenal vom Mont-Royal. Man erkennt über der hier nicht eingewölbten Geschützhalle in Etage 3 zahlreiche in Spezialstellagen aufbewahrte Waffen. Dem Kupferstich [ABB. NR. 455] aus dem gleichen Artillerie-Traktat kann man entnehmen, wie solche Stellagen und Vitrinen einst ausgesehen haben. Die zitierten ABB. NR. 298-306 zeigen weitgehend originale Stellagen und Gerüste, die aus einfach bearbeitetem Holz vom Zeughausschreiner oft nach Maßangabe durch den Zeugwart angefertigt wurden. Man erkennt, daß selbst die Vorderkanten der Holme und Querbalken zur Aufhängung von Kleingerät wie Schanzspaten [ABB. NR. 303], Pulverflaschen [ABB. NR. 305] dienten. Langwaffen wie Spieße, Hellebarden, Partisanen usw. wurden oft bündelweise senkrecht in Gestellen deponiert wie es ABB. NR. 306 im Vordergrund zeigt, oder waagerecht auf entsprechende Wandhaken gelegt, wie auf der genannten Abbildung im Hintergrund zu sehen. Die tragenden Kanthölzer sind ohne jeglichen Schmuck, nur hier und da sind die Kanten gefast. Für raumeinnehmende Gegenstände wie etwa Brustharnische wurden rohe Regale in die Tiefe gebaut [ABB. NR. 299-301]. Die Panzer ruhten auf Holzrosten, durch die stets die trockenhaltende Luft ziehen konnte. Geschickt sind in München solche Gestelle nachgebaut worden, mußten aber z. T. ebenfalls aus Sicherheitsgründen leider verglast werden. Vgl. ABB. NR. 297.1+2. Die waagerechte Lagerung von Handfeuerwaffen in einfachen Holzgestellen an den Zeughauswänden, wie es ABB. NR. 298 zeigt, wird z.B. in den oben vorgestellten Zeugbüchern Maximilians I. bestätigt. Zahlreiche Waffensammlungen präsentieren ihre Waffen nach diesem Muster, so beispielsweise Wien und Coburg.[56] Die einfach bearbeiteten Stellagen, Tische und Vitrinen aus Zeughäusern sind bei Umnutzung bis auf die genannten wenigen Originalexemplare vernichtet. Als Quelle der Konstruktionen und Dimensionierungen kommen auch bildliche Darstellungen infrage. Die Kupferstiche ABB. NR. 449. 1+2+3 belegen diese Quellen allerdings für Zeughäuser, die schon zu Sammlungen mit hohem Schaucharakter umgestaltet worden sind, während die Unikatzeichnungen ABB. NR. 308-311 die Lagerungsdispositionen in einer adaptierten Kirche in Maastricht authentisch wiedergeben, wie aus dem zugehörigen Bericht zu entnehmen ist.[57] Während zahlreiche Traktate nur die Einzelwaffen abbilden, z.B. ein Tableau im Tower von London [ABB. NR. 450] mit einem bildähnlichen Arrangement von Beutestücken »Various Weapons & Implements of War«, ist die immer wieder heranzuziehende bildliche Dokumentation im Werk von Wilhelm Dil[l]ich: Krieges=Schule 1689, Quelle für das echte Aussehen und die Zusammengehörigkeit von Rüstungsteilen aller Art. Eine Probe der hohen Qualität der Kupferstiche zeigt ABB. NR. 295. Ähnliche Werke gibt es für jede Epoche. So auch für die erste Hälfte des 19. Jh. die zeichnerisch perfekte Bestandsaufnahme des preußischen Artilleriematerials durch den Zeichner der Königlich-Preußischen Inspection der technischen Institute der Artillerie W. Berger. Er gab zweibändig die Bestandsaufnahme des Königl. Preuß. Artillerie-Materials 1857/58 heraus. Aus dieser Zeit gibt es sogar ein vom Kriegsminister persönlich publiziertes Werk zur Einrichtung der preußischen Landwehrzeughäuser. Darin sind auch maßstabsgerechte Konstruktionspläne von Gerüsten für Säbel, Lanzen, Infanteriegewehr u.ä. wie ABB. NR. 293.1+2 zeigt. In Frankreich scheint es früh schon gewisse Normung gegeben zu haben [ABB. NR. 47.2]. Welches Unverständnis oft solchen militärischen, schmucklosen, rohen, rein funktionalen Möbeln noch heute entgegen gebracht wird, zeigt z.B. die totale Vernichtung solcher Einrichtungsreste bei der Entkernung des Zeughauses Wolfenbüttel [ABB. NR. 255 und 239.3]. Selbst Gewehrständer wurden zersägt und in den Sperrmüll gegeben, woraus ein letztes Segment einer Bodenplatte mit den Vertiefungen für die Gewehrkolben die Vorlage für ABB. NR. 293.3 ergab.

Die Lagerung von Munition und Zubehör geschah für Kartuschen und Patronen ebenfalls in einfachen Wandregalen, wie sie ABB. NR. 314 recht genau zeigt. ABB. NR. 294.2 zeigt aus der Reihe der durchgängig genauen Darstellungen der Gesellschaft der Constaffler in Zürich den Ausschnitt aus dem Jahresblatt 1761 »Von den Stuek Kugeln«. Diese wurden bei kleineren Mengen im Zeughaus gestapelt, bei zunehmendem Artilleriebestand auch mehr und mehr im Freien, wie das sehr instruktiv noch im Zeughausmuseum Kopenhagen der Fall ist. ABB. NR. 294.3 zeigt die dortigen Kugelpyramiden und die auf Schienen als Unterlagen ruhenden Rohre mit einer gewissen Neigung zur Mündung hin, damit das Regen- und Kondenswasser aus dem Rohrinneren herausfließen kann, und der Zugwind für Trockenhaltung sorgt. Allgemein galt im deutschen Bereich, die Rohre fertig lafettiert im Zeughaus einzustellen. Dazu ABB. NR. 149+150 für Magdeburg und ABB. NR. 292 für Berlin. In Frankreich und den Niederlanden aber war es üblich, die Lafetten allein im Zeughaus zu bewahren und die Rohre unter freiem Himmel zu stapeln. Die erstere Methode verlangte größere Geschützhallen und war teurer, als Vorteil ergab sich hohe Einsatzbereitschaft.

Zahlreiche Zeughäuser wurden für die Kugellagerung bald zu eng, wie es auch das Beispiel der Dresdener Zeughäuser [ABB. NR. 294.1 und ABB. NR. 485] zeigt. Freiluftkugellager findet man besonders in Zeughaus- bzw. Arsenalkomplexen. So ist auf den perspektivischen Darstellung des Arsenalprojekts vom Mont-Royal [ABB. NR. 43+43] unter

K »Grenades empilées«,
L »Boulets de différens calibres empilez le long du magasin«,
M »Bombes de tous diametres empilées«

massenhafte Lagerung zu erkennen. Damals waren mit 8450 Mann Besatzung 155 schwere Geschütze in der jungen Festung vorhanden.[58] In den maritimen Arsenalen waren solche Kugelpyramiden oft übermannshoch, wie ein Foto vom britischen Schiffsarsenal Devonport Dockyard um 1855 beweist.[59] Zeugmeister und Büchsenmeister mußten Formeln beherrschen, um die Anzahl der in Pyramiden bestimmter Grundformen steckenden Kugeln rasch ermitteln zu können. Zu Berechnungen macht J. F. Penther in seiner Bau=Kunst von 1748 genaue Angaben.[60] J. Furttenbach teilt zur Kugellagerung eine Selbstverständlichkeit mit. Er rät:

»vnnd wann die eyserne Kuglen also nahent an die Haupt=mauren gelegt/so werden sie wegen der Feichtigkeit/so die Maur von sich gibt rostig/bekommen ein harte Rinden/darauß folgt/daß sie sich hernach im Laden bestecken ... «.[61]

Er empfiehlt, die Kugeln mit Ölfarbe anzustreichen.

Zum geordneten Zeughaus gehört auch die Kennzeichnung der Deposita. Der Waffenkundler unterscheidet zwischen Schmiedemarken, Meister-, Plattner-, Beschau-, Güte-, Hoheits-, Besitzzeichen und Beschußmarken, Stadtwappen, Datierungen, Zahlenvermerken u.v.a., die aufgemalt, geätzt, graviert, eingegossen, eingeschlagen sind.[62] Die Zeughausmarken dienten der speziellen Kennzeichnung. Schließlich waren die Regale, Stellagen, Tische, Schränke, Vitrinen für die rasche Zuordnung, Auffindung, Buchhaltung im Regelfall auch entsprechend gekennzeichnet. J. Furttenbach gibt für seine Zeughausinvention, wie ABB. NR. 331.3 im Ausschnitt für die Geschütze Nr. 71-80 aus dem Gesamtplan ABB. NR. 331.5+6 zeigt, innerhalb der Joche in der Geschützhalle noch »Unterjoche« aus einer Holzkonstruktion an, die sämtlich numeriert mit dem entsprechenden gekennzeichneten Geschütz korrespondieren. Er meint:

»Damit aber ermelte Staend auch ein schoenes aussehen haben/so wird vornen an jede Wand/oder an das vordere Eck deß Kastens/ein/von einem Dilstuck herauß geschnittene flache Saul/del ordine toscana, hinan genagelt/mit welcher dann der Spitzen deß offtgedachten Kastens gar zierlich bedeckt/... Ferner/vnd von einer Saul zu der andern/so werden halb runde Boegen/auch nur von flachem Holtz geschnitten gesetzt/in der mitten eines jeden Bogens aber/kompt ein Schildt/in welchen alsdann der Numero so das Stuck hat/auch gemahlt wird/vnd eben ein solch Numero wird auff das Rohr gestochen/oder gegossen/ingleichem also auff den Schafft vnd Munition Truehlin gemahlet/damit nichts verwexelt ... /so werden die staend sampt den Stucken nicht allein grosse Nutzbarkeit/sondern ein trefflich schoen heroisches Anschawen mit sich bringen«.[63]

Ich habe allerdings solche Konstruktionen bisher in keinem Zeughaus nachweisen können. Sie hätten wohl nur unnötig kostbaren Lagerraum beansprucht und wären wohl auch zu teuer gewesen. Im Zeughaus Braunschweig, so berichtet der schon zitierte Zeugmeister Zacharias Boiling, wurden tatsächlich die halben, einfachen und doppelten Hakenbüchsen aus Eisen und Bronze durch Einschlag zeughausgemäß durchnumeriert.[64]

Aber ein anderes Beispiel für den wissenschaftlichen Nutzen der genannten Marken heute: Ein kostbares Kettenhemd des 15. Jh. in New Yorker Museumsbesitz wurde auf Grund der Zeughausmarke [ABB. NR. 119.2], der sog. Mönchsmarke, eindeutig als ursprünglicher Bestandteil des Stadtzeughauses München identifiziert. Im Katalog des Zeughausmuseums unterscheidet man neben zahlreichen anderen Marken allein 8 spezielle Stadtzeughausmarken.[65] Auf diesem Gebiet sind noch zahlreiche waffenkundliche und auch kunsthistorische Entdeckungen zu erwarten.

Es gibt noch eine Gruppe von Zeughausrequisiten, die meist an einer besonderen Stelle aufbewahrt wurden. Ich meine das klassische Besteck des Geschützführers mit Ladeschaufel, Setzkolben, Wischer, Pfriemen [Räumnadeln], Stecher, Lederdäumling, Mündungspfropfen, Schneidewerkzeug, Luntenstock usw., welches notwendig war für den Bedienungstakt eines Geschützes:

Richten — Laden — Zünden — Säubern

An dieser Stelle darf ein Hinweis auf die Instrumentenkammer im Zeughaus nicht fehlen. Wenn ich auch bisher in keinem der erhaltenen Bauten einen solchen speziellen Raum nachweisen konnte, so taucht er doch immer wieder in den Schriftquellen auf. Jeder Büchsenmeister, Zeugmeister, Konstabler, Artillerieoffizier mußte über den Stand der militärischen Vermessungskunst, insbesondere über die für die Geschützbedienung entwickelten Instrumente informiert sein und sie anwenden können. Die sehr empfindlichen Meß- und Reißbestecke, meist aus Messing gearbeitet und entsprechend teuer in der Anschaffung, waren notwendig etwa zum Richten eines Geschützrohres auf ein bestimmtes Ziel oder zum Zeichnen der Lage bei einer Belagerung. In den Beständen solcher Instrumentenkammern gehörten also Requisiten wie Geschützaufsätze, Perpendikel, Stech-, Proportional- und Reduktionszirkel, Kaliberstäbe, Lineale, Transporteure, Zeichenfedern, Messer und viele andere Geräte, wie sie teilweise auch von Feldvermessern, Kartographen, Baumeistern benutzt wurden. Man kann auf der ABB. NR. 36 deutlich auf den unter den Fenstern stehenden Truhen Richtaufsätze erkennen, darüber an der Wand Kaliberzangen. Man darf in den Truhen auch Besteckkästen mit kostbaren Instrumenten annehmen, wie etwa der von Ludolf von Mackensen vorgestellte Besteckkasten für einen Festungsbauingenieur und Büchsenmeister.[66]

15.5 Modellsammlungen in Zeughäusern: Dreidimensionale »Verkaufskataloge«

»Das Oeffnen der Zeughäuser und anderer Vorraths Magazine für Fremde ist untersagt«,

so heißt es lapidar in dem Dienst=Reglement für die sächsische Festung Königstein von 1846 mit ihren zwei Zeughäusern.[67] Vermutlich lautete ähnlich das Zutrittsverbot zu allen Zeiten an allen Orten für sämtliche Zeughäuser, wenn nicht ausdrücklich Zugangsrechte durch den Zeughausbetreiber in der Zeughausordnung formuliert oder entsprechende Befehle gegeben waren. Zumindest partielle Ausnahmen gab es da, wo ein Militärspeicher auch als Ort des Rüstungsgeschäftes diente und über Angebot und Nachfrage ein Preis für Waffen ausgehandelt wurde. Zu solchen Geschäften bedurfte es neben der unmittelbaren Anschauung der Rüstungsgüter im Maßstab 1 auch der Anschauung durch Kataloge und kleinmaßstäbliche Modelle. Letztere wurden in Modellkammern aufbewahrt und zur Schau gestellt. Es handelte sich überwiegend um handwerklich-technisch perfekte, weitgehend originalgetreue, also auch maßstabsgerechte Verkleinerungen von Waffen, die als Angebote eines dreidimensionalen Waffenverkaufskataloges bereitgehalten wurden. Potentielle Käufer hatten Zutritt. Zeughäuser mit Geschützmodellkammern waren meist mit einer nahen Geschützgießerei verbunden, für die sie Bestellungen annahmen. Das galt besonders für das wohlbefestigte Nürnberg mit seiner hochentwickelten Waffenproduktion, die weit über den Eigenbedarf hinaus für einen Jahrhunderte blühenden Waffenexport zu Freund und Feind sorgte und dadurch zum Wohle der Stadt in nicht unerheblichem Maße beitrug.

Wenn man das Porträt des bekanntesten Zeugmeisters aus Nürnberg, Johann Carl (1587-1665) [ABB. NR. 284] betrachtet, fällt auf, daß zu den Attributen des fein gekleideten Technikers Zeichengerät, darunter Zirkel und Transporteur, eine Seitenwaffe gehört und, deutlich im Vordergrund vom Kupferstecher J. Sandrart herausgearbeitet, ein Feldgeschütz als Miniatur, als Arsenalmodell. Dieses Exemplar ist noch heute im Germanischen Nationalmuseum in der einmaligen, unter der Bezeichnung »Kleines Nürnberger Zeughaus« bekannten Modellsammlung des Johann Carl nachweisbar.[68] Diese entstand zwischen 1625 und 1665. An ihr ist das zeittypische Inventar eines Waffenspeichers einer Reichsstadt in der 1. Hälfte des 17. Jh. ablesbar. Der 1631 zum Zeugmeister berufene Johann Carl schuf die Stücke nach einer militärtechnischen Studienreise durch Holland.

Er widmete sich dort besonders dem hochentwickelten Geschützwesen und der Festungsbaukunst. J. Carl begann mit der Modernisierung der reichsstädtischen Artillerie und verfaßte nebenher noch mehrere Fachschriften, darunter einen Artillerietraktat, die als Manuskripte erhalten sind.[69] ABB. NR. 312.1 und 312.2 zeigen Teile des Kleinen Zeughauses in unaufdringlichen, nach heutigen museumsdidaktischen Überlegungen angefertigten Vitrinen. Früher gab es zur Aufstellung der Miniaturen in den Modellkammern der Zeughäuser bzw. Arsenale Spezialschränke, wie sie uns auf dem Kupferstich [ABB. NR. 455] im Magasin Royal des Armes in der Bastille zu Paris gegen Ende des 17. Jh. begegnen. Ganz rechts in dem reich ausgestatteten Waffensaal der Modellschrank; in dem Schrank gegenüber befinden sich Instrumente. An der Seiten- und Rückwand ist passendes Geschützzubehör wie Ladeschaufel und Stopfer waagerecht analog den Originalen an den Zeughauswänden deponiert. Zu Carls Modellen gehört auch eine Anzahl von miniaturisierten militärtechnischem Zubehör aus typischem Zeughausbestand. ABB. NR. 312.3 zeigt einen der Modellständer mit Luntenhaltern, Spießen und Fangeisen. Weiter gibt es Zeltmodelle, Modelle von Äxten, Pickeln, Sturmleitern, einen bespannten Wagen mit einer Feldschmiede und einen Wagen mit mobilem Ponton zum Brückenbau sowie Soldatenfigurinen.[70]

Wie es in der Modellkammer eines Zeughauses aussah, zeigt auch das Jahresblatt der Gesellschaft der Constaffler der Zeughäuser Zürichs von 1697 [ABB. NR. 307]. H. Schneider berichtet von einem am Zeughaus Zürich tätigen Schäfter für Stangenwaffen, Geschützlafetten und Modellbauer Hans Bartholomäus Bachofen, der in den Zeugamtsrechnungen erstmals 1596 erscheint.[71] Das von A. Häberle publizierte Inventar des Zeughauses Ulm von 1772 zeigt insbesondere die Gruppierungen der Sammlungen an, darunter auch die riesige Modellsammlung von Festungen mit zugehöriger Plansammlung, Brücken, Maschinen, Mühlen, Geschützen. Wie stolz die Stadt auf ihre Sammlungen war, darf aus der Tatsache geschlossen werden, daß an jedem Schwörmontag bis Ende des 18. Jh. diese im Zeughaus zur Besichtigung freigegeben wurden.[72] Im Landesmuseum Braunschweig entdeckt man in der ständigen Ausstellung nicht nur eine Reihe von Arsenalgeschützmodellen [ABB. NR. 312.4 A, B, C, D], sondern auch Holzmodelle für den Guß der Geschützrohrhenkel. ABB. NR. 313.2 zeigt zwei dieser Modell und in ABB. NR. 313.1 ein Vorlagenblatt mit ähnlichen Motiven aus dem Artillerietraktat des Michael Mieth (†1686): Artilleriae Recentior Praxis, 1684. In der Ausstellung kann man auch hölzerne Formplatten für die Herrscherinitialen der braunschweigischen Herzöge Rudolf August (1666-1704) und August Wilhelm (1714-1731) aus ehemaligem Zeughausbesitz entdecken. Auf dem durch Hans Burgkmair signierten Holzschnitt Nr.[10] im Weiß-Kuning wird der junge Weißkunig mit anderen fürstlichen Kindern durch Hauslehrer unterrichtet. Einer der Kinder zündet gerade eine Modellkanone.[73+74] Im »Klugen Haus=Vater« des F. Ph. Florin von 1722 ist als Illustration ein Schulraum aufgenommen, in dem Kinder an einem Festungsmodell unterrichtet werden. Im Hintergrund steht ein Tisch voller Modellkanonen.[75] Ein Blick in das Instrumentenkabinett der Academie des Sciences et les Beauxarts am Ende des 17. Jh. zeigt neben Geräten der Mechanik, Optik, Astronomie, Architektur auch — und zwar recht zahlreich — Geschützmodelle. Die Akademien hatten das Fortifikations- und Artilleriewesen als Forschungs- und Lehrgebiet fest in ihren Programmen.[76] Ein Großteil der heutigen Modellsammlung im Zeughausmuseum Kopenhagen wurde durch Modellbauer des Zeughauses in den Jahren 1781-1872 geschaffen. Es handelt sich also beim Modellbauer um einen der im Zeughausbereich tätigen Handwerkerberufe. Frühe Geschützmodelle findet man heute auch in der ».Leib.Rvest.Camer.I.« im Kunsthistorischen Museum Wien.[77]

Das waren einige Hinweise auf die Bedeutung von Arsenalmodellen. Zusammenfassend darf festgestellt werden, daß Waffenmodelle, besonders Geschützmodelle von Modellbauern im Zeughausbereich oder anderen Ortes hergestellt wurden als

◆ für den Eigenbedarf hergestellte Produktionsvorbilder;
◆ als Muster für potentielle Käufer;
◆ als Kriegsspielzeug für die höfische aber auch gehobene bürgerliche Erziehung [ABB. NR. 497];
◆ als Schulungsstücke mit wissenschaftlichem Charakter für den Unterricht der Eleven und Kadetten der Ritter- und Kriegsakademien, Artillerie- und Ingenieurschulen und anderen Lehranstalten;
◆ sie wurden als Anschauungobjekte für höhere Dienststellen gefertigt;
◆ oft auch von einem Erfinder zur Visualisierung seiner Verbesserung oder Neuentwicklung und auch
◆ als Objekte der Erinnerung, des Andenkens;
◆ als repräsentatives Geschenk
◆ oder meist in neueren Zeiten zur Allgemeinbildung als Museumsexponate.

Es gibt eine Reihe von Arsenalmodellen von Geschützen und anderem Gerät, auf die ich hier nur in einer Auswahl hinweisen möchte. Die genauen technischen Daten entnehme man der zitierten Literatur:

Braunschweig: Im Landesmuseum eine Reihe von barocken Modellkanonen aus den Arsenalen Wolfenbüttel und Braunschweig, darunter die Geschütze [ABB. NR. 312.4 A, B, C]. Besonders wertvoll sind vier zusammengehörende Modelle nach preußischen Vorbildern mit einem Pulverwagen für 15 Ztr. Pulver, ein Granatwagen für je 20 Granaten und 30 Kartätschen für 10pfündige Haubitze, einer Feldschmiede und einer Patronenkarre sämtlich aus der Zeit kurz nach 1700.[78]

Detmold: 22 Arsenalmodelle von Geschützen in der Rüstkammer von Schloß Detmold, darunter auch Stücke von dem Büchsengießer und Zeugmeister Hans Betting aus Minden.[79]

Emden: In der Städtischen Rüstkammer im Rathaus sind zwei bronzene Geschützmodelle des Gießers Gerhard Köster auf teilweise vergoldeten Nußbaumlafetten; sie stammen aus dem Jahr 1619.[80]

Ingolstadt: Das Bayerische Armeemuseum besitzt heute die bedeutendste Sammlung von militärischen Modellen in der Bundesrepublik. Der Schwerpunkt der aus dem 17.-20. Jh. stammenden Objekte sind Geschützmodelle neben Transportmitteln, Werk- und Schanzzeug, Pioniergerät, darunter Munitionskarren, ein 56rohriges Orgelgeschütz, eine bayerische Feldschmiede System 1836, Modell einer Geschützrohrbohr- und Drehmaschine u.v.a.[81]

Ludwigsburg: Das Arsenal besaß bis zur Gründung des Armeemuseums Baden-Württemberg Geschützmodelle M 1:5.[82]

Oldenburg: Das Landesmuseum Oldenburg besitzt unter der Inv.Nr. 6145 eine Oldenburgische 6pfündige Feldkanone mit Protze 1830 von P. F. A. Mentz (1807-1877), dazu sogar seine originalen Modellzeichnungen im Niedersächsisches Staatsarchiv Oldenburg, Best. 294, M 10-1 Nr. 7, ebenda auch Modellzeichnungen für eine Feldschmiede und einen Munitionswagen.[83]

Waffenkataloge aus der frühen Zeit sind äußerst selten. Abbildungen von Geschützen förderten deren Absatz an Freund und Feind. Als Musterbeispiel eines zweidimensionalen Verkaufskataloges verweise ich auf einen Codex, der als Cod. Guelf. 158 Extrav. unter folgendem Titel im handschriftlichen Katalog registriert ist:[84]

»Allerhand Vorschläge eines Ungenannten zu leichterer Fortschaffung der Artillerie. Im Jahr 1586 aufgesezt. Anweisung zu allerhand Karren Werk oder was hier genant wird Schirm=Karn, im Kriege zu gebrauchen, nach Erfindung des Grafen von Görs. Mit dazu gehörigen Zeichnungen. Wie es mit dem Salpeter im Churfürsten thum Brandenburg gehalten worden. Anno Domini 1572«

Es handelt sich um ein in einfachem Pergament mit Klappe gebundenes Büchlein vom Format 18 x 21 cm aus dem Besitz des Herzogs Julius von Wolfenbüttel (reg. 1568-1589), der sein Zeichen, die Datierung 1586 und zahlreiche Eintragungen persönlich vorgenommen hat. Letztere manu propria sind selbst durch Spezialisten noch nicht exakt transskribiert, was eine geplante Publikation noch verhindert hat. Im 1. Teil der Handschrift findet man Zeichnungen von verschiedenen Handfeuerwaffen, Geschützwagen, Räderlafetten, Munition und vor allem exakte schwarze Federzeichnungen von den auf ein- und mehrrädrigen Karren lafettierten schmiedeeisernen Hinterladergeschützen mit Keilverschlüssen und Kimme und Korn[!], den sogenannten Julius-Haken. Diese Rohre nebst Zubehör, von denen noch einige Exemplare existieren, sind mit genauen Preisangaben ausgezeichnet.[85] Der Herzog hat sich offenbar an den Tagen 15. bis 19. November 1586 besonders intensiv mit dieser Geschützfrage beschäftigt, denn diese Angaben tauchen auf den Blättern auf. Die Zeichnungen selber mögen aus der Hand von Johannes Krabbe (1553-1616) [»Johanyß Krappe«] stammen. Dieser Universalkünstler bzw. -techniker diente als Leib- und Kammerdiener. Er war Mathematiker, Instrumentenbauer, Goldschmied, Geometer, Astronom, Feuerwerker und Zeugmeister am Hof zu Wolfenbüttel.[86] Die bildlichen Darstellungen sind auffallend sachlich für die Zeit ihres Entstehens. Der 2. Teil informiert über den Salpeter in Brandenburg um 1572.

ANMERKUNGEN:

[1]) Vgl. H. Floto: Boilings Monita, in: Zeitschrift des historischen Vereins für Niedersachsen, Jg. 1869, S. 259.

[2]) Ebenda S. 238.

[3]) Ebenda S. 260.

[4]) Ebenda S. 265. Als Standardwerk der gedruckten Literatur mit Auskünften über die Ämter vgl. L. Fronsperger: Von Kayserlichem Kriegßrechten, 1566, Reprint 1970, 4. Buch: Von der Arckelley Geschutz vnd Munition/auch was in ein Zeughauß vonnoeten..., Zeugmeister S. XCIX^v-CI^r; Zeugmeister S. CI^r-CIIII^r; Büchsenmeister S. C^v-CI^r,CIIII^v; Zeuglieutenant S. CVI^r; Zeugwart S. CVII^v-CVIII^r; Zeugdiener S. CIX^v-CX^r. Vgl. dazu die Tafel mit 6 Holzschnitten der im Zeugwesen tätigen Kriegsämter im Kapitel 15.1.

[5]) Vgl. Kapitel 16.

[6]) Vgl. R. Graf v. Solms: Kriegßbuch, 1556. Dazu Lieutenant Toll: Reinhard's des Aelteren, Grafen von Solms, Kriegsbuch. Ein Beitrag zur Geschichte der Artillerie, in: Archiv für Artillerie- und Ingenieur-Offiziere, Bd. 14 (1842), S. 25-40.

[7]) Vgl. H. C. Lavater: Kriegsbuechlein: Das ist/Grundtliche Anleitung zum Kriegswesen, 1659, S. 33 f. Lesenswert auch Lavaters Abhandlung »Was fuer klein vnd groß Geschuetz/Munition/vnd anders in das Zeughauß gehoeren«, S. 25-27.

[8]) Vgl. F. Laubenberger: Die Freiburger Stadtverwaltung im 17. und 18. Jahrhundert und ihre gesellschaftliche Struktur, in: E. Maschke / J. Sydow: Verwaltung und Gesellschaft in der südwestdeutschen Stadt des 17. und 18. Jahrhunderts, 1969, S. 50 f.

[9]) Vgl. F. Rudolphi: Gotha Diplomatica, Teil 2, 1717, S. 212-214.

[10]) Staatsarchiv Coburg, Bestand LAF 3681.

[11]) Vgl. A. Dolleczek, 1887, Reprint 1973, S. 50-64; J. Ammon: Armamentarivm Principale, 1625, S. 85 und S. 5.

[12]) Vgl. Wettendorfer: Ein Zeughaus-Vokabular, in: ZHWK Bd. 8, Nr. 3/4 (1943/44), S. 74-77.

[13]) Vgl. J. Ehlers: Die Wehrverfassung der Stadt Hamburg im 17. und 18. Jahrhundert, 1966, S. 57.

[14]) Vgl. O. Mörtzsch: Einige Bestallungen von fürstlichen Büchsenmeistern, Schützenmeistern und Pfeilstickern, in: ZHWK Bd. 5 (1909/11), S. 321-323, mit frühen Beispielen von 1398 bis 1469.

[15]) Die 28 Fragen in J. Ehlers, op. cit., S. 57 f. Dazu C. Simienowicz:

Ausführliche Beschreibung Der großen Feuerwercks=oder Artillerie=Kunst, bearbeitet von Stückhauptmann Daniel Elrich, ²1676; Reprint 1976; lat. ed. 1650.

16) Vgl. F. Rudolphi, op. cit., Bd. 1, S. 359.

17) Vgl. W. Dilich: Kriegs=Schule, 1689, 1. Teil, 1. Buch, S. 89. — Man beachte den »Artillerie Articuls=Brief« 67. Kapitel, S. 225, in dem auch der Büchsenmeiser auf Gottesfürchtigkeit eingestimmt wird.

18) Vgl. R. Graf v. Solms, op. cit.

19) Vgl. C. Matschoß: Große Ingenieure. Lebensbeschreibungen aus der Geschichte der Technik, ⁴1954, S. 20-33. — Zum Thema auch B. Gille: Ingenieure der Renaissance, 1968.

20) Zum Constabler vgl. a) A. Manesson-Mallet: Traveaux de Mars, Tom. II, 1672; b) J. Faulhaber: Ingenieurs-Schul, 1634, 4. Teil, 6. Kapitel; c) Peirander: Gruendlicher Unterricht von der Artillerie, 1699, S. 76 ff »Wie man ein Constable examiniren sol?«. Kupfertafel Nr. 12 zeigt sämtliche Geräte, mit denen ein Constabler [resp. Büchsenmeister] umgehen muß: Zirkel, Kaliberstab, »krummer Zirkel« [=Taster], Hammer mit Bohrer, Räumnadel [viereckig] mit Spitze, Räumnadel mit Widerhaken, Räumnadel aus Kupfer mit langem und kurzem Widerhaken, damit man diese biegen kann, Räumnadel mit Schneckenbohrer, eine »Noht-Schraube«, Lumpenzieher, Pulverhorn, Pulverflasche, Luntenstock, Zündschnur. Die Räumbohrer sind zur Reinigung des Zündlochs da. Der Zirkel mit gebogenen Schenkeln diente Kugel- und Kalibervergleichen. Reproduktion in H. Neumann: Festungsbaukunst und Festungsbautechnik, 1988, S. 294.

21) S. 85-115. Die Titelseite zeigt auch eine stark schematisierte Vedute der Festungsstadt Hamburg, allerdings noch rondelliert.

22) Vgl. H. Neumann, op. cit., S .295.

23) Vgl. H. Neumann: Architekt & Ingenieur, 1984, Kat. Nr. 283+284. Auf meinen Wunsch wurde die Inschrift Pfeiler (22) grau angelegt, um die Konturen zu erhöhen, wie ABB. NR. 280.2 zeigt.

24) Vgl. F. Kluge: Etymologisches Wörterbuch der deutschen Sprache, ⁶1899, S. 266.

25) Darstellungen in: a) J. Amman/H. Sachs: Eygentliche Beschreibung Aller Staende auff Erden, 1568; Reprint zuletzt 1987; b) Chr. Weigel: Abbildung Der Gemein-Nuetzlichen Haupt=Staende, 1698; Reprint 1966: 25 Soldat, 29 Ingenieur, 33 Minirer, 37 Constabel/Bombardirer/Feuerwercker, 41 Stueck- und Glockengießer, 48 Pulvermacher, 52 Harnischmacher, 56 Pantzermacher, 58 Schwerdtfeger, 63 Büchsenmacher, 65 Büchsenschifter, 67 Bogner u.a.

26) Vgl. H. Neumann: Architekt & Ingenieur, 1984, Kat. Nr. 259. — Vgl. E. Wagner: Hieb- und Stichwaffen, ²1985, Dolche Nr. 41-55. — H.-W. Lewerken: Kombinationswaffen des 15.-19. Jahrhunderts, 1989, Kat. Nr. 49+50; Dolche mit Springklinge, Kat. Nr. 122-127.

27) Vgl. L. Chr. Sturm: Architectura civili-militaris, 1719, 3. Hauptstück, S. 28.

28) Plansammlung Ingenörkorps Kongl.Bibl. Kopenhagen, Zeughausprojekt in Ansichten und Schnitten, deutsche Legenden.

29) Vgl. a) G. Heinemann: Heidelberg, ²1984, S. 416 f; b) Landesdenkmalamt Baden-Württemberg: Vorläufige Liste der Kulturdenkmale, Liste A, 1977/78, S. 91; c) Fotos im Stadtarchiv Heidelberg; d) H. Hofrichter/M. Grassnik: Deutsche historische Bürgerhäuser, 1985, Abb. 60.

30) Vgl. Hauptmann Reuter: Das Militairische Berlin. Zusammenstellung der militairischen Einrichtungen und Etablessments von Berlin in ihrer historischen Entwicklung, 1873, S. 308.

31) Vgl. E. Fähler: Feuerwerke des Barock. Studien zum öffentlichen Fest und seiner literarischen Deutung vom 16. bis 18. Jahrhundert, 1974. — A. Lotz: Das Feuerwerk. Seine Geschichte und Bibliographie, 1941, ²1978, bringt die Kulturgeschichte des Feuerwerkswesens unter den Aspekten der Technikgeschichte und Theatergeschichte. Er behandelt nicht das Kriegsfeuerwerk.

32) Zu Traktaten des Ernst- und Lustfeuerwerks vgl. Kapitel 16. — J. D. Blümel: Deutliche und gründliche Anweisung zur Lust-Feuerwerkerey, ¹1765, ist eines der ersten Bücher, die nur noch das Lust-Feuerwerk abhandeln. In 143 §§ bespricht der Autor Chemie, Rezepturen und Organisationsabläufe zum Feuerwerk in der Praxis. Eine Tafel zeigt allerdings Martialisches an: »Tabelle der beym dänischen Artillerie Corps bestimten Raquetten«. Heute existiert in der Bundesrepublik Deutschland der »Bund deutscher Feuerwerker und Wehrtechniker e.V.«. Nach dem II. Weltkrieg widmen sich private und militärische Feuerwerker [Kampfmittelräumdienste] besonders auch mit der Bergung, Entschärfung und Vernichtung der noch immer riesigen Kampfmittelbestände und Blindgänger, die in der Umwelt entdeckt werden. — W. Kühtze: 150 Jahre selbständiges Feuerwerkerpersonal, in: Wehrtechnik Nr. 5 (1986), S. 83.

33) Vgl. W. Oechslin/A. Buschow: Festarchitektur. Der Architekt als Inszenierungskünstler, 1984.

34) Vgl. J. Furttenbach, Architectura Militaris, 1630, S. 85-92.

35) Ed. princ. frz. La Haye 1737/42 unter dem Titel: Traité de la défense des places. Eine weitere germ. ed. durch Major de Humbert erschien in 2 Bdn, Berlin 1744/45, weiter verbessert Berlin 1751.

36) Vauban, germ. ed. im Text zitiert, S. 74. — Dazu auch M. Augoyat: Marschall v. Vauban's Angriff und Belagerung fester Plätze, 1841; dazu Bildband mit Lithographien: Atlas zu Marschall v. Vauban's Angriff und Belagerung fester Plätze, Berlin 1841. Pl. 4,17 detaillierte Abbildungen von Handwerkzeugen des Mineurs und Schanzkörbe, Spaten, Hacken, Blendungen, Pulvermaße, Artilleriezubehör, Richtbretter usw. Textbd. S. 45 f, 164 ff. — Daß man mit solchem Wissen auch in der Praxis umging, zeigen z. B. die Listen »Was zur Defension der Vestung Kehl/wenn selbige solte belagert werden/waehrend=Monaths=Frist an Mannschafft/ Artillerie, Munition und andern Kriegs=Nothwendigkeiten ... erfordert wird« von 1726 mit der notwendigen Anzahl »Stuecke, Poeller, Kriegs= Geraetschaften zu jeden Geschlecht der Canons, Laborier-Zeug, Artillerie-Bediente, Kriegs=Amunition, Handwercks=Zeug, Schantz=Graeber=Zeug« u. a., in: Frh. v. Rodt, Schreiben An den Hochloeblichen Reichs=Convent, Von dem dermahligen Commandanten Zu Kehl/Die Reparation Dasiger Vestung betreffend, Kehl 24. Maji 1726; oder wenige Jahre später der »Etat, Dererjenigen Mortiiers, Canons, und uebrigen Artillerie Requisiten, was vor der Belagerung vorhanden gewesen, per Inventarium uebergeben worden, also noch abgaengig und beyzuschaffen ist«, in: Landgraf zu Fuerstenberg: Schreiben An Eine Hochloebliche allgemeine Reichs: Versammlung zu Regenspurg ..., Kehl 25. Febr. 1737, unter Lit. D.

37) So konnten z. B. über die erhaltenen Zeugamtsrechnungen in Zürich, die besonders reichhaltig seit dem 16. Jh. für den Stadt-

staat sind, die heute im Schweizerischen Landesmuseum befindlichen Waffen eindeutig identifiziert und eingeordnet werden. Vgl. dazu das Inventar v. 1618, Titelblatt ABB. NR. 316. — Vgl. H. Klapsia: Versuch einer geschichtlichen Deutung von Rüstkammerinventaren, in: ZHWK Nr. 5 (1935/36), S. 173-176.- 38); Vgl. A. Häberle: Das Schicksal der Ulmer Zeughäuser, des einstigen Stolzes der Reichsstadt, in: Ulmer Historische Blätter, 3. Jg. (1927); Nr. 6, S. 7, 8; Nr. 7, S. 6, 7; Nr. 88, S. 4-7; Nr. 9, S. 3-5.

[39] Originale in ZBB Sign. 34406/4°.
[40] Vgl. A. Diener-Schönberg: Der Bestand der chursächsischen Zeughäuser zu Ende des 16. Jahrhunderts, in: ZHWK Bd. 4 (1906/08), Nr.10, S. 306-311. Original im Sächs. Hauptstaatsarchiv Dresden, Loc. 9129.
[41] Ebenda S. 311.
[42] W. Görlich: Die Geschichte des Schlosses Landskron in Kärnten, Klagenfurt o. J., S. 22, 25. Der Liegenschaftswert im selben Jahr 1590 betrug 60619 Taler, das Silbergeschirr 3000 Taler.
[43] Vgl. H. Müller: Waffenverzeichnis der Burg Kapellendorf von 1392, in: Aus der Vergangenheit der Stadt Erfurt, Nr. 5 (1988), S. 67-79. Nach Feststellungen des Waffenhistorikers Heinrich Müller war das Verhältnis von Armbrust zu Handfeuerwaffen in der Mitte des 15. Jh. noch etwa 50 zu 50. Die Armbrust war den Handfeuerwaffen in bestimmten Situationen noch überlegen.
[44] Vgl. H. Floto: Boilings Monita, in: Zeitschrift des historischen Vereins für Niedersachsen, Jg. 1869, Hannover 1870, S. 235-323.
[45] Vgl. F. Mayer: Das Artillerie=Zeugwesen in Ingolstadt, in: Ingolstädter Heimatgeschichte, Nr. 6 (1938), S. 21.
[46] Königl. Bibliothek Kopenhagen, Sign. Ny Kongl Sammlung fol Nr. 106. Chr. Kellinghusen war Zeugschreiber in Hamburg. Von ihm sind weitere Inventare bekannt. Vgl. W. H. Mielck: Vergangenheit und Zukunft der Sammlung Hamburgischer Altertümer, 1893.
[47] Vgl. E. Hirtl: Kaiser Maximilians Hand- und Gebrauchsbücher als Geschichtsquellen, Dissertation Graz 1971 [masch.-schriftl.], Zeugbücher S. 110-163 + Taff.
[48] Vgl. J. Chr. Allmayer-Beck: Die Tirolischen Zeughäuser des Kaisers Maximilian I., in: Tiroler Heimat. Jahrbuch für Geschichte und Volkskunde (1963/64), S. 65-80.
[49] Vgl. J. Garber: Jörg Kölderers Zeichnung des Innsbrucker Zeughauses, in: Schlernschrift Nr. 12 (1927), S. 121-126, Taff.
[50] Derselbe: Das Zeughaus Kaiser Maximilians I. in Innsbruck, in: Wiener Jahrbuch für Kunstgeschichte, Bd. 5 (1928), S. 142-160.
[51] Österr. Nationalbibliothek Codex 10824, 10815, 10816. Vgl. W. Boeheim: Die Zeugbücher des Kaisers Maximilian I., in: Jahrbücher des Kaiserhauses, Bd. 13 (1892), S. 94-201 und Bd. 15 (1894), S. 295-391. — Die Bilderhandschrift Cod. icon. 222 der Bayer. Staatsbibliothek wird als Vorstudie für die maximilianischen Zeugbücher angesehen.
[52] Verwandt mit Inventaren ist das Harnischmusterbuch von 1548/63. Es hält auf Zeichnungen des Ätzmalers Jörg Sorg d. J. für verschiedene Augsburger Plattner den dort angewendeten Ätzdekor unter Angabe von Plattner, Harnischtyp, Besteller, Herstellungsdatum inventarmäßig fest. Das Original besitzt die Württembergische Landesbibliothek Stuttgart unter der Signatur Cod. milit. 2°, 24. Interessant ist die Tatsache, daß an diesen Codex ein sicher späterer Büchsenmeisterdialog über Geschützwesen und Feuerwerkskunst [vgl. folgendes Kapitel] vorgebunden ist. Vgl. Stadt Augsburg/Evgl.-Luth. Landeskirche in Bayern: Welt im Umbruch. Augsburg zwischen Renaissance und Barock, Ausstellungskatalog Bd. II, 1980, Kat. Nr. 911 und S. 79-92. Dazu auch der Waffenkatalog von Herzog Julius von Wolfenbüttel unter den Anmerkungen 84 f.
[53] Vgl. D. R. Forrer: Über Falsch-Aufstellung alter Waffen und Rüstungen, in: ZHWK Bd. 3 (1902/05), S. 325-327. — W. Boeheim: Handbuch der Waffenkunde, 1890/1982 [darin S. 582-585 Die Aufstellung der Waffen]. — H. Klapsia: Die Neuaufstellung der Wiener Waffensammlung, in: ZHWK Bd. 14 (1935/36), S. 93-99. — R. H. Wackernagel: Zur Geschichte und Aufstellung der »Gemainen Statt Ristungen und Khriegswaffen« im Münchner Stadtzeughaus, in: Derselbe: das münchner zeughaus, 1983, S. 11-40. — M. Dreesbach: Das Münchner Stadtmuseum. Eine Chronik, 1977.- Zur übertriebenen musealen Packungsdichte von Geschützen vgl. auch ABB. NR. 451.
[54] Im Zeughaus Kopenhagen mußten leider die jahrzehntelang frei ausgestellten Waffen in Vitrinen unter Glas gebracht werden, so daß der Raumeindruck dadurch verfälscht wird, sich aber aus Erhaltungsgründen wohl nicht umgehen ließ.
[55] Es war mir nicht möglich, über die Verwaltung Fotos oder eine Fotogenehmigung des sehr reichhaltigen Zeughauses auf Burg/Festung Forchtenstein zu erhalten. Es waren angeblich Sicherheitsgründe ausschlaggebend!
[56] Kunsthistor. Museum Wien: Katalog der Leibrüstkammer, I. Teil, 1976, Abb. 102 eine Wandgruppe mit Handfeuerwaffen aus der Ausstellung im Vergleich zu einer Wandgruppe, Abb. 103 als Reproduktion aus einem der Zeugbücher.
[57] Vgl. Franco van der Craght: Afbeeldinge der voornaemsten vertrekken binnen s'lands magasyn te Maestrigt..., 1759. Original im Rijksarchief Limburg, Karten Nr. 367.
[58] 150 Jahre später lagerten in Ingolstadt zum Stichtag 29. Januar 1837 an Eisenkugeln: 280.900 Vollkugeln + 168.950 Hohlkugeln = 449.850 Stück, wie F. Mayer: Das Artillerie=Zeugwesen in Ingolstadt, in: Ingolstädter Heimatgeschichte 10. Jg. Nr. 6 (1938), S. 21 berichtet. — Eindrucksvoll noch heute die riesigen Kugelpyramiden vor dem Schloß in Monaco.
[59] Vgl. J. Coad: Historic Architecture of the Royal Navy, 1983, Abb. 140. — O. Hogg: The Royal Arsenal, 1963, zeigt Vol. II nach S. 1002 den ganzen Binnenhof des Arsenals übersät mit Kugelpyramiden.
[60] Vgl. Penther: Bau=Kunst, 4. Teil, 1748, S. 71 f.
[61] Vgl. J. Furttenbach, Architectura Militaris, 1630, S. 9.
[62] W. Boeheim, op. cit., S. 641-680; A. Demmin: Die Kriegswaffen in ihrer geschichtlichen Entwicklung, Bd. I⁴ 1893/1964, S. 997-1057. — Heer: Der Neue Støckel, 3 Bde, 1982, umfaßt 3600 Namen, 6500 Marken und Zeichen aus 32 Ländern und ist damit das wichtigste historisch-biographische Nachschlagewerk zu den Themen Büchsenmacher, Büchsenschäfter, Armbrustmacher, Waffenfabrikanten, Händler, Kunsthandwerker, städt. und regionale Beschaumarken usw. zwischen 1380 und 1920.
[63] Vgl. J. Furttenbach, op. cit., S. 21 f.
[64] H. Floto, op. cit., S. 255.
[65] Vgl. R. H. Wackernagel: das münchner zeughaus, 1983, Markenverzeichnis S. 184-188; Nr. 45-52 frühe Marken des Stadtzeughauses.
[66] Vgl. L. v. Mackensen: Besteckkasten, in: U. Schütte / H. Neumann: Architekt & Ingenieur, 1984, Nr. 86 und Abb. S. 119. —

P. Hotzel: Der Reißzeug- und Meßbesteckkoffer des Maximilian von Welsch, in: Mitteilungen Nr. 2 (1984) der »Maximilian von Welsch«-Gesellschaft e.V. Mainz, S. 10-13. Die vorindustrielle Instrumentenkunde ist auch unter militärhistorischen Aspekten eine faszinierende Hilfswissenschaft. Ich verweise besonders auf: F. A. Dreier: Winkelmeßinstrumente. Vom 16. bis zum frühen 19. Jh., 1979. — M. Daumas: Les instruments scientifiques aux XVIIe et XVIIIe siècles, 1953; engl. ed. Scientific Instruments of the seventeenth and eighteenth centuries and their makers, 1972. — D. Goetz: Die Anfänge der Artillerie, 1985, Farbtafeln mit Geschütz-Pendel-Setzwaagen, Geschützaufsätzen, Pendelquadranten u.a. Büchsenmeisterinstrumenten. — U. Schütte / H. Neumann: Architekt & Ingenieur, 1984, passim, mit Hinweisen auf die Traktatliteratur. — H. Wunderlich: Kursächsische Feldmeßkunst, artilleristische Richtverfahren und Ballistik im 16. und 17. Jh., 1977. — E. Zinner: Deutsche und niederländische Astronomische Instrumente des 11.-18. Jh., ^{2}1967.

[67] Reprint Königstein 1989.

[68] Vgl. E. Königer: Das Kleine Nürnberger Zeughaus, Bilderhefte des GNM, Nürnberg 1967.

[69] Vgl. H. Neumann, Festungsbaukunst und Festungsbautechnik, 1988, Titelzitate und Gedenkblatt zum Tode J. Carls als Pendant zu Abb. Nr. 284, S. 296.

[70] Das Legermuseum in Leiden besitzt auch einige Modelle von Luntenstöcken, Piken für Feldversperrungen, Spaten, Hacken, Beile, Picken, die mit hoher Wahrscheinlichkeit aus der Offizin Johann Carls stammen. Vgl. Stichting Menno van Coehoorn: Vesting. Vier eeuwen vestingbouw in Nederland, 1982, Abb. S. 165.

[71] Vgl. H. Schneider: Hans Stoll und Hans Bartholomäus Bachofen, in: ZHWK Bd. 17, Nr. 1 (1975), S. 29-40. H. B. Bachofen baute auch das ebenda abgebildete hölzerne Festungsmodell von Zürich.

[72] A. Häberle: Das Schicksal der Ulmer Zeughäuser, in: Ulmer Historische Blätter 3. Jg. (1923), Nr. 6-9.

[73] Zitation nach ed. princ. 1775, Reprint 1985.

[74] Im Kupferstich-Kabinett der Staatl. Kunstsammlungen Dresden unter der Inv. Nr. A 20990, in A 208, 2, ein Kupferstich: Die beherzte resolution zu Verwaltung der Artigierie. M. Rösler fecit, Martin Engelbrecht excud.[it] A. V. Maße: 30.1 x 20.5 cm. Vier vornehm gekleidete Kinder sind um einen mit Modellen von zwei Geschützen, einem Mörser und einem Kugelwagen sowie Meßgeräten versehenen Tisch versammelt und hören dem aus einem Artillerietraktat vorlesenden Hauslehrer sehr interessiert zu. Dieser hat in der rechten Hand einen Kugelzirkel, mit dem er gerade den äußeren Durchmesser eines Geschützes mißt. Die Legende ist zweisprachig:
»Wer als Artollerist will gute Dienst versehen,
Muß die Proportion, Caliber und quadrand,
Auch Circkel, Maß, Gewicht recht accurat verstehen,
Wann Unerfahrenheit bringt Ihm Gefahr u: Schand«.

[75] Vgl. F. Ph. Florinus: Haus=Vater, 1722, S. 143. Abb. in: U. Schütte und H. Neumann: Architekt & Ingenieur, 1984, S. 30.

[76] Reproduktion des Stichs von Sebastien Le Clerc um 1698 in H. Neumann: Festungsbaukunst und Festungsbautechnik, 1988, S. 144.

[77] Vgl. Katalog der Leibrüstkammer. Teil I, Wien 1976, A 74, A 175. E. Egg: Tiroler Geschützguß 1400-1600, 1961, S. 82 f, Abb. 44 f; S. 118, Abb. 62.

[78] Vgl. H. Neumann, op. cit., S. 299. Wahrscheinlich handelt es sich bei den zuletzt genannten Modellen um Ausbildungsmodelle. Sie sind alle original beschriftet und in ihrer Art einmalig. Vgl. den »Pulver Wagen«. auf Abb. 64 in O. Römer: 500 Jahre Krieg und Frieden, Braunschweigisches Landesmuseum Nr. 33, 1982.

[79] Vgl. K. Ullmann: Waffenkammer [in Schloß Detmold], in: KDM Westfalen, Bd. Stadt Detmold, 1968, S. 305-312. — H. Neumann: Architekt & Ingenieur, 1984, Kat. Nr. 244 und Abb. S 343. — G. U. Großmann: Renaissance im Weserraum, Ausstellungskatalog, Bd. 1/1989, Kat. Nr. 82, 83, 84.

[80] Vgl. H. Eichhorn, Ostfriesisches Landesmuseum und Emdener Rüstkammer, 1987, S. 84.

[81] Vgl. E. Aichner: Vorbild für die Herstellung neuer Geschütze und Fahrzeuge. Die Modellsammlung, in: Bayerisches Armeemuseum. Reihe Museum im Westermann Verlag, Braunschweig 1981, S. 80-83.

[82] Vgl. Sauner, Michael: Geschützmodelle [aus dem Zeughaus Ludwigsburg], in: Baden und Württemberg im Zeitalter Napoleons, Ausstellungskataloge, Bd. 1.1, Stuttgart 1987, S. 410 f.

[83] Vgl. Wilhelm Gustav Friedrich Wardenburg (1781-1838). Oldenburgischer Soldat, Altertumsforscher und Sammler. Ausstellungskatalog des Oldenburger Stadtmuseums, Oldenburg 1981, Teil 2, Kat. Nr. 26 und 27.

[84] Catalogi-Codicum manuscriptorum Bibliotheca Augusta sub titulo Extravagantium separatim repositorum. Guelferbyti 1. Septbr. 1763, Vol. II. — Vgl. auch das unter Anmerkung 52 zitierte Harnischmusterbuch.

[85] Vgl. H. Neumann: Architekt & Ingenieur, 1984, Nr. 242, 280. Reproduktion von 4 Seiten aus dem Waffenkatalog mit den Karrenbüchsen, S. 346 f.

[86] Vgl. K. Krabbe: Newes Astrolabivm, Sampt dessen Nutz vnd Gebrauch, ... allen Kriegs=Officirern, Bawmeistern / ... Buechsenmeistern / ... sehr nuetzlich, Wolfenbuettel ^{2}1625.

16. Traktatliteratur zum Zeughaus

»Gedruckte Vorschriften, wie diese Gebaeude [Zeughäuser] einzurichten, werden wir ausser Surirey de St. Remy, Goldmann und Sturmen wohl nicht viel finden, doch koente Faesches Dessin eines Zeug=Hauses wohl noch darzu rechnen«
J. F. Penther (1693-1749): Buergerliche Baukunst, 1748, T. 4, S. 70.

Für bau- und kunstgeschichtlichen Forschungen des Mittelalters und der Frühen Neuzeit unterscheidet man zweckmäßig zwischen folgenden »Buchtypen« der wissenschaftlichen und praxisbezogenen Fachprosa:

1. Werkmeisterbücher[1]
2. Werkmeistermusterbücher[1]
3. Bauhüttenbücher
4. Baumeisterbücher
5. Hütten- u. Zunftordnungen
6. Bauordnungsbücher
7. Satzungsbücher
8. Fecht- und Ringerbücher[2]
9. Säulenbücher[3]
10. Architekturlehrbücher[4]
11. Büchsenmeisterbücher
12. Technische Bilderhandschriften

Hier interessieren uns besonders die Gruppen 9, 10, 12. Der die unterschiedlichen »Bücher« zusammenfassende Begriff ist »Traktat« [lat. tractatus = Abhandlung]. Nach den baulichen Quellen, den Spolien, den heute meist musealen Gegenständen und den bildlichen Darstellungen ist die Traktatliteratur eine weitere wichtige Quellengattung der Architekturgeschichte mit ihren vielfältigen Bauaufgaben und theoretischen Betrachtungen. Das gilt auch für die baugeschichtlichen Fragen um den Bautypus Zeughaus bzw. Arsenal. Nach systematischer Durchsicht der Fülle von Architekturtraktaten zur architectura militaris und architectura civilis, die im Laufe des Betrachtungszeitraums einschließlich Streitschriften, Flugblätter, Relationen usw. erschienen, habe ich erstaunlicherweise nur relativ wenige Werke der »beiden Architekturen« gefunden, die mehr als nur marginal das Gebäude behandeln. Zwar kommen die Begriffe Zeughaus und Arsenal in beinah jedem Artillerie- und Feuerwerkstraktat als der Spezialliteratur des Zeugwesens vor, doch sind diese Autoren meist auf den waffentechnischen, artilleristischen, ballistischen und pyrotechnischen Problemkreis beschränkt und geben wenig direkte Fakten über das dreidimensionale Bauwerk an. Man kann nur indirekt über die Waffen auf den zugehörigen Waffenspeicher schließen. Bei den Büchsenmeister- und Feuerwerksbüchern jedoch gibt es eine erfreulich hohe Anzahl von viel zu wenig ausgewerteten Werken in Codizes und in gedruckter Form. Die speziellen »Zeughaus-Traktate« aber sind zahlenmäßig gering und dazu sämtlich unter rara oder rarissima einzustufen. Deshalb sind im Literaturverzeichnis A die meist ein ausführliches Inhaltsverzeichnis darstellenden Langtitel und mindestens ein Standortnachweis angegeben. Vgl. ABB. NR. 319-322 mit 26 Titelseiten von Codizes und gedruckten Traktaten.

16.1 Die Büchsenmeister- und Feuerwerkbücher des XV.-XIX. Jahrhunderts

Der nicht erkennbare Autor J. S. G. M. gibt in seinem Traktat »Der Wol-unterwiesene INGENIEUR Welcher zeiget …, Nuernberg 1726«, die früher in der Gelehrtenwelt benutzen lateinischen Bezeichnungen der in den Büchsenmeisterbüchern behandelten Themen: Arte Tormentaria. Von der Buechsen=Meisterey S. 385-518; De Pyrotechnia Damniosa. Von dem Ernst=Feuer=Werck S. 521-588; Pyrotechnia Jucunda. Von dem Lust=Feuerwerck S. 589-738. Der wohl älteste Büchsenmeistertraktat ist Cod. germ. 600 der Bayer. Staatsbibliothek. Er entstand um 1350. Im Cod. l. m. 4350 ebenda ist das älteste Pulverrezept für den Gebrauch zum Büchsenschießen enthalten, im Cod. germ. 4902 die vermutlich älteste Anweisungen für den Büchsenmeister über den Geschützguß. Nach Einführung der Pulverwaffen entstand eine neuartige Fachliteratur sogenannter Büchsenmeister-, Kriegs- und Feuerwerksbücher, die als Handschriften oftmals mehrfach abgeschrieben und nachgezeichnet wurden. Nur wenige Arbeiten erschienen auch im Druck. An Codizes dürfte es im deutschsprachigen Raum etwa 300-400 Stück geben. Sie sind bisher nicht katalogisiert und nur bei wenigen sind die »Verwandtschaften« untereinander geklärt. Letzteres gilt besonders für Conrad Kyesers (*1366 † nach 1405) »Bellifortis«, welcher von Götz Quarg im kommentierten Faksimile nebst Umschrift und Übersetzung vorgelegt wurde.[5] Dieser Codex der UB Göttingen, Cod. Ms. philos. 63, ist das Urmanuskript, welches auf 280 Seiten in Mittellatein als reich bebilderte Pergamenthandschrift die Kriegskunst um die Wende vom 14. zum 15. Jahrhundert aufzeigt.

Die frühen Kriegs- und Feuerwerksbücher des 15. Jh. sind sehr oft übertrieben in ihren Darstellungen; manche Autoren protzen regelrecht mit ihrem Wissen, was manchmal auch als Geheimwissen gelten sollte und dem Aufbau eines Nimbus diente. Es werden neben erstaunlich sachlichen Instrumenten und Geräten auch phantastische gezeigt, die gar nicht funktionieren können. Oftmals gibt es eine Verquickung der technischen Probleme mit astrologischen, dämonischen, mystischen und mit der Welt der Magie, so daß man auch von Wunderbüchern aus der Zeit der Büchsenmeister-<u>Kunst</u> spricht.[6] Für die Büchsenmeisterliteratur ist die Abhandlung der 10 bzw. 12 Büchsenmeisterfragen typisch. Erstmals kommen diese im »Feuerwerkbuch« eines anonym gebliebenen Büchsenmeisters um 1420 vor.[7] Dieses in mehreren Abschriften bekannte Werk erschien erst lange nach Erfindung der Buchdruckerkunst im Druck. 1529 taucht es als Anhang zur Vegetius-Edition in Augsburg auf. Das Titelblatt zeigt ABB. NR. 322.22. Der Fragenkatalog war noch im ausgehenden 16. Jahrhundert Fundamentum einer jeden Büchsenmeisterprüfung bzw. eines Berufungsverfahrens.[8] Selbst in Traktaten des 17. Jh. werden sie hier und da noch abgehandelt. Es geht darin vornehmlich um Fragen des Ladens, des Pulvers, der Schußweite usw.[9]

Bis ins 17. Jh. ist eine starke Vermehrung der pyrotechnisch-artilleristischen Literatur bei deutlich feststellbarer Versachlichung der Darstellungen in Wort und Bild zu beobachten. Das hat seinen Grund im Tempo der Entwicklung des technischen Fortschrittes, aber auch in der Tatsache, daß eine Beschäftigung mit diesen und auch den verwandten fortifikatorischen Themen eine standesgemäße Beschäftigung für den Adel war. Andererseits wurden die unter Vertrag genommenen Büchsen- und Zeugmeister zahlenmäßig immer mehr. Die artilleristische Aufrüstung nahm zu. Die neuen Festungsbauten mußten hinreichend bestückt werden. Diese Männer und ihre Schulen verlangten nach Fachliteratur, wobei die Schreiber meist selber aus ihren Reihen stammten. Im folgenden zitiere ich eine repräsentative Auswahl der von mir eingesehenen gedruckten Feuerwerks- und Artillerie-Traktate, deren Langtitel und Standortnachweise aus dem Literaturverzeichnis A dieser Arbeit zu entnehmen sind. Bei der überwiegenden Zahl handelt es sich um praxisorientierte, oftmals mit Anweisungen versehene Manuale, die sicher auch mit dem einen oder anderen Exemplar in den Zeughaus-Bibliotheken zu finden waren. Die Codizes entnehme man dem Verzeichnis im Anhang.

- **W. Berger**, 1857/58.
- **V. Biringuccio**, 1540, 1550, 1558, 1678. Vgl. O. Johannsen: Biringuccios Pirotechnia. Ein Lehrbuch der chemisch-metallurgischen Technologie und des Artilleriewesens aus dem 16. Jh. übersetzt und erläutert, 1925.
- **N. F. Blondel**, 1686.
- **J. D. Blümel**, 1765.
- **G. A. Böckler**, 1659/60, Teil 4.
- **J. Boillot**, frz. ed. princ. 1598; germ. ed. 1603.
- **E. Braun**, 1682, Titelblatt ABB. NR. 322.18; 1687.
- **F. J. Brechtel**, 1591 [geschrieben 1560], ndl. ed. 1624, 1630.
- **Th. de Bry**, 1619.
- **J. S. Buchner**, 1682, Titelblatt ABB. NR. 322.12.; 1685.[10]
- **A. Capo Bianco**, 1598.
- **Ch. Dambach**, 1608.
- **C. Decker**, 1816.
- **W. Dilich**, 1689. Titelblatt ABB. NR. 322.14.
- **L. Fronsperger**, 1666 [8. Buch].
- **J. Furttenbach**, 1627. Titelblatt ABB. NR. 322.10. Derselbe, 1630. Titelblatt ABB. NR. 322.7. Derselbe, 1643. Derselbe, 1663. Titelblatt ABB. NR. 322.8.
- **Chr. F. Geissler**, 1718. Titelblatt ABB. NR. 322.4.
- **H. Guhle**, 1618, ABB. NR. 322.2.
- **L. Hulsius**, 1633. Titelblatt ABB. NR. 322.11.
- **J. S. G. M.**, 1726.
- **S. Kästner**, 1671. Titelblatt ABB. NR. 322.17.
- **J. Le Blond**, 1743, 1776.
- **F. Malthus**, 1646.
- **M. Mieth**, 1684, 1705. Titelblatt ABB. NR. 322.23.
- Das **Mittelalterliche Hausbuch**, 1480. Faksimile 1866. Vgl. a) H. Th. Bossert: Das mittelalterliche Hausbuch. Nach dem Originale, Leipzig 1912. Umsetzung, Kommentar, Faksimile; b) J. Graf Waldburg-Wolfegg: Das mittelalterliche Hausbuch. Betrachtungen vor einer Bilderhandschrift, 1957.
- **G. Monge**, 1794.
- **H. Müller**, 1873; Derselbe, 1876.
- **F. Oelze**, 1844, ²1846.
- **J. G. Pasch**, 1662.
- **Peirander**, 1699.
- **W. Rivius**, 1547. Titelblatt ABB. NR. 322.1.
- **C. Ruggieri**, 1807.
- **H. Ruscellus**, 1620. Titelblatt ABB. NR. 322.15.
- **J. Schmidlapp**, 1591, ndl. ed. 1624, 1630.
- **E. Schoen**, 1936.
- **G. Schreiber**, 1662. Titelblatt ABB. NR. 322.16.
- **C. Simienowicz**, lat. ed. 1650; germ. ed. erweitert durch **D. Elrich** 1676, Reprint 1976, Titelblatt ABB. NR. 322.13; engl. ed. 1729.
- **Surirey de Saint-Remy**, 1697; 1702, Reprint 1981; 1741. Titelblatt ABB. NR. 322.21.
- **M. Taccola**, 1449. — Vgl. a) E. Knobloch: Mariano Taccola: De Rebus Militaribus (De machinis, 1449). Mit vollständigen Faksimile der Pariser Handschrift herausgegeben, übersetzt und kommentiert, 1984; b) De Ingeneis,

Faksimile des Cod.Latinus Monacensis 197, Teil II, Kommentare, hrsg. v. G. Scaglia u. a., 1984.
- **D. Uffano**, 1614; frz. ed. 1615, 1621; poln. ed. 1643.
- **Th. Venn**, 1672, Reprint 1971.
- **L. da Vinci**. Vgl. a) M. Cianchi: Die Maschinen Leonardo da Vincis, 1984, b) L. H. Heydenreich/B. Dibner/L. Reti: Leonardo der Erfinder, ²1985.
- **L. Zubler**, 1608/09.

Auf ein Artillerietraktat muß wegen seiner Originalität und mehr kulturgeschichtlichen Bedeutung besonders hingewiesen werden. Es handelt sich um
- **Johann Schwach**: Discorsi Sopra l'Artigliarie moderne …, germ. ed. 1624. Wie schon aus dem Langtitel ersichtlich: »Von der Artigliaria/… ihrer Macht, effecten, nutzbarkeit, nohtwendig keit, vnd rechtmes-sigem Christlichem gebrauch: Historische vnd Theologische Discurs« hat der Pfarrer aus Dresden sich mit Hilfe der Bibelexegese zur Anwendung der Feuerwaffen ausgelassen und diese in interessanter Argumentation für christlich gerechtfertigt erklärt.[11]

Eine ganze Reihe von Traktaten wendet eine ganz modern anmutende didaktische Form des Lehrens und Lernens an, denn das komplizierte Fachwissen des Autoren sollte »An den guenstigen/besonders der Buechsenmeisterey Kunst liebhabenden Leser« — wie J. Furttenbach seine Buechsenmeisterey=Schul von 1630 einleitet — an den Leser gebracht werden. Ich meine die Dialogform mit Frage und Antwort und einem das Lehrgespräch verbindenden allgemeineren Text. Diese Art des Disputs war schon im Altertum, besonders bei Platon, bekannt und diente der Bildung und Wahrheitsfindung als Teil der Rhetorik. Sie begegnet uns in den Codizes wie in den gedruckten Traktaten. Die wichtigsten Beispiele sind:[12]
- **L. Fronsperger**, 1566, 8. Buch: »Von Geschuetz vnd Feuerwerck. Frag vnd Antwort zwischen einem zeug vnd Buechssenmeister«, S. CXCI^v-CXCVIII^v.
- **H. Guhle**, 1618, 1. Teil S. 13-70: »Ein sehr lustiges Gespraech Zwischen Dem Roemischen Hauptman Scipionem Africanum Vnd Dem Carthaginischen Felthauptmann Hannibalem Die Kunst der Buechsenmeisterey betreffend« 3. Teil, S. 205-249: »Das XIX. Capittel. Helt in sich ein sehr lustig Gespraech/der beyden Meistre Pyracmon: vnd Vulcani betreffende/die loebliche Kunst der Buechsenmeisterey«, mit diversen Kupfern.
- **G. Schreiber**, 1662, S. 1-38: »Examen oder Gesprach Eines Zeugmeisters und Buechsenmeisters/wie jener diesen auf die Probe setzen und examiniren sol/um zuerkundigen/ob Er solchen diensten gewachsen oder nicht« Der Autor, selber Zeugwart und Tischler in Brieg, wählt die Form des »Gespraech=buchs« zur Belehrung junger angehender Büchsenmeister.
- **J. Furttenbach**, 1630, »Gespraech zwischen dem Capo, oder obristen Zeugwart/vnd einem gemeinen Buechsenmaister« gilt für das gesamte Buch.[13]
- **J. Furttenbach**, 1640, 3. Teil »Gespraech eines Scolaro, Soldato, vnd Capitano, gegen einem Capo oder Zeugwartten/der Buechsenmeister …« und im Register »Wie der Junge Buechsenmeister/oder Scolaro, seinen Lehrmeister/oder den Capo, das ist der Zeugwart/etlicher Sachen halber/fragen thut/vnd Information von ihme zu haben begehrt«.
- **Damniel Zimmermann**: DIALOGVS Oder Gespräch zwayer Personen nemblich aines Büchsenmaisters mit einem Fewrwerckher, von der Künst vnd rechtem gebrauch der Büchsengeschoß vnd Fewrwerckhs, Auspurg 1573. Handschrift Wien Cpv 10.726.

ABB. NR. 281 zeigt einen Büchsenmeister und einen Zeugmeister im Gespräch. Der glimmende Luntenstock ist ein wichtiges Utensilium und Statussymbol des Büchsenmeisters. Auf ABB. NR. 316 ist hinter einer der als Geschützrohre ausgebildeten Säulen [!] ein mit einer kupfernen Ladeschaufel gekreuzter Luntenstock zu erkennen. Verkaufsmodelle gibt ABB. NR. 312.3 wider. Die Lunte aus gedrehten Hanffäden, getränkt mit einer Paste aus Salpeter, Schwefel, Pech und vor allem Bleiazetat, taucht ab Mitte 15. Jahrhundert auf und ersetzt das sog. Loseisen der Kanoniere, dessen Spitze immer wieder vor der Zündung in einer Glutschale glühend gemacht werden mußte. Der Büchsenmeister hält weiter eine rauchende Hohlkugel in der Rechten. Der Zeugmeister erscheint in seinem ebenfalls vornehmen Ornat wie es schon ABB. NR. 279 aus der selben Handschrift zeigt. In diesem ◆ Cod. Guelf. 455 Aug. 2° von ca. 1576 werden die 12 Büchsenmeisterfragen intensiv in Gesprächsform diskutiert.[13]

Zeugmeister und Büchsenmeister treten also mit ihrem Fachwissen als Autoren auf. Sie mußten sich dienstlich auch mit den Fragen des Festungsbauwesens, der Kastrametation, der Poliorketik beschäftigen.[14] Architectura militaris wird bis in das 18. Jh. als Festungsbaukunst beschrieben. Zur beruflichen Weiterbildung wurde ihnen immer wieder das Lesen von Fachbüchern empfohlen. So schildert der mehrfach zitierte Zeugherr Zacharias Boilings in seinen Monita, daß ihm die Traktate von Meteranus, Paracelsus, Sleidanus, Münsters Cosmographey bekannt sind. Obwohl mir kein Beleg bekannt ist, darf ich doch vermuten, daß im intakten Zeughaus neben den Traktaten zur Büchsenmeisterei und zum Feuerwerk, den Rezeptbüchlein und Plansammlungen auch Kriegsliteratur und darunter speziell Lehr- und Vorlagebücher »beider Architekturen« griffbereit vorhanden waren.

16.2 Die Lehrbücher des XV.-XIX. Jahrhunderts

Das von A. Häberle publizierte »Inventarium über eines Hoch Edlen und Hochweisen Raths Zeughaus allhier zu Ulm. Anno 1793« verzeichnet den Bestand an Waffen, Rüstungen, Modellen, Memorabilia, Curiosa und Sammelsurien an 18 Stellen des Zeughauskomplexes wenige Jahre vor der großen Dezimierung im Jahr 1796, als das gesamte Inventar auf Befehl des Erzherzogs Karl weggeführt bzw. in die Donau gekippt wurde, um es dem herannahenden Feind zu entziehen.[15] In der »Stube XI. Halbe Kreuzer-Münzstub«[16] hat sich nach diesen Angaben die Zeughausbibliothek mit folgenden Traktaten befunden:

- **Kostenbader, Joh. Marx**, Entwurf und Vorstellung der Bixenmeister- und Feuerwerkereikunst in Ernst und Lustsachen.
- **Ebenderselbe**: Artilleriekapelle zu Stuck-Kugeln, Bomben, Kartetschen, Granatenhaufen.
- **Capit: Francisci de Marcki**, Festungsbaukunst-Risse, Illum. de 1697. Herrn Georg Friedrich Marggrafen zu Brandenburg dedicirt.[17]
- **Wilhelm Schnoeden** und **Gideon Bachers** Churbrandenburg. Baumeisters, dann **Hanß Phil. Röhnlen**, Mahlers und **Leonh. Mayers** Bixenmeisters von Ulm illuminierte Verfestungs- und andere Risse de anno 1604.
- Rathschläg der Gebäu in Ulm von Hauptleuten und anderen Verständigen de anno 1537.
- **Daniel Specklen**, Baumeisters in Straßburg, Architectura von Festungen, Städten, Schlössern und Clausen de anno 1589.[18]
- **Josephi Furtenbachs**, architektura universalis de anno 1635.[19]
- **Erhard de Bar le Duc**, ingenieur Fortificatio de ao. 1604.[20]
- **Barbet** Architectura von Altären und Camin de ao. 1645.[21]
- **Hansen Lenders**, Bauperspektiv de anno 1571.[22]
- **Henrici Rusii**, Ingenieurs vom Vestungsbau aus dem Niederländ. in das Teutsche übersetzt von **Joh. Merklen** Ing. Proviant-, Bau- und Kriegszahlamtsschreibern, Ulm ao. 1659.[23]
- **Tobias Volcmars**, Tabula proportionum Angulorum Geometriae 1617.[24]
- **Daniel Schwenters**, Geometriae Prakt. nova Part. IV.[25]
- **Illuminationstafeln** [Porträts von] Kaysers Leopoldi, Prinzen Josephi, Ulmer Wappen [und] 5 Tafeln von italienischen Seefestungen.

Leider entzieht sich unserer Kenntnis, ob die Traktate zum Fortifikationswesen, über Altäre und Kamine sowie geometrische Probleme nur den Rest einer dezimierten Fachbibliothek darstellen oder nicht. Klar ist aber, daß tatsächlich in den Zeughäusern Fachbücher vorhanden waren.

Eine Zusammenstellung etwa bei Neueinrichtung eines Zeughauses ist mit Hilfe der in manchen Traktaten zu findenden Bibliographien denkbar. Zwei Beispiele: a) **H. F. v. Flemming** widmet das 39. Kapitel seines Werkes »Der Vollkommene Teutsche Soldat« von 1726 dem Thema »Von einer Soldaten Bibliotheck«,[26] b) **C. F. Mandar**: De l'architecture des forteresses, 1801, bringt »Des principaux ouvrages écrits sur la fortification«.[27] Das Zeugpersonal benötigte es zur Ausbildung und Weiterbildung; schließlich hatte man auch seine eigenen Werke bei der Hand. Diese bestanden aber meist als Handschriften, die heute nur noch vereinzelt nachweisbar sind.

Die im folgenden Text zitierten Traktate handeln vom Gebäudetyp Zeughaus und gehören als Fachbücher der Architektur entweder mehr zur Architectura militaris oder mehr zur Architectura civilis. Einleitend wurde schon ausgeführt, daß das Zeughaus bzw. Arsenal eine Bauaufgabe war, der sich Architekten und Ingenieure beider Architekturen widmeten. Die Behandlung des Bauwerks geschieht in einigen Traktaten innerhalb der Beschreibung von Festungsanlagen und ihren speziellen Manieren sowie den zugehörigen Infrastrukturbauten; in anderen, in der Minderzahl befindlichen, jedoch hochrangigen meist mehr bautheoretischen Traktaten innerhalb der Darstellung einer Gebäudelehre. Auf die Behandlung von Waffenspeichern als Teil einer idealen Stadt- und Festungsplanung gehe ich im folgenden Kapitel ein:

- **Hans Vredeman de Vries**: Panoplia sev armamentarium ac ornamenta cum artium ac opificiorum…, Iohs Vreedeman Vriese inuentor, Gerarde Iode excudebat Anno 1572.[28]
- **Bonaiuto Lorini**: Fuenff Buecher Von Vestung Bauwen, germ. ed. 1607, 2. Bd., S. 142 f, 143.
- **Leonhart Fronsperger**: Von Kayserlichem Kriegßrechten, 1566. Das vierdt Buch. Von der Arckelley Geschutz vnd Munition/ auch was in ein Zeughauß von noeten/ sampt kurtzer Rechnung/ Kugel/ Pulffer/ Lot vnd Kraut/ auch an Pferden/Wagen/Schiffbruecken/Zeug/Schantz/ Geschirr/Pfenning/Zal/ vnd Buechsenmeisstern/Leutenant/Schreiber/Zeug=diener/Schneller sampt der aempter vnd Besoldung/ Artickels Brieffen der Fuhrleut/ vnd anderen Freyheiten. Das sibend Buch. »Was in einer Besatzung in ein Zeughauß sol verordnet werden«, S. CLIIII ff.
- **Johann Ammon**: Armamentarivm Principale Oder Kriegsmunition vnd Artillerey=Buch, 1625. »Was Ordnung vnd fleiß ein Zeugwart mit allem Geschoß vnd Munition/auch anderm in ein Zeughauß gehoerig/ gebrauchen soll«, S. 1 ff.

- **Joseph Furttenbach d.Ä.:**
  a) Halinitro Pyrobolia. Beschreibvng einer Nevven Büchsenmeistrey, 1627.
  b) Architectura Martialis: Das ist/Außfuehrliches Bedencken/vber das/zu dem Geschütz vnd Waffen gehoerige Gebaew, 1630. Besonders S. 13-32 Ein Zeughauß zu erbawen. S. 84-91 [Zur Buchführung], Tafeln 1, 2, 3. Vgl. ABB. NR. 330, 331 ff.
  e) **Architectvra Vniuersalis.** Das ist: Von Kriegs, Statt- und Wassergebäuen, 1635.
  d) Buechsenmeisterey=Schul, 1643. [Erweiterung des Traktates a)].
  e) Inventarium Viler Nutzbaren ... Militar: Civil: Naval: ... Mannhafften Sachen ... Rüst: vnd Kunst-Cammer deß Herrn Joseph Furttenbach ... zufinden, 1660.
- **Joseph Furttenbach d. J.:**
  a) Wie ein/auff ebnem Plan ligende new Inventirte Gewerb: oder Handel Statt mit 18. Regular Wercken ... aufzufuehren, 1650. Vgl. ABB. NR. 52-54.
  b) Paß Verwahrung. Welcher Gestalt ein Paß/oder Stadtthor/zugleich aber auch das Zeughauß/... zuverbawen. 1651. Vgl. ABB. NR. 55.1+2.
- **Georg Andreas Böckler:** Schola Militaris Moderna. Neue Kriegs=Schule, 1665. Kapitel V: Die Proviandthaeuser/Speicher/Roß-muehlen/Waffenschmidten/Zeughaeuser [S. 682-692]/ Pulver=Thuerme/etc.
- **Allain Manesson Mallet,** Kriegsarbeit Oder Neuer Festungsbau, so wohl der Lehrsatzmaeßige/als Unlehrsatzmaeßige/ in drei Teilen abgehandelt, germ. ed. **Filip von Zesen,** 1672, 3. Teil: Das Vierde Hauptstuek/Von den Zeug=und Vorrahts-heusern/vom Buechsenpulver/ und vom Geschuetze/ S. 89 ff.
- **Allain Manesson-Mallet:** Les Traveaux de Mars, ou l'Art de la Guerre, 1684/85. De l'Ordonnance des Arsenaux, & des Magasins d' Artillerie, S. 125 f.
- **Wilhelm Dilich:** Krieges=Schule, 1689, »Ersten Theils/Fuenfften Buchs/Von Armamentariis, oder Zeug=Häusern/Und Von denen darzu gehoerigen Machinis, besonders aber von Tormentis, und dem Geschuetze«, S. 434-474. »Von der in ein Zeug=hauß/wie auch zu einem Feld-zuge gehoeriger Armatur«, S. 474-475. »Vom Arsenal und dessen Zubehoer/auch Von Navibus Bellicis, oder Kriegs=Schiffen«, S. 477 ff.
- **Franz Philipp Florinus:** Kluger und rechtsverständiger Haus=Vatter, 1705. Zeughaus/Rüstkammer, S. 130, 142-144, 465.
- **Johann Christoph Sturm:** Mathesis compendiaria sive tyrocinia mathematica. 1707.
- **Leonhard Christoph Sturm** [+ Nikolaus Goldmann]:
  a) Nicolai Goldmanns Volstaendige Anweisung Zu der Civil-Bau= Kunst/..., 1699; Das XI.Capitel. Von den Zeug=Haeusern.
  b) Architectura civili-militaris. Oder Vollstaendige Anweisung / Stadt=Thore / Brucken / Zeug=Haeuser / Casematten / ...anzugeben. 1719. 3. Hauptstück: Von Zeughaeusern, S. 25-33 und Tafeln. Vgl. ABB. NR. 328, 353-355.
  c) Der Geoefnete Ritter=Plaz/Worinnen ... 1700.
  d) Das Neu=eroefnete Arsenal, Worinnen Der galanten Jugend und andern Curieusen...von Zeug=Haeusern... reden und urtheilen koenne. 1702. S. 93-102 Von Zeug=Haeusern insgemein; S. 102-117 Von etlichen beruehmten Zeug=Haeusern/die den Reisenden zu sehen vorfallern.
  e) Vollstaendige Anleitung, Schiff=Haeuser oder Arsenale ... anzugeben. 1721. S. 3-10, 2 Taf. Vgl. ABB. NR. 332, 333.
- **Hannß Friedrich v. Flemming:** Der Vollkommene Teutsche Soldat, 1726. Teil 2 Von den Proviant- und Magazin-Verwaltern, S. 173 ff. Teil 4 Von den Zeug=Haeusern, S. 431 f.
- **Johann Heinrich Zedler:** Grosses vollstaendiges Universal Lexicon Aller Wissenschafften und Kuenste, 1732, Zeughaus S. 246-248, Arcenal S. 1188 f.
- **Johann Friedrich Penther:** Anleitung zur Buergerlichen Bau=Kunst, Bd. 1, 1744, S. 8; Bd. 4 (1748), S. 10; Caput X. von Zeug=Haeusern, S. 70-76. Vgl. ABB. NR. 219, 220, 221.
- **Bernard Forest de Belidor:** Ingenieur=Wissenschaft bey aufzufuehrenden Vestungs=Werken und buergerlichen Gebaeuden. 1757. Teil 1, 4. Buch 9. Kapitel: Von den Pulver=Magazins und Zeug=Haeussern, S. 60-70. Vgl. ABB. NR. 250 f.
- **Johann Peter Willebrand:** Grundriß einer schoenen Stadt, 1775. § 141. Von Zeug= und Ruesthaeusern, S. 243-245.
- **Johann Rudolph Faesch:** Anderer Versuch seiner Architectonischer Wercke, bestehend in allerhand Grund- Haupt Rissen und Profilen unterschiedener Gebaeuden, 5 Teile in 2 Bänden, Nuernberg 1722-29, hier Teil 2, Tab. 6-15.
- **Francesco Milizia:** Grundsaetze der Buergerlichen Baukunst, 3 Bde, 1784-86; hier Bd. 2, 1785, S. 182 f 4 Zeughaeuser; ed. 1824, Bd. 2, S. 166, 4 Zeughaeuser.
- **Julius von Wurmb:** Lehrbuch der Kriegs=Baukunst, 1852. § 147. Depositorien der Artillerie-Zeughäuser, S. 247-250, Fig. 253.

ANMERKUNGEN:

[1] Vgl. G. Eis: Mittelalterliche Fachprosa der Artes, in: Deutsche Philologie im Aufriß, hrsg. v. W. Stammler, [2]1960, Sp. 1103-1214, Kriegswesen Sp. 1154-1160. — G. Keil und P. Assion [Hrsg.]: Fachprosaforschung. Acht Vorträge zur mittelalterlichen Artes-Literatur, 1974. — U. Coenen: Die spätgotischen Werkmeisterbücher in Deutschland als Beitrag zur mittelalterlichen Architekturtheorie, Dissertation Aachen 1989.

2) H.-P. Hils: Handschriften der Fecht- und Ringmeister des Spätmittelalters, in: ZHWK Nr. 2 (1987), S. 107-116. — Dazu in der HAB Cod. Guelf. 78.2 Aug. 2° [Fecht-, Kampf- und Ringerbuch].

3) Das Säulenbuch ist schon im Werk von Sebastian Serlio als 4. Buch seines Traktates: Von der Architectur Fuenff Buecher …, ein eigener Buchtypus, der in der Folgezeit voll tradiert wird. Er hat seine Bedeutung bis Ende des 18. Jh. In der HAB sind allein 22 Serlio-Editionen vorhanden. Erste Gesamtausgabe Venedig 1584. — Vgl. auch Reprint engl. ed. 1611 von 1982.

4) U. Schütte: Das Architekturbuch in Deutschland, in: U. Schütte/Architekt & Ingenieur. Baumeister in Krieg und Frieden, 1984, S. 32 ff. — H. Neumann: Bücher zur Architectura Militaris, in: ebenda, S. 349-404. — Ders.: Anmerkungen zur Traktatliteratur der Architectura Militaris, in: Ders.: Festungsbaukunst und Festungsbautechnik, 1988, S. 162. — Zu den Traktaten der Architectura Militaris grundlegend Max Jähns: Geschichte der Kriegswissenschaften vornehmlich in Deutschland, Bd. 1, 1889, Kapitel: Kriegswissenschaftliche Bilderhandschriften S. 248-292; P. Scherrer: Die Mathematisch-Militärische Gesellschaft in Zürich und ihre Bibliothek, II Auswahl wertvoller Drucke des 16. und 17. Jh., 1955; — J. D. Cockle: A Bibliography of Military Books up to 1642, 1900; Reprint ²1978; — Q.Hughes: Military Architecture and the printed book, in: FORT Nr.10 (1982), S. 5-19. — A. Biral/P. Morachiello: Immagini dell'ingegnere tra quattro e settecento, 1985. — E. Papke / S. Wetzig: Bibliophile Werke zur Geschichte der Fortifikation vom Ende des 16. bis zum Anfang des 18. Jh. in den Beständen des Armeemuseums der DDR, in: Militärgeschichte, Nr. 1 (1980), S. 97-102.

5) G. Quarg: Conrad Kyeser aus Eichstätt Bellifortis, 2 Bde, 1967. Dazu H. Heimpel: Zur Kritik des Bellifortis von G. Quarg, in: Göttingische gelehrte Anzeigen (1971), S. 115-148. — W. Meyer: Bellifortis. Eine Bilderhandschrift der Kriegskunst von Conrad Kyeser 1402/05, in: Burgen und Schlösser Nr.1 (1976) S. 34-38. — S. J. v. Romocki: Geschichte der Explosivstoffe, 1895, Reprint ²1983, S. 133-178: Das Feuerbuch in Konrad Kyeser's »Bellifortis«. — Zu den von Götz genannten Exemplaren des Bellifortis S. XXV ff kann ich ergänzend auf Cod.-Guelf. 161 Blankenburg der HAB hinweisen. Die Kriegsmaschinenbuch genannte qualitätvolle Bilderhandschrift steht äußerlich wie inhaltlich dem Bellifortis sehr nahe. Eine Reihe von Abbildungen sind identisch, andere nur sehr ähnlich, manche zeichnerisch und technisch weitergeführt. Man findet Darstellungen von Belagerungsmaschinen, Sturmleitern, Brechwerkzeugen, Steinschleudern, Armbrüsten, Walzen, Lanzenwagen, Sturmwagen, Kriegsbrücken, Rammen, auch Schwertkämpfer, Kriegsszenen, Lafetten für Feuerwaffen, Wagenburg — auch das Badehaus aus dem Bellifortis ist vertreten.

6) In der Rezension über W. Hassensteins Edition des Feuerwerksbuches von 1420 [vgl. die folgende Anmerkung] schreibt Otto Johannsen in: ZHWK Bd. 8, Nr. 1 (1943/44): »Noch immer fehlt die gründliche philologische Bearbeitung des ganzen deutschen Schrifttums zur Kriegstechnik, das aus dem Mittelalter und aus der Zeit der deutschen Renaissance erhalten ist. Nur der Textvergleich kann die verschlungenen Fäden dieser Literatur entwirren, nur der Dialektforscher kann ermitteln, wann und wo die einzelnen Texte entstanden sind«. Diese 1944 vertretene Meinung hat noch immer ihre Gültigkeit.

Eine der Ausnahmen ist die Publikation von O. Johannsen: Kaspar Brunners gründlicher Bericht des Büchsengießens vom Jahre 1547 in: Archiv für die Geschichte der Naturwissenschaften und der Technik, Bd. 7, Leipzig 1916, Teil 1, S. 165-184, Teil 2, S. 245-255, Teil 3, S.313-323. Der Zeug- und Büchsenmeister K. Brunner (†1561) aus Bern, später Nürnberg, hinterließ ein umfassendes Zeugbuch, welches neben dem Original im Staatsarchiv Nürnberg noch in vier Abschriften nachgewiesen ist: »Ein ordentlich und künstlich Beschreybung über ein Zeughaus und was demselben mit aller Munition und Artholerey anhengig sein mag. Durch weyland Caspar Brunner Zeugwart Anno 1542 mit fleis zusammen bracht«, daraus der von J. publizierte mit 1547 datierte gießtechnische Teil. — Andere schon zitierte vorbildliche Publikationen sind die von G. Quarg zum »Bellifortis« [siehe oben Anmerkung 5] und Chr. Hagenmeyer zum Cod. Pal. germ. 562 [vgl. Kap. 8 Anmerkg. 43]. — »Wunderbuch« wird das in der Zentralbibliothek der Deutschen Klassik in Weimar unter Codex Wimariensis Fol. 328 aufbewahrte »Weimarische Ingenieur- kunst- und Wunderbuch« genannt. Zu diesem kulturgeschichtlich wertvollen Werk vgl. die Literatur im Lit. Verzeichnis B unter Chr. Vulpius 1824 und K. Kratzsch 1979, 1981, 1984.

7) W. Hassenstein: Das Feuerwerkbuch von 1420. 600 Jahre deutsche Pulverwaffen und Büchsenmeisterei. Neudruck des Erstdruckes aus dem Jahr 1529 mit Übertragung ins Hochdeutsche und Erläuterungen, 1941. — Urschriften der Bayer. Staatsbibliothek Cgm 734 und in der Nationalbibliothek Wien ms 10895 und ms 3062. — W. Meyer: Das Feuerwerkbuch, in: Burgen und Schlösser, Nr. 2 (1981), S. 74-78, weist auf einen noch unbekannten Urtext in der Studienbibliothek Dillingen/Donau, Handschrift XV 50, hin. — Flavius Vegetius De Re militari, deutsch als »Vier buecher der Ritterschafft«, vgl. H. Neumann: Architekt & Ingenieur, 1984, S. 295-297 zur Inkunabel von 1476 und den kostbaren Ausgaben in der HAB. — S. J. v. Romocki, op. cit., S. 179-230: Das »Feuerwerksbuch« und die Explosivstoffe des XV. Jahrhunderts.

8) Vgl. Kapitel 15.1.

9) Zu den Büchsenmeisterfragen auch: ◆ Handbuch der Kriegs-, Feuerwerker- und Büchsenmeisterkunst, 1564, Landesbibliothek Coburg Ms Cas 40 ab fol 183 v: Von der vnderweisung Deß geschütz/Den Büchsen//meistern zustendig. Dieser Codex ist fast identisch mit Ms Cas 39, ebenda. Titelblatt ABB. NR. 315. — ◆ L. Fronsperger, Kriegßbuch, 2. Teil, S. CXIIII f. — ◆ »Frag und Antwort eines Büchsenmeisters«, saubere durchgängige Handschrift Ende 17. Jh., 22 S., mit diversen Skizzen zum Artilleriewesen. Der Codex beginnt mit der Frage: »Wie soll ein Büchsenmeister beschaffen seÿn?« Antwort: »Ein Büchsenmeister soll Gottesfürchtig, Auffrecht, und Redlich seÿn, seinem Herrn Getrew, seinem Vorgesetzten Gehorsamb, und ein nüchtern Leben führen, daß er alle Stund und Augenblick seinen Dienst versehen kan«. Ab fol 14 werden besonders die in Straßburg üblichen Fragen abgehandelt. Original: Inst. f. Geschichte d. Naturwissenschaften und Technik Hamburg [aus der Bibliothek Schimank].

10) Dem Titelblatt ABB. NR. 322.12 ist Fig. 93 des Traktats beigegeben. Sie zeigt, daß man ohne große Hilfsmittel die Seele eines Rohres im dunklen Zeughaussaal untersuchen kann: »Man stellet das Stuecke mit dem Schwantze gegen die Sonne/ und haelt einen Spiegel vor das Mundloch/ruecket also denselben hin und wieder/bis der Sonnen Wiederschein ins Rohr

129

eingefuehret ist/so kan man alles/auch ein Faeslein darinnen sehen«. Zeug- und Büchsenmeister mußten solche kleinen Tricks kennen und manch einer, wie hier Buchner, gaben dieses Wissen durch Publikation weiter.

[11] Vgl. dazu M. Jähns, Geschichte, Bd. 1, S. 994 f.

[12] Architectura Martialis endet: »Hiermit beschlossen sie ir gute Conversation, Welche obwol nicht mit praechtigen vnnd hochtrabenden Wortten von mir ist außgesetzet worden/hat doch der guenstige Leser vernuenfftig zuerwegen/das vnter der natuerlichen simplicitet der Wortten mehr nutzen geschaffet werde/als mit den zierlich durcheinander geflochtenen vnd gewundenen Reden/ durch welches manchesmal ein gute Sach nur verfinstert ...«.

[13] Auch in den Traktaten zur Architectura militaris kommen Lehrgespräche vor, so z. B. ♦ **Ernst Jakob von Audorf**: Discurs Von der Kriege=Baukunst/Oder Fortification: Zwischen Thudesco, Einem erfahrenen Ingeunirer: Und Sylvandern, Einem jungen Edelmanne..., Breßlau 1680; ♦ **Gebhard Overheide**: Neu Beschriebene: Streit= Baukunst Nemlich: Wie ein Platz, ein Land: oder ein Reich zu befestigen. 1655. Manuskript der HAB Cod. Guelf. 39.15 Aug. 2° mit dem Gespräch zwischen Jupiter, Merkur und Mars. Der Verfasser war Schreib-, Rechenmeister und Buchhalter in Braunschweig, der sein Werk Herzog August von Wolfenbüttel 1666 dedizierte — ein typisches literarisches Produkt eines Nicht-Fachmannes! ♦ **Christian Neubauer** schreibt als Obristlieutenant der Stadt Bremen: Unnöthige Krieges-Affaires, Bremen 1690. Der Stoff wird im Dialog zwischen Simplicius und Prudentius aufgearbeitet. — ♦ **Reinhard Graf zu Solms und Münzenberg**. Ein Kürtzer Auszug vnnd ueberschlag/Einen Baw anzustellen/vnd in ein Regiment und Ordnung zupringen/..., 1556, vermittelt seinen Stoff in Form »Eyn gesprech welcher massen eyn vester bawe furzuenemen sey« zwischen dem Wissen suchenden Hans Willig und dem Zeugmeister Michel Ott.

[14] Poliorketik ist die Belagerungkunst und -technik; Kastrametation die Kunst und Technik des militärischen Lagerwesens. Zu beiden Gebieten suchte man Vorbilder in der Antike und entwickelte auf dieser Basis neue, »wissenschaftlich« begründete Methoden und Techniken. Beide Bereiche werden oft in den Traktaten der Architectura militaris in eigenen Kapiteln abgehandelt. — Dazu mit Lit.-Hinweisen H. Neumann: Architekt & Ingenieur, 1984, S. 393-404.

[15] Vgl. A. Häberle: Das Schicksal der Ulmer Zeughäuser, des einstigen Stolzes der Reichsstadt, in: Ulmer Historische Blätter, 3. Jg. (1927), Nr. 6, S. 7, 8; Nr. 7, S. 6, 7; Nr. 8, S. 4-7; Nr. 9, S. 3-5. — Der dickleibige handschriftl. Originalband der Stadtbibliothek Ulm ist heute im Staatsarchiv Ulm, Signatur A [1113]. Von den ursprünglich 422 Blatt und einem vollständigen Register sind heute noch 412 Blatt und der Registerteil ab »Pa« erhalten, die Seiten dazwischen wurden herausgeschnitten.

[16] Im Zeughaus Ulm war bis in das Jahr 1620 auch die städt. Münze untergebracht. Das gen. Inventar verzeichnet 119 Prägestöcke und diverse Werkzeuge.

[17] H. Neumann: Architekt & Ingenieur, 1984, S. 359, ed. princ. erschien 1599; hier handelt es sich wohl nur um 1697 illuminierte Pläne.

[18] ebenda S. 353-358.

[19] J. Furttenbach: Architectura Vniuersalis. Das ist: Von Kriegs, Statt- und Wassergebäuen, Ulm 1635; Reprint Hildesheim 1975. Originale: HAB a) 11.1 Geom. 2°, b) N 166.2° Helmst.(8).

[20] H. Neumann, op. cit., S. 360 f.

[21] Mir ist die frz. ed. von J. Barbet: Livre d'architecture d'autels et de cheminées, Amsterdam 1641, in der HAB 7.1 Geom. 2°(3) bekannt.

[22] Lencker, Hans: Perspectiva ... ein newer ... weg/wie allerley ding/es seyen Corpora/Gebew/oder was möglich zuerdencken vnd in grund zu legen ist ..., Nürnberg M.D.LXXI. Original: HAB 29.6 Geom. 2°(2).

[23] H. Neumann, op. cit., S. 369-374.

[24] Tobias Volckmer: Tabulae Proportionum Angulorum Geometriae, Auspurg 1617. Original: HAB Nb 395.

[25] Daniel Schwenter: Geometriae Practicae Novae et Auctae, 4 Teile, Nürnberg 1623-1641.

[26] H. Neumann, op. cit., S. 77-84.

[27] H. Neumann, op. cit., S. 680-698.

[28] Hans Vredeman de Vries gab eine Reihe von bedeutenden Vorlagebüchern heraus, die großen Einfluß auf die Architektur, insbesondere die Ornamentik hatten, denn weniger begabte Künstler konnten aus diesen Tafelwerken Vorbilder entnehmen, kombinieren und in andere Materialien umsetzen. Dieses Werk enthält martialische Motive, die oft an Zeughäusern Verwendung fanden. ABB. NR. 323.1-17 zeigen sämtliche textlosen Blätter.

17. Das »Ideale« und das »Utopische« Zeughaus

In der Architekturgeschichte erkennt man ein »ideales Bauwerk« als die Konkretisierung eines vollkommenen Zustandes entweder nur auf dem Papier, also zweidimensional gezeichnet und beschrieben, oder in der Wirklichkeit als dreidimensionales, also ausgeführtes Bauwerk. Das »ideale Gebäude« ist von höchster Perfektion, makellos in jeder Hinsicht; es erfüllt optimal sämtliche konstruktiven, funktionalen, ästhetischen und repräsentativen Anforderungen und kann dadurch selber zum Vorbild, zum Schulbeispiel für andere Bauten werden. [ideal, spätlat. idealis =vorbildlich, zu gr. idea=Urbild].

In diesem Sinne kann jeder Entwurf eines Architekten als »ideal« angesprochen werden, wenn dieser seine Inventionen auf die Basis aller ihm bekannten Gesetzmäßigkeiten, Axiome und Forderungen der Zeit stellt. Als Beispiel nenne ich das niemals realisierte Zeughausprojekt für Düsseldorf, welches uns in drei kolorierten Zeichnungen des Ingenieur-Hauptmanns Georg Bauer (†1783) überliefert ist. Vgl. ABB. NR. 327.1-3. Der riesige dreischiffige Bau nebst Nebengebäuden war für den nördlichen Bereich hinter dem Extensionshospital in der Festungsstadt am Rhein 1770 vorgesehen. Bauer ist Verfasser der im Bayerischen Kriegsarchiv befindlichen Handschrift »Reflexionen über den wahrhaften Zustand der Festung Düsseldorf« von 1764.[1] Er entwarf Festungspläne, ein Kommißbrotbackhaus, die Extensions- und Artilleriekaserne sowie einen Pulverturm.[2] Ein anderes Beispiel ist das Projekt eines dreiflügeligen Zeughauskomplexes für Dresden von 1714, welches ABB. NR. 182 zeigt. Die Lage des Waffenspeichers mit durchgehenden dreischiffigen Gewölbehallen und den dem kurzen Trakt außen und innen vorgelegten Freitreppen war auf den vorhandenen kreisrunden Pulverturm und auf den gesamten Schloßbezirk ausgerichtet. Kurfürst August der Starke (1694-1733) schrieb:

»...doch wird man sich binden müssen an orth und Platz, wie es auf das beste kan eingericht werden. N[ota] b[ene]. die Fronte von diesem Zeughauß soll in einer geraden Linie vor dem Pulverthurm vorbey gegen dem Schloss zuletzt damit es eine schöne Gasse formiret...«[3]

Diese beiden nie verwirklichten Projekte sind für ihre Epochen im oben definierten Sinne ideale Zeughäuser und keine utopischen. Sie gehören mit vielen anderen Zeughausprojekten in die Sparte der ursprünglich ernsthaft für die Realität vorgesehenen Bauten, die jedoch aus den verschiedensten nur individuell für jedes einzelne Projekt feststellbaren Gründen nicht realisiert wurden. Sie sind Teil der »ungebauten Architektur«.

Meist sind ideale Zeughäuser der zweidimensionalen Art in den Architekturtraktaten für die Baupraxis weniger relevant gewesen. Mir ist kein Zeughaus bekannt, welches nach Vorlagen aus der Traktatliteratur gebaut wurde! Vielmehr dienten die Entwürfe der Darstellung architekturtheoretischer Überlegungen durch Bautheoretiker, die in unserem Falle alle auch Praktiker waren. Das Zeughaus dieser Kategorie ist das bestmögliche Gebäude ohne Rücksichten auf die örtlichen Bedingungen; es war rein theoretisch, eben ideal begründet. Die wichtigsten Entwürfe werden im folgenden vorgestellt.

Von diesen »Idealen Zeughäusern« unterscheide ich die »Utopischen Zeughäuser«. Diese Gebäude sind als Teil eines größeren Wunschtraums meist baulich unvollkommen, nicht von Baufachleuten, architektonisch ungenügend und einseitig literarisch beschrieben und in der utopischen Literatur, besonders in der Literaturform der Staatsromane zu finden.[4] Der von Thomas Morus (1478-1538) mit seinem Staatsroman »UTOPIA« in der ed. princ. von 1516 eingeführte Begriff von »Nirgendwo« [utopos gr.= an keinem Ort] gab der ganzen Literaturgattung den Namen.[5] Zahlreiche Autoren unterschiedlichster Provenienzen verkleideten seither ihre ganz persönlichen Vorstellungen von der idealen Gesellschaftsform in utopische Entwürfe, die in fiktiver, romanhafter Form zu Papier gebracht und nur selten mit Abbildungen versehen sind.[6]

Ungebaute Lehrbeispiele idealer Zeughäuser können auch utopischen Charakter haben, wie das bei der Analyse der Musterentwürfe von Dürer, Specklin, Furttenbach, Fäsch, Goldmann, Sturm, Penther, Weinbrenner u.a. Bautheoretikern unterschiedlichster Zeiten und Provenienzen ersichtlich wird. Hier verschmelzen ideale Zeughäuser erster und zweiter Art. Im 16. Jahrhundert gab es keine deutschsprachige Publikationen zur umfassenden Architekturtheorie. Sämtliche Traktate dieser Epoche waren Einzelthemen gewidmet, wie die Edition des Vitruv durch Rivius, die Architekturbücher von Dietterlin und Blum oder ganzen Themenbereichen wie die Werke von Dürer und Specklin, die aber immer wieder zitiert, interpretiert, als Vorbilder herangezogen wurden.[7] Fundamental wirkten besonders Traktate der italienischen Renaissancewelt wie Alberti, Serlio, Palladio, Vignola, Scamozzi u. a. Im deutsprachigen Bereich hat es eine ausführliche, in sich konsequente Architekturtheorie, die das gesamte Bauwesen behandelte, erst durch die Edition der als Manuskripte hinterlassenen Schriften von Goldmann gegeben. Die ausführlich kommentierte und ergänzte Herausgabe nahm Sturm ab 1696 vor. In dieser grandiosen, auch für den Gebäudetypus Zeughaus grundlegenden Arbeit wurden die genannten italienischen Autoren herangezogen, aber für die Baupraxis ausdrücklich abgelehnt.[8]

»Mit Goldmann beginnen im deutschen Sprachraum die Bemühungen, die Baukunst ›wissenschaftlich‹ zu begründen«[9]

Vor Sturm / Goldmann hatten schon die beiden Furttenbachs umfassende Architekturbücher geschrieben und auch in überarbeiteter Form immer wieder herausgebracht. Furttenbach d. Ä. ist der Vertreter eines bürgerlich-reichsstädtischen Umfeldes, aus dem er stammte und in dem er wirkte [Ulm], während Sturm deutlich eine Generation später der Vertreter des absolutistisch-höfisch-klerikalen Zeitalters ist. Furttenbach und Sturm haben durch ihre Werke für Innovationsschübe in der Bautheorie und -praxis gesorgt. Ihre Zeughausentwürfe aber sind niemals nachgebaut worden — auch nicht in Augsburg.[10] J. F. Penther vertritt, schon im Titel seines Werkes ablesbar, die dritte Kraft der »Buergerlichen Bau=Kunst«. Die im folgenden Kapitel vorgestellten theoretischen Zeughausprojekte haben für die Bau- und Kunstgeschichte des deutschen Zeughauses höchste Bedeutung.

17.1 Von Dürer bis Weinbrenner — von Morus bis Comenius: Ungebaute Zeughäuser in den Vorstellungen von Bautheoretikern und Staatsdenkern

An dieser Stelle sind einige Bemerkungen zur aktuellen Theorie der Idealstadtplanung notwendig. So beinah unüberschaubar zahlreich die baugeschichtlich bekannten Planungen zu Idealstädten in Renaissance und Barock sind, so wenig Städte wurden in der Bauwirklichkeit nach diesen theoretisch erarbeiteten »Richtlinien« adaptiert oder gar neu gebaut.[11] Musterbeispiel einer wenn auch in reduzierten Formen wirklich erbauten Idealstadt der Renaissance im deutschsprachigen Bereich ist das ab 1549 entstehende Jülich mit pentagonalem Stadtgrundriß und der an diesen angebundenen quadratischen Zitadelle vom Typus Palazzo in Fortezza — alles unter dem Blickwinkel der vom Bauherrn und Architekten [Herzog Wilhelm V. von Jülich / Kleve / Berg etc. und Alessandro Pasqualini d. Ä.] angestrebten rationalen Grundrißgestaltung, symmetrischen Perfektion, baulicher Harmonie aller Teile zum Ganzen, zur Axialität, gewollter Perspektive und ausgewogener Harmonie

»designed to regulate life in a rational pattern«,

wie Hellen Rosenau für Idealstädte zusammenfassend formuliert.[12] Die Planschemata wurden ästhetischen Prinzipien unterworfen und bei der problemvollen Realisierung traten architectura civilis und architectura militaris aufs engste zusammen.[13] Diese Art der Idealstadtwerdung, die natürlich eine starke zentral durchgesetzte Bauordnung voraussetzte und dabei auch entsprechenden mathematisch-geometrischen, astrologisch-mystischen und staatspolitischen Auffassungen unterworfen wurde und diese deshalb widerspiegelt, ist nur in wenigen Fällen tatsächlich baulich erfüllt. Die meisten Idealstädte dieser Art blieben Projekte, ungebaute Vorstellungen, oder wurden nur in Ansätzen und unter stärksten Reduktionen realisiert.

Die jüngste Bearbeitung des Themas Idealstadt stammt von Hanno-Walter Kruft. Er legt an Hand von sieben Beispielen [leider zu wenig, darunter nur Freudenstadt aus dem deutschsprachigen Bereich] seine neue Definition fest:

»Wir verstehen die Idealstadt als den paradoxen Realisierungsversuch einer Utopie, die Stadtgestalt als ihren sichtbaren Abdruck«.[14]

Er betont, daß die bisherigen Definitionen der Idealstadt als einheitlich und regelmäßig geplante, den wirtschaftlichen Bedingungen ihrer Zeit entsprechende Stadtgründungen nicht Idealstadtcharakter haben. Ein solches Beispiel ist etwa die Definition von Georg Münter, die dieser 1929 gab und 1957 wiederholte:

»Die stadtbaugeschichtliche Forschung versteht unter dem Begriff Idealstadt eine vorgestellte Stadt, die in idealer Weise und gleichsam mathematisch-exakter, gesetzmäßiger Form die materiellen und ideellen Wünsche erfüllen soll, die eine bestimmte Zeit mit der Anlage einer Stadt verbindet. Das schließt nicht aus, daß manche solcher Stadtideale auch realisiert wurden«.[15]

Eine andere Definition durch Wolfgang von Stromer in seiner Abhandlung über die kostbaren Baumeisterbücher aus seinem Familienbesitz:

»Die nach einem vollkommenen Plan gegründete Stadt ist der utopische Versuch, durch den Grundriß und die Gesamtheit der Bauwerke in möglichst völliger Symmetrie einen Idealtypus zu erreichen, dem als gedachte Folge auch eine ideale Stadt- und Gesellschaftsverfassung und Bewohnerschaft entsprießt und entsprechen soll«.[16]

H.-W. Kruft weist solche Erklärungen als zu formalistisch zurück, weil diese darauf verzichten, Idealstädte als Ausdruck eines »utopischen Gestaltungswillens« zu verstehen.

»Als Idealstädte sollen realisierte Städte verstanden werden, denen eine Staats- oder Sozialutopie zugrundeliegt, die von einem einzelnen oder einer Gemeinschaft entwickelt worden ist. Die Städte gewinnen ihren ›idealen‹ Charakter dadurch, daß sie durch die ästhetische Reflexion ihrer Erbauer als formale Äquivalente der zugrundeliegenden Utopien angelegt sind. Utopie, ästhetische Reflexion und urbanistische Umsetzung müssen zusammentreten, wenn man von einer ›Idealstadt‹ sprechen soll«.[17]

Krufts Definitionsvorschlag bezieht sich ausschließlich auf realisierte Städte. Er grenzt vorgestellte Stadtanlagen, bloße Entwürfe geradewegs aus. Es ist natürlich nur konsequent, wenn er das Kriterium der Regularität der Planung nicht mehr als konstituierend ansieht und zwischen der wie auch immer gearteten Form der Stadt einen nachvollziehbaren Reflexionsvorgang zwischen dieser und der dahinterstehenden Utopie erkennen will.[18] Der literarischen Utopie gesteht Kruft aber einen parallelen Verlauf zu den Idealstadtgründungen zu, die diese auch beeinflußt, mitgeformt haben. Diese literarischen Utopien ist fiktive, nie gebaute, nur vorgestellte, optimal funktionierende, natürlich unter philosophischen und politischen Aspekten entstandene nicht gebaute Architektur. Es ist hier nicht der Ort, diese faszinierenden Vorschläge an mehr Beispielen [besonders an dem von Jülich] zu überprüfen, es sollte nur kurz auf die neuesten Erkenntnisse in der Forschung hingewiesen werden, denn im bisherigen wie im folgenden Text werden Idealstädte nach der nicht-kruftschen alten Art aufgefaßt und zitiert.

Albrecht Dürer (1471-1528):[19]
Etliche vnderricht/zu befestigung der Stett/Schlosz/vnd flecken, ed. princ. Nürnberg 1527
ist Teil der kunsttheoretischen Schriften, die kurz vor dem Tod Dürers erschienen. Erstaunlich ist, daß hier ein Künstler ohne eigene Kriegserfahrung und Baupraxis fortifikatorische und urbanistische Entwürfe vorlegte, die in der Folgezeit bis in die 1. Hälfte des 19. Jh. höchste Wirkungen insbesondere für das Militärbauwesen und für die heutige Kunstwissenschaften zeigten. Im genannten Traktat stellt Dürer als eines seiner vier Themen eine Idealstadt vor, die rondelliert ist, obwohl sich schon zu Dürers Zeit die Entwicklung zur bastionierten Front abzeichnete! ABB. NR. 325 zeigt den im Originalwerk als Falttafel eingebundenen Holzschnitt der kasemattierten, doppelt umwallten, quadratischen Residenzstadt, in deren Mitte — hier nicht dargestellt — das »Kuenigs hauß«, also ein Schloß mit eigener Zwingeranlage liegen sollte. Kennzeichnend für Dürers Auffassung und Zeit ist, daß das Schloß fünfundzwanzigmal so groß vorgesehen ist wie das Rathaus. Karl Gruber hat die Stadt zeichnerisch rekonstruiert.[20] Das Straßennetz ist entsprechend dem Grundriß rektangulär, das Schloß als Vierflügelanlage ausgebildet. H. Schickhard nimmt Dürers Vorschläge 1599 für Freudenstadt auf, allerdings in stark reduzierter Form und ohne Übernahme der Speicherbauten.[21] Mit den Zahlen ›26‹ und ›30‹ sind die feuerfesten »Stöcke« der Lage, Form und Größe nach gekennzeichnet. In diesen Gebäuden mit schweren Gewölben lagert alles notwendige Kriegsgerät einschließlich der Geschütze. Ihre Dachböden sind als Kornspeicher ausgebaut. Im Keller soll nach Dürers Vorschlägen Wein gelagert werden. Die Speicher liegen nebeneinander an der Peripherie der Stadt mit ihren Bürgerhäusern, Gießhütten, Werkstätten und Handwerksbetrieben, denen Dürer deutlich bestimmte Quartiere zuweist, deren Lage abhängig ist besonders von Wind und Wetter. Dürer hat Vitruvs Werk bestens gekannt und auch immer wieder zitiert.

»… denn es sollen zwei große Zeughäuser sein, darin das Geschütz und alle zur Verteidigung Notwendige aufbewahrt werde. Sie sollen durchaus stark gewölbt sein und unter der Erde gute Keller [!] zur Aufbewahrung der Getränke haben. Beide Häuser sollen nur niedrige Mauern, aber geräumige Dachböden haben, in welchen sich Kornschütten befinden, damit der König mit Getreide versorgt sei … Die Zeughäuser sollen unten nur wenige kleine, mit eisernen Läden wohl verschlossene Fenster haben, die fleißig in der Hut gehalten werden.«[22]

Daniel Specklin (1536-1589):[23]
Architectvra Von Vestungen. Wie die zu vnsern zeiten moegen erbawen werden …, ed. princ. Straßpurg 1589. Die Idealstadt Specklins im 2. Teil seines Lehrbuches stellt er im Grundriß als Holzschnitt und im Kupferstich als Schrägsicht sowie als Vedute vor. Der Baumeister gibt »vier hoch nothwendige Hauptstueck vnnd sachen«, die als Fundamentum zur Gründung einer Idealstadt beachtet werden müssen und in der »alles nach den Plaetzen / Gassen / Porten vnd auffarten der Bollwercken muß gericht sein«:

»Erstlichen/auff Gott vnd das Kirchen Regiment/Zum andern/auff die Iustitia/vnd Handhabung derselbigen. Zum dritten/auff ein gute Policey oder gute Burgerliche ordnung. Zum vierdten auff erhaltung der Munition/Prouiande/vnd dessen anhang«.[24]

ABB. NR. 326 zeigt den hexagonalen Grundriß der bastionierten Stadt, in der das Straßennetz radial auf den Markt im geometrischen Mittelpunkt führt und so die Gebäude sämtlich bis auf die, welche parallel zu den Kurtinen liegen, trapezförmige Grundflächen haben. Am Markt liegt die Kirche Nr. 1 mit dem Friedhof und Priesterhäusern Nr. 2. Des »Fuersten Hauß«, also das Schloß, ist Nr. 3, gegenüber das Rathaus mit Nr. 5, Waage, Kaufhaus, Herberge »wiewol solches nach Gelegenheit der Ort/Zeit und Obrigkeit gemehrt/auch gemindert mag werden«, also offenbar auch das nicht näher lokalisierte Zeughaus Nr. 6, Korn- und Fruchthäuser sowie Speicher Nr. 7:

»Das Zeughauß darinn aller vorrath der munition sein soll/ von allerlei geschuetz/Harnisch/Gewehr vnd anderm/soll auch ein durchgehenden lufft/auff allen seiten haben/die Fenster alle/vnden vnd oben mit starckem Glaß in Rahmen vermacht/das sie wie Laeden auffgehn/ oder Läden/so in der mitten ein Glaßfenster anderhalb schuch breit/vnd drithalb schuch hoch/ auff das wo inwendig was zuthun/ man sehen koenne/vnd bey feuchtem Wetter nit offnen doerffe/wen aber Nord vnd Ost wehet/soll man alle Laeden damit der frisch lufft durchlauffen vnnd truecknen moege/ auff das nichts verspore/oeffnen«.[25]

Mehr sagt der Autor leider nicht über den Waffenspeicher. Selbst in den Kupferstichen erscheint das Zeughaus nicht, da in der Schrägsicht der Idealstadt die Fortifikation gezeigt wird, und nur die Grundrisse der Bebauung der beiden äußeren Reihen eingezeichnet sind. In der Ansicht sind zwei frontale und die zwei benachbarten Bastionen mit ihren Flanken zu erkennen, so wie Freund und Feind die Idealstadt im platten Gelände bei Annäherung vor sich aufragen sehen. Specklin schlägt noch vor, daß

»Zeughauß/Speicher/Schewren/[Pulver-]Thurn/Wie auch deß Fuersten Pallast vnd Kirch/soll alles auß deß Fuersten Seckel/wie auch die Wohnungen fuer die Soldaten gebawen werden ...«[26]

Auch das erhaltene Manuskript zum Traktat von 1583 bietet nicht mehr Informationen in dieser Sache.[27]

Joseph Furttenbach d. Ä.[28]
Architectura Martialis: Das ist/Außfuehrliches Bedencken/vber das/zu dem Geschütz vnd Waffen gehoerigen Gebaeuw: Darinnen fuer das Erste eygentlich zuvernemmen/In was gestalt ein wolgeordnetes Zeug= oder Ruest-Hauß/sampt des Zeuges notwendigen Behaltnussen auffzubawen,
Vlm 1630.
Die Traktate Furttenbachs sind für die Zeughausgeschichte grundlegend. Im vorstehenden Werk widmet sich der Autor ganz den Problemen des Waffenspeichers. Als Kupferstich Nº: 10 gibt er dem Werk einen Grundriß seiner Idealstadt bei, die er S. 66-70 beschreibt. ABB. NR. 330 zeigt die Abbildung der heptagonalen bastionierten Regularfestungsstadt mit defensiblem Zeughauskomplex ›Q‹ im geometrischen Zentrum. Der Fürstenpalast ›P‹ ist nach dem Zeughaus das größte Gebäude in einer dem Grundriß folgenden radialen Gebäudeanordnung mit 15 Großbauten. Neben dem Palast liegt die Kirche, mit ›R‹ sind die Quartiere der Bürgerhäuser bezeichnet, die einen inneren Riegel um das Zeughaus bilden. ›L‹ sind die eingewölbten Piatta forma genannten inneren Geschützplattformen zur Flankierung eines eingedrungenen Feindes,[29] während nach außen zur Feldseite die großen Bastionen mit den Schußlinien ihrer Flankenstellungen die perfekte Rundumverteidigung durch Artillerie [Halbe Kartaunen ›s‹, Falkonetten ›t‹ und ›v‹ Hagelstücke ›o‹] anzeigt.

»So ist entlich das Zeughauß an im selbsten wie ein Kleine Voestung beschaffen«,[30]

schreibt der Autor, der seine Positionierung damit erklärt, daß im Notfall die Geschütze aus dem Zeughaus auf die Plätze ›ÿ‹ gezogen werden,

»vnd damit durch alle Strassen also flanchiert werden/dz der Feind zweiffels frey zertrimmert/vnd also zu boden gelegt wird«.[31]

Das in der idealen Garnison- und Festungsstadt vorgesehene »wolgebawte vnd recht disponirte Zeughauß« stellt Furttenbach mit den hier als ABB. NR. 331.1-3 aufgenommenen Kupfertafeln und dem als ABB. NR. 331.4 faksimilierten Textseiten 13-26 vor. Die ABB. NR. 331.1 zeigt das Zeughaus als artilleriebestücktes Propugnaculum. Der Hof wird durch eine mit Schwalbenschwanz-Zinnen versehene Mauer mit dem Hauptportal ›B‹ umgeben, an deren Ecken überdachte Rundtürme ›A‹ stehen, aus denen Zweietagenfeuer mit Hagelgeschützen möglich ist. ›C‹ ist einer der Trakte des kreuzförmigen Zeughauses. ›D‹ sind zu Verzierung vorgesehene Außenflächen, die bei entsprechender Fassung — so Furttenbach — das Zeughaus zu einem Fürstlichen Palast machen können! Er verweist dazu auf seinen Traktat zur Architectura Civilis von 1628, in der solche Fassaden näher behandelt werden. ›E‹ als Zentralbau ist die Schneckenstiege mit Wachtturmabschluß, ›F‹ sind die Vorhöfe.
Im Traktat Architectvra Universalis nimmt Furttenbach sein Zeughausprojekt 1635 wieder auf. Er hatte es bereits in seinem Buch »Halinitro Pyrobolia Beschreibung einer Nevven Büchsenmeistere« 1627 behandelt und liefert so ein schönes Beispiel, wie ein Autor sein eigenes Werk weiterentwickelt. Schon oben wurde der letzte Zeughaustyp, den Furttenbach für die Stadttore seiner Idealstädte vorsah, ausführlich als Sonderform geschildert.[32] Die drei Kupferstiche No. 39, 40, 41 zeigen die ABB. NR. 331.5, 6, 7, der zugehörige Text mit den Erklärungen S. 102-116 im Faksimile als ABB. NR. 331.8. Während das Äußere des Zeughauskomplexes sehr nüchtern und abweisend ist, zeigt die Ausschnittsvergrößerung der Stirnseite [ABB. NR. 331. 6. A] und einer Langseite [ABB. NR. 331.6.B] des Zeughaustraktes den Vorschlag Furttenbachs, durch entsprechende Dekoration und Malerei ein Gebäude mit palastähnlichem Aussehen zu machen. In der 1645 erschienenen Buechsenmeisterey=Schul zitiert Furttenbach seine obigen Werke

mit der Bemerkung, er habe an seinem Zeughauskonzept nun nichts mehr zu verbessern.³³

J. Furttenbach hat sich auch über andere Stadtformen Gedanken gemacht. Sein Sohn **Joseph Furttenbach d. J.** (1632-1655) zeichnet für die Herausgabe des folgenden Traktats veranwortlich, zu dem er auch die Abbildungen stach:

»Wie ein/auff ebnem Plan ligende new Inventierte Gewerb: oder Handel Statt mit 18. Regular Wercken ... auffzufuehren, 1650«.

Dieser Traktat ist Teil des Furttenbachschen Gesamtwerks der Allgemeinen deutschen Baukunst 1649-1653 und beschäftigt sich mit einer »Gewerb=Statt«, die rein bürgerlichen Charakter hat, was durch Bautenanalyse rasch zu erkennen ist — es gibt kein fürstliches Gebäude, wohl aber ein Rathaus und natürlich die Kirche und die anderen öffentlichen Gebäude, worunter der Zeughauskomplex in der oben vorgestellten Form im Mittelpunkt des »Stadtovals« liegt [Schrägsicht und Grundriß ABB. NR. 52+53]. Leider sind die Holzmodelle der Gewerbestadt aus der Furttenbachschen Kunstkammer [1 3/4 Schuch breit, 3 Werkschuch lang] sowie das Zeughausmodell [1 Werkschuh in die vierung] »mit all ihren zu Kriegs vnd Friedenszeiten beduerfftigen commoditeten«, welche beide posthum im Nachlaßinventar von 1660 genannt werden, nicht mehr vorhanden.³⁴ Gunter Mann führte 1971 eine Funktionsanalyse durch und gab mittels unterschiedlicher Schraffuren die Anteile der Öffentlichen Gebäude, Handelszonen, Erholungszonen [!] und Wasserfronten quantitativ vergleichbar an.³⁵ Vgl. dazu ABB. NR. 54. Es hat eine Reihe von Gewerbestadtgründungen gegeben. Keine ist nach dem Furttenbachschen Idealplan ausgeführt. Ich denke besonders an die bastionierte halbkreisförmige Handelsstadt am Main bei Rüsselsheim um 1659, in die die vorhandene damals schon wehrtechnisch überholte Festung als Zitadelle integriert werden sollte,³⁶ und an die Planstadt der Neustadt Erlangen.³⁷ Zu beiden Stadtentwürfen, die erstere nicht realisiert, die letztere weitgehend realisiert, liegen mir allerdings keine Hinweise auf Zeughäuser vor.

Nicolaus Goldmann (1611-1665)³⁸ und
Christoph Leonhard Sturm (1669-1719):³⁹
Sturm publizierte auch »Goldmanns Seehafen zu seiner idea einer volkomenen Statt« in seinem Traktat der Vollstaendigen Anleitung Schiff=Haeuser oder Arsenale anzugeben, 1721. Zu Vergleichszwecken ist der Kupferstich dieser extrem regulären idealisierten Zirkularanlage als ABB. NR. 333 hier beigegeben. Sie steht ganz im Gegensatz zu der extrem schematisierten Darstellung des Grundrisses vom Arsenal in Venedig Tab. I Arsenale P. IV, welche als ABB. NR. 332 hier aufgenommen ist. In seinem Traktat beschreibt Sturm eine solche »urbs in urbe« nach Goldmanns Angaben. Sturm bemerkt in seiner Kritik, die er in Form einer längeren Anmerkung beifügt:

»Ich bedaure, daß unser Goldmann die Maasse und besondere Umstaende seines Exempels nicht specificiret/und also meinem Willen dieselbige zu specificiren gleichsam ueberlassen hat«.

Aus dieser Unzufriedenheit heraus hat Sturm das zweite Projekt mit der Radialanlage ausgearbeitet und

»auf einen solchen Casum gerichtet/wenn ich ein solches Schiff=Hauß vor einen grossen Herrn bauen solte/der eine maeßige Flotte von Kriegs= und Kauffardey=Schiffen zu unterhalten pflegete. Darum ich auch ein Zeug=Hauß dabey/eben wie das so ich in einem besondern Werckigen beschrieben habe/ausser daß ich es in solcher Proportion groesser conciperet habe/in welcher eines und eben desselbigen Herrns zur See=Macht gehoeriges Zeug=Hauß mehr Raum/als das zur Land=Macht gehoerige erfordert«.

Er verweist im weiteren erläuternden Text als Beispiel auf das von Nicolas-Francois Blondel (1617-1686) erbaute vorbildliche Marinearsenal von Rochefort.⁴⁰

In Goldmanns maritimen Arsenal ist unter ›F‹ auch das Zeughaus als Einflügelanlage eingezeichnet. Es ist wie ein Landzeughaus strukturiert. Innerhalb des Sturmschen Arsenalprojektes im gleichen Traktat sieht er auch ein wasser- und mauerumwehrtes Zeughaus als Einflügelbau vor, wie das ABB. NR. 170 zeigt.⁴¹ Den Goldmannschen landgestützten Zeughauskomplex veröffentlichte Sturm in seinem Traktat: Architectura civili-militaris, 1719, S. 25 ff. Die Disposition der Gebäude um das kreuzförmige Hauptgebäude aus diesem Traktat zeigt der als ABB. NR. 218 reproduzierte Holzschnitt.

Christoph Leonhard Sturm (1669-1719):
- Freundlicher Wett=Streit Der Franzoesischen/Hollaendischen und Teutschen Krieges=Bau=Kunst, 1718.
- Architectura civili-militaris, 1719

Sturms Idealstadt aus diesen beiden Werken ist als ABB. NR. 328 hier aufgenommen: Tab. XVIII Vorstellung der innern Defension und Eintheilung. 856 steinerne Privat- und 344 hölzerne Privathäuser sieht Sturm für diese recht merkwürdig befestigte rektanguläre Rasterstadt vor. Die vier Großgebäude Zeughaus ›b‹, Rathaus ›c‹, Gouverneurs Haus ›a‹ und Ammunitionhaus ›f‹ liegen sich gegenüber. Die vier Stadtviertel verfügen über eigene Kirchen ›g‹.

Nach dem Sakralbau als höchster Form der architectura civilis im Zeitalter des höfischen Barock folgte rangmäßig die Schloßbaukunst. Der hohe Aufwand an architektonischem und plastischem Schmuck für das Gehäuse des barocken Schlosses hat Sturm auf sein in diesem Traktat vorgestelltes Zeughaus übertragen und ist damit weit über die Kriterien der Zweckerfüllung des Gebäudes hinausgegangen. Sein »vor einen maechtigen Reichs=Fuersten

Der Reichsfürstliche Zeughauskomplex von Sturm ist der Höhepunkt in der Geschichte der idealen Zeughausentwürfe. Deshalb lasse ich den Originaltext des Inventors aus dem genannten Traktat S. 30-33 hier im Faksimile folgen.

32

Nun besehen wir noch die übrigen Vorgebäude um den Hof / nachdem noch zuvor erinnert ist / daß zwey Brunnen gar bequem eben zwischen den Kugel-Pyramiden bey I. liegen können. So finden wir nun bey K. drey Plätze / in deren jeglichem 108. solche Cochorn-Palisaden liegen können / als Cochorn in seinem neuen Festungs-Bau Fig. D. n. 3. beschreibet / oder welche ich in meiner allerletztens herausgegebenen neuen Manier vorgeschlagen habe. In dem vierten Platz aber L. der mit diesen in Symmetrie lieget / haben noch 300. ordinaire Palisaden Creutzweiß über einander geschichtet / Raum / daß man um und um dazu kommen kan. Die Plätze M. können jeglicher acht und zwanzig Munitions-Karren mit aufgeschlagenen Deichseln beherbergen. Die zwey Plätze N. haben ein jeder das Holzwerck so zu einer 8. Fuß breiten und 150. Fuß langen Brücke erfordert werden. Oben auf den Balcken aller dieser Schopffen kan noch eine grosse Quantität Hölzer zu Palisaden liegen / welche so weit fertig sind / daß wenig Zimmerleute sie gar ausmachen können / in der Zeit da man die Löcher dazu gräbet. Ferner gelangen wir zu O. altwo der Artollerie-Commissarius mit seinem Secretario, Schreiber und Archiv logiret. Hernach finden wir bey P. den Vorgebäude des Zeug-Lieutenants Wohnung / welcher noch einen Büchsenschäffter / und eine Schleiff- und Polier-Mühle samt dem dazugehörigen Meister müsse bey sich in dem Hause haben.

Nunmehro begeben wir uns / das Haupt-Gebäude selbst zu besehen / und gehen durch die Haupt-Pforte T. in einen langen Hof V. der an beyden Seiten Säulen-Lauben hat / von Dorischen Säulen / deren Modul halb so groß ist als der bey V. 1. und also bequemlich in solcher Proportion der Zahl gegen die grossen Modul / und stehen also die Säulen Wechselweiß 5½. und 16. Modul von einander stehen. Zwischen jeden Paar engen Säulen lieget oder stehet ein Mörser / zwischen den weiten Säulen bey V. 1. liegen die 50. grosse Canons und das übrige kleinere Geschütz gegen über der andern Seite / so gar bequem eben bey R. wohnen zwey Bombardirer / welche um die andere die Wache haben / daß man sich nicht sehr bemühen wolte / wenn man sie auf die Lavetten aufgezogen oder davon abbringen will. Hinter diesen Cartouchen-Ständen selbst in einem Hauffen kleine Blindten über und neben einander formiret / welche acht Zoll weit und 20. hoch werden. Es können derselben in beyden Säulen-Lauben 2500. solche kleine Trauben-Hagel seyn. In eine jede wolte ich hernach in den Säulen-Lauben umher gegangen sind / welches alles verdeckt gesehen / daß wir nicht unter der Treppe t. über die Durchfahrt T. nach rt, und noch dem einen Haus / bey rt, sind in den Decken aller Geschosse runde mit Gelendern oben umge ben 8. Fuß weit in Lichten / und durch alle Geschosse bequeme Winden / daß man allerhand in die Höhe winden / und in die Geschosse umher vertheilen kan.

33

Auß dem Profil Tab. XVI. ist zu ersehen / wie die Säule in dem andern Geschoß mit Jonischen Wand-Säulen / und mit freystehenden Säulen Jonischer Ordnung gezieret und gestützet sind. Nach diese haben die Helfte des grossen Modulo / und stehen auch alle auf den Durchschnitten des Netzes. Kommen also auf jede Säule 96. freystehende Säulen / welche um Feuers-Gefahr wegen billig von Stein oder Gibs verfertiget seyn solten. Sie würden dem Saal vortrefflich Ansehen geben / und nicht allein Platz genug vor das Gewehr lassen / welches auf diese Säulen zu bringen wäre / sondern auch treffliche Anlaß zu hübscher Disponirung desselbigen geben. Auf der drey herrlich räumliche Böden / kan alles übrige zu Aufschlaffung eines Zeughauses nöthige gebracht / und wohl disponiret werden. Die hohen Giebel werden / sonderlich in dem Aufriß Tab. XV. Zweifels ohne die delicaten Architect choquiren / weil sie nur flache Italiänische Frontons in der Gehirne brauchen. Ich habe sie auch weder in der Meynung etwas zierliches darinnen zu suchen / noch auch aus Nothwendigkeit gezeichnet / bloß die Zug-Löcher zu erhalten / durch die man das Arollerie-Geräthe bequemlich auf die Boden ziehen könte. Denn dieses hätte auch durch förmliche Dach-Ercker so schön herausbringen können / daß der delicateste Architect nichts hätte darwider sagen können. Ja ich habe in meinem Dessein Gelegenheit gefunden / die Zug-Winden bey rt, (wie schon gemeldet worden) innerhalb des Gebäudes anzubringen / woburch man auf so gar bequem nicht wie bey den aussen stehenden Zug-Löchern / doch gewißlich ohne importance Unbequemlichkeit und Versäumnis / ja bey ungestummen Wetter / gemächlicher alles auf die Böden schaffen kan. Die Ursache aber solche Giebel zu machen / ist theils die Vergrösserung des Raums auf den aus gewissen Ursachen vermuthlich wären / ist theils die Vergrösserung des Raums auf dem Boden / theils das Verlangen zu erforschen / ob jemand würde wissen solide Ursachen aus den Regulen der Schicks-Bequemlichkeit oder Zierlichkeit oder dergleichen anzuzeigen / um deren willen diese Giebel an einem Zeughauß zu vermeiden wären. Daß man sage / sie stehen nicht schön / ist nicht genug / sondern man muß Ursachen haben / warum sie an einem Zeughause beßlich stehen. So lange man diese nicht vorbringet / habe ich Ursache genug sie zu machen. 2. Weil die Zug-Löcher in Dach-Ercker Einfehlen an den Böden raumlicher werden. 3. Weil sie das Dächern machen / welche man doch so viel als möglich ist / vermeiden soll. Ferner stellet mir nichts bey / so bey meinen Rißen zu erinnern nöthig wäre / gehe dennoch weiter / und komme zu Hauptsächern von den

Zeughauß« ist Teil der »hohen« Bauaufgaben geworden. Das wird sofort an der Verwendung von durch zwei Stockwerke gehende Pilaster und der doppelten Säulenstellung des Hauptportikus ersichtlich. Sturms Kupferstiche, Tab. XIV-XVI, sind als ABB. NR. 353, 354, 355 hier aufgenommen. Er gibt seinem Zeughaus gleichzeitig »Stärke und Zierlichkeit« und betont:

»Die Schoenheit der Zeughaeuser muß mehr in regulirer wohl proportionirter reinlicher und zugleich grosser Eintheilung bestehen/als in vielem architectonischen Schmuck. Man kan auch Toscanische und Dorische Wand=Pfeiler daran gebrauchen, welche aber groß am Modul seyn muessen. Daß man mit frey stehenden Saeulen/und in der Bildhauerey mit Statuen/noch mehr aber mit Barsirilievi, mit Laubwerck/Festonnen/und dergleichen/ja sparsam seyn/ spielende Kinder/Vases und dergleichen gar hinweg lassen muesse/wird einem jeden die gesunde Vernunfft geben. Doch schicken sich inwendig herum gantze Saeulen=Lauben sehr wohl/weil sie den meisten Raum geben/die Sachen/welche man da in grosser Menge zusammen bringet/ auszutheilen. Also findet an Bildwerck in grossen Giebel=Feldern auch ein Anschlag Barsorilievo noch wohl seine geschickte Stelle«.[42]

Der Reichsfürstliche Zeughauskomplex von Sturm ist der Höhepunkt in der Geschichte der idealen Zeughausentwürfe. Deshalb lasse ich den Originaltext des Inventors aus dem genannten Traktat S. 30-33 hier im Faksimile folgen. (siehe S. 136-137)

Johann Rudolf Fäsch (1680-1749):[43]
war Architekt, Architekturtheoretiker, Sachverständiger für das gesamte Ingenieurwesen am sächsischen Hofe und Militärbuchautor. 1742 wurde er zum Obristen ernannt. Zu den Plänen von Fäsch siehe die folgenden Angaben zu J. F. Penther.

Johann Friedrich Penther (1693-1749):[44]
Vierter Theil der ausfuehrlichen Anleitung zur Buergerlichen Bau=Kunst, 1748.
Penther bringt in diesem Band seiner Baukunst »Caput X. von Zeug=Haeusern« S. 70-76 eine Abhandlung über Militärspeicherkomplexe. Er bildet auf den Kupfertafeln folgende Projekte ab:

Tab. LXII
Fig. 1 Zeughauskomplex nach J. R. Fäsch, ABB. NR. 219, Text S. 73
Fig. 2 Zeughauskomplex nach L. Chr. Sturm, ABB. NR. 219, Text S. 71ff
Fig. 3 Zeughauskomplex von J. F. Penther, ABB. NR. 219, Text S. 74f
Tab. LXIII Fig. 1 + Fig. 2
Zeughauskomplex von J. F. Penther, ABB. NR. 219, Text S. 74f

Tab. LXIV Fig. 1 + Fig. 2
Zeughauskomplex von J. F. Penther, ABB. NR. 221, Text S. 75f.

Die Erklärungen findet man in den Abbildungslegenden im Bildband.
Auf den Tafeln LXIII und LXIV erkennt man die Positionen von Kanonen und Mörsern auf dem Dach des über die Einfriedungsmauer und Annexgebäude hoch emporragenden Zentralbaus. Es handelt sich hier nicht um echtes Geschütz, was den Speicher defensiv machen sollte, sondern um aus Stein nachgebildetes Geschütz, welches als Dachaufsatz den martialischen Gebäudecharakter weithin verkünden sollte.

Friedrich Weinbrenner (1797-1826):
Der Architekt und Baumeister Weinbrenner hatte nach einer Zimmermannslehre Lehr- und Wanderjahre absolviert und dabei auch Italien besucht.

»Seine Arbeiten spiegeln die Auseinandersetzung mit den Zeugen der antiken Welt, mit den Ruinen und den Baubeschreibungen römischer Schriftsteller. Die Entwürfe zu selbstgestellten Aufgaben zeigen eine eigenartige romantische und oft wirklichkeitsfremde Prägung. Aber diese Zeit [1792-1797] legt die Grundlagen zu allem ferneren Architekturschaffen Weinbrenners, in der die nüchterne Verbindung griechischer und römischer Elemente eine bedeutende Rolle spielte«,

so Wulf Schirmer als einer der besten Kenner von Leben und Werk dieses berühmten Oberbaudirektors in Karlsruhe, der die Stadtplanung lenkte, die Bauaufsicht führte, Entwürfe für öffentliche und private Bauten vorlegte sowie als Lehrer und Schriftsteller wirkte.[45] In Rom zeichnete Weinbrenner aus freien Stücken zahlreiche Entwürfe für eine Idealstadt, darunter auch für Rathaus, Ballhaus, Theater, Mausoleum, Vogelhaus, Denkmäler, Schlachthaus, Landhäuser und ganze Straßenzüge sowie Pulvermagazin und Zeughaus.[46] Im Rahmen dieser Arbeiten entstand in Rom i. J. 1795 zwei Jahre vor seiner Berufung in markgräflich badische Diensten auch ein Plankonvolut mit einem Zeughausentwurf. Die großformatigen Tuschfederzeichnungen in Sepia und Grau über Bleistift sind vornehm laviert. Es lassen sich sechs Entwürfe für eine Vierflügelanlage nachweisen. Dabei handelt es sich um einen Blick in den Binnenhof des Zeughauses [ABB. NR. 334.1], um ein Blatt mit Querschnitt durch das Zeughaus mit Annexgebäuden, der Fassade im Exerzierhof, der Vorderfassade mit Eingang [ABB. NR. 334.]2; um einen Entwurf Grundriß und Parterre [ABB. NR. 334.3] und Grundriß 1. Stock [ABB. NR. 334.4]. Die technischen Daten und die Legende zu den Blättern entnehme man dem Abbildungstext im Bildband S. 251 f. Das in meisterhafter Perspektive dargestellte Zeughaus unterscheidet sich grundsätzlich von den

Projekten eines Furttenbach oder Sturm, deren Traktate Weinbrenner sicher gekannt hat. Es hat auch in keiner Weise mit dem Jagdzeughaus von 1779 des Jeremias Müller (†1801), seinem Vorgänger in Karlsruhe, zu tun [ABB. NR. 112.3]. Das Zeughaus ist nämlich losgelöst von einem gewinnbringenden Auftrag für einen bestimmten Ort. Das Zeughaus ist Idee und eine Art Eigendenkmal. Der Architekt verbindet einen wuchtigen Baukörper aus exakt aufeinandergefügten, paßgenauen Hausteinblöcken mit der Front eines griechischen Tempels dorischer Ordnung. Wie er speziell auf das Zeughaus kam, ist unklar, aber Teil des Programmes »Idealstadt«, das er noch 1810 durch einen Vorschlag zu einem Idealschloß in seinem Traktat »Architektonisches Lehrbuch« ergänzte.[47]

Der Zeughauskomplex wirkt nach außen streng fortifikatorisch, weil die Außenwand der umlaufenden Gebäudetrakte wie eine Festungsmauer gebaut ist; sogar der typische Kordon, der als vorkragendes Gesims Wallmauern horizontal teilt, ist vorhanden, wenn auch eine Dossierung zur Abweisung von Kanonenkugeln fehlt. Die Schnitte zeigen dann auch, daß die Mauerstärken einem normalen Gebäude entsprechen und die Haupthallen nicht einmal gewölbt sind, und somit nicht der Abwehr von Geschützfeuer und Wurfgeschossen dienten. Die Dächer sind auffallend flach und sehen von der Ferne aus wie die schräg zur Feldseite geneigten Brustwehrabschlüsse von Festungsmauern. Besonderer Speicherraum unter dem Dach ist also nicht vorgesehen. Das Martialisch-Fortifikatorische der Gesamtanlage wird von außen bestimmt duch den triumphalen Portalrisalit mit monumentalen Trophäen neben dem abgetreppten Rundbogenportal, über welchem ein Dreieckgiebel abschließt. Das Innere ist in zwei Paar gleichgroße Höfe gegliedert, die vor den jeweiligen Fronten des kubischen Zentralbaus mit den äußeren Begrenzungsgebäuden gebildet werden. Durch Mauern mit geblockten Portalen sind sie untereinander in Abschnitte geteilt. Weinbrenner bringt in den Außengebäuden eine Vielzahl von Zeughausutensilien unter, wie die Legende zu ABB. NR. 344.3 ausweist. Selbst eine Stückgießerei ist vorgesehen und zahlreiche Werkstätten eingeplant. Eindrucksvoll vermittelt ABB. NR. 3341.1 die Weinbrennersche Art der Idealisierung seiner Gebäudeentwürfe. Der Blick in den Binnenhof des Zeughauses fällt durch zwei stumpf und wuchtig aus dem plattierten Boden unmittelbar aufsteigende monolithische Säulen dorischer Ordnung ohne Entasis, die das schwere Gebälk mit der Deckenkonstruktion tragen. Die Urwüchsigkeit dorischer Tempel mit der hohen räumlichen Wirkung wendet Weinbrenner oft in seinen Entwürfen an. So trifft man auf eine ähnliche Säulenstellung im Entwurf zu seinem Rathaus-Vestibül von 1794.[48]

Pallas Athene thront mit Lanze und Schild mit Medusenhaupt auf hohem altarähnlichen Postament, dessen Seitenflächen umlaufend mit antikisch-martialischen Emblemen in Reliefmanier geschmückt sind. Dieses Denkmal ist absichtsvoll optisch leicht aus dem Mittelpunkt gerückt. Die Neigung der Treppen zielt genau auf den Nabel der Göttin. Weinbrenner beherrschte meisterhaft die perspektivische Darstellung. Der Hof unter freiem Himmel läßt links und rechts Arkaden zum Unterstellen des Großgerätes erkennen; gegenüber liegt ein Pendant der Hauptdurchfahrt, in der sich der Betrachter befindet. Kugelpyramiden erinnern den Betrachter daran, daß er sich in einem neuzeitlichen Waffenlager und nicht in einem griechischen Heiligtum befindet. Ein bespannter Kugelwagen wird von drei Soldaten beladen — Geschütz ist nirgendwo zu erkennen.[49] Zwei Soldaten tragen Gewehre zur Treppenanlage in das Obergeschoß. Ein Soldat führt zwei Pferde eines offenbar hinter der Säule versteckten Munitionswagens, während links ein Offizier in der zeittypischen Uniform mit Dreispitz die fächerführende Dame über den Hof geleitet. Das Weinbrennersche ideale Zeughaus ist eindrucksvolles Beispiel der klassizistischen Gesinnung dieses Architekten. Schließlich sollte nach seiner Auffassung die antike Baukunst einziges Vorbild für den Baumeister seiner Zeit sein. Diese Auffassung bekam er beim Studium in Rom, wo er die klassischen Gebäudereste, die Spoliensammlungen sehen und schließlich auch die klassischen Werke von Vitruv bis Palladio lesen, vergleichen und mit seinen Aufzeichnungen in Einklang bringen konnte.

Kommen wir nach der Besprechung der idealen Zeughäuser von Dürer bis Weinbrenner nun zu den utopischen Zeughäusern von Morus bis Andreae. Gehören die Autoren der erstgenannten Gruppe zu den Architekturtheoretikern, die — bis auf Dürer — auch über eigene Bauerfahrungen verfügten, und — bis auf Weinbrenner — militärische Erfahrungen besonders im Artilleriewesen besaßen, so sind die Autoren der im folgenden genannten »Staatsromane« keine Bausachverständigen, keine Militärs, sondern Philosophen, Politiker, Männer der Kirchen.

»Die Utopisten ... verstanden sich als Seher, Deuter und — wie die Lebensverläufe zum Teil zeigen — Agitatoren einer heilen, segensreichen sozialen Welt, mit deren Schilderung sie die unheilige machtdurchrungene, jeweils zeitgenössische Welt in der Kontrastdarstellung zu geißeln suchten. Utopie bedeutet jene Insel nirgendwo, auf der eine von Ungerechtigkeit, Unterdrückung und Bosheit freie Gesellschaft lebt ... [sie] zielt jedenfalls im Grundsatz ab auf Freiheit von monarchischer Willkür und allem daraus folgenden Ungemach«,

so charakterisiert Albrecht Mann die Utopisten in seiner bauhistorischen Untersuchung über kreisförmige und andere zentrierte Siedlungs- oder Stadtstrukturen in Zeiten der großen gesellschaftlichen Umbrüche.[50] In ihren Romanen, die frei erdichtet sind, und die Beschreibung eines bestmöglichen Staatswesens mit einer in höchster Vollkommenheit dort lebenden menschlichen Gesellschaft, verfolgen die Autoren ganz andere Intentionen als die Autoren der erstgenannten Gruppe. Sicher besitzt jeder Staatsroman auch architektonische Ausprägungen, denn die Menschen leben in Gebäuden und müssen sich schützen und verteidigen, doch haben wir nur wenige Hinweise in den Erzählungen, um uns eine rechte Vorstellung speziell auch von der Architektur der Utopier machen zu können. Eigentlich böte doch die Idealstadtplanung im architektonisch-bauhistorischen Sinn die Entfaltung eines idealstaatlichen Modells auch in und durch solche Architektur? Eine Ausnahme macht Andreae mit den beiden seinem Werk beigegebenen Holzschnitten.

Die utopischen Romane entstanden nicht ohne Grund in Zeiten des Umbruchs und Aufbruchs am Beginn der Neuzeit oder am Ende des Mittelalters. Es war die Epoche, in der sich die Menschen von feudalen und klerikal beherrschten Ordnungen abwendeten. Neue Gesellschaftsstrukturen entstanden, darunter an erster Stelle das aufblühende Bürgertum in den wachsenden Städten. Man verließ nun überholte Wirtschaftsformen, das veraltete und lange Zeit mit Gewalt beibehaltene Weltbild der römischen Kirche zerfiel, das heliozentrische Weltbild setzte sich durch. Wir sind im Zeitalter der Erfindungen und Entdeckungen, der bis dahin ungeahnten Aufwertung der Wissenschaften und Künste, neuer ökonomischer Wege, darunter die Hinwendung zur Geldwirtschaft, aber auch des Kolonialismus und der neuen Möglichkeiten der Massentötung durch die Entwicklung von Feuerwaffen und damit in kausalem Zusammenhang stehenden Festungsbau. Es ist auch das Zeitalter des Humanismus, zu dem die Staatsromane Bedeutendes beigetragen haben.

Ich habe aus dem fast nicht mehr überschaubaren Gebiet der utopischen Literatur hier fünf Staatsromane herangezogen. In keinem wird der Waffenspeicher als Gebäude beschrieben, wohl existieren sie und werden auch genannt. Die Verfasser der utopischen Staatsmodelle konnten weder auf eine steinerne Umwallung ihrer Städte verzichten, noch auf eine Kriegführung zumindest bei Bedrohung von außen, so daß Rüstkammern oder Zeughäuser zwangsläufig »existieren« mußten.

Thomas Morus (1478-1535):[51]
Libellus vere aureus nec Minvs Salvtaris Qvam Fest/uus de optimo reip[ublicae] statu, deq[ue] noua Insula Vtopia, [lat. ed. princ., mit dem Holzschnitt VTOPIAE INSVLAE FIGVRA, Löwen] 1516

Morus macht keine direkten Angaben über den Festungsbau oder das Zeughaus. Die Hauptstadt Amaurot hat wie alle 54 Städte dasselbe Aussehen. Sie ist »weiträumig und prächtig«. Die Befestigungsanlagen umgeben die Stadt mit zahlreichen Türmen und Vorwerken und den nahen Fluß mit seiner Quelle, um diese an die viereckige Stadt anzubinden. Die hohen und breiten Mauern sind auf drei Seiten mit Verhauen gegen Annäherung versehen, auf der vieren Seite liegt der Fluß als nasser Graben. Über die Straßen heißt es nur, sie seien zweckmäßig. Der Edition Basel 1518 ist ein Holzschnitt von Ambrosius Holbein von der Insel Utopia beigegeben. Auch diese Abbildung gibt keine Hinweise auf typisch neuzeitliche Wehrbauten, sie zeigt vielmehr die traditionellen Bauten hochgotischer Befestigungsanlagen.[52]

»Den Krieg verabscheuen sie [die Utopier des Morus] aufs äußerste als etwas einfach Bestialisches, das dennoch bei keiner Gattung von Raubtieren so gang und gäbe ist wie bei den Menschen ... // Im Fernkampf benutzen sie Pfeile ..., im Nahkampf ... Hellebarden von tödlicher Schärfe und Schwere, sei es, daß sie damit schlagen oder stoßen. Mit größtem Geschick erfinden sie Kriegsmaschinen«.[53]

Thomas Campanella (1568-1639):
Civitas Solis Idea Reipvblicae Philosophicae, Francofvrti M.DC.XXIII. [Der Sonnenstaat][54]

Im Mittelpunkt liegt die kreisrunde Stadtanlage mit 7 Mauerringen, die auch als »Lehrtafeln« dienen. In dem Gespräch zwischen einem Seemann und dem Verwalter eines Klosterhospizes erfährt man:

»Alle möglichen Arten von Waffen werden in ihren Arsenalen aufbewahrt und häufig bei Gefechtsübungen benützt. Die äußeren Mauern jedes Kreises sind mit Bombarden gespickt, die mit der nötigen Geschützbedienung besetzt sind. Sie haben auch andere Waffen dieser Art, sogenannte Kanonen, die auf Mauleseln und Karren ins Gefecht geführt werden ... lassen sie ihre Artillerie glühende Kugeln schießen ... An ... Kriegsmaschinen sind sie überhaupt allen Völkern überlegen. ... // Es gibt besondere Stückmeister und Fachleute für die Bedienung der Kriegsmaschinen und Geschütze«.[55]

Im Sonnenstaat muß es auch große Jagdzeughäuser gegeben haben, da die Sonnenstaatler die Jagd lieben, weil sie in ihr ein Abbild des Krieges sehen.

Francis Bacon (1561-1626):[56]
Neu-Atlantis, engl.ed.princ. des Fragments London 1627, germ. ed. Berlin 1890, 1959.[57]

Ein Schiffbrüchiger wird auf ein paradiesisches Eiland, genannt Bensalem, verschlagen. In dem utopischen Staatswesen, welches nicht auf Kriegführung verzichtet, wird dem Seemann vom hohen Stand der Büchsenmeisterei, Pyrotechnik und dem Geschützwesen berichtet:

»Wir haben auch eine Mechanikerwerkstatt, wo es Maschinen und Werkzeuge für jede Art von Triebwerken gibt. Dort versuchen wir raschere Antriebe zu erzeugen ... Ferner erzeugen wir stärkere und mächtigere Bewegungen, als ihr sie mit Hilfe eurer größeren Geschütze und Schleudermaschinen hervorruft. Wir fertigen Steinschleudern und Kriegsmaschinen jeder Art an. Wir kennen neuartige Mischungen von Pulver, griechisches Feuer, das im Wasser brennt und unverlöschbar ist, Wurffeuer jeder Art, sowohl zum Vergnügen als auch zur Verwendung im Krieg«.[58]

Johann Valentin Andreae (1586-1654):[59]
Reise nach der Insul Caphar Salama, Und Beschreibung der darauf gelegenen Republic Christiansburg, Nebst einer Zugabe Von Moralischen Gedancken, in gebundener und ungebundener Rede, Herausgegeben von D. S. G. Esslingen 1741, ed. princ. anonym 1619.

Dem Buch sind zwei Kupferstiche beigegeben, die im Aufriß und Grundriß die Stadt Christianopolis zeigen. Es handelt sich um eine quadratische Stadtanlage mit rektangulärer Straßenführung. Vier mächtige Bastionen der neuitalienischen Manier mit retirierten Flanken und runden Orillons sorgen ganz im Sinne der Theorie der perfekten Geschützverteidigung für eine Rundumbeherrschung durch Defensionsgeschütz. Über den vier Zugängen erkennt man Mittelbollwerke des Typs piatta forma.[60] Die Gebäude und zugehörigen Türme sind als nach innen gestaffelte Verteidigungsabschnitte errichtet. Im Zentrum inmitten eines großen nach außen abgeschlossenen Hofes steht ein Zirkularbau, der berühmte Tempelbau, der später in Kopenhagen Eingang in die Bauwirklichkeit fand.[61] Der Autor hat den Bau von Freudenstadt (1593-1608) gekannt, weshalb die Ähnlichkeiten zu diesem wiederum auf Dürers Vorstellungen basierenden Idealstadtplan [auch im Sinne Krufts] führte.[62]

Andreae beschreibt seine Stadt im Kapitel VII und charakterisiert sie als »nicht zu praechtig, aber auch nicht liederlich und unflaetig«. Im Turm, welchen der Autor stets Schloß nennt, gibt es gewölbte »12 Zimmer, die zu Aufhebung allerley dem gemeinen Wesen dienlichen Dingen bestimmt, alle gewoelbt, 33.Schuh breit, 33. lang, aber nur 12.Schuh hoch waren«. Dazu gehörten Bibliothek, Laboratorium, Zeughaus, Buchdruckerei, Schatzkammer u.a. Der folgende Textauszug zeigt, daß das Zeughaus von Andreae ein Ort der Abschreckung ist. Die dort aufbewahrten Instrumente des Todes werden dem Besucher vorgezeigt, »daß man so vieles erdencke, den Tod zu suchen und andere zu tödten, da uns der Tod so nahe ist ...«. Wir hören aber auch, daß jeder Bürger für unvorhergesehene Fälle Waffen in seiner privaten Leibrüstkammer bewahrt, »den lauernden Feind verspotten, und wenn er angreift, ihn mit der Kraft des göttlichen Geistes zurückzuschlagen«:

Cap. XL.
Von ihrem Zeughauß.

Von dem auf der andern Seite gelegenen Zeughauß haben sie eine noch härtere Meynung; dann da' die Welt mit ihrem Geschütz, Canonen, Mörsern, und dergleichen Kriegs-Waffen zu prangen pflegt, so sehen diese hingegen alle solche ungeheure, und die mit Hauffen zusammen gebrachte Mord-Instrumente, mit Entsetzen an, und zeigen sich auch denen Anschauenden, mit äusserster Verwünschung Menschlicher Blutgierigkeit; daß man so vieles erdencke, den Tod zu suchen und andere zu tödten, da uns der Tod ja so nahe ist, und wir ihn in unserm Busen tragen, daß sich die Menschen so viel erkühnen, etwas über ihren Nächsten Bruder zu bringen, wovor sie doch selbsten zittern; daß man so viel Gefahr aus den Augen setze, wegen einer meist zweifelhafften und betrüglichen Hoffnung, eines kahlen Gewinns, und daß man so viel thierischen Wuths und Gewalts zu Erwerbung gantz nichts werther Dinge anwende, da uns doch von dem Satan, der Welt und uns selbst viel grössere und schädlichere Gefährlichkeiten bevorstehen: jedennoch ergreiffen sie, wiewohl mit Unwillen, die Waffen zu Abtreibung einer unbilligen Gewalt, und theilen dieselbe besonders den Burgern aus, solche auf den Nothfall in ihren Häusern zu behalten; dieses prägen sie ihnen indessen desto ernstlicher ein, daß sie ihrer Geistlichen Rüstung eingedenck, sich niemahln dem Satan ohne die Waffen der Tugenden bloß geben, niemahls der Nüchterkeit und Wachtsamkeit vergessen, sondern daß sie auf ihren Posten, tapffer und munter, beedes die feindliche Nachstellungen des Teuffels zu Schanden machen, als auch dessen Anfälle in der Krafft des Geistes GOttes zuruck treiben mögen.

Johann Amos Komensky, gen. Comenius (1592-1670): Das Labyrinth der Welt. Tschech. ed. princ. 1631, Amsterdam ²1663, germ.ed. Berlin 1787, Weimar 1958.⁶³

In seinem Roman ist ein Pilger die Hauptfigur, die Einblick in die Regierung der Welt bekommt. »Labyrinth« ist eine Form der Allegorie und ein Kulturbild der Gesellschaft, in der Widersprüche entlarvt werden und das utopische Bild einer besseren Zeit entworfen wird, welches einzig nach einem göttlichen Plan gebaut ist.⁶⁴ Auch in diesem Roman mit den starken christlichen Bezügen kann Militärisches nur persifliert sein, ein Zeughaus kann nicht Ort bewundernswerter Architektur und Waffensammlungen sein, sondern ein Ort martialischer Allegorien.

»Das Zeughaus oder die Rüstkammer. Ich aber trat aus Neugierde in das Gewölbe. Da gab es mannigfache greuliche Werkzeuge von Eisen, Blei, Holz und Stein, die zum Stechen, Hauen, Schlagen, Schneiden, Kneipen, Kopfspalten, Niedermetzeln, Brennen und Morden eingerichtet waren und die man längs der Wände in unabsehbar langen Reihen und auf der Erde in Haufen aufgeschichtet hatte, die so groß waren wie die größten Holzstöße, daß man sie selbst auf tausend Fuhren nicht hätte fortschaffen können. Ich fragte schreckerfüllt, gegen welches Raubtier man hier Vorkehrungen getroffen habe? ›Gegen Menschen‹, lautete die Antwort. ›Ist das möglich?‹ rief ich entsetzt, ›ich dachte wahrhaftig, gegen reißende Tiere und grimmig wilde Ungeheuer. Um Gottes willen, welche Grausamkeit, wenn Menschen gegeneinander solch grauenvolle Werkzeuge ersinnen.‹ — ›Du bist, mein Lieber, zu empfindsam‹, entgegnete mein Begleiter lachend«.⁶⁵

ANMERKUNGEN:

1) Kriegsarchiv München, Signatur Hs. 1466.
2) Erstveröffentlichung bei E. Spohr: Düsseldorf Stadt und Festung, ²1979, Anmerkung 928 + Abb. 164 f.
3) Vgl. H. Heckmann: Matthäus Daniel Pöppelmann. Leben und Werk, 1972, S. 224 f. Dort auch der Entwurf für einen neuen Pulverturm, der deutlich höchste Repräsentativarchitektur ist. Im übrigen gab es im 18. Jh. für Dresden mehrere Zeughausprojekte.
4) W. Biesterfeld: Die literarische Utopie, ²1982 [Kommentierte Bibliographie]. — A. Manguel/G. Guadalupi: Von Atlantis bis Utopia. Ein Führer zu den imaginären Schauplätzen der Weltliteratur, Vorwort H. Rosendorfer, München 1981. — Unter bauhistorischen und stadtgeschichtlichen Aspekten siehe A. Mann: Ringwälle, Atlantis und Utopien. Kreisförmige und andere zentrierte Siedlungs- oder Stadtstrukturen in den gesellschaftlichen Umbrüchen von der Urgeschichte über Platon zur Neuzeit, 1983.
5) Vgl. R. Ahrbeck: Morus-Campanella-Bacon, Leipzig/Jena/Berlin [Ost]/Köln 1977. — K. O. Heinisch: Der utopische Staat. Moris · Utopia Campanella · Sonnenstaat Bacon · Neu-Atlantis, 1960. — Francis Bacon: Neu-Atlantis, eingeleitet v. F. A. Kogan-Bernstein, Berlin [Ost] 1959. — Thomas Campanella: Der Sonnenstaat. Idee eines philosophischen Gemeinwesens, Berlin [Ost] 1955.
6) Vgl. J. Prÿs: Der Staatsroman des 16. und 17. Jahrhunderts und sein Erziehungsideal, 1913, Reprint 1973.
7) Vgl. H. Günther: Deutsche Architekturtheorie zwischen Gotik und Renaissance, 1988.
8) Vgl. L. Chr. Sturm: Vollstaendige Anweisung zu der Civil Bau=Kunst, 1696.
9) Vgl. U. Schütte: »Ordnung« und »Verzierung«, 1979, S. 15 f.
10) So wird diese Meinung vertreten in der vom Baureferat der Stadt Augsburg herausgegebenen, sonst sehr informativen Schrift: Das Augsburger Zeughaus, o. J. [nach 1975], S. 8 f.
11) Zur Idealstadt vgl. G. Eimer: Die Stadtplanung im Schwedischen Ostseereich 1600-1715. Mit Beiträgen zur Geschichte der Idealstadt, Stockholm 1961; H. de la Croix: a) Military Architecture and the Radial City Plan in sixteenth century Italy, in: The Art Bulletin, Vol. XLII (1960), S. 263-290, b) The Literature on Fortification in Renaissance Italy, in: Technology and Culture Nr. 4 (1963), S. 30-50, c) Military considerations in City Planning: Fortifications, New York 1972. — G. C. Argan: The Renaissance City, New York 1969. — H. Weihsmann: Utopische Architektur von Morus bis Hausrucker & Co, 1982. — A. Mann, op. cit. — N. Hammerstein: Die Utopie als Stadt. Zu italienischen Architektur-Traktaten der Renaissance, in: A. Buck/B. Guthmüller: La Città italiana del Rinascimento fra Utopia e Realità. Die italienische Stadt der Renaissance im Spannungsfeld von Utopie und Wirklichkeit, Venezia 1984, S. 37-53.
12) Vgl. H. Rosenau: The Ideal City. Its architectural evolution in Europe, London ³1983.
13) Musterbeispiel ist die noch in der 1. Hälfte des 16. Jh. bastionierte Residenzstadt Jülich mit der Zitadelle. Vgl. J. Eberhardt: Jülich Idealstadtanlage der Renaissance. Die Planungen Alessandro Pasqualinis und ihre Verwirklichung, Köln 1978. — H. Neumann: a) Zitadelle Jülich. Grosser Kunst- und Bauführer, 1986; b) Kleiner Kunst- und Bauführer [1987]; c) Die Landesfestung und Residenz Jülich — Eine Skizze, in: Land im Mittelpunkt der Mächte. Die Herzogtümer Jülich · Kleve · Berg. Ausstellungskatalog ²1985, S. 314-326; d) Bildliche Darstellungen von Stadt und Festung Jülich …, Bonn 1991.
14) H.-W. Kruft: Städte in Utopia. Die Idealstadt vom 15. bis zum 18. Jahrhundert, München 1989. Ders.: Vitruv, Festungsbau und Humanismus, in: F. J. Worstbrock: Krieg und Frieden im Horizont des Renaissancehumanismus, Weinheim 1986, S. 163-184.
15) G. Münter: Die Geschichte der Idealstadt von 1400 bis 1700, Dissertation Danzig, Berlin 1928. Veränderter Neudruck als: Idealstädte Ihre Geschichte vom 15.-17. Jahrhundert, Berlin [Ost] 1957, S. 7.
16) W. v. Stromer: Ein Lehrwerk der Urbanistik der Spätrenaissance. Die Baumeisterbücher des Wolf-Jacob Stromer 1561-1614, Ratsbaumeister zu Nürnberg, in: A. Buch/B. Guthmüller: La città italiana del rinascimento fra utopia e realità. Die italienische Stadt der Renaissance im Spannungsfeld von Utopie und Wirklichkeit, Venezia 1984, S. 71-115. — Die »erste« Idealstadt der Renaissance ist Sforzinda im Entwurf des Antonio Averlino gen. Il Filarete aus dem Jahr 1540. Dazu H. Günther: Sforzinda. Eine Idealstadt der Renaissance, in: L.

[17)] Schrader: Alternative Welten in Mittelalter und Renaissance, 1988, S. 231-258.
[17)] H.-W. Kruft, op. cit., S. 10 f.
[18)] Ebenda S. 11.
[19)] Zu Dürer vgl. H. Neumann: Architekt & Ingenieur, 1984, S. 349-352 mit der Literatur zu fortifikatorischen Themen. — H. Günther: Deutsche Architekturtheorie zwischen Gotik und Renaissance, 1988, S. 180-193. — K. Jordan: Albrecht Dürer und die Festungsbaukunst, in: Zeitschrift für Festungsforschung (1984), S. 39 f.
[20)] Vgl. K. Gruber: Die Gestalt der deutschen Stadt, ³1977, Abb. 123.
[21)] Vgl. J. Baum: Die Anlage von Freudenstadt, in: Zeitschrift für die Geschichte der Architektur, N. F., Bd. 4, Nr. 2 (1935), S. 25-34, dort die 3 berühmten Schickhardtschen Pläne.
[22)] Zitiert nach der Transkription von A. E. Jaeggli: Albrecht Dürer. Unterricht über die Befestigung der Städte, Schlösser und Flecken. Faksimile der Urausgabe, Übertragung ins moderne Deutsch, ausführlicher Kommentar mit Dürers Beitrag zur Türkenabwehr und Dürers Interesse am Geschützwesen, 1971, S. 98.
[23)] Zu Specklin H. Neumann, op. cit., 1984, S. 353-358 mit der Literatur. — A. Fischer: Daniel Specklin. Straßburger Stadtbaumeister, europäischer Festungsingenieur, Kartograph und Chronist — Ein Mann der Renaissance, Manuskript 1987. — Ich danke Monsieur Fischer für die Einsichtmöglichkeit in sein gewichtiges Manuskript.
[24)] Vgl. D. Specklin: Architectura Von Vestungen, S. 59^r.
[25)] Ebenda S. 60^v.
[26)] Ebenda.
[27)] Vgl. den Codex v. D. Specklin: Architectur Das ist Wie man Aller Hand vestungen bauen soll, Straspurg 1583. Original Musées de Strasbourg [Mikrofiche beim Verfasser]. — Ein weiteres noch unpubliziertes Manuskript Specklins in der Württembergischen Landesbibliothek Stuttgart Cod. math. 2⁰4.
[28)] Vgl. M. Berthold: Josef Furttenbach von Leutkirch, Architekt und Ratsherr in Ulm (1591-1667), in: Ulm und Oberschwaben. Zeitschrift für Geschichte und Kunst, Bd. 33 (1953), S. 119-179. — C. Habicht: Die deutschen Architekturtheoretiker des 17. und 18. Jahrhunderts [Joseph Furttenbach]: in: Zeitschrift für Architektur und Ingenieurwesen, Nr. 1 (1916), Sp. 1-30. — U. Schütte/H. Neumann: Architekt & Ingenieur, Ausstellungskalog 1984, passim.
[29)] Piatta forma sind in der altitalienischen Manier aufgekommene Geschützplattformen, die aus einer geraden Front und 2 Flanken bestehen, also rechteckigen Grundriß haben und ursprünglich zwischen den weit auseinanderliegenden Bastionen in Kurtinenmitte auf dem Wall lagen. Furttenbach zieht sie geschickt als Novum nach Innen.
[30)] Architectura Martialis, op. cit., S. 70.
[31)] Zeughaus in der Torpassage, dazu Kapitel 13.6.
[33)] Vgl. Buechsenmeisterey=Schul, 1645, S. 17 f.
[34)] Vgl. [J.Furttenbach] H. Schulte: Inventarium, Viler Nutzbaren/immer denckwuerdigen Militar: Civil: Naval: vnd dergleichen Architectonischen Modellen vnd Abrissen...deß Herrn Joseph Furttenbach, 1660.
[35)] G. Mann: Joseph Furttenbach, die ideale Stadt und die Gesundheit im 17. Jahrhundert, in: Medizingeschichte in unserer Zeit, Stuttgart 1971, S. 189-207.

[36)] Den Originalplan findet man im Antiquarius des Neckar-Main-Lahn-Mosel-Stroms, um 1740. Reproduktion in: Museum der Stadt Rüsselsheim: Ausstellungskatalog II, 1980, S. 43.
[37)] Vgl. Jakob, Andreas: a) Die Neustadt Erlangen. Planung und Entstehung, 1986, b) Die Legende von den »Hugenottenstädten«. Deutsche Planstädte des 16. und 17. Jh., in: Klar und lichtvoll wie eine Regel. Ausstellungskatalog Bad. Landesmuseum Karlsruhe 1990, S. 181-198.
[38)] Vgl. M. Semrau: Zu Nikolaus Goldmanns Leben und Schriften, in: Monatshefte für Kunstwissenschaft, IX. Jg., Nr. 10 (1916) S. 349-361, 463-473. — Das Verzeichnis vom Gesamtwerk des N. Goldmann findet man in L. Chr. Sturm: Prodromus architecturae Goldmannianae ..., 1714, Listen vor dem Tafelanhang.
[39)] Vgl. I. Küster: Leonhard Christoph Sturm. Leben und Leistung auf dem Gebiet der Zivilbaukunst und Theorie und Praxis, Berlin 1940 [maschinenschriftl. Dissertation]. — Leonhard Christoph Sturm. Architekturtheoretiker Professor an der Ritterakademie Wolfenbüttel, in: R. Fürst/W. Kelsch: Wolfenbüttel. Bürger einer fürstlichen Residenz. Fünfzig biographische Porträts, 1982, S. 15 f. — U. Schütte/H. Neumann: Architekt & Ingenieur, Ausstellungskatalog 1984, passim.
[40)] Vgl. a) A. Dupont/M. Fardet: L'Arsenal de Colbert Rochefort, 1986, b) P. Bitaubé: Corderie Royale de Rochefort l'Histoire Retrouvée, 1985, c) X. Pineau: L'Arsenal de Colbert, [Führungsblatt] Centre International de la Mer, 1988. — J. F. Blondel: Cours d'architecture civile, 6 Teile, 1675-83, hier Kapitel XIII: Digression sur les bâtiments de la Marine à Rochefort. — Vgl. dazu den Marinearsenalentwurf vom Ingenieur de la Marine Belin auf ABB. NR. 17.
[41)] Technikgeschichtlich bedeutend in diesem Projekt sind die gezeitengetriebenen Schleusen und Bohr-, Schleif- und Poliermühlen.
[42)] Architectura civili-militaris S. 30.
[43)] Zu J. R. Fäschs Idée Generale von 1726 siehe ABB. NR. 33. — J. R. Fäsch: Architectonische Wercke, P. II, Tab. 12, 13, 14, 15.
[44)] Zu Penther U. Schütte: Architekt und Ingenieur, 1984, passim.
[45)] Vgl. W. Schirmer: Friedrich Weinbrenner 1766-1826. Ausstellungskatalog des Instituts für Baugeschichte an der Universität Karlsruhe, ²1982, S. 8; Zeughaus Kat. Nr. 34 und S. 49. — James Stirling nimmt den Entwurf Weinbrenners für ein Zeughaus als »Hommage à Weinbrenner« in seiner berühmten Rotunde der Neuen Staatsgalerie Stuttgart in faszinierender Weise auf. Sein in den Boden teilweise versenktes dorisches Portal innerhalb der Rotunde in Kombination mit einer grellrot-orange-farbenen Drehtür bilden einen für den Architekten typischen Verfremdungseffekt innerhalb seiner eigenwilligen Antikenrezeption. Vgl. J. Stirling: Die Neue Staatsgalerie Stuttgart, 1984, S. 21 und besonders die Abbildungen S. 92.
[46)] Vgl. A. Valdenaire: Friedrich Weinbrenner. Sein Leben und seine Bauten, Karlsruhe ²1926. Faksimile 1976. Zeughaus Abb. 28, S. 41, die anderen Bauten ABB. 29-36.
[47)] F. Weinbrenner: Architektonisches Lehrbuch, Tübingen 1810.
[48)] Vgl. W. Schirmer, op. cit., Kat. Nr. 39.
[49)] Die Größe der eisernen Kugeln im Vergleich zu den mit ihnen hantierenden Menschen zeigt, daß Weinbrenner das reale Gewicht nicht kannte, denn ein Anheben mit ausgestreckten Armen, wie dargestellt, ist weder für Eisen noch für Steinkugeln möglich.
[50)] Hier ist also nicht das utopische Denken in Märchen, Fabeln, Reise- und Abenteuerromanen, in Schlaraffiaden und satiri-

51) schen Utopien gemeint, sondern das Utopische in den »Staatsromanen«. Zitat aus A. Mann, op. cit., S. 72.
51) Ed. princ. in HAB: P 351.4°Helmst.(3). — P. Raabe: Die Welt in Büchern. Ausstellungskatalog der HAB, 1982, Kat. Nr. 120.- Vgl. R. Marius: Thomas Morus. Eine Biographie, 1987; U. Baumann/H. P. Heinrich: Thomas Morus. Humanistische Schriften, Darmstadt 1986.
52) Abb. in R. Ahrbeck, op. cit., S. 47.
53) Zitate aus der Edition von K. J. Heinisch, op.cit., S. 88, 95. Bibliographische Hinweise in J. Prÿs, op. cit., S.7-13.
54) Bibliographische Hinweise in J. Prÿs, op. cit., S. 13 f.
55) Zitat nach der Edition Berlin [Ost] 1955, S. 66.
56) Vgl. F. A. Kogan-Bernstein, in: F. Bacon, Edition 1959, S. 1-46.
57) Bibliographische Hinweise in J. Prÿs, op. cit., S. 16 f.
58) Zitat nach der Edition K. J. Heinisch, op. cit., S. 212.
59) Reprint ed. 1741 Hildesheim 1981. Lat. ed. princ.: Reipublicae Christianopolitanae descriptio, Argentorati, Anno M.DC.XIX [1619]. Dazu P. Raabe: Herzog August. Sammler Fürst Gelehrter 1579-1666, Ausstellungskatalog der HAB 1979, Kat. Nr. 773. — Bibliographische Hinweise in J. Prÿs, op.cit., S. 14-16.
60) Vgl. Anmerkung 29.
61) Vgl. J.-Chr. Klamt: Der Runde Turm in Kopenhagen als Kirchturm und Sternwarte. Eine bauikonologische Studie, in: Zeitschrift für Kunstgeschichte Nr. 2 (1975), S. 153-170. — J. Werner: Von Freudenstadt über Christianopolis nach Kopenhagen. Stadtplanung im 17. Jahrhundert, in: ebenda, Nr. 4 (1976), S. 312 f.
62) Vgl. Anmerkung 21.
63) Vgl. E. Müller [Hrsg.]: Johann Amos Comenius. Das Labyrinth der Welt, 1958.
64) Vgl. das Nachwort von Erhard Müller, ebenda, S. 221-241.
65) Ebenda, S. 136 f.

18. Von der Zweckarchitektur zur Herrschaftsarchitektur

Der Charakter des historischen Gebäudetyps »Zeughaus«, seine »CONVENIENZA«, ist an sämtlichen erfaßten Waffenspeichern nachzuweisen. Dort, wo über die reine Urfunktion des Lagerraums hinaus das Gebäude etwa als Abrundung eines fürstlichen Bau- und Darstellungsprogramms oder als zusätzliches Repräsentationsobjekt eines Stadtstaates vorgesehen war — und das war bei den meisten der untersuchten Objekte der Fall — hatte der Baumeister die zusätzliche Aufgabe, repräsentative »Schönheit« zu schaffen. Convenienza war am Waffenspeicher nie überladen, sondern stets abhängig vom Ursinn des Gebäudes und entstand unter Berücksichtigung der Entstehungszeit und der jeweilgen architekturtheoretischen Auffassung einheitlich, maßvoll, sachlich, autonom. Man spricht von Symbolik, wenn man sinnbildliche Darstellungen, also Inhalte vorgestellter Gegenstände oder den tieferen Sinn bzw. Inhalt einer Idee zur künstlerischen Anschauung bringt. Der Waffenspeicher ist besonders mit seiner Außenhülle ein Ort der Symbolik, welche durch die Summe aller Zierelemente in Einklang mit dem Gebäude und seiner Tektonik steht und einen gebäudecharakteristischen, jedoch stets auch einen individuellen Eindruck vermittelt. Zur Ausschmückung des Zeughauses nach außen boten sich am Gehäuse alle diejenigen Stellen an, die an anderen Gebäudetypen ebenfalls immer wieder bevorzugt dekoriert wurden,[1] es sind die Portal-, Fenster- und Giebelzonen, der Fassadenaufbau durch spezielle Wandgliederungen mit Gesimsen und Friesen, Dachkanten, Dachaufsätze, die Anwendung von Säulenordnungen usw. Entsprechend den Intentionen der Bauherrn und Architekten entstand immer wieder neu unter dem Druck der militärökonomischen Notwendigkeit die bauliche Erfüllung der Urfunktion des Waffenspeicherns in einem Großgebäude mit martialischem Gesamtcharakter, welches aber auch durch eine wenn auch in den meisten Fällen verhaltene Symbolik, Emblematik und Allegorie mehr und mehr zu einem Prunkbau, zur politischen, eben zur Herrschaftsarchitektur, ausgestaltet werden konnte.

18.1 Gestaltung der Zeughäuser und ihre Verzierungen

Im Kapitel 3.1 ist bereits über das Verhältnis von Nutzbau zu Prachtbau gesprochen worden. In diesem Kapitel soll die künstlerische Ausgestaltung, die Verzierung, behandelt werden. Sie ordnet sich in der überwiegenden Zahl der Beispiele den klaren Umrißlinien des Gebäudes unter. In dem von einem Anonymus verfaßten Aufsatz »Ueber die architectonische Behandlung der Militaer=Gebaeude« von 1841 heißt es zwar im Blick auf die neupreußischen Militärbauten — doch gültig über den gesamten hier zu betrachtenden Zeitraum:

»Zur Verzierung duerfen nur solche Gebaeude gewaehlt werden, welche ihrer Bestimmung nach geeignet sind, die Augen des Soldaten, Buergers und Fremden auf sich zu ziehen. Gebaeude, welche nicht auffallen sollen, duerfen keine Verzierung erhalten«.[2]

Stärke + Festigkeit / Nutzen + Bequemlichkeit / Zierde + Schönheit

Diese vitruvianische Einteilung und Beurteilung von Gebäuden fiel mir in der Hauptgliederung des Traktates von Albert Daniel Mercklein »Mathematische Anfangs=Gruende, Darinnen die Architectura Civilis, Oder die Civil-Baukunst, so gründlich als möglich ... abgehandelt worden, Erffurth 1737« auf. Mercklein war als Bautheoretiker ganz Anhänger der Säulenlehre, die nach der Wiederentdeckung einer Manuskriptabschrift des Vitruv i. J. 1416 im Kloster von St. Gallen und dessen Bekanntmachung entstand und mit zahlreichen theorielastigen Variationen und Anpassungen bis weit ins 19. Jh. hinein ihre Gültigkeit haben sollte.[3] Zu Beginn seiner Abhandlung über die Säulenordnungen schreibt er:

»Die Maennliche und schlechtern Gebaeude waren die, an welchen mehr auf die Staercke, als Zierlichkeit zu sehen ware, ex.gr. Stadt=Mauren sammt ihren Bollwercken, Stadt=Thore, Zeughaeuser, Kornhaeuser, oeffentliche Gefaengnisse, Privat-Haeuser, etc. die entweder ohne alle Saeulen=Ordnung gelassen u. nur mit dem baeurischen Werck [gemeint ist die Rustika] versehen wurden, oder wo ja einige Ordnung gebrauchet war, so bestund sie in der allerschlechtesten von wenig und starcken Gliedern. Diese wurde die Tuscanische Ordnung genennet«.[4]

Der bedeutende Architekturtheoretiker L. Chr. Sturm (1669-1719) erinnert bei der Beschreibung seines Projektes zum Zeughauskomplex daran, daß »wegen der Beschaffenheit des [Zeughaus-] Gebaeudes in Ansehung der Staercke und Zierlichkeit« diese als Überlegungen nach der planerischen Lösung der technischen Probleme einzukalkulieren seien. Nach seinen Bemerkungen über den Feuerschutz im Zeughaus nimmt er den Gedanken wieder auf:

»Die Schoenheit der Zeughaeuser muß mehr in regulirer wohl proportionirter reinlicher und zugleich grosser Eintheilung bestehen/als in vielem architectonischen Schmuck. Man kan auch Toscanische und Dorische Wand=Pfeiler daran gebrauchen/welche aber groß an Statuen/noch mehr aber mit Barsi rilievi [=Flachrelief], mit Laubwerck/Festonnen/und dergleichen/gar sparsam seyn/spielende Kinder/Vases und dergleichen gar hinweg lassen muesse/wird einem jeden die gesunde Vernunfft geben«.[5]

Im folgenden Text entwirft Sturm sein hier schon mehrfach herangezogenes reichsfürstliches Zeughaus, an dem er seine Schönheits-Anforderungen an einen solchen martialischen Bau voll anwendet, wie die ABB. NR. 353-355 belegen.

Es entsteht die Frage, ob die zu beobachtenden Dekorationselemente mehr als nur eine Maskerade, ein Schaueffekt am Zeughaus sind. Bei der stilistischen Durchformung eines jeden neuen Waffenspeichers wurde meist eine Gesamtheit des Dekorum angestrebt. Dieser Prozeß ist aber an fast allen »gleichrangigen« Gebäudetypen feststellbar. Eine Vermischung kam erst dann zustande, wenn im Laufe der Zeiten sich neue Auffassungen über architektonische Repräsentationsformen breit machten — wenn der Geschmack der Zeit und damit die Architekturauffassungen sich änderten und Um- oder Ergänzungsbauten vorgenommen wurden. Oft kam es zu aufwendigen handwerklichen Höchstanforderungen, die nicht überall den ortsansässigen Handwerkern übertragen werden konnten. Man holte sich Künstler und Spezialhandwerker von weit her aus dem In- und Ausland, von befreundeten Höfen und Städten, suchte nach ihnen auf Kavalierstouren und Besichtigungsreisen, durch Literaturstudium besonders der Vorlagenbücher, Empfehlungen, Agentenvermittlung usw. Beinah alle in Betracht kommende Zeughausgehäuse tragen qualitativ und quantitativ sehr unterschiedliches Dekorum, welches deutlich auf Vorstellungen der Antike, besonders auf griechische und römische Mythologie und Allegorie, zurückgeht. Diese Antikenrezeption besonders humanistisch-martialischer Thematik am im Altertum nicht gekannten Gebäudetypus Zeughaus durchzieht Renaissance, Barock, Klassizismus und ist noch voll in der Wilhelminischen Ära an den beiden jüngsten und letzten in dieser Arbeit betrachteten Waffenspeichern, dem Gewehr-Zeughaus Ludwigsburg und dem Arsenalhauptgebäude Dresden, beide 1873 ff erbaut, abzulesen.[6] Das Antikenstudium lieferte eine riesige Palette voller dekorativer Formen, die bald als Ornamentstiche publiziert wurden, wie das im Bildband ABB. NR. 323.1-17 vollständig reproduzierte Werk der Jan Vredeman de Vries [Zeichner] und Gerard de Jode [Stecher] »Panoplia sev armamentarium ac ornamenta cum artium ac opificiorum ...« von 1572.[7] Der bauplastische Schmuck ist nicht nur dekorativ, sondern oftmals — nicht immer — auch Sinnbild. Über das Erkennen des emblematischen Zusammenhangs sollten die Betrachter des Zeughauses den über dem reinen Nutzwert des Gebäudes liegenden »höheren« Wert erfassen. Plastischer Schmuck spricht ohne Worte. Auffallend ist, daß das antike Kriegszeug, was besonders in den unzählig variierten Trophäen in beinah jedem Zeughausbereich nachweisbar ist, schon bei der Erstanwendung historisches, technisch überholtes Kriegsgut war, in das man Bedeutung und Geltung mit künstlerischen Mitteln einarbeitete und tradierte.[8] Noch über F. Weinbrenner weit hinaus tauchen z.B. Trophäen in höchster Vollendung als Flachreliefs an dem Waffenspeicher von Ludwigsburg [ABB. NR. 441.1-4] in riesiger flächenhafter Serie auf. Sie sind damit für den Zeughausbereich über Jahrhunderte als kanonisch nachzuweisen! Lorenz J. D. Suckow schreibt in seinem Kapitel über die »Ansehung der Zierlichkeit« von Gebäuden zu Trophäen:

»Wenn man Kanonen, Fahnen, Trommeln, Koecher, Pfeile, Harnische und dergleichen zusammen verknuepfet, so werden die entweder aufgehangen, oder durch Piedestale unterstuetzet. Jene Verknuepfung wird ein Siegesgehaenke, dieses aber ein Kriegsgeraethe gennenet. Die Verknuepfung ist willkuehrlich ... Da diese Stuekke zum Kriege gehoeren, so erfordert ihre Absicht, selbige an solche Gebaeude anzubringen, deren Anschauen den Gedanken von dem Gebrauche derselben erregen muß«.[9]

Ähnlich ist das mit voll- oder halbplastischen Allegorien als bildlicher Veranschaulichung von Vorstellungen und unanschaulichen Begriffen, die personifiziert werden. Man stellt sie mit ihren Attributen dar. Der Bildband eröffnet mit der Allegorie der Arma. ABB. NR. 30 zeigt die über einem Schlachtfeld schwebende Allegorie des »Sensenmannes«. J. Furttenbach schließlich stellte 1644 die 14 Künste bzw. Wissenschaften seiner Zeit als personifizierte Allegorien dar, darunter die Architectura Militaris, die Architectura Civilis und die Büchsenmeisterkunst [ABB. NR. 49]. Hier einige Beispiele aus dem Zeughausbereich:

◆ Der schwertschwingende Kriegsgott Mars als giebelbekrönende Vollplastik am Neuen Zeughaus Mainz, ABB. NR. 401.
◆ Mars und Bellona in Rundnischen im Hauptportalbereich Zeughaus Graz, ABB. NR. 426+427.
◆ 4 überlebensgroße Freistatuen flankieren das Hauptportal des Zeughauses Berlin, ABB. NR. 439.1-2. Es handelt sich um die Personifizierungen von Arithmetik,

Geometrie, Pyrotechnik, Mechanik. Ebenda im Hauptgiebeldreieck Mars mit Sklaven, ABB. NR. 386, an der Ostfront eine geflügelte Victoria, die Borussia, ABB. NR. 464 u.v.a.
- Pallas Athene, Vollstatue, ehemals Jagdzeughaus Karlsruhe, ABB. NR. 437.
- Minerva im Hof des Bürgerlichen Zeughauses Wien, ABB. NR. 438; Constantia und Fortitudo als Giebelbekrönung von 1676.
- Mars mit Löwen am Zeughaus Delft, ABB. NR. 51.6.2.
- St. Barbara, allegorische Darstellung der Schutzgöttin der Feuerwerker und Artilleristen, in einer Zeichnung von 1936, ABB. NR. 286.
- Triumph des heroischen Heiligen Michael über den Satan. Allegorische Bronzegruppe, Entwurf Hans Reichle (1570-1642), Guß Wolfgang Neidhart d. J., vollendet 1607 als freiplastische Gruppe auf dem Gebälk der Schaufassade des Zeughauses Augsburg. Die ABB. NR. 177-178 zeigen die Gesamtsituation und die Einpassung in die frühbarocke, dorisch aufgebaute und stark martialisch wirkende Fassade des Joseph Heintz am Holl-Bau. Das Foto ABB. NR. 433 zeigt das Hauptmotiv des mit erhobenem Schwert und einem Tritt den am Boden liegenden geflügelten, äußerst häßlichen Satan vernichtend. ABB. NR. 434+435 gibt die Fahne und Lanze haltenden Putten wieder.[10]
- Der Haupteingang des Arsenals von Venedig ABB. NR. 416 ist voller Allegorien und Spolien.

Bisher nicht klären konnte ich die Bedeutung der drei kleinen Köpfe [ABB. NR. 349.2-4] am Zeughaus Solothurn. Es kamen aber auch nicht-martialische Elemente am Zeughausbau zur rein schmückenden Anwendung, so punktförmig [Wappen, Plastik], linear [Sockel, Gesimse, Friese, Kanten], flächig [Putzoberfläche, Bemalung, Dachdeckung] und raumplastisch [Erker, Türme, Außentreppen], daneben auch in Fensterformen, Balkons, Bögen, Risaliten usw. Alles war auf den Gebäudetyp ausgelegt, so daß es nicht verwundert, wenn man an Jagdzeughäusern entsprechend dieser Gebäudegattung Motive aus dem Jagdleben antrifft. Beispielhaft sind die von dem Bildhauer Johann Heinrich Beyer geschaffenen Wappenkartuschen über den beiden Portalen des erhaltenen Jagdzeugstadels Bamberg mit Bischofsmütze, Krummstab, Schwert, Jagdgewehr, Horn und Saufeder über dem Wappenschild des bambergisch-würzburgischen Fürstbischofs Friedrich Carl von Schönborn.[11] Daß es auch hier und da Ausnahmen von der eben beschriebenen »Regel« dekorierter und ornamentierter Zeughäusern gibt, zeigt das seltene Beispiel des um 1700 unter dem Schwedenkönig Karl XII. erbauten Festungszeughaus Wismar. Die Gebäudedimensionierung und die Fassadengestaltung beweisen, daß Schönheit eines Militärspeichers auch bei weitgehend fehlender Zier allein durch die Baumassen mit ihrer Proportionierung ein Architekturbild im Sinne der Eurythmie ergibt. W. Burmeister charakterisierte den erhaltenen Bau:

»Ein einziger Monumentalbau ragt aus der Zeit des Verfalls empor, bezeichnenderweise ein militärischer Nutzbau, das Zeughaus. Seine Bestimmung diktiert seinen Charakter: Großzügig, nüchtern, wehrhaft. In einer Zeit, wo in Deutschland üppigste Ornamentik und bombastischer Schwulst [!] sich allzu breit macht, entsteht dieser puritanisch einfache Bau, über dessen Portal das Namenszeichen Karls XII. zwischen kriegerischen Trophäen erscheint. Von ungewöhnlicher Wirkung ist das von schwerer Rustika eingefaßte Quadrat der Durchfahrtöffnung und die in weiten Achsen angeordneten, breitrechteckigen Fensterluken. Die Stilformen sind holländisch-klassizierend, eine gewisse kahle Schlichtheit kommt hinzu …«[12]

Wenn J. F. Penther 1748 die Auffassung seiner Zeit mitteilt, daß bei der Betrachtung eines Residenzschlosses als höchster Bauaufgabe der Profanarchitektur des 16., 17., 18. Jahrhunderts das Gebäude

»dem Anschauenden so majestaetisch in die Augen strahlet, in eine ehrfurchtsvolle Hochachtung [versetzt], in dem vielmahls aus dem Continente auf das Contentum, oder aus der Schale auf den Kern geschlossen und geurtheilet wird«,[13]

dann gilt das analog für das dekorierte Zeughaus. J. Furttenbach hat Jahrzehnte vorher die Gestaltung seiner nie realisierten Zeughaus-Faziata so »gezieret«, daß dadurch

»das Zeughauß fuer ein Fuerstlichen Pallast angesehen werden«

konnte.[14] Erst als Zeughäuser in Zierde, Schönheit und Ansehnlichkeit absichtsvoll wie Palastbauten geplant und gebaut wurden, galt Penthers auf Zeughäuser bezogene These nicht mehr. Beispiele von palastartigen Zeughäusern, bei denen man nicht auf den ersten Blick aus dem Continente auf das Contentum schließen sollte, sind allerdings nur wenig nachzuweisen, darunter besonders das Zeughaus Berlin, das Neue Zeughaus Mainz, das Arsenalhauptgebäude Dresden — die alle drei unterschiedlichen Zeiten und damit Stilepochen angehören und deutlich absichtsvoll Merkmale der Palastarchitektur aufweisen.

Der Schlüssel zum Verständnis der Verzierungen von Zeughäusern sind die klassischen Ordini. Karl von Dalberg äußerte sich 1792 in seinen »Beiträgen über die Baukunst« zu den Gebäuden schlechthin, die zu ihrer Vollkommenheit drei Bedingungen erfüllen müssen:

»Die Vollkommenheit eines Gebäudes wird daran erkannt, wenn es den allgemeinen Beyfall findet. Ein Gebaeude verdient den allgemeinen Beyfall, wenn es erstlich nützlich und des Unternehmens würdig ist. Wenn zweytens das Ganze und die Theile des Gebäudes sich dem Auge auf eine angenehme Weise darstellen. Und wenn drittens das alles durch die möglichst besten Mittel auf die möglichstvernunftigste Weise in der Ausführung erreicht wird«.[15]

Er nennt dabei ausdrücklich auch die »Vorratshäuser unserer Vorfahren« und fährt fort:

»Das gute Ansehen eines Gebäudes hängt davon ab, dass dessen Theile, Glieder und Verzierungen am schicklichsten Orte und in guten Verhältnissen angebracht sind: dass sie mannichfaltig sind, und dass das Ganze und seine Theile mit möglichstem Fleisse und zweckmäßiger Reinlichkeit ausgeführt ist«.[16]

Christian Ludwig Stieglitz fordert 1798 noch immer, was seit der Wiederentdeckung Vitruvs im 16. Jh. galt:

»Die aeußere Ansicht eines Zeughauses muß ernsthaft seyn, man kann hierzu die toskanische und dorische Ordnung waehlen«.[17]

Aus den Forderungen der wichtigsten Bautheoretiker und Traktatautoren zur Bauaufgabe Waffenspeicher lassen sich folgende Forderungskriterien an den Bauherrn bzw. Architekten und damit an das Gebäude zusammenstellen:

- Stärke
- Festigkeit
- Nutzen
- Bequemlichkeit
- Zierde
- Schönheit
- Ansehnlichkeit
- Proportionierung
- Ornamentierung
- Dekor
- Symbolik

J. F. Penther gibt in seinem Zeughausentwurf ein schönes Beispiel für Symbolik und Zierde am Zeughaus. Er meint zur Dachgestaltung:

»Was ich vor Veraenderung mit dem Dach gemacht, ist aus dem Aufriß zu ersehen. Auf den Ecken und mittelsten Risaliten sind oben her Combles en Terrasse, die gleichsam Batterien zu aufgestellten Stuecken und Moersern abgeben. Diese Stuecke und Moerser, da sie nur zur Zierde und symbolischen Deutung, nicht aber zum rechten Gebrauch dienen, widerrathen die Umstaende, und der Ort, wo sie sich befinden, aus massivem Metall zu machen, wozu also besser getriebben Kupfer=Blech dienen kan«.[18]

Der Entwurf Penthers mit den originellen Combles en Terrasse zeigt Fig. 1 auf ABB. NR. 220.1. Der kurzrohrige Mörser und die langrohrige Kanone stehen lafettiert überdimensionierten Akroterien gleich auf den Ecken des dreigeschossigen Gebäudes, welches einem Kavalier im Festungsbau vergleichbar seine gesamte Umgebung dominiert, wie ABB. NR. 221 zeigt. Ob J. F. Penther (1693-1749) einen der Entwürfe des Jean de Bodt (1675-1745) für das Zeughaus Berlin aus der Zeit kurz nach 1699 gekannt hat, mit dem dieser — wie ABB. NR. 359.2 belegt — tatsächlich offenbar aus Stein gearbeitete Mörser und Kanonen postieren wollte?

Ein hervortretendes Beispiel für Symbolik und Dekor eines zum Prachtbau avancierten Waffenspeichers sind:

DIE SCHLÜTERSCHEN KRIEGERKÖPFE AM ZEUGHAUS BERLIN

Einmalig in der Kunstgeschichte ist das von Andreas Schlüter (1659-1714) geschaffene bauplastische Programm am Zeughaus Berlin.[19] Der Künstler erhielt seine Berufung durch den Kurfürsten i. J. 1694 als Hofbildhauer. Er übernahm die Bauleitung des 1695 im Bau begonnenen Gebäudes, welches fast von Anfang an mehr als nur ein zentraler Waffenspeicher werden sollte. Das Quadrum war im Rohbau bei seiner Berufung schon bis zum Dachgeschoß fertiggestellt. Er hatte die Bauleitung bis 1699 inne. Erst acht Jahre später konnte die Vollendung gefeiert werden. Was Schlüter persönlich alles an Bauplastik entworfen hat, ist noch ungeklärt. Vermutlich hat er einen hohen Anteil an den 44 Trophäengruppen auf der Dachbalustrade [ABB. NR. 13, 337, 386],[20] sicher aber ist, daß von ihm die Bozzetti zu den Schlußsteinen der EG-Fenster im Binnenhof [ABB. NR. 440.1-8] stammen und in seiner Bauhütte ab 1696 aus Sandstein geschlagen wurden. Weiter lieferte er mit hoher Wahrscheinlichkeit die Entwürfe für die Helme an der Außenseite ABB. NR. 440.9-12.[21] 23 auf 2 Kartons aufgeklebte Vorzeichnungen [?] als offenbar unikate Radierungen besitzt die Deutsche Staatsbibliothek Berlin.[22] Schlüter hat im Binnenhof ein Programm von 22 Köpfen sterbender Krieger verwirklicht, die durch eine intensive plastische Ausdruckskraft seit Generationen die Menschen beschäftigen. Die überlebensgroßen Köpfe heben sich von stets anders verzierten und nach oben vor bzw. nach unten zurückrollenden agraffenartigen Voluten der Schilde als Hochreliefs stark ab. Entsprechend der Fensterachsendisposition sind immer drei Köpfe zu einer Gruppe zusammengefaßt, so daß der mittlere Kopf in Vorderansicht, die beiden Köpfe daneben im Profil erscheinen. Sie verdeutlichen das Sterben im Krieg auf höchst realistische Weise. Um so verwunderlicher ist es, daß ein solches Programm durch den Kurfürsten als Bauherrn an diesem deutlich höchstrepräsentativen Staatsgebäude überhaupt genehmigt wurde! Cornelius Gurlitt äußert sich zu diesen Kriegerköpfen so eindrucksvoll, daß hier ein längeres Zitat erfolgen muß:

»Mit Unrecht nennt man jene Köpfe Masken. Sie sind nicht theatralische Erscheinungen. Es bekundet sich vielmehr hier ein grimmer Ernst des Naturalismus. Der Schönheit ist kein Recht über die Wahrheit eingeräumt; der Tod ist nicht als ein Genius mit umgekehrter Fackel gedacht, sondern in der erschütternden Gestaltung des Nordens. Es ist das Morden der Schlacht mit all seinem Grausen dargestellt, das mißtönende Röcheln, das Erschlaffen der Züge, das Schmerzenswelken des Mundes, das Brechen des Auges, der ganze unsägliche Jammer ohne Erhebung, ohne Versöhnung, ohne irgend eines jener Mittelchen, mit denen die neuere Kunst glaubte, die harten Pillen der Wahrheit sich mundgerecht — schöner — machen zu müssen. Es ist auch nichts an den Köpfen ›geistreich‹, wenn man darunter vielsagende Beziehungen denkt. Die Köpfe bilden keinen ›Cyklus‹ und haben dem Beschauer nichts zu sagen, als die Schilderung des Schlachtentodes. Es ist kein Todtentanz, der in halb humoristischen Bildern die ernste Gestalt des Knochenmannes schildern will. Schlüter denkt an nichts als an die Wahrheit. Er will Erschautes wiedergeben; er will weder den Krieg verherrlichen, noch von ihm abmahnen; ganz unbefangen, echt künstlerisch schildert er sterbende, verblutende Krieger«.[23]

Zwar sind die Köpfe der Leidenden, Fachleute streiten, ob es sich wirklich um schon tote Menschen handelt oder um sozusagen in den letzten Zügen liegende Krieger, nicht an den Straßenseiten angebracht, wo mit der gesamten Ornamentik eher ein Sieg gefeiert wird und jedermann entlangflanieren konnte, sondern im Schutze der vier Zeughaustrakte im Binnenhof, wo nur einer Auswahl von Menschen der Zutritt gestattet wurde. Hans Reuther gibt eine Deutung, die m. E. aber nur als Vorschlag anzunehmen ist, weil sie nicht ausreicht, das Phänomen der Schlüterschen Köpfe eindeutig zu klären:

»Diese Häupter von 22 Erschlagenen sind keine Gedächtnismale für Gefallene, sondern ein Monument des Triumphes, abgeschlagene und an Schilden aufgehängte Barbarenschädel, die als Siegeszeichen gelten in Erinnerung an die Türkengefahr vor Wien im Jahre 1683, an deren Bannung auch brandenburgische Hilfstruppen ihren Anteil hatten«.[24]

18.2 Portale

Portale sind die Übergänge von Außen nach Innen und umgekehrt. Im Zeughaus unterscheidet man Haupt- und Nebenportale. Sie haben zwei Funktionen. Die eine ist die Kommunikation für das ein- und auszubringende Kriegszeug, die andere die durch entsprechenden architektonischen Gestaltungsaufwand erzeugte Symbolik zur Gebäudecharakteristik, für den Speicherbesitzer und dessen echte oder angebliche Macht, Stärke, Reichtum. Letzteres gilt besonders für die Hauptportale als repräsentativste Orte der Zeughäuser. Schon bei der Grundrißbetrachtung wurde deutlich, daß je nach Disposition regelrechte Hauptkommunikationswege durch den Speicherbau führten, denn das schwere Material mußte mit Gespannen transportiert oder mit mechanischem Gerät wie dem Furttenbachschen »Argano« [ABB. NR. 277.2] gehandhabt und oftmals auch nur geschleift werden. Deshalb gab es früher in jedem Zeughausportal auch Prellsteine [ABB. NR. 362-364], zu denen ähnlich wie an Festungstoren oftmals ausgediente Kanonenrohre Verwendung fanden. Die technischen Bedingungen an die Portalflügel müssen aus den Traktaten gezogen werden, da keine Originale mehr vorhanden sind. Da forderte G. A. Böckler 1665:

»Die Thor und Eingaenge in das Zeughaus sollen mit starcken eyssern Blechen beschlagen werden/und sollen außwaerts gegen die Gassen/und nicht inwarts aufgehen/ inwendig sollen noch doppelte Thore und Thueren seyn/ diese muessen aber nicht von Blech beschlagen werden«.[25]

An welche Probleme damals »ingenieurtechnisch« gedacht werden mußte, zeigen z. B. Äußerungen über das notwendige »Katzenloch« in der Zeughaustür, zu dem wieder Böckler zitiert sein soll:

»Die Thore und Thueren muessen aussen und innen ein klein Loch haben/dardurch die Katzen auß und einkommen koennen/damit das Haus vor dem Ungezifer der Maeuß zu reinigen/die sonsten das Gewehr und andere Sachen im Zeughaus verderben«.[26]

Im von J. H. Zedler 1732 bearbeiteten Lexicon begegnet man einer anderen Begründung für Löcher in den Zeughaustüren:

»In die Thore kommen zwey grosse runde Loecher, als Schuesseln groß, damit die Lufft zu aller Zeit Tages und Nachts ungehindert frey durchstreichen, und von sich selbst den Zeug trocknen koenne«.[27]

Die Hauptportale sind es, die der Architekt meist reich, überreich oder auch prunkvoll und scheinbar überladen, martialisch drohend, vielleicht gar abweisend entwarf und dekorierte. Daß diese gesamte Portalarchitektur gewissen allgemein anerkannten Grundauffassungen und Anwendungsregeln unterworfen wurde, ist aus der Architekturtheorie ableitbar. Der Geist des Zeughausgebäudes verlangte ein gewisses »Korsett« an Vorgaben innerhalb dessen die Architekten inventieren konnten. Friedrich von Fleming meinte 1726:

»Die Thore und Eingaenge in solche Haeuser koennen mehr als eynes seyn, nachdem es die Gelegenheit des Gebaeudes zur bequehmen Aus= und Einfarth der Stuecke an die Hand giebt, und muessen die Portale an die Thore und Thuere à la rustica, und mit der geringsten Ordnung der Saeulen, wenn man will, erbauet werden; Viel Simmerswerck aber, und andere Ordnung der zartern Saeulen bey solchen Haeusern zu machen, ist wieder die Ordnung und

Fundamenta der Civil-Bau=Kunst, welche in ihren Maximen nur confundirt wird«.[28]

Im Bildband findet man eine ganze Reihe von Zeughausportalen, die jedes einzeln für sich schon ein kleines oder größeres Kunstwerk, auch für das ganze Gebäude sprechen. Vom rein funktionalen und daher nüchternen Tor eines »Gebrauchs-Zeughauses« wie in Siegen [ABB. NR. 382], Rendsburg Hohes Arsenal [ABB. NR. 389] mit vernieteten Blechtüren oder dem aus schwerer Rustika bestehenden Portal des Alten Zeughauses der Festung Königstein [ABB. NR. 83] bis zu den festlichen Portalzonen eines Speicher- und Erinnerungsbaus als absolute Höhepunkte der Portalarchitektur wie in Breda [ABB. NR. 383] oder in Wolfenbüttel, wahrhaft kaiserlich in Wiener Neustadt [ABB. NR. 366+367][29] und mit höchsten Triumphen in Berlin [ABB. NR. 386] reichen die ausgewählten Beispiele. Ich verweise auf die zugehörigen Legenden:

- Amberg, ABB. NR. 116
- Augsburg, ABB. NR. 177+178+413
- Berlin, ABB. NR. 359.1-6
- Baden/CH, ABB. NR. 380+381
- Braunschweig Städt. Zeughaus
- Breuberg, ABB. NR. 120-121, ABB. NR. 372+37
- Coburg, ABB. NR. 403
- Danzig, ABB. NR. 344+345+411
- Dresden, Arsenalhauptgebäude
- Gießen, ABB. NR. 161, ABB. NR. 485+486
- Germersheim, ABB. NR. 392
- Gotha, ABB. NR. 362
- Graz, ABB. NR. 427
- Hannover NZ, ABB. NR. 391
- Ingolstadt, ABB. NR. 394. 7+8 + 492
- Jülich, ABB. NR. 97
- Kassel, ABB. NR. 167+377
- Köln, ABB. NR. 370+371
- Königstein NZ, ABB. NR. 364
- Lemgo, ABB. NR. 140
- Liestal, ABB. NR. 144
- Lindau, ABB. NR. 361
- Ludwigsburg, ABB. NR. 480+481
- Mainz AZ, ABB. NR. 374
- Mainz NZ, ABB. NR. 11.2
- Mannheim, ABB. NR. 429+430
- Mont Royal, ABB. NR. 42+43
- Marienberg NZ, ABB. NR. 390
- Nürnberg, ABB. NR. 395+369+417
- Oldenburg, ABB. NR. 475
- Palmanova, ABB. NR. 148
- Rendsburg Arsenal, ABB. NR. 125
- Rendsburg Arsenal II, ABB. NR. 387
- Schaffhausen, ABB. NR. 341+342
- Schweinfurt, ABB. NR. 385
- Solothurn, ABB. NR. 348
- Stade, ABB. NR. 44.1[30]
- Toulon, ABB. NR. 352.1+2
- Ulm, ABB. NR. 216
- Venedig, ABB. NR. 415+416
- Wien Arsenal, ABB. NR. 338
- Wien Bürgerl. Z., ABB. NR. 9.1+2
- Wolfenbüttel, ABB. NR. 24+379
- Würzburg Jagdzeughaus, ABB. NR. 145

Zur Tür bzw. zum Portal gehören auch Türgriffe und Türklopfer. Sie rechnen zu den Erzeugnissen der Kleinkunst. Von Zeughäusern lassen sich nur wenige solcher Originalteile nachweisen. Zur wahren Zierde der Zeughausportale in Nürnberg und Luzern müssen die Türklopfer [ABB. NR. 395 und ABB. NR. 396.2] beigetragen haben. Zum Luzerner gotischen Klopfer gehört auch der Türgriff [ABB. NR. 396.1], beides in situ auf dunkelrot gestrichenem Holzblatt der Tür zur Treppenanlage. Drei Maskerons sind erkenntlich. Zumindest das Nürnberger Exemplar des 17. Jh., heute Museumsstück, hat so gar nichts Martialisches an sich. Es zeigt oben zwar ein mißmutig dreinschauendes Maskeron, doch unten Engel und Kinder. Einen ganz sachlichen eisernen Türgriff von einem der zahlreichen Portale des Zeughauses Ingolstadt von 1869/71 zeigt ABB. NR. 394.7; darunter ist ein Teil einer sehr sachlichen gußeisernen Hoftür vom gleichen Objekt aufgenommen. Ein Unikat ist das heutige Museumsstück und ehemalige doppeltürige schmiedeeiserne Portal des »Zeughauses in Gassen«, Zürich, mit deutlichen die Zeitstellung (1762) signalisierenden Rocaillen [ABB. NR. 393.1]. Zu diesem 3,50 m hohen Portal sind sogar originale Rüstungsteile wie Brustpanzer und Morione eingearbeitet. Mit den Kanonenkugelpyramiden gibt das zusammen den Hinweis auf den Charakter des einst dahinterliegenden Gebäudes, doch ist das Martialische durch das bekrönte Stadtwappen im Halbkreis mit den Abbreviaturen S.[enatus] P.[opulus] Q.[ue] T.[uricensis] gemildert. Eine Rarität ist auch das metallene Schlüsselschildchen aus dem Zeughaus Köln [ABB. NR. 393] für die Luntenkammer des 18. Jahrhunderts.

18.3 Fenster

Das Fenster ist einerseits ein technisch-funktionales Bauteil und andererseits eines der besonderen Gestaltungsmittel des Architekten. Fenster gliedern eine Wand besonders eindrucksvoll durch Aneinanderreihung und tragen zur geforderten »EURYTHMIE« als »Wohlgereimtheit« bei. Sie sorgen bei vorhandenen Fensterläden für Tageslicht oder Verdunklung und sind Teil des Lüftungssystems. Durch ihre Lage und Größe kann der Architekt die Helligkeit und den Lichteinfall in gewissen Grenzen planen. So kam es im Zeughaus besonders darauf an, die Seitenschiffe auszuleuchten, weniger das Mittelschiff, welches hauptsächlich der Kommunikation diente. Es ist ein Erfahrungswert, daß das Licht ca. 5 m vom Fenster den Raum noch knapp ausreichend beleuchtet. Damit waren im Zeughaus zusätzliche Lichtquellen, etwa Feuerpfannen und Laternen, notwendig.[31]

Die Verglasung von Fenstern setzte sich in der Spätgotik durch, doch trifft man erst mit dem 18. Jh. auf Klarglasscheiben. Für das Zeughaus Bern kann man aus den Stadtrechnungen schließen, daß sich dort Ende des 16. Jh. sogar gemalte Glasfenster befunden haben müssen. Meist war in Zeughäusern Dämmerlicht, wie das in den Waffenspeichern von Forchtenstein, Graz und Solothurn noch unmittelbar erlebt werden kann.

Beim Betrachten der bildlichen Darstellungen und der erhaltenden Zeughäuser fällt auf, daß es niemals generelle Regeln gab, nach denen Fenster in Lage, Größe und Form konstruiert und dekoriert wurden. Wenn es sich nicht um ein Zeughaus mit hohem Repräsentationsanspruch handelte, hat man im Erdgeschoß kleine Fenster eingerichtet und somit die Wand so wenig wie möglich geschwächt und Einschußmöglichkeiten verringert. Bei Zeughäusern im Gefahrenbereich trifft man auch auf Fensterläden aus Metall, wie sie am Zeughaus in Coevorden [ABB. NR. 51.2] bei der Herrichtung zur Bibliothek wieder rekonstruiert wurden. Die Fenster des Zeughauses Luzern [ABB. NR. 8] besitzen noch heute dreiteilige Blechläden mit interessanter Verschlußtechnik wie aus ABB. NR. 397.1 ersichtlich wird. Gerade für Speicher und damit für Zeughäuser ist es gebäudetypisch, daß die Fenster auf der gesamten Länge und Breite des Gebäudes aufgereiht wurden. Vgl. dazu die ABB. NR. 20+21. Die Rhythmisierung der Fassaden durch in jedem Stockwerk anders ausgelegten Fenstergrößen und -verzierungen konnte auch zu einer abschreckenden Monotonie führen, wie sie etwa auf dem Luftfoto des Arsenalkomplexes Aussersihl und der umgebenden Wohnbebauung mit »Mietskasernen« [ABB. NR. 14] zu erkennen ist.[32]

Die Traktatautoren äußern sich wenig oder nur kurz zum Fensterproblem. Hier einige kennzeichnende Zitate:

Daniel Specklin meint 1589:

»Das Zeughauß ... die Fenster alle/vnden vnd oben mit starckem Glaß in Rahmen vermacht/das sie wie Laeden auffgehn /oder Laeden/so in der mitten ein Glaßfenster anderhalb schuch breit/vnd drithalber schuch hoch/auff das wo in wendig was zuthun/man sehen koenne/vnd bei feuchtem Wetter nit offnen doerffe/ ...«.[33]

J. Furttenbach erläutert sein Zeughausprojekt sehr genau. Zu den Fenstern ABB. NR. 331.6 A+B führt er 1630 aus:

»D. zwo neben Seitten deß ernanten Hauptbaws/allda koenden die Fenstergericht von schoenen Einfassungen geziert/vnd dadurch das Zeughauß fuer ein Fuerstlichen Pallast angesehen werden«.[34]

Der Fürstlich Pommersche Zeugmeister der Stadt Stettin Wendelin Schildknecht hat in seinem Traktat von 1652 nur wenig zum Zeughaus mitzuteilen. Nach ihm

»sol das Rath= oder Zeughauß/sey welches unter beyden [wie] es wolle nicht große=sondern kleine Fenster/so man in Zeit der Noth zu Schieß Loechern gebrauchen koenne; die groeßern vergitterten Fenster aber mitten/und die groeßten/als in Superlativo modo, oben eingeschnitten/gehawen oder gemauret haben«.[35]

Georg Andreas Böckler fordert 1665:

»Das gantze Gemaeuer aussen herumb umb das Zeughaus solle in allem 24. Fenster haben/derer Hoehe und Groesse richtet sich nach Gutduencken/... Die Fenster sollen eyserne Gitter/und mit Eysern Laeden von Blech haben/inwendig sollen auch enge Gatter von Drat geflochten fuer gemacht /und verglaeste Fenster von Rauten=Glaß haben.«[36]

H. F. von Fleming möchte die Fenster im Zeughaus ganz im Gegensatz zum Palast- und Wohnbau sehr klein angelegt wissen. 1726 schreibt er, daß die Fenster in der Geschützhalle kleiner sein sollen als die im oberen Stock und

»auch von der Erde ziemlich weit in die Hoehe durch die Mauer eingebrochen, mit Scheiben, geflochtnen Drath, eisernen Staeben, und wenn man will mit Laeden verwahret seyn«.

Als originelle Begründung gibt er an:

»damit auch der allerlaengste Mensch von aussen nicht koenne hinein sehen, und etwan seine boesen Messures darnach nehmen«,

mit anderen Worten, um Spionage zu verhindern.[37] Julius von Wurmb meint zu den Gewehrsälen im 1. Stock des Zeughauses seiner Zeit:

»Diese kann man ansehnlich hoch, bedeutend lang, und durch die ganze Breite des Gebäudes reichend herstellen; auch wohl mit passendem Schmucke, so wie mit hohen & breiten Fenstern versehen«.[38]

Welchen Schmuck der Autor im Sinne hat, erfährt der Leser allerdings nicht.

Der Bildband belegt, daß die Fensterausbildung für jedes einzelne Zeughaus unterschiedlich ist und diese damit zur Individualität der Waffenspeicher in hervorragender Weise beiträgt. Von den dem benachbarten Schloß »entlehnten« Kreuzsprossenfenstern des Zeughauses in der Zitadelle Jülich [ABB. NR. 97 f] über die fein profilierten Fenster des Zeughauses Wolfenbüttel [ABB. NR. 397.2], die palastartigen Fenster im Barock der Zeughäuser Mannheim [ABB. NR. 357 f], Mainz [ABB. NR. 11], vor allem Berlin [ABB. NR. 359] zu den rundbogigen Fenstern des 19. Jh. in Oldenburg [ABB. NR. 399], Germersheim [ABB. NR. 211], Spandau [ABB. NR. 101], Hannover [ABB. NR. 186] bis zu den einmaligen Fensterlösungen am K. K. Arsenal Wien [ABB. NR. 339+400] reicht die Palette der Fensterformen und -arten. Daß Fenster auch hier und da mit zum Teil kunstvollem Gitterwerk versehen wurden, zeigen u.a. die ABB. NR. 314 und ABB. NR. 394.2,3,5,6 und ABB. NR. 427. Bei letzterem Beispiel, Zeughaus Graz, gehören die eisenvergitterten Fenster eindeutig zur Portalzone des Haupteingangs. Das gilt auch beim erhaltenen Zeughaus Baden/ Schweiz von 1614 [ABB. NR. 380 f].

18.4 Giebel

Giebel sind die Abschlußwände der Stirnseiten von Satteldächern. Diese Dachform kommt an Zeughäusern besonders häufig bei den einflügeligen Kompaktbauten und Zwerchhäusern vor. Die Giebelform ist dreieckig und bietet sich zur architektonischen Ausgestaltung vorzugsweise in den Umrißlinien und weniger zahlreich in den Flächen an. Gute Beispiele für die Umrißgestaltung in Renaissance und Barock in einem Ort sind das städtische Zeughaus »Baustadel« in Amberg mit Stufengiebel [ABB. NR. 115.1] und das Kurfürstliche Zeughaus mit den einst knapp über der Stadtmauer sichtbaren barocken Voluntengiebeln [ABB. NR. 116.2]. Die vergleichende Untersuchung ergab, daß kein Giebel eines Zeughauses sich irgendwo wiederholt. Es handelt sich stets um Neuschöpfungen des Architekten, wenn auch stilistische Gemeinsamkeiten oder Ähnlichkeiten wie bei anderen Gebäudetypen anzutreffen sind. Im folgenden Abschnitt wird aus der Vielzahl an Zeughausgiebeln nur eine Auswahl vorgestellt mit dem Ziel, eine Grundthese dieser Arbeit auch hier zu belegen, daß es sich bei fast allen Zeughäusern auch um Repräsentationsarchitektur handelt.

In zahlreichen Fällen sind die Giebelfelder nüchterne Flächen ohne ornamentalen Schmuck, so u. a. beim Muthaus Hardegsen [ABB. NR. 26.9], den Zeughäusern Hohes Haus Veste Coburg [ABB. NR. 37+38], Schwäbisch Hall [ABB. NR. 7+71], Neues Zeughaus Danzig [ABB. NR. 175+176], Querfurt [ABB. NR. 137.3], Altes Zeughaus Königstein [ABB. NR. 83.2]. In den Giebelfeldern begegnet man aber Fenstern unterschiedlichster Art. Die oberen Fenster dienten nur noch zur Ausleuchtung der höchsten und damit schmalsten Böden, wie es sehr deutlich an den Zeughäusern Schwäbisch Hall und dem Hohen Haus zu erkennen ist. Oft sind in diesem Bereich auch die Luken der Förderwerkzeuge anzutreffen, die mit ihren Seilzugsystemen einst außerhalb der Gebäude lagen. ABB. NR. 408 zeigt einen kleinen verzierten Giebel des Dacherkers für die Fördereinrichtung des sehr hohen weil mit Schildmauerfunktionen versehenen Zeughauses auf der Plassenburg. Erst in den Giebeln von Waffenspeichern, die deutlich Teil eines städtischen oder fürstlichen Selbstdarstellungsprogramms waren, wurde Pracht auch im Giebelbereich entfaltet. Entsprechend den unterschiedlich gewichteten Repräsentationsfunktionen und abhängig von der jeweiligen Entstehungszeit trifft man auf zahlreiche Giebelformen. Aus Vorlagebüchern übernahmen die Architekten die schon zitierten Zierformen wie Arabeske, Mauereske, Rollwerk, Groteske und Maskerons, Fruchtgehänge, Voluten, Pyramiden sowie Roll- und Beschlagwerk. Musterbeispiele für Renaissancegiebel mit einer Auswahl dieser Elemente sind u.a. das Alte Zeughaus Dresden wie im Kupferstich ABB. NR. 195 überliefert, die Zeughäuser Wolfenbüttel, Gießen, Danzig und Schaffhausen. Die feinen Steinmetzarbeiten wurden oft auch farbig gefaßt. Heutige Nachweise zu dieser Tatsache sind äußerst kompliziert. Während man z. B. in Wolfenbüttel bestimmte Giebelteile gelb angestrichen hat, ist für das Zeughaus Danzig eine echte Vergoldung von Hausteindekor nachweisbar. Am Stadtzeughaus Coburg von 1616/21 [ABB. NR. 403+404] gelang kürzlich der bauanalytische Nachweis von Originalfarbresten, so daß die Giebel ihre ursprünglich rot-weiße, die ornamentalen Motive rotbraune und die reinen Putzflächen weiß-beige Fassungen erhalten konnten. Über die historisch richtige Rotfärbung des gesamten Außenputzes und damit auch der 5 Giebelflächen am Zeughaus Wolfenbüttel wurde schon oben in anderem Zusammenhang berichtet.

Am häufigsten kommen Stufengiebel nicht nur in der Schweiz vor, z. B. die Zeughäuser Schaffhausen [ABB. NR. 341/342], »In Gassen« Zürich [ABB. NR. 6], Stein am Rhein und Altes Zeughaus Basel, sondern auch bei uns. So besitzt das Neue Zeughaus der Festung Rosenberg einen martialischen Stufengiebel. ABB. NR. 406 zeigt die auf den Stufen hier sicher symbolträchtig aufliegenden Kugeln; aus der Luftaufnahme ABB. NR. 405 ist zu entnehmen, daß der Giebel weithin sichtbar ist. Das hatte früher den Nachteil, daß der Feind die genaue Lage des Waffenspeichers erkannte und diesen ggf. als Einschußziel für die Artillerie benutzen konnte. Stufengiebeln begegnet man auch am Zeughaus Ste Barbe vom Ende des 15. Jh. in Schlettstadt [Sélestat]. Die Stufungen sind so hoch gezogen, daß man dort von einer Krenelierung des Giebels sprechen kann. Verwandtschaft besteht rein formal zu den Giebeln des Zeughauses Leipzig [ABB. NR. 20], dort gab es allerdings zusätzlich im Giebelfeld fünf Reihen von Blendarkaden. ABB. NR. 407 zeigt einen Stufengiebel am Zeughaus der

Plassenburg. Auch das Münchener Stadtzeughaus [ABB. NR. 214.1] hatte einst einen Stufengiebel — wie das Sandtnersche Modell von 1572 [ABB. NR. 213] beweist. Nach dem Wiederaufbau ist der Giebelumriß [ABB. NR. 214.2] geglättet. Nur die beiden charakteristischen, zu Beobachtungszwecken über Eck gestellten Erkertürmchen sind wiedererstanden.[39] Weil das Original im Krieg verloren ging, findet man am Zeughaus Neumarkt [ABB. NR. 45.5] einen geschickt rekonstruierten Stufengiebel. Ob die Giebel des Zeughauses Köln [ABB. NR. 113+114] zur Erbauungszeit Aufsätze getragen haben? Ein Nachweis fehlt, doch ist die Annahme berechtigt.

Oft wird dem Kastenbau an den Stirnflächen ein Giebel vorgeblendet, der weit über die Dachschrägen hinausreicht und seitlich als Blendwerk übersteht. Die Entwurfszeichnung der Hauptfassade des Zeughauses Augsburg [ABB. NR. 413] von ca. 1603 läßt durch schwache Einzeichnung der beiden Dachkanten erkennen, wie weit mit welchen Teilen der Giebelschmuck über die Dachkanten hinaustritt und die Giebelfläche dadurch auch optisch vergrößert. Dieses Phänomen zeigt auch das Beispiel Wolfenbüttel. ABB. NR. 410.2 gibt den vom Architekten nicht vorgesehenen Besucherblick von hinten auf den Schaugiebel der Hauptfassade. Das, was da über die Dachkanten ragt, ist gegen Wind und Wetter sehr empfindliche Architektur. Sie besteht aus schmalen ornamentierten Platten und Ornamentkörpern, die miteinander nur verklammert sind [und so zu einem Problem der Denkmalpflege wurden]. Am Beispiel Wolfenbüttel soll auch verdeutlicht werden, daß für jedes Zeughaus individuelle Analysen notwendig sind, um die spezifischen Intentionen zur Anordnung der Giebel zu klären. Die Luftaufnahme [ABB. NR. 68] zeigt das Zeughaus mit den nur auf dieser Dachseite befindlichen mit prächtigen Giebeln versehenen drei Zwerchäuser, wie sie ähnlich am Zeughaus in Gießen [ABB. NR. 159] und beim Alten Zeughaus Dresden [ABB. NR. 195] sowie in Kassel [ABB. NR. 66.2] festzustellen sind. Zusammen mit dem in der schmalen Nordfront befindlichen Hauptportal und dem dort plazierten Schmuckgiebel ergab das den gewollten Blickfang vom Platz- und Schloßbereich sowie den gegenüberliegenden Hofbeamtenhäusern. Der östliche Zeughausgiebel [ABB. NR. 24] zeigt sich schmucklos schon auf ältesten bildlichen Darstellungen und hat nur im Dachraum befindliche Böden andeutende Gesimse und Fenster. Aus dieser Richtung wäre ein repräsentatives Wirken auf Grund der Umgebungssituation und der nahen Festungswälle unnütz gewesen. Auch hatte der über das Dammtor in die Zitadelle [ABB. NR. 69] gelangende Besucher sofort die repräsentativen Prachtfassaden von Schloß und Zeughaus im Auge. Das war die herzoglich-stadtplanerische Absicht, die erfolgreich in Architektur umgesetzt wurde, so daß sich noch heute ein mit dem benachbarten Getreidespeicher und dem Lessing-Haus einmaliges Gebäudeensemble ergibt.

Auf einen eigenartigen Giebel des Zeughauses Lemgo [ABB. NR. 140] soll ebenfalls hingewiesen werden. Über den aufsteigenden glatten Giebelschrägen sitzt oben statt einer Spitze eine beiderseits auskragende fast rechteckige und mit zwei Kugeln bekrönte Firststaffel auf. Über den rekonstruierten Schrägstreifenputz wurde schon oben gesprochen.

18.5 Säulenordnung

Unter Säulenordnung versteht man das Säulen- und Gebälksystem des antiken Tempels und die daraus abgeleiteten Bauformen. Erik Forssmann hat in seinen Studien über den Gebrauch der Säulenordnungen in der Architektur des 16.-18. Jh. herausgestellt, daß die drei klassischen Ordnungen Dorica, Ionica, Corinthia vom 15. bis ins frühe 19. Jh. angewendet wurden und so die Epochen verbanden.[40] Zu den drei Ordnungen gehörten stets ein ganz bestimmter

»dekorativer Apparat sowie die ornamentalen Accidentien«.[41]

Säulen können allein frei stehen oder in Reihung oder Gruppen, als Halb-, Viertelsäulen in Wänden — alles das war vom Architekten frei wählbar; nur bei der zur Anwendung gelangenden Ordnung »diktierte« die Bedeutung des jeweiligen Gebäudetyps. Das ging auf Vitruv zurück, der die Proportionen der dorischen Säule auf den männlichen, die ionische Säule auf den weiblichen und die korinthische Säule auf den jungfräulichen Körper zurückführte. Diese Zusammenhänge wurden sogar mathematisiert in Form des Moduls als Verhältnis von Schafthöhe zum unteren Durchmesser. Durch Alberti erhielten die Säulen weitere Zuordnungen wie Arbeit und Dauerhaftigkeit zur Dorica, Anmut und Heiterkeit zur Corinthia und beides für die mittelste Form der aus diesen zusammengesetzten Ionica.

Die Architectura militaris steht als »Kriegsarchitektur« der Architectura civilis als »Friedensarchitektur« gegenüber. Zur Charakterisierung der Bauten der Kriegsbaukunst hatte sich für Festungs- und Stadttore sowie Zeughäuser [aber auch für Gefängnisse, Packhäuser, Zollgebäude, Marställe, Brücken u. a. »feste« Bauaufgaben] die toskanisch-dorische Ordnung in ihren unterschiedlichsten rustizierten Formen schon früh allgemein anerkannt durchgesetzt. An den verschiedenen Stilepochen angehörenden Zeughäusern trifft man dann auch diese Merkmale immer wieder in zahlreichen Varianten an, so z. B. am Hauptportal des Arsenals Venedig und an den Zeughäusern Danzig, Augsburg, Berlin, Wien, NZ Marienberg. Bei aller Verschiedenheit dieser Fassaden und Portale haben sie doch die genannten martialischen Grundstrukturen gemeinsam. Und da, wo die Fassaden ohne eine Ordnung gebaut wurden, lassen sich in den Portalen die gebäudecharakteristischen Merkmale der toskanisch-dorischen Ordnung finden. Hervortretendes Beispiel ist das Zeughaus in Wolfenbüttel, bei welchem der Baumeister ganz auf Säulen verzichtet hat bis auf das rundbogige Hauptportal mit dem mehrfach zitierten martialischen Aufsatz [ABB. NR. 379]. Das Portal wird durch toskanische Halbsäulen gebildet. Diese sind in einer außerhalb Wolfenbüttels nirgendwo auftauchenden Rustica in Art von Wellenbossen mit Motiven aus den Bereichen der Phantasie, Fabel, Pflanzen- und Tierwelt verziert, die — da offensichtlich vom gleichen Meister Paul Francke († 1615) — nur noch ähnlich in den 475 reliefierten Quadern des Westturmes der Hauptkirche Beatae Mariae Virginis vorkommen und jüngst durch Wolfgang Kelsch entschlüsselt wurden.[42] ABB. NR. 436.1+2 zeigen Wellenbossen vom Zeughausportal mit schwertschwingendem Kentaur und Engelskopf. Natürlich haben sich auch die [Zeughaus-]Architekturtheoretiker Furttenbach,[43] Sturm, Penther,[44] Cleinow[45] in ihren Traktaten mit den ordine für martialische Gebäude auseinandergesetzt. Ein aus dieser Sicht großartiger Entwurf ist das Sturmsche Zeughaus [ABB. NR. 354], in dem er geschickt dorische Wandpfeiler und Säulen für den Portikus der dreischiffigen Anlage auswählte. Dazu hat er eine regelrechte Konstruktionsbeschreibung gegeben.[46] Zusammenfassend darf festgestellt werden, daß jeder Waffenspeicher auf die spezielle Anwendung der Säulenordnungen und ihrer Variationen untersucht werden muß. Das Grundgerüst bietet die Lehre der genera durch die Bautheoretiker seit Vitruv und Alberti.

18.6 Wappen / Inschriften / Apotropismus

18.6.1 Wappen / Inschriften

An den zahlreichen fürstlichen Zeughäusern findet man bis in die Zeit der Französischen Revolution stets Wappen, Monogramme und Inschriften des adeligen bzw. fürstlichen Bauherrn. Hier eine nach dem Bildband getroffene Auswahl. Die zugehörigen Erläuterungen entnehme man den Bildlegenden:[47]

- Berlin, ABB. NR. 126+127
- Braunschweig, ABB. NR. 133.1+2
- Danzig, ABB. NR. 419
- Dresden, ABB. NR. 485
- Gießen
- Karlsruhe, ABB. NR. 112.3
- Kassel, ABB. NR. 377, 420.1+2
- Königstein, ABB. NR. 364
- Kopenhagen-Holmen, ABB. NR. 431
- Magdeburg, ABB. NR. 149+150
- Mainz AZ, ABB. NR. 374+376
- Mainz NZ, ABB. NR. 402
- Mannheim, ABB. NR. 428.1+429
- Meppen, ABB. NR. 423
- Nürnberg, ABB. NR. 417
- Rendsburg, ABB. NR. 124
- Stade, ABB. NR. 41.1+422
- Vechta, ABB. NR. 424
- Wiener Neustadt, ABB. NR. 367
- Wolfenbüttel, ABB. NR. 421.1+2.

Zeughäuser bzw. Arsenale, die im Namen einer Republik, einer Landschaft, eines Kantons oder als nationale Einrichtungen erbaut wurden, zeigten ebenfalls ihre Symbole:

- Danzig, ABB. NR. 419
- Delft, ABB. NR. 6.1+2
- Gertruidenberg, ABB. NR. 51.4
- Graz, ABB. NR. 427
- Ludwigsburg, ABB. NR. 481.1
- Schaffhausen, ABB. NR. 341+342.

Auch die unter rein städtischer Regie errichteten Zeughäuser traten mit Wappen und Inskriptionen an:

- Braunschweig, ABB. NR. 373+374
- Bremen, ABB. NR. 129
- Köln, ABB. NR. 370+371
- Nürnberg, ABB. NR. 417
- Ulm.

Auch die keinem bestimmten Bauherrn oder Eigner zugeordneten Projektpläne und Darstellungen aus der Traktatliteratur zeigen den kanonisch festgelegten Ort für Wappen und Monogramme, z.B. die Pläne von

- Furttenbach, ABB. NR. 331.6. A;
- Sturm, ABB. NR. 354+355;
- Penther, ABB. NR. 220.

18.6.2 Apotropismus

Unter einem Apotropäon versteht man einen Gegenstand, der eine magische Bedeutung als Abwehrzauber hat. Oft muß von Fall zu Fall untersucht werden, ob bei einem Kunstwerk auch apotropäische Wirkungen beabsichtigt waren oder nicht.[48] Am neuzeitlichen Gebäudetypus Zeughaus sind im Sinne eines reinen Abwehrzaubers benutzte apotropäische Motive nicht mehr gegeben, wohl gibt es Schmuckmotive, die den martialischen Gebäudecharakter andeuten sollen. Der Architekt griff dabei auch auf einstige Apotropaion zurück. Als Beispiel sei der ›1619‹ datierte Aufsatzes über dem Hauptportal des Zeughauses Wolfenbüttel [ABB. NR. 421.2] im Foto und ABB. NR. 379 als Bauaufnahme genannt. Auf den Näherkommenden richten sich eine Reihe von plastisch und hohl ausgearbeiteten Mündungen von Kanonenrohren und steinerne Kanonenkugeln. Heute fällt es dem Besucher schwer, diese Tatsachen zu erkennen, aber früher waren die Menschen in der Lage, solche emblematischen und apotropäischen Bedeutungen aus den Motiven deuten zu können. Wendel Dietterlin hat mit seinem Entwurf eines Zeughausportals in dorischer Ordnung die Architektur augenfälliger vorgestellt. ABB. NR. 378 gibt die Reproduktion seiner Radierung von 1589 wieder. Man erkennt, daß der Künstler vollplastische Geschütze in der Art von echten Arsenalmodellen in sein mit martialischen Gegenständen sehr realistisch geschmücktes Portal einbezogen hat. Im Wolfenbütteler Portalaufsatz handelt es sich dagegen nur um »Abkürzungen« realer Waffen. Auch müssen die Kugeln nicht unbedingt als Geschützkugeln anzusehen sein. Apotropäisch wirken sie jedenfalls nicht, sie sind Schmuckformen wie auch die Kugeln im Giebel des Emdener Magazingebäudes [ABB. NR. 26.1.], die dort zum Programm der Fassadengestaltung gehören.[49]

Im folgenden Text berichte ich über ein ursprünglich stark apotropäisch wirkendes Motiv der Antike, das in der Neuzeit im gesamten Existenzzeitraum der Zeughäuser primär mit symbolischem Gehalt an diesen auftaucht. Es handelt sich um das

CAPUT — GORGONIS — MOTIV.

Ein Kupferstich von 1597 ist das erste Blatt des Bildbandes [ABB. NR. 1]. Da thront die Allegorie der Waffen und Rüstungsgüter »Arma« über ausgebreitetem Zeughausinventar. Neben ihr lehnt ein Schild verziert mit einem entsetzlich schreienden Haupt mit hohlem Blick und Schlangen statt Haaren. Unter den Schlüterschen Masken am Zeughaus Berlin fällt auch eine Skulptur [ABB. NR. 440.8] mit einem Gesicht über geschupptem Untergrund auf. Die Augen sind geschlossen, der Mund weit zum letzten Schrei geöffneten. Aus dem Haupt winden sich acht sehr realistisch geformte Schlangen. Zwei Gorgonenhaupt-Skulpturen sind über den äußeren Seitentüren des Zeughauses zu finden. Cornelius Gurlitt äußert sich:

»Jene [Schlußsteine] über den seitlichen Thoren sind als Gorgonen-Häupter gebildet. Selten ist der Kopf der schlangenhaarigen Medusa größer und furchtbarer aufgefaßt. Das schmerzvolle gebrochene Auge, der schlaffe Mund, das Hinwelken des kraftvollen Fleisches, die kleinen Fältchen am Munde, Alles zeigt dies eine Eindringlichkeit der Beobachtung und eine Kraft der Darstellung wie sie nur den größten Meistern gegeben ist«.[50]

Gorgo = Medusa war ein durch die Lüfte fliegender Dämon im griechischen Mythos. Wegen Unkeuschheit war er in eine häßliche Gestalt mit Haaren aus Schlangen verwandelt worden. Das Gorgoneion der Göttin trug die athenische Stadtgöttin Pallas Athene als Sinnbild auf ihrem von Hephaistos geschmiedeten Schild, dem Symbol der Ägidie genannten »schirmenden Obhut« der Götter. Dem Gorgonenhaupt begegnet man am Berliner Zeughaus auch in einer Türfüllung des 17. Jh.[51] F. Weinbrenner stellte 1795 Athene auf einem verzierten Postament sitzend genau in die geometrische Mitte seines Zeughausentwurfes, wie es ABB. NR. 334.1 zeigt. Die lebensgroße Statue der Athene vor dem 1786 erbauten Jagdzeughaus Karlsruhe [ABB. NR. 437.1] hält ebenfalls das Schild mit dem Schlangenhaupt, und auf ihrem geschuppten Brustpanzer ist das Motiv ebenfalls zu finden. Das 1792 gebaute Arsenal in Willemstad zeigt mit den beiden identischen Schlußsteinen der hafenseitigen Hauptportale [ABB. NR. 171] den martialischen Zweck des Gebäudes mit dem Gorgonaion an. Über einer Triglyphe befindet sich ein von zwei Adlerköpfen gebildeter Schild, hinter dem 2 gekreuzte Schwerter zu erkennen sind. Die Knäufe sind als als Dämonen ausgebildet. In der Mitte erkennt man den Kopf mit Haaren aus Schlangen — das Haupt der Medusa als Schreckbild auf ABB. NR. 437. Ähnlich begegnet es auch als bauplastischer Schmuck an den Neuen Zeughäusern von Mainz und Dresden. Ursprünglich sollten durch den Todesblick des Gorgonhauptes Feinde versteinert werden, und die Schlangenhaare sollten Schrecken und Furcht einjagen und sogar Feinde in die Flucht schlagen können. Diese apotropäische Wirkung machte man sich an zahlreichen martialischen Gebäuden und Geräten schon in der Antike zunutze. Die Renaissance und die folgenden Stilepochen übernahm bzw. tradierte das antikische Motiv.[52] So findet man es außer an Zeughäusern auch an anderen martialischen Bauten, wie z.B. Festungstoren.[53] Das letzte Beispiel hierfür ist mit ABB. NR. 441.3 das Zeughaus in Ludwigsburg von 1873. Unter den übergroßen Sandsteinreliefs mit antikischen Trophäen und Kriegssymbolen fällt ein Gorgonenhaupt auf geschupptem Untergrund besonders auf.

18.7 Exkurs: Marstall und Zeughaus

Marstall, Zeughaus, Kornspeicher, Invalidenhaus, Lazarett oder Hospital,[54] Kaserne — diese Gebäudetypen sind meist geschlossene Baukomplexe, die in der barocken Stadt bauliche Schwerpunkte und repräsentative Akzente setzten. Sie hatten in der Gebäuderangordnung höfischer bzw. landesherrlicher Baukultur lange Zeit einen festen Platz. Was im

Marstall der Liebe zum Pferd entsprang, wurde in den anderen genannten Gebäuden zwingende Notwendigkeit. Die Gebäude gehören primär zwar zur Nutzarchitektur, zu den Profanbauten in Regierungs- und damit Schloßnähe, doch sind sie deutlich integrale Bestandteile der baulichen Umgebung des Herrschers und damit der Blicke der Besucher und Gäste des Hofes und der Verwaltung. Das erklärt, warum diese Nutzbauten auch in ganz bestimmter Hinsicht gebäudetypisch dekoriert wurden. Hohe Zweckmäßigkeit im Gebäudeinneren und schönes Aussehen des Gebäudeäußeren waren Maximen für die Architekten und Stadtplaner. Wolfgang Götz stellt in seiner Untersuchung zur Bau- und Kunstgeschichte deutscher Marställe fest:

»Die ... Tendenz zur festlichen Überhöhung an sich profaner Zwecke ist innerhalb der barocken Nutzarchitektur besonders am Marstall zu verfolgen«.[55]

Der Bau gehörte mit seinem spezifischen Inhalt »in den Lebensrhythmus höfischer Vergnügungen«.[56]
Die Marställe sind allerdings schon im 16. Jh. in allen bedeutenden Machtzentren der Länder, darunter besonders in Dresden, Heidelberg, Kassel als voll entwickelte Gebäudetypen nachweisbar. Bedeutende Architekten wurden zum Bau herangezogen. Die Architekturtheoretiker J. Furttenbach und besonders L. Chr. Sturm beschäftigten sich intensiv mit dem Marstall und widmeten Bau und Einrichtung entsprechende Traktate. Welche hohe Bedeutung gerade Sturm dem Gebäude zusprach, erkennt man in seiner Forderung, im Marstall auch eine Reitschule und Zuschauerlogen im Obergeschoß zur Aufnahme

»von prächtigen Kleidungen, Decken und andere dergleichen Geräthe, von Alters her bey kostbaren Aufzügen gesammelt worden, wie auch allerley in der Zeit gebraucheten Gewehrs, etc. ...«.

einzurichten.[57] So sah Sturm in seinem Marstallentwurf vor, daß darin neben den Pferden oben auch Rüst-, Waffen-, Kunstkammern des Fürstenhauses untergebracht werden konnten.[58] In Wolfenbüttel gab es einen gerade wegen seiner multifunktionalen Nutzung sehr berühmten Marstall mit Rüstkammer und später auch der Bibliothek.[59] In den Marställen von Dresden, Stuttgart, Kassel, Wien u. a. lassen sich tatsächlich Kunstkammern mit Gemälden und empfindlichem wie kostbarem Inventar in den Marställen nachweisen. In seiner Publikation zum Goldmannschen »Fuerstlichen Residentz=Schloß« mit drei Entwürfen bildet Sturm auch ein »Profil und innere Faciata des Fürstlichen kleinen Stalls, Wagen=Zeug= und Kornhauses« ab. Mit »Zeug=gemach« meint er hier speziell die Räumlichkeiten der Pferdezeugaufbewahrung.[60]
Es gab neben den Ställen im Erdgeschoß des Marstalls darüber spezielle Rüstkammern für das Pferdegeschirr und Kammern für Sättel, Zaumzeug, Leder[61] usw. Doch während der 30jährige Krieg den Marstallbau und seine Weiterentwicklung voll unterbrach, wurde das Zeughaus gerade in dieser Zeit ein Gebäude, um das man sich besonders intensiv kümmerte. Ein Blick in einen voll eingerichteten militärischen Marstall bietet der Zeughauskomplex Thun der schweizerischen Armee. Diese hat auf Pferde für den Gebirgseinsatz noch nicht verzichten können.[62] Das Historische Museum Hannover an der Pferdemarktstraße ist ein Neubau unter Einbeziehung der Reste des ehemals herzoglichen Zeughauses *1643 [ABB. NR. 108-111]. In der großen Ausstellungshalle trifft man auf Kutschen, Fahnen und an der Wand zeughaus- bzw. marstallgemäß aufgereihtes Zaumzeug und andere hippoide Utensilien.

ANMERKUNGEN:

[1] Es widersprach nicht der Lehre Vitruvs bzw. der Auslegung desselben, daß auch Gebäudetypen wie Münz-, Pack-, Zollhäuser, Marställe und sogar Gefängnisse ähnlich wie Zeughäuser dekoriert wurden. Auch sie hatten einen uneinnehmbaren und festen Charakter, weshalb man an solchen Gebäuden oft der toskanisch-dorischen Ordnung sowie der stets Stärke signalisierenden Rustica begegnet. Gerade im Werk Sturms sind solche Fälle exemplarisch abgehandelt!

[2] Archiv für die Officiere der Kgl. Preuß. Artillerie=Ingenieur=Korps, Bd. 12 (1841), S. 140-166, hier S. 153.

[3] Zur Überlieferungsgeschichte vgl. W. Oechslin: »Vitruvianismus« in Deutschland, in: Architekt & Ingenieur, Ausstellungskatalog der HAB Wolfenbüttel 1984, S. 52-76.

[4] Vgl. A. D. Mercklein, a. a. O., S. 345.

[5] Vgl. L. Chr. Sturm: Architectura Civili-Militaris, 3.Hauptstück 1719, S. 29 f.

[6] Ähnliches spielte sich in der Festungsbaukunst ab, als in der frühen Neuzeit neue, in der Antike nicht gekannte Bauformen der artilleriebezogenen Architektur erfunden und nach den Regeln des Vitruvianismus gebaut und dekoriert wurden. Vgl. dazu Kapitel 8.

[7] Man vergleiche die Motive mit den in den ABB. NR. 324.1-8 abgebildeten geschnitzten Relieffeldern der Zeughausportale von Berlin! Einige davon werden A. Schlüter zugeschrieben.

[8] G. Bandmann: Mittelalterliche Architektur als Bedeutungsträger, [8]1985, S. 11: »Wenn man sagt, das Kunstwerk habe eine Bedeutung, so meint man damit einen Hinweis auf etwas, das über die materielle und formale Organisation des Kunstwerks hinausgeht, eine Einordnung in einen größeren Sinnzusammenhang«. — Trophäen nennt man in der Antike nach dem siegreichen Kampf auf dem Schlachtfeld aus erbeuteten Waffen und Rüstungsgegenständen zusammengesetzte Siegeszeichen. Vollplastische Trophäen etwa auf dem Hauptgiebel des Neuen Zeughauses Mainz [ABB. NR. 402], auf dem Dach des Bürgerl. Zeughauses Wien [ABB. NR. 9.1 + 2], auf den Pfeilern des Hauptportals vom Hof des Jagdzeughauses Karlsruhe [ABB. NR. 112.1 + 2], auf den Giebelschrägen des Großen Zeughauses Breda [ABB. NR. 383], Relief am Zeughaus Naarden [ABB. NR. 198.1 + 2], als Schnitzwerk im Braunschweiger Zeughaus [ABB. NR. 269].

[9] Vgl. L. J. D. Suckow: Erste Gruende der Bürgerlichen Baukunst, [3]1781, S. 149, 467. — Das Werk von Suckow [Succov] ist

das letzte, das gesamte Gebiet der Zivilbaukunst abhandelnde Architekturtraktat einschließlich der Säulenlehre, danach nur noch Kompilationen.

10) Zum motivischen Vergleich: a) Hl. Michael, Monumentale Bronzegruppe v. Hubert Gerhard 1588, Außenfassade St. Michael München, b) Zeichnung einer Michaelstatuette v. Christian Lencker 1596, c) Holzstatuette, Hubert Gerhard zugeschrieben, Grünes Gewölbe Dresden, d) Entwurfszeichnung für eine silberne Michaelsstatuette v. Friedrich Sustris, Albertina Wien, e) Silberstatuette v. Jacob Anthoni, 1612/13, Residenz München — abgebildet in M. Hering-Mitgau: Das Entwerfen und Kopieren barocker Silberfiguren, in: Zeitschrift für Schweiz. Archäologie und Kunstgeschichte, Bd. 44, Nr. 4 (1987), S. 271-301, hier Abb. 51, 52, 53, 55, 56, in der Synopse zum Motiv vom Zeughaus Abb. 54.

11) Vgl. A. Graf von und zu Egloffstein: Barocke Jagdkultur der Fürstbischöfe von Bamberg, 1984, S. 14 f. Zum Jagdzeughaus vgl. Kapitel 9.4.

12) Vgl. W. Burmeister: Wismar, 1926, S. 33 und Taf. 44.

13) Vgl. J. F. Penther: Buergerliche Bau=Kunst, T. 4, 1749, S. 9.

14) Vgl. J. Furttenbach: Architectura Martialis, 1630, S. 13.

15) Vgl. K. v. Dalberg: Versuch einiger Beyträge über die Baukunst, 1792, S. 43.

16) Ebenda S. 45.

17) Vgl. Chr. L. Stieglitz: Encyklopaedie der buergerlichen Baukunst, T. 5, 1798, S. 558 f.

18) Vgl. J. F. Penther: Buergerliche Bau=Kunst, T. 4, 1748, S. 75.

19) Vgl. G. Peschken: Neue Literatur über Andreas Schlüter, in: Zeitschrift für Kunstgeschichte, Bd. 30 (1967), S. 229-246. — E. Fründt: Der Bildhauer Andreas Schlüter, 1969.

20) Die 12 Figurengruppen auf dem Dach sowie die Giebelreliefs und die vier Kolossalstatuen vor dem Haupteingang stammen von dem französischen Bildhauer Guillaume Hulot aus der Zeit um 1700 bis 1720.

21) Vgl. R. Dohme: Die Masken sterbender Krieger im Hofe des ehemaligen Zeughauses zu Berlin von Andreas Schlüter, 1877.

22) Ich fand die Blätter über den handschriftlichen Katalog aus der Vorkriegszeit unter der Signatur 56556. Katalogeintrag: Zu allen diesen alten Bildern als Angabe: Die Schlüterschen Masken und Helme am Zeughause, gestochen von Bernhard Rode. — 2 Bl. à 0,73 x 0,52 m. — auf Bl. 1 sind 10, auf Bl. 2 sind 13 kleine Blätter aufgeklebt, von denen einige die Angabe haben: »Schlüter ex. sculp. — B. Rode fc.« — andere nur die Signatur »S'- BR'«.

23) Vgl. C. Gurlitt, Andreas Schlüter, 1891, S. 87-92.

24) Vgl. H. Reuther: Barock in Berlin. Meister und Werke der Berliner Baukunst 1640-1786, 1969, S. 136. — Man müßte einmal das Motiv »Sterbender Krieger« in der Kunst vor Schlüter zusammentragen, um auf dem Vergleichswege vielleicht mehr sagen zu können. Aus der Zeit nach Schlüter fiel mir im Rittersaal von Schloß Mannheim ein Wandfeld mit martialischen Trophäen in Stuck auf, welche auch am Haarschopf aufgehängte Köpfe sterbender Krieger wiedergeben. Die Arbeiten stammen von J. P. Egell (1691-1752) um 1730, die »bedeutendste Bildhauerpersönlichkeit des deutschen Südwestens seit dem späten Mittelalter«, so Klaus Lankheit in seinem Aufsatz: Der kurpfälzische Hofbildhauer Johann Paul Egell (1691-1752), in: Barock in Baden-Württemberg, Ausstellungskatalog des Bad. Landesmuseums, Schloß Bruchsal, Bd. 2/1981, S. 36-56, Abb. 3; Zitat S. 37.

25) G. A. Böckler: Schola Militaris Moderna, 1665, S. 685. — Sehr ähnlich hatte sich schon L. Fronsperger in seinem Kriegsbuch 3. Teil, Bd. 2, 1596, S. CVII^v und S. CXI^r geäußert, was Böckler sicher bekannt war.

26) Ebenda.

27) J. H. Zedler: Grosses vollstaendiges Universal Lexico Aller Wissenschafften und Kuenste, Bd. 2, 1732, Sp. 247.

28) Vgl. H. F. v. Fleming: Der Vollkommene Teutsche Soldat, 1726, S. 431.

29) Nur das Portal ist offenbar wegen seines »partiellen« Wertes erhalten, das zugehörige Gebäude wurde in der Nachkriegszeit abgetragen! K. Lind beschreibt im Mitteilungsblatt der K. K. Central-Commission von 1873 das Portal wie folgt: »Elegante Rahmen-Pilaster mit Löwenköpfen an den Sockeln, durch Medaillons mit antikisirenden Kaiserköpfen unterthielt und mit geschmackvollen frei korinthisirenden, mit Akanthus, Greifen und Genien geschmückten Capitälen abschliessend, begränzen das Thor an beiden Seiten. Auf denselben ruhet ein breiter Sturzstein und darauf das den ganzen Aufbau abschliessende Giebelfeld mit dem grossen reichbemalten österreichisch-spanisch-burgundischen Wappen, das von zwei Greifen gehalten und durch einen Engel mit der Krone überdeckt wird. Die Leibung des aus einem Halbkreis construirten Thorbogens, der auf einem besonderen Pfeiler-Aufbaue ruht, ist mit Engelsköpfen geziert, die in aneinandergereihten cassetirten Feldern angebracht sind. Die Bogenzwickel enthalten grosse Medaillons mit schönen antikisirenden Brustbildern, einem männlichen und einem weiblichen. Die Medaillons sind mit Kränzen umrahmt und mit flatternden Bändern geziert ...«

30) Nach H. Eichberg: Rotenburg an der Wümme als Schwedenfestung — Bestimmte allein militärische Zweckrationalität die Fortifikation des 17. Jh.?, in: Rotenburger Schriften Nr. 40 (1974), S. 7-36, hier S. 12 + Anm. 36, soll das Tor während der Demolition der Festung Rotenburg 1697 abgerissen und nach Stade zum Einbau in das Zeughaus verbracht worden sein. Die Translokation des Tores mit 20 Wagen erscheint allerdings sehr hoch oder die Wagen waren damals extrem klein gewesen.

31) G. A. Böckler: Schola Militaris Moderna, 1665, S. 685. — Sehr ähnlich hatte sich schon L. Fronsperger in seinem Kriegsbuch 3. Teil, Bd. 2, 1596, S. CVII^v und S. CXI^r geäußert, was Böckler sicher bekannt war.

32) J. Furttenbach gibt in seiner »Buechsenmeisterey=Schul« von 1643 den Entwurf einer »prospectivischen Laterne« S. 16 f. Auf seiner Kupfertafel No. 4 ist die Invention von 1626 zu sehen.- Bei der Umnutzung der Geschützhalle des Zeughauses Wolfenbüttel für Bibliothekszwecke einschließlich Buchmuseum hat man die notwendige elektrische Zusatzbeleuchtung durch sehr geschickt angeordnete pfannenartige Lampenschirme für indirektes Licht gefunden, wie ABB. NR. 239 zeigt. Nicht gelungen ist etwa die Ausleuchtung durch Neonröhren, die rund um die Granitpfeiler im Geschützsaal des Zeughauses Kopenhagen zu finden sind; ähnliche Lösung des Problems in der Geschützhalle des ebenfalls als Militärmuseum genutzten Arsenalhauptgebäudes Dresden, ABB. NR. 460.

33) Zur Monotonie im Schloßbau vgl. das Beispiel Friedenstein in Gotha, ABB. NR. 202.2.

34) Vgl. D. Specklin: Architectura Von Vestungen, 1589, S. 59^v.

35) Vgl. J. Furttenbach: Architectura martialis, 1630, S. 13.

36) Vgl. W. Schildknecht: Harmonia in Fortalitiis construendis, defendendis & oppugnandis, 1652, T. 1, S. 121.

37) Vgl. A. Böckler: Schola Militaris Moderna, 1665, S. 684.
38) Vgl. F. v. Fleming: Vollkommener Teutscher Soldat, 1726, S. 431.
39) Vgl. J. v. Wurmb: Lehrbuch der Krieges=Baukunst, 1852, S. 248.
40) Sie haben ihre Parallelen in den 3+2 Beobachtungserkern zur Feld- bzw. Hofseite des Zeughauses der Veste Coburg, [ABB. NR. 39 + 40], allerdings besteht zwischen den beiden Erkerreihen keine Sicht- und damit Signalverbindung, was als ein konstruktiver Nachteil angesehen werden muß, zumal eine Übereckstellung der 4 äußeren Erker das Problem einfach gelöst hätte. Die feindseitigen 3 Erker zeigt das aktuelle Luftbild [ABB. NR. 78] recht deutlich.
41) Ebenda S. 64-70. Dazu U. Schütte: Ordnung und Verzierung. Untersuchungen zur deutschsprachigen Architekturtheorie des 18. Jahrhunderts, 1986.
42) Vgl. E. Forssmann: Dorisch, Jonisch, Korinthisch, ^{2}1984, S. 29.
43) Vgl. W. Kelsch: a) [mit W. Lange] Predigt der Steine. Der Bildschmuck der Turmfassade an der Hauptkirche BMV in Wolfenbüttel, 1984, b) Alle Kreaturen der Welt. Mythos und Wissenschaft am Chor der Hauptkirche BMV, in: Die Hauptkirche BMV in Wolfenbüttel, hrsg.v. Niedersächs. Landesverwaltungsamt, 1987, S. 97-115.
44) Vgl. J. Furttenbach: Architectura Universalis, Das ist: Von Kriegs:Statt:=vnd Wasser Gebaeuwen..., 4 Teile, 1635.
45) J. F. Penther: Buergerliche=Baukunst, 1748, 4. Teil, S. 75 zu seinem Entwurf: »... Aufriß meines Desseins, an selbem ist etwas von Architectur, jedoch nur Toscanischer Ordnung, wie sich denn dieselbe nur hoechstens noch die Dorische Ordnung an Zeug=Haeusern schicket ...« Penther befürwortete aber auch Nutzgebäude ohne jegliche Ordnungen, ebenda S. 76.
46) Cleinow: Vom Charakter in den bildenden Künsten, in: Neue Miscellaneen artistischen Inhalts, Leipzig Nr. 11 (1800), S. 276:
»Ein Arsenal wird durch die Dorische Ordnung den Ausdruck von Stärke erhalten, wenn es auch nur nach den Verhältnissen dieser Ordnung aufgeführt seyn sollte«.
47) Vgl. L. Chr. Sturm: Architectura Civili-Militaris, 1719, 3. Hauptstück, S. 33. — Die »Tuscanische Bogenstellung ohne Säulenstuhl nach Goldmanns Proportion, an einem Portal zu einem Zeughausse« und dasselbe »mit Säulenstuhl« diskutiert Sturm in Wort und Bild im Traktat: Vollständige Anweisung Die Bogen=Stellungen nach der Civil Bau=Kunst...., 1718. Mit »Stuhl« meint der Autor Postamente, auf denen die Säulenpaare stehen.

48) Vgl. dazu Kapitel 11.2.
49) Vgl. J. Jahn: Wörterbuch der Kunst, ^{11}1989, S. 38.
50) Udo Liessem wies darauf hin, daß feindseitig angebrachte Kanonenkugeln an mittelalterlichen Bauwerken, wie z.B. an den Obertoren von Neuss und Ahrweiler, nicht nur dem Schmucke dienten, sondern auch abwehrenden Charakter haben können. Vgl. U. Liessem: Eingemauerte Kugeln — ein apotropäisches Phänomen, in: Burgen und Schlösser Nr. 2 (1982), S. 73-76.
51) Vgl. C. Gurlitt, op. cit., S. 87.
52) Farbreproduktion in W. Herbst: Museum für Deutsche Geschichte, ^{3}1987, S. 25.
53) Vgl. F. S. Meyer: Systematisch geordnetes Handbuch der Ornamentik zum Gebrauche für Musterzeichner, Architekten, Schulen und Gewerbetreibende sowie zum Studium im allgemeinen, ^{12}1927, S. 115, Taf. 65.
54) So findet man ein ausdrucksvolles Medusenhaupt als Schlußstein im Torbogen des »Medusentor« genannten Hauptportals durch die Grabenschere der Festung Königstein in Sachsen nach einem Entwurf von Jan de Bodt. Vgl. H. Schuster: Die Baugeschichte der Festung Königstein, 1927, ABB. 33+34 und A. Taube: Festung Königstein, 1990, Abb. 32+33.
55) Vgl. D. Jetter: Das europäische Hospital. Von der Antike bis 1800, 1986 [darin auch Invalidenhäuser, Lazarette, Spitäler behandelt].
56) Vgl. W. Götz: Deutsche Marställe des Barock, 1964, S. 17.
57) Ebenda.
58) Zitiert nach W. Götz, op. cit., S. 21.
59) Vgl. L. Chr. Sturm: Erste Ausübung der vortrefflichen und vollstaendigen Anweisung zu der Civil=Bau-Kunst Nicolei Goldmanns, 1699, Tab. XVII und XIX.
60) Vgl. F. Thöne: Wolfenbüttel Geist und Glanz einer alten Residenz, ^{2}1968, S. 100, 213.
60) Vgl. L. Chr. Sturm: Der auserleßenste und nach den Regeln der antiquen Bau=Kunst ... erneuerte Goldmann, Vorrede zum 2. Bd., Taf. XIX a, Fig. 2 im Sammelband der HAB Uf 4°126.
61) Der Artillerie=Hauptmann Dy hatte den »Verderbniß=Prozess« des Leders studiert. Er bietet seine Erfindung, ein spezielles Öl »gegen ein mäßiges Honorar« der Fachwelt in einem Aufsatz an: Ueber Geschmeidigmachung und Konservation des Leders der Reitzeuge und Geschirre, in: Archiv für die Offiziere der Königl. Preuß. Artillerie= und Ingenieur=Korps, Bd. 58 (1865), S. 153 f.
62) Vgl. C. Hildebrandt: Zeughaus-Chronik Thun 1857-1982, 1982, S. 156-164 [mit eindrucksvollen Fotos].

19. Nichtmilitärische Funktionen: Das Zeughaus / Arsenal als Museum*

19.1 Bemerkungen zur Sammelleidenschaft

Das nur ungenügend mit der Gesellschaftsform »Jäger und Sammler« umschriebene Stadium der Menschheitsentwicklung reicht von den Anfängen bis in die späte Vorzeit, bis zur Seßhaftigkeit der Linearbandkeramiker im 5. Jh. v. Chr. Und auch noch bis in die nachchristliche Zeit hinein mußte sich der Mensch immer wieder zusätzlich zu den landwirtschaftlich gewonnenen Produkten von Jagd und Sammeln ernähren. Je mehr der Mensch sich im Laufe dieser langen Entwicklung von der Arbeit zur Existenzsicherung frei machte, desto mehr konnte er sich schönen Dingen widmen, darunter auch dem Anfertigen und Sammeln von Objekten mit Symbol- und Gedächtniswert, oft gepaart mit hohem Material- und Verarbeitungswert.

Der Sammler hat den Wunsch nach Besitz, den Trieb nach Ordnung und Klassifizierung, das Bedürfnis nach freiwilliger Betätigung zur Befriedigung seiner Leidenschaften. Es gibt zahlreiche Wissenschaften, die sich mit dem Phänomen des Sammelns beschäftigen, besonders die Psychologie und die Soziologie. Einige Forscher meinen sogar, daß dem Sammlertrieb etwas Pathologisches anhaftet und verweisen auf eine sich steigernde Sammelleidenschaft, die bis zur Manie gehen kann und sogar kriminelle Taten einschließt. Es gibt Sammler aus Minderwertigkeitskomplexen, aus Prunksucht und Reichtum, aus Gründen des Legitimitätsnachweises, aus Repräsentations- und Prahlsucht, aus Traditionsgründen, aus Selbstdarstellungshang, aus religiösen, mystischen, magischen Gründen, aus Zuneigung und Liebe, aus wissenschaftlichen Gründen und schließlich aus Liebe zur Kunst. Sammeln ist im allgemeinen eine kreative Tätigkeit. Das Sammeln im Mittelalter beschränkte sich auf die kirchlichen Schatzkammern, in denen hohe materielle und immaterielle Werte zur Ehre Gottes zusammengetragen wurden. In der frühen Neuzeit aber kommt das Sammeln mit der Ausbreitung des humanistischen Weltbildes bei denen in Mode, die sich nicht um ihre materielle Existenzerhaltung zu kümmern brauchten. Gemeint sind Fürsten und Adel, besonders die reichen Fürsten der entstehenden Territorialstaaten, aber auch die aufstrebenden Städte und bald das vermögende Patriziat, später vereinzelt auch gut situierte Bürger mit dem Hang zur Universalbildung, Künstler und Wissenschaftler. Sie sammelten oftmals enzyklopädisch einfach von allem durch Kauf, Schenkung, Enteignung, Tausch. Dazu hatten die großen Fürstenhöfe regelrechte Agenten unter Vertrag, die auch für Ankäufe im Ausland sorgten, um das Universum im Spiegel der Sammlungen aufzubauen bzw. sich widerspiegeln zu lassen: Arteficialia — Naturalia — Antiquitas. Erst im ausgehenden 17. Jh. gibt es reine technisch-wissenschaftliche Gerätesammlungen in Universitäten bzw. Akademien, so im Cabinet de l'Academie des Sciences au Palais du Louvre, wie es ein Kupferstich von Sébastien Le Clerc von ca. 1698 sehr eindrucksvoll wiedergibt. Man erkennt zahlreiche Studienmodelle zum Artilleriewesen und Fortifikationspläne.[1] Was wurde gesammelt?

Petrefakte, Vegetabilia, Memorabilia, Monumenta, Animalia, Anatomica, Anomalia, Mineralia, mathemat., physikal., astronom., artill. Instrumente, Stiche, Bilder, Numismatica, Skulpturen, Modelle, Bücher und Codizes, Curiosa, Pretiosa, Militaria, Mechanica, Exotica, Turcica, Rara und Rarissima u.v.m.[2]

Die renaissancezeitlichen fürstlichen bzw. adeligen Kunst-, Rüst- und Schatzkammern sind besonders zahlreich. Sie bilden oft die materielle und ideelle Grundlage heutiger Museen.[3] In beinah jedem Schloß, besonders des 17. und 18. Jh., findet man die Raumtypen

        Zimmer — Kammer — Stube — Saal,

die — in Größe und Zahl vom Architekten programmatisch festgelegt — mit Sammelgut passender Art ausgestattet wurden. Diese Ausstattung erfolgte bald kanonisch und wurde rasch nachgeahmt und tradiert. Der Begriff »Kammer« setzte sich neben dem Begriff »Kabinett« zur Bezeichnung der Aufbewahrungsorte der Objekte rasch durch. Später kam auch der Begriff »Salon« in Mode.

Hier sei auf das erste »Museumsfachbuch« hingewiesen, welches der belgischen Arzt Samuel von Quiccheberg im Jahr 1565 in München mit kaiserlichem Privileg veröffentlichte:

Inscriptiones vel tutuli theatri amplissimi, complectentis rerum universitatis singulas materias et imagines eximias, ut idem recte quoque dici possit ...

Dieses heute äußerst seltene Buch ist ein echtes, wenn auch fiktives Museumsprogramm. Der Autor gibt die genaue Disposition der Sammelsurien von Objekten der Natur und der menschlichen Schöpfungskraft an. Das »Theatrum

Quicchebergicum« genannte Museum besteht aus 5 Abteilungen mit 10 bis 11 Unterabteilungen. Klasse IV der Artificien enthält auch Waffen, die also schon damals deutlich Sammelgut zu Schauzwecken waren. Es gelangt alles das zur Ausstellung, was in der damaligen Zeit als Anschauungsmaterial zur Vermittlung von Kenntnissen zum Verständnis der Welt wichtig war. Quiccheberg war zwar selber Sammler, doch zur Realisation seines literarisch-phantastischen, ja idealen Museums hätte es fürstlicher Schätze und fürstlicher Verbindungen bedurft.[4]

19.2 Das Museale im Zeughaus / Arsenal

In seinem Traktat Architectura Civili-Militaris von 1719 schreibt der für die Baugeschichte des Waffenspeichers so wichtige Theoretiker Leonhard Christoph Sturm, daß die Ordnung im Zeughaus nicht nur aus Gründen der militärischen Einsatzbereitschaft beizubehalten sei, sondern

»daß es auch denen wohl in die Augen falle/und Ergoetzung oder Verwunderung verursache/welche das Zeughauß besehen/es sey die Herrschaft selbst/oder Deputirte derselben/oder auch Fremde/denen man das Besehen zu Vergnuegen ihrer Curiositaet/oder Begierde zu lernen erlaubet«.[5]

Hier wird von einem der wichtigsten Bautheoretiker als Nebenfunktion das Zeughaus mit seinem Inhalt auch zu »Ergötzung, Verwunderung, Vergnügen« beschrieben. Über die Ausstrahlung der Kuriositäten soll »Begierde« zum Lernen bei allen Besuchern erweckt werden. Das sind deutlich Forderungen nach einer Museumsfunktion. Ist schon das aus militärischer Notwendigkeit eingerichtete Zeughaus, wenn die entsprechende Stapelordnung eingehalten wird, ein nicht unerfreulicher Anblick, so wird mit den Sturmschen Forderungen das Zeughaus zu einer Art technischem Museum. Die Einlagerung von Trophäen, Memorabilia und Curiosa, also von Objekten, die nicht zum Gebrauch in den Kampf gegeben wurden, ist in fast allen Zeughäusern zu jeder Zeit ihres Bestehens mehr oder weniger gut nachzuweisen, so daß es nicht falsch ist, in ihnen die Vorläufer der im modernen Sinne erst im 19. Jh. entstehenden Museen zu erkennen. Der Zusammenhang besteht aber nicht nur mit technischen, besonders waffenkundlichen und militärhistorischen Museen, sondern auch — wenn man die Funktionsanalyse der Rüstkammern und der sog. Kunst-, Schatz- und Wunderkammern durchführt, zu Museen mit nichtmilitärischen Intentionen. Damit wird dem Gebäudetypus ein wenig von dem martialischem »Verruf« genommen, den dieser in unserem Jahrhundert unter dem Eindruck zweier »großer« und zahlreicher »kleiner« Kriege in der breiten Gesellschaft erhalten hat.[6]

»Ein Museum ist eine im [1] öffentlichen Interesse verwaltete, [2] ständige Einrichtung mit der Aufgabe Objekte von kulturellem Wert zu [3] bewahren, auf unterschiedlichste Art und Weise zu [4] erforschen und vor allem zur Freude und zur Bildung der Öffentlichkeit [5] auszustellen«. [Zusätze in [ ] v. Verf.]

Diese offizielle Definition des International Council of Museum [ICOM] aus dem Jahr 1975 zeigt die fünf Schwerpunkte heutiger musealer Arbeit an.[7] Der bisherige Gang der Untersuchung zum Zeughaus hat immer wieder gezeigt, daß ganz im Sturmschen Sinne neben den das Bauwerk primär bedingenden militärisch-ökonomischen Funktionen auch fast immer — sekundär — nichtmilitärische Funktionen festzustellen sind. Der Gebäudetypus kann entweder mit seinem Gehäuse vornehmlich durch architektonische Mittel oder mit dem besonderen technischen Inhalt oder mit beidem auch repräsentative Aufgaben übernehmen. Wenn man die Kriterien der obigen Definition von ICOM zugrunde legt, so sind die Kriterien [1], [2], [3] und [5] sehr oft schon in den frühen Waffenspeichern mehr oder weniger ausgeprägt, einzig das moderne Kriterium der Erforschung der Artefakte, Spolien, Objekte, Exponate, Fundstücke und anders genannten originalen Sachzeugen [4] ist selten erfüllt. Erst nach der Mitte des 19. Jahrhunderts, als der Museumsgedanke immer mehr auch für die allgemeine Volksbildung fruchtbar wurde, setzte eine spezielle Forschung über die zuletzt mehr wissenschaftlich-dokumentarisch geordneten Museumsobjekte ein. Es entstand bald eine eigene Museumsdidaktik.

Das Zeughaus war der geeignete Ort, wo man nach einem Kriegsgang erbeutetes Rüstzeug einbrachte. Da waren Waffen und Kriegsgerät, die man in das vorhandene Inventar einreihte, weil man es weiterbenutzen wollte. Da waren aber auch Waffen und Kriegsgerät, die nicht mehr ad armandum utilis unterhalten, sondern aus Gründen der Tradition und als Repräsentationsgerät sowie Trophäen eingebracht wurden, um als Beweisstücke und bald als Erinnerungsstücke an bedeutende Leistungen im Einzel- und im Gruppenkampf zu dienen. Aufgehoben wurden aber oft auch Einzelstücke aus sonst ausgemusterten, also technisch überholtem Material, bald sogar extra zur Schau hergestellte Prunkwaffen, die aber mehr in den Leibrüst- und Kunstkammern als in Zeughäusern anzutreffen sind. Jedes Zeughaus hatte so seine »Gedenkecke«. Es wurde manche Zeughauswand mit solchen Artefakten regelrecht dekoriert, um den Blick von Besuchern zu erheischen. Die museale Waffenschau war Teil der so visualisierten Militärgeschichte. Im Laufe der Zeiten wurden aber auch immer wieder Stücke ausgesondert, sei es, daß zu viel Raum im Zeughaus belegt war, der Besitzer des Zeughauses wechselte und ein anderes

Programm verfolgte, auch aus Unverstand, sich änderndem Zeitgeschmack oder um durch Verkauf Geld zu verdienen. Einige Beispiele aus der großen Fülle:
♦ Der im Inventar des Zeughauses Bern von 1687 mit 2529 Harnischen für das Fußvolk, 57 Panzerhemden, 208 Sturmhauben und 1015 Reiterrüstungen angegebene Bestand an Schutzwaffen wurde i. J. 1772 mit »2 Kronen per Zentner« offenbar als Schrott verkauft:

»Die unnützen alten Harnische [wurden] weggegeben, um dem Zeughaus nützlicher anzuwenenden Raum zu verschaffen«,

so heißt es in einer Begründung zu dieser Aktion.[8] Die Schaffung von umbauten Raum für die permanenten Rüstungsgüter war natürlich die primäre Aufgabe des Zeughauses, so daß Aktionen dieser Art auf dem Hintergrund einer Modernisierung als Ausmusterung aus dem Waffenspeicher angesehen werden müssen, es also einer entsprechenden Austragung im Tagebuch des Zeugmeisters bedurfte.

♦ 1782 wurden 180 Pfund zerbrochene Harnische aus dem Zeughaus zu Sarnen von einem Hammerschmied zu Schaufeln verarbeitet.

♦ Felix Burckhardt berichtet in seiner Geschichte des Zeughauses von Giornico, daß 1798/99 die Franzosen ihre Hand auf das Inventar legten. Rasch ließ man für die restlichen 7 Geschütze den Altmetallhändler Griggi aus Lugano mit seiner Metallsäge kommen, um ihm für 80.000 – 100.000 Lire die Rohre anzubieten, da beschlagnahmten die Österreicher 1799 die Geschütze und führten sie nach Mantua. Die Menschen mußten sich dabei wie Vieh vor die speziell gebauten Karren spannen lassen.[9]

♦ Die Franzosen nahmen 1794 die Stadt Köln und damit auch das gut gefüllte Reichsstädtische Zeughaus in Besitz. Neben den 144 Kanonen, 12 Falkonetts, 4 Haubitzen, 2 Steinböllern, 150 kleinen Mörsern befanden sich zahlreiche Handfeuerwaffen mit Zubehör nebst Munition in dem riesigen Bau an der Zeughausgasse. Heiko Steuer berichtet:

»Die mittelalterlichen Waffenstücke, Schwerter und Schilde, Morgensterne, Streitäxte, Armbrüste, Spieße und Hellebarden, Blidenbogen, Pfeile, eine Tournierrüstung, dann eine Anzahl Rüstungen aus der Zeit des dreißigjährigen Krieges und andere Waffen überließen die Franzosen großmütig dem Kunst- und Antiquitätensammler Johann Wilhelm Karl Adolph Baron von Hüpsch von Lontzen, Korrespondent des Königl. Spanisch. Kabinets, Hochfürstlich Nassau-Usingischer Geheimer Legationsrat, vieler Akademien und gelehrter Gesellschaften Mitglied«.[10]

♦ Der Zeughausbestand in Nördlingen wurde 1801 an einen Nürnberger Eisenhändler verkauft, darunter 48 [!] Kanonen auf Lafetten, Harnische u.v.m.
♦ Das Ratszeughaus bzw. die Rüstkammer in Lüneburg wurde 1803 von den Franzosen geräumt; letzte Reste verkaufte man 1839 für 450 Pistolen an einen französischen »Althändler«.[11] Wilhelm Reinecke nennt den damaligen Bestand mit 200 eisernen Harnischen, manche noch mit Visierklappe, 30 Panzerhemden, 12 große Schwerter, 80 Hellebarden bzw. Lanzen und 1 Morgenstern und 20 Holzblöcken, die einst wohl als Untergestelle für die Schaurüstungen in der Eingangshalle des Rathauses aufgereiht waren.[12]

♦ Im Jahr 1868 wird aus dem damals in Auflösung begriffenen Zeughaus in Braunschweig vermeldet, daß von den 258 Zelten nur

»79 Stück zu angemessenen Preisen und zwar größtenteils an Königlich Preußische Regimenter verkauft worden sind«.

Es wurde vorgeschlagen, die 179 restlichen Zelte vor der in Aussicht stehenden Zeughausauflösung an die Herzogliche Heil- und Pflegeanstalten Königslutter zwecks Anfertigung von Matratzen, Säcken u. ä. Produkten abzugeben.[13]

♦ Immer wieder sind Waffen und andere Gerätschaften aus Zeughausbeständen zu allen Zeiten verkauft worden. In Dresden sind besonders 2 Auktionen von angeblichen Doppelstücken in den Jahren 1919 und 1920 zu nennen. So teilte Karl Koetschau in seiner »Fachnotiz« über die 2. Versteigerung von Waffen aus dem Historischen Museum zu Dresden durch Rudolf Lepke vom 14.10.1920 mit, daß die Regierung Waffen aus den staatlichen Sammlungen und aus ehemaligem Zeughausbeständen zu Geld machte.[14]

♦ Das Inventar der Bundesfestung Mainz aus dem Jahr 1835 verdeutlicht z. B. die Mengen an im Zeughaus vorrätig gehaltenem Schanzzeug, welches damals als untauglich bezeichnete Bestände aus früheren Zeiten angesehen wurde und zum Umbau in 300 brauchbare Karren und über den Verkauf und Erlös zur Anschaffung von 4500 Kreuzhauen und 5500 Spaten für die Fortifikation dienen mußte:[15] 465 Erd-, Mörtel- und Steinkarren, 11169 Stein- und Kreuzhauen, 10503 Lettenhauen, 4982 Keilhauen, 2423 Erdhauen, 19203 Spaten, 2805 Äxte und 9866 Faschinenmesser.

♦ Auch künstlerische Gründe der memorablen Aufbewahrung von technisch überholtem Rüstungsgütern sind schon früh nachweisbar. So schlug Gregor Löffler, der berühmte Stückgießer Kaiser Maximilians, der selber auch künstlerisch hochwertigste Rohrdekorationen schuf, im Jahr 1536 vor, beim Einschmelzen von ausgemusterten Rohren aus dem kaiserlichen Zeughaus die Rohre »Humbserin« und »Rohraff« wegen der reichen Verzierungen und hohen Ansehnlichkeit »zum gesicht«, also zum Anschauen aufzubewahren.[16]

♦ So war das im Bau erhaltene Zeughaus in Innsbruck von Anfang an auch ein musealer Ort. J. Garber erkannte das aus dem Zeughausinventar von 1537,[17] und Philipp Heinhofer berichtete später von der Besichtigung des »Püchsenparadeis«.[18]

◆ Der Chronist der Gothaer Geschichte Friedrich Rudolphi berichtet in seiner Abhandlung über das »Fuerstlich Friedensteinische Zeughaus« im Schloß zu Gotha ausdrücklich »von den alten Stuecken« als den ausgedienten, also nur noch museal interessanten Rohren.[19] In Gotha hatte man gerade für hochverzierte Geschützrohre viel übrig. Neben reicher Wappenzier, Inschriften und Dekor hatten sämtliche Rohre im Zeughaus damals individuelle Namen, die F. Rudolphi in seinem Corpus-Werk genau aufzählt.[20]

◆ Ein Versuch einer Zeughausverwaltung, historisches Material zur Ergänzung des rein musealen Bestandes zu gewinnen, fand ich in der Akte:

»Acquisition und Aufbewahrung verschiedener Gegenstände als Ehrengeschenke, Krieges=Trophäen und Antiquitäten im Zeughause zu Hannover«, [speziell in den] »Verhandlungen über Acquisition eines … Amts Neustadt a/Rbge im Amtsgarten liegende alte Geschützrohr, welches als ›antikes Stück‹ ins Zeughaus Hannover gehen sollte«.[21]

Unter den Akten aus den Jahren 1836/37 befinden sich allein 4 Seiten Gutachten und Beschreibung der Bastion und des möglichen Abtransportweges vom 18.01.1837 durch Premier Lieutenant Timaeus von der Kgl. Artillerie=Brigade. Das gußeiserne Vorderladerrohr, Kaliber 11 cm, ohne Datierung [2. Hälfte 18. Jh.?], ein A-ähnliches Zeichen und die Ziffern ›58‹ neben dem Zündloch, wurde niemals abtransportiert; es befindet sich noch heute im Amtsgarten des Schlosses Landestrost.[22] Im selben Bestand auch

»Acta enthaltend Verzeichniß der im hiesigen Zeughause befindlichen Ritterrüstungen und Waffen aus dem Alterthume«

von 1854 mit ausgezeichneten Beschreibungen und Inschriftenzitaten von Rüstungen und Waffen auch des 16. Jahrhunderts von Herzog Julius von Wolfenbüttel.

Im Zeughaus sammelten sich im Laufe der Zeiten also große und kleine Objekte unterschiedlichster Provenienzen und Werte, darunter auch solche, die der Urfunktion des Gebäudes entgegenstanden:

◆ Im Zeughaus von Zürich wurde die 1476/77 als Teil der berühmten Burgunderbeute geltende Standarte des Herzogs von Burgund, Karl der Kühne (reg. 1467-1477), aufbewahrt [ABB. NR. 317] und im Bild inventarisiert.

◆ Der Zeugherr Zacharias Boiling (†1633) berichtete, daß im Zeughaus zu Braunschweig auch eine Reihe von Fahnen aufbewahrt wurden, die nichts mit dem militärischen Inventar zu tun hatten, darunter diverse Beutefahnen und eine Fahne, die nur 1 mal im Jahr »in alten Zeiten mit S. Antonis Gebeine in der procesion herumbgezogen«.[23]

Verluste im regulären Zeughausbestand und in den Schausammlungen derselben entstanden dann, wenn ein Eroberer das Symbol der militärischen Kraft des Gegners, eben dessen Waffenspeicher stürmte und entsprechend dezimierte. Bei der Wegführung von Rüstungsgütern ist aber auch hier und da Rücksicht genommen worden. So wird aus München berichtet, daß bei der Übergabe der Stadt und Festung die Österreicher unter Baron Bernclau am 6.05. 1742 erklärten, bestimmte Waffen des Zeughauses nicht anzutasten. Aus dem folgenden Wortlaut ist zu entnehmen, daß die Waffen des Adels und die überwiegend musealen Waffen verschont blieben:

»I mo Wolle man wohlersagten H. Feldt Marchal Lieutnant die allhiesige Haubt und Residenz Statt dergestalt einraumen, das das samentliche Schießgewöhr in allhiesiger Stadt nebst denen vorhandtnen Canonen, wie auch Pulver und Pleu, ihme aufgeantworttet werden solle, jedoch mit diesem Ausnamb, dasjenige Gewöhr, so der Noblesse angehörig an einem dritten Ohrt unter Obsignation Ir. Excellenz verwahrlich hinterlegt werde, wo hingegen die in Gemeiner Statt Zeughaus sich befindlichen Harnisch, dann andere Antiquitäten und Kriegsrüstungen, welche mehr zur Zierde als militärischem Gebrauch gegenwärtiger Zeiten dienlich seynt von solcher Extradition befreyet sein solle«.[24]

In einigen Zeughaus- bzw. Arsenalbereichen entstanden regelrechte Prunksammlungen, die entweder dem Zeughaus angegliedert waren oder separat, etwa im Schloß, als Leibrüstkammern aufgestellt wurden. Diese Sammlungen bzw. ihre Nachfolger sind heute die wichtigsten Forschungsobjekte zur Waffenkunde und Technikgeschichte, weil die musealen Zeughaussammlungen vor Ort bis auf die zitierten in Graz, Solothurn, Forchtenstein, Kopenhagen sämtlich untergegangen sind. Stellvertretend für zahlreiche Beispiele der Überweisungen von aufzulösendem Zeughausbestand an Museen sei die »Verabfolgung alter Ritterrüstungen, Waffen u.a. aus dem Zeughause [Hannover] an das [1861 gegründete] Welfenmuseum« genannt.[25] Ebenso wurde mit dem Wertverlust der Zeughäuser im ausgehenden 18. und besonders im 19. Jh. die völlig unmilitärische Ausleihe von Rüstzeug aller Art aus dem Zeughaus für Festlichkeiten oder gar fürs Theater immer häufiger. Als exemplarische Beispiele nenne ich drei Aktenbände im Hessischen Staatsarchiv Marburg, die folgende Vorgänge in Kassel belegen:

a) Zeughausgegenstände und die Verabfolgung von Fahnen und Waffen aus dem Zeughause [Kassel] zu Dekorationen bei Feierlichkeiten 1838-1843,
b) Ausleihe von Waffen etc. aus dem Zeughaus [Kassel] zur Ausschmückung der 25-Jahrfeier der Freiwilligen von 1813 im Gasthaus Wilhelmshöhe 1838,
c) Verzeichnis was an Armaturstücken leihweise aus dem Zeughaus Kassel an das Theater »verabfolgt« wurde.[26]

Im Zeughaus der Stadt Köln fanden oft Festlichkeiten statt. Der Stadtanzeiger vom 30.09.1894 berichtete:

»Alljährlich bei dem Bürgermeisterwechsel um Johanni veranstaltete die Stadt [Köln] die zwei ›Rats-Tractamente‹, die im Zeughaus abgehalten wurden. Bei dieser Gelegenheit war der Saal festlich geschmückt, die Handwaffen waren zu Trophäen aufgestellt und die Geschütze mit Teppichen behangen [!]. Inmitten dieses achtunggebietenden Prunkes, der ein Beweis war für den Reichtum und das Ansehen der Stadt, wurde das vom Senat arrangirte Bankett abgehalten, wozu derselbe die in der Stadt anwesenden Fürsten, Gesandten, Domherren usw. durch eine Deputation feierlich einladen ließ«.[27]

Zur Hochzeit Kaiser Leopolds I. (reg. 1658-1705) mit der Infantin Margarita Theresia wurde am 12.12.1666 die von dem Librettisten Francesco Sbarra komponierte Oper »Il Pomo d'Oro« aufgeführt. Das Bühnenbild für den 3. Akt 6. Szene handelt in einem Zeughaus. Der am Hofe tätige, die Berufsbezeichnung »Ingenieur« führende Lodouico Burnacini entwarf die Dekoration und gab auch die zeichnerische Vorlage für den Kupferstich von Matthäus Küsel, den ABB. NR. 442.1-2 zeigt. Der Blick der Betrachter, also des Publikums, fällt in das Haupt- und die beiden Nebenschiffe. Die gewölbten Räume sind regelrecht mit Martialischem aus dem Zeughaus ausstaffiert, wobei anzunehmen ist, daß man aus den Waffenspeichern Wiens, die als Vorbild dienten, originales Rüstzeug entlieh — bis auf die für eine Bühne wohl doch zu schweren Geschütze.[28]

Ausnahmen sind die noch heute mit weitgehend originalen Rüstmaterial eingerichteten Zeughäuser von Graz, Kopenhagen, Solothurn und Forchtenstein, wo neben dem museal und materiell Wertvollem allerdings auch die frühere »Dutzendware« inzwischen hochwertiges Museumsobjekt geworden ist.

Durch die Einbringung ins Zeughaus bewußt und nicht durch Zufall erhaltenen Waffen und Rüstzeuge besaßen als »INDICIA« durch diese bevorzugte Behandlung eine Art Weihe. Ganz besonders wertvolle oder mit höchstem Erinnerung- und Bedeutungswert verbundene Waffen wurden sogar zu regelrechten Machtinsignien erhoben und sind heute oft Mittelpunkte in Kunstmuseen. Es kam auch vor, daß eine nachträgliche Erhöhung Artefakte aus dem Zeughaus noch wertvoller machen sollte, weshalb man oft — aus heutiger Sicht — zu falschen Maßnahmen griff, ja historisierende Verfälschungen duldete.[29]

Repräsentative Rüstzeughaltung im Zeughaus bedeutete entweder einfaches Vorzeigen im Gebäude oder gezieltes Vorzeigen bei Empfängen, Paraden, Ehrengeleiten u. ä. auch außerhalb in Stadt und Land. Damit wurden Rüstzeuge Ritualgegenstände, Hoheitszeichen, Embleme, deren ursprüngliche Zweckgebundenheit oft total aufgehoben wurde.

19.3 Curiosa im Zeughaus

Curiosa gab es zu beinah jeder Zeit in jedem Zeughaus. Sie sollten die Besucher neugierig machen und einen Grusel oder Spaß erzeugen. Wer die Geschützhalle im Zeughaus Solothurn betritt, wird vor einem Harnisch des 16. Jh. stehen, der als legendärer »Zughusjoggeli« bekannt ist. Der Helm zeigt einen stilisierten Delphin. Wer neugierig das Visier dieser spaßigen Figur hochklappt wird als vorwitziger Besucher mit Wasser besprizt. In einem Ingolstädter Zeugbuch aus der 1. Hälfte des 18. Jh. bezieht sich die Bemerkung des Zeugschreibers:

»Werden vor ein Kuriosität aufbewahrt und nit viel nutz!«

auf im Zeughaus lagernde ausgestopfte exotische Tiere, Seeungeheuer u.ä.m.[30] Aus dem Zeughaus Danzig wird in der Chronik des Reinhold Curicke von 1687 berichtet, was schon vorher Reiseberichte verbreiteten:

»Endlich seind auch im Zeughause/zwey von Holtz gemachte Kerll in vollkommener groesser und statur/derer einer einen blossen Degen in der Hand hatt/ und mit demselben tapfer auf dieselben/so sich ihm nahen/zu stoest/ daneben das Gesicht dermassen verstellet/und die Augen verkehret/als ob es ein natuerlich lebendiger Mensch were. Der ander giebt Fewer von sich/und siehet noch viel scheußlicher auß/als der erste/welches denn alles durch ein gering Uhrwerck getrieben/und obsagter massen/ins werck gestellet wird«.[31]

»Lebendige« Figuren in Zeughäusern war im hohen Zeitalter der Automaten nicht selten. So berichtet der reisende Patrizier von Uffenbach 1710 aus der Rüstkammer Emden, daß dort mehrere alte Rüstungen auf Figurinen sich durch versteckte Drahtzüge bewegen lassen. Eine andere Figur präsentierte das Gewehr und schoß es sogar ab. Im Zeughaus von Bremen sah Uffenbach:

»zwey gehärnischte Männer auf hölzernen Pferden, deren das eine, wenn man ihm den Schweif aufhube, einen tremulirenden Ton, als wenn es s. v. farzete, von sich gab, welches das Wahrzeichen von dem Zeughaus ist, und ohne Zweifel durch einen inwendig verborgenen Blasebalg und Orgel-Pfeife geschiehet«.[32]

Wer heute auf die Burg/Festung Hochosterwitz kommt, wird erstaunt sein, wenn er unter den aufgeständerten Rüstungen des 16. Jh. die lebensnahe Figurine des riesenhaften Burgvogtes in voller Rüstung sieht.[33] In der Rüstkammer von Schloß Ambras besteht eine illustre Gruppe aus der Originalfigurine mit dem Harnisch des Hofriesen Giovanni Bona, umgeben von kompletten Kinderharnischen.[34] Im Ingolstädter Zeughaus gab es nach Eintragungen im Inventar von 1720 den sogenannten »Schwedenschimmel«:

»ausgepalgt königlich Schwedischen Leibpferd so ein Spieglschimmel dem König Gustapho Adolpho von Schweden vor hiesiger Voestung a 1632 mit ainer Pfd. 5ig Schlangen ... unter dem Leib erschossen worden«.[35]

In Livrustkammaren Stockholm wird ein anderes ausgestopftes Pferd, genannt »Streiff«, gezeigt, welches König Gustav II. Adolf bei der Schlacht von Lützen am 6. 11. 1632 ritt. Das Pferd starb an seinen Wunden in Wolgast i. J. 1633.[36] Kurt Winkler berichtet über den Schimmel Condé des Alten Fritz im Berliner Zeughaus, aus dessen Resten nach dem II. Weltkrieg eigentlich Schuhsohlen fabriziert werden sollten.[37] Einen musealen Höhepunkt von Pferden in Zeughäusern stellt der vermutlich von Herzog Heinrich d. J. (1514-1568) stammende ganz aus Holz bestehende Pferdekörper von ca. 1550 dar, der mit entsprechendem Pferdeharnisch als »antiquarische Aufstellung« zuerst im Zeughaus Wolfenbüttel, später im Zeughaus Braunschweig, heute in der ständigen Ausstellung des Branschweigischen Landesmuseums zu finden ist.

Es gab in Zeughäusern aber auch makabre Schaustücke, so in der Abteilung »Antiquitäten/raren und seltzamen Sachen« im Bürgerlichen Zeughaus Wien Schädel berühmter Türken aus den Türkenkriegen, die zu Legenden um einen Zeughausspuk führten,[38] oder die 9 Kranien ausgegrabener Kämpfer [noch heute] im Zeughaus Solothurn, die unterschiedlichste Schuß- und Schlagverletzungen aufweisen und so auch den Medizinhistoriker interessieren könnten. Auf ein für die Schweiz besonders wichtiges Zeughausexponat soll mit den ABB. NR. 498.1 + 2 hingewiesen werden. Es darf zu den Curiosa aus dem Zeughaus Bern gerechnet werden. Es handelt sich um die legendäre Gestalt des Wilhelm Tell in lebensgroßer Holzplastik, bekleidet mit der Tracht der eidgenössischen Reisläufer aus der 1. Hälfte des 16. Jh. nebst Sohn. Tell setzt gerade eine Armbrust an, wie sie für das ausgehende 15. Jh. typisch ist. Diese Figurinen, 1975 restauriert, unterstützen zu jeder Zeit beim Besucher die Vaterlandsliebe und den Nationalstolz. Zum Tell-Mythos und der Tell-Gewandung forschte Franz Bächtiger.[39]

Im Laufe der Zeiten gelangten auch Curiosa ins Zeughaus mit Eingaben von Erfindungen. So etwa gab es in Hannover 1743/47 folgende Erfindungen: Ein »martialisches Orgelwerk«, ein Streitkarren, eine Brücke aus luftgefüllten Schläuchen und amphibische Fahrzeuge.[40] Diese Objekte sind in Originalen leider nicht mehr nachweisbar. Auf die von Anfang an intendierte Bedeutung des K. K. Arsenals Wien auch als vaterländisches Museum gehe ich im folgenden Kapitel näher ein.

19.4 Besichtigungen im Zeughaus als Museum

Zu jeder Zeit führte man auserwählten Gästen gern das Zeughaus als symbolträchtiges Gebäude und zumindest Teile des Inventars als Attraktion vor. So ist für zahlreiche Kaiserbesuche in der Reichsstadt Nürnberg überliefert, daß die Begehung des Zeughauses [und auch der Kornhäuser] feste Programmpunkte waren. Sie standen oft am Beginn der offiziellen Stadtbegehung intra muros. Die Rolle der Waffenpräsentation in friedliche Zeiten, als Symbol bürgerlicher Wehrfreiheit und zur allgemeinen Freude und Belustigung, schildert A. Kirchner in seiner Untersuchung über die Kaiserbesuche von 1500-1612 in Nürnberg.[41] Als Kaiser Karl V. bei der Durchreise zum Reichstag nach Regensburg 1541 zu seinem ersten Besuch in der Reichsstadt verweilte, hatte der Rat das Spalier bildende Bürgertum, bestehend aus Bürgern, Handwerkern, Freiwilligen und Söldnern, mit Rüstung und Waffen aus dem Zeughaus gekleidet und bewaffnet zur Aufstellung gebracht.

»Damit das Fußvolck besser gerüstet sei und der rüstung desto mehr gesehen würde«,

lieh der Rat sämtliche Bestände des Zeughauses an Rüstungen und Hellebarden bis zum nächsten Morgen an sie aus.

Der gleiche Vorgang ist beim Besuch Kaiser Maximilians II. im Jahr 1572 überliefert, als das Fußvolk, soweit es keine eigenen Rüstungen besaß, diese aus den Zeughausbeständen entnehmen durfte.[42]

Das waren Beispiele, in denen Zeughausinventar in friedvoller Absicht außerhalb des Waffenspeichers präsentiert wurde. Weitaus zahlreicher sind Beispiele nachzuweisen, in denen die Inventare innerhalb der Speichergehäuse vorgeführt wurden. Oben schon habe ich auf die sehr frühe Besucherordnung der herzoglichen Leibrüstkammer im Schloß zu Wolfenbüttel hingewiesen. Sie stammt von 1578 und sah vor, die Gäste des Hofes neben den Schauräumen und Schausammlungen auch durch die Leibrüstkammer des Herzogs zu führen.[43]

Gäste waren aber nicht nur Kaiser, Könige, Landesherren, Prinzen, Adel und Generalität, sondern auch schon recht früh Vertreter des bürgerlichen Standes, die etwa auf »Bildungsreisen« unterwegs waren. Hier waren es aber mehr die »musealen Altertümer«, die man besichtigen wollte. Diese wurden neben der Mundpropaganda besonders durch die Reiseliteratur bekannt. Beispielsweise widmet sich Lambert Friedrich Corfey in seinem Reisetagebuch von 1698-

1700 zahlreichen Zeughäusern,⁴⁴ und Leonhard Christoph Sturm hat eine Studienreise in Sachen Baukunst unternommen und u. a. in seinem Traktat »Architectonische Reise=Anmerkungen« von 1719 darüber berichtet.⁴⁵ Er beschreibt darin auch das Zeughaus von Wolfenbüttel. Vom Arsenal in Paris und dem Waffenlager in der Bastille ist er ganz begeistert:

»Dieses Gebaeude ist ehmals gleichsam die Citadelle zu Paris gewesen/itzo aber gibt es theils ein Zeug=Hauß/theils ein Gefaengnuß vor die Staats=Gefangenen ab. Uber der ersten Pforte ist das so genandte Magazin de Titan, wo man eine sehr große Maenge von klein Gewehr auff eine sonderlich schoene Art disponiret findet/daß es wohl der Muehe werth zu besehen … Man siehet da auch in Schraencken allerley Modelle von groben Geschuetz/und allerhand Mathematische Instrumenta, so zu der Artollerie dienen. Helme/Curasse/und Halß=Kragen vor Officier sind in grosser Anzahl und angenehmer Ordnung an die sehr dicken Balcken/so ueber dem Saal herliegen/auffgehaenget.«

Sturm hat also die Waffensammlung in der Bastille, wie sie der Kupferstich aus dem Artillerietraktat des Surey de Saint Remy von 1697 darstellt [ABB.NR.455], gesehen und war fasziniert von der schönen Art der Disposition und der für ihn ausdrücklich angenehmen Ordnung. Er betont die Sehenswürdigkeit und deutet an — wenn er auch den Begriff nicht benutzt — daß es sich um eine hochrangige museale Aufstellung der Waffen und Instrumente handelt. Das klassische Pariser Arsenal war, wie Sturm hervorhebt, zu »drey curieusen Cabinets«, also einer Kunstsammlung geworden, darunter war ein Medaillenkabinett angegliedert. Sturm empfahl auch die Besichtigung der nahen Wohnung des Grand Maître d'Artillerie.⁴⁶

◆ Auch der Zeughauskomplex in Mainz wurde in einer Stahlstichsammlung von Johann Poppel aus dem Jahr 1848 zur Besichtigung empfohlen. Es heißt da:

»Zeughaus [Mainz]. Seitwärts von den an den Grundpfeilern der alten 2500 Fuß langen Römer-Brücke befestigten 16 Schiffmühlen, zeigt sich die großartige Vorderseite des 1736, unter dem Kurfürsten Filipp Karl, erbauten Zeughauses. Um den großen Waffensaal in demselben zu sehen, wendet man sich an den hinter dem Gebäude wohnenden k. k. östr. Zeugwart. Die Merkwürdigkeiten des Waffen-Saales bestehen, nächst verschiedenen alten Rüstungen, Hellebarden und andere Waffen, in 32.000 Flinten, einigen tausend Pistolen, Säbeln, ungeheuern Feuerschlünden x. Ein Hintergebäude des Zeughauses, dessen Fundament auf dem ersten Pfeiler der Römer-Brücke ruht, wird unter dem sonderbaren Namen der Sautanz bezeichnet«.⁴⁷

Man vergleiche zu diesem Text die ABB. NR. 11.1 + 2, 401, 402.

◆ Joseph Furttenbach d. Ä. beschreibt in dem schon mehrfach herangezogenen Traktat Architectura Martialis von 1630 sein Zeughaus mit allen zugehörigen Problemen. Auch er vertritt die Schönheit und Ansehnlichkeit des Waffenspeichers im Inneren. Er schreibt zu den von ihm vorgeschlagenen hölzernen Boxen für jedes Geschütz, wie es die ABB. NR. 331.3 zeigt:

»Damit aber ermelte Staend auch ein schoenes aussehen haben/so wird vornen an jede Wand/oder an das vordere Eck deß Kastens/ein/von einem Dilstuck herauß geschnittene flache Saul/del ordine toscana, hinan genagelt/mit welcher dann der Spitzen deß offtgedachten Kastens gar zierlich bedeckt/beneben so machen beede Nebenwaend dem Aug … ein angenemmes Anschawn«.

Den Kontext zu folgendem Zitat findet man auf ABB. NR. 331.4. Neben den auf den hölzernen Säulen liegenden Bogen mit der jeweiligen Nummer des auch auf dem Rohr gekennzeichneten Geschützes

»da mag jedesmahl ein Sturm= oder Granatkugel ligen/ welches dann vnd da es vorgehoerter massen gebawct wird/ so werden die staend sampt den Stucken nicht allein grosse Nutzbarkeit/sondern ein trefflich schoen heroisches Anschawen mit sich bringen/…«.

Weiter gibt Furttenbach mit Hilfe der Buchstaben, Ziffern und Kürzel aus dem Kupferstich ABB. NR. 331.2 »Ein schoener spatzier gang durch das Zeughauß« für eine »frembde Persohn« an, wie das auf ABB.NR. 331.4 S. 24-26 nachzulesen ist.

◆ Friedrich von Leber beschreibt katalogartig im Jahr 1846 die Wiener Waffensammlungen im Zeughaus »Schranne«, zu denen man unentgeltlich Zutritt hatte, wenn man eine Eintrittskarte, um »welche man in der Kanzlei des k.k. Wiener Garnisons-Artillerie-Districts-Commando ansuchet«, vorweisen konnte.⁴⁸ Am Untertitel zu seinem Buch über das Kaiserliche Zeughaus erkennt man die Intentionen des Verfassers für seine Arbeit: Zum ersten Male aus historisch-kritischem Gesichtspunkte betrachtet, für Alterthumsfreunde und Waffenkenner beschrieben.

165

19.5 Fürstliche, städtische, patrizische und bürgerliche Rüst- und Kunstkammer. Beispiele.

Im folgenden Teil gebe ich vier Beispiele von einer fürstlichen [Ambras], einer städtischen [Emden], einer patrizischen [Regensburg] und einer bürgerlichen Rüst- und Kunstkammer [Ulm], die alle mit Intentionen auf eine Gedenk-, Repräsentations- und im letzten Fall sogar von Anfang an auch auf eine Studiensammlung ausgelegt und damit »museal« waren:

1. BEISPIEL: AMBRAS

Schloß Ambras bei Innsbruck [ABB. NR. 79] ist mit seinen Bauten und Sammlungen mit der Geschichte des Museumswesens aufs engste verbunden. Erzherzog Ferdinand von Tirol (reg. 1563-1595) begründete die Sammlungen und ihre planmäßige Aufstellung. Auf seinem Residenzschloß trug er systematisch und nach einem einmaligen musealen wie didaktisch überlegten Konzept Kunstwerke aller Art und Provenienzen in Rüstkammern,[49] Kunst- und Wunderkammern und der Bibliothek zusammen. Die Präsentation war ganz auf den Besucher ausgerichtet unter bewußter Ausnutzung der Farben und des Lichtes. Im Unterschloß und im Hochschloß gab es Waffensammlungen in den ursprünglich 5 Rüstkammern, in denen die Objekte teilweise zeughausgemäß oder chronologisch oder thematisch präsentiert werden, z.B. im ersten Waffensaal die Turnierwaffen, im zweiten die Kuriosa, darunter Harnische von Riesen und Zwergen, im dritten Raum war die Leibrüstkammer des Erzherzogs aufgestellt, in der 4. Kammer die Zimelien mit der für unser Thema besonders wichtigen einzigartigen »Heldenrüstkammer« mit den noch weitgehend erhaltenen Beständen und Bildinventaren. Das »Armamentarium Heroicum« wurde 1547 in Prag gegründet und dann nach Ambras verbracht. Der Erzherzog ordnete darin originale Rüstungen und Waffen sowie Porträtgemälde von berühmten Persönlichkeiten seiner Zeit, Fürsten wie Feldherren, Freund wie Feind. Diese Kollektion sollte hauptsächlich zur Erinnerung an die Träger der Rüstungen und ihre Taten erinnern, aber auch mit dem Ruhm der Person bzw. Familie des Erzherzogs verbunden sein. Er erhielt das deutlich memorative Material durch persönliche Anschreiben. Sein Geheimsekretär Jacob Schrenck von Notzing führte die erhaltene Korrespondenz und gab zu Beginn des 17. Jh. ein Bildinventar in Auftrag, zu dem er selber den Text verfaßte und Domenicus Custos aus Augsburg nach Zeichnungen von Giovanni B. Fontana und später auch Simon Gartner die »warhafftige Bildnussen vnd kvrtze Beschreibung« stach.[50] Das heute nur in wenigen originalen Exemplaren erhaltene Inventar, das in Fachkreisen als erster illustrierter Museumskatalog der Welt angesprochen wird und ein nicht zu steigerndes Prachtwerk der Buchgeschichte ist, erschien lat. ed. 1601 und germ. ed. 1603.[51] Beide Titelbilder zeigt ABB. NR. 288. E. Wer die erst jüngst wieder nach den alten Vorstellungen eingerichteten Kammern besucht, stellt fest, daß das Schloß

»trotz seiner kunst-kulturhistorisch so instruktiven Sammlungen auch heute noch kein Museum im üblichen Sinn [ist], sondern Selbstdarstellung eines Mannes und seiner Idee, die über Jahrhunderte wirksam blieb«,

so Friderike Klaunert im Vorwort zur eben zitierten Aufsatzsammlung von 1981.

2. BEISPIEL: EMDEN

Die städtische Rüstkammer in Emden [ABB. NR. 27.1+2], die mit Schutz-, Trutz-, Stangen-, Schlag- und Feuerwaffen ausgestattet war, wurde, nachdem man sie in das 1574-76 erbaute Rathaus in den dritten Stock überführt hatte, neben ihrer Uraufgabe der Bereitstellung von Waffen und Rüstzeug für das Stadtbürgertum auch als ein frühes museales Zentrum bekannt, führte man doch die Besucher des Rathauses in die stetig vervollkommneten Sammlungen, wo neben Ausrüstungs- und Beutestücken zahlreiche Luxuswaffen präsentiert wurden. Vgl. ABB. NR. 456, 457.[52]

3. BEISPIEL: REGENSBURG

Es sammelten aber auch Patrizier mit entsprechendem Geldbesitz. ABB. NR. 497 gibt den Blick in das Kunst- und Raritätenkabinett der Großeisenhändler- und Gewerkenfamilie Dimpfel aus Regensburg, eine Deckfarbenmalerei auf Pergament, signiert von Joseph Arnold und datiert 1608. Das Bild zeigt die Kunstkammer als kleine Welt mit enzyklopädischem Charakter in Form eines geordneten Sammelsuriums sehr wertvoller Objekte in fast musealer Präsentation für die Gäste und Besucher des Hauses. Unter den zahlreichen Artefakten damaliger Wissenschaftsdisziplinen fallen die sieben offenbar funktionstüchtigen Geschützmodelle auf. Militärische Objekte gehörten als feste Bestandteile in solche Kammern, mit deren Inhalt die Dimpfel ihren Reichtum repräsentierten.[53]

4. BEISPIEL: ULM

Es handelt sich um das in seiner Art einmalige »Privatmuseum« des seit 1631 amtierenden Leiters des Stadtbauamtes Ulm, Joseph Furttenbach d. Ä. (1591-1667), der auch als Kriegsingenieur, Feuerwerker, Büchsen- und Zeugmeister, Gartenkünstler und vor allem als Architekturtheoretiker mit zahlreichen Publikationen bekannt wurde und zu den bedeutendsten technischen Universalisten seiner

Zeit gehörte. ABB. NR. 458 zeigt das Furttenbachsche Haus in Ulm auf einer Ansicht und mit dem Grundriß des 4. Stockwerks, wo sich »Rüstcammer, Kunst Cammer, Büchercammer und die Lauben« befanden. Der Kupferstich von Matthäus Rembold stammt aus Merians TOPOGRAPHIA SVEVIAE von 1643 und ist als Illustration zu dem dortigen Text über Ulm beigegeben. Beide Furttenbachs, Vater und Sohn, werden darin hoch gelobt, ihre Traktate zitiert und ihre Kunst- und Rüstkammer als besuchenswerte Attraktion angepriesen. Das Gebäude war eines der wenigen aus Stein in der Stadt,

»welches/wegen seines bequemen Laegers/kuenstlichen Erbawung/sehr guten Commoditaeten/vnnd Gelegenheiten/so ein Hauß immer haben soll/oder kan; Item/Wegen der Ruest=vnnd Kunstkammer/so mit mancherley Modellen/Instrumenten/ Architectonischen Handrissen; rar=vnnd wunderlichen /Natur=vnnd kuenstlichen Sachen besetzt/vnd gezieret ...«.⁵⁴

Die Furttenbachs hatten hier Sammlungen zusammengetragen, die über ihre Originalität hinaus eine große Anzahl von Objekten enthielt, die durch Furttenbach erfunden, in den Traktaten beschrieben und oft auch abgebildet waren. Das gilt hier besonders für den martialischen Teil der Sammlungen mit Geschützmodellen und Zubehör, Artillerieinstrumenten, Meßbestecken, Festungsplänen, Waffen und Rüstungen usw. sowie — leider sämtlich nicht mehr nachweisbar — diversen Architekturmodellen der Furttenbachschen Inventionen, darunter auch das oben beschriebene Zeughaus. Johann Schultes, der Verleger und Drucker der Furttenbachschen Traktate, gab 1660 nach dem Manuskript aus Furttenbachs Museum das

»Inventarium, Viler Nutzbarn/immer denckwuerdigen Militar: Civil: Naval: vnd dergleichen Architectonischen Modellen, vnd Abrissen ...«

speziell für die Besucher heraus,

»damit die Liebhabere das gesehene nicht so gleich vergessen, sonder zu mehrerm nachdencken besser Contempliren moechten [ABB. NR. 322.6]«.⁵⁵

Darin wird auch das Zeughausmodell wie folgt beschrieben:

»Ein/etwann eines Werckschuch in die vierung grosses Modell zu einem Zeughauß/sambt der stellung deß groben Geschuetzes/hiervon dann vilernannte Architectura Martialis, desselben gestalt/bey den drey Kupfferblatten No: 1.2.3. vorgestelt/an folio. 13. biß 16. aber/beschreiben thut«.

Gemeint sind die Kupferstiche ABB. NR. 331.1-3 und die Beschreibung ABB. NR. 331.4 aus dem genannten Zeughaus-Traktat. Zu der dort ebenfalls einst als Maquette ausgestellten Furttenbachschen Handelsstadt mit den befestigten Torpassagen nebst zugehörigen Zeughäusern vgl. ABB. NR. 52-55.

ANMERKUNGEN:

[*] Sämtliche Unterstreichungen in diesem Kapitel vom Verfasser.

[1] Reproduktion in H. Neumann: Festungsbaukunst und Festungsbautechnik, 1988, S. 144.

[2] Vgl. A. v. Reitzenstein: Über die Anfänge des Waffensammelns, in: ZHWK Bd. 11, Nr. 2 (1969), S. 69-75.

[3] Eine Literaturauswahl zu Kunst- und Wunderkammern: J. v. Schlosser: Kunst- und Wunderkammern der Spätrenaissance. Ein Beitrag zur Geschichte des Sammelwesens, ²1978. — H. Appuhn: Schatzkammern in Deutschland, Österreich und der Schweiz. Führer zu kirchlichen und weltlichen Kostbarkeiten, 1984 [mit 125 verzeichneten Schatzkammern]. — L. v. Ledebur: Geschichte der Königlichen Kunstkammer in Berlin, 1831. — F. A. Dreier: Die Brandenburgisch-Preußische Kunstkammer, 1981. — W. Steguweit: Der Gothaer Kirschkern und andere Kostbarkeiten. 325 Jahre Kunst- und wissenschaftliche Sammlungen auf Schloß Friedenstein in Gotha, in: Dresdner Kunstblätter Nr. 2 (1985), S. 52-59. — Museen der Stadt Gotha: Schloßmuseum Gotha Schloß Friedenstein, ²1987, S. 26-81. — A. Meyerson: Geschichte der Sammlungen in der Livrustkammaren und im Skoklosters Slott, in: J. B. Kist u.a.: Musket, Roer & Pistolet. 17-eeuws wapenhandwerk in de Lage Landen, 1974, S. 15 f. — E. Scheicher: Die Kunst- und Wunderkammern der Habsburger, 1979. — J. Kastler: Kunstkammern, Alchemie und Astronomie, in: G. U. Großmann: Renaissance im Weserraum, Katalogband, 1989, S. 443-459. — Kunsthistorisches Museum Wien, Sammlungen Schloß Ambras: Die Kunstkammer, 1977 [Katalog]. — Q. Leitner: Die Schatzkammer des Allerhöchsten Kaiserhauses [in der Hofburg Wien], ²1882. — Das »Grüne Gewölbe« in Dresden von 1729 wird mit Recht als Übergang einer fürstlichen Schatzkammer zum modernen Museum angesehen. Dazu: Staatliche Kunstsammlungen Dresden: Einführung in das Grüne Gewölbe, ¹⁴1988. — Inhalte der Dresdener Kunst-, Schatz-, Modell-, Rüstkammern wurden schon unter August dem Starken in musealer Funktion präsentiert. So ist etwa eine Skizze bekannt, mit der der Kurfürst persönlich die Präsentation seiner Sammlungen in der Art einer Funktionsskizze für ein Museum angibt; Abbildung in: Dresdner Hefte Nr. 3 (1984), S. 50. — Literatur zur Dresdener Kunstkammer siehe unter E. Lieber, 1979; V. Hantzsch 1902; W. Holzhausen, 1927; J. Menzenhausen 1977, 1985, 1986; G. Heres 1985; R. Berge 1933, 1981; A. Weck 1679, S. 25 ff. — Die Kunst- und Raritätenkammern sind auch eine Voraussetzung der Entstehung der Gattung »Stilleben«. Vgl. G. Luther: Stilleben als Bilder der Sammelleidenschaft, in: Ausstellungskatalog des Westfälischen Landesmuseums Münster / Staatliche Kunsthalle Baden-Baden, 1980, S. 88-128.

[4] Einziges mir bekanntes Original in der UB München. Dazu Th. Volbehr: Das »Theatrum Quiccebergicum«. Ein Museumstraum der Renaissance, in: Museumskunde Bd. 5 (1909), S. 201-208; F. Klemm: Die Idee eines technischen Museums, in: Ders.: Zur Kulturgeschichte der Technik, ²1982, S. 39-47. — Vgl. in diesem Zusammenhang auch H. Jacobaeus: Museum Regium seu Catalogus Rerum tam naturalium, quàm artificialium ..., Hafniae M. DC. XCVL [Die Königliche Kunstkammer Kopenhagen]. Der Band HAB: Uc 2°8 ist ein absolutes Spitzenexemplar und befindet sich in der Einbandsammlung der Bibliothek.

[5] III. Hauptstück, S. 28.

[6] Vgl. W. Hahlweg: Die Heeresmuseen Wesen und Aufgaben, in: Allgemeine Museumskunde N. F. Bd. 7 (1935), S. 59-71.

[7] K. Weschenfelder/W. Zacharias, Handbuch Museumspädagogik, 1981, S. 21. — »Museum«, gr. museion, ist ein den Musen genannten neun Schutzgöttinnen der Künste geweihter gr. Tempel, in dem Kult- und Kunstgegenstände aufbewahrt wurden. — Der Gebäudetyp »Museum« entstand erst im 19. Jh. »Aus dem Verhältnis von Grundfunktion und speziellen Aufgaben des Museums ergeben sich die Grundanforderungen an das Gebäude«, so W. Herbst: Museologie. Theoretische Grundlagen und Methodik der Arbeit in Geschichtsmuseen, 1988, im Kapitel: Allgemeine Anforderungen an die Gebäude der historischen Museen, S. 294. Es muß bei diesem grundlegenden Werk allerdings vor dem immer wieder selbst an unpassendsten Stellen als angeblich unerschütterliches Fundamentum herangezogenen Marxismus-Leninismus und der darauf sprießenden Parteilichkeit gewarnt werden. Ein »westliches Pendant« ist von Hugo Borger als »Einführung in die Museumskunde« angekündigt. — Die Reichhaltigkeit der Museen in beiden Teilen Deutschlands ist erfreulich groß, trotz der unübersehbaren Kriegsverluste und staatlicher »Verkäufe« in das kapitalistische Ausland in der ehemaligen »DDR«. Militärmuseen und militärhistorische Sammlungen erfreuen sich als kulturhistorische Sammelstätten wachsenden Zuspruchs. Diese Sammelgebiete werden nicht mehr unter der Last des letzten Krieges abgelehnt, negiert, sondern längst als mit den anderen Quellengattungen gleichberechtigt anerkannt. Leider wurde in den Nachkriegsjahrzehnten aus angeblicher kollektiver wie individueller Aversion gegen Militärisches viel Militärisch-Museales vernichtet, was heute nur noch unausreichend durch ältere Publikationen und bildliche Darstellungen dokumentiert ist. Vgl. dazu den Museumsführer [Ost] von B. Wurlitzer, [3]1987, und den Museumsführer [West + Berlin] von K. Mörmann 1986. — Seit Jahren gibt es ein Projekt zur Schaffung eines Militärhistorischen Museums der Bundesrepublik in Koblenz. Es ist derzeitig leider sehr ruhig um dieses Projekt im politischen Raum geworden. Sollte das doch mit einer Aversion gegen Militärgeschichte zu tun haben, die von bestimmter Seite immer wieder geschürt wird oder fehlt nur Geld zur Realisation?

[8] Jahresbericht des Histor. Museums Bern für 1918 in: ZHWK Bd. 8, 1918/20, S. 395.

[9] Vgl. F. Burckhardt: Das Zeughaus zu Giornico, o. J., Sonderdruck i. d. Schweizer. Landesbibliothek Bern unter Nq 23/90023, S.110-125, hier S.123 f.

[10] Nach dem Tode des Barons gelangten die Militaria an den Kanonikus und Professor der Naturwissenschaften Franz Ferdinand Wallraf und von diesem in den Besitz des historischen Museums der Stadt Köln. Vgl. H. Steuer, op. cit., S. 24.

[11] Als Beispiel für Räumung von Zeughäusern durch die Franzosen sei ein Augenzeugenbericht zitiert: L. Allgeyer: Die Beraubung des Ueberlinger Zeughauses im Jahr 1800 durch die Franzosen, in: Schriften des Vereins für Geschichte des Bodensee's und seiner Umgebung, Nr. 11 (1882), S. 125 f. — G. P. Rugendas d. Ä. (1666-1742) radierte innerhalb seiner 3 Blätter umfassenden Kupferstichfolge »Szenen aus der Belagerung der Stadt Augsburg« als drittes Blatt die Ausräumung des Zeughauses Augsburg; Maße: 39,2 x 25,6 cm. Original: Kunstsammlungen der Stadt Augsburg, Inv. Nr. G 10144. Das Blatt »Georg Philipp Rugendas Pictor del. et fecit, Jeremias Wolff excudit Aug.Vind.« hat eine lat.-deutsche Legende:

»Alles grosse u. kleine Geschütz wird samt andern Zahlreichen Kriegs Gerüthshafften von denen Bayren aus dem AugsPurgischen Zeughaus hinweggenommen, und nacher Mönchen abgefürt«. Es sollen vom 26.12. bis 25.1.1704 die Abtransporte durchgeführt worden sein, darunter 124 Kanonen, 1492 Doppelhaken, 17 Haubitzen, 20 Mörser, 420 Zentner Pulver, 200 Zentner Blei, 500 Zentner Lunten, 802 Bomben, 5856 Granaten, 2 Pechtonnen, 370 Kartuschen, 55242 Kugeln. Es wurden lediglich 40 Musketen und 100 Patronentaschen im Zeughaus belassen — so der Hinweis im Ausstellungskatalog der Städt. Kunstsammlungen Augsburg: Krieg Viel Ehr — Viel Elend, Katalog 1984, S. 71, o. Abb.

[12] Vgl. W. Reinecke: Das Rathaus zu Lüneburg, 1925, S. 115.

[13] Niedersächs. Staatsarchiv Wolfenbüttel, Bestand 12 A, Neu Fb. 5, Nr. 5179.

[14] Angaben über die versteigerten Objekte mit dem erzielten Preisen in der ZHWK Bd. 8 (1918/1920), S. 259-262, 392 f.

[15] Vgl. Hans-Rudolf Neumann, Bundesfestung Mainz, Dissertation 1987, S. 365 f.

[16] Vgl. E. Egg: Der Tiroler Geschützguß 1400-1600, 1961. — H. Müller: Deutsche Bronzegeschützrohre 1400-1750, 1968.

[17] Vgl. J. Garber: Das Zeughaus Kaiser Maximilians I. in Innsbruck, in: Jahrbuch für Kunstgeschichte, Bd. V, 1928, S. 160.

[18] Vgl. O. Döring: Des Augsburger Patriziers Philipp Heinhofer Reisen nach Innsbruck und Dresden, 1901, S. 107 ff.

[19] F. Rudolphi: Gotha Diplomatica, Bd. II, Teil 2, Kapitel »Von den Zeuchhaus«, S. 202.

[20] Ebenda die »curiösen Sinnbilder« auf den Kartaunen, S. 203-205.

[21] HSAH, Bestand Hann. 48, Nr. 842.

[22] Großfoto in W. Kunze: Neustadt am Rübenberge 1573-1973. 400 Jahre Schloß Landestrost, Neustadt am Rübenberge. Beschreibung des Schlosses, der Festungsanlage und des neu gestalteten Amtsgartens, 1973, o. S.

[23] Vgl. H. Floto: Boilings Monita, in: Zeitschrift des historischen Vereins für Niedersachsen, Jg. 1869, S. 292.

[24] Vgl. K. Braun: Das Landwehrzeughaus in München, 1866, S. 28.

[25] Akte für den Zeitraum 1861-1863 im HSAH, Bestand Hannover 48, Nr. 868.

[26] Hess. Staatsarchiv Marburg, Bestand a) 12 a 300, b) 12 b 70, c) Nr. 3928. — Für das Landwehrzeughaus München sind in dieser Zeit ähnliche Vorgänge bekannt. K. Braun schreibt in seiner patriotischen Geschichte über das Landwehrzeughaus von 1866 S. 29: »… nur bei Festlichkeiten zur Decorirung und bei Maskeraden zuweilen einzelne Rüstungsstücke aus dem Staube hervorgesucht. Das starre Schwert, sonst freien Mannes Wehr und Stolz, gaukelte dann an der Hüfte eines unbärtigen Stutzers und mancher Geck umgürtete seine Taille mit einem Harnisch, unter dem einst in schwerer, heißer Stunde ein treues Männerherz geschlagen«.

[27] Zitiert nach H. Steuer: Die Bauten des Kölnischen Stadtmuseums, in: Köln. Stadtmuseum: Auswahlkatalog 1984, S. 25.

[28] Vgl. M. A. Cesti: Il Pomo d'Oro Bühnenfestspiel, Bd. 2, 1897; Reprint 1959.

[29] So hat man den am 11.09.1804 Napoleon bei seinem Besuch der Fortification de Juliers [=Jülich] entgegengetragenen Festungsschlüssel so perfekt verchromt, daß die Originalität in einer Hülle verschwand. Original: Stadtarchiv Jülich.

30) Vgl. F. Mayer: Artillerie=Zeugwesen in Ingolstadt, in: Ingolstädtische Heimatgeschichte, Nr. 6 (1938), S. 21.
31) Vgl. das Faksimile der Chronik in H. Wenig: Danzig Betrachtung der Stadt in vier Jahrhunderten Gdansk, 1980, S. 98. Hinweise auf ähnliche Reiseberichte in W. Hahlweg: Kriegswesen Danzig, 1982, S. 87 und Anmerkung 268.
32) Vgl. Uffenbachs Reisen, 1753, Bd. 1, S. 184 und Bd. 2, S. 182. Dazu ZHWK Bd. 8 (1918/20), S. 295.
33) Foto in G. Khevenhüller-Metsch: Burg Hochosterwitz, 1986, S. 19.
34) Abbildung in E. Scheicher: Schloss Ambras Innsbruck/Tirol, 1981, S. 13.
35) F. Mayer, op. cit., S. 21.
36) Abbildungen in: a) S. Svärdström: The Royal Armoury. A Guide to Historical Mementoes, 1966, S. XIII, b) The Royal Armoury. The Assembling of Royal Relics, Costumes Arms, Armour, Uniforms and Coaches from about 1500 to the Present, 1978, Room A No. 11.
37) Vgl. K. Winkler in: Der Frontsoldat erzählt, Nr. 8 (1955), S. 256.
38) Vgl. K. Teply: Der Kopf des Abaza Kör Hüseyn Pascha, in: Jahrbuch des Vereins für Geschichte der Stadt Wien, Bd. 34 (1978), S. 165-179.
39) Vgl. F. Bächtiger: Tell-Mythos und Tell-Gewandung. Unser Nationalheld als Reisläufer und Bauernbursche, in: Echo. Die Zeitschrift der Schweizer im Ausland, Nr. 8 (1979), S. 16 f. — Auch in der modernen Präsentation von Militaria sind Figurinen unerläßlich. Im alten Baseler Zeughaus etwa gab es bemalte Masken aus Terracotta. Vgl. G. U. Großmann, op. cit., Katalog Nr. 111. Sehr eindrucksvoll sind die neueren Figurinen von Kriegern mit knechtischen Harnischen des 16. Jh. zur Darstellung des Gebrauchs von Halbarte und Langspieß im Schweizerischen Landesmuseum. Dazu H. Schneider: Die Waffensammlung im Schweizerischen Landesmuseum, in: ZHWK Bd. 1, Nr. 1/2 (1959), S. 115-117.
40) Eingabe an die Kriegskanzlei im HSAH, Bestand Hann. 47 I, Nr. 106, Vol. IV.
41) Vgl. A. Kirchner: Deutsche Kaiser in Nürnberg, 1955, S. 63, 65 f.
42) Ebenda S. 113.
43) Die herzogl. Fremdenführungsordnung von 1578 sah auch den Gang durch die Rüstkammer des Herzogs Julius (+1589) vor. Original: Staatsarchiv Wolfenbüttel 40 Slg. 1, Nr. 648.
44) Das Reisetagebuch ist herausgegeben von H. Lahrkamp 1977.
45) Das Buch wurde schon 1716 verfaßt. Es erschien o. O., o. J.
46) Vgl. Abbildung und Text in Merians Topographia Galliae, 1655: »Prosp: deß Zeughauß in Parÿs. vnd du Mail. Prosp. armamentary Parisÿs. et du Mail.«
47) Vgl. Das Grossherzogthum Hessen in malerischen Original — Ansichten... Nach der Natur aufgenommen von verschiedenen Künstlern, und in Stahl gestochen von Joh. Poppel im Vereine mit den ausgezeichnetsten Stahlstechern unserer Zeit. Von einem historisch-topographischen Text begleitet, Darmstadt 1847, S. 93 f.
48) Vgl. F. v. Leber: Wien's Kaiserliches Zeughaus, Bd. 1, 1846, S. 29.
49) Vgl. Kunsthistorisches Museum: Die Rüstkammern, 1981. — Zu den Rekonstruktionen der ältesten Rüstkammern, Inventarauszügen und Bedeutungsanalyse der Ambraser Rüstkammern vgl. A. Auer: Das Inventarium der Ambraser Sammlungen aus dem Jahr 1621. I. Teil: Rüstkammern, in: Jahrbuch der Kunsthistorischen Sammlungen in Wien, Bd. 80 (1984), S. I-CXXI. Weitere Lit. im Bautenverzeichnis unter »INNSBRUCK«, besonders E. Scheicher, T. Bruno, O. Gamber, J. Primisser, Frh. v. Sacken.
50) Ein Beispiel für diese Zusammenhänge gibt H. Neumann: Herzog Wilhelm V. von Jülich/Kleve/Berg und die Ambraser Sammlungen. Leibrüstung 1555/60 — Hochzeitsbild 1545 — Bildinventar 1601/03, in: Jahrbuch Kreis Düren 1985, S. 78-83. Die Rüstung Wilhelms V. siehe ABB. NR. 289, der zugehörige Stich ABB. NR. 290; einen Halben Harnisch von Herzog Heinrich d. J. von Braunschweig-Lüneburg (reg. 1514-1568) zeigt ABB. NR. 458.
51) Faksimile beider Editionen hrsg., eingeleitet und erläutert von B. Thomas, 1981, mit den 128 Bildniskupfern und 125 Biographien.
52) Vgl. O. Baron Potier: Inventar der Rüstkammer der Stadt Emden, 1903; zur Plattnersammlung K. Ullmann: Die schönsten Harnische, 1968, zu allen Rathaussammlungen H. Eichhorn: Ostfriesisches Landesmuseum und Emder Rüstkammer, 1987.
53) <u>Exkurs:</u> Zur Datierung muß angemerkt werden, daß diese eindeutig als 1608 lesbar ist. Das muß aber falsch sein, weil die Lebensdaten des Künstlers mit *1646 +1674/75 festliegen. Da das Blatt aus einem gebundenen Buch ausgeschnitten wurde, vermutet man im Ulmer Archiv, daß die Jahreszahl nachträglich falsch von der Nachbarseite übertragen wurde und eigentlich 1668 lauten müßte. Es gibt aber einen weiteren Beweis: Im Bild oben rechts an der Wand [angeschnitten durch das Foto] erkennt man deutlich Schloß Friedenstein in Gotha. Die drei mächtigen Flügelbauten und die 10 jochige Arkatur der Schließung zur Vierflügelanlage, die heute noch erhalten sind, bilden das Charakteristikum in der Baugeschichte eines einmaligen Schloßbaus. Das Zeughaus im Flügel vor dem pavillonartigen Turm ist sogar im Dach besonders angedeutet, zur Stadtseite hin liegt das Hauptportal, Stockwerkzahl und Dachreiter rechts vom Treppenhaus stimmen mit einer Federzeichnung nach 1654 [vgl. Museen der Stadt Gotha: Schloß Friedenstein, ²1987, S. 9] und dem [ABB. NR. 202.2] wiedergegebenen Kupferstich von 1717 klar überein. Da aber der Grundstein zu Schloß Friedenstein als Nachfolgebau des festen Schlosses Grimmenstein (+1567) erst 1643 gelegt wurde, kommt nur die Datierung 1668 infrage.
54) S. 202 f. Faksimile 1960. Der Stich ist auch in Furttenbachs Architectura Privata, Augspurg 1640/41, zu finden. Der Autor handelt darin unter dem Begriff »Burgerliches Wohn=Hauß« einen Bautypus ab, der als Bauaufgabe »städtisches Privatgebäude« immer wichtiger wurde. Dazu U. Schütte: Architekt & Ingenieur, Ausstellungskatalog HAB 1984, S. 213-220.
55) Original, 46 Seiten Text, ohne Paginierung, 9 Kupferstiche: HAB Uf 172.

20. Der Funktionswandel im XIX. Jahrhundert

20.1 Zur Industrialisierung des Krieges

In der nachnapoleonischen Ära bestimmten nach der Neuordnung Europas durch den alten sprich reaktionären Willen des Wiener Kongresses vom 18. Sept. 1814 bis 9. Juni 1815 zwei Kräfte die Entwicklung der Gesellschaft: 1. das ansteigende Bevölkerungswachstum ganz allgemein und in den Städten im besonderen, 2. die Industrialisierung. Beide Vorgänge beschleunigten sich gegenseitig und brachten bis dahin in der Geschichte unbekannte Probleme mit sich. In Deutschland setzte die industrielle Revolution erst nach der Gründung des Deutschen Zollvereins und dem Bau der Eisenbahnen ab ca. 1830 ein. William McNeill vertritt die Meinung, daß die eigentliche »Industrialisierung des Krieges« erst ab ca. 1840 feststellbar sei. Als Indikator des neuen Zeitalters gilt für ihn das Aufkommen privater [!] Rüstungsproduzenten, die als Konkurrenten zu den staatlichen Rüstungskomplexen auftraten.[1] Er spricht von der Macht der militärisch-industriellen Interaktion. Diese wird in ganz Europa sichtbar und leider auch spürbar. Neue Strategien zur Kriegführung bzw. Kriegabwehr wurden in den streng wissenschaftlich geschulten Generalstäben ausgearbeitet und als Schubladenpläne der politischen Führung bereitgestellt. Die Industrialisierung und Maschinisierung entwickelte sich fast parallel zur Ausbreitung des nationalen Bewußtseins. Zwar erhielten die Menschen der zahlreichen deutschen Länder nicht die erhoffte Einigkeit Deutschlands, auch zogen sie sich zeitweise in die Privatsphäre zurück, doch blieb der Wunsch nach Einigkeit so lange ein Volksbegehren, bis diese 1870/71 eintrat — wenn auch wiederum von oben verordnet.

Die Rüstungsindustrie entwickelte sich in bis dahin ungeahnten Formen spätestens seit der Mitte des 19. Jahrhunderts. Private Waffenfabriken als »Großarbeits- und Produktionsstätten« entstanden und weiteten sich bald aus. Die Produkte stellte man jetzt in großer Stückzahl her. Sie wurden in Serien aufgelegt, was zur Standardisierung gerade im militärischen Bereich führte. Es entstand die neue Gesellschafts»klasse« des Fabrikarbeiters. Das ganze Jahrhundert hindurch gab es zwar eine mehr und mehr erstarkende, bald führende bürgerlich-kapitalistische Schicht im Volk, doch das Primat hatte stets noch der Hochadel.[2] Die Mechanisierung der Antriebskräfte für Maschinen und die Maschinisierung von Arbeitsvorgängen durch Nutzung der Dampfkraft und gesteigerten Anwendung eines neuen Werkstoffs Eisen bzw. Stahl wirkte sich auf allen Gebieten des Lebens der Menschen aus, insbesondere im militärischen Bereich. Innerhalb der zahlreichen kleinen deutschen Staaten standen sich Bayern, Sachsen und Preußen als die größten Ansprüche erhebenden und daher höchstgerüstetsten Länder gegenüber. Besonders in diesen Gebieten entstanden Rüstungs- und damit Arsenalkomplexe, die immer mehr Menschen beschäftigten. Auch die deutschsprachigen Nachbarländer verschlossen sich nicht dieser Entwicklung. Der Staat wurde so durch Errichtung nationaler Arsenale quasi »Oberster Zeugmeister«. Durch die zentrale industrielle Rüstungsproduktion, die zahlreichen Waffenhandwerken den Ruin brachte, waren die militärischen Bereiche der Arsenale nicht mehr so in den Stadt- bzw. Festungsverband integriert wie in den Zeiten davor. Jetzt, nachdem jahrhundertelang die Rüstungsproduktion weitgehend Teil des öffentlichen Lebens war, wurden die Zeughaus- bzw. Arsenalareale absolute Sperrgebiete. Es gab keine Kontrollmöglichkeiten seitens der Bürger mehr, es wurde alles geheim gehalten. Kunst und Technik konnten in früheren Epochen bei der Waffenherstellung ineinander fließen, was oben schon besonders an der Herstellung der Geschützrohre betont wurde. Das war jetzt vorbei. In Arsenalen des 19. Jh. hatten Bürger als Zivilpersonen nichts mehr zu suchen, die Uniformierten, die Soldaten bestimmten den Gang der Dinge. Retroperspektiv gesehen erhält erst jetzt der Begriff Rüstung bei den Massen eine negative Bedeutungsverschiebung hin zum Schlechten, Bösen — zur Möglichkeit der Massentötung wie sie nun praktiziert werden sollte. Krieg konnte über das stetig wachsende Eisenbahnnetz mit Dampfkraft in fernste Länder vorgetragen werden. Da man Kriege aus angelegten Vorräten heraus unterhielt, mußten die Waffenspeicher möglichst total gefüllt sein. Wenn das den Heeren nachgeführte Material nicht ausreichte, so mußte kurzfristig auf dem sich mehr und mehr herausbildenden internationalen Waffenmarkt gekauft werden. Die ganze Entwicklung führte zum Desaster des I. Weltkrieges.

Bau- und kunstgeschichtlich betrachtet erbrachte das Jahrhundert nach dem Klassizismus das Biedermeier, gefolgt und schließlich abgelöst durch den Historismus und Eklektizismus. Man kann diese Stilrichtungen auch sehr deutlich an den Militärbauten ablesen.

20.2 Das Beispiel Preußen

Am Anfang des 19. Jh. stand das gesamte Staatsbauwesen unter einer technischen Superrevisions- und Kontrollinstanz, der technischen Ober=Bau=Deputation, die sich auch sämtlichen Militärbauten zu widmen hatte. Laut AKO vom 26. Sept. 1809 wurde das Militärbauwesen in den unmittelbaren Verwaltungsbereich der Regierung geordert. Zur Ausführung der Bauten und zur Instandsetzung der vorhandenen Baumassen waren Distrikts=Baubeamte beauftragt. In den Festungen führten aber auch die Platz=Ingenieure und Ingenieur-Offiziere militärische Bauaufträge durch. Laut AKO vom 1. Nov. 1820 wurden Ingenieuroffiziere für die Festungen und Zivilarchitekten für die offenen Städte eingesetzt, indem man im Lande Intendanturen schuf, die aber dem Kriegsministerium unterstellt blieben.[3]

Die preußischen Festungen waren anfangs noch sehr zahlreich, wie ein Blick auf die Bestandsaufnahme aus dem Jahr 1836 im Lehrbuch des preußischen Festungsbaudirektors Prittwitz und Gaffron zeigt, wurden jedoch unter stärkstem Ausbau bzw. Neubau einzelner Landesbefestigungen in den folgenden Jahren stark dezimiert.[4] Die Kosten für die Anlage und Unterhaltung sowie ihre strategischen Schwächen führten zu wenigen allerdings riesigen Festungsbauensembles wie z.B. denen von Koblenz. Dort entstand schon 1814 geplant, auf einer Fläche von ca. 12 km² eine regelrecht befestigte Landschaft rund um die Stadt. Sie wurde mit ihren Bauten für zahlreiche andere Festungen im In- und Ausland vorbildlich, stilprägend. Die hier erstmals entwickelte sogenannte Neupreußische bzw. Neudeutsche Befestigungsmanier war allerdings noch baulich-konstruktiv ganz auf die Geschützarmierung durch die glatten Vorderlader entwickelt, die Kugeln verschossen.[5] Mit Einführung der Geschützrohrgeneration neuen Typs, der gezogenen Langgeschosse verfeuernden Hinterlader bald nach der Mitte des Jahrhunderts, begann eine neue Epoche im Festungsbau und in der Kriegführung.[6] Gerade das Beispiel der gezogenen Rohre zeigt die Entwicklung vom handwerklichen Privatrüstungsbetrieb hin zur privaten, jedoch staatlich voll abgestützten Rüstungsgroßindustrie unter dem Firmennamen KRUPP.

Neben den zentralen Heeresarsenalen gab es im Lande eine große Anzahl von »Kleinzeughäusern«, auf die sich die Landwehr oder ähnliche Einrichtungen zur Verteidigung der Heimatfront stützen konnten.

20.3 Montierungskammern und Landwehr-Zeughäuser in Preußen

War ursprünglich die Bezeichnung »Landwehr« das Aufgebot aller Wehrfähigen zur Verteidigung des Landes, so verstand man speziell in Preußen nach der Landwehr-Verordnung von 1813 die alle nicht dem stehenden Heer angehörenden Männer vom 17.-40. Lebensjahr. Neben dem aktiven Heer war diese Truppe eine Miliz mit selbständiger Organisation und Versorgung. Der Landsturm war die Zusammenfassung aller Wehrfähigen bis zum 50. Lebensjahr, der nur in höchster Not aufgerufen wurde. Die Heeresreform von 1860 wies die gedienten Wehrpflichtigen bis zum 39. Lebensjahr dem Landsturm zu. Das galt bis zum Ende des I. Weltkrieges.

Für die Landwehr wurden in der nachnapoleonischen Zeit auch die Einrichtungen und Unterhaltung der Montierungskammern und Zeughäuser nach strengem Reglement vorgeschrieben. Diese galten stets für Neubauten und konnten bei Umnutzung älterer Bauten entsprechend abgewandelt werden. In der Dienstvorschrift des Kriegsministers von Boyen aus dem Jahr 1845 mit Ergänzungen von 1867 heißt es im § 18:

»Die Vorräthe an Bekleidungs= und Ausrüstungs=Gegenständen (mit Ausschluß der Waffen) bei den Truppen des stehenden Heeres werden von diesen selbst in besonderen Räumen aufbewahrt, welche die allgemeine Benennung ›Montirungskammern‹ führen. Bei der Landwehr werden die genannten Gegenstände, jedoch mit Einschluß der Waffen, in den Landwehr=Zeughäusern niedergelegt«.[7]

Während die Montierungskammern wie auch die Handwerksstuben in Art der Schneidereien, Schustereien, Sattlereien, Riemereien u. ä. Einrichtungen in den Kasernements untergebracht wurden, ist das Landwehr=Zeughaus stets ein eigenes möglichst freistehendes Gebäude, in dem die Bekleidungs- und Lederstücke, Reitzeug, Heeresgerät, Fahrzeuge und Waffen aller Art aufbewahrt wurden. Da schwere Waffen, besonders Geschütz, nicht zur Ausrüstung der Landwehr gehörten, war der Baukörper stets ohne die sonst typische gewölbte Geschützhalle. Auch sollten diese Militärspeicher nach der zitierten Vorschrift nur in Ausnahmefällen neu erbaut werden. Sie sollten vielmehr aus Kostenersparnis in vorhandenen Gebäuden bei den Bataillonsstäben untergebracht werden. Sollte trotzdem »nach Maaßgabe der Lokalverhältnisse« ein Neubau notwendig sein, so regelte die Vorschrift genau die Größe der Räume in den meist 2 Stockwerken und auch deren Einrichtung. Ein Beispiel für die empfohlene Dimensionierung eines Landwehrzeughauses für 1 Bataillon gibt Ernst Dziobek in seinem grundlegenden Taschenbuch für den Preuß. Ingenieur von 1853. Unter der Position 297 heißt es:

»Eine Kammer für die Cavallerie 960☐', desgleichen für die Infanterie 224, Arbeits- und Wachstube 224, Wagenraum 480, 4 Kammern im zweiten Stockwerk zu 480 = 1920☐', zusammen 3808☐' oder ein Gebäude von etwa 75', 37' bis 38' breit im Lichten, in 2 Stockwerken zu 12' hoch und mit einem Dachboden«.[8]

Der Bodenraum konnte dabei als Reinigungsort der Effekten dienen oder zur Aufbewahrung ausrangierter Sachen mitbenutzt werden. Die in der Vorschrift beigefügten Grundrisse lassen auch die vorgesehene Möblierung erkennen [ABB. NR. 483]. Die Kaminschächte zeigen die vorgeschriebene Beheizbarkeit des Landwehr=Zeughauses an, welche aber nur in Kriegszeiten vorgesehen ist für den Fall, daß das Gebäude dann anderen Nutzungen unterworfen wird.[9] Die Vorschrift gibt für die architektonische Fassadengestaltung eines Landwehr=Zeughaus-Neubaus ausdrücklich keine Vorgaben, verlangt allerdings

»die Entwurfszeichnungen zu den Facaden derselben durch die Intendanturen an das Militair=Oekonomie=Departement [zu] senden, um darüber vor [!] der Ausführung des Baues die Allerhöchste Entscheidung einzuholen«.[10]

Im übrigen gelten Vorschriften zur Trockenhaltung besonders der metallenen Waffenstücke, die an keiner Stelle mit der Wand in Berührung stehen dürfen, und deren Lagerung in freistehenden Holzgestellen, von denen die Verordnung mehrere maßstabsgerecht abbildet [ABB. NR. 293].[11] Die Sicherung des Gebäudes und des Inventars über die permanente Bewachung hinaus sollte nur noch durch von innen anzubringende hölzerne Fensterläden mit Querhölzern und in Ausnahmefällen mit Eisenblech beschlagenen Fensterläden für diese Art Militärspeicher genügen. In der Praxis wurden Landwehrzeughäuser meist in geeigneten Gebäuden durch Adaptation eingerichtet. Fünf Beispiele mögen genügen, die Variationsbreite der belegten Gebäude anzuzeigen:

1. Das heute noch »Zeughaus« genannte städtische Museumsgebäude in Iserlohn ist ein ehemaliges Landwehrzeughaus. Der preußische Staat erwarb die von dem Seidenproduzent Georg Cappel (†1810) 1812 an den französischen Militärfiskus verkaufte Fabrikantenvilla, nachdem dieser für den totalen Niedergang der Seidenindustrie gesorgt hatte. Das Gebäude eignete sich als Landwehr-Zeughaus wegen der absolut trockenen Keller, in denen einst die Tuche [und heute Museumsgut] lagerten, und auch wegen der vorhandenen starken Einwölbungen des Kellers:

»Wo sonst in den unteren Räumen und in den mächtigen Kellergewölben schwere Tuch- und Seidenballen gestapelt waren, da lagen und hingen jetzt Montierungsstücke, ausgerichtet nach der Schnur: Uniformen, Stiefel, Riemenzeug, Waffen und Munition«.[12])

2. Die heutige Festhalle »Zeughaus« der Stadt Neuß befindet sich in der ehemaligen Franziskanerkirche. Die Franziskaner hatten mit kurfürstlicher Genehmigung 1632 ein Kloster mit Kirche errichtet. Der Schlußstein im Giebel gibt das Ende der Bauzeit mit ›1639‹ an [ABB. NR. 138]. Bis 1802 diente die Kirche sakralen Zwecken, dann ging sie als Geschenk der Franzosen an die Stadt Neuß, die das zweckentfremdete Gebäude 1826 an die preußische Militärbehörde gab. Bis zur Aufgabe von Neuß als Garnisonstadt 1864 diente die Kirche als Militärspeicher, dann als Lagerraum für Getreide, Futtermittel und als Verkaufshalle. Die baulichen Charakteristika: Einschiffiger Backsteinbau, 39 x 11 m, Tonnengewölbe mit eingeschnittenen Kappen zwischen Gurten gewölbt, sechsjochiges Langhaus mit inneren Strebepfeilern, Chor mit äußeren Strebepfeilern. ABB. NR. 138 zeigt ein Profil aus dem Jahr 1825 mit den hölzernen Zwischenböden zur Materialablage. Irmgard Feldhaus sieht die Kirche

»als einer der spätesten Bauten am Ende einer langen, bis ins 13. Jh. zurückreichenden Tradition der Bettelordenskirchen, die durch ihre Schlichtheit so überzeugende Meisterwerke der Gotik hervorgebracht hat«.[13]

3. Landwehr-Zeughäuser bei Lötzen, Adelnau, Osterode u. a. Auf Weisung der Generäle Karl Wilhelm Georg v. Grolmann (1777-1843) und Leopold Hermann Ludwig v. Boyen (1771-1848) sollten nach den napoleonischen Befreiungskriegen 1818 bei Lötzen leicht defensible Zeughäuser entstehen, deren Entwürfe die Ingenieurabteilung im I. Departement des Kriegsministeriums unter Beteiligung des Chefs der Ingenieurabteilung Johann Ludwig Leopold v. Brese (1787-1878) lieferte. Diese »Stützpunkte der Volksbewaffnung« waren teil der allgemeinen Landesverteidigung, die zur damaligen Zeit aus finanziellen Gründen noch keine neuen Fortifikationsbauten vorsah! Die Festung Boyen entstand bekanntlich erst 1844-56 nach Vorstellungen des Begründers der neudeutschen Befestigungsmanier Ernst Ludwig v. Aster (1778-1855). Die verschanzbaren Magazinbauten an der Straße von Lötzen nach Rastenburg sind aber nie realisiert. Über ihre Konstruktion ist mir nichts bekannt. Die Planungen für die Landwehr-Zeughäuser begannen 1818 für Adelnau südwestlich von Ostrowo und Kopernitz westöstlich von Züllichau, für Loetzen und Osterode [Ostpreußen]. Mit dem Rücktritt von Boyens 1819 ließ man aber die Strategie der Landesverteidigung durch die bewaffnete Bevölkerung fallen. 20 Jahre später wieder im Dienst, erhielt Osterode auf Befehl des Ministers das wohl einzig ausgeführte defensible Landwehr-Zeughaus in Preußen. Es wurde 1843-1845 auf dem Kirchhofberge über dem Drewenz-See erbaut. Der durch v. Aster 1844 vor Ort geprüfte und genehmigte Entwurf geht auf den Hauptmann v. Winterfeld, Ingenieuroffizier und Garnisonbaudirektor in Königsberg, zurück. Die sechseckige Anlage in Form einer Redoute mit Lünetten und Brückenkopf umschloß das Zeughaus, welches in Hufeisenform errichtet wurde. Drei

Kaponnieren sorgten für eine perfekte Grabenbestreichung. Im Zeughaus lagerte man die Ausrüstung des Osteroder Landwehrbataillons und die zur eigenen Verteidigung notwendigen Geschütze.[14] Ob noch bauliche Reste vorhanden sind, ist mir unbekannt.

4. In der ehemaligen herzoglichen Hofkapelle von Schloß Jülich in der Zitadelle Jülich wurde ab 1815 nach der Einnahme der Festungsstadt durch die Preußen ein Landwehrzeughaus eingerichtet.[15] Man zog in den schon lange vorher aus einem dreischiffigen Sakralraum zur Halle reduzierten Kapelle mehrere Holzbalkendecken ohne Rücksichten auf die historische Architektur ein. In der Brandruine des II. Weltkrieges waren die Balkenlöcher gut zu erkennen.[16] Die Kapelle mit 9 × 13 m Grundfläche ist Teil der seit kurz vor der Mitte des 16. Jahrhunderts in reduzierter Form realisierten Idealstadtanlage der Renaissance.[17]

5. Über das Landwehrzeughaus in Berlin, Königgrätzer Straße/Stresemannstraße, konnte nur wenig in Erfahrung gebracht werden. Auf dem als ABB. NR. 482.1 beigegebenen Foto aus der Zeit vor 1879 erkennt man hofseitig einen Teil des vierstöckigen Gebäudes. Es besteht aus sauber bearbeiteten Natursteinblöcken, es weist Rundbogenfenster und -portale auf. Zwei vorgestellte runde Treppentürme ermöglichten die innere Kommunikation. Rechts führt eine hölzerne Rampe in das 1. Stockwerk zur Ein- und Ausbringung schwerer Rüstungsgüter. Es dürfte sich wohl um einen größeren Neubau aus der 1. Hälfte des 19. Jh. handeln. Er wurde 1879 abgerissen, weil das benachbarte Kriegsministerium an dieser Stelle in seiner unmittelbarer Nähe den Neubau der Militärkasse durchsetzte.

20.4 Zeughäuser herkömmlicher Bauart u. Arsenalkomplexe als Fabrikations-, Lager-, Bereitstellungsanlagen und museale Ruhmesstätten

»Artillerie-Arsenale ... welche in Hauptstädten oder in Hauptwaffenplätzen des Staates eine Vereinigung grosartiger Artillerie- und Waffen-Depositorien, mit Werkstätten jeder Art bilden [sollen ein] nach technischen Prinzipien wohl zu ordnender Gebäude-Complex [sein, der wenigstens gegen den gewaltsamen Angriff sicher sein muß] weil die in solchen Anlagen untergebrachten Schätze, um jeden Preis, gegen einen Handstreich, sowohl äusserer als innerer Feinde, geschützt werden müssen«,

so definiert der Oberst im k.k. Genie=Stab und Génie=Inspektor für Mähren und Schlesien Julius von Wurmb die Arsenalkomplexe seiner Zeit.[18] Der Autor hatte das entstehende K. K. Arsenal Wien in seinem Blickfeld. Dieser Riesenkomplex über einer 688 x 640 m messenden Grundfläche entstand außerhalb der Stadt unter der Regierung Kaiser Franz Joseph I. unter Aufwendung von 177.000.000 Ziegeln. ABB. NR. 489.1- 4 zeigt den Bauausführungsplan nach Baubeginn, den im Wettbewerb eingereichten Grundriß des Arsenal-Bau-Programms und den Grundriß des ausgeführten Arsenals dem heutigen Gebäudebestand gegenübergestellt. Obwohl auch hier eine bauliche Reduktion wie bei beinah allen von mir untersuchten militärischen Großbauprojekten festzustellen ist, und Zerstörungen besonders im II. Weltkrieg zu beklagen waren, hat sich doch Wesentliches von der einmaligen Architektur erhalten. Oberst v. Wurmb war einer der Hauptgründe zur Schaffung dieses Komplexes wohl bekannt, wie man aus seiner Forderung nach baulichem Schutz auch gegen einen inneren Feind entnimmt. Im Revolutionsjahr 1848 hatte es in Wien eine Plünderung des Kaiserl. Zeughauses gegeben, was in Zukunft unmöglich gemacht werden sollte. Ähnliche Vorgänge gab es auch in Berlin, Dresden, Kassel und anderen Ortes, wo aufgebrachte Bürger während der März-Revolution die Zeughäuser stürmten, wie das die ABB. NR. 470.1- 3 sehr illuster zeigen. Die Waffenspeicher waren zu Symbolen der zu bekämpfenden Macht geworden. Für das Zeughaus Kassel ist ein Inventar erhalten, in welchem

»Nachweisung über Schießwaffen und Zubehör nebst Cuirasse etc., welche in der Nacht vom 9. auf den 10.April 1848 aus dem Zeughaus entwendet worden sind [sowie] Verzeichnis der in der Nacht vom 9. auf den 10. April aus dem Zeughaus abhandengekommenen Waffen [und] Ermittlung der im Zeughaus bei den in der Nacht vom 9. auf den 10.April 1848 verübten Gewalttätigkeiten entstandenen Verluste«.[19]

Der Schutz gegen äußere Feinde ließ die Planer des K. K. Arsenals von einer Fortifizierung ausgehen, wie sie mehrfach projektiert, jedoch nie ausgeführt wurde. ABB. NR. 471 zeigt den ersten Entwurf von A. P. de Rigel mit einem bastionierten Oktogon, in dem Fabriken, Werkstätten, Geschützgießerei, Gewehrfabrik, Depots, Kasernen, Offizierswohnungen, Heeresverwaltung und von Anfang an auch vaterländische Ruhmesideen in Form eines Waffen- und Trophäenmuseum manifestiert werden sollten. Die Ansicht dieses Gebäudes zeigt ABB. NR. 471.2; ein aktuel-

173

les Foto der Hauptfassade des 1850/56 entstandenen Kommandantenbaus, heute Objekt 1, zeigt ABB. NR. 338, ein typischer Fensterausschnitt ABB. NR. 400. Gerade dem Museum gab de Rigel noch die zentrale Stellung durch ein fünfgeschossiges Gebäude im Zentrum des nach klassischem Schema sturmfrei gemachten Geländes. Die gesamte Anlage sollte wie eine Festung weitgehend autark sein, die gesamte über Wien und Umland verstreute Waffenproduktion zentralisieren und das Waffenlager schützen. Bei der Ausführung nach Plänen von Ludwig Förster (1797-1863) und Theophil Hansen (1813-1891) u.a. Baumeistern wurde die Bastionierung offensichtlich aus Kostengründen weggelassen. An und in den Bauten sind Formen des byzantinischen Stils mit Elementen gotischer und maurischer Art geschickt vereint. Noch heute spiegeln die erhaltenen Gebäude des K. K. Arsenals das Anliegen der Erbauer und Auftraggeber wider, ein Gesamtkunstwerk aus Architektur, Skulptur und Malerei geschaffen zu haben [ABB. NR. 338-340].[20]

In Preußen verstand man unter der Bezeichnung »Heereswerkstätten« alle staatlichen Rüstungsbetriebe. Sie hatten

»nach Anordnung der vorgesetzten Behörden Streitmittel und Feldgerät zu entwerfen, anzufertigen, umzuändern, instandzusetzen und an deren Vervollkommnung mitzuwirken«,

so teilt der Major beim Zeugamt a. D. August Genth in seiner Bonner Dissertation mit.[21] Das Pendant zu den Heereswerkstätten waren die Staatswerften für die Marine. Für beide Institutionen galten als Hauptaufgaben: Beschaffung, Produktion, Versorgung, Verbesserung, Ankauf. Sie wurden erst durch den Versailler Vertrag verboten und aufgelöst bzw. privatisiert. Im Vergleich mit der Definition des von Wurmb erkennt man das Fehlen einer musealen Aufgabe, was aber nicht bedeutete, daß die Architektur deshalb nicht ästhetisch befriedigend, eben »schön« war. Zwar

»braucht [der Kriegsbaumeister] kein vollendeter Architect zu seyn, da er weder Gebaeude zur Pracht, noch zur Ergoetzlichkeit aufzufuehren hat; aber er muß verstehen nach den Regeln der Festigkeit und des Ebenmaßes zu bauen, er muß wissen, jedem Gebaeude eine seiner Bestimmung angemesssene innere Einrichtung, und ein charakteristisches Aeußere zu geben«,

so noch Rudolf Eickemeyer in seinem Traktat zur Kriegsbaukunst von 1821,[22] doch sind die für den militärischen Bereich führenden Architekten in Preußen, die auch aus dem Zivilbereich kamen oder sich von dort Vorbilder nahmen, deutlich in der Mehrheit. Wenn in den KDM Spandau von 1971 die Artilleriewerkstätten mit folgenden Worten gekennzeichnet werden:

»Die Ziegelarchitekturen der Eingangsseiten waren mit ihrer Verwendung von Rundbogen, Konsolenfries, Portalädikulen typische Vertreter früher Fabrikbaukunst, die Formen hoher Architektur, wie sie die Schinkelschule geprägt hatte, auf Zweckbauten übernom«,[23]

dann ahnt man etwas von dem hohen Stilwillen auch für Nutzbauarchitektur, die schließlich den militärisch, manche sagen auch militaristisch orientierten preußischen Staat in höchstem Grade zu repräsentieren hatte.[24] Als nationaler Arsenalkomplex Preußens gelten die »Heeres- bzw. Artilleriewerkstätten Spandau«. Hier die wichtigsten Gebäude:

1856-58 Neues Zeughaus in der Zitadelle [Haus 13];
1872 Artilleriedepot fertiggestellt mit u.a. mit Gewehrfabrik von 1722, Privatbetrieb ab 1853 staatlich, +1918;[25] 38 Gebäuden mit 14 Werkstätten und 9 Schmieden, z.T. aus dem 18. Jh. stammend;
1817 Feuerwerkslabor in der Zitadelle, Umlegung
1829 zum Eiswerder;
1823 Pulverfabrik am Ostufer der Havel;
1846 Geschützgießerei mit Dampfmaschinenantrieb und Eisengießerei für Artilleriemunition;
1855 Geschützgießerei Stresow-Nord;
1868 Artilleriewerkstatt;
1872 Artilleriedepot Neustadt;
1893 Munitions-, Patronen-, Gewehrfabrik.

Gegen 1890, auf dem Höhepunkt des Artilleriearsenals Spandau, gab es dort 12.000 Beschäftigte.[26] ABB. NR. 483 zeigt in Vogelperspektive einen Blick über die Artilleriewerkstätten Spandau aus dem Jahr 1869. Ein riesiges Areal wurde in kürzester Zeit mit Fabrikhallen, Magazinbauten, Werkstätten bebaut, die Produktion sofort aufgenommen und in den folgenden Jahren systematisch gesteigert. Die typische preußische Fabrikarchitektur der Zeit ist nach außen zum städtisch-öffentlichen Bereich geschickt durch besonders schön gestaltete Bauten maskiert. Auch die Häuser der Direktion und die Wohnblöcke waren als Repräsentationsbauten ausgelegt. Architektonischer Mittelpunkt der »Preußischen Waffenschmiede« war ein Uhrturm. Die Gebäude waren eingebettet in eine großzügige Grünfläche mit Fontäne [wie sie heute in der Industriearchitektur wohl auszeichnungsreif wäre]. Im Spandauer Arsenal wurde die Produktion preußischer Geschützgießereien zusammengezogen und unter zentrale militärische Leitung und Aufsicht gebracht. Der Bedarf an Artilleriematerial wuchs ständig.
Die Feld-, Festungs- und Belagerungsartillerien benötigten immer größere Stückzahlen von Bronze- und besonders Eisenrohren. Man wußte aus Untersuchungen des Präzessors der neudeutschen Befestigungsmanier Marquis de Montalembert (1714-1799) auch in Preußen, daß 120 bronzene Kanonenrohre genau so viel kosten wie 1440 eiserne Rohre. Das Preisverhältnis war 1:12. Rauchende Fabrikschornsteine waren nicht nur Symbol einer friedlichen Industrialisierung. Neben diesem Industriekomplex

gab es in der Zitadelle unweit des Alten ruinösen Zeughauses [ABB. NR. 235] ab 1856 einen durch den Geheimen Oberbaurat Busse projektierten Zeughausneubau über einer Grundfläche von 40 x 16 m, wie ihn ABB. NR. 101.1+2 zeigt. Im Erdgeschoß, welches von beiden Schmalseiten aus zweifach durchfahrbar ist, gab es die klassische Geschützhalle, während im Obergeschoß einst das Gewehrlager untergebracht war. Dieses Zeughaus folgte noch der traditionellen Bauart und Dimensionierung. Aus ihm wurde die Zitadelle und die in der Festungsstadt Spandau liegende Garnison armiert. Es handelte sich also um ein lokales Versorgungszeughaus, welches derzeitig zur Nutzung als Museum saniert wird. Dabei wurde auf das denkmalwerte Gehäuse als einem hervorragenden Beispiel spätromantischer Architektur der Schinkel-Schule höchste Rücksicht genommen, während im Inneren leider zahlreiche Veränderungen an der Originalsubstanz durchgeführt wurden.

Im folgenden Text gebe ich einige meist schon unter bestimmten Aspekten genannte Beispiele von mehr oder weniger gut erhaltenen Zeughäusern und Arsenalkomplexen des 19. Jh., die am Schluß meiner Untersuchung über die Bau- und Funktionsgeschichte des Waffenspeichers im deutschsprachigen Raum stehen sollen. Jede dieser Anlagen besitzt kunsthistorische und technikgeschichtliche Erstmaligkeiten, Einmaligkeiten und Besonderheiten:

Schwerin: 1840-44 wurde durch den Hofbaurat Georg Adolph Demmler (1804-1886) in städtebaulich hervorragender Lage das Arsenal und die Kaserne der Schweriner Garnison unter einem Dach erbaut. Der riesige, palazzoartige zweigeschossige Putzquaderbau in Formen der Tudorgotik und florentinischer Palastarchitektur ist ein bedeutendes Baudenkmal der 1. Hälfte des 19. Jh. ABB. NR. 466+467 zeigen eine Längsseite mit dem Mittelrisalit und einen Eckturm mit aus der Burgenarchitektur übernommenen Eckturmchen. Das gesamte Gebäude schließt mit Zinnen ab.

Germersheim: Die Bundesfestung entstand 1834-1855 als wohl letzte Stadtfestung in Neudeutscher Manier. Das in seiner Architektur einmalige Zeughaus [ABB. NR. 106.1+2] habe ich schon im Kapitel 14.2 unter seinem Hauptcharakteristikum als defensiblen Waffenspeicher vorgestellt [ABB. NR. 211+212].

Hannover: Das Königliche Hauptzeughaus entstand 1849 am Waterlooplatz. ABB. NR. 185 zeigt den Grundriß der Dreiflügelanlage in einer Aufmessung von 1880. Der Frontbau mißt 85,50 m, jeder Seitenflügel 40 x 18,1 m. Die Ansicht des hier wie ein Quadrum erscheinenden Gebäudes auf einer Federzeichnung von 1881 als ABB. NR. 188, rechts die berühmte Waterloosäule. Die Fotoaufnahme von der Ruine ABB. NR. 186 läßt sich gut vergleichen mit der Bauaufnahme von 1881, ABB. NR. 188. Der Kopfteil des Turmes mit rustizierten Flächen des kastellartigen Gebäudes mit Maschikuliimitationen und zwei originalen Türen zeigt architektonische Spitzenleistung an. Charakteristisch sind die Rundbogenfenster und -türen in spitzbogiger Rustikarahmung, wie sie ABB. NR. 391 in einer Nahaufnahme zeigt. ABB. NR. 247+248 zeigen die ruinösen Geschützhallen. Der Abriß bleibt bei dem Anblick dieser Bilder völlig unverständlich!

Oldenburg: Das 1874-75 erbaute Zeughaus [ABB. NR. 474+475] und das 1861-65 aufgeführte Artilleriewagenhaus [ABB. NR. 496.1-3] sind Teil eines Arsenalkomplexes [ABB. NR. 473], der im wesentlichen nach Entwürfen des Oberbaurats Hero Diedrich Hillerns (1807-1885) entstand. Der Komplex enthält noch Werkstätten, Gießhaus, Laboratorium, Wach- und Nebengebäude, Kasernen, Ställe, Exerzierplatz u. a. Klare neuromanische Auffassung des Architekten und Übernahme von Elementen des veralteten Wehrbaus sind typisch für die Anlage des Historismus.[27]

Ingolstadt: Die für die ab 1838 entstehende bayerische klassizistische Großfestung typischen Kavaliere in den Knickpunkten der polygonalen Umwallung waren als Defensionskasernen mit bombensicheren Vorratslagern für Waffen und Verpflegung ausgelegt und hatten somit Zeughauscharakter. Ein Kavalier umfaßt ca. 58.000 m^3, ist 193 m lang, 20 m breit, 10 m hoch, zweietagig, feindseitig 50 kasemattierte Geschützstände, je zwei Treppenanlagen und 2 Rundtreppentürme, in den Viereckstürmen Aufzüge zum Geschütztransport auf die Dachplattformen, die bis 1900 mit Erdbrustwehr versehen waren. 4 von 6 Kavalieren sind erhalten.[28] — Das ganz aus Ziegelmauerwerk bestehende, 1867-72 nach Plänen des Architekten Friedrich Storch am Nordrand der Altstadt erbaute Zeughaus ist 154 m lang, 37 m breit, 22 m hoch mit der Geschoßhöhe von 4,80 m, dreietagig über und einetagig unter Bauniveau, Sichtbackstein unter sparsamster Verwendung von Haustein für Sohlbänke, Wasserspeier und Dachkante. Das Gebäude wurde bis zum Ende des II. Weltkrieges als Zeughaus genutzt. Die schräge Luftaufnahme [ABB. NR. 493] zeigt die Lage des riesigen Kompaktbaus im Vergleich zu dem aktuellen Senkrecht-Luftbild ABB. NR. 107. Vgl. dazu die Aufnahmen vom Zeughausmodell ABB. NR. 491.1-2.- 1885 entstanden in Ingolstadt drei Rüstungsgroßbetriebe, die Kgl. Geschützgießerei und die Kgl. Geschoßfabrik auf der Eselsbastei und weit außerhalb im freien Feld das Kgl. Hauptlaboratorium. Dieses Ensemble machte die Festung zum Arsenalkomplex ersten Ranges, die ihren Hochbetrieb in der Zeit des I. Weltkrieges hatte. Es belieferte die inzwischen zum Millionenheer angewachsenen Feldheere besonders an der Westfront.[29]

Dresden: Der sächsische Arsenalkomplex entstand nach dem Deutsch-Französischen Krieg weit im Vorfeld der Stadt. Die Anlage wurde zwar mit Unterstützung des Reiches finanziert, sollte aber für die Ausrüstung der sächsischen Armeekontingente voll zur Verfügung stehen. Der Grundriß auf ABB. NR. 484 zeigt das rechteckige Areal mit

175

allen Haupt- und Nebengebäuden. Das palazzoartig im Stile der Neorenaissance i. J. 1873 errichtete Zentralgebäude hat den repräsentativsten Charakter auch durch Anwendung von Säulenstellungen, die auf den ABB. NR. 485+487 im Originalzustand und zum Vergleich auf den ABB. NR. 486+488 im heutigen Zustand nach entwertenden Ergänzungsbauten zu sehen sind.[30]

Kiel-Friedrichsort: Ab 1865 entstanden Artillerie-, Minen-, Torpedodepot, Werkstätten, Sitz der Festungsbaudirektion und Kasernen für den Kriegshafen Kiel. In Friedrichsort griff man auf das dortige dreiflügelige Zeughaus [ABB. NR. 102] in der Festung zurück. ABB. NR. 189 zeigt Grundriß, Ansicht und Schnitt v. 1767, ABB. NR. 190 das einzige bekannte Foto von der Haupteingangsseite der Dreiflügelanlage.

Ludwigsburg: Die barocke, niemals fertiggestellte Planstadt erhielt nach dem Arsenal genannten Winkelbau von 1762 [ABB. NR. 179+180] i. J. 1797 eine Geschützgießerei und 1808 eine schon 1811 nach Oberndorf (+1874) verlegte Gewehrfabrik. Im Arsenalgelände wurde 1872-75 im Bereich des barocken Waffenspeichers ein Zeughaus zur Lagerung von 40.000 Gewehren nebst Zubehör gebaut. Die ABB. NR. 476-481.1-3 zeigen diesen zur Mathildenstraße ca. 100 m langen Monumentalbau mit Eck- und Mittelrisaliten. Die Situationspläne von 1874 findet man auf ABB. NR. 476. Sandsteinreliefs mit Motiven antikischer Trophäen tragen zum martialischen Charakter des Gebäudes bei [ABB. NR. 441]. Daß der Architekt sich nach den klassischen Architekturauffassungen richtete, beweist besonders augenfällig der dorische Eingangsportikus im Mittelrisalit [ABB. NR. 481], bestehend aus zwei Paar Säulen, auf denen einen schwerer Architrav ruht, der mit Triglyphenfries und Metopen geschmückt ist. Derzeitig läuft ein Sanierungsprogramm für beide Zeughäuser zwecks Umnutzung für das Staatsarchiv Stuttgart.[31]

In der deutschsprachigen Schweiz war es der Architekt Felix Wilhelm Kubly (1802-1872), der die Zeughäuser von Herisau, Glarus und besonders von St. Gallen im Stile des Klassizismus schuf, wie er zeitgleich in München durch Friedrich von Gärtner (1792-1847) mit der Staatsbibliothek von 1829-34 und Leo von Klenze (1784-1864) mit dem ehemaligen Kriegsministerium und heutigem Hauptstaatsarchiv 1824-30 Wirklichkeit wurde. Das Zeughaus Herisau, erbaut 1836-38 im Stile florentinischer Renaissancepaläste mit einem Zugangsportal in toskanischer Ordnung und über 2 1/2 Stockwerke rustiziert, zeigt ABB. NR. 494.1. Das in hervorragender Weise revitalisierte Zeughaus St. Gallen von 1838-41 zeigt ABB. NR. 494.2 mit Grundriß und Hauptfassade auf dem Entwurfsplan von 1834. Charakteristisch ist die Reihung der Rundbogenfenster über rustiziertem Erdgeschoß. Das den St. Galler Klosterplatz erst im 19. Jh. abschließende Zeughaus als Nordflügel des Regierungsgebäudes ist beinahe eine Widerspiegelung der Ludwigstraßenfassade in München. Benno Schubiger hat sich diesen Fragen ausführlich gewidmet.[32]

In der Schweiz entstanden natürlich auch Großzeughäuser und Arsenalkomplexe. Da gab es z. B. das Neue Zeughaus in Zürich nahe der Grossen Promenade. Es entstand 1838 f in Hufeisenform wie es ABB. NR. 191 zeigt und nahm nach der Auflassung der längst überholten historischen Zeughäuser in der Stadt deren Bestände auf. Schon 1864 erfolgte aber der Abriß, weil es der Stadtplanung im Weg stand. Es wuchs hier das sog. Bahnhofsquartier.

In Thun gibt es den seit 1905 »Eidgenössisches Zeughaus« genannten Arsenalkomplex. 1819 wurde das Kantonale Zeughaus im Salzmagazin im Bälliz eingerichtet. Es folgten 1861 der Bau von Zeughaus Nr. 1, 1862 Bau von Zeughaus Nr. 2, 1866 Bau von Zeughaus Nr. 3, 1893 Bau von Zeughaus Nr. 4, 1897 Bau von Zeughaus Nr. 5, 1898 Bau von Zeughaus Nr. 6, 1918 Bau von Zeughaus Nr. 7. Die Zeughaus-Chronik 1857-1982 von Carl Hildebrandt ist voller Bildmaterial von den Zeughausbauten und dem bis heute andauernden Zeughausbetrieb.[33]

Der wohl letzte große Arsenalkomplex des 19. Jh. in der Schweiz war die Schaffung der Kantonalen Militäranstalten in Bern 1878 ff. Die kantonale Zeughausverwaltung Bern ist zuständig für Verwaltung, Magazinierung, Unterhalt und Instandstellung der persönlichen Ausrüstung der schweizerischen Wehrmänner bis in unsere Tage mit Uniformen, Bewaffnung, Gepäck, Lederzeug u. ä. Das Korps- und Instruktionsmaterial wird dagegen vom Eidgenössischen Zeughaus Bern verwaltet.[34]

20.4.1 Das Königliche Zeughaus Berlin — museale Selbstdarstellung Preußens

Die größte Privatsammlung in Form einer repräsentativ-musealen Privatrüstkammer besaß Prinz Karl von Preußen. Er sammelte vorzugsweise Repräsentationsstücke, also Gerät, welches nicht im Einsatz oder nicht dafür vorgesehen war. Zu den Sammelobjekten des Prinzen gehörten »Waffengattungen der verschiedensten Völker vom Beginn des Mittelalters bis zum Westfälischen Frieden«.[35] Es gab aber keine Geschütze. Wegen der hohen waffenkundlichen und kulturgeschichtlichen Bedeutung erschien der Katalog zur Sammlung von Georg Hiltl von 1876 jüngst im Reprint.[36] Karl Friedrich Schinkel (1781-1841) war der Architekt des Palais am Wilhelmplatz. Dort schuf er die berühmte »Waffenhalle« des Prinzen für das standesgemäße Präsentieren des Sammelgutes. Zur Fertigstellung der Halle wurden am 3. März 1828 mit Genehmigung des Königs aus dem Zeughaus besonders Pistolen, Partisanen, Lanzen und ein Orgelgewehr »überwiesen«. Gerade in diesem Jahr war ein Teil des Zeughauses mit der »Königlichen Waffen- und Modellsammlung« für die Öffentlichkeit zur Besichtigung freigegeben. Nach dem Tod 1883 kam die umfangreiche Sammlung Karls an das Zeughaus, was seit 1877 als Ort der Selbstdarstellung Preußens planmäßig zum Großdenkmal ausgebaut war. Die Waffenhalle Schinkels wurde zum Wohnzimmer degradiert.

Friedrich I. (1657-1713) stiftete das Berliner Zeughaus mit einem Doppelauftrag. Er wollte das Gebäude als zentralen Waffenspeicher und als Ort der Sammlung von Kriegstrophäen wissen. ABB. NR. 126+127 zeigen ein wahrhaft triumphales weil künstlerisch vollendetes Zeichen des Bauherrn im Mittelrisalit des 1695 grundsteingelegten palazzoartigen Quadrums. Es ist ein vergoldetes Bronzerelief mit dem Brustbild Friedrichs, seit 1688 Kurfürst von Brandenburg, seit 1701 König in Preußen. Die lateinische Inschrift über dem Staatswappen lautet in der Übersetzung:

»Um des Rechts der Waffen willen, zur Abschreckung der Feinde, zum Schutz seiner Bevölkerung sowie der Verbündeten, begründete Friedrich I., König der Preußen, Vater des Vaterlandes, 1706 dieses Waffenarsenal mit allem Kriegsgerät, das nicht nur Rüstungen, sondern auch Siegestrophäen aller Art aufnehmen soll«.[37]

Diese Doppelfunktion hat das Kgl. Zeughaus auch bis in die siebziger Jahre des 19. Jh. gehabt. Wenn sich auch im Laufe der Zeiten der Schwerpunkt mehr und mehr zur repräsentativen Aufgabe verschob, so vollends mit den Umbaumaßnahmen zwischen 1877 und 1883. Unter der Leitung des Architekten Friedrich Hitzig (1811-1888) entstand auf königliche Order hin eine den gesamten Binnenhof von 39 x 39 m überspannende gläserne Flachkuppel, wie sie in der Schnittzeichnung in der Situation nach dem Umbau auf ABB. NR. 463 dargestellt ist. In der so geschaffenen Halle wurde gegen den Nordflügel eine monumentale Freitreppe gelegt, die den Aufgang zum neu geschaffenen Kuppelraum der Ruhmeshalle ermöglichte [Foto ABB. NR. 464] und das aus dem Nachlaß Jean de Bodts (1670-1745) bekannte Freitreppenprojekt in der Monumentalität weit übertraf [ABB. NR. 268]. Die Grundrisse von Erd- und Obergeschoß [ABB. NR. 461+462] zeigen deutlich die baulichen Veränderungen an. Der Kuppelsaal war der architektonische und ideelle Höhepunkt des Zeughausumbaus. Was stand hinter dieser gewaltigen staatlichen Maßnahme? Die Intentionen des Kaiserhauses waren auf die Selbstdarstellung und Heroisierung von Preußens Glanz und Stärke gerade nach dem siegreichen Ende des Deutsch-Französischen Krieges gerichtet. Zur Erfüllung dieser programmatischen Forderung zog man neben Architekten Steinmetzen und Maler heran. Es entstanden Skulpturen mit allegorischer Bedeutung, ganze Zyklen von Historiengemälden und Schlachtenbildern als Wand- und Deckengemälde, Porträts der Fürsten und Militärs mit gezieltem ikonologischen und ikonographischen Programmen. ABB. NR. 465 zeigt deutlich, daß die Sammlungsobjekte nicht mehr zeughausgemäß, sondern nur noch nach musealen Gesichtspunkten an Wände und Pfeiler, auf Tische und in Vitrinen gebracht wurden. In der zahlreichen älteren und jüngeren Literatur liest man von »Vaterländischem Geschichtsdenkmal«, »Monument des preußischen Waffenruhms«, »Waffenhistorisches Museum«, »Ruhmeshalle des aggressiven preußisch-deutschen Militarismus« usw. Den Kern hat m. E. Monika Arndt in ihrer faszinierenden Untersuchung über die Ruhmeshalle im Berliner Zeughaus als eine Selbstdarstellung Preußens herausgearbeitet:

»Drei Gedanken verband also das Programm …: die Vorstellung von einer seit langem zielstrebig auf die Einigung Deutschlands hin angelegten preußischen Politik und damit die historische Begründung der endgültig 1871 errungenen Vormach im ›kleindeutschen Reich‹; die Idee einer Wiederanknüpfung an hohenstaufische Kaiserherrlichkeit durch die Hohenzollern mit dem Ziel, das neue Reich auf diese Weise durch die Geschichte legitimiert und ›nobilitiert‹ erscheinen zu lassen, schließlich … die fundamentale Bedeutung des Militärs für Preußen und das Reich«.[38]

Beim Vergleich des K. K. Arsenals Wien mit dem Kgl. Zeughaus Berlin ergeben sich zahlreiche Parallelen. In beiden Fällen wurde eine erstklassige wissenschaftlich-museale Waffensammlung mit den Intentionen der nationalen Armeen zu einer überzogenen, verherrlichenden Gedenkstätte architektonisch verbunden. Beide Anlagen sind Gesamtkunstwerke der Architektur, Skulptur und Malerei und mit ihren bedeutenden Überresten architektonischer wie musealer Art heute [wieder] anerkannte Zeugen der Vergangenheit.[39]

20.5 Zusammenfassung

Die Bau- und Funktionsanalyse der Zeughäuser und Arsenalkomplexe des 19. Jh. zeigt, daß es sich wie in den vorangehenden Jahrhunderten primär um funktionale Speicher handelt, die aber sekundär und stets von Anfang an auch mit hohen Ansprüchen auf ein repäsentatives Äußeres angelegt wurden. Ausnahmen bilden die Landwehr-Zeughäuser, weil diese in den unterschiedlichsten schon vorhandenen Gebäuden eingerichtet wurden und — die beiden großen militärisch-musealen Denkmalsbauten in Wien und Berlin, bei denen der museale Charakter zum Ende des Jahrhunderts deutlich zur Primärfunktion wird.

Die Friedensstärke des deutschen Landheeres betrug i. J. 1887 genau 468.409 Mann. Im Kriegsfall unterschied man die Feldarmeen von den Ersatztruppen und Besatzungs-

177

truppen, die damals über 2952 Geschütze verfügten.[40] Im Festungsbau beobachtete man im letzten Viertel des Jahrhunderts die Einführung des Werkstoffes Beton und Stahlbeton, aus dem man relativ billig tragfähige Wände und Decken in beliebigen Formen gießen konnte.[41] Die Einführung der Brisanzgranate um 1883 wirkte sich revolutionierend aus. Ein Aufrüsten des Deutschen Reiches, ein Wettrüsten im europäischen Rahmen, das ungehemmte Füllen der Reichswaffenspeicher ermöglichte erst die aktive Kriegführung 1914-1918 in bis dahin ungeahnten Größenordnungen. Die Zeit des klassischen Zeughauses bzw. Arsenals war damit vorbei.

ANMERKUNGEN:

[1] Vgl. W. McNeill: Krieg und Macht, Wirtschaft und Gesellschaft vom Altertum bis heute, 1984.

[2] So bestand das Offizierskorps bis in den I. Weltkrieg hinein nur aus Angehörigen des Adels.

[3] Vgl. Das Königl. Preuß. Kriegsministerium 1809.1. März 1909, hrsg. v. Kriegsministerium 1909, Kapitel: Die Entwicklung des Militär-Bauwesens, S. 256 ff.

[4] Vgl. H. Neumann/U. Liessem: Die Klassizistische Großfestung Koblenz. Eine Festung im Wandel der Zeit: preußische Bastion, Spionageobjekt, Kulturdenkmal, 1988, S. 13, dazu S. 35 ff.

[5] Ebenda S. 33-38 zur Neudeutschen Befestigungsmanier. Daß diese Epoche des Festungsbaus i. Ggs. zu den in der 2.Hälfte des Jahrhunderts aus Beton gegossenen Festungen höchste architektonische Schönheit aufwies, zeigt das Kapitel über den Fortifikations-Klassizismus in Koblenz, S. 56 ff. Als aktuelle Meldung aus dem Ministerium für Stadtentwicklung darf die Rettung einiger erhaltener Festungswerke der Festungen Minden und Wesel verzeichnet werden. An beiden Orten will das Land NRW »Preußen-Museen« einrichten. Das Fort C in Minden ist dazu baulich fast fertiggestellt, während die baulichen Maßnahmen in Wesel noch auf sich warten lassen. Vgl. J. Meynert/V. Rodekamp: Das Museum für preußische Geschichte in Westfalen — ein Projekt, in: Museumskunde, Bd. 54, Nr. 1 (1989), S. 33-40.

[6] Vgl. H. Neumann: Das Ende einer Festung. Belagerungsübung, Schießversuche und erste Schleifungsmaßnahmen in Jülich im September 1860. Eine Text- und Bilddokumentation, 1986.

[7] Vgl. v. Boyen: Ueber die Einrichtung und Ausstattung der Landwehr=Zeughäuser, 1845.

[8] Vgl. E. Dziobek: Taschenbuch für den Preussischen Ingenieur. Eine Sammlung von Notizen zum Gebrauch im Krieg und Frieden, ²1853.

[9] Ebenda § 36 und Taf. III.

[10] Ebenda.

[11] Ebenda § 38 f, Gestelle für Sättel, Waffenröcke, Collets, Schuhe, Helm-, Husarenmützen-, Czapka-Repositorien, Gewehre, Pistolen, Säbel, Lanzen und Schanzzeug [wie Beile, Hacken, Schippen] Taf. IV-VII.

[12] F. Kühn: 1763-1963, Haus der Heimat [Iserlohn], 1963, S. 13.

[13] Vgl. I. Feldhaus: Zur Geschichte des Neusser Zeughauses, in: Neusser Jahrbuch für Kunst, 1971, S. 9.

[14] Die hier mitgeteilten Einzelheiten verdanke ich einem Manuskript des Festungsforschers Olaf Grieben (+) aus Düsseldorf: Die Entwürfe für die »Feste Boyen« bei Loetzen/Ostpreußen. Eine Richtigstellung aus dem Jahr 1977.

[15] Vgl. H. Neumann: a) Die Hofkapelle von Schloß Jülich in der Zitadelle, 1979; b) Zitadelle Jülich. Großer Kunst- und Bauführer, 1986, S. 115-136.

[16] Blick auf die Westfassade der Brandruine ebenda S. 135.

[17] Vgl. Kapitel 8.1.

[18] Vgl. J. v. Wurmb: Lehrbuch der Kriegs=Baukunst, 1852, S. 252.

[19] Hessisches Staatsarchiv Marburg, Bestand 12 c 131.

[20] Vgl. G. Hajos/E. Vanesa: Die KDM Wiens. Die Profanbauten des III., IV. und V. Bezirkes, 1980, Arsenalstraße S. 3-21; zum Museumsbau vgl. A. Strobl: Das K. K. Waffenmuseum im Arsenal, 1961; J. Chr. Allmayer-Beck: Das Heeresgeschichtliche Museum Wien, 3 Bde, 1981/82/83; Qu. v. Leitner: Waffensammlung des österreichischen Kaiserhauses im k. k. Artillerie-Arsenal-Museum zu Wien, 1866, 1870. — M. Arndt: Die Ruhmeshalle im Berliner Zeughaus. Eine Selbstdarstellung Preußens nach der Reichsgründung, 1985, S. 108-112.

[21] Vgl. A. Genth: Die preußischen Heereswerkstätten, ihre Entwicklung, allgemeine volkswirtschaftliche Bedeutung und ihr Übergang in privatwirtschaftliche Betriebe, 1926. Zum Begriff der Streitmittel vgl. Oberst W. v. Kamptz: Ansichten über die Lagerung der Streitmittel in einer Festung, in: Kriegstechnische Zeitschrift Bd. 57 (1865), S. 283-313.

[22] Vgl. R. Eickemeyer: Die Kriegsbaukunst, 1821, S. 4 f.

[23] Vgl. G. Jahn: KDM Berlin, Stadt und Bezirk Spandau, 1971, S. 410, für den folgenden Abschnitt S. 63, 407-411 und Abb. 510-515.
Weitere Literatur: O. Kuntzemüller, 1928/1978, Bd. I: Die Königlichen Fabriken, S. 309-321; A. Krüger, 1867, S. 443-438, 440-442, 445 f; E. Schoen: Geschichte des deutschen Feuerwerkswesens, 1936, S. 175, und als umfassendstes Quellenwerk F. H. K. Wiebe: Die Königliche Artillerie-Werkstatt Spandau, 1871, in dem zahlreiche Lithographien mit den Konstruktionen, Werkshallen, techn. Einrichtungen, detaillierten techn. Zeichnungen von beinah jeder Maschine zu finden sind.

[24] Vgl. den anonym im Archiv f. d. Offiziere des kgl. Ingenieur-u. Artillerie-Corps, Jg. 1841, S. 140-166 erschienenen Aufsatz, der mir für die gesamte Epoche grundlegend erscheint: Über die architektonische Behandlung der Militärgebäude.

[25] Vgl. W. Hassenstein [Militär-Baumeister]: Zur Geschichte der Königlichen Gewehrfabrik in Spandau unter besonderer Berücksichtigung des 18. Jh., in: Beiträge zur Geschichte der Technik und Industrie. Jahrbuch des Vereins deutscher Ingenieure, hrsg. von C. Matschoss, Bd. 4, 1912, S. 27-62.

[26] Wir erinnern uns, daß in Glanzzeiten des Mittelalters im Arsenal zu Venedig ca. 15.000 gegenüber anderen Arbeitern und Handwerkern privilegierte Menschen genannt Arsenalotti tätig waren!

[27] Vgl. K. A. Zugermeier: Leben und Werk des Großherzoglich-Oldenburgischen Oberbaurats Hero Diedrich Hillerns (1807-1885), 1983.

[28] Im Kavalier Hepp *1838-1843 ist nach hervorragender Revitalisierung der historischen Substanz das Stadtmuseum Ingolstadt eingezogen. Vgl. dazu die zur Eröffnung am 30. 01. 1981 vom Kulturreferat der Stadt herausgegebene Festschrift.

[29] Stadt Ingolstadt: Berufschulzentrum Ingolstadt [Festschrift], 1983. — F.: Berufsschulzentrum Ingolstadt, in: Bauwelt Nr. 29 (1984), S. 1230-1233. — G. Lipkowsky: Ingolstadt: Umbau

30) Vgl. N. N.: Die Bauten, technischen und industriellen Anlagen von Dresden, 1878, S. 264 ff.
31) Vgl. A. Müller: Ludwigsburg und seine Kasernen, Folge 1, in: Hie gut Württemberg, Beilage zur Ludwigsburger Kreiszeitung, Nr. 11, 29. Nov. 1969.
32) Vgl. B. Schubiger: Die Vollendung des St. Galler Klosterplatzes im 19. Jahrhundert. Die Planung und Bauten von Hans Conrad Stadler und Felix Wilhelm Kubly, in: Zeitschrift für Schweizerische Archäologie und Kunstgeschichte, Bd. 37 (1980), S.123-143. — Amt für Kulturpflege des Kantons St. Gallen: Der restaurierte Nordflügel des Regierungsgebäudes in St. Gallen. Die Erfüllung einer kulturellen, denkmalpflegerischen und städtebaulichen Aufgabe, 1979.
33) C. Hildebrandt: Zeughaus-Chronik Thun 1857-1982, 1982.
34) Militärdirektion des Kantons Bern: 100 Jahre kantonale Militäranstalten Bern 1878-1978, 1978 [Sonderdruck].
35) Vgl. J. Sievers: Bauten für den Prinzen Karl von Preussen, 1942, S. 209 f.
36) Vgl. G. Hiltl: Waffen-Sammlung Sr. Königlichen Hoheit des Prinzen Carl von Preussen. Mittelalterliche Abtheilung. Beschrieben und zusammengestellt sowie mit historischen Bemerkungen und Erläuterungen versehen, 1876. Reprint 1981.
37) Zitat nach: Berlin-Information, Heft: Museum für Deutsche Geschichte, ³1987, S. 26.
38) Vgl. M. Arndt, op. cit., S. 114. — Über die Reichhaltigkeit der Waffen- und Geschützsammlungen informiert z.B. der Führer durch das Königliche Zeughaus in Berlin, ³1887.
39) Vgl. M. Arndt, op. cit., S. 111.
40) Vgl. J. Kürschner: Staats=, Hof= und Kommunal=Handbuch des Reiches 1888, Sp. 460.
41) Eines der ganz frühen, vielleicht sogar das erste Fort in »Ganz-Betonbauweise« [monolith concrete cast casemated work] in Europa ist Fort »Proevesten« aus der Reihe der 1858-1868 entstandenen Seebefestigungen in Kopenhagen, erbaut 1863. Es war für 56 Kanonen und 3 Mörser eingerichtet und ist noch vorhanden. Lit.: Christensen, Peter Thorning/Albrethsen, Svend E.: Kort over Koebenhavns Soe- og Landbefaestning, Herning 1986 [Lageplan sämtlicher Festungsbauten]; Schultz, S. H.: Soebefestningen, Koebenhavn 1978, S. 13-15 [mit Grundriß und Ausbaustufen]. Im deutschen Bereich wurde m. E. in Erfurt beim behelfsmäßigen Bau von 4 Forts im Jahr 1866 erstmals Beton im Festungsbau verwendet. Versuche zeigten jedoch, daß der drei Monate alte Beton dem Ziegelmauerwerk [noch] unterlegen war.

21. Schlußbemerkungen

Das »Zeughaus« ist ein Gebäudetyp der Nutzbauarchitektur, welcher konsequent aus logischen Bauteilen und Bauelementen zusammengesetzt ist, um eine ganz bestimmte Primärfunktion als Waffenspeicher zu erfüllen: Beschaffung, Lagerung, Unterhaltung, Bereitstellung, Ersatz von technischem Kriegsmaterial zu Angriff und Verteidigung und bei Zeughaus- bzw. Arsenalkomplexen auch die Produktion von Rüstungsgütern. Ein wohlgefülltes Zeughaus bedeutete hohe potentielle militärische Schlagkraft durch Abschreckung und in actio und damit Macht. Diese stellt sich in allen Epochen der Geschichte stets durch besonders betonte Architektur dar – so auch am und im Zeughausbau bzw. Arsenal. Wehrhaftigkeit, Technik und Kunstauffassungen bestimmter Epochen sind an ihnen ablesbar. Das Gebäude hatte primär militärisch-technische Funktionen. Trotz aller ökonomisch und technisch bedingten gemeinsamen Baumerkmale ist aber das Zeughaus meist künstlerisch gestaltet und hat so stets einen bestimmten individuellen Ausdruck. Der Waffenspeicher ist bei wenigen Ausnahmen deshalb Bedeutungsträger, Teil eines städtischen oder fürstlichen Bauprogramms und damit oftmals gewollte Dominante in Stadt, im Schloßbereich oder in artilleriebezogenen Wehrbauanlagen. Zur Erfüllung repräsentativer Funktionen besitzt das Zeughaus ästhetische und ikonologische und damit repräsentative Bedeutung im Rahmen des ihm zugewiesenen Gebäuderanges. Schönheit, Eleganz, Pracht sind dem Zeughaus nicht – wie bisher oft geschehen – abzusprechen, sondern ganz im Gegenteil, bis auf die rein funktionalen Landwehrzeughäuser des 19. Jh. hat jedes untersuchte Zeughaus stets auch einen allerdings schwankend hohen Anteil als Repräsentations- und sogar als Museumbau. Die nachgewiesenen Ordnungsprinzipien sind dann auch im Waffenspeicher entweder per l'utilité oder per ornamento bzw. eine stets individuell zu analysierende Mischung beider, wenn auch im Vergleich zu anderen Bautypen in einer gewollt verhaltenen Elegantia, was die martialische Urfunktion erforderte. Bis in das ausgehende 19. Jh. wurde der in der 2. Hälfte des 15. Jh. während der Transitionszeit entwickelte Bautypus Zeughaus in seiner durch die »beiden« Architekturen architectura militaris et architectura civilis als »Kriegsbaukunst« und »Friedensbaukunst« in der Grunddisposition bei zahlreichen zu beobachtenden Modifikationen beibehalten. Eine Versachlichung, wie sie in der 2. Hälfte des 19. Jh. im Festungsbauwesen zu beobachten ist, fand an den Zeughausbauten nicht statt. Sie waren bis zu ihrem »Ende« mit Beginn des 20. Jh. stets abhängig vom technischen Stand der einzulagernden Rüstungsgüter und vom Stil der Zeit.

Die Arbeit setzt nach der Begriffsbestimmung und Bemerkungen zum Stand der Forschung und zur militärischen Bevorratungswirtschaft mit der Betrachtung der Waffenspeichers in der Zeit vor Einführung der Feuerwaffen ein, mit den Rüstkammern des hohen Mittelalters, welche nicht als eigenständige Bautypen auftreten. Um die baugeschichtlichen Fakten und Entwicklungsströme aufzuspüren und zu kunstgeschichtlichen Analysen und Erörterungen zu kommen, war gerade beim Zeughaus als Nutzbau die historische Funktion zu prüfen, was auch eine waffenkundliche Betrachtung notwendig machte. Das Kapitel über die Einführung der Feuerwaffen klärt die Bedingungen, welche zur Invention des neuen Gebäudetyps führten. Ein »Ur-Zeughaus« etwa als Beginn einer typologischen Reihe aber hat es nicht gegeben. Nach der Klärung der Plazierungsfragen des Waffenspeichers in Stadt, Festung und Zitadellen im Ensemble mit anderen Gebäudetypen wird über die Rolle der Bauherren und ihrer Architekten und Ingenieure, später auch über Personalfragen im Zeughausbetrieb gehandelt. Die Erörterung der typischen Lagerraumdisposition sowie die Darstellung der verschiedenen Grundrißausbildungen schließt sich an. Der Baukörper aus baukonstruktiver Sicht führt zur Frage über die einstige Einrichtung des Zeughauses mit Ordnung und Anordnung der Waffen und Sammelsurien. Als Schriftquellen werden besonders Inventare und die Traktatliteratur behandelt. Ein besonderes Kapitel ist den »idealen« und »utopischen« Zeughäusern als ungebaute Waffenspeicher gewidmet. Zu den nichtmilitärischen Funktionen des Zweckbaus wird über die Betrachtung des Verhältnisses von Nutzbau zu »Prachtbau« einschließlich der Frage des Zeughauses als Bedeutungsträger zur Frage des Zeughauses als ältestes technisches Museum übergeleitet. Den Funktionswandel durch die Industrialisierung im Zeughaus- bzw. Arsenalbereich im 19. Jh. behandelt ein eigenes Kapitel.

In der vorliegenden Arbeit werden die Vorstellungen über historische Architektur in einem bisher weitgehend unberücksichtigten Bereich durch bau- und kunstgeschichtliche Untersuchungen, aber auch durch Erörterung der stark reglementierten Organisations- und Geschäftsabläufe im Zeughausbetrieb wie der Buchführung und Inventarisation, der Personalfrage usw. geklärt. Dazu war eine Bestandsaufnahme notwendig, die als Bautenverzeichnis Teil des Anhangs ist. Dort findet man auch die Literaturverzeichnisse der Traktatliteratur mit Langtitelangaben sowie der Sekundärliteratur und ein in Zukunft noch fortzuschreibendes Bautenverzeichnis in Katalogform.

Der Bildband mit den Abbildungen Nr. 1-500 ist separat gebunden und mit ausführlichen Legenden und Ortsregister versehen.

Durch auffallende Dimensionierung und martialisch orientierte Architektur akzentuieren noch heute zahlreiche Zeughäuser die Stadtsilhouetten. Wenn die vorhandenen Zeughäuser auch nicht mehr in ihren militärisch orientierten speicherökonomischen Urfunktionen dienen, und nur einige überkommene Bauten noch eine gewisse Einheit von Gehäuse und Inhalt bieten, so sind sie doch hervorragende bauliche »Zeugen der Vergangenheit«, die es zu bewahren, zu erforschen, durch Umnutzung zu revitalisieren und durch didaktische Aufarbeitung für die Menschen aufzuarbeiten gilt. Die Denkmalschutzgesetze bilden dazu nur eine Grundlage.

Die zusammenfassenden Schlußbemerkungen folgen in englischer [Günther Reiss aus CH Riehen], französischer [Bernard Bour aus F Mutzig], niederländischer [Hermann Treu, Stichting Menno van Coehoorn, NL Oisterwijk] und russischer [Reima + Klaus-Peter Schulz Dresden und Dr. Frank Bauer Potsdam, Reinschrift Anke Talarek, Jülich] Übersetzung. Ich darf mich an dieser Stelle für diese Hilfen herzlich bedanken!

HN

THE ARSENAL

Summary of thesis

The »Arsenal« is a building type of the utilitarian architecture which is composed of logical building parts and elements, in order to perform a specifically defined primary function as weapons-store: procurement, storage, maintenance, preparation, replacement of technical war-material for attack and defence and in case of big armouries and arsenals also the production of armaments. A well filled arsenal meant a high potential of military effectiveness through dissuasion and in action and as a consequence: power. The latter always presents itself in all epochs of history by means of a much accentuated architecture — especially so with armouries and arsenals. Capability of waging war, engineering and perceptions of art of certains epochs can be deducted from them. In the first place the building had military-technical functions. In spite of all common building characteristics determined by economic and technical factors, the arsenal is endowed with artistical elements and thus always has a certain individual expression. With few exceptions the weapons-store is therefore symbol, part of a building programme of a town or a prince and for that reason intended dominant in a town, citadel or artillery related defence structure. In order to fulfil representative functions the arsenal has aesthetic and iconological and therefore representative importance within the framework of the building class attributed to it. Beauty, elegance and splendour cannot be denied to the arsenal — as has been done frequently in the past — on the contrary, other than the purely functional territorial arsenals of the 19th century, every arsenal examined always has a high, albeit fluctuating, proportion of a building of representation or even of a museum. The principles of order referred to are also with the weapons-store either »per l'utilita« or »per ornamento«, or a mixture, always to be analysed individually, of both, although compared to other building types in a certain intended, cautious elegance, as required by the original martial function. The basic disposition of the building type arsenal developed in the transitory period of the 2nd half of the 15th century was maintained in spite of numerous modifications up to the expiring 19th century in the form of »both« architectures architectura militaris and architectura civilis as »Kriegsbaukunst« and »Friedensbaukunst«. The move to practicality as observed in fortification during the 2nd half of the 19th century, was not taking place in arsenal building. They were up to their »end« at the beginning of the 20th century always dependent on the technical state of the armaments to be stored and on the style of the time.

The work begins after the definition and remarks regarding the state of research and the administration of military provisions its consideration of the weapons-store in the time before the introduction of fire-arms, with the armouries of the high Middle Ages which do not appear as building types in their own right. In order to trace the historical facts related to building and the lines of development and to arrive at art-historical analyses and interpretations, it was essential with regard to the arsenal as utilitarian building to examine the historical function and also to consider the armaments aspect thereof. The chapter about the introduction of fire-arms explains the conditions which led to the new building type being invented. The »Ur-Zeughaus« (prototype arsenal) perhaps as the beginning of a typological sequence has never existed. After clearing the question of placing the weapons-store in town, fortress and citadel within the framework of other building types, the part of the principals and their architects and engineers, later also questions of staff in connection with running the arsenal, are dealt with. The discussion of the typical store-room disposition as well as the description of the various ground plan forms follow. The bulk of the building from a constructive point of view leads to the question of the former interior arrangement of the arsenal with disposition of weapons and other equipment. The written sources studied especially are the inventories and the literature of treatises. A special chapter is dedicated to the »ideal« and the »utopian« arsenals as weapons-stores never built. From the non-military functions of the purpose-built magazine one is led over the consideration of the relation between utilitarian building and »splendid building« including the question as carrier of symbols to the question of the arsenal as the oldest technical museum. A separate chapter deals with the mutation of its function as a consequence of industrialisation within the scope of armouries and arsenals during the 19th century.

The present work clarifies the conceptions about historical architecture in a field hithertoo largely ignored by means of architectural and art-historical research, but also by considering the highly regulated organisational and administrative work-flow in running an arsenal, such as accounting and inventory, as well as questions of staff. This required an inventory which is part of the annex in the form of a list of buildings. Also included are bibliographies of the literature of treatises with full titles, as well as of secondary literature and a catalogue of buildings to be continued in the future. The volume of illustrations with pictures Nrs. 1-500 is bound separately and provided with detailed legends and an index of place names.

Still today do numerous arsenals accentuate the silhouettes of towns by their striking dimensions and their architecture of martial orientation. Even if the existing arsenals no longer serve in their original military storage function, and only a few buildings which still exist show a certain unity of shell and contents, they are nevertheless outstanding architectural »witnesses of the past« which are to be preserved, explored, revitalized by a new use and worked up didactically in order to bring them to the attention of the general public.

G. D. Reiss

L'ARSENAL

Resumé du texte

L'»Arsenal« est une construction de type utilitaire qui est construite à dessein avec des éléments et des matériaux appropriés afin de remplir spécifiquement la fonction élémentaire de magasin d'armes: approvisionnement, stockage, entretien, mise-à-disposition, remplacement d'équipements techniques militaires pour l'attaque et la défense et dans le cas des grands arsenaux, la fabrication d'équipements. Un arsenal bien rempli signifiait une capacité militaire opérative élevée par sa dissuasion et son action et de ce fait de la puissance. Celle-ci se matérialise toujours à toutes les époques de l'histoire avec des formes architecturales particulières, les arsenaux en témoignent eux aussi. Ils portent la marque des concepts de défense, des techniques et des formes artistiques de leur époque de construction. Le bâtiment remplissait des fonctions de techniques militaires primaires. Malgré l'importance des éléments fonctionnels et techniques communs, l'arsenal est, presque toujours, agencé artistiquement et affirme ainsi son originalité individuelle. Le magasin d'armes, à quelques exceptions près, est porteur de symboles parce qu'il fait partie d'un programme de construction princier ou citadin et de ce fait il est souvent une structure dominante dans la ville, dans la citadelle ou dans des structures défensives pour l'artillerie. Pour assurer les fonctions d'immeuble représentatif qui lui sont dévolues, l'arsenal dispose d'éléments esthétiques, iconographiques et symboliques. On ne peut dénier aux arsenaux, comme ce fut souvent le cas jusqu'aujourd'hui, la beauté, l'élégance et la magnificence. En réalité, chaque arsenal étudié, mis à part les arsenaux territoriaux strictement fonctionnels du XIXème siècle, possède d'importantes qualités décoratives, certes variables, et même plus, une valeur de musée. Les principes d'organisation recensés d'un arsenal existent donc soit »per l'utilità« soit »per ornamento«, et le cas échéant une combinaison des deux, une étude particulière s'avérant toujours nécessaire, maintenus cependant dans des limites volontairement étroites en comparaison avec d'autres types de constructions en raison des fonctions martiales initiales. Le schéma de base du type de construction »arsenal«, mis au point dans la deuxième moitié du 15ème siècle durant la période de transition se perpétuera malgré de nombreuses modifications jusqu'à la fin du 19ème siècle dans ses formes militaires »architecture de guerre« et civiles »architecture de paix«. Le fonctionnalisme, comme on peut l'observer dans les ouvrages fortifiés de la deuxième moitié du 19ème siècle, ne touche pas les constructions des arsenaux. Ils dépendront jusqu'à leur »fin«, au début du 20ème siècle, des technologies des équipements qu'ils doivent stocker et du style architectural de l'époque.

Le livre débute, après une explication du concept et des remarques sur l'état de la recherche en la matière et sur la gestion des approvisionnement militaires, avec l'armurerie de l'époque d'avant l'introduction des armes à feu, les chambres d'armes du haut Moyen-Age qui n'apparaissent pas comme des constructions indépendantes. Afin d'appréhender les faits architecturaux ainsi que les grandes évolutions pour expliquer et analyser les données architecturales et historiques, il s'agissait de déterminer la fonction historique, particulièrement importante dans la cas d'une construction fonctionnelle comme l'arsenal; une étude des armements s'est également avérée indispensable. Le chapitre consacré à l'introduction des armes à feu fait le point sur les conditions qui ont conduit à l'invention du nouveau type de bâtiment. Mais aucune construction générique qui aurait constitué en quelque sorte le début topologique d'une série n'a jamais existée. Après une partie consacrée au problème de la localisation de l'arsenal dans la ville, la forteresse et la citadelle par rapport aux autres constructions, le rôle des maîtres d'ouvrage et de leurs architectes et ingénieurs est étudié, puis les questions de personnels dans le fonctionnement des arsenaux. La suite traite de la description des dispositions types des magasins de stockage ainsi que des plans types des différents niveaux. L'étude des volumes du bâtiment conduit à poser la question de l'agencement intérieur original des magasins ainsi que de l'aménagement des armes et équipements divers. Les documents d'archives étudiés plus particulièrement sont les inventaires et les contrats. Un chapitre particulier est consacré au arsenaux «idéaux» et «utopiques» qui n'ont jamais été construits. Dans le contexte des fonctions non militaires de ces constructions utilitaires, est évoquée la relation entre immeuble fonctionnel et »immeuble représentatif«, y compris la question de l'arsenal porteur de »symboles« par rapport à l'arsenal en tant que musée des techniques le plus ancien. Un chapitre entier s'intéresse à l'influence de l'industrialisation sur les arsenaux du 19ème siècle.

Le présente étude constitue une nouvelle approche des conceptions en matière d'architecture historique dans un domaine largement ignoré jusqu'ici, grâce à des recherches architecturales et artistiques mais aussi par la référence aux documents résultant de la forte réglementation en matière d'organisation et de transaction des arsenaux tels que comptabilités, inventaires, question des personnels, etc. ... Dans ce but, un inventaire devenait indispensable, une liste des constructions figure dans les annexes. On y trouve également une bibliographie d'ouvrages de références avec les titres complets ainsi que de littérature secondaire et un catalogue des immeubles qui sera complété.

Le tome des illustrations numérotées de 1 à 500 représente un volume à part et comporte des légendes détaillées ainsi qu'un index des localités mentionnées.

Par leur taille remarquable et leur architecture martiale, de nombreux arsenaux continuent aujourd'hui à imprimer leur cachet à des zones urbaines. Même si les arsenaux subsistants ne servent plus dans leurs fonctions initiales de stockage militaire et que seuls quelques uns conservent encore une certaine pérennité dans leur aspect architectural et leur aménagement intérieur, il n'en sont pas moins des témoins exceptionnels du passé qu'il convient de conserver, d'étudier, de revitaliser par un réemploi et de faire connaître par des travaux didactiques. Les règles de la conservation des monuments historiques ne constituent qu'un cadre de référence.

B. Bour

TUIGHUIS/RUSTKAMERS

Samenvatting

Het »Tuighuis« is een utilitair bouwtype, consequent samengesteld uit logische bouwdelen en bouwelementen teneinde een duidelijk bepaalde primaire functie als wapenopslagplaats te kunnen vervullen, waaronder te verstaan: de aanschaffing van wapentuig, de opslag, het onderhoud, het gereedstellen voor uitgifte, de vervanging van technisch krijgsmaterieel bij aanval en verdediging. En voorts bij tuighuis — respectievelijk arsenaalcomplexen ook de productie van oorlogstuig.

Een welvoorzien tuighuis betekende een potentieel hoge militaire slagkracht door afschrikking en in actie en daardoor »macht«.

In alle perioden der geschiedenis is macht tot uitdrukking gebracht onder andere door een bijzonder geaccentueerde architectonische vormgeving, zo ook bij en in de bouw van arsenalen of tuighuizen. Weerbaarheid, techniek en kunstopvattingen in bepaalde perioden komen erin tot expressie. Het bouwwerk voorzag op de eerste plaats in militairtechnische behoeften maar ondanks alle economische en technisch bepaalde algemene bouwkenmerken is aan het tuighuis meestal een kunstzinnig element toegevoegd, waardoor het steeds een individueel karakter heeft. Bijna zonder uitzondering is daardoor het tuighuis exponent van (gezags)symboliek, deel uitmakend van een stedelijk of vorstelijk bouwprogramma en daarmee vaak een bewust gewilde dominant in stad of slotdomein of in de artilleriesector van de vestingwerken.

Met zijn esthetische en symbolische accenten, ter vervulling van de representatieve functie, neemt het tuighuis daarmee een bijzondere plaats in binnen het kader van gelijkwaardige bouwtypen. Schoonheid, sierlijkheid en pracht kunnen het tuighuis derhalve niet worden ontzegd, zoals tot dusverre vaak voorkwam. Integendeel zelfs, behalve voor wat het uitsluitend functionele 19e eeuwse wapendepot van de Landwehr aangaat, heeft elk onderzocht tuighuis steeds een, in weliswaar onderling verschillende mate, grote betekenis als representatief en zelfs als museaal bouwwerk.

De aangetoonde ordeningsprincipes berusten dan ook bij

de wapenopslagplaats hetzij op doelmatigheid of op ornamentiek — per l'utilità o per ornamento — dan wel op een telkens per geval te analyseren combinatie daarvan. Zij het dan ook, bij vergelijking met andere bouwtypen, met een bewuste terughoudendheid ten opzichte van de »elegantia«, waartoe de oorspronkelijke grimmige functie van het tuighuis aanleiding gaf.

Tot aan het einde van de 19e eeuw, werd het in de tweede helft van de 15e eeuw in de overgangstijd door de »beide« architecturen: de *architectura militaris* — »Kriegsbaukunst« en de *architectura civilis* — »Friedensbaukunst« ontwikkelde bouwtype tuighuis, afgezien van tal van in aanmerking te nemen veranderingen, in zijn basisvorm gehandhaafd.

Een verzakelijking zoals in de tweede helft van de 19e eeuw in de vestingbouwkunde valt waar te nemen, vond bij het bouwen van tuighuizen geen ingang. Zij stonden tot hun »einde«, begin 20e eeuw steeds onder invloed van de technische ontwikkeling van het onder te brengen oorlogsmaterieel én van de stijl van de periode waarin zij werden gebouwd.

Na vaststelling van begripsbepalingen en de opmerkingen over de stand van het onderzoek inzake het militaire bevoorradingsbedrijf, vangt dit boekwerk aan met het in beschouwing nemen van wapenopslagruimten uit de tijd voorafgaande aan de invoering van vuurwapens: de »rustkamers« in de hoge Middeleeuwen, die niet als een zelfstandig bouwtype naar voren komen.

Om de bouwhistorische feiten en de stromingen in de ontwikkeling op te sporen tot kunsthistorische analyses en beschrijvingen te komen moest, in het bijzonder voor wat het tuighuis als utiliteitsbouwwerk aangaat, zijn historische functie worden onderzocht, wat tevens een wapenkundige beschouwing noodzakelijk maakte.

Het hoofdstuk over de invoering van de vuurwapens verschaft opheldering over de eisen die tot het uitdenken van het nieuwe bouwtype leidden. Er is echter geen sprake geweest van een »oertype tuighuis« als een begin van een typo logische reeks.

Na de uiteenzetting over de vragen aangaande de locatie van de wapenopslagruimte in stad, vesting en citadel, in combinatie met andere bouwtypen, wordt gesproken over de rol van bouwheren en hun architecten en ingenieurs, later ook over personeelsvraagstukken in het tuighuisbedrijf. De behandeling van de specifieke basisvorm van de opslagruimte evenals het aangeven van de diverse ontwikkelingen sluit daarop aan.

Het bouwwerk vanuit constructief gezichtspunt bezien, roept vragen op aangaande de inrichting van de vroegere tuighuizen met hun wijze van sorteren van wapens en allerlei andere zaken en de daarvoor geldende voorschriften. Als schriftelijke bronnen worden in het bijzonder inventarissen en tractaatliteratuur behandeld.

En apart hoofdstuk is gewijd aan het, nooit gebouwde, »ideale« en »utopische« tuighuis.

Naar de niet-militaire functies van de utiliteitsbouw wordt door de auteur verband gelegd door een beschouwing over de relatie van bouwen voor nuttig gebruik en bouwen voor praal met inbegrip van het aspect tuighuis als (gezags)exponent én tuighuis als het oudste technisch museum.

De functiewijzing tengevolge van industrialisatie op het gebied van tuighuis respectievelijk arsenaal wordt in een apart hoofdstuk behandeld.

In het onderhavige werk wordt als resultaat van bouwkundig en kunsthistorisch onderzoek, op een tot dusverre zeer weinig in beschouwing genomen gebied, inzicht verschaft in denkbeelden over historische architectuur maar ook wordt de sterk gereglementeerde organisatie én de gang van zaken in het tuighuis, zomede administratie-kwesties en personeelzaken enz. verklaard.

Daartoe was inventarisatie nodig waarvan het resultaat in het aanhangsel is opgenomen. Daarin vindt men ook het overzicht van de tractaatliteratuur met vermelding van de volledige ondertitels, alsook van de secundaire literatuur én, in de vorm van een catalogus, een lijst van bouwwerken die tezijnertijd kan worden aangevuld.

Het illustratiedeel met de afbeeldingen nrs 1-500 vormt een afzonderlijke band en is voorzien van uitvoerige legenda's en een plaatsregister. Door opvallende dimensies en een krijgshaftig getinte architectuur accentueren nog heden talrijke tuighuizen de stadssilhouetten.

Ofschoon de bestaande tuighuizen geen dienst meer doen in hun militair-georiënteerde oorspronkelijke functie van opslagbedrijf en slechts weinig overgebleven bouwwerken nog een zekere eenheid van uiterlijk en inhoud bieden, zijn ze niettemin »getuigen van het verleden« op bouwkundig gebied die moeten worden behouden en bestudeerd.

Door wijziging van bestemming opnieuw tot leven gewekt en opgeknapt, dienen ze op didactisch instructieve wijze in de belangstelling van de mensen te worden teruggevoerd.

De wetten strekkende tot de bescherming van monumenten vormen daartoe slechts een basis.

H. A. Treu
Vice-voorzitter
Stichting Menno van Coehoorn

Обобщение

"Цейгхауз" - это тип здания из архитектуры полезного строительства, который очень последовательно собран из логических строительных элементов и строительных частей, чтобы выполнять определённую первичную функцию как склад военного оборудования: приобретение, хранение, поддержание, предоставление и запас технического военного материала для наступления и для обороны и при комплексов цейгхаузов или арсеналов - тоже производство товаров для военных нужд. Хорошо заполненный цейгхауз всегда был выражением высокой потенциальной военной ударной силы отпуганием и в действии и тем самым власти. Власть в своей очереди во всех эпохах истории нашла выражение особенным стилем архитектуры - так и наруже и внутри цейгхауза или арсенала. Обороноспособность, технику и понятие искусства определённых эпох можно ими узнать. Здание в первой очереди имело военно-техническую функцию. Несмотря на экономически и технически целовные строительные приметы каждый цейгхауз в большинстве и художественно построен и имеет тем самым определённые индивидуальные выражение. Склад орудий обычно - не учитывая некоторые исключения - важнейшая часть, часть городской и княжеской строительной программы и тем самым желаемое определяющее в городе, в части замка или в занятых артилерией вооружённых строениях. Для выполнения представительных задач цейгхауз имеет эстетическое и иконологическое и тем самым репрезентативное значение в рамках положенных на него задач зданий. Красоту, элегантность и великолепие нельзя цейгхаузу, как это часто сделают, отнимать, но в противоречии можно сказать, что кроме чисто функциональных цейгхаузов ландвера 19-ого века каждый посмотренный цейгхауз имеет - правда с колебающей частью - значение как репрезентативное строение или даже как музей. Показанные порядковые принципы можно видеть и в оружейных складах или *per l'utilità* или *per ornament* или как для каждого отдельного случая индивидуально анализируемое перемешивание обеих стилей, даже, если по сравнению с другими строениями всегда в стиле желаемой скромной элегантности, чего требовала основная военная функция. До конца 19-ого века сохранялся строительный тип цейгхауза, который развивался в этих "двух" видах архитектуры > *architectura militaris et architectura civilis* как > *Kriegsbaukunst* (военное строительное искусство) и > *Friedensbaukunst* (мирное строительное искусство) в своих основных чертах с многочисленными модификациями. Чистая вещественность, как она видна при крепостном строительстве 2-ой половины 19-ого века, не развивалась в строительстве цейгхаузов. До своего "конца" в начале 20-ого века оно всегда зависело от технического уровня сохраняемого военного оборудования и от стиля времени.

Работа начинает после определения понятий и после замечаний к уровне исследований и к военному запасному хозяйству с рассмотрением оружейного хранилища во время ввода огнестрельных оружий, с оружейными палатами средневековья, которые ещё не были самостоятельными строительными типами. Чтобы открыть исторические строительные факты и ход развития и прийти к выводам истории искусства и их выяснению, нужно было проверять историческую функцию цейгхауза как полезное строение, что и включило необходимость рассмотрения оружейного дела. Глава о введении огнестрельных оружий выяснит условия, которые привели к инвенции нового типа здания. Какой-то "пра-цейгхауз" как начало типологического ряда не существовал. После выяснения места оружейного хранилища в городе, крепости или цитаделле в ансамбле с другими типами зданий идёт речь о роли застройщиков, их архитектов и инженеров и позже тоже о личном составе во время работы цейгхауза. Объяснение типической диспозиции хранильных помещений и изображение разных видов горизонтальной проекции продолжают. Строительный корпус из вида строительной конструкции приведёт к вопросу бывшего оборудования цейгхауза с порядком и расположением хранения оружий и всякой всячины. Как литературными источниками использовались в большинстве инвентари и трактатная литература. Особенная глава посвящена "идеальными" и "утопическими" цейгхаузами как переоборудованные оружейные хранилища. К невоенным функциям вещевого строения переходят через рассмотрение отношения между полезными строениями и "изящим строением", включая туда вопрос цейгхауза как носитель значения относительно его использование как самый старый технический музей. Изменение функций за счёт индустриализации в области и цейгхауза и арсеналя в 19-ом веке показано в особенной главе.

В настоящей работе выясняют представления об исторической архитектуре в до сих пор не учитанной области строительственно- и искусственно-историческими исследованиями, но и рассмотрением сильно ограниченных уставами вопросов организации и продажных ритуалов во время работы цейгхаузов, как и бухгалтерские расчёты, так и инвентаризация, вопросы личного состава и т. д. Для этого была бы нужна провести инвентаризация трактатной литературы, которая как список строений является частью приложений. Там находят литературный обзор трактатной литературы с полным выписанием титулов, как и вторичной литературы и список строений в виде каталога, который в будущем должен быть дополнен.

Прилагаемый альбом с рисунками № 1-500 отдельно пришит и содержит подробный указатель городов и объяснений рисунков.

Благодаря видных размеров и военной архитектуры и ещё сегодня многочисленные цейгхаузы дают сильгуетам городов определённый акцент. Если имеющиеся цейгхаузы не используются в их первоначальной, созданной военной функции как арсеналы, и только некоторые здания ещё представляют единое между зданием и содержанием, то они сейчас прекрасные "свидетели прошлого", которые стоит сохранять, исследовать и другим использованием дать новую жизнь и дидактическим обновлением дорабатывать для человечества. Законы для сохранения памятников создают для этого только основу.

Reima und Klaus-Peter Schulz, Dresden

Anhang

1. Abkürzungen

Jedes Zitat gibt die originale Schreibweise wieder. Stets sind Erscheinungsjahr, Kurztitel und Verfasser, bei Codices die Fundstellen so angegeben, daß ein schnelles Auffinden in den Bibliographien **A. Primärliteratur, B. Sekundärliteratur, C. Codices** ermöglicht wird. Ein gesperrter Text bezeichnet die Hervorhebung des jeweiligen Autors durch Fettdruck, Capitalis o. ä., unterstrichene Texte Hervorhebung von mir. Worte oder Satzteile in [ ] bedeuten sinngemäße Ergänzungen oder weitere Erklärungen im laufenden Text. In ( ) findet man Hinzufügungen von Zahlen- und besonders Zeitangaben wie Lebensdaten.

Die Individualsignaturen der zitierten Traktate aus der HAB Wolfenbüttel setzen sich zusammen aus einer laufenden Nummer, der abgekürzten Sachgruppe [z. B. Bell. = Bellica Bücher zur Kriegswissenschaft 16./17. Jh., Ja = Allgemeine und Jb = Besondere Kriegswissenschaften, Geom. = Geometrica Bücher zur Architektur, Konstruktionslehre, Vermessungskunde 15.-17. Jh.] und der Buchformatangabe; es bedeutet 2° — Folio 4° — Quart 8° — Octav 12° — Duodez qu. — quer, wobei im Bildband auch die Schreibweise 2o, 4o usw. benutzt wird; bei Sammelbänden erfolgt die Bandzählung in ( ). Maßangaben für bildliche Darstellungen a × b [cm] bedeuten Breite × Höhe, wobei Blattformat von Plattenformat und Rahmenformat unterschieden wird.

a.a.O.	am angegebenen Ort
Abb.	Abbildung
Abtlg.	Abteilung
Ag	Silber
ahd.	althochdeutsch
Bat.	Bataillon
Bd[e].	Band, Bände
Bearb.	Bearbeiter
BS	Belegstück
bzw.	beziehungsweise
Dass.	Dasselbe
dat.	datiert
DBZ	Deutsche Bauzeitung
Ders.	Derselbe
div.	diverse
DKD	Deutsche Kunst- und Denkmalpflege
dt.	deutsch
Dies.	Dieselbe[n]
Diss.	Dissertation
DSB	Deutsche Staatsbibliothek Berlin
DWJ	Deutsches Waffenjournal
Ed., ed.	Edition, Ausgabe
ed.princ.	editio princeps, Erstausgabe
etc.	etcetera
f, ff	folgend[e]
fol.	Seite, Blatt
frz.	französisch
Fasz.	Faszikel
germ.	deutsch
GLAK	Generallandesarchiv Karlsruhe
HAB	Herzog August Bibliothek Wolfenbüttel
HSAS	Hauptstaatsarchiv Stuttgart
hist.	historisch
histor.	historisch
hrsg.	herausgegeben
Hrsg.	Herausgeber
i. J.	im Jahr
Ing.	Ingenieur
ital.	italienisch
Inv.	Inventar
Jg.	Jahrgang
KDM	Inventarbände der Kunstdenkmäler
kgl.	königlich
LBC	Landesbibliothek Coburg
-l.	-lich(e)
lat.	lateinisch
Lit.	Literatur
Lit.Verz.	Literaturverzeichnisse
M	Maßstab
mhd.	mittelhochdeutsch
m.p.	manu propria
Ms.	Manuskript
ndl.	niederländisch
nhd.	neuhochdeutsch
N,S,W,O	Himmelsrichtungen
NR.	Bezeichnung der Abbildungsnummern 1-473 im Tafelband
Nr., Nro	Nummer
o.ä.	oder ähnlich
op.cit.	opus citatum, eben zitiertes Werk
o.D.	ohne Datum
pag.	paginiert
RDKG	Reallexikon zur deutschen Kunstgeschichte
r	recto
reg.	regierte
Rgt.	Regiment
RS	Revers, Rückseite
S.	Seite
SAW	Niedersächsisches Staatsarchiv Wolfenbüttel
Sign.	Signatur
SLB	Sächsische Landesbibliothek Dresden
Sp.	Spalte
StA	Stadtarchiv
städt.	städtische
T.	Tomus, Band
Tab.	Tabula, Tafel
Taf.[f]	Tafel[n]

u.	und
UBG	Niedersächsische Staats- und Universitätsbibliothek Göttingen
USB	Universitäts- und Stadtbibliothek Köln
usw.	und so weiter
v	verso
Verf.	Verfasser
vgl.	vergleiche, siehe
VS	Avers, Vorderseite
ZBB	Zentralbibliothek der Bundeswehr Düsseldorf
ZHWK	Zeitschrift für Historische Waffen- und Kostümkunde [verschiedene Ed. vgl. Lit.Verz.]
*	geboren; erbaut
†	gestorben; auch restlos oberirdisch vernichtet
—	gelebt bis
⌀	Durchmesser

2. Literatur- und Quellenverzeichnis

2.1 Gliederung:

  A. PRIMÄRLITERATUR
  B. SEKUNDÄRLITERATUR
  C. CODICES

Die Teile A. und B. sind verfasseralphabetisch, der Teil C. chronologisch geordnet. Bei der Zitation der Primärliteratur wurde bei den historischen Traktaten in den überwiegenden Fällen der Langtitel im originalen Wortlaut der eingesehenen Originalwerke angegeben, auf weitere wichtige andere Auflagen, darunter auch Reprints und Faksimile-Editionen, verwiesen, sowie mindestens ein Standortnachweis mit aktueller Signatur in [ ] gegeben. Zusätze von mir ebenfalls in [ ]. Teil A. enthält neben den Traktaten auch die herangezogenen Lexika, Ausstellungskataloge sowie Nachschlage- und Quellenwerke. Die ortsspezifische Literatur ist im folgenden Bautenverzeichnis länder-, orts-, verfasseralphabetisch erfaßt.

2.2 A. Primärliteratur

ALGHISI, Galasso (1523-1573): Delle Fortificationi di M. Galasso Alghisi da Carpi Architetto Dell'Eccellentiss.Signor Dvca di Ferrara. Libritre, All'Invittissimo Imperatore Massimiliano secondo, Cesare Avgvsto, [Venezia] M.D.LXX. [Originale: HAB a) 2.1 Bell.2°; b) 1.4 Bell.2°; ZBB 9410]

AMMAN, Jost (1539-1591)/SACHS, Hans (1494-1576): Eygentliche Beschreibung Aller Staende auff Erden/Hoher vnd Nidriger/fürstlicher vnd Weltlicher/Aller Kuensten/Handwercken vnd Haendlern/etc ..., Franckfurt am Mayn M.D.LXVIII [Ständebuch 1568]. [Reprints: Leipzig 51975, hrsg.von Manfred LEMMER; New York 1973 mit einer Einleitung von Benjamin A. RIFKIN; zuletzt Hannover 1987]

AMMON, Johann (* um 1539): Armamentarivm Principale Oder Kriegsmunition vnd Artillerey=Buch. Darinnen beschrieben. Wie ein Zeüghauß sampt aller Munition vnd zugehoere bestelt/vnd in rechtem Wesen soll vnterhalten werden/auch von Salpeter/Schwefel vnd Kohlen samt allerhand vortheil mit Puluer/deß gleichen vnterschiedene Muster von Brechzeugen/Fewerpfeilen/Wilden vnd Zahmen/Sturm/Wehr/Einleg/vnd Mordfewer/neben an dern requisiten zum Puluer vnd Fewerwercken gehoerig. Hingegegen So man von den Feinden mit solchen oder dergleichen angefochten wuerde/wie man sich deren erwehren vnd darvor bewahren solle. Beneben. Einem Bericht der Wagenburg/wie man dieselbe/sampt dem Laeger schlagen/vnd sich deren gebrauchen solle/alles mit schoenen vnd gruendlichen Kupfferstuecken abgebildet/dergleichen hievor nie an Tag kommen/anjetzo aber in offenen Druck geben/durch vnd in Verlag. Johann Ammons Burgers vnd Buchhaendlers zu Franckfurt am Mayn. 1625. [Originale: HAB a) 22.2 Geom.2°; b) Bell.fol 22(2); c) J 79, d) Ib 24(3)]

ANDREAE, Johann Valentin (1586-1654): Reipublicae Christianopoli tanae descriptio, Argentorati Anno M.DC.XIX. [Original ed. princ. HAB 144.10 Ethica (22)]

— D[ominus] V[alentin] A[ndreae] Reise nach der Insul Caphar Salama, Und Beschreibung der darauf gelegenen Republic Christiansburg, Nebst einer Zugabe Von Moralischen Gedancken, in gebundener und ungebundener Rede, Herausgegeben von D[avid] S[amuel] G[eorgi], Esslingen 1741. [Nachdruck mit einem Nachwort und Bibliographie von Heiner HÖFENER, Hildesheim 1981, in: Klassiker der Utopischen Literatur Bd.5].

ARCHIV FÜR DIE OFFIZIERE DER KÖNIGLICH PREUSSISCHEN ARTILLERIE- UND INGENIEUR-KORPS Jg.1-35, als: ARCHIV FÜR DIE ARTILLERIE- UND INGENIEURSOFFIZIERE DES DEUTSCHEN BUNDESHEERES Jg. 36-61, als: KRIEGSTECHNISCHE ZEITSCHRIFT Jg. 62-84, Berlin/Posen/Bromberg, 125 Bde, 1835-1918.

  [Originale: ZBB Z426 und Bayer. Staatsbibliothek München; vgl. dazu Inhaltsverzeichnis der ersten 50 Jahrgänge von Klaus JORDAN in: Zeitschrift für Festungsforschung, Jg. 1988, S.53-56].

ARDÜSER, Johann (1584-1665): Architectura Von Vestungen Wie ein jeder Platz auff ein neüe Art zubevestnen mit gebürenden kupfer=stuken in Truck gegeben Durch Haubtman Johan Ardüser in Zürich Bey Joh. Heinrich Hamberger In verlegung des Authoris Im Jahr Christi 1651. [Original: HAB ed.princ. 1651 5.3 Bell]

A.[UDORF], E.[rnst] J.[acob] V.[on] : Discurs Von der Krieges=Baukunst/Oder Fortification: Zwischen Thudesco, Einem erfahrenen Ingeunirer: Und Sylvandern, Einem jungen Edelmanne. Darinnen/So wol die Maengel der bisher üblich gewesenen Niderlaendischen Manier/als auch deren Verbesserung/nach der Meinung der beruehmtesten/so wol alter als neuer Ingeunirer/Angezeiget wird: Nebenst einer gantz neuen und leichten/jedoch starcken Bevestigungs=Art. Erfunden durch E.J.V.A., Breßlau/1680. [Original: HAB Ib 4°56.1(2)]

AUTORENKOLLEKTIV: Wörterbuch zur deutschen Militärgeschichte, 2 Bde, Berlin [Ost] 1985.

BACON, Francis: Neu-Atlantis, hrsg. v. F. A. KOGAN-BERNSTEIN, Berlin [Ost] 1959.

BELIDOR, Bernard Forest de (1693-1761): Herrn Belidors Ordentlichen Commissars der Artillerie, Koeniglichen Professors der Mathematik in den Artillerie=Schulen, Mitgliedes der koeniglich Englischen und Preußischen Akademien der Wissenschaften, wie auch Correspondentens der Pariser Ingenieur=Wissenschaft bey aufzufuehrenden Vestungs=Werken und buergerlichen Gebaeuden. Mit einer Zuschrift an den Koenig von Frankreich. Aus dem Franzoesischen uebersetzt. [Teil 1 in 4 Büchern, Teil 2 in 2 Büchern]. Nuernberg. In Verlag Christoph Weigels/Kunsthaendlers. 1757/58. [Originale: a) ZBB 7595, b) HAB Ib 9 4^0; frz. ed. princ. Paris 1729 Ib 7 4^0, frz. ed. 1734 Ib 8 4^0]

— Neuer Cursus Mathematicus Zum Gebrauch der Officiers von der Artillerie, Und der Ingenieurs, zu erst in Frantzoesischer Sprach beschrieben. Von Hn. [Bernard Forest de] Belidor, Nunmehro ... In die Teutsche Sprache übersetzt, und mit noethigen Zusaetzen versehen. Von J.[ohann] Th.[eobald] BION, ... Wien, Verlegts Jo. Jos. Pantz, 1746. [Original: HAB Ib 20]

— La Science des Ingenieurs dans la conduite des traveaux de Fortification, A La Haye 1734. [Originale: ZBB ed. 1734 Nr.7594, ed. 1754 Nr.7594/2]

BENNETT, D.: A Handbook of Kent's Defences from 1540 until 1945, hrsg. von Kent Defence Research Group, Northfleet 1977.

BERGER, W. [Zeichner der »Königlich-Preußischen Inspection der techn. Institute der Artillerie]: Zeichnungen des Königlich-preussischen Artilleriematerials«, 2 Bde, Berlin 1857/58.

BERGMANN, Karl: Deutsches Wörterbuch mit besonderer Berücksichtigung der Mundarten und Fremdwörter ... zugleich 3. Ausgabe des etymologischen Deutschen Wörterbuchs von Paul Immanuel FUCHS, Leipzig 1923.

BERNEGGER, Matthias: Instrumentum Proportionum Das ist Kurtzer vnd gruendlicher Vnterricht von dem Fuernembsten gebrauch des des Proportional Circkels/Der nicht ohn Vrsach ein compendium der gantzen Geometriae mag genennet werden. Schleswig 1643. [Original: HAB N 61.4^o Helmst.(6)]

BESSON, Jacques (1500-1569): Theatrum Instrumentorum et Machina rum, Leyden 1578. [Originale: HAB lat.ed. Leyden 1573 7 Geom.2o(1); lat.ed. Lyon 1582 7 Geom.2o = Reprint Frankfurt a.M. 1982; frz.ed. Lugduni 1578 32.2^o Helmst.; frz.ed. Lugduni 1582 7 Geom.2° (2); ital.ed. Lione 1582 7 Geom.2°]

BIBEL:
a) BIBLIA Das ist: Die gantze Heil.Schrifft, Alten und Neuen Testaments, Nach der Teutschen Ubersetzung D.Martin Luthers (1483-1546), ... Samt einer Vorrede Von Hieronymo Burckhardt, Der Heil.Schrifft Doctor. BASEL, Bey Johann Rudolph Im=Hoff. 1746 [im Besitz d.Verf.]. b) Deutsche Bibelgesellschaft: Die Bibel im heutigen Deutsch. Die Gute Nachricht des Alten und Neuen Testaments, Stuttgart ^{2}1982.

BIESTERFELD, Wolfang: Die literarische Utopie [Bibliographie], Stuttgart ^{2}1982.

BIRINGUCCIO, Vanoccio (1480-1539): DE LA PIROTECHNI. LIBRIX., Venezia 1540. [Originale: HAB 1. ed.princ. 21.1 Physica, 2. Vinegia 1558 21.1 1 Phys., frz.ed. Paris 1556 3 Bell.]; kriti sche ed. von Otto JOHANNSEN: Biringuccios Pirotechnia. Ein Lehrbuch der chemisch-metallurgischen Technologie und des Artilleriewesens aus dem 16. Jahrhundert, über setzt und erläutert, Braunschweig 1925. [Original: HAB Od 41]

BIRKEN, Siegmund von (1626-1681): Guelfes oder NiderSächsischer Lorbeerhayn. Dem ... Haus Braunschweig und Lüneburg gewidmet, ..., Nürnberg 1669. [Originale: HAB a) Lo 398, b) Lo 399]

BLANCHARD, Anne: Les Ingénieurs du „Roy" de Louis XIV à Louis XVI. Etude du Corps des Fortifications, Montpellier 1979.

— Dictionnaire des Ingénieurs militaires 1691-1791, Montpellier 1981.

BLONDEL, Jacques Francois (1705-1774): Cours d'architecture civile ou traité de la décoration, distribution et construction des Bâtiments, 9 Bde, Paris 1771-77; Reprint der 6 Text- und 3 Tafelbände eingeleitet von H. Foramitti Hildesheim o.J.

BLONDEL, Nicolas Francois (1617-1686): Die Kunst Bomben zu werffen, Sulzbach Johann Holst, 1686. [Originale: HAB ed.princ.frz. 1683 Ib 4^o13; weitere frz.ed. 1683 Ib 4^o11; 1690 Schulenburg I 70 und Ib 30; 1699 Ib 4^o12; germ.ed. 1686 Ib 31 (1) und Schulenburg I 71.]

BLONDEL, Nicolas Francois: Cours D'Architecture Enseigné Dans L'Academie Royale D'Architecture Dedié au Roy, 6 Teile in 2 Bdn, Paris 1675-1683. [Originale: HAB Uf 2^o15, 5 Teile in 2 Bdn, ^{2}1698 Paris, Reprint Hildesheim o.J.; Amsterdam ^{2}1698 Uf 2^o16]

BLÜMEL, J.D.: Deutliche und gruendliche Anweisung zur Lust=Feuerwerkerey, besonders in denjenigen Stuecken, die das Auge der Zuschauer am meisten erlustigen, und in Verwunderung setzen. Straßburg 1765.

BOEHEIM, Wendelin (1832-1900): Handbuch der Waffenkunde. Das Waffenwesen in seiner historischen Entwicklung vom Beginn des Mittelalters bis zum Ende des 18. Jahrhunderts, Leipzig 1890. Reprint Leipzig/Gütersloh 1982 [Kapitel VI Waffensammlungen: Berlin, Brüssel, Dresden, Emden, Erbach, Graz, Kopenhagen, London, Madrid, München, Nürnberg, Paris, Sigmaringen, Stockholm, Zarskoe-Selo, Turin, Venedig, Wien].

— Die Zeugbücher des Kaisers Maximilian I., in: Jahrbuch der kunsthistorischen Sammlungen des Allerhöchsten Kaiserhauses Wien, Bd. XIII, S. 94-201; Bd. XV, S. 295-391.

BÖCKLER, Georg Andres (1617-20 [?]-1687): Manuale Architecturae Militaris, Oder Handbuechlein ueber die Fortification und Vestungs Bawkunst, [4 Teile in 2 Bden], Franckfort am Mayn/bey Thoma Matthia Goetzen. 1659-60: Teil 1: Darinnen die vornehmste Stuecke, Regeln und Vortheilen, so bey der fortification nothwendig zu wissen, 1659, Teil 2: Darinnen nicht alle in nothwendige Observationes, sondern auch, wie in Praxi die Fundamenta der Vestungen anzulegen, 1659, Teil 3: Handelt vom Grossen Geschuetz, 1660, Teil 4: Begreifft in sich vnterschiedliche kuenstliche Ernst: vnd Lust=Feuerwercke ..., 1660. [Originale: HAB 41.2 † 41.3; ed. 1645/47 3 Teile in 1 Bd. 43 Geom.; UB Freiburg XLIX,h]

— Schola Militaris Moderna. Neue Kriegs=Schule/Darinnen Von den nothwendigsten Sachen die zum Krieg gehoeren/so

wohl defensivè als offensivè, gehandelt wird/Als da seynd: Gelt/Volck/Geschuetz/Munition/Proviant/Vestungen/ Schantzen/Laeger/Schiff=Bruecken/Exercitz zu Pferd und zu Fuß/Batailen/sampt den Kriegsrechten/mit beygefuegten unterschiedlichen nutzlichen Kriegs=Kuensten. Alles in 50. Classen/mit darzu gehoerigen Figuren/kuertzlich verfasset/und auff vielfaeltiges Begehren vornehmer Kriegs=Bedienten an den Tag gegeben Durch Georg. Andreas Böckler, Architect & Ingenieur. Mit Roem Kays. Mayt. Privilegio. In Verlegung Thomas Matthias Goetzens/Buchhaendlers in Franckfurt/Anno 1665.
[Originale: HAB a) ed.princ. von 1665 32.4 Bell., b) ed. ³1674 33.3 Bell.; ZBB ed. Frankfurt 1668 5610, ed. Frankfurt 1674 5610/2]

BOILLOT, Joseph: Modelles artifices de feu et divers instrumes de guerre avec les moyes de s'en prevaloir. Pour assieger battre, surprendre et deffendre toutes places..., Chaumont en Bassigny, Mareschal 1598.

— Artifices de feu & divers instruments de guerre. Das ist: Künstlich Feurwerck und Kriegs Instrumenta ... Auß dem Frantzoesischen transferiert durch Ioannem Brantzium (Brantz). Straßburg 1603. [Originale: HAB ed.princ. 2 Bell.; ed.germ. 23 Bell. 2°]

BONAPARTE, Louis-Napoléon (*1818, Kaiser Napoleon III. 1852-1870): Etudes sur le passé et l'avenir de l'artillerie, 6 Bde, Paris 1846-1871; germ. ed. von H. MÜLLER II.: Ueber die Vergangenheit und Zukunft der Artillerie, 2 Bde, Berlin 1856/57. [Originale: ZBB a) ed. princ. Kps 1339/40, b) dt. ed. Rara 31592-1+2]

BOSSERT, Helmuth Th. / Willy F. STORCK [Hrsg.]: Das mittelalterliche Hausbuch. Nach dem Originale im Besitze des Fürsten von Waldburg=Wolfegg=Waldsee [Kommentar, Faksimile], Leipzig 1912.

BOYEN, [Leopold Hermann] von (1771-1848) [Hrsg.]: Ueber die Einrichtung und Ausstattung der Handwerksstuben, Montirungskammern, Raeume zur Unterbringung der zum Heergeraeth gehoerenden Fahrzeuge, Landwehr=Zeughaeuser und Pulverbehaeltnisse für die Königlich Preußische Armee, Berlin 1845; Nachträge zur der Vorschrift Berlin 1867.

BRAUN, Ernst: Novissimum Fundamentum & Praxis Artilleria Oder Nach itziger besten Mannier neu vermehrter und gantz Gruendlicher Unterricht/Was diese hoechst=nuetzliche Kunst vor FUNDAMENTA habe und erfordere/denn auch/ was vor neue Arthen Canonen/Feuer=Moerser und Haubitzen heutiges Tages im rechten Gebrauch sind/und zu Felde gefuehret/auch wie selbige gegissen/deßgleichen wie die neu itzt erfundene Granaten/Brand=Kugeln und Ernst Feuerwercke/nebst denen darzu gehoerigen Materialien muessen laboriret, verfertiget und in die Weite geworffen werden; Ferner eine voll kommene Beschreibung der Lust=Sachen und Haupt=Feuerwercke/auff dem Lande und Wasser/wie solche zu arbeiten/und vor Koenige und Fuersten darzustellen sind. Alles nicht allein sonst vor dem gebraeuchlichen/sondern auch mit allerhand neuen Inventionen vermehret/und mit außfuehrlichen und zu diesem Werck dienlich und gehoerigen Kupffer=Stuecken versehen/herauß gegeben von ERNST BRAUN/Bestalten Hauptmann über die Artillerie der Koenigl. Stadt Dantzig. In Verlegung des Authoris. Zu finden und sonst von niemand zu bekommen/als bey Bruno Laurentz Tancken/Buergern und Buchhaendlern in Dantzig. Dantzig/Gedruckt bey Johann Friedrich Graefen/Anno 1682; 21687 zu finden bey Simon Beckenstein/Buchhaendl. Gedruckt daselbst bey Johann-Zacharias Stollen. [Originale: ed.princ. UBG 4o Ars.milit. 588/11; LBC Cas A 964; 2.ed. HAB N 197.2o Helm.; ZBB R 24837/2; LBC 2.ed. Cas A 964 (ed.1682)]

BRAUN, Georg und HOGENBERG, Franz (* um 1538 †1590): Civitate Orbis Terrarum, 6 Bde, Köln 1572-1617. [Originale: HAB a) Prachtausgabe kol. T 30.2° Helmst., T 31.2° Helmst., T 32.2° Helmst.; b) T 46a 2° Helmst.; UB Bonn Rara 20 M318/25; Faksimile eingeleitet und kommentiert v. Max SCHEFOLD, Plochingen 1965; Faksimile eingeleitet v. R.A.SKELTON, Amsterdam 1965]

BRAUN, Rainer: Quellen zur Regionalgeschichte Frankens im Schriftgut der bayerischen Armee, in: Jahrbuch für fränkischen Landesforschung, Bd. 39 (1979) S. 153-195.

BRECHTEL, Frantz Joachim: Buechsenmeisterey. Das ist: Kurtze doch eigentliche erklerung deren ding/so einem Buechsenmeister fuernemlich zu wissen von noeten. Als: der rechte gebrauch des grossen Geschuetzes/was damit außzurichten mueglich/welcher gestallt mit demselbigen dem Feind jeder zeit ein abbruch gethan/vnd einer belaegerten Vestung die wehren genommen/vnd das Gemeuer zum sturmm beschossen wer den moege. Item hergegen/mit was vortheil man ein solch benoettiget ort/vor allem anlauff beschuetzen vnd auffenthalten koenne. Sampt getreulicher vnterweisung mancherley Feuer=Werck/wie dieselben eins theils zum ernst/andersheils aber zum schimpff vnnd lust bereittet/zugericht vnnd gebraucht werden sollen. Mit sonderm fleiß erkundiget/ colligirt/vnd allen denen/so zu dergleichen sachen lust haben/zu gutem in truck verfertiget/ Durch Frantz Joachim Brechtel. Mit. Roem. Key. Maie. Freiheyt etc. Nuermberg. M.D.XCI. [Originale: 1) UBG 8° Ars milit. 580/17; 2) HAB a) 32. Bell.(1), b) N 154.8° Helm., c) Alvensleben Nf 136, d) ndl. ed.: Konste van busschieten, Amsterdam 1630 HAB 26.4 Bell]

BREMAN, Paul: Catalogue forty-six artillery: books & manuscripts, London 1980.

BROCKHAUS CONVERSATIONS-LEXICON, Leipzig ¹⁰1855, Bd.15/II.

BRY, Theodor Johann de (1561-1623): Kunstbüchlein Von Geschuetz vnnd Fewerwerck/auch von gruendlicher Zubereitung allerley Gezeug/vnd rechtem Brauch der Fewerwerck/ wie die im Schimpff vnd Ernst von der Handt/auß Boelern oder Fewerbuechsen/zu Lust vnd Schimpff/oder zum Ernst gegen den Feinden/sollen vnd koennen geworffen/geschossen/in Stuermen/in=vnnd auß den Besatzungen gebraucht werden. Vnnd werden solche Sat zung nach einander Capitels weise ordentlichen erklaeret vnd beschrieben/auch jedes Stueck auffs Kupffer gebracht/ mit sonderlichen Merckzeichen/vnd in dieses Kleinot vnd Buechlein verwahret. Durch Iohann Theodorum de Bry Burgern vnnd Buchhendlern in Oppenheim. Gedruckt zu Franckfurt am Mayn durch Paulum Jacobi/In verlegung Iohann Theodori de Bry Anno 1619. [Original: HAB 10.3 Bell.2°]

BUCHNER, Johann Siegmund : Theoria Et Praxis Artilleriae. Oder: Deutliche Beschreibung/Der Bey itziger Zeit braeuchlichen Artillerie/nebst andern Neuen/und in Praxi fundirten Maniren/zu mehrern Unterricht alles durch Vorstellung der noethigen Riße erklaehret/Durch Johann

Siegmund Buchnern/ Churfuerstl. Saechs. Zeug=Lieutenant. Nuernberg/In Verlegung Johann Hoffmanns/Buch= und Kunsthaendlers. Gedruckt daselbst bey Christian Sigmund Froberg, Anno Christi 1685. [Originale: a) UBG 4° Ars milit. 588/51, b) HAB 1) ed. Nuernberg 1682 Ib 24 (1,4), 2) ed. 1685 Ib 24 (5), 3) dto I 74 2°, 4) 2° Schulenburg, 5. ed. 1683 Ib 4° 24]

BUNDESARCHIV ABTLG. ZENTRALE NACHWEISSTELLE: Die Sonderlaufbahn der Feuerwerker im früheren Heer [der Deutschen Wehrmacht], Kornelimünster 1959. [ZBB 14075]

BUTSCH, Albert Fidelius: Die Bücherornamentik der Renaissance, 2 Bde Leipzig 1878/1880. Reprint als Handbook of Renaisance Ornament mit einer Einleitung von Alfred WERNER, New York 1969.

BUTZMANN, Hans: Die Blankenburger Handschriften, Frankfurt a. M. 1966.

CAMPANELLA, Thomas: Der Sonnenstaat. Idee eines philosophischen Gemeinwesens, Berlin [Ost] 1955.

CAPO BIANCO, Allessandro: Corona E Palma Militare di Artiglieria, Nellaquale si tratta dell'Inuentione di essa, e dell' operare nelle fattioni da Ferra, e Mare, fuschi artificia ti da Giuoco, e Guerra, & d'vn Nuouo Instrumento per misu rare distanze. Con vna gunta della fortificatione moderna, e delli errori scoperti nelle fortezze antiche, tutto à proposito per detto essercitio dell'Artiglieria, con dis segni apparanti, & assai intendenti. Nuouamente composta, e data in luce dallo Strenuo Capitano Alessandro Capo Bian co Vicentino delle Bombardieri della Città di Crema. Con Priuilegio. In Venetia, Appresso Francesco Bariletti, M DC CII (1602) [Ed.princ. Venezia 1598; Originale: 1. ZBB 9426; 2. HAB a) Ib 4°(2); b) Ib 4° 79(2); c) 6.2 Bell.2°(4)]

CAPRA, Alessandro: — La nuova architettura militare d'antica rinovata, divesa in 3 parti, Bologna 1683. [Original: HAB I 94] — La Nuova Architettura civile e militare, Cremona 1717. [Reprint 1987]

COCKLE, Maurice J. D.: A Bibliography of Military Books up to 1642, London 1900. [Reprint London 1978]

COMENIUS, Johann Amos: Das Labyrinth der Welt, hrsg. v. Erhard MÜLLER, Weimar 1958.

COPP, Johann: Astrolabivm Sampt einem Kurtzen Unterricht/wie man solch Instrument brauchen sol/nicht allein den Ertzten/ sondern auch den Bawmeistern/Bergleuten/Buechsenmeistern/vnd andern/so sich der Astronomischen vnd Geometrischen Kunst gebrauchen/fast lustig vnd nuetzlich. Bresslaw M.D.LXXXIIII. [Original: HAB 146 Quod.(26)]

DALBERG, Karl Theodor Maria v.: Versuch einiger Beytraege ueber die Baukunst, Erfurt [Adam Keyser] 1792. [Original: HAB Uf 58]

DAMBACH, Christoff: Buechsenmeisterey/Das ist/Kurtze doch eigentliche erklaerung deren Dingen/so einem Buechsenmeister fuernemlich zu wissen von noethen: Als jhre Freyheiten vnd Artickel/zu Felde vnd in Besatzungen auch der rechte gebrauch deß grossen Geschuetz/was damit außzurichten/sampt getrewlichen vnderweisung mancherley kuenstlicher Fewrwerck: Als nemlich der Petardt/Spreng vnd andern Kugeln/ zu Schimpff vnd Ernst/ zu Wasser vnd Land zu gebrauchen nuetzlich/ so vor niemals in Truck außgangen. Mit sondern fleiß erkuendiget/colligirt/vnd in Truck verfertiget Durch Christoff Dambach/ der Kunst liebhaber. Mit Roem. Keys. Meiest. Freyheit auff 10. Jar. Franckfort am Mayn/in verlegung Wilhelm Hoffmans, 1608 (2 Teile). [Originale: a) HAB 19 Bell.(1-2), b) UBG 4° Bibl. Uff.522]

DECKER, Carl: Die Artillerie fuer alle Waffen oder Lehrbuch der gesammten reinen und ausübenden Feld= und Belagerungs= Artilleriewissenschaft, 3 Teile, Berlin 1816. [Original: ZBB 31497/1-3]

DEMMIN, August: Die Kriegswaffen in ihren geschichtlichen Entwicklungen von den ältesten Zeiten bis auf die Gegenwart. Enzyklopädie der Waffenkunde, Bd. 1, Leipzig ⁴1893. [Reprint Hildesheim 1964; Bd. 2 Ergänzungen, Wiesbaden 1895; Reprint Hildesheim 1964]

DEUTSCHES BAUHANDBUCH. Eine systematische Zusammenstellung der Resultate der Bauwissenschaften mit allen Hülfswissenschaften in ihrer Anwendung auf das Entwerfen und die Ausführung der Bauten. Veranstaltet von dem Herausgeber der Deutschen Bauzeitung und des Deutschen Baukalenders, Bd. 2 Baukunde des Architekten, 2 Bde Berlin 1880, 1884, Bd. 3 Baukunde des Ingenieurs, Berlin 1879.

DEUTSCHES NATIONALKOMITEE FÜR DENKMALSCHUTZ [Hrsg.]: Deutsche Denkmalschutzgesetze [Bundesländer und DDR], bearbeitet v. Wolfgang BRÖNNER, Bonn 1982.

DIDEROT, Denis (1713-1784) und Jean-Baptiste le Rond D'ALEMBERT (1717-1783): Encyclopédie ou dictionnaire raisonné des sciences, des arts et des métiers, 35 Bde, Paris 1751-1780. [Originale: HAB Lesesaal im Zeughaus]

DIETERICH, Konrad (1575-1639): Politischer Discurs Von Festungen Ob/wo/wie vnd welcher gestalt dieselbige zu erbawen/Hiebevor in Lateinischer Sprach Von D. Chunrad Dieterichen/damaligen Professore Polites bey der loeblichen Vniversitet Giessen beschrieben vnd in offenem Truck außgangen: Jetzo aber dem gemeinen Mann zu gutem/auff vielfaltiges begehren/auß dem Latein ins Teutsch vbergesetzet Durch M. Johan=Philip Ebeln von Giessen/Conrectorn der Lateinischen Schulen zu Vlm, Getruckt zu Giessen durch Caspar Chemlin/Im Jahr M.DCXX. [HAB 58 Pol.(8), lat. ed. 39.3 Bell.(1)]

DIETTERLIN, Wendel (1550/51 [?] - 1599): ARCHITECTVRA Von Außtheilung/Symmetria vnd Proportion der Fuenff Seulen/Und aller daraus volgender Kunst Arbeit/von Fenstern/Caminen/ Thuergerichten /Portalen/Bronnen vnd Epitaphien. Wie die selbige auß jedweder Art der Fuenff Seulen/grundt auffzureissen/zuzurichten/vnd ins Werck zubringen seyen/Allen solcher Kunst Liebhabenden/zu einem bestendigen/vnd ring ergreiffenden vndericht/erfunden/in zweyhundert Stuck gebracht/Geetzt/vnd an tag gegeben, Nuernberg 1598. [Reprint mit einer Einführung von Eric FORSSMAN Braunschweig 1983; Reprint als The Fantastic Engravings of Wendel Dietterlin. The 203 Plates and Text of His Architectura, mit einer Einleitung von Adolf K. PLACZEK, New York 1968]

DILICH, gen. SCHAEFFER, Wilhem (1571/72-1655): Kriegßbuch, darin die Alte und Neue Militia eigentlich beschrieben und allen Krigßneulingen, Bau- und Buechsenmeistern zu nutz und guter Anleitung in Druck geben und verfertiget durch Wilhelm Dilich, Cassell 1608. [Originale: 1) HAB 23 Bell.; 2) ZBB ed. Cassell 1607 R 9184]

— Hochvernuenfftig gegruendet= und auffgerichtete, in gewisse Classen eingetheilte/bißher verschlossen gelegen/ nunmehr aber Eroeffnete Kriegs= Schule/Worinnen/nach genau und zuwissen genugsamer/Der alten Roemer und Griechen zu Wasser und Land gefuehrten mit so viel als lebendigen Farben dargestellten Streit=Methode/zusamt deren vorgezeigten/damal ueblichen/Waffen und Ruestungen/statt ordentlicher allen dessen Unterrichts Begehrenden vor= und auffgegebenen Lectionen/vermittelst kluger und verstaendlicher Lehr=Art/ gewiesen wird/welcher gestalt Generals=Personen/hohe Befehlichs=haber/ ... Ammirale/Schiff=Capitaine/und dergleichen zur See Kriegs= Bedienstete ... Artillerie= Buechsen=Meisterey=Verwandte/und Feuer=Wercker/mit Zubereitung allerhand ihnen zu verfertigen gebuehrenden blitz= und donnerenden gewaltigen Sturm=Gefaessen/Bomben/Carcassen/etc. Handhab= und Loßbrennung deß Geschuetzes/etc. und sonsten behutsam zu verfahren: Commissarien/ Munition=Proviant=Geld=Inhabere/ ... Alles und jedes in Form und Gestalt eines allerdings in dieser Materi und Schreib=Art vollkommenen/ und noch niemals herauß gegebenen/ ... anbey auch kostbaren/ netten vielen Kupffer=Stuecken/ ... und sonderlich=verhoffender deß Lesers belustigender Befriedigung außgezieret / und zum Druck befoerdert. Franckfurt am Mayn / in Verlegung Johann David Zunners / Buchhaendlers. Gedrucktj bey Johann Philipp Andreae. Anno 1689. [Originale: 1) HAB Ib 4⁰ 34; 2) ZBB a) Kps 4 RR; b) Reprint ed. princ. 1607, 2 Bde, Magstadt 1967; 3) LBC Cas A 4279]

DROSDOWSKI, Günther, GREBE, Paul u.a. [Bearb.]: Der Große Duden. Bd.7 Etymologie, Mannheim 1963.

DÜRER, Albrecht (1471-1528): Etliche vnderricht/ zu befestigung der Stett/Schlosz/vnd flecken. Gedruckt zu Nürenberg nach der Geburt Christi. Anno MCCCCC.XXvij. In dem manat October. [Originale in der HAB 1) ed. 1527 25 Geom. 2°(2), 2) 29.2 Geom. 2°(4), 3) 29.6 Geom. 2°, 4) 29.6.1 Geom. 2°, 5) 29.7 Geom. 2°(3), 6) Nb 401 (3), 7) N 179b 2° Helmst.; wörtlicher Nachdruck der ed. princ. mit den Originalholzschnitten als OPERA ALBERTI DURERI ..., Anheim bei Johann Janssen 1603; lat.ed. übersetzt durch Joachim Camerarius (1500-1574): Alberti Dvreri Pictoris et Architecti Praestantissimi de Vrbitvs, Arcibvs, castellisque condendis, ac muniendis rationes aloquot, praesenti bellorum necessitati accomodatis simae: nunc recens è lingua Germanica in Latinam traductae,Pariis, Ex officina Christiani Wecheli, sub Scuto Basilien si M.D.XXXV, BS: HAB T 10.2° Helmst.(4)]; frz.ed. Instruction sur LA FORTIFICATION des Villes, Bourgs et Chateaux ..., par A. Ratheau, Paris 1870 [alle Kupferstiche umgesetzt »A. Ratheau Delineavit, Gravé chez Erhard 12 r. Duguary-Trouin«, BS: ZBB]; germ. ed. Einiger Unterricht von der Befestigung der Staedte, Schloesser und Flecken, Berlin 1823 [BS: Stadtbibliothek Braunschweig, ehem. Offiziersbibliothek I 42/436; Faksimile ed.princ. mit Übertragung ins moderne Deutsch und ausführlichem Kommentar mit Dürers Beitrag zur Türkenabwehr und Dürers Interesse am Geschützwesen von Alvin E.JAEGGLI, Zürich-Dietikon 1971; Reprints ed.princ. 1) Unterschneidheim 1969; 2) Richmond/USA 1972].

DZIOBEK, Ernst [Kgl.Preuß. Ing.-Major a.d.]: Taschenbuch für den Preussischen Ingenieur. Eine Sammlung von Notizen zum Gebrauch im Krieg und Frieden, Coblenz ²1853. [Original: ZBB 14133/2]

EGENOLPH, Christian (1502-1555): Büchsenmeysterei. Von Gschoß/Büchsen/Puluer/Salpeter vnd Feurwerck etc. Wie man solichs eygentlich zurichten sol. Was dabei einem Büchsenmeyster vnd Schützen zuwissen noetig. Inhallts eins beigelegten Registers darüber. Zu Straßburg bei Christian Egenolphen, 1529. [=Feuerwerksbuch von 1420, kleine Ausgabe der 1529 von Heinrich STAINER in Augsburg gedruckten ed.princ.; Original: HAB Anhang zu Vegetius, 23.6 Bell.2°]

EIS, G.: Mittelalterliche Fachprosa der Artes, in: Deutsche Philologie im Aufriß, hrsg. von W. STAMMLER, Bd. 2, ²1960, Sp.1103-1216.

ESSENWEIN, A.: Quellen zur Geschichte der Feuerwaffen. Facsimilierte Nachbildungen alter Originalzeichnungen, Miniaturen, Holzschnitte und Kupferstiche, nebst Aufnahmen alter Originalwaffen und Modelle, hrsg. vom Germanischen Museum, Text und Tafelband, Leipzig 1877. [Reprint Graz 1969]

FAESCH, Johann Rudolph (1680-1749): Kriegs- INGENIEVR- und ARTILLERIE-LEXICON. Worinnen Die einem Ingenieur/Officier und Artilleristen/bey eines jedweden Profeßion vorkommende Woerter/ihrem eigentlichen Verstande nach/In Alphabetischer Ordnung/deutlich und mit hierzu noethigen Kupfern/erklaeret werden ..., Nürnberg ²1726. [Original HAB Ib 80; Reprint Köln ²1984; Dresden/Leipzig 31735 Ib 81]

— Kurtze jedoch grund=und deutliche Anfangs-Gruende zu der Fortification, Ehemals zur Privat-Information zusammen getragen und anjetzo auf vieles Verlangen,zur Presse befoerdert, durch Joh: Rudolph Faesch. Sr. Koenigl. Maj. in P. und Churf. Durchl. zu S. Ingenieur-Major, und Mitgliede der Koenigl. Preus: Soc: der Wissenschaften. Nuernberg verlegt Joh: Chph Weigel Seel: Wittib, o.J. [um 1780?] [Originale: HAB Ib qu. 4° 39; SLB 36. 2° 96]

— Erster=Theil. Joh: Rudolph Fäsche, Archit: und Ingen: Capit: anderer Versuch Seiner Architect: Wercken bestehend in aller hand Grund-Haupt Rissen und Profilen unterschiedener Gebäuden. Verlegts in Nürnberg. Joh. Chr. Weigel., o.J. [Originale: Bayer. Staatsbibliothek München 40 A.civ. 138 u/ 1-5; Techn. Universität Berlin, Rara 4 B 4037; LBC B II 1/11; Deutsches Museum München; Bad. Landesbibliothek Karlsruhe]

FAULHABER, Johann (1580-1635): Ingenieurs-Schul, 4 Teile, Ulm 1633/37. [Original: HAB 26.1-2 Geom.(1)]

FAUSER, Alois: Repertorium älterer Topographie. Druckgraphik von 1486-1750, 2 Bde, Wiesbaden 1978.

FLEMING, Hannß Friedrich von (1670-1733): — Der Vollkommene Teutsche Soldat, welcher Die gantze Kriegs= Wissenschaft ... In Sechs besonderen Theilen ... die Besorgung einer Festung und Guarnison bey Friedens ... Zeiten und die Beschuetzung wider feindliche Gewalt in Kriegs=Zeiten ... so wohl defensive als offensive lehret, Leipzig 1726. [Von den Zeughaeusern S.431 f]. [Original: HAB Ib 2O5; ZBB R ²1617; Reprint mit einer Einleitung von W. HUMMELBERGER Graz/Osnabrück 1967]

— Der Vollkommene Teutsche Jäger. Darinnen Die Erde, Gebürge, Kräuter und Baeume, Waelder, Eigenschaft der wilden Thiere und Voegel, So wohl Historice, als Physice, und Anatomice: Dann auch die behoerigen groß= und kleinen Hunde, und der voellige Jagd=Zeug; Letzlich aber die hohe und niedere Jagd= Wisenschaft Nebst einem immer=waeherenden Jaeger=Calender mit vielen darzu gehoerigen, und nach dem Leben gezeichneten Kupffern, vorgestellet, colligiret und beschrieben, Leipzig, im Jahr 1749. [Ed. princ. Leipzig 1719-23. Reprint Graz 1972]

FLORINUS, Franciscus Philippus: Des Klugen Und Rechts=verstaen digen Haus=Vaters Anderer Theil/Oder Grosser Herren Stands Und Adelichen Haus=vatters Erstes (Fünfftes) Buch. Nuernberg/Frankfurt/Leipzig: Christoph Weigel [Verlag], Johann Ernst Adelbuler [Druck] 1722. [Original: HAB Oe 2°11 (1-2), weitere ed.: Oeconomvs prvdens et legalis. Oder allgemeiner kluger und Rechts-verständiger Hauß-Vatter, 4 Teile in 2 Bdd, ebenda, 1749-51]

FOLKERTS, Menso / KNOBLOCH, Eberhard / REICH, Karin [Hrsg.]: Maß, Zahl und Gewicht. Mathematik als Schlüssel zu Weltverständnis und Weltbeherrschung. Ausstellungskatalog der Herzog August Bibliothek Wolfenbüttel Nr. 60, Wolfenbüttel 1989. Dazu Begleitheft von Petra FEUERSTEIN: Von Euklid bis Gauss, Wolfenbüttel 1989.

FORT. The international journal of fortification and military architecture, hrsg. v. FORTRESS STUDY GROUP, Liverpool, No. 1 ff (1976) ff [z.Z. liegen 18 Hefte vor].

FREITAG, Adam (1602-1664): Architectura Militaris Nova et aucta = oder Newe vermehrte Fortification von Regular Vestungen, Von Irregular Vestungen und Aussenwercken, von praxi Offensiva und Defensiva. In Leyden bey Bonaventura vnd Abraham Elzeviers. Anno MDC XXXV. [germ.frz.ndl.ed.princ. Leiden 1630; 1631 HAB: Ib 4°44; 1635 HAB: 16.4 Bell.2°, ZBB: 9309/3; 1642 HAB: Ib 4°48; 1648 HAB: Ib 4°47; Amsterdam 1654; 1665 HAB: Ib 4°49; frz.ed. Leiden 1635 HAB: Ib 4°45; 1737; Paris 1640 HAB: Ib 4°46; Amsterdam 1665 SLB 32.4° 475 u.a.]

FRONSPERGER, Leonhart (1500-1575): Von Kayserlichem Kriegßrechten Malefitz vnd Schuldhaendlen/Ordnung vnd Regiment/ sampt derselbigen vnd andern hoch oder nierigen Befelch/Bestallung/ Staht vnd aempter/zu Rossz vnd Fuß/ an Geschuetz vnd Munition in Zug vnd Schlachtordnung/zu Feld/Berg/Thal/Wasser vnd Lufft/ vor oder in Besatzungen/gegen oder von Feinden fuerzunemmen/ welcher art/ sitten/herkommen vnd gebrauch/vnder vnd bey regierung deß Allerdurchleuchtigsten/Großmaechtigsten/vnueberwindtlichsten/vnd Kriegßerfahrnen beruehmptisten Roemischen Keysers Caroli deß fuenfften/hochloeblichster vnd seligster gedechtniß/ geuebt vnd gebraucht/in zehen Buecher abgetheilt/ dergleichen nie ist gesehen worden/von neuwem beschrieben vnd an tag geben/durch Leonhart Fronsperger. Mit schoenen neuwen Figuren vnd einem ordentlichen Register. Jetzt von neuwem mit sondern fleiß vbersehen/vnd an vielen oerten gemehrt vnd gebessert. Mit Roem. Keyserlicher Maiestat Freyheit auff zehen jar. Gedruckt zu Fanckfurt am Mayn/M.D.LXVI.

Auf folgenden Teile sei hier hier besonders verwiesen:

(1) LXIX Das dritt Buch. Von Kriegß Regiment Staht vnd Ordnung/was zu anfang eines Kriegs zu erwegen/deßgleichen von Hohen vnd nidrigen Befelchen oder Obersten/zu Rossz vnd Fuß/ auch Kriegßraeht/Muster=Herrn/Pfenning/Wacht/Quartier vnd Profandt Meister/Profoß/Herold Schreiber/sampt andern/auch vnder was Regiment ein jeder gehoerig sey/etc.

(2) LXXXVII Das vierdte Buch. Von der Arckelley Geschutz vnd Munition/auch was in ein Zeughauß von noeten/ sampt kurtzer Rechnung/Kugel/Pulffer/Lot vnd Kraut/ auch an Pferden/Wagen/ Schiffbruecken/Zeug/Schantz/ Geschirr/Pfenning/Zal/vnd Buechssenmeistern/Leutenant/Schreiber/Zeugdiener/Schneller/sampt der aempter vnd Besoldung/Artickels Brieffen der Fuhrleut/vnd anderen Freyheiten.

(3) CXLIIII Von Besatzung vnd Gebaeuw der wehrlichen Befestungen/welcher massen die in Ordnungen/mit Rahtschlaeg/Profand/Kriegßvolck zu Rossz vnd zu Fuß/Geschuetz vnd Munition/Artuckel vnd Gesatz/sampt Hut vnd Wacht/zu halten oder zu verlassen seyen/etc.

(4) CLXXI Das acht Buch. Von Geschuetz vnd Feuwerwerck/wie dasselb zu werffen vnd zu schiessen/Auch von gruendtlicher zubereitung allerley Gezeugs/vnd rechtem gebrauch der Feuwerwerck/wie man die in Schimpff oder Ernst/von der hand/auß Feuwerbuechssen oder Boelern/zu lust oder gegen den Feinden/ soll werffen/schiessen/in stuermen/in vnd auß den Besatzungen/zu brauchen. [Originale: UBG 4° Ars milit. 752/11; Reprint Graz 1970; HAB a) 128 Quod. 2°(3), b) N 187.2° Helmst.(2), c) ed. Franckfurt a.M. 1566 18.3 Bell. 2°, d) Kriegßbuch ed. Franckfurt a.M. 1573 in 3 Teilen 10.1-2 Bell.2°, e) Kriegßbuch in 3 Teilen Franckfurt a.M. 1596 Ia 202, f) Prachtexemplar mit Goldprägung »KRYCHSBOEC * I**Aman 1637« in 2 Teilen [Kriegßrecht und Wagenburg] Ia 403, g) Fünff Buecher. Von Kriegs Regiment und Ordnung, ed.princ. Franckfurt a.M. 1555 16.3 Bell.2°; SLB Bd.1 unter Milit. A.18]

— Fünff Bücher von Kriegß Regiment und Ordnung..., Frankfurt am Main 1555. [Koloriertes Exemplar mit 20 Holzschnitten HAB 151.1 Quod. 2° (1)]

FURTTENBACH, Joseph d.Ä. (1591-1667): Buechsenmeisterey=Schul/ Darinnen die New angehende Buechsenmeister vnd Feurwercker /nicht weniger die Zeugwartten/in den Fundamenten vnd rechten grund der Buechsenmeisterey/ auch allerhand Feur wercken/zu Schimpff vnd Ernst/zu Wasser vnd Land/vom ge ringsten/biß zum hoechsten/dieselbige in kurtzer Zeit/beneben guter Vorsichtigkeit/auch ohn einige Leibs Gefahr/ mit geringer Muehe/vnd Ersparung viler Vnkosten/zu erlernen/getrewlich vnd auffrichtig/ vnderwisen/vnd gelehrt werden. Alles auß eigener Erfahrenheit/gantz vertrewlich beschriben/vermehret/auch mit .45. Kupferblatten delinirt vnd fuer Augen gestellt, Augspurg M. DC.XXXIII. (1633). [Original: HAB 85.1 Qu. 2° (2); Reprint Hildesheim 1985]

— Halinitro Pyrobolia. Beschreibvng Einer Nevven Buechsenmeisterey, nemlichen: Gruendlicher Bericht wie der Salpeter, Schwefel, Kohlen, vnd das Pulver zu praepariren, zu probieren, auch langwirrig gut zuebehalten: Das Fevverwerck zur kurtzweil vnd ernst zu laboriren Dann wie der Poeler, das grobe Geschuetz, vnd der Petardo zu goberniren: Ingleichem die Lunden bey Tg vnd Nachts zeiten sicherlich, vnd ohne gesehen zu tragen, etc. Sampt einer kurtzen Geometrischen Einlaytung, die vveite vnd hoehe gar gering zuerfahren. Alles Avß Eygener Experien=za, Neben etlichen nevven, zuvor nie gesehnen Inuentionen gantz fleissig vnd vertrevvlich beshrieben; Vber das, mit 44. Kupferstucken delinirt, vnd für Augen gestellet. Durch Iosephvm Fvrttenbach. Mit Roem. Kay. May. Priuile gio, in 12 Iar nicht nach zu

trucken. Im Iahr, (I).I).C.XXVII. (1627). [Originale: HAB a) 22 Bell.2° (1), b) Ib 4°24 (4) [nur die 44 Kupfertafeln]; UBG Bibl. Uff. 182]
— Joseph Furtenbachs deß Aeltern/Mannhaffter Kunst=Spiegel/ Oder Continuatio, vnd fortsetzung allerhand Mathematisch= vnd Mechanisch=hochnutzlich=So wol auch sehr erfroelichen delectationen, vnd respective im Werck selbsten experimentirten freyen Kuensten. Welche in hernach folgende 16. vnterschidliche Acten abgetheilet/von ieder derselben aber/ auch mit schoenen gantz neuen Inventionen ghar klaerlich seind vorgebildet worden/vnd nemblichen/ von der

Arithmetica.	Grottenwerck.
Geometria.	Wasserlaitungen.
Geographia.	Buechsenmeistery.
Astronomia.	Architectura Militari.
Navigatione.	Architectura Civili.
Prospectiva.	Architectura Navali.
Mechanica.	Architectura Insulata.

Auß selbst eigener Erfahrung recht vertreulich beschriben /mit 33. dem Natural gemaessen Kupfferstuecken geziert/ vnd durch den Authorn/in dem truck verlegt. Gedruckt in deß Heyl:Roem: Reichsstatt Augspurg/durch Johann Schultes. Anno Christi M. DC. LXIII. (1657) [Originale: 1) HAB Uf 4⁰; 2) UBG 4⁰ Ars milit. 584/1]
— Architectura Martialis: Das ist/Außfuehrliches Bedencken/ vber das/zu dem Geschütz vnd Waffen gehoerige Gebaew: Darinnen fuer das Erste eygentlich zuvernemmen/In was gestalt ein wolgeordnetes Zeug= oder Ruest-Hauß/sampt deß Zeuges notwendigen Behaltnussen auffzubawen: Auch wie das selbige mit Geschuetz/Waffen/vnd Ruestungen solle außgestaffieret werden. Zum Andern/Wie durch ein Newes Instrument der Salpeter zuprobiren: Beneben etlichen Nutzlichen Zugwercken/Kriegswagen/Granaten vnd Bockstuecken: mit information/an welche Ort das grobe Geschuetz/zu einer taeglichen Guardia auff den Pasteyen zustellen: vnd vnter seinen Huetten vor dem Vngewitter zu sichern: Auch wie die Rohr der Geschuetz vor Regen/Schnee vnd andern Suspecten zuversigeln. Zum Dritten/mit was richtigkeit ein Zeugwart sein jhme anvertrawtes Geschuetz vnd Munition/ bey guter Rechnung vnd ordentlicher Buchhaltung/in ruehmlicher obacht verwalten solle. Allen Martialisten/ Besonders den Zeügwartten vnd Buechsenmeistern/zu Wolgefallen beschrieben/vnd mit .12. hierzu dienlichen Kupfferstuecken außgefertiget/ Durch Josephum Furtenbach. Mit Roem. Kay. May. Freyheit/in .12. Jahren nicht nachzutrucken. Getruckt in deß Heyligen Roemischen Reichs Statt Vlm/Durch Jonam Saurn/Be stellten Buchtruckern daselbsten. Anno M.DC.XXX.(1630). [Originale: a) HAB 1. Ib 4° 52(1), 2. 16.1 Bell.Fol(2); b) UBG 4° Ars milit.584/1; Reprint als Einzelband sowie zusammengebunden mit Furttenbachs Architectura navalis von 1629 und Architectura universalis von 1635 mit einer Vorbemerkung von H.FORAMITTI, Hildesheim 1975; Original der Architectura Universalis in HAB 11.1 Geom. 2°, sämtliche Kupferstiche aus Furttenbachs Werk ohne Text in HAB N 166.2° Helm.(8)]
— Inventarium, Viler Nutzbaren/immer denckwuerdigen Militar: Civil: Naval: vnd dergleichen Architectonischen Modellen, vnd Abrissen/auch andern wolfundirten Mannhafften Sachen/ welche in deß Heyl: Reichs Statt Vlm/vnd daselbsten deß Herrn Joseph Furttenbachs deß Raths/vnd Bawherrns/etc. Ruest: vnd Kunst Cammer/in natura zufinden seind. Allen Liebhabern der Frey: Mannhafft: vnd hochnutzbarn Kuensten zu wolgefallen/in den Truck gegeben/ vnd mit .8: Kupffer stucken geziert. Durch vnd in verlegung Johann Schultes Buchtrucker/Vnd Mattheus Rembolten/ Kupfferstechern. Gedruckt zu Augspurg durch Ernanten Johann Schultes Anno 1660. [Original: HAB Uf 172]
— Architectura Recreationis. Das ist: Von Allerhand Nutzlich: vnd Erfrewlichen Civilischern Gebaewen: In vier Vnterschiedliche Hauptstuck eingetheilt ..., Augspurg Durch Johann Schultes. Anno Christi M.DC.XL. [Faksimile mit einem Nachwort von Detlef KARG, Berlin [Ost] 1988]
Furttenbach, Joseph d.J. (1632-1655): [Allgemeine deutsche Baukunst in 15 Teilen], Augspurg 1649-1667, darin T.4 und T.5:
— Wie ein/auff ebnem Plan ligende new Inventirte Gewerb: oder Handel Statt mit 18. Regular Wercken/durch der Wahl schlager Hand/von gutter Erde auffzufuehren/, Augspurg M.DC.L (1650).
— Paß Verwahrung/Der Fuenffte Theil. Welcher Gestalt ein Paß/oder Stadtthor/zugleich aber auch das Zeughauß/ sampt dem groben Geschuetz vnd Gewoehr/mit sonderbaren angenehmen Commoditeten, also zuverbawen vnd zuversetzen/Beneben in so sichere Verwahrung zubringen/ damit solches Gebaeuw hernach durch wenighaltende Guarnigion, vnd geringen Vnkosten/in der so wolbestellten Postur, koendte vnderhalten werden/daß man sich alsdann keines Gewaltthaetigen Ein falls/nicht zubefahren/sonder vielmehr dem Feind hierin nen gnugsamen Widerstand zuthun/vermoegt waere. Den Friedlichen Gemuethern zu wolgefallen/dero wolherge bracht vnd Ererbtes Vatterland/ gegen die Widerwertigen zubeschuetzen/auch dieselbe/sich vor Vngluech vorzusehen /vnd zu warnen/wolmeinend beschrieben/vnd mit zwey dem Natural gemaesse/selber Radierte Kupfferstuck außgeruestet/vnd in den Druck gegeben. Durch Joseph Furttenbach den Juengern. Gedruckt zu Augspurg/Bey Johannes Schultes /Anno M.DC.LI. (1651). [Originale: HAB Uf 202, 3 Bde Gesamtwerk T.1-6, 8, 9, 14, 15, Sonderteile mit Leichenpredigten auf J.Furttenbach d. J. (1632-1655) und dessen Schwester Helena (1626-1652), Teil 7 29.9 Geom.; Gesamtwerk ed. 1649-1655 14.3 Geom.]
GEISSLER, Christoph Friedrich von: Neue/Curieuse und vollkommene Artillerie, Worinnen Dasjenige/so in 40. Jahren bey 25. Belagerungen/24. Eroberungen und 3. Bataillen ausgeuebet worden/In Vier nachfolgenden Wissenschafften/Als: Buechsenmeisterey, Ernst= Feuer=Werckerey, Petarden und Miniren, angewiesen wird. Nebenst einem kleinen Anhang von Lust= Feuer=Wercken, Wie auch Schiff=Bruecken, Worueber 2. halbe Canonen/nebst einer Bataillon, jedoch geschloßen/zugleich passiren koennen. Selbst inventiret und vor dem Feind practiciret, mit deutlichen Figuren gantz kurtz doch alles aus dem Grunde aufgezeichnet und componiret. Dresden/Bey Johann Christoph Zimmermann/Anno 1718.
[Originale: HAB Ib 4° 54; Wehrkreisbibliothek II Hannover Sign.600; Reprint Hildesheim 1977]

GHEYN, Jacob de (1565-1629): Waffenhandlvng von den Rören. Mvs qvetten. Vndt Spiessen. Gestalt nach der ordnung des Hochgebornen Fursten vnd Herrn, Herrn Moritzen Printzen zu Oranien, Graffen zu Nassaw & Gubernatorn vnd Capitein General vber Geldelandt, Hollandt, Zelandt, Vtrecht, Oberyssel &. Figvrlichen Abgebildet, Dvrch Jacob de Geijn. Mitt beygefugten Schrifftlichen Vndterrichtungen Zum dienst aller vnd ieden Hauptleüthe, vnd befehlichhabers, damit sie aus dieser anzeigung Ihro Junge vnd vnerfahrne Soldaten Zur Volkommenen handelung derselben Waffen desto besser abrichten könden. 1608 Gedruckt ins Grauen hagen in Hollandt. met priuileg: der Kay: Mayt: des Könings in Franckreich vnd der Ed: M: Herrn Staten general der vereinigten Niederlanden. [Originale: LBC zweisprachige ed. germ.-frz. Frankfurt a.M. 1609 E III 8/26; HAB 8 Bell.2°; ed.germ.-ndl. Frankfurt a.M. 1610 hrsg. v. Wilhelm HOFFMANN N 193.4° Helmst., ndl.ed. 1664 N 196.4° Helmst.; Faksimile ed.princ. Den Haag 1607 Lochem 1971; 43 Faksimiledrucke der Kupferstiche durch das ARMEEMUSEUM DER DDR [Hrsg.]: Über den rechten Gebrauch der Muskete für die jungen und unerfahrenen Soldaten, Berlin [Ost] 1974.]

GLOSSARIUM ARTIS. Wörterbuch zur Kunst [deutsch, engl., frz.], Redaktion Rudolf HUBER und Renate RIETH: Bd.1 Burgen und Feste Plätze. Der Wehrbau vor Einführung der Feuerwaffen. Anhang Kriegsgeräte und schwere Waffen, Tübingen ²1977; Bd.7 Festungen. Der Wehrbau nach Einführung der Feuerwaffen, Anhang Begriffe zur Poliorketik, Tübingen 1979; Bd.9 Städte. Stadtpläne, Plätze, Straßen, Brücken, Tübingen 1987.

GÖTZINGER, Ernst: Reallexikon der Deutschen Altertümer, Leipzig 1881.

GOLDMANN, Nicolaus (1611-1665): Nicolai Goldmanns Vollstaendige Anweisung zu der Civil-Bau=Kunst ... nebst der ersten Ausübung der Goldmannischen Bau=Kunst..., [hrsg. v.] Leonhard Christoph STURM, Braunschweig ²1699, Leipzig ³1708. [Original: HAB a) Uf 2°11, b) Uf 2° 12; Leipzig ²1708; ed.princ. Wolfenbüttel 1696 UB Braunschweig; Reprint Baden/Baden/Strasbourg 1962; Manuskript dazu von N.Goldmann in HAB Cod.-Guelf. 1.7.11 Aug.2°].

GROSSMANN, Ulrich G.[Hrsg.]: Renaissance im Weserraum. Ausstellung in Schloß Brake bei Lemgo 1989. Bd.1 Katalog, Bd.2 Aufsätze, München/Berlin 1989 [Schriften des Weserrenaissance-Museums Schloß Brake Nr. 1+2]

GRIBEAUVALES, Pierre Nadin (1715-1789): L'Artillerie de France, Paris 1792. [Dazu ein anonymer Aufsatz in ZBB F 1443-24].

GRIMM, Jakob Ludwig (1785-1863) und Wilhelm Karl GRIMM (1786-1859): Deutsches Wörterbuch, hier: Bd. 15, Leipzig 1956.

GRUBER, Johann Sebastian: Neue und Gruendliche Mathematische Friedens=Und Kriegs=Schule, Worin der Kern und die nothwendigsten Stuecke der sechs Nachfolgenden Wissenschafften, Als: geometriae theoret architecturae civilis architecturae militaris artis formentariae pyrotechniae damnosae Und dann pyrotechniae jucundae Aus vielen, Autoren mit befoer Figuren zusammen getragen durch Johann Sebastian Grubern, Majorn. Nuernberg, verlegts Riegel. 1697. [Original: HAB Ib 115; ed. Nürnberg bei Christoph Riegel 1702 Ib 116]

— Neuer und Gruendlicher Unterricht/von der heutigen Fortification Und Artillerie, in Zwey Buecher verfasset. Nebenst einem Bericht von Zubereitung einiger Ernst=Feuerwercks=Kugeln...durch Johann Sebastian Grubern. Nuernberg, in Verl. Johann Hoffmanns Wittib und Engelbert Stracken. Druckts in Fürth, Abraham von Werth 1700. [Originale: HAB Ib 118, ed. Leipzig 1703, ZBB Nr. 7298]

GUHLE, Hans: Buchsenmeisterey Buch In Zwey Theil vnterschieden Der Erste Theil handelt von Italia wie daselbsten das grobe Geschutz auff aller Hand manier gegossen vnd zur proba wird beschossen. Derander Theil Handelt von Germania wie alda die grosse stucke auf mancherlei artt konnen gegossen an Zeug genommen vnd in eine gute form konnen gebracht werden. Item der Stucke theilung vnd vnterscheidt Zwischen gegossen Eysern vnd Metallen stucken Wie die Connestabel ihre Kriegsschiffe armiren sollen. Die Schwebel vnd Salpeter auff das feinest Zu Zurichten. Item Etzliche Sachen das Fewrwerck betreffende neben einem gespresch beider (?) c: Vulcani vnd Pyraemonis, Wie man die Fewr corsel in ihren geschick sol bringen benebenst derselben Ladung. Die Petarden Zu Zurichten vnd wie sie auff das bequemeste anzubringen. Allen dieser Kunst Liebhabern zu nutz in Truck gegeben Durch Hans Guhlen Fewrwerck. vnd Buchsenmeist: Getruckt Zu Hamburg Durch Henrich Carstens in Verlegung des Authoren Mit Rom: Kheys: Mayt: Freyheit in 6. Jahren nicht nach Zutrukken. 1618. [Originale: HAB 28 Geom.(4); SLB Milit.B 165]

HANZELET [=APPIER, Jean]: La Pyrotechnie De Hanzelet Lorrain ou sont representez les plus rares & plus appreuez secrets des machines & des feux artificiels. Propres pour assieger battre surprendre et deffendre toutes places. Pont A Mousson Par I. & Gaspard Bernard. 1630. [Originale: UBG 4° Bibl.Uff.50; ZBB NR. 21634]

HAUBENREISSER, Wolfgang: Wörterbuch der Kunst, begründet von Johannes JAHN, Stuttgart ¹¹1989.

HAUPTSTAATSARCHIV HANNOVER: Repertorium: Hannover 47/48 Kriegskanzlei, Bd.I Kriegswesen, 1610-1866 [masch.-schriftl.)].

HEDERICH, Benjamin: M. Benjamin Hederichs ... Progymnasmata Architectonica, oder Vor=Uebungen in beyderley Bau=Kunst, und zwar in den civili nach Anleitung der sechs Ordnungen ..., in der militari aber nach Freytags, Sturms, Heers... Manieren, mit 51. Blatt Kupfern erläutert. Leipzig ⁹1756.
[Original: HAB Uf 118; ed. princ. erschien 1730]

HEER, Eugène [Redaktion]: Der Neue Stöckel. Internationales Lexikon der Büchsenmacher, Feuerwaffenfabrikanten und Armbrustmacher von 1400-1900. 33000 Namen, 6500 Marken und Zeichen aus 32 Ländern, 3 Bde, Schwäbisch Hall 1978/79/80.

HEINEMANN, Otto von:
— Die Augusteischen Handschriften, 5 Bde, Frankfurt 1890-1903. Nachdruck ebenda 1965/66.
— Die Helmstedter Handschriften, 3 Bde, Frankfurt a. M. 1884-1888. Nachdruck ebenda 1964/65.

HOGENBERG, Franz und HOGENBERG, Abraham: Geschichtsblätter, hrsg. und eingeleitet von Fritz HELLWIG, Nördlingen 1983.

HOLLENBERG, Günter [Hrsg.]: Bestand 12. Kurhessisches Kriegsministerium und Vorbehörden 1813-1867 (mit Vorakten ab 1706), Marburg 1985 [Repertorien des Hess. Staatsarchivs Marburg].

HONDIUS, Heinrich (1573 - nach 1649): L'Architecture contenant la toscane, dorique, ionique, corinthiaque, et composee faict par Henri Hondius. Avec quelques belles ordonnances d'Architecture mises en perspectiue par Iean Vred:man frison, Avec vne instruction fondamentale, fort utiles et neceßaires pour la fortification et aultres vsages, Amsterdam chez Ian Ianßon Anno 1638. [Original: HAB 29.5 Geom.2°(2)]

HOYER, Johann Gottfried (1762-1845): Geschichte der Kriegskunst seit der ersten Anwendung des Schießpulvers zum Kriegsgebrauch bis an das Ende des 18. Jahrhunderts, Göttingen 1797. [Original: HAB Ib 139]

HUEBNER, Johann: Neu vermehrtes und verbessertes Reales Staats Zeitungs- und Conversations-Lexicon, Regenspurg/Wien 1759.

HULSIUS, Levin (†1606): Ander Tractat Der Mechanischen Instrumenten Levini Hvlsii Gruendlicher Vnterricht deß newen Buechsen Quadrants/wie derselbe/das grosse Geschuetz/bey Tag oder bey Nacht zurichten/gebraucht soll werden. Item/deß gemeynen Maßstabs/die Kugelkschwere zuerkennen/Vnnd deß Visierstabs/zu erfahren/wie viel Centner das Rohr deß Geschuetzes wegt. Franckfurt am Mayn M.D.CXXXIII (1633). [Original: HAB N.61.4° Helmst.(3); ed. M.DCIII (1603) 18 Geom.(8)]

HUMBERT, Jean-Marcel und DUMARCHE, Lionel: Guide des Musees d'Histoire Militaire. 400 Musées en France, Paris 1982.

IM HOFF, Andreas: Tirocinium Architecturae, Das ist: Kurtzer doch gruendlicher vnd einfaeltiger Bericht/was einem Jungen Schuelern der Architectur vnd angehenden Bawmeister vonnoethen zu wissen. Mit besondern Fleiß zusammen getragen/vnd vff etlicher/kunstliebhaber Bitt= vnd Begehren/verfast vnd erklaert/ allen Favoriten dieser Kunst zu Ehren vnd Gefallen/Durch Andream im Hoff Bawmeister etc. anjetzo wohnhafft zu Butzbach. Getruckt zu Marpurg/bey Caspar Chemlin. Im Jahr/1637. [Original: HAB N 64 Helmst.4°(3)]

INTERNATIONAL ASSOCIATION OF ARMS AND MILITARY HISTORY [Hrsg.]: Directory of Museums of Arms and Military History, Copenhagen 1970.

IZZO, Johann Baptist: Anfangsgründe der buergerlichen Baukunst. Zum gebrauche der deutschen Schulen in den kaiserl. königl. Staaten, Wien 1773, 1785. [Original: Staatsbibliothek München ed. 1773]

JABLONSKI, Johann Theodor: Allgemeines LEXICON Der Kuenste und Wissenschafften, Leipzig 1721. [Original: HAB KA 80/0660].

JACOBAEUS, Holger: Museum Regium seu Catalogus Rerum tam naturalium, quam artificialium, quae in Basilica Bibliothecae augustissimi Daniae Norvegiaeq; Monarchae Christiani Quinti Hafniae asservantur, Kobenhavn 1696. [Originale: HAB a) Uc 2°8 Prachtexemplar, in der Einbandsammlung, mit handschriftl. Dedikation d.Verf. an die Herzöge Rudolf August und Anton Ulrich, b) Nx 4o6(1) ed.1710, c) dto Uc 2o7]

JÄHNS, Max (1837-1900): Geschichte der Kriegswissenschaften vornehmlich in Deutschland, 3 Bde, München 1889-1891. [Reprint Hildesheim/New York 1966; Neuaufl. i. Vorber.

JOHANNSEN, Otto: Kaspar Brunners gründlicher Bericht des Büchsengießens vom Jahre 1547, in: Archiv für die Geschichte der Naturwissenschaften und der Technik, Bd.7, Leipzig 1916, Teil I S.165-184, Teil II S.245-255, Teil III S.313-323.

J.S.G.M.: Der Wol-unterwiesene INGENIEUR Welcher zeiget..., 4. Buch: Arte Tormentaria. Von der Buechsen=Meisterey [S.385-518], 5. Buch: De Pyrotechnia Damniosa. Von dem Ernst=Feuer=Werck [S.521-588], 6. Buch: Pyrotechnia Jucunda. Von dem Lust=Feuerwerck [S.589-738], Nuernberg 1726. [Original: HAB Ib 148]

KALTWASSER, Franz Georg: Die Handschriften der Bibliothek des Gymnasiums Casimirianum und der Scherer-Zieritz-Bibliothek, Coburg 1960.

KÄSTNER, Sigmund: Vestibvlvm Pyroboliae, Das ist/Kurtzgefaste Anleitung Zur Artillerie=Kunst/Darinnen Den anfahenden Liebhabern/mit einer leicht begreifflicher Methode, was wegen der Proportion und dem Gebrauch der Geschuetzen zu wissen noethig/vorgetragen ist/ Durch Sigmund Kaestnern/ Vnter Ih. Koen. Maj. zu Daennemarck und Nordwaegen Artillerie bestelten Fendrich/1671. Franckfurt/Im Koppenhagischen Buchladen zu finden/Bey Daniel Paulii/Koenigl-Buchhaendlern. Durch Egidium Vogel getruckt. [Originale: 1) HAB Ib 24(2); 2) LBC E III 2/3:2]

KENYON, John R.: Castles, town defences, and artillery fortifications in Britain: A Bibliography 1945-74, Teil 1 London 1978, Teil 2 London 1983 [Council for British Archaeology Research Report 25 und 53].

KHUNRATH, Heinrich: Amphithetrvm Sapientiae Aeternae Solius, Verae: Instructore Henrico Khunrath Francofvrti Anno M.DC.LIII. (1653). [Originale ed. 1609: HAB a) Hv.406, b) 438 Theol.2°]

KIRCHNER, Joachim: Die Zeitschriften des deutschen Sprachgebietes von den Anfängen bis 1900. Bd.1 Von den Anfängen bis 1830 [militärwissenschaftl. Zeitschriften Nr.3955-4004], Bd.2 1831-1870 [militärwissenschaftl. Zeitschriften Nr.10283-10336], Bd.3 1871-1900 [militärwissenschaftl. Zeitschriften Nr.22553-22699].

KLUGE, Friedrich: Etymologisches Wörterbuch der deutschen Sprache, bearbeitet von Walther MITZKA, Berlin [20]1967.

KRABBE, Johannes (1553-1625): Newes Astrolabivm, Sampt dessen Nutz vnd Gebrauch/Nicht allein den Astronomis vnd Medicis, sondern allen Kriegs=Officirern, Bawmeistern/Seefahrenden Schiffern vnd Bergleuten/Item Schantz vnd Buechsenmeistern/Auch allen Werckleuthen/Als Goltschmieden/Mahlern/Bildhawern/Tischern/Steinmetzen/Brunnenmachern/Wasserleitern/vnd allen andern/die sich des Circkels vnd Messens gebrauchen/sehr nuetzlich. Wolfenbuettel [2]1625. [Original: HAB Nx 35(5)]

KÜRSCHNER, Joseph [Hrsg.]: Staats=, Hof= und Kommunal=Handbuch des Reichs und der Einzelstaaten, Berlin/Stuttgart 1888.

LANDSCHAFTSVERBAND WESTFALEN-LIPPE/WESTFÄLISCHES LANDESMUSEUM FÜR KUNST UND KULTURGESCHICHTE MÜNSTER/STAATL. KUNSTHALLE BADEN-BADEN [Hrsg.]: Stilleben in Europa. Ausstellungskatalog, Münster 1979.

LE BLOND, Jacques: Traité de l'Artillerie, ou des Armes et Machines en Usage a la Guerre, Depuis l'invention de la Poudre. Par M. Le Blond, Professeur de Mathématique des Pages de la

Grande Ecurie du Roy, A Paris, Quay des Augustins, 3 Bde, M.DCC.XLIII. [Original: ZBB 8423 (1-3)]

LE MAITRE, Alexander: Das alte und neue Troia oder Die immerdar verbesserte Bevestigungs-Kunst, deren Alterthumb, Fürtrefflichkeit und Verbesserung bewisen werden, o.O. 1684. [Original: HAB 35.2 Bell]

LAVATER, Hans Conrad (1609-?): Kriegs=Buechlein: Das ist/ Grundtliche Anleitung zum Kriegswesen: Wie namlich eine Vestung mit ihren Inner- vnd Aussenwercken eingerichtet/ mit aller erforderlichen Zugehoerd versehen/vnd verwahrt werden solle … /Deßgleichen Wie ein jeder hoher vnd niderer Kriegs= Beampteter … sich zuverhaltenhabe: … Durch Hauptmann Hans Conrad Lavatern Burgern der Statt Zürich. Getruckt zu Zuerich/Bey Johann Jacob Bodmer. M DC LIX. (1651). [Originale: HAB a) ed. 1651 [Vorwort von 1644] 116.4 Quod. (1); b) ed. 1659 125.49 Quod.(2) und 83.1 Quod.(1); c) ed. 1667 Ib 164; Reprint der ed.princ. 1644 mit einer Einlei tung von Jürg ZIMMER, Graz 1973]

LEUPOLD, Jacob (1674-1727): Theatrum Machinarum, 9 Bde, Leipzig 1724-1739; Reprint der Gesamtausgabe Hannover 1988 [libri rari]. Hier besonders: Bd.4 Schau=Platz der Heb=Zeuge/In welchem nicht nur angewiesen wird wie durch Menschen und Thiere gewaltige Lasten beqvem fortzubringen, Sondern auch Mancherley Arthen der vornehmsten, gebraeuchlichsten, dauerhafftigsten, und curieusesten, wie auch simplesten Machinen, Lasten von ungeheurer Groeße und Schwehre ja wol von einem Orth zum anderen nicht allein fueglich fort zu schaffen, als zu erheben, niederzu lassen mit Geschicklichkeit von einer Seite zu andern zu wenden, vorgestellet werden; solche bestehen aus unterschiedlichen Waltzenwerck, Wagen, Heb=Laden, Haspel, Erd=Winden, Kraniche, Flaschenzeugen, Raeder= und Schrauvben=Werck, Inventiones große Steine und Obeliscos fortzubringen und aufzurichten, … insgleichen allerhand Fahr=Wercke, sich selbst zu erheben und wieder herab zu lassen, und dergleichen. Ein Werck so allen Architectis, Ingenieurs, Maurern, Zimmerleuthen, Steinmetzen, Handelsleuthen, Kuenstlern und Haußwirthen … alles nach mechanischen Fundament beschrieben …, Leipzig 1725.

LIEFRINK, Hans (1518-1573): Varii Generis partitionem, seu (vt Italis placet) compartimentorum formae, iam receus, in pictorum, statuariorum, sculptorum, aurifabrorum, architectorum, reliquorumq'id genus artificum gratium, exco gitatae. Antuerpiae M.D.LVI. [Original: HAB Sammelband 36.2 Geom.2° (5)]

LOCHMAN, Wolfgang: Instrvmentvm Instrvmentorum Mathematicorvm, Das ist: Ein Newgeordnetes Mathematisch Instrument/welches an statt vieler andern Instrumenten/zu allerhand Mathematischen Kuensten/als zur Arithmetica, Geometria, Astronomia, Fortification, Artillerey, Visierung/ vnd andern Mechanischen sachen/ lustig vnd bequem/nicht allein mit/besondern auch ohne Rechnung [!!] kan gebraucht werden. Allen der hochnuetzlichen Mathematischen Kunst liebhabern/bevorab den Ingenieurs vnd Kriegs Capitaenen/ zu sondern Ehren vnd Wolgefallen an Tag gegeben vnd zu Kupffer gebracht Durch VVolfgangvm Lochmann/ I.V.D. vnd Mathematicum. Zu Alten Stettin Gedruckt durch Nicolaum Barthelt/in Verlegung Martini Gutten Buchhaendlern in Berlin. Anno 1626. [Original: HAB N 64 Helmst. 4⁰ (2)]

LORINI, Buonaiuto (1540-1611): Fuenff Buecher Von Vestung Bauwen/ BONAIVTI LORINI Florentinischen vom Adel. In welchen/durch die allerleichtesten Reguln/die Wissenschafft sampt der Practick/gelehret wirdt/wie man Staedte vnd andere oerter/vff vnderschiedlicher Situs gelegenheit sol befestigen: Vnd da insonderheit/Im ersten von der Wissenschafft sampt den Reguln vnnd Vrsachen/wie man alle Grundtrisse der Vestungen auffreissen/vnnd zu eim vollkoemlichen Ende bringen sol/gehandelt/Im andern/die Practick/mit welcher man einn Vestung wircklichen anlegen vnd bawen sol/gezeigt/Im dritten/Vnerschiedliche Grundrisse gesetzt/vnd wie man die bestverstandneste darunder außlesen sol/gelehret/Im Vierten/der vnder scheid der Situs, oder Gelegenheit der oerter/vnd wie man dieselbigen befestigen sol/erklaeret/Im fuenfften vnnd letzten/die Mechanischen Kuenste/sampt eim vnderricht/wie man vielerley Werckzeug vnd Instrumenta machen sol/beides mit einem kleinen Gewalt sehr große Laeste zuheben/wie auch gar vff einen leichten Weg die Sachen zu wegen zubringen/so beyde in Friedens vnnd Kriegszeiten deß Menschen Leben am noethigsten sindt/gelehret/Vnd alles/durch beygefuegte Lehren vnd Vnderricht/so zu verstandt gedachter Materien gereichen kan/ vffs deutlichste erklaeret wirdt. Auß Italianischer/in die Hochteutsche Spraach vbergesetzet/Durch David Wormbser. Alles mit schoenen Kupfferstuecken gezieret vnd an Tag geben Durch Theodori De Bry Seeligen Wittib vnd zween Soehne. Gedruckt zu Franckfurt am Mayn/ bey Matthiae Beckern. Im jahr 1607. [Original: HAB 19 Bell.2° ed.princ. Venetia 1596]

MALTHUS, Francis: Pratique de la Gverre. Contenant l'Vsage de l'Artillerie, Bombes & Mortiers, Feux Artificiels & Petards, Sappes & Mines, Ponts & Pontons, Tranchées & Trauaux, auec l'ordre des assants aux Breches, & à la fin les Feux de joye. Par le Sievr Malthus, Gentilhomme Anglois, Commissaire general des Feux & Artifices de l'Artillerie de France, Capitaine general des Sappes & Mines d'icelle, & Ingenieur [d]és Armées du Roy. A Paris M.DC.XLVI. (1646). [Original: HAB 5.6 Geom.]

MANESSON-MALLET, Allain (1630-1706): Den Arbeid van Mars, T'Amsterdam By Jacob van Meurs op de Keysers graft, 3 Bde, 1672. Teil 4 in Bd.3 S.9 ff: Das Vierde Hauptstuek / Von den Zeug= unnd Vorrahts-heusern / vom Buechsenpulver / und vom Geschuetze.[Germ.ed. von Les Traveaux de Mars, ou la fortification nouvelle tant régulière qu'irrégulière, Paris 1671/72, ²1684]. [Originale: HAB frz.ed. Ib 184; germ.ed. 28.4 Bell.; SLB ed. Paris 1684 Milit. A. 456, ed. Amsterdam 1687 Milit. A. 459]

MARANI, Pietro C. [Hrsg.]: Disegni di fortificazioni da Leonardo a Michelangelo [Ausstellungskatalog], Firenze 1984.

MARBURGER INDEX. Bilddokumentation zur Kunst und Architektur in Deutschland, BILDARCHIV FOTO MARBURG/RHEINISCHES BILDARCHIV KÖLN [Hrsg.], Mikrofiches, 1977-1981.

MAXIMILIAN I. (1459-1519): Der Weiß Kunig. Eine Erzehlung von den Thaten Kaiser Maximilian des Ersten. Von Marx Treitz saurwein [von Ehrentreich] auf dessen Angeben zusammengetragen, nebst von Hannsen Burgmair (1473-1531) [H. Schäufelein u.a.] dazu verfertigten Holzschnitten. Herausgegeben aus dem Manuscripte der kaiserl. koenigl. Hofbibliothek, Wien, auf Kosten Joseph Kurzboeckens

kaiserl. koenigl. illyrisch=und aller orientalischen Sprachen Hofbuchdruckern und Buchhaendlern. 1775. [= ed.princ. Original HAB Lo 2°26; Reinschrift von 1514 i. d. Österr. Nationalbibliothek Wien Cod.3032. Weitere wichtige Editionen Wien 1891, Stuttgart 1965, Leipzig/Weinheim 1985 mit einem Kommentar und Bildkatalog von Christa-Maria Dreissiger]
— Thewerdanck]. Die geverlicheiten und einsteils der geschichten des loblichen streytparen und hochberümbten helds und Ritters herr Tewerdannckhs. Melchior Pfintzing. (1481-1535) Nürnberg 1517: H.Schönsperger. [Originale: 7 Exemplare i.d. HAB: ed.princ. 1.1.1 Poet.2°; Augspurg ²1519 1.2.7 Poet.2°; ed. 1537 Lo 4°172; ed. 1563 a) 45.Quod.20(3), b) 24 Bell 20(2); ed.1589 16.3 Poet.2°; ed.1679 Lo 4°173; Faksimile ed. Wien 1888; Stuttgart 1968 hrsg.v. Heinrich Theodor MUSPER u.a.; Graz vor 1986]
Ausstellungskatalog, hrsg. vom LAND TIROL, Innsbruck 1969.
MERCKLEIN, Albert Daniel: M. Albert Daniel Merkleins ... Mathema tischer Anfangs=Gruende, T.V., Darinnen die Architectura Civilis, Oder die Civil-Baukunst, so gründlich als möglich in folgender Ordnung ist abgehandelt worden ..., Franckfurth/Leipzig 1737. [Original: HAB Uf 176]
MERIAN, Matthaeus (1593-1650): Theatrum Evropaevm. Oder Außfuehrliche/vnd Warhafftige Beschreibung aller vnd jeder denckwuerdiger Geschichten/so sich hin vnd wider in der Welt/fuernaemlich aber in Europa/vnd Teutschen Landen/so wol im Religion=als Prophan=Wesen/ ... sich begeben vnd zugetragen haben/etc ... verlegt durch Matthaeum Merian/Buchhaendler vnd Kupferstechern in Franckfurt, 21 Bde, Frankfurt am Main 1635-1738. [Originale: 1. HAB a) Ge 4⁰ 54/55; b) Ge 24.2⁰ Schulenburg; 2. UBG 2⁰ Hist. un. IV. 5016; Stadtarchiv Bonn II b 2592]
— und ZEILLER, Martin (1589-1661): Topographia Germaniae, 30 Bde, Frankfurt a. M. 1642-1688.
[Originale: HAB; Faksimile-Ausgabe in 16 das Gebiet des Hl.Röm.Reiches Deutscher Nation beschreibenden Bänden, Kassel/Basel o.J. im Lesesaal Zeughaus]
MIETH, Michael: Artilleriae Recentior Praxis. Oder Neuere Geschuetz= Beschreibung. Worinnen Von allen vornehmsten Haupt=Puncten der Artilleri Gruendlich und ausfuehrlich gehandelt/solches auch mit vielen Kupffer=Stuecken erklaeret wird; Beschrieben von Dero Roemischen Kaeyserl. Maj. Hochloeblichen Feld=Artillerie Stueck=Hauptmann und Ober=Feuer=Wercks=Meistern/ Michael Miethen. Franckfurt und Leipzig/In Verlegung des Autoris. Zu finden bey dessen Bruder Johann Christoph Miethen/Buchhaendlern. 1684. [Original: LBC E III 2/24; HAB a) Ib 40 68, b) Schulenburg I 80 20, ed. Dreßden und Leipzig 1705 unter dem Titel: Neuere Curiöse Geschuetz Beschreibung ... a) Ib 4° 69, b) Schulenburg I 81 2°]
MILITÄRGESCHICHTLICHES FORSCHUNGSAMT [Hrsg.]: Deutsche Militärgeschichte in sechs Bänden 1648-1939, Herrsching 1983.
MILLER CARY, Norman Jr.: Guide to U.S. Army Museums and Historic Sites, Center of Military History Department of the Army, Washington, D.C., 1975.
MILIZIA, Francesco (1725-1798): Grundsaetze der buergerlichen Baukunst, aus dem Italiänischen von Johann Jakob Wolkmann, Leipzig, 3 Teile, 1784-1786. [Original: HAB Uf 130; ed. Leipzig ²1824 i.d. Übersetzung von C.L.STIEGLITZ in HAB Uf 131]
MOHR, A.H.: Vestingbouwkundige Termen [ndl.-engl.-frz.-dt.], hrsg. STICHTING MENNO VAN COEHOORN, Zutphen 1983.
MONGE, Gaspard (1746-1818): Description de l'Art de Fabriquer les Canons, Paris, Imprimerie du Comité de Salut Public (1794). [Original: HAB Ib 4°70]
MOTHES, Oskar [Hrsg.]: Illustrirtes Bau=Lexikon. Praktisches Hülfs- und Nachschlagebuch im Gebiete des Hoch- und Flachbaues, Land- und Wasserbaues, Mühlen- und Bergbaues, der Schiffs- und Kriegsbaukunst, sowie der mit dem Bauwesen in Verbindung stehenden Gewerbe, Künste und Wissenschaften. ... Für Architekten und Ingenieure ..., Bd.1-4, Leipzig/Berlin 1881-1884. [Original: HAB KS-25-0560]
MYNSICHT, Hadrian von: Thesaurus et Armamentarium medico-chymicum, Lubecae 1646. [Original: HAB 38.7 Med.(1)]
NEDERLANDS LEGERMUSEUM LEIDEN: Catalogus van de Bibliotheek van het Nederlands Legermuseum te Leiden, Deel XI Versterkingskunst. Samenstellers: J. VAN DER MEIJ und J. VAN EYK, Leiden MCMLXX.
NEUBAUER, Christian: Unnöthige Kriegs-Affaires. Das ist, Was man biß dato wegen Abbrechungen der Vor-Städte/Canoniren, Carcas siren/Bombardiren/ ... vorgenommen, Bremen 1690. [Original: HAB 31.7 Bell.]
NEUMANN, Hartwig: Bibliographie deutschsprachiger Publikationen über Festungsforschung und Festungsnutzung 1945-1987, in: Ders.: Festungsbaukunst und Festungsbautechnik. Deutsche Wehrbauarchitektur vom XV. bis XX. Jahrhundert, Koblenz 1988, S. 385-438. — Katalog HAB 1984. Vgl. unter U. Schütte.
NIEMANN, August [Hrsg.]: Militär-Handlexikon unter Mitwirkung der kais. deutschen und der k.k. österreichisch-ungarischen Armee, insbesondere des k.preuss. Generalstabes und des k.k. Geniestabes, sowie auch der kais. deutschen Marine, Stuttgart ²1881.
N.N.: Kunstdenkmäler-Inventarisation in Mitteleuropa. Verzeichnis der bisher erschienenen Bände,in: DKD Nr. 26 (1968), S.123-142; Nr. 27 (1969), S. 54-80, 197-198.
OELZE, F.: Lehrbuch der Artillerie für Preuß. Avancirte dieser Waffe. Nach den neuesten Vorschriften, Magdeburg 1844, ²1846.
PASCH, Johann Georg: Florilegium Fortificatorium Tripartitum, Oder Kurtze/leichte/iedoch grundliche Anweisung zu der ietzigen Zeit ueblichen Krieges=Bau=Kunst, und was derselben anhaengig, in drey Theilen, Halla 1662. [Original: HAB Ib 219]
PEIRANDER [Pseudonym für T.N. BRINK]: Gruendlicher Unterricht von der Artillerie Darinnen alles/was zu dieser curieusen und nuetzlichen Wissenschaft noethig ist/deutlich angewiesen/und durch viele beygefuegte Figuren vor Augen geleget wird/Von einem der beruehmtesten Hollaendischen Ingenieurs, in selbiger Sprache beschrieben Nun aber ins Teutsche uebersetzet Von Peirandern. Hamburg. Bey Zacharias Haertel zu finden/1699. [Original: HAB Ib 118 (2)]
PENTHER, Johann Friedrich (1693-1749): Anleitung zur Buergerlichen Bau=Kunst, 4 Bde, [ed.princ.] Augspurg 1744-48. [Original: HAB Uf 4°78 (1-4), weitere Ausgaben 1762, 1775-81; hier besonders wichtig:]

— Vierter Theil der ausfuehrlichen Anleitung zur Buergerlichen Bau=Kunst/worin von publiquen weltlichen Gebaeuden/ als von Fuerstlichen Residenz-Schloessern samt darzu gehoerigen Neben=Gebaeuden/bestehend in Capelle/ Cantzley/Marstall/Bibliotec, Kunst=Kammer etc. von Rath=Haeusern/ Marckt=Plaetzen/Land=Staenden=Haeusern/Boersen/Wage= Haeusern/ Stadt=Thoren, Ehren=Pforten, Zeug=Haeusern, Proviant-Haeusern, Casernen, Corps-de-Garden, Pulver=Magazins, Zucht=Haeusern, Opern=Haeusern, Hetz=Gebaeuden, Reuth= Haeusern und Ball=Haeusern dergestalt gehandelt, daß theils von wuercklich aufgefuehrten Gebaeuden gemeldter Gattung Entwuerffe und Erlaeuterungen mitgetheilet/ theils neue Des seins davon entworffen und ihren noethigen Eigenschaften nach durchgegangen werden, auch solchen allen eine Vorbereitung vom Ort/wo man am besten bauen kan/und von Stellung derer Gebaeude nach den rechten Welt=Gegenden vorangesetzt wird von J.F. Penther. Auspurg zu finden bey Johann Andreas Pfeffel, daselbst gedruckt bey Christoph Peter Detlefssen, 1748. [Original: HAB Uf 4°78 (4), ed. princ. erschien 1732]

PERUZZI, Baldassare (1481-1536): Trattato di architettura militare, hrsg. von Alessandro PARRANCH, Firenze 1982.

PHILIPPI, Hans [Bearb.]: Politische Akten nach Philipp d. Gr. 1567-1821, Abteilung h: Kriegssachen 1592-1806/14, Bd.1 1592-1670, Bd.2 1670-1806/14, Marburg 1981.

PIPER, Otto: Burgenkunde. Bauwesen und Geschichte der Burgen zunächst innerhalb des deutschen Sprachgebietes, München/ Leipzig ²1905, ³1912. Neue verb. u. erweiterte Aufl. mit 2. Teil von Werner MEYER Frankfurt a.M. 1968.

POHLER, Johann: Bibliotheca historico-militaris. Systematische Übersicht der Erscheinungen aller Sprachen auf dem Gebiete der Geschichte der Kriege und Kriegswissenschaft seit Erfindung der Buchdruckerkunst bis zum Schluß des Jahres 1880, 4 Bde, Cassel 1887-89. [Reprint New York 1961]

POTEN, B. [Hrsg.]: Handwörterbuch der gesamten Militärwissenschaften mit erläuternden Abbildungen, 9 Bde, Bielefeld/ Leipzig 1877/79.

PREUSS, Jakob: Vom Geschlecht, Namen und Zahl alter Büchsen in einer ganzen Arkeley eines Feldzugs oder Zeughaus gehörig. Von jedes Gewicht, Schwere, Steyn vnd Loth, Strassburg 1530 [Original British Museum, v. Verf. nicht eingesehen].

PRIEUR / van CLEEMPUTTE, Pierre-Louis (+ ca. 1757): Grands Prix of the French Academy of Architecture, 20 Hefte, ca. 1774-1789. [Heft XVIII: Arsenal de Reverchon]. [Faksimileedition durch Helen ROSENAU: The Engravings of the Grands Prix of the French Academy of Architecture, in: Architectural History, Bd.III (1960), S.17 ff.]

QUICCHEBERG, Samuel von: Inscriptiones vel titvli Theatri Amplissimi, Complectentis rerum vniuersitatis singulas materias et imagines eximias, ut idem recte quoque dici possit: ..., Monachii Ex Officina Adami Berg typographi, Anno M.D.LXV. [Original UB München 4°H.aux.432=W]

RAABE, Paul und SCHINKEL, Eckhard [Redaktion]: Sammler Fürst Gelehrter. Herzog August zu Braunschweig und Lüneburg 1579-1666. Ausstellungskatalog Nr.27 der Herzog August Bibliothek, Wolfenbüttel 1979.

RINGOIR, H.: Afstammingen en Voortzettingen der Artillerie, 's-Gravenhage 1979.

— Afstammingen en Voortzettingen der Genie en Trein, 's-Gravenhage 1980.

RUDOLPHI, Friderich: Gotha Diplomatica. Oder Ausfuehrliche Historische Beschreibung Des Fuerstenthums Sachsen=Gotha, Franckfurth am Mayn und Leipzig, 2 Bde, 4 Teile, 1717. [Original: Verfasser]

RUSCELLI, Girolamo: Kriegs vnd Archeley Kunst. Das ist/ Gruendliche vnnd außfuehrliche Vnderweisung/was nicht allein einem Capitain oder Haupt=mann/sondern auch einem Archeley vnnd Buechsenmeister fuernemlich zu wissen von noethen: wie eine Vestung zu be=schuetzen/vnnd gleichfalls auch im Gegentheil einzu=nemen sey/vnd allerley Kriegs Munition zu verfertigen. Mehrertheils durch HIERONYMVM RVSCELLVM, auß dem BAPTISTA DE LA VALLE VENAFRANO, ALEXANDEO CAPO BIANCO vnd andern Kriegs=erfahrnen Italianischen Autoribus zu sammen getragen. Nunmehr aber Auff das aller trewlichste verteutscht/auß etlicher fuertreff=licher vnd hochberuembter Teutschen Kriegs=Obristen vnnd Archeleymeister Schrifften vmb viel ver=mehrt/vnd mit schoenen vnd nuetzlichen Kupfferstuecken gezieret. FRANCOFVRTI Apud Iacobu de Zetter Anno M.DC.XX. [Original: Landesbibliothek Coburg Sign. E III 2/29]

RUGGIERI, Claude und MOREL, Thomas: Die Pyrotechnic oder theoretisch-praktische Anweisung zur Bereitung aller Arten Feuerwerke ... nebst Anleitung zur Verfertigung der Theater=, Tafel=, Aerostaten= und Artilleriefeuerwerke nach den Vorschriften von Claude Ruggieri und Thomas Morel bearbeitet ..., Leipzig 1807. [Original: UBG 8° Ars milit.612/65]

RYFF, Walter Hermann (ca. 1500-1550): Das ander buch/der klaren vnd verstendlichen vnterrichtung/der fuernembsten notwendig sten/der gantzen Architectur angehoerigen Mathematischen/vnd Mechanischen kuenst. Der Geometrischen Büxenmeisterey. Von rechtem grund vnd fundament der bewegung gleichlich schwerer Coerper/als der Buxen Kugel kleiner vnd grosser Ror/vnd Moerser/daraus die selbigen durch new erfundene Instrument der Quadranten kuenstlich vnd gewiß zu richten nit allein Kuglen vnd mancherley Fewrwerck zuschiessen/ sonder auch eins yeden Geschutzes art/eygenschafft/ stercke/vnd gewalt des tribs auff yede richtung grundliche vrsach zufinden/durch mancherley vnterschiedlich ladung/der Eisen/pPleyen/vnd Steinen kugeln/vnd der selbigen gewise proportion/der groesse vnd schwere/sampt iren gebuerlichen ladungen/durch den kunstlichen Visierstab des grossen Geschutzes zuersuchen. Mit kurtzer vnterrichtung/wie sich mit dem Geschutz vnd gantzen Artelarey/zu halten im Zeughauß/ehrlichen Veldzuegen vnd Besatzungen/mit erklerung der namen/zal/ lenge/ groesse vnd rechter proportion/mancherley stuck Büxen/ vnd der selbigen zugehoer vnd Mundicey/Mit weiterem bericht der Grundlegung/Erbawung/vnd Befestigung der Stet/ Schloesser/vnd Flecken/sampt der rechten maß vnd proportionaler Gebew/so fuer den gewalt des Geschutzes vnd dem feindtlichen betrang erbawen werden moegen/ von Mauren/Thuern/Graeben/Schantzen/Wael/Pasteyen/ Bolwerck/Rondel/Zwinger/Statporten/vnd der gleichen. Wie man auch zu Veldt/oder auff solche Wehren schnell ein hauffen kriegs uolck/in mancherley form der Veld vnd Schlacht ordnungen stellen mag.

Nit allein den jungen angeenden Zeugmeistern oder Büxenmeistern vnd Schutzen/ sonder allen andern kunstlichen Handwerckern vnd der Architectur fleissigen erkundigern/ fuernemlichen nutz/notwendig/ vnd fürderlich/vnd zu sonderlichem verstand des Geschützs vnd aller wehren/so fuer gewalt erbawen werden/in Truck verordnet durch Gualtherum H. Riuium Medi. & Math. Des gleichen in Teutscher sprach noch nit gelesen oder gesehen worden. (1547). [Originale: HAB a) 30.4 Geom. 20, b) ed. von 1588 N 115.2° Helmst.]

SARDI, Pietro (*1559 + ?): L'Artiglieria di Pietro Sardi Romano, divesa in 3 libri ..., Venetia 1621. [Originale: HAB ed.princ. 2.1.3 Astron.(3); LBC E III 2/30]

SBARRA, Francesco: Il Pomo d'Oro, Festa Teatrale Rappresentata in Vienna Per L'Avgvstissime Nozze Delle Sacre Cesaree Reali Ma Maesta di Leopoldo, e Margherita, Componimento di Francesco Sbarra, Consigliero di S.M.C. In Vienna D'Austria, Apresso Matteo Cosmerovio, Stamatore della Corte, l'Anno 1668 [mit 25 Kupfertafeln]. [Original: Österreichische Nationalbibliothek. Vgl. dazu: CESTI, Marc'Antonio: Il Pomo d'oro. Festa teatrale rappresentata in Vienna per l'augustissime nozze delle sacre Cesaree e Reali Maestà di Leopoldo, e Margherita Componimento di Francesco Sbarra, Vienna d'Austria 1667. [HAB Sammelbd. 11 (1), o.Abb.]. CESTI, Marc Antonio: Il Pomo d'Oro Bühnenfestspiel [gedichtet von Francesco SBARRA], Bd.1 Prolog und Erster Akt, Wien 1896; Bd.2 Zweiter bis fünfter Akt, Wien 1897 [Reprint Graz 1959]].

SCHARNHORST, Gerhard Johann David von (1755-1813): Handbuch für Officiere, in den angewandten Theilen der Kriegs=Wissenschaften. Neue verb. Auflage von J.G. v. HOYER (1762-1845); Bd.1 Von der Artillerie, Hannover 1815, Bd.2 Von der Verschanzungskunst, Hannover 1817, Bd.3 Von der Technik, Hannover 1780. [Original: HAB Ja 49]

SCHEFFELT, Michael: Instrumentum Proportionum. Das ist: Viel vermehrt=Gruendlich=und sehr deutlicher Unterricht/Wie Durch den so genannten Proportional=Zirkul allerhand/so wol Mathematische als Mechanische ... Fragen ... aufzuloesen seyen. Ulm 1697, Breslau 41781. [Original: HAB ed.princ. Nb 506]

SCHERRER, Paul: Die Mathematisch=Militärische Gesellschaft in Zürich und ihre Bibliothek. Teil II: Auswahl wertvoller Drucke des 16. und 17. Jahrhunderts aus der Bibliothek, Zürich 1955 [Neujahrsblatt der Feuerwerker=Gesellschaft in Zürich auf das Jahr 1955].

SCHILDKNECHT, Wendelin: Harmonia In Fortalitiis construendis, defendis & oppugnandis. Das ist: Eine einstimmige/ gruendliche und außfuerliche Beschreibung Vestungen zu bawen: Solche so woll in Bodenlosen und Sumpfichten/als auf festem Grunde außzufuehren; wider alle Gewalt muegligster Maßen zuerhalten; und dann auch aufs eheste zuueberwaeltigen. 3 Teile in 1 Bd, Alten Stettin 1652. [Orignale: HAB Ib 40; ZBB 7401; Landesbibliothek Coburg]

SCHMIDLAPP, Johann: Kuenstliche vnd rechtschaffene Feuerwerck zum schimpff/vormals im Truck nie außgangen. Dermassen an tag geben vnd beschrieben/deßgleichen mit artlichen Figuren dargethan/daß ein jeder/so vormals solcher kein erfarung gehabt hat/leicht sie gantz kuenstlich hierauß lernen mag. Durch Johannem Schmidlap/von Schorndorff. Cum gratia et privilegio Imperiali. Gedruckt zu Nuermberg/ durch Katharinam Gerlachin.M D XCI. [Originale: HAB a) 32 Bell.(2), b) Alvensleben Nf 136(2); UBG 8° Ars milit. 580/17]

SCHOTT, C.: Magia pyrotechnica, [Wien] 1739. [Auktionsexemplar, bisher noch kein Bibliotheksstandort nachweisbar]

SCHREIBER, Georg: Buechsenmeisterey=Discurs; Eine neuerfundene Kugel=Taffel/ Abtheilung der Stuecke/Laveten und Visir=Staebe/sambt einem wohlbestellten Feuerwercks=Laboratorio, zu Schimpf und Ernst /dieserley neuerfundenen Wasser: und Boellerkugeln; Abtheilungen der Boeller/sambt ihren Laveten/Quadranten/und Racheten-Stoecken. Nebst etlich Funfftzig Kupferplatten/und einem außfuehrlichen Register zu ende dieses Buches beigefueget. Beschrieben durch George Schreibern Buergern und Zeug=wartern in Brieg. Und allda gedruckt von Christoff Tschorn/M.DC.LXII (1662). [Original: HAB N 194.2o Helmst.(2)]

— Beschreibung Einer Neuen und zuvor nie ausgegangenen Buechsen=Meisterey/Welche handelt Von allen vornehmsten Haubt= Punc=ten/so zu dieser Kunst gehoeren/und von noehten einem ieden Buechsen=Meister zu wissen seyn/ damit ein ieder ohn alle Gefahr/ bey Tag und Nacht/sicher und gewiß aus seinem untergebenen Stuecke schiessen kan/ dabey 18. Kupffer= Platten zu besserem Verstand gesetzt/ Nebst einem Bericht/ Wie man den Salliter leutern/und in seine subtilste Krafft bringen/Auch aus solchem geleuterten Salliter das aller=beste und lang=taurende Pulver machen sol/Ein vollkommener Bericht/ Nebenst vielen geheimen der Kunst=zugethanen Wissen=schafften /beschrieben und an Tag gegeben/Durch George Schreibern/ Fuerstl. Briegischen Zeugwarten. Und zu finden in Breßlau bey Veit Jacob Treschern/Buchhaendlern (o.J.). [Original: LBC Sign. E III 5/39]

SCHÜTTE, Ulrich: Die deutschen Architekturtraktate des 18. Jahrhunderts, in: Das achtzehnte Jahrhundert. Mitteilungen der deutschen Gesellschaft für die Erforschung des achtzehnten Jahrhunderts, Nr. 5 (1981) S. 52-65.

— und Hartwig NEUMANN [Bearb.]: Architekt & Ingenieur. Baumeister in Krieg & Frieden. Ausstellungskatalog der Herzog August Bibliothek Wolfenbüttel Nr. 42, Wolfenbüttel 1984.

SCHWACH, Johann: Discorsi Sopra l'Artigliarie moderne. Von der Artigliaria/das ist Von des Geschutzes/der Stücke, Mörseln, Fewerwercke, Petarden, vnd aller darzu gehörigen Kunste Erster Inuention, ihrer Macht, effecten, nutzbarkeit, nohtwendig keit, vnd rechtmessigem Christlichem gebrauch: Historische vnd Theologische Duiscurs verferttiget durch Iohannem Schwachium P. L. der beiden Kirchen zu Ober= vnd Nider=Ebersbach in der inspection Dreßden Pfarrern. Dreßden 1624. [Original: HAB 25 Bellica (1)]

SCULTETUS, Johannes: Wundartzneyisches Zeughaus. Armamentarium Chirurgicum, Stuttgart ²1988.

SERLIO, Sebastiano (1475-um 1554): Von der Architectur Fuenff Buecher: Darinn die gantze lobliche und zierliche Bawkunst/sampt den Grundlegungen und Auffzeugen manigerley Gebaeuwen/vollkomlich auß den Fundamenten gelehrt/und mit vielfeltigen Exemplen und Kunststuecken/ Antiquen und Newen/gantz deutlich erklert wirdt/wie auß des Authoribus Vorred weitleufiger zu vernehmen. Getruckt zu Basel/In Verlegung Ludwig Koenigs MDCIX. [Originale: HAB ed.frz. 1545 10.2 Geom.2o [Prachtausgabe]; ebenda angebunden ed.ndl. Antorff 1542 i.d. Übersetzung von Peter Coeke van Aelst (1502-1550); ed.ital. Venedig 1584 5.4 Geom.; Reprint ed.engl. 1611, New York 1982]

SIMIENOWICZ, Casimir: Artis Magnae Artilleriae Pars Prima. studio & opera Casimiri Siemienowicz Equitis Lithuani, olim Artilleriae Regni Poloniae Proprae fecti Amsterodami Apud Iohannem Ianssonivm AO. MDCL (1650). [Originale der ed.princ.: HAB N 194 Helmst.2°; LBC E III 2/33]

— Der Großen Artillerie, Feüerwerck: und Buechsenmisterey Kunst, Zweiter Theil, anietzo herauß gegeben von Daniel ELRICH Stueckhauptmann. Franckfurt 1676. [Originale: UBG 4° Ars milit. 588/51; HAB: N 194.2° Helmst.(1); Faksimile mit Einführung von E.H. BERNINGER, Graz 1976]

SINCERUS, Alexander: Der wohlerfahrne Salpetersieder und Feuerwerker, beyde aufgefuehret in einem ganz neu heraus gegebenen Tractaetchen, darinnen zu finden, wie I. Der Salpeter auf das beste zu sieden, zu reinigen, zum Pulvermachen und Feuerwerck=Kuensten auf unterschiedliche Arten zu laeutern. II. Von allerley schoenen und raren Feuerwerck= Kuensten. III Von Bereitung des Schieß=Pulvers, desselbigen rechten Erkaenntniß und Verbesserung. Nebst andern ungemein martialischen Kuensten mehr, Weiland von einem erfahrnen Feuerwercker zusammen getragen, und nach dessen Tod denen Liebhabern der Feuerwerck=Kuenste an Tag gegeben, Durch Alex. Sincerum. Andere Auflag. Frankfurt und Leipzig, zu finden bey Georg Christoph Weber, Buchhaendl. in Nuernberg. 1755. [Originale: UBG 8°Bibl.Uff.760; BS der UB Marburg vermißt]

SLASS, Adam: Pionierbibliographie [der] Pionierschule [und Fachschule des Heeres für Bautechnik, Fachbibliothek München], München 1966 [masch.- schriftl.].

SOLMS, Reinhard Graf zu (1491-1563): Ein Kürtzer Auszug vnnd Ueberschlag/Einen Bauw anzustellen/vnd in ein Regiment und Ordnung zupringen/mit denen so darauff mit aller arbeit seyn wurden/Durch … Reinharten Grave zu Solms … beschrieben/ Cöln 1556. [Original: HAB N 130.2° Helmst.(1)] — Dises Buch vnd Kriegsbeschreibung ist vermelten und berichten einer guten ordentlichen Kriegsregierung/nach alter Teutschen ordnung/gebrauch vnd herkomen/mit andern noch 7 Büchern von aller Kriegsregierung vnd Rüstung so zu dem Krieg gehört. Auch mit ihren augenscheinlichen Figuren zu besserem verstandt/neben den Beschreibungen souil moeglich/angezeiget. Anno Domini/M.D.LIX. [=Titel von Bd.1, 6 weitere Bde folgen]. [Original: HAB 2.3 Bell.2°]

SPECKLIN, Daniel (1536-1589): ARCHITECTVRA Von Vestungen. Wie die zu vnsern zeiten moegen erbawen werden/ an Staetten Schloessern/vnd Clussen/zu Wasser/Land/Berg vnd Thal/mit jren Bollwercken/Cauaiiren/Streichen/Graeben vnd Leuffen/ sampt deren gantzen anhang/vnd nutzbarkeit/auch wie die Gegenwehr zu gebrauchen/was fuer Geschuetz dahin gehoerig/ vnnd wie es geordnet/vnnd gebraucht werden soll/alles auß grund vnd deren Fundamenten. Sampt den Grund Rissen/Visierungen/vnd Auffzuegen fuer Augen gestellt. Durch Daniel Speckle der Statt Straßburg bestellter Bawmeister. Mit Roem: Key: Freiheit/auff zehen Jar. Gedruckt zu Straßburg/ bei Bernhart Jobin. Im Jar M.D.LXXXIX. [Originale HAB ed.princ. N 180.2° Helmst.und auch Jb 2°18, ed. Straßburg 1599 9 Bell.2°, ed. Straßburg 1608 Jb 4°86 und auch Jb 4°86.1, ed. Dresden 1705 Jb 4°87, ed. Dresden/ Leipzig 1736 Jb 4°88; facs.ed. Unterschneidheim 1971 und Portland/Oregon 1972]

STAHL, Georg Conrad: Georg Conrad Martii [=Stahl] neu= aufge fuehrter Europaeischer INGENIEUR: oder Kriegs=Bau=Kunst/ Wie solche/mit allem was dazu erforderlich wird/in Europa ueblich gewesen/und zumaln annoch ist: In sich haltend I. Eine vollstaendige Geometrie, mit aller Zugehoer/von gemeinem Logarithmischen/und Trigonometrischen Rechnen/ auch dem Verstand und Nutzung jeder Instrumenten etc. II. Eine ausfuehrliche Fortification, nemlich von Offensiv- und Defensiv-Wercken auch andern Militair-Gebaeuden/ auf aller Europaeischen Voelcker Art/ theils kuertzlich/ theils in den ueblichen/ausfuehrlich/ allenthalben mit Vernuenfftigen Ursachen vor Augen liegenden Gruenden/ sowohl in Theoria als Praxi, vorgestellt/ und mit noethigen Kupfern versehen. zum andern mal gedruckt. Nuernberg/ In Verlegung Christoff Riegels. Gedruckt bey Andreas Knortzen Seel. Wittib. Im Jahr 1696. [Originale: HAB 1) Ib 267, 2) ed. 1687 Ib 265, 3) ed. 1695 Ib 266, 4) ed. 1696 Ib 267]

STEVIN, Simon (um 1548-1620): Castrametatio, Dat is Legermeting beschreven door Symon Stevin … na d'oordening en't ghebruye van den doorluchtichsten Vorst ende Heere Maurits Prince van Orangien etc. Rotterdam, Jan van Waesberghe 1617. [Originale: HAB ndl.ed.princ. Ib 4°89, Reprint in: The Prin cipal Works of Simon Stevin, hrsg.v. Ernst CRONE, E.J. DIJK STERHUIS, E.J. FORBES, M.G.J. MINNAERT, A. PANNNEKOEK; hier Bd.V bearbeitet von W. H.SCHUKKING: Amsterdam 1964 [Originale: HAB NT 93/2810]; Leiden ²1633 21.3 Bell.2°(1); frz.ed. Rotterdam 1618 UB Bonn 0633; germ.ed. Frankfurt a.M. 1631]

STIEGLITZ, Christian Ludwig (1756-1836): Encyklpaedie der buergerlichen Baukunst, in welcher alle Faecher dieser Kunst nach alphabetischer Ordnung abgehandelt sind. Ein Handbuch fuer Staatswirthe, Baumeister und Landwirthe, 5 Teile, Leipzig, bey Caspar Fritsch. 1792-1798.

STOEFFLER, Johann (1452-1531): Von Künstlicher Abmessung aller groesse/ebene oder nidere/in die lenge/hoehe/breite vnnd tieffe/Als graeben/Cisternen vnd brunnen/Mann moeg darzu kommen oder nit/Mit eim Astrolabio vnd Quadranten/oder meßleiter. Auß warem grund der Geometrie Perspectiua und Arithmetic. Allen werckleutenn/Bawleutenn/Büchsenmeistern/Feldtmessern/vnnd iederman nützlich zugebrauchen. Francfurt 1536. [Originale: HAB 1) »Ingenieur Buch« 29.2 Geometr.Fol.(6); 2) lat.ed. a) Oppenheim U N 66.2° Helmst.(2), b) Moguntiae 1535, dto 16.1 Astron.2°(1); 3) germ. Teilausgabe v. 1525 146 Quod.(26)]

STURM, J.Chr.: Mathesis Compendiaria sive TYROCINIA MATHEMATICA [mit dem Kapitel Architectura civilis-militaris], Leipzig/ Coburg 1707. Germ.ed.: Kurzgefasste MATHESIS Oder Erste Anleitung zu Mathematischen Wissenschaften/in Tabellen verfasser [darunter VI. Der Kriegs=Bau=Kunst, VIII Der buergerlichen Bau=Kunst. Wie dieselbige zuletzt von seinen Sohn Herrn Leonhard Christoph Sturm/ … Nach des sel. Autoris Sinn heraus gegeben und vermehret worden/Auff Begehren verteutscht und mit noethigen Zusaetzen und Verbesserungen …, vermehret von M. BONIFACIO HENRICO Ehrenbergern,

Coburg 1717. [Originale: HAB lat.ed. 1703 Ne 20 1(2); germ.ed. 1717 Nb 4° 61]

STURM, Leonhard Christoph (1669-1719): Leonhard Christoph Sturms Prodromus architecturae Goldmannianae, oder Getreue und gruendliche anweisung 1. worinnen die wahre Praxis der Civil-Baukunst bestehe, 2. wie das Bau-Wesen in einem Fürstenthum mit Bestellung nothwendiger Bedienten und deren Instruction, mit Anrichtung eines zulaenglichen Bau-Hoffes und mit sichere Fuehrung der Rechnungen einzurichten sey... Als eine Vorbereitung zu einer vorhabenden neuen, sehr verm., verb. u. bequemern Ed. d. vollst. Anweisung zu der Civil-Baukunst hrsg. und in netten Kupfferstichen mit unterschiedl. baumeisterl. Erfindungen erl., Augspurg: Wolff 1714. [Original: HAB Uf gr.2° 25]

— Der Geöfnete Ritter=Plaz, Worinnen die vornehmsten Ritterliche Wissenschafften und Ubungen/ Sonderlich/was bey der Fortification, Civil Bau=Kunst/Schiff=Fahrth/ Reit=Kunst/Jaege rey/Antiquen und Modernen-Muentzen/Wie auch Modern Medaillen, Hauptsaechliches und Merckwuerdiges Zu beobachten/ In er oerterung der nothwendigsten und gewoehnliochsten Kunst= Woerter/Wie auch einer kurtzgefasten Beschreibung/und zierlichen Kupffer=Figuren/Zu Außfuehrung der Durchlaeuchtigen Welt/Denen Liebhabern zum Vergnuegen/vornehmlich der Politischen Jugend zu Nutzen/und denen Reisenden zur Bequemlichkeit an das Licht gestellet werden. Hamburg, bey Benjamin Schillern, Buchhaendlern im Dohm/1700. [Sammelband, Original: HAB Ae 40 Bd.1, darin auch:]

— Das Neu=eroefnete Arsenal, Worinnen Der galanten Jugend und andern Curieusen, insonderheit aber den Reisenden das Merckwuerdigste von der Artillerie kuertzlich und solcher gestalt abgehandelt wird; Daß ein jeder Von Canoniren und Bombardiren/von Ernst= und Lust=Feuern/von Zeug=Haeusern/von Minen, Laboratoriis und Pulver=Muehlen/Verstaendig reden und urtheilen koenne. Aufgesetzt von einem Liebhaber Curieuser Sachen. Hamburg, Bey Benjamin Schillern, Buchhaendlern/Anno 1702. [weitere Originale:HAB ed. 1693 Nb 4°60; ed.1703 Ne 20/ 1; ed. 1717 Nb 4°61]

— Der auserleßneste und Nach den Regeln der antiquen Gusto verneuerte Goldmann, Als der rechtschaffenste Bau=Meister/ oder die gantze Civil-Bau=Kunst/in unterschiedlichen vollstaendigen Anweisungen ... abgehandelt, Augspurg : Jeremias Wolff, gedruckt bei Peter Detleffssen 1721.

— Register zu den hierin zu findenden Einzeltraktaten, die Sturm und dessen Verleger als Kommentarwerke zu Nicolai Goldmann: Vollstaendige Anweisung zu der Civil-Bau-Kunst [s.o.] auflegten: Kunst-Wörter 1718; Pracht-Gebäude 1716; Bogen-Stellungen ... Sieges-Bögen und Ehrenpforten 1718; Bey-Zierden 1720; Symmetrie 1720; Innere Austheilung 1720; Bürgerl. Wohnhäuser 1721; Kirchen 1718; Zucht- und Liebes-Gebäude ... Schulen ... Spitäler 1720; Regierungs-, Land- u. Rath-Häuser ... Kauff-Häuser 1718; Wasserkünste, Wasserleitungen, Brunnen 1720; Architectura civilis militaris ... Stadt-Thore, Brucken 1719; Schiff-Häuser oder Arsenale ... See-Häfen 1721; Grabmahle ... Parade-Betten ... Castra doloris 1720; Grosser Herren Pälläste ... Lust-Gärten 1718; Land-, Wohnungen und Meyereyen 1721; Prodromus 1714; Nivelliren oder Wasserwägen 1720; Fang-Schläussen und Roll-Brücken 1720; Mühlen-Baukunst 1718; Wett-Streit der frz./holländ. und teutschen Kriegs-Bau-Kunst 1718; Architectonische Reise-Anmerkungen 1719.

Die Traktate erschienen mehrfach und in unterschiedlichen Kombinationen. Hier besonders wichtig:

— Architectura Civili-Militaris. Oder: Vollstaendige Anweisung/Stadt=Thore/Brucken/Zeug=Haeuser/Casematten/ und andere Souterrains der Waelle/Casernen, Baraquen, Corps de Gardes, und Proviant=Haeuser behoerig anzugeben. Worinnen Theils was Goldmann in seinem vierdten Buch davon geschrieben/erklaehret und vollstaendig außgefuehret/Theils was er davon nicht beruehret/hinzugethan/ Bey Gelegenheit aber die Außtheilung des Baeurischen Wercks oder der Bossagen an den Bogen=Stellungen/wie auch der vielfachen Treppen deutlich angewiesen wird. Cum Gratia & Privilegio Sacrae Caesarae Maje statis. In Verlegung Jeremiae Wolffen/Kunsthaendlern in Augspurg. Daselbst gedruckt bey Peter Detleffsen. Anno M DCC XIX.; [Von Zeughaeussern S. 25-33; Von Korn=oder Proviant=Haeussern S.41 f. Originale: 1) ZBB 7424]; 2) HAB Uf 4°125 (11)]

— Vollständige Anleitung, Schiff= Haeuser oder Arsenale und Anfuhrten oder See=Haefen gehoerig anzugeben/worinnen Nicolai Goldmanns IV. Buchs Xtes und XXVIIIstes Cap. angefuehret/und durch beygefuegte Erklaerungen vollstaendig gemachet werden. Cum Gratia & Privilegio Sacrae Caesar. Majest. Augspurg / In Verlegung Jeremiae Wolffens / Kunst=Haendlers. Gedruckt bey Peter Detleffsen. Anno M.DCC XXI. (1721).

[Originale der Sammelbände: HAB 1) Uf 4°125, 2) Uf 4° 126]

— Freundlicher Wett=Streit Der Franzoesischen/Hollaendischen und Teutschen Krieges=Bau=Kunst/Worinnen Die Befestigungs= Manier des Hrn. Von Vauban an Neu=Breisach/Die beste Manier des Hrn. von Coehoorn/und Zweyerley Vorstellungen der von L. C. Sturm publicirten/und nach des weit=beruehmten Hrn. George Rimplers Maximen eingerichteten Manier/In achtzehen accuraten Rissen mit allen noethigen Umstaenden vor Augen geleget/Nach den Bau=Kosten und Raum durch einen ausfuehrlichen Calculum ueberschlagen/Und Gantz unpartheyisch gegen einander in Vergleichung gestellet werden. Augspurg/In Verlegung Jeremiae Wolffens/Kunsthaendlern. Daselbst gedruckt bey Peter Detleffsen/1718. [Nr.19 des Sturmschen Gesamtwerk. Originale: 1) HAB Uf 4°125; 2) ZBB: 9340]

— Leonhard Christoph Sturms Durch Einen grossen Theil von Teutschland und den Niederlanden den biß nach Pariß gemachete Architectonische Reise=Anmerckungen/Zu der Vollstaendigen Goldmannischen Bau=Kunst VIten Theil als ein Anhang gethan/Damit So viel in des Auctoris Vermoegen stehet/ nichts an der Vollstaendigkeit des Wercks ermangle. Cum Gratia & Privilegio Sacrae Caesareae Majestatis. Augspurg/ In Verlegung Jeremiae Wolffen/Kunsthaendlers. Daselbst gedruckt bey Peter Detleffsen. Anno M DCC XIX. [Original: HAB Uf 4° 125]

SUCCOV [=SUCKOW], Lorenz Johannes Daniel: Erste Gruende der Buergerlichen Baukunst in einem Zusammenhang entworfen, Jena 1751; Jena ³1781, ⁴1798. [Originale: HAB ed. 1751 a) Uf 4⁰ 100 b) Uf 4⁰ 101; c) ed. 1781 Uf 4⁰ 100, d) ed. Jena ⁴1798 Uf 4⁰ 101, e) ed. 1798 Uf 4⁰ 101]

SURIREY DE SAINT-REMY: Memoires D'Artillerie, où il est Traité des Mortiers, Petards, Arquebuses à Croc, Mousquets, Fusils, &c & de ci peut servir à l'execution & au service de toutes ces armes; Des Bombes, Carcasses, Grenades, &c. De la Fonte des Pieces, de la Fabrication du Salpetre & de la Poudre; des Pontons, des Mines, des Charettes & Chariots; des Chevaux, & généralement de tout ce qui dépend de L'Artillerie Tant par Mer que par Terre. De l'arrangement des Magasins, de la Formation des Equipages & des Parcs à la suite des Armées & pour les Sièges; de la Marche des Equipages, & leur disposition dans un jour de Combat; La Manière de défendre les Places, & le Devoir des Officiers, &c. Par le Sr. Surirey de Saint-Remy. Dernière Edition, Augmentée de nouvelles Matières, & de plusieurs Planches, A La Haye, Chez Jean Neaulme, M.DCC.XLI. 2 Bde 1741. [Originale: HAB a) frz. ed. princ. Paris 1697 Ib 286, b) ed. 1741 Ib 4°92; Reprint der ed. 1702 Bad Honnef 1982]

TACCOLA, Mariano: — De Rebus Militaribus (De machinis, 1449). Mit einem vollständigen Faksimile der Pariser Handschrift, herausgegeben, übersetzt und kommentiert von Eberhard KNOBLOCH, Baden-Baden 1984.

— De ingeneis. Liber primus leonis, liber secundus, Addenda. Taccola's introduction, drawings of engins and Latin Texts, Description of engines in English translation, Bd.1 Texte, Bd.2 Farbiges Faksimile des Codex Latinus Monacensis 197, hrsg. v. Gustina SCAGLIA, Franz D. PRAGER und Ulrich MONTAG, Wiesbaden 1984.

TARTAGLIA, Nicolo Fontana (1499-1577): Qvesiti et inventioni Diverse de Nicolo Tartaglia, di novo restampati con vna gionta al sesto libro, nella quale si mostra duoi modi di redur una città inespugnabile. La divisione et continenta di tvtta l'opra nel seguente foglio si trouara notata. Con Privilegio Appresso de L'Avttore M D LIIII (1554). [Original: HAB ed. princ. Venetia 1538 15 Bell (8); Reproduzione in facsimile dell'edizione del 1554 edita Arnaldo MASOTTI, Brescia 1959]

— La Noua Scientia di Nicolò Tartaglia, con vna gionta al terzo Libro. Venetia 1537. [Original: HAB 15 Bell (7)]

TASSIN, [Léonard]: Les Plans et Profils de tovtes les principales villes et lievx considerables de France, Paris 1634. [Original: HAB 10.3.4 Geogr.4°]

THIEME, Ulrich und BECKER, F.: Allgemeines Lexikon der bildenden Künstler von der Antike bis zur Gegenwart, 37 Bde, Leipzig 1907-1950.

TILLMANN, Curt: Lexikon der deutschen Burgen und Schlösser, 4 Bde, Stuttgart 1958/59/60/61.

UFFANO, Diego: Archeley/Das ist: Gruendlicher vnd Eygentlicher Bericht von Geschuetz vnd aller zugehoer, beneben außfuehrlicher Erklaerung was einem Generali oder Obersten vber das Geschuetz beydes in einem Laeger/vnd in einem belaegerten ort oblige vnd befohlen. Item wie Batterien vnd Contrabatterien/Bruecken/Steg/Minen vnd verborgen Gaeng/beneben allerhand zum Krieg gehoerige vnd der Archeley anhangige Machinen/auch mancherley Fewerwerck/den Feind zu Wasser vnd zu Land damit zubeschaedigen wol an zu ordnen. Nach eygener Erfahrung in den Niderlaendischen Kriegen in Hispanischer Spraach beschrieben vnd an Tag gegeben. Durch Diegvm Vffanvm Capitaenen vber die Archeley in dem beruehmten Castel zu Antorff. Jetzund aber vnserem lieben Vatterland Teutscher Nation zu gutem/in Teutscher Spraach publiciret/vnd mit schoenen vnd nothwendigen Kupfferstuecken geziehrt Durch Iohann Theodorvm de Bry, Buergern zu Oppenheim Gedruckt zu Franckfurt/bey Egenolph Emmeln. Im Jahr MDC.XIV. [Originale: HAB a) 5.1 Bell.2, b) 21 Bell.2° (2); LBC span. ed.princ. Brüssel 1613 Cas A 2442]

UTENHOFER, Caspar: Circinus geometricus, zu Teutsch Meß-Cireckel, Nemlich: Ein Geometrisch Instrument ... Grosse Stuck oder Geschütz zu richten: Allerley Visierstäb zu den Büchsen und Kugeln ..., Nuernberg 1626. [Original: HAB Schulenburg N 72]

VALLA, Giovanni Baptista della: Retenere et fortificare una citta con bastioni, con noui artificii de fuoco aggionti, Venedig ^{1}1524. [Originale: HAB ed. 1528 35.1 Bell.; bis 1558 erschienen 10 Auflagen!]

VAUBAN, Sébastien Le Prestre de (1633-1707): Der Angriff und die die Vertheidigung der Festungen, durch den Herrn von Vauban, Marschall von Franckreich und General=Director aller festen Plaetze dieses Koenigreichs. In frantzoesischer Sprache beschrieben, und nunmehro auf hohen Befehl ins Deutsche uebersetzt, wie auch zu desto beqvemerem Gebrauch derer Preußischen Herren Officiers mit einigen Anmerckungen erlaeutert, 2 Teile, Berlin 1744 [ed.princ., Übersetzung durch den preuß. Ing. Major DE HUMBERT]; Berlin ^{2}1751. [Original: HAB Ib 296/Ib 297]

— Abhandlung von der Vertheidigung der Festungen ein Original= Werk des Herrn Marschalls Vauban. Auf hoechsten Befehl aus dem Französischen uebersetzt durch G.A. VON CLAIR, Kgl.Pr. Ing. Capitaine, Berlin/Potsdam 1770. [Originale: HAB Ib 299; ZBB 25661]

— 1. De l'attaque et de la defense des places, La Haye 1737; 2. Traité de la défense des places, par Monsieur Bardet de VILLENEUVE, La Haye 1742. [Originale der frz. ed.princ. HAB Ib 4°99 und Ib 4° (10)]

— Marschall v. Vauban's Angriff und Belagerung fester Plätze. Einzig vollständige und offizielle Ausgabe besorgt durch M. AUGOYAT, sinn- und wortgetreu übersetzt von einem Preussischen Offizier, Berlin 1841. [Originale ZBB 26188 und 7257, Textband und Atlas]

VEGETIUS RENATUS, Flavius (um 400 n.Chr.): Epitoma Rei Militaris Institutorum Rei Militaris Libri Quinque, Ulm um 1476. [germ ed. princ. v. Ludwig HOHENWANG von Thal Elching, Original: HAB germ. ed. 296.3 Hist.2°; der Bildteil vermindert um 5 Blätter dieser ed. auch im Mischband 162 Quod. fol.; lat. ed.princ. Köln um 1475 79.8 Jur.2° (3); weitere mindestens 18 germ., ital., frz., lat. Editionen des 16.-18.Jh. in der HAB; in der ZBB 9 Editionen vorhanden. Reprint lat.u.germ. neu übersetzt und kommentiert von Fritz WILLE, Aarau 1986]
[Titelzitat nach ed. Augsburg 1529:] — Flauij Vegetijj Renati/ vier buecher der Ritterschafft/ Zu dem aller durchleuchtigesten großmaechtigesten Fürsten vnd Herren/herrn Maximilian Roemischen Kayser loeblicher gedaecht nus etc. geschriben/mit mancherleyen gerüsten/ Bolwercken vnd gebeüwen/zue Kryegßleijfen gehoerig/ yren mu stern vnd Figuren/darneben verzeychnet. Mit einem zuesatz/ von Büchsen geschoß/Puluer/Fewrwerck/Auff ain newes gemee ret vnnd gebessert, [Augsburg] D.M.XXIX. [Kapitel ›Büchsenmeister‹ entspricht Cod.germ. 4902 Bayer. Staatsbibliothek München]

Angebunden: [FEUERWERKBUCH] Hye nachuolget vonn Büchsen geschoß/Puluer/Fewerwerck/wie man sich darmit auß ainer Statt/Feste/oder Schloß/so von Feynden belägeret wer/erretten/Auch sich der Feind darmit erwören möchte. [Original: HAB 23.6 Bell.2°; vgl. dazu W. Hassenstein 1941]

[VENN, Thomas]: Military & Maritime Discipline in Three Books, Bd.3: The Compleat Gunner, in Three Parts. Part I. Shewing the Art of Founding and Casting Pieces of Ordnance, with the composition of Metal thereunto necessary. The Composition and Matters of Gunpowders, the Several Sorts, Colours, and Operation. Part II. Discovers the necessary Instruments, and variety of Instructions to the compleating of a Gunner, with a Table of Squares and Cubes serving for the Resolution of Questions of Gunnery and other Arts. As Also The way of taking Heights, Distances and Profundities, either with or without Instruments. Part III. Shews the Nature of Fireworks, the manner of Composing many that are Excellent and Useful both for Sea and Land, for the defence of our selves as well as the offence of our Enemies. Translated out of Casimir, Diego, Vffano, Hexam, and other Authors. To which is added the Doctrine of Projects applyed to Gunnery by those late famous Authors Galilaeus and Torricellio, now rendred into English. Together with Some Excellent Observations out of Mersennus and other famous Authors. London, Printed for Rob.[ert] Pawlet, Tho.[mas] Passinger, and Benj.[amine] Hurlock. [London] 1672.

VERFASSERLEXIKON. Die deutsche Literatur des Mittelalters, begründet von Wolfgang STAMMLER, hrsg. von Kurt RUH u.a., Redaktion Kurt ILLING und Christine STÖLLINGER, Bd. 1, 2 Berlin/New York ²1978/²1980.

VITRUVIUS (1.Jh.v.Chr.): M. Vitrvvii Pollionis De Architectura Libri Decem: Abfassung der Urschrift vor 31 v. Chr.; lat. ed.princ. 1487; germ.ed.princ. Nürnberg 1548 durch G. Rivius [= W. Ryff] im Reprint mit Bemerkungen von E. FORSSMAN, Hildesheim 1973; ital.ed.princ. 1556 durch Daniel BARBARO (1513-1570). Lat.-germ. Edition durch Curt FENSTERBUSCH, Darmstadt ²1976. [Originale: Die HAB besitzt fast sämtliche Vitruv-Ausgaben des 16.-18. Jahrh.]

[VORLAGEBÜCHER] Sammelband HAB 26.6 Geom.: Kupferblätter aus 11 verschiedenen Folgen, Antwerpen 1553-56, entnommen aus Werken Cornelius Bus fec., de Vries, Benedictus Battini Pictor florentius inventor, anonyme Blätter u.a.; — Sammelband HAB 2.1 Geom.: (1) Frans HUYS (1518-1573): Pourtraicture ingénieuse de plusieurs facon de masques..., [Antwerpen um 1555 ?], (2) 12 Kupferstiche mit compartimentenartigen Verzierungen, o.O., um 1600, (3) Hieronymus Cock, Compartimenta, Antwerpen um 1565, (4) Sechs Kupferstiche mit Arabesken, o.O. um 1600, (5) Jakob FLORIS (1524-1581): Veelderhande cierlijke Compertementen..., Tantwerpen 1564; (6) VILLE: Le cinque, o.O.,o.D. [um 1600].

VRIES, Vredemann Hans de (1527-1606): Panoplia Sev armamentarium ac ornamenta cum artium ac opificiorum tum etiam Exuuiarum Martialium, qua Spolia quoque alijs appellari consueuere. Johs Vreedeman Vriese inuentor, Gerar de Iode excudebat. Anno 1572. [Originale: HAB a) 36.13 Geom.2°(3), b) Geom.2°(3), c) B Geom.2°(2) [unvollständig]; Reproduktion sämtlicher Tafeln aus a) im Bildband der vorliegenden Arbeit]

— Architectura Oder Bauung der Antiquen auß dem Vitruvius, woellches sein funff Collumnen orden, daer auß mann alle Landts gebreuch vonn Bauuen zu accomodieren ... ann dag gebracht durch Johannes Vredeman Vriesae Inventor. Antwerpen 1581. [Originale: HAB a) Uf 2°66, b) Uf 2°65 [unvollständig], c) ed. von 1577 N 117.2° Helmst.; Reprint Hildsheim 1973]

WASSERZIEHER, Ernst: Woher? Ableitendes Wörterbuch der deutschen Sprache, bearbeitet von Werner BETZ, Bonn ¹⁸1974.

WEIGEL, Christoph (1654-1725): Abbildung Der Gemein-Nuetzlichen Haupt=Staende Von denen Regenten Und ihren So in Friedens= als Kriegs=Zeiten zugeordneten Bedienten an/biß auf alle Kuenstler Und Handwercker/ Nach Jedes Ambts= und Beruffs= Verrichtungen/meist nach dem Leben gezeichnet und in Kupfer gebracht/auch nach Dero Ursprung/Nutzbar= und Denckwuerdigkeiten/ kurtz/doch gruendlich beschrieben/und ganz neu an den Tag geleget Von Christoff Weigel/in Regenspurg. Gedruckt im Jahr Christi/1698. [Original: HAB Oc 124, Faksimile mit einem Vorwort von Friedrich KLEMM, Osnabrück 1966]

WILHELM, Johann: Architectura Civilis ... Beschreib= oder Vorreissung der fürnembsten Tachwerck/nemblich hoher Helme, Creutztächer, Wiederkehrungen/welscher Hauben/ so dann Kelter/Pressen/Schnecken oder Windelstiegen vnd anderen dergleichen Mechanischen Farbrichen ..., Frankfurt a.M. 1649. [Original: HAB 26.7 Geom.2°]

WILLEBRAND, Johann Peter: Johann Peter Willebrand K.Daen. w. Justizrath Grundriß einer schoenen Stadt, in Absicht ihrer Anlage und Einrichtung zur Bequemlichkeit, zum Vergnuegen, zum Anwachs und zur Erhaltung ihrer Einwohner, nach bekannten Mustern entworfen. Nebst einer Vorrede von der Wirkung des Clima auf die Gesinnung und Gesetzgebung der Voelker. 2 Theile. Hamburg und Leipzig 1775. [Original: HAB Se 372 (1+2)]

WIS, Marjatta: Ricerche Sopra Gli Italianismi Nella Lingua Tedesca. Dalla Metà del secolo XIV alla fine del secolo XVI, Helsinki 1955 [Arsenal S.95 f].

WURMB, Julius von [Oberst im k.k. Genie-Stab. Genie-Inspekteur für Mähren und Schlesien usw.]: Lehrbuch der Kriegs=Baukunst zum Gebrauche der kais. kön. Génie-Academie, Ölmütz 1852. [Original: ZBB Textbd. 1,57; Tafelbd. B IV 50; Rezension von »S.« in: Archiv f. d. Offiziere der Königl. Preuß. Artillerie- und Ingenieur-Corps, Bd. 35 (1854), S. 205-222].

ZAJIC, Wolfgang: Deutsche Militär-Zeitschriften bis zum Ende der Napoleonischen Epoche, in: Zeitschrift für Heereskunde, Bd. 40, Nr. 264 (1976), S. 49-53.

ZASTROW, Alexander von (1801-1876): Geschichte der beständigen Befestigung, Leipzig ³1854. [Neudruck, Textbd. u. Schuber mit Plänen, bearbeitet von Rudolf SCHOTT, Osnabrück 1983]

ZEISING, Henricus: Theatri machinarum, 3 Theile, Leipzigk 1612. [Original: UB Dresden; Reprint Berlin [Ost] 1987]

ZEITSCHRIFT FÜR HISTORISCHE WAFFENKUNDE, Dresden 1897-1922, dann unter dem Titel: ZEITSCHRIFT FÜR HISTORISCHE WAFFEN- UND KOSTÜMKUNDE, Berlin 1923-1944, hrsg.v. W. BOEHEIM, K. KOETSCHAU, E. HAENEL, P. POST. [Reprint der Edition Dresden/ Berlin 1897-1944, Graz 1972/74; dann unter dem Titel:

WAFFEN- UND KOSTÜMKUNDE, Zeitschrift der Gesellschaft für historische Waffen- und Kostümkunde, München/Berlin 1959 ff. [Abkürzung ZHWK].

ZIEGLER, Konrat/SONTHEIMER, Walther [Bearb.]: Der Kleine Pauly. Lexikon der Antike, 5 Bde, München 1979.

ZEDLER, Johann Heinrich [Bearb.]: Grosses vollstaendiges UNIVERSAL-LEXICON Aller Wissenschafften und Kuenste, Welche bißhero durch menschlichen Verstand und Witz erfunden und verbessert worden ..., Bd.1-64, Supplemente 1-4, Halle/Leipzig 1732-54. [Neudruck Graz 1961/82]

ZENTRALINSTITUT FÜR KUNSTGESCHICHTE MÜNCHEN [Hrsg.]: Reallexikon zur deutschen Kunstgeschichte, begonnen durch Otto SCHMITT, fortgeführt von Ernst GALL, hrsg. von L[udwig] H.[einrich] HEYDENREICH und Hans Martin Frh. v. ERFFA. [RDK].

ZOPF, Hans: Führer zu Militaria- und Waffensammlungen. Bundesrepublik Deutschland, Deutsche Demokratische Republik, Republik Österreich, Schwäbisch-Hall 1977.

ZUBLER, Leonhard: Nova Geometrica Pyrobvlia. Neuwe Geometrische Büchsenmeisterey: Das ist Grundtlicher Bericht/ wie man durch ein neüw Geometrisch Instrumenmt/mit sonderer behendigkeit/jedes Geschütz klein oder groß/bey tag oder nacht nit allein richten/sondern zugleych auch derselben hoehe vnd weite messen sol: mit schoenen kunstreychen Kupfferstucken geziert/vnd an jezo erstlich/allen Kunstliebenden/sonderlich aber Zeug=und Büchsenmeisteren zu gutem an tag geben/durch Leonhard Zubler, Burger zu Zürich. Mit Roem. Kays. May. freyheit/nicht nachzutrucken. MDCVIII. Getruckt zu Zürych bey Jonas Geßner. In verlegung Leonhard Zublers. Anno 1609. [Originale: HAB 19 B ll(3); LBC ed. Basel 1614 T VI 4/23]

2.2 B. Sekundärliteratur

[soweit nicht im ortsalphabetischen Bautenverzeichnis aufgeführt]

ACCERRA, Martine: — Gli arsenali francesci nel Seicento e nel Settecento, in: Ennio CONCINA [Hrsg.]: Arsenali e città nell'Occidente europeo, Roma 1987, S. 133-150. — und Philippe MASSON: Arsenaux Maritimes, in: Dictionnaire d'Art et d'Histoire Militaires, Paris 1988, S. 67-70.

AHRBECK, Rosemarie: Frühe Utopisten Morus Campanella Bacon, Köln/Leipzig/Jena/Berlin [Ost] 1977.

AKADEMIE FÜR RAUMFORSCHUNG UND LANDESPLANUNG [Hrsg.]: Stadt und militärische Anlagen. Historische und raumplanerische Aspekte, Hannover 1977 [Forschungs- und Sitzungsberichte Bd. 114].

ALBARDA, J. und F.L. KROESEN: Nederlands geschut sinds 1677, Bussum 1978.

ALGERMANN, Franz (†1613): Leben, Wandel und tötlicher Abgang weil. Juliussen, 1598, in: STROMBECK, Freiherr Karl von: Feier des Gedächtnisses der vormaligen Hochschule Julia Carolina zu Helmstedt, Helmstedt 1892, S. 163-247.

APPUHN, Horst: Schatzkammern in Deutschland, Österreich und der Schweiz. Führer zu kirchlichen und weltlichen Kostbarkeiten, Düsseldorf 1984.

ARENS, Fritz: Maximilian von Welsch. Ein Architekt der Schönbornbischöfe. Unter Verwendung eines Vortragstextes von Wolfgang EINSINGBACH, München/Zürich 1986.

ARGAN, Giulio G.: The Renaissance City, New York 1969.

ASSOCIATION DES AMIS DE LA MAISON VAUBAN: Vauban. Sa vie — son œuvre, Saint-Léger-Vauban 1983.

BAARMANN, O.: Die Entwicklung der Geschützlafette bis zum Beginn des 16. Jahrhunderts und ihre Beziehungen zu der des Gewehrschaftes, in: Beiträge zur Geschichte der Handfeuerwaffen. Festschrift zum 80. Geburtstag von Moritz THIERBACH, Dresden 1905, S. 54-86.

BAASCH, Ernst: Der Verkehr mit Kriegsmaterialien aus und nach den Hansestädten vom Ende des 16. bis Mitte des 17. Jahrhunderts, in: Jahrbücher für Nationalökonomie und Statistik, Nr. 137, Jena (1932), S. 538-543.

BACHMANN, Friedrich: Die alten Stadtansichten. Ein Verzeichnis der graphischen Ortsansichten von Schedel bis Merian, Stuttgart ^{2}1963.

BAKER [Hrsg.]: The Royal Gunroom at Sandringham 1989. [angekündigt].

BALSIGER, Barbara Jeanne: The Kunst- und Wunderkammer of Collecting in Germany, France and England, 1565-1570, Dissertation, Pittsburgh [USA] 1970.

BANDMANN, Günter: Mittelalterliche Architektur als Bedeutungsträger, Darmstadt ^{8}1985.

BATCHELOR, John und Ian HOGG: Artillerie, München 1977.

BAUER, Hermann:
— Rocaille. Zur Herkunft und zum Wesen eines Ornament-Motivs, Berlin 1962 [Münchner Beiträge zur Kunstgeschichte, Bd. 4].
— Kunst und Utopie. Studien über das Kunst- und Staatsdenken in der Renaissance, Berlin 1965.

BAUM, Julius: Die Anlage von Freudenstadt, in: Zeitschrift für Geschichte der Architektur, N. F., Bd. 4, Nr. 2 (1935), S. 25-34.

BAYERL, Günter: Technische Intelligenz im Zeitalter der Renaissance, in: Technikgeschichte Bd. 45/4 (1978), S. 336-353.

BEAUFORT-SPONTIN, Christian: Harnisch und Waffe Europas, Bd. 1 Die militärische Ausrüstung im 17. Jahrhundert, Bd. 2 Höfische Art militärischer Ausrüstung, München 1982/1983.

BENDER, Werner: Die drei Dioramen im Obertor [des Clemens — Sels — Museums Neuss], in: Neusser Jahrbuch 1982 [Sonderdruck o.S.].

BERLINER, Rudolf: Ornamentale Vorlage-Blätter des 15. bis 18. Jahrhunderts, 1 Textbd., 2 Kassettenbände mit 4 Mappen:
1. Gotik und Renaissance etwa 1450 bis 1550,
2. Spätrenaissance 2. Hälfte des 16. Jh.,
3. Barock 17. Jh.,
4. Rokoko und Klassizismus 18. Jh., Leipzig 1926.

BERNINGER, Ernst H.: Die drei Säulen der klassischen Architekturtheorie [Vitruv, Alberti, Palladio], in: Kultur & Technik. Zeitschrift d. Dt. Museums Nr. 3 (1989), S. 186-189.

BERNISCHES HISTORISCHES MUSEUM [Hrsg.]: Die Burgunderbeute und Werke Burgundischer Hofkunst, Ausstellungskatalog, Bern 1969.

BERTHOLD, Margot: Joseph Furttenbach von Leutkirch, Architekt und Ratsherr in Ulm (1591-1667), in: Ulm und Oberschwaben, Bd. 33 (1953), S. 119-179.

BETHKE, Martin: Soldatische Traditionen im Norden. Blicke in Heeresmuseen in Kopenhagen, Stockholm und Oslo, in: ZHWK Nr. 318 (1985), S. 39-44.

BIESTERFELD, Wolfgang: Die literarische Utopie, Stuttgart ²1982.

BINDING, Günther:
— Architektonische Formenlehre, Darmstadt ²1987.
— und Norbert Nussbaum: Der mittelalterliche Baubetrieb nördlich der Alpen in zeitgenössischen Darstellungen, Darmstadt 1978.
— [Hrsg.]: Das Deutsche Bürgerhaus, begründet von Adolf BERNT, Bd.I, IV, VII, VIII, X, XI, XIV-XXXV, Tübingen 1959 ff.

BINGEL, Hermann: Das Theatrum Europaeum, ein Beitrag zur Publizistik des 17. und 18. Jahrhunderts, Dissertation München 1909 [Neudruck Wiesbaden 1969].

BIRAL, Alessandro und Paolo MORACHIELLO: Immagini dell'Ingegnere tra quattro e settecento. Filosofo, Soldato, Politecnico. Repertorio bibliografico a cura die Antonio MANNO, Milano 1985.

BISKUP, Krzysztof und Jerzy STANKIEWICZ: Miasto-twierdza przemiany obrazu architektonicznego w XIX wieku, in: Sztuka XIX wieku w Polsce, Warszawa 1979, S. 233-250.

BLUNT, Anthony [Hrsg.]: Kunst und Kultur des Barock und Rokoko. Architektur und Dekoration, Freiburg/Wien/Basel 1979.

BOEHEIM, Wendelin: Die Zeugbücher des Kaisers Maximilian I., in: Jahrbuch der Kunsthistorischen Sammlungen des Allerhöchsten Kaiserhauses, Bd. 13, Prag/Wien/Leipzig 1892, S. 94-201; Bd. 15, 1894, S. 295-391.

BOENISCH, Hermann: Die Artillerie-Handschrift des Valentin von Sebisch (*1578), Breslau 1601, in: ZHWK Bd. 6 (1912/1914), S. 115-119 [Faksimile Graz 1973].

BOHMBACH, Jürgen und RIHSE, Viktor: Der Schwedenspeicher in Stade. Vom Provianthaus zum Museum, Stade 1978.

BOOKMANN, Hartmut: Die Stadt im Spätmittelalter, München 1986.

BORNECQUE, Robert: La France de Vauban, Paris 1984.

BORSI, Stefano: Giuliano da Sangallo i disegni di architettura e dell'antico, Roma 1985.

BRANDT, A.[hasver] von: Werkzeuge des Historikers. Eine Einführung in die Historischen Hilfswissenschaften, Stuttgart/Berlin/Köln/Mainz ⁴1966.

BRANDT, Reinhard: Das Titelblatt des Leviathan, in: Leviathan, Nr. 15 (1987), S. 164-186.

BRAUNFELS, Wolfgang: Abendländische Stadtbaukunst. Herrschaftsform und Baugestalt, Köln 1976.

BREDEL, Claus v.: Bredow-Wedel. Historische Rang- und Stammlisten des deutschen Heeres, 2 Teile, Berlin 1905 [Reprint Osnabrück 1972].

BRISAC, Catherine: Le Museé des Plans-Reliefs. Hôtel national des Invalides, Paris 1981.

BRUNISHOLZ, Albert und HILDEBRANDT, Carl: 1850 – 1975. Die Geschichte der Kriegsmaterialverwaltung. L'histoire de l'Intendance du matériel de guerre, 1850-1975; hrsg. KMV, Bern 1977.

BRUNO, Thomas: Gesammelte Schriften zur Historischen Waffenkunde, [Zusammendruck von 88 überarbeiteten Aufsätzen aus 5 Sprachen in deutscher Übersetzung], 2 Bde., Graz 1977.

BÜTTNER, Horst und Günter MEISSNER: Bürgerhäuser in Europa, Leipzig/Stuttgart 1981.

BURY, John: Are Renaissance fortifications beautiful?, in: FORT, 2, Bd. 8 (1980), S. 7-20.

BUSSI, Rolando [Redaktion]: Arti, Mestieri, Tecniche. Il lavoro dell'uomo in codici e libri a stampa della Biblioteca Estense (secoli X-XVIII), Modena 1983 [S. 32 Institutio Germanice scripta ad armamentarium ..., Manuskript eines Büchsenmeisterbuches 17. Jh.].

C. v. H.: Schießpulver und Feuerwaffen, Leipzig 1866. Reprint Zürich 1975.

CABANNE, Pierre: Die Geschichte grosser Sammler. Von der Liebe zu grossen Kunstwerken und der Leidenschaft sie zu sammeln, Bern/Stuttgart/Wien 1963 [ed. princ. frz. Paris 1961].

CENTRAAL MUSEUM UTRECHT: Het kleine bouwen. Vier eeuwen maquettes in Nederland, Ausstellungskatalog, Utrecht 1983.

CIANCHI, Marco: Die Maschinen Leonardo da Vincis, Florenz 1984.

CIESIELSKI, R. / MITZEL, A. / STACHURSKI, W. / SUWALSKI, J.: Behälter, Bunker, Silos, Schornsteine, Fernsehtürme, Berlin ²1984.

COMISION DE ESTUDIOS HISTORICOS DE OBRAS PUBLICAS Y URBANISMO [Hrsg.]: Puertos y Fortificaciones en América y Filipinas, Madrid 1985.

CLARK, Kenneth: Leonardo da Vinci. Drawings at Windsor Castle, London ²1968.

COAD, Jonathan G.: L'architettura storica della marina reale inglese dal 1650 als 1850, in: Ennio CONCINA [Hrsg.]: Arsenali e città nell'Occidente europeo, Roma 1987, S. 189-197.
— Historic Architecture of the Royal Navy, London 1983.

COENEN, Ulrich: — Die deutschen Werkmeisterbücher des 15. und 16. Jahrhunderts, Magisterarbeit, Köln 1984 [masch.-schriftl.]. — Die spätgotischen Werkmeisterbücher in Deutschland als Beitrag zur mittelalterlichen Architekturtheorie. Untersuchung und Edition der Lehrschriften für Entwurf und Ausführung von Sakralbauten, Dissertation Aachen 1988, Aachen ¹1989, München ²1990.

COMMISSAIRE GENERAL DE LA MARINE: Les réformes des arsenaux de la Marine. Les usines industrielles et les arsenaux, Marseille 1892 [BS: Bibliothèque de l'Institut de France].

CONCINA, Ennio [Hrsg.]: Arsenali e Città nell'Occidente Europeo, Roma 1987.

CORRAO, Pietro: Arsenali, costruzioni navali e attrezzature por tuali in Sicilia (secoli X-XV), in: Ennio CONCINA [Hrsg.]: Arsenali e città nell'Occidente europeo, Roma S. 35-50.

CROIX, Horst de la: Military Architecture and the Radial City Plan in sixteenth century Italy, in: The Art Bulletin, Vol. XLII (1960), S. 263-290.
— The Literature on Fortification in Renaissance Italy, in: Technology and Culture Nr. 4 (1963), S. 30-50.
— Military Considerations in City Planning: Fortifications, New York 1972.

DAGNAUD, G.: La condition des ouvriers des arsenaux de la Marine. Etude économique et sociale, Paris 1904.

DELBRÜCK, Hans: Geschichte der Kriegskunst im Rahmen der politischen Geschichte, 4 Bde, Berlin 1908-1936.

DEUTSCHES JAGDMUSEUM MÜNCHEN: Reihe Museum des Westermann Verlags, Braunschweig, 1979.

DEUCHLER, Florens: Die Burgunderbeute. Inventar der Beutestücke aus den Schlachten von Grandson, Murten und Nancy 1476/1477, Bern 1963.

DEVEZE, Lily: Carcassonne, Firenze 1980.

DIENST GEBOUWEN, WERKEN EN TERREINEN [Hrsg.]: 300 Jaar Bouwen voor de Landsverdediging, Redaktion: F. H. VAN DEN BEEMT, D. BOEKEMA, K. K. THIJSSENS, 's-Gravenhage 1988.

DOLLECZEK, Anton: Geschichte der Österreichischen Artillerie von den frühesten Zeiten bis zur Gegenwart, Wien 1887. [Faksimile Graz 1973]

DREIER, F. A.:
— Die Brandenburgisch-Preußische Kunstkammer. Staatliche Museen Preußischer Kulturbesitz, Berlin 1981.
— DREIER, Franz Adrian [Bearb.]: Winkelmeßinstrumente. Vom 16. bis zum frühen 19. Jahrhundert, Berlin 1980.

DUFFY, Christopher: Siege Warfare, Bd.1 The Fortress in the early modern world 1494-1660, London 1979; Bd. 2 The Fortress in the Age of Vauban and Frederick the Great 1660-1789, London 1985.

DUMAS, Maurice: Les instruments scientifiques aux XVIIe et XVIIIe siècles, Paris 1953; engl. ed. Scientific Instruments of the seventeenth and eighteenth Centuries and their makers, London 1972.

DUPONT, A.: Les arsenaux de la Marine de 1689 à 1910. Leur organisation administrative, Paris 1913.

DY [Artillerie=Hauptmann]: Ueber Geschmeidigmachung und Konservation des Leders der Reitzeuge und Geschirre, in: Archiv für die Offiziere der königlich Preußischen Artillerie= und Ingenieur=Corps, Bd. 58 (1865), S. 153 f.

DYROFF, Hans-Dieter [Redaktion]: Erneuerung und Wiederbelebung alter Stadtgebiete in Europa. Gegenwärtige Situation in Belgien, Bulgarien, Frankreich, Griechenland, Großbritannien, Italien, Jugoslawien, Kanada, den Niederlanden, Polen, Ungarn und der Bundesrepublik Deutschland, Bonn 1981 [Akademie der Deutschen UNESCO-Kommission und der Akademie der Architektenkammer Nordrhein-Westfalen, Bd. 13].

EDELMANN, August: Schützenwesen und Schützenfeste der deutschen Städte vom 13. bis zum 18. Jahrhundert, München 1890.

EGG, Erich: Der Tiroler Geschützguß 1400-1600, Innsbruck 1961.

EGGERT, Alfons und SCHEPERS, Josef: Spieker, »Bauernburgen«, Kemenaden. Bäuerliche Speicherbauten im Münsterland, Münster 1985.

EGLI, Ernst: Geschichte des Städtebaus, Bd. 3 Die Neue Zeit, Erlenbach Zürich/Stuttgart 1967.

EICHBERG, Henning:
— Festung, Zentralmacht und Sozialgeometrie. Kriegsingenieurwesen des 17. Jahrhunderts in den Herzogtümern Bremen und Verden, Köln / Wien 1989.
— Die historische Relativität der Sachen oder Gespenster im Zeughaus, Münster ^{2}1987.
— Das Interesse an der Ballistik. Zum Verhältnis von militärischem Nutzen und wissenschaftlichem Fortschritt in der frühneuzeitlichen Dynamik, in: Sudhoffs Archiv Nr. 58 (1974), S. 341-355.

EIMER, Gerhard: Die Stadtplanung im Schwedischen Ostseereich 1600-1715. Mit Beiträgen zur Geschichte der Idealstadt, Stockholm 1961.

EINSINGBACH, Wolfgang: Zum Leben des Mainzer Barockarchitekten Maximilian von Welsch zwischen 1693 und 1704 und der Bericht über seine Reise in die Niederlande, nach Frankreich und England in den Jahren 1699-1700, in: Mainzer Zeitschrift, Bd. 67/68 (1972/73), S. 214-229.

ELLMERS, Detlev: Gli arsenali delle città anseatiche, in: Ennio CONCINA [Hrsg.]: Arsenali e città nell'Occidente europeo, Roma, S. 199-203.

FÄHLER, Eberhardt: Feuerwerke des Barock. Studien zum öffentlichen Fest und seiner literarischen Deutung vom 16. bis 18. Jahrhundert, Stuttgart 1974.

FAILLE, René und LACROCQ, Nelly: Les Ingénieurs Géographes Claude, Francois et Claude-Félix Masse, La Rochelle 1979.

FINKE, Werner: Zur ästhetischen Wirkung von Material und Konstruktion in der Architektur, Habilitationsschrift Aachen 1981.

FISCHER, Alfred: Historische Stadtpläne mit besonderer Berücksichtigung der Beziehungen zwischen Burg oder Schloss und Stadt, Karlsruhe 1929.

FISCHER, Ludger: Über den Denkmalwert sogenannter Zweckbauten. Das Erbe der Abtei Werden. Die Königlich-Preußische Strafanstalt in Werden an der Ruhr. Dissertation RWTH Aachen, Annweiler 1987.

FLEISCHHAUER, Werner: Renaissance im Herzogtum Württemberg, Stuttgart o.J.

FOERSTER, Rolf Hellmut: Das Barock-Schloß. Geschichte und Architektur, Köln 1981.

FORRER, R.: Über Falsch-Aufstellung alter Waffen und Rüstungen, in: ZHWK Bd. III, Nr. 11 (1902/1905), S. 325-327.

FORSSMAN, Erik: Dorisch, Jonisch, Korinthisch. Studien über den Gebrauch der Säulenordnungen in der Architektur des 16.-18. Jahrhunderts, Uppsala 1961 [Reprint Braunschweig/Wiesbaden 1984].

FORTIER, Bruno: Il segno di città-macchine: porti e arsenali all'inizio del XIX secolo, in: Ennio CONCINA [Hrsg.]: Arsenali e città nell'Occidente europeo, Roma S. 169-174.

FREEDEN, Max H. von: Balthasar Neumann, Leben und Werk, München 1981.

FRIEDLÄNDER, Max J.: Der Holzschnitt, Berlin/Leipzig ^{3}1926.

FROHNHÄUSER, Ludwig: Geschichte der Reichsstadt Wimpfen, Darmstadt 1870.

FRÜHSORGE, Gotthardt: Oeconomie des Hofes. Zur politischen Funktion der Vaterrolle des Fürsten im ›Oeconomus prudens et le galis‹ des Franz Philipp Florinus, in: Daphne. Zeitschrift für Mittlere Deutsche Literatur, Nr. 11 (1982), H. 1-2, S. 41-48.

FÜRST, Reinmar und KELSCH, Wolfgang: Wolfenbüttel. Bürger einer fürstlichen Residenz. Fünfzig biographische Porträts, Wolfenbüttel 1982.

FUNCKEN, Liliane und FUNCKEN, Fred: Rüstungen und Kriegsgerät im Mittelalter, 8.-15. Jahrhundert, München 1979.
— Rüstungen und Kriegsgerät der Ritter und Landsknechte, 15.- 16. Jahrhundert, München 1980.

GEISBERG, Max: The German Single-Leaf Woodcuts 1500-1550, 3 Bde., München 1974.

GESSLER, Eduard Achilles: Die Entwicklung des Geschützwesens in der Schweiz von seinen Anfängen bis zum Ende der Burgunderkriege, in: Mitteilungen der Antiquarischen Gesellschaft in Zürich, Bd. 28, Nr. 3/4 (1918/19), S. 183-460 und Tafeln.

GALPERIN, Peter: In Wehr und Waffen. Wehrbürger, Söldner und Soldaten in Oldenburg und den Hansestädten, Stuttgart 1983.

GANZ, Paul Leonhard: Das Schweizer Haus. Wohn-, Wehr- und Gemeinschaftsbau, Zürich 1963.

GAUS, Joachim: Die Urhütte. Über ein Modell in der Baukunst und ein Motiv in der bildenden Kunst, in: Wallraf-Richartz-Jahrbuch, Bd. 33 (1971), S. 1-70.

GAZZOLA, Piero [Hrsg.]: Michele Sanmicheli, Venezia 1960.

GENTH, August: Die preußischen Heereswerkstätten, ihre Entwicklung, allgemeine volkswirtschaftliche Bedeutung und ihr Übergang in privatwirtschaftliche Betriebe, Dissertation, Berlin 1926.

GERTEIS, Klaus: Die deutschen Städte in der Frühen Neuzeit. Zur Vorgeschichte der ›bürgerlichen Welt‹, Darmstadt 1986.

GIBBS-SMITH, Charle: The Inventions of Leonardo da Vinci, New York 1978.

GILLE, Bertrand: Ingenieure der Renaissance, Wien/Düsseldorf 1968. Ed. princ. frz. Paris 1964.

GOBIET, Ronald: Der Briefwechsel zwischen Philipp Hainhofer (1578-1647) und Herzog August dem Jüngeren von Braunschweig-Lüneburg (1579-1666), hrsg. v. BAYER. NATIONALMUSEUM, München 1984.

GOENAGA, Jean-Marie: Arsenaux de Terre, in: André CORVISIER: Dictionnaire d'Art et d'Histoire Militaires, Paris 1988, S. 64-66.

GOETZ, Dorothea: Die Anfänge der Artillerie, Berlin [Ost] 1985.

GOHLKE, W.: Geschichte der gesamten Feuerwaffen bis 1850, Leipzig ²1911 [Reprint erweitert um eine Zeittafel zur Geschichte der Entwicklung der Feuerwaffen bis 1914 und einem Anhang über Lafetten- und Fahrzeuganstriche, Krefeld 1977].

GOTTARDI, Carlo und Giovanni MENEGAZZI: I Plastici delle antiche Fortificazioni Veneziane in Levante [Museo Storico Navale di Venezia] Venezia o.J.

GÖTZ, Wolfgang: Deutsche Marställe des Barock, München/Berlin 1964 [Kunstwissenschaftliche Studien XXXIV].

GRABHERR, Norbert: Das Antwerk. Seine Wirkungsweise und sein Einfluß auf den Burgenbau, in: Burgen und Schlösser Nr. 3 (1963), S. 45-50.

GRANATO, Lois R.: The Location of the Armory in the Italian Renaissance Palace: A Note On Three Literary Sources, in: ZHWK Nr. 2 (1982), S. 152 f.

GRANZIN, Martin: Das Harz-Kornmagazin in Osterode am Harz und seine Geschichte, Sonderdruck, hrsg. vom Geschichtsverein Osterode am Harz 1972.

GRIMAL, Francois: Cité de Carcassonne, Paris 1966.

GROTE, Andreas: der vollkommen Architectus. Baumeister und Baubetrieb bis zum Anfang der Neuzeit, München 1959.

GRUBER, Karl (1885-1966): Die Gestalt der deutschen Stadt: ihr Wandel aus der geistigen Ordnung der Zeiten, München ⁴1983.

GUNDERMANN, Heinrich: Fratzen und Masken an Keilsteinen, Konsolen und anderen Architekturgliedern von der Mitte des 16. bis zum Ende des 18. Jahrhunderts in Würzburg, Dissertation Würzburg 1942 [masch.-schriftl.].

GÜNTHER, Hubertus: Sforzinda. Eine Idealstadt der Renaissance, in: Ludwig SCHRADER [Hrsg.]: Alternative Welten in Mittelalter und Renaissance, Düsseldorf 1988, S. 231-258.

— et al: Deutsche Architekturtheorie zwischen Gotik und Renaissance, Darmstadt 1988.

GUSH, George: Renaissance Armies 1480-1650, Cambridge 1978.

GUTBIER, Reinhard: Der landgräfliche Hofbaumeister Hans Jakob von Ettlingen. Eine Studie zum herrschaftlichen Wehr- und Wohnbau des ausgehenden 15. Jahrhunderts, Dissertation Marburg 1969, 2 Bde., Darmstadt/Marburg 1973.

HAAS, Anton: Die Gebäude für kommunale Zwecke in den mittelalterlichen Städten Deutschlands, Dissertation Freiburg i.B. 1914.

HABICH, Johannes [Bearb.]: Stadtkernatlas Schleswig-Holstein, Neumünster 1976.

HABICHT, Curt: Die deutschen Architekturtheoretiker des 17. und 18. Jahrhunderts, [Johannes Furttenbach d.Ä.], in: Zeitschrift für Architektur und Ingenieurwesen, Hannover, Nr. 1 (1916), Sp. 1-30.

HAEDEKE, Hanns-Ulrich: Blankwaffen. Führer durch die Ausstellung [des Deutschen Klingenmuseums Solingen], Köln/Bonn 1982.

HAGENMEYER, Christa: Kriegswissenschaftliche Texte des ausgehenden 15. Jahrhunderts. Schermers Basteienbau — Wagenburgordnung — Feuerwerksrezepte [im Cod. Pal. Germ. 562] in: Tijdschrift voor germansche philologie, Bd. 56, Leuven 1967, S. 169-197.

HAGENMAIER, Otto: Der Goldene Schnitt. Ein Harmoniegesetz und seine Anwendung.
Mit einem Anhang über Metrosophie von G. F. HARTLAUB, Augsburg 1988.

HAGER, Werner: Die Bauten des Deutschen Barocks 1690-1770, Jena 1942.

HAHLWEG, Werner: Die Heeresmuseen — Wesen und Aufgaben, in: Museumskunde, N.F., Bd. 7, Berlin/Leipzig 1935, S. 59-71.

— Die Heeresreform der Oranier. Das Kriegsbuch des Grafen Johann von Nassau-Siegen, Wiesbaden 1973.

— Die Heeresreform der Oranier und die Antike. Studien zur Geschichte des Kriegswesens der Niederlande, Deutschlands, Frankreichs, Englands, Italiens, Spaniens und der Schweiz vom Jahre 1589 bis zum Dreißigjährigen Kriege, erweiterter Neudruck der Habilitationsschrift Berlin 1941, Osnabrück 1987.

HALBRITTER, Kurt: Halbritters Waffenarsenal. Ein nützlicher Lehrgang durch die geheimen Waffenkammern der Geschichte. Von den altägyptischen Festungsbauten bis zu den Flugmaschinen des 19. Jahrhunderts, München/Wien 1976 [Karrikatur].

HALE, J.R.: Renaissance Fortification Art or Engineering? London 1977.

— Renaissance War Studies, London 1983.

HALL, Alfred Rupert: Ballistics in the seventeenth century. A study in the relations of science and war with reference principally to England, Cambridge 1952.

HAMMERSTEIN, Notker: Die Utopie als Stadt. Zu italienischen Architektur-Traktaten der Renaissance, in: La Citta'Italiana del Rinascimento fra Utopia e Realta' — Die italienische Stadt der Renaissance im Spannungsfeld von Utopie und Wirklichkeit, hrsg. v. A. BUCK und B. GUTHMÜLLER, Venezia 1984, S. 37-53.

HANSJAKOB, Heinrich: Der schwarze Berthold. Der Erfinder des Schießpulvers und der Feuerwaffen. Eine kritische Untersuchung, Freiburg i.B. 1891.

HARIG, Gerhard: Walter Hermann Ryff und Nicolo Tartaglia. Ein Beitrag zur Entwicklung der Dynamik im 16. Jahrhundert, in: Forschungen und Fortschritte, 32. Jg., Nr. 2 (1958), S. 40-47.

HARMS, Wolfgang [Hrsg.]: Deutsche Illustrierte Flugblätter des 16. u. 17. Jahrhunderts, Bd. IV [Sammlungen der Hess. Landes- u. Hochschulbibliothek] Darmstadt, Tübingen 1987.

HART, Franz: Architektur und Ingenieurbau, München/Düsseldorf 1961.

HART, Harold H. [Hrsg.]: WEAPONS & ARMOR. A Pictorial Archive of Woodcuts & Engravings. Over 1.400 Copyright-free illustrations for Artists & Designers, New York 1978 [Reprint New York 1982].

HASSENSTEIN, Wilhelm: Zur Geschichte der königlichen Gewehrfabrik in Spandau unter besonderer Berücksichtigung des 18. Jahrhunderts, in: Beiträge zur Geschichte der Technik und Industrie. Jahrbuch des VDI, Bd. 4 (1912).

— Das Feuerwerkbuch von 1420. 600 Jahre deutsche Pulverwaffen und Büchsenmeisterei. Neudruck des Erstdruckes aus dem Jahre 1529 mit der Übertragung ins Hochdeutsche und Erläuterungen, München 1941 [vgl. Chr. Egenolph und F. Vegetius Renatus].

HASSLER, Uta: Die Baupolitik des Kardinals Damian Hugo von Schönborn. Landesplanung und profane Baumaßnahmen in den Jahren 1719-1743, hrsg. v. INSTITUT FÜR BAUGESCHICHTE DER UNIVERSITÄT KARLSRUHE, Mainz 1985 [darin zu den Jagdzeughäusern Kirrlach und Hambrücken, nicht zu Rüstkammern und Zeughäusern].

HAUSER, Georg Freiherr von: Die Befestigung der Staaten nach den Grundsaetzen der Strategie, Wien 1817.

HAUSHOFER, Heinz: Das Problem des Florinus, in: Zeitschrift für Agrargeschichte und Agrarsoziologie, Bd. 30 (1982), Nr. 2, S. 168-175.

HAUTECOEUR, Louis: L'Architecture militaire, in: Ders.: Histoire de l'Architecture classique en France, Bd. II: Le Règne de Louis XIV, Paris 1948, S. 491-525.

HECKMANN, Hermann: Matthäus Daniel Pöppelmann. Leben und Werk, München/Berlin 1972.

HEERS, Jacques [Hrsg.]: Fortifications, portes de villes, places publiques dans le monde méditerranéen, Paris 1986.

HEFNER-ALTENECK, Jakob Heinrich (1811-1903): Waffen. Ein Beitrag zur historischen Waffenkunde vom Beginn des Mittelalters bis gegen Ende des 17. Jahrhunderts, Frankfurt a.M. 1903 [Faksimile Graz 1969].

HEINEMANN, G.: Heidelberg, München ²1984.

HEINISCH, Klaus J.: Der utopische Staat. Morus.Utopia Campanella. Sonnenstaat Bacon.Neu-Atlantis, Hamburg 1960.

HEYDENREICH, Ludwig H. / DIBNER, Bernd / RETI, Ladislao: Leonardo der Erfinder, Darmstadt ²1985.

HOFF, Arne: Feuerwaffen. Ein waffenhistorisches Handbuch, 2 Bde., Braunschweig 1969.

HEITZENRÖDER, Wolfram: Die Industrialisierung einer Landgemeinde. Ökonomischer und sozialer Wandel in Rüsselsheim a.M. im 19. Jh., in: Archiv für hess. Geschichte und Altertumskunde N. F., Bd. 44 (1986), S. 65-102.

HENNING, Rudolf: Die Nicolai'sche Sammlung in der Württembergischen Landesbibliothek Stuttgart. Ein wenig bekanntes Dossier von Landkarten und Veduten des 17. und 18. Jahrhunderts, in: Nordost-Archiv. Zeitschrift für Kulturgeschichte und Landeskunde, Nr. 77 (1985), S. 49-54.

HERING-MITGAU, Mane: Das Entwerfen und Kopieren barocker Silberfiguren, in: Zeitschrift für Schweizerische Archäologie und Kunstgeschichte, Bd. 44, Nr. 4 (1987), S. 271-301.

HEIMPEL, Hermann: Zur Kritik des Bellifortis von G. Quarg, in: Göttingische gelehrte Anzeigen, Jg. 223 (1971), S. 115-148.

HELLER, Karl: Rothenburg in Wehr und Waffen, Rothenburg o.d.T. ²1926.

HERBST, Wolfgang und K. G. LEVYKIN [Hrsg.]: Museologie. Theoretische Grundlagen und Methodik der Arbeit in Geschichtsmuseen, Berlin [Ost] 1988.

HERRMANN, Hans-Walter und Franz IRSIGLER [Hrsg.]: Beiträge zur Geschichte der frühneuzeitlichen Garnisons- und Festungsstadt. Referate und Ergebnisse der Diskussion eines Kolloquiums in Saarlouis vom 24.-27.6.1980, Saarbrücken 1983.

HERZOG, Harald: Rheinische Schlossbauten im 19. Jahrhundert, Dissertation Köln, Köln/Bonn 1981.

HICHBORN, Philip: Report of European Dock-Yards, Washington 1886.

HILS, Hans-Peter: Handschriften der Fecht- und Ringmeister des Spätmittelalters, in: ZHWK Nr. 2 (1987), S. 107-116.

HINRICHS, Carl: Das Königliche Lagerhaus in Berlin, in: Forschungen zur brandenburgisch-preußischen Geschichte, Bd. 44 (1932), S. 46-69.

HINZ, Hermann: Motte und Donjon — Zur Frühgeschichte der mittelalterlichen Adelsburg, Köln 1981.

HIRTL, Elisabeth: Kaiser Maximilians Hand- und Gebrauchsbücher als Geschichtsquellen, Dissertation Graz 1971 [masch.-schriftl.].

HITCHCOCK, Henry-Russell: German Renaissance Architecture, Princeton 1981. [Rezension v. Georg KAUFMANN in: Wolfenbütteler Renaissance Mitteilungen, Jg. 7, Nr. 2 (1983), S. 68-70].

HOFRICHTER, Hartmut/GRASSNICK, Martin: Deutsche historische Bürgerhäuser, München 1985.

HOGG, Ian: A History of Artillery, London 1974.

— Fortress. A History of Military Defence, London 1975.

— The History of Fortification, London 1981.

— The illustrated History of Ammunition. Military and civil ammunition from the beginnings to the present day, London 1985.

HOGG, O. F. G.: The Royal Arsenal. Its background, origin, and subsequent history, 2 Bde., London 1963.

HOTZ, Walter: Kleine Kunstgeschichte der deutschen Schlösser, Darmstadt 1974.

— Kleine Kunstgeschichte der deutschen Burg, Darmstadt ⁴1979.

HUGHES, B. P.: Feuerwaffen Einsatz und Wirkung 1630-1850, Thun 1980.

HUGHES, Quentin: Military Architecture, London 1974.

— Military architecture and the printed book, in: FORT, Nr. 10 (1982), S. 5-19.
INTERNATIONAL ASSOCIATION OF ARMS AND MILITARY HISTORY: Directory of Museums of Arms and Military History, Copenhagen 1970.
INSTITUTE OF THE HISTORY OF ARCHITECTURE, ARTS AND TECHNOLOGY OF WROCLAW [Hrsg.]: Bastejowe fortyfikacje w Polsce, Wroclaw 1975 [mit poln., engl. und russ. Zusammenfassungen].
ISTITUTO DELLA ENCICLOPEDIA ITALIANA: Enciclopedia Italiana di Scienze, Lettere ed Arti, Bd. IV Roma 1929 [Reprint 1949], Schlagwort »Arsenale« S. 604-615 von Raffaello NICCOLI und Filiberto DONDA.
IWANOYKO, Eugeniusz: Gdánski okres Hansa Vredemana de Vries, Poznan 1963.
JACKSON, Gordon: The History and Archeology of Ports, Kingswood 1983.
JACOB, Frank-Dietrich: Historische Stadtansichten. Entwicklungsgeschichtliche und quellenkundliche Momente, Leipzig 1982.
JÄHNS, Max: Hans Schermer und die Befestigungskunst um 1480, in: Archiv für die Artillerie- und Ingenieurs-Offiziere, 55. Jg., Bd. 98 (1891), S. 545-555, Taf. 1-8.
JANNOT, Guillaume: L'Architecture militaire en France, Paris 1979.
JANY, Curt: Geschichte der Königlich Preussischen Armee, Berlin 1928.
JETTER, Dieter: Das europäische Hospital. Von der Spätantike bis 1800, Köln 1986.
JOHANNSEN, Otto: Die Anwendung des Gußeisens im Geschützwesen des Mittelalters und der Renaissance, in: ZHWK Bd. 8, H. 1/2 (1918), S. 1-20.
— Beiträge zur Geschichte des Geschützwesens. Auf Grund der nachgelassenen Papiere von Generalleitnant Dr. phil. h. c. B. RATHGEN, Marburg-Lahn, in: Beiträge zur Geschichte der Technik und Industrie. Jahrbuch des VDI, hrsg. v. Conrad MATSCHOSS, Bd. 18, Berlin 1918, S. 41-51.
JORDAN, Klaus: Albrecht Dürer und die Festungsbaukunst, in: Zeitschrift für Festungsforschung (1984), S. 39 f.
JUNGHANNS, Kurt: Die öffentlichen Gebäude im mittelalterlichen Stadtbild, Berlin 1956.
KADDATZ, Hans-Joachim: Deutsche Renaissancebaukunst von der frühbürgerlichen Revolution bis zum Ausgang des Dreißigjährigen Krieges, Berlin [Ost] 1983.
KALDOR, Mary: Rüstungsbarock. Das Arsenal der Zerstörung und das Ende der militärischen Techno-Logik, Berlin 1981.
KALLINICH, Joachim: Kriegsdarstellungen in Technik- und Heeresmuseen, in: Museumskunde Bd. 53, Nr. 1 (1988), S. 26-35.
KAMPTZ von: Ansichten über die Lagerung der Streitmittel in einer Festung, in: Kriegstechnische Zeitschrift Bd. 57 (1865), S. 283- 313.
KAPPELER, Anne-Marie: Technikbücher aus der Zeit der Renaissance im Besitz der Eisen-Bibliothek. Kommentierung einer Bücherausstellung anlässlich der 4. technikgeschichtlichen Arbeitstagung, in: Ferrum. Nachrichten aus der Eisen-Bibliothek Schaffhausen, Nr.53 (1982), S. 15-18.
KASTLER, José: Kunstkammern, Alchemie und Astronomie, in: G. U. GROSSMANN, Renaissance im Weserraum, a. a. O., 1989, Katalog, S. 443-459.

KAUPPI, Ulla-Riitta: Länsi-Mustasaaren rakennushistoria, Helsinki 1985.
KEIL, Gundolf und ASSION, Peter [Hrsg.]: Fachprosaforschung
— Acht Vorträge zur mittelalterlichen Artes-Literatur, Berlin 1984.
KELLER, Gottfried: Sämtliche Werke in zwei Bänden, München/Zürich 1954.
KELSCH, Wolfgang und LANGE, Wolfgang: Predigt der Steine. Der Bildschmuck der Turmfassade an der Hauptkirche Beatae Mariae Virginis in Wolfenbüttel, Wolfenbüttel 1984.
— Alle Kreatur der Welt. Mythos und Wissenschaft am Chor der Hauptkirche Beatae Mariae Virginis, in: Die Hauptkirche Beatae Mariae Virginis in Wolfenbüttel, hrsg. v. Hans-Herbert MÖLLER, Hannover 1987, S. 97-115.
KEMP, Anthony: Weapons and Equipment of the Marlborough Wars, Poole 1980.
KIESOW, Gottfried: Einführung in die Denkmalpflege, Darmstadt 1982, verb. ²1989.
KIRCHNER, Albrecht: Deutsche Kaiser in Nürnberg. Eine Studie zur Geschichte des öffentlichen Lebens der Reichsstadt Nürnberg von 1500-1612, Nürnberg 1955.
KLAMT, Johann-Christian: Der Runde Turm in Kopenhagen als Kirchturm und Sternwarte. Eine baukonologische Studie, in: Zeitschrift für Kunstgeschichte, Nr. 2 (1975), S. 153-170.
KLAPSIA, Heinrich: Versuch einer geschichtlichen Deutung von Rüstkammerinventaren, in: ZHWK Nr. V (1935/36), S. 173-176.
KLEMM, Friedrich: Zur Kulturgeschichte der Technik. Aufsätze und Vorträge 1954-1978, Darmstadt 1982.
KLERSCH, Joseph: Das deutsche Schützenwesen. Geschichte und Bedeutung. Eine Bibliographie, Köln 1967.
KLESSMANN, Rüdiger [Redaktion]: Leben und Regieren mit der Kunst. Herzog Anton Ulrich von Braunschweig zum 350. Geburtstag am 4. Oktober 1983, Ausstellungskatalog des Herzog Anton Ulrich-Museum Braunschweig 1983.
KLOSE, Olaf und MARTIUS, Lilli: Ortsansichten und Stadtpläne der Herzogtümer Schleswig, Holstein und Lauenburg, 2 Bde., Neumünster 1962.
KNÖTEL, H.: Bemerkungen über das Inventar der Buchsweiler Montierungskammer, in: Zeitschrift für Heereskunde, Bd. 1932, S. 512 f.
KNÜPPEL, Günter: Das Heerwesen des Fürstentums Schleswig-Holstein Gottorf 1600-1715. Ein Beitrag zur Verfassungs- und Sozialgeschichte territorialstaatlicher Verteidigungseinrichtungen, Neumünster 1972.
KÖLLNER, Lutz: Rüstungsfinanzierung. Dämonie und Wirklichkeit, Frankfurt a. M. ²1970.
KORN, R.: Kriegsbaumeister Graf Rochus zu Linar, sein Leben und Wirken, Dresden 1906.
KORN, Ulf-Dietrich [Hrsg.]: Johann Conrad Schlaun 1695-1773. Ausstellungskatalog zu seinem 200. Todestag, Münster 1973 [Schlaunstudie III].
KOTHE, Erich: Kriegsgerät als Schrittmacher der Fertigungstechnik, in: Beiträge zur Geschichte der Technik und Industrie, Bd. 30 (1941), S. 1-8.
KRATZSCH, Konrad:
— Kostbarkeiten aus den Beständen der Zentralbibliothek der deutschen Klassik. Folge 7 Von der Kunst der Büchsenmeisterei Artilleriebücher, in: Jahrbuch der nationalen Forschungs- und Gedenkstätten der klassischen deutschen Li-

teratur in Weimar, Impulse, Jg. 7, Berlin/Weimar 1984, S. 331-345.
— Das Weimarische Ingenieurkunst- und Wunderbuch Codex Wimariensis Fol.328, in: Studien zum Buch- und Bibliothekswesen, Bd. 1 (1981), S. 54-60.
— Das »Weimarische Ingenieurkunst- und Wunderbuch« und seine kulturgeschichtlichen Zeichnungen, in: Marginalien. Zeitschrift für Buchkunst und Bibliophilie, Nr. 73 (1979), S. 30-38.
KREFT, Herbert und Jürgen SOENKE: Die Weserrenaissance, Hameln ⁵1980.
KRUFT, Hanno-Walter: Städte in Utopia. Die Idealstadt vom 15. bis zum 18. Jahrhundert zwischen Staatsutopie und Wirklichkeit, München 1989.
KREISEL, Heinrich: Schloss Berchtesgaden, München 1981.
KRÜGER, Kersten: Albrecht Dürer, Daniel Specklin und die Anfänge frühmoderner Stadtplanung in Deutschland, in: Mitteilungen des Vereins für deutsche Geschichte Nürnbergs, Bd. 67 (1980), S. 79-97.
— [Hrsg.]: Europäische Städte im Zeitalter des Barock. Gestalt — Kultur — Sozialgefüge, Köln/Wien 1988.
KRUSE, K. B.: Zu Untersuchungs- und Datierungsmethoden mittelalterlicher Backsteinbauten im Ostseeraum, in: Archäologisches Korrespondenzblatt Nr. 12 (1982), S. 555-562.
KÜHTZE, Walther: 150 Jahre selbständiges Feuerwerkerpersonal, in: Wehrtechnik Nr. 5 (1986), S. 83.
KÜSTER, Isolde: Leonhard Christoph Sturm, Leben und Leistung auf dem Gebiet der Zivilbaukunst in Theorie und Praxis, Dissertation Berlin 1940 [masch.-schriftl.].
KURZMANN, Gerhard: Kaiser Maximilian I. und das Kriegswesen der österreichischen Länder und des Reiches, Dissertation, Wien 1985.
KRIEGSMINISTERIUM [Hrsg.]: Das Königl. Preußische Kriegsministerium 1809. 1.März 1909, Berlin 1909 [Die Entwicklung des Militär-Bauwesens, S. 256-273].
KUNZ, Manfred und PAPKE, Eva: Seltene Bücher zur frühen Geschichte der Artillerie im Armeemuseum der DDR, in: Militärgeschichte Berlin [Ost] Nr. 2 (1984), S. 171-179.
LAHRKAMP, Helmut [Hrsg.]: Lambert Friedrich Corfey: Reisetagebuch 1698-1700, Münster 1977.
LANDESAMT FÜR DENKMALPFLEGE SCHLESWIG-HOLSTEIN/GESELLSCHAFT FÜR KIELER STADTGESCHICHTE [Hrsg.]: Baudenkmale in Gefahr. Das Kanalpackhaus von Holtenau, Kiel 1978.
LANGEMEYER, Gerhard [Hrsg.]: Stilleben in Europa. Ausstellungskatalog des Westfälischen Landesmuseums Münster, Münster 1979.
LANGENSKIÖLD, Eric: Michele Sanmicheli The Architect of Verona. His Life and Works, Dissertation Stockholm, Uppsala 1938.
LANGER, Herbert: Der Dreissigjährige Krieg. Hortus Bellicus. Eine Kulturgeschichte, Gütersloh ¹1978, ³1982.
LAUBENBERGER, F.: Die Freiburger Stadtverwaltung im 17. und 18. Jahrhundert und ihre gesellschaftliche Struktur, in: E.MASCHKE / J.SYDOW: Verwaltung und Gesellschaft in der südwestdeutschen Stadt des 17. und 18. Jahrhunderts, 1969.
LAULAN, Robert: L'Ecole Militaire de Paris. Le Monument 1751-1788, Paris 1950.

LECESTRE, Paul: Notice sur l'Arsenal royal jusqu'à la mort de Henri IV, Paris 1916.
LEDEBUR, L. von: Geschichte der Königlichen Kunstkammer in Berlin, Berlin/Posen/Bromberg 1831.
LEISTIKOW, Dankwart: Militärhospitäler französischer Festungen des 17. und 18. Jahrhunderts in Deutschland, in: a) Zusammenhang. Festschrift Marielene PUTSCHER, hrsg. v. Otto BAUR und Otto GLANDIEN, Köln 1984, S. 411-449; b) Festungsforschung heute, Deutsche Gesellschaft für Festungsforschung Bd. 4, Wesel 1985, S. 105-127.
LENSELINK, J.: Vuurwapens van 1840 tot heden, Bussum 1966.
LENZ, Wilhelm: Ein Grundriß des Londoner Stalhofs aus elisabethanischer Zeit, in: Hanse in Europa. Brücke zwischen den Märkten. 12.-17. Jahrhundert, Ausstellungskatalog des Kölnischen Stadtmuseums Köln 1973, S. 113-119.
LEU, Ernst: Zeughäuser 1403-1946 [in der Schweiz], Bern 1946.
LEWERKEN, Heinz-Werner: Kombinationswaffen des 15.-19. Jahrhunderts, Berlin [Ost] 1989.
LIEBE, Georg: Soldat und Waffenhandwerk, Leipzig 1899. Reprint Bayreuth ²1976.
LIESSEM, Udo: Eingemauerte Kugeln — Ein apotropäisches Phänomen, in: Burgen und Schlösser Nr. 2 (1982), S. 73-76.
LIVRUSTKAMMAREN. Journal of the Royal Armoury Stockholm.
LOMBAERDE, P.M.J.L.: Maritieme arsenaalsteden tussen 1750 en 1850, in: Rijksmuseum Amsterdam [Hrsg.]: de Physique Existentie dezes Lands Jan Blanken Inspecteur-Generaal van de Waterstaat (1755-1838), Ausstellungkatalog Amsterdam 1987, S. 141-163.
LONGO, Lucia: Antonio Petrini (um 1620/21-1701). Ein Barockarchitekt in Franken, München/Zürich 1985.
LOTZ, Arthur: Das Feuerwerk. Seine Geschichte und Bibliographie, Leipzig 1941, Zürich ²1978.
LUTHER, Gisela: Stilleben als Bilder der Sammelleidenschaft, in: Ausstellungskatalog Westfälisches Landesmuseum für Kunst und Kulturgeschichte Münster/Staatliche Kunsthalle Baden-Baden, 1980, S. 88-128.
LUYKEN, Walter:
— Die Bildung der Burgfachsprache und ihr Nutzen, in: Der Niederrhein. Zeitschrift für Heimatpflege und Wandern, 45. Jg. Nr. 2 (1978), S. 53-58.
— Eine burgenkundliche Begriffsgeschichte. Vom Burghügel zur Landesherrschaft, Wesel 1981.
MAAK, Karin: Die Speicherstadt im Hamburger Freihafen. Eine Stadt an Stelle der Stadt, Hamburg 1985 [Arbeitshefte Denkmalpflege Hamburg Nr. 7].
MAHR, Helmut: Die Steinschleuder, eine der ältesten Waffen der Menschheit, in: ZHWK Bd. 6 (1964), S. 118-129.
MAINFRÄNKISCHES MUSEUM [Hrsg.]: Aus Balthasar Neumanns Baubüro, Ausstellungskatalog Würzburg 1987.
MAINZER, Udo: Stadttore im Rheinland, Dissertation Köln 1973 [Textband], Neuss 1975 [Bildband].
MANGUEL, Alberto und Gianni GUADALUPI: Von Atlantis bis Utopia. Ein Führer zu den imaginären Schauplätzen der Weltliteratur. Vorwort Herbert ROSENDORFER, München 1981.
MANN, Albrecht: Ringwälle, Atlantis und Utopien. Kreisförmige und andere zentrierte Siedlungs- oder Stadtstrukturen in den gesellschaftlichen Umbrüchen von der Urgeschichte über Platon zur Neuzeit, Aachen 1983.

MANN, G.: Joseph Furttenbach, die ideale Stadt und die Gesundheit im 17. Jahrhundert, in: HEISCHKEL-ARLET, Edith [Hrsg.]: Medizingeschichte in unserer Zeit, Stuttgart 1971, S. 189-207.

MARTIN, Henry: L'arsenal, lieu d'asile au XVIIIe siècle, in: Bulletin de la Société de l'Histoire de Paris et de l'Ille-de-France, Bd. 40 (1913).

MATSCHOSS, Conrad: Von deutschen Büchsenmeistern, in: Ders.: Große Ingenieure. Lebensbeschreibungen aus der Geschichte der Technik, München ^{4}1954, S. 20-33.

MAURER, Hans-Martin: Die landesherrliche Burg in Wirtemberg im 15. und 16. Jahrhundert. Studien zu den landesherrlich — eigenen Burgen, Schlössern und Festungen, Dissertation Tübingen, Stuttgart 1958. [1987.

MAURIUS, Richard: Thomas Morus. Eine Biographie, Zürich

MCNEILL, William H.: Krieg und Macht. Militär, Wirtschaft und Gesellschaft vom Altertum bis heute, München 1984.

MECKSEPER, Cord: Kleine Kunstgeschichte der deutschen Stadt im Mittelalter, Darmstadt 1982.

MEIER-LEMGO, Karl: Die Festung Lemgo, in: Mitteilungen aus der lippischen Geschichts- und Landeskunde, Bd. 24 (1955), S. 90-144.

MEYER-VEDEN, Hans [Fotos] und Rolf LANGE [Beschreibungen]: Die Hamburger Speicherstadt, Berlin 1989.

MENZHAUSEN, Joachim: Einführung in das Grüne Gewölbe, hrsg. v. STAATLICHE KUNSTSAMMLUNGEN DRESDEN, Dresden ^{14}1988.

MEYER, Franz Sales: Systematisch geordnetes Handbuch der Ornamentik zum Gebrauche für Musterzeichner, Architekten, Schulen und Gewerbetreibende sowie zum Studium im Allgemeinen, Leipzig ^{1}1888, ^{12}1927 [Reprint Leizig 1983].

MEYER, Werner:
— Bellifortis. Eine Bilderhandschrift der Kriegskunst von Konrad Kyeser 1402/05, in: Burgen und Schlösser Nr. 1 (1976), S. 34-38.
— Flavius Vegetius Renatus et alii Scriptores Antiqui de Re Militari, in: Burgen und Schlösser Nr. 2 (1976), S. 119 f.
— Das Feuerwerkbuch, in: Burgen und Schlösser Nr. 2 (1981), S. 74-78.
— und Erich LESSING: Deutsche Ritter Deutsche Burgen, München 1976, Gütersloh 1984.

MEYER-VEDEN, Hans [Fotos] und Rolf LANGE [Beschreibungen]: Die Hamburger Speicherstadt. Photographien. Einführung von Manfred SACK, Berlin 1989.

MEYNEN, Henriette: Militärbauten, in: Kunst des 19. Jahrunderts im Rheinland, 5 Bde, hrsg. von Eduard TRIER und Willy WEYRES, Düsseldorf 1979/80/81/, hier Bd.: Architektur II: Profane Bauten und Städtebau, S. 107-117.

MEYNERT, Hermann: Geschichte des Kriegswesens und der Heerverfassung in Europa, 3 Bde., Wien 1868/69 [Reprint in 1 Bd., Graz 1973].

MEYNERT, Joachim / RODEKAMP, Volker: Das Museum für preußische Geschichte in Westfalen [im Fort C Minden] — ein Projekt, in: Museumskunde, Bd. 54, Nr. 1 (1989), S. 33-40.

MIELKE, Friedrich: Die Geschichte der deutschen Treppen, Berlin/München 1966.

MIELKE, Hans: Hans Vredeman de Vries. Verzeichnis der Stichwerke und Beschreibung seines Stils sowie Beiträge zum Werk Gerard Groennings, Dissertation Berlin 1967.

MIELKE, Heinz-Peter: Keramische Waffen, in: ZWHK Nr. 1 (1982), S. 64-66.

MILLER, Douglas: Die Landsknechte, Bonn 1980; engl. ed. princ. London 1976.

MINISTERE DE LA DEFENSE/CAISSE NATIONALE DES MONUMENTS HISTORIQUES ET DES SITES PARIS u.a. [Hrsg.]: Decouverte du Patrimoine Militaire Citadelles & Musées, Paris 1989
[Faltblatt mit den frz. Festungen, den Militärmuseen und einer Lagekarte].

MINISTERIO DE EDUCACION Y CIENCIA [Hrsg.]: Monumentos de Arquitectura Militar, Inventario Resumido, Madrid 1968.

MITTASCH, Walther: Das Portal der deutschen Renaissancebauten, Dissertation Königsberg i.Pr. 1911.

MITTIG, Hans-Ernst: Dürers Bauernsäule. Ein Monument des Widerspruchs, Frankfurt a. M. 1984.

MÖBIUS, Hanno: Vierhundert Jahre Technische Sammlungen in Berlin. Von der Raritätenkammer der Kurfürsten zum Museum für Verkehr und Technik, Berlin 1983.

MÖLLER, Hans-Herbert [Hrsg.]: Was ist ein Kulturdenkmal? Hannover 1982 [Arbeitsheft zur Denkmalpflege in Niedersachsen 2].

MÖRTZSCH, Otto: Einige Bestallungen von fürstlichen Büchsenmeistern, Schützenmeistern und Pfeilstickern, in: ZHWK Bd. 5 (1909/1911), S. 321-323. Faksimile Graz 1972.

MONUMENTS HISTORIQUES, Paris, No. 2 (1978), No. 148 (1986).

MOOS, Stanislaus von: Turm und Bollwerk. Beiträge zu einer politischen Ikonographie der italienischen Renaissancearchitektur, Zürich/Freiburg i.Br. 1974. Auszug daraus in: Archithese Nr. 5 (1973), S. 39-52.

MÖRMANN, Klemens [Hrsg.]: Der deutsche Museumsführer. Museen und Sammlungen in der Bundesrepublik Deutschland und West-Berlin, Vorwort von Hilmar HOFFMANN, Frankfurt a.M. 1986 [vgl. unter B. WURLITZER].

MÖSENEDER, Karl: Feuerwerk, in: RDKG Bd. 8 (1982), Sp. 530-607.

MÜLLER, Bernhard: Die Rüstung Philipps des Großmütigen, in: Philipp der Großmütige. Beiträge zur Geschichte seines Lebens und seiner Zeit, hrsg. v. Julius Reinhard DIEDRICH und Bernhard MÜLLER, Marburg 1904, S. 155-228.

MÜLLER, H.:
— Die Entwicklung der Feld=Artillerie in Bezug auf Material, Organisation und Taktik, von 1815 bis 1870, Berlin 1873.
— Die Entwicklung der Preußischen Festungs- und Belagerungs= Artillerie in Bezug auf Material, Organisation und Ausbildung von 1815-1875, Berlin 1876.

MÜLLER, Heinrich: Deutsche Bronzegeschützrohre 1400-1750, Berlin [Ost] 1968.
— Gewehre Pistolen Revoler. Jagd- und Kriegswaffen des 14. bis 19. Jahrhunderts, Leipzig 1979.
— und Hartmut KÖLLING: Europäische Hieb- und Stichwaffen, Berlin [Ost] ^{1}1981, ^{3}1984.

MÜLLER, Helmut: Von Schützenvögeln und Vogelschützen, Köln 1982.

MÜLLER, Reinhold: Die Armee Augusts des Starken. Das sächsische Heer von 1730 bis 1733, Berlin [Ost] 1984

MÜLLER-HICKLER, Hans: Über die Funde aus der Burg Tannenberg, in: ZHWK Bd. 4, Nr. 8 (1933), S. 175-181.

MÜLLER-WIENER, Wolfgang: Festung, in: RDKG Bd. 8, Lieferung 87, München 1982, Sp. 304-348.

MÜNTER, Georg: Idealstädte. Ihre Geschichte vom 15.-17. Jahrhundert, Dissertation Danzig, Berlin 1929; Neubearbeitung Berlin [Ost] 1957.

MUMFORD, Lewis: Die Stadt. Geschichte und Ausblick, 2 Bde., München ²1980.

MUSEUMSVEREIN STADE E.V. [Hrsg.]: Schwedenspeicher-Museum Stade, Stade ²1982.

NABEL, U.: Der geöffnete Ritterplatz. Ein Handbuch der ritterlichen Wissenschaften, in: Hamburger Geschichts- und Heimatblätter Jg. 4 (1929), S. 102-105.

NAGEL, Gerhard: Das mittelalterliche Kaufhaus und seine Stellung in der Stadt. Eine baugeschichtliche Untersuchung an südwestdeutschen Beispielen, Dissertation Stuttgart, Berlin 1971.

NÄGELE, Heinz und SCHAAP, Dick: Geen oorlog — geen munitie. De geschiedenis van 300 jaar militaire produktie, Haarlem/Amsterdam 1979.

NAWROCKI, Joachim: Bewafffnete Organe in der DDR. Nationale Volksarmee und andere militärische sowie paramilitärische Verbände. Aufbau, Bewaffnung, Aufgaben, Berichte aus dem Alltag, Berlin 1979.

NEUER BERLINER KUNSTVEREIN [Hrsg.]: Stadt und Utopie. Modelle einer idealen Gemeinschaft, Berlin 1982.

NEUMANN, Hartwig:
— Das Zeughaus. Die Entwicklung eines Bautyps von der spätmittelalterlichen Rüstkammer bis zum Arsenal im deutschsprachigen Bereich vom XV. bis XIX. Jahrhundert, Dissertation der Philosophischen Fakultät der RWTH Aachen, 2 Bde, 1990/1992.
— Architectura Militaris, in: Architekt und Ingenieur. Baumeister in Krieg & Frieden. Ausstellungskatalog der Herzog August Bibliothek Wolfenbüttel, bearbeitet von Ulrich SCHÜTTE [architectura civilis] und Hartwig NEUMANN [architectura militaris], Wolfenbüttel 1984, S. 14 f, 30 f, 47 f, 112-117, 282-404.
— Ingenieurmäßiges Zeichnen und Konstruktionsübungen, in: Katalog HAB, ebenda S. 112-117.
— Festungsbaukunst und Festungsbautechnik in Deutschland. Eine Einführung, in: Eine Zukunft für unsere Vergangenheit!, Schriftenreihe der Deutschen Gesellschaft für Festungsforschung Bd. 1, Wesel 1981, S. 33-63.
— Festungsbaukunst und Festungsbautechnik. Deutsche Wehrbauarchitektur vom XV. bis XX. Jahrhundert. Mit einer Bibliographie deutschsprachiger Publikationen über Festungsforschung und Festungsnutzung 1945-1987, Koblenz 1988 [Bd. 1 Architectura Militaris hrsg. von H. NEUMANN].
— Festungen des 16. und frühen 17. Jahrhunderts. Eine wenig beachtete Sammlung von Fortifikationszeichnungen in der Herzog August Bibliothek Wolfenbüttel, in: Burgen und Schlösser Nr. 1 (1975), S. 10-20.
— Niederländische und belgische Festungspläne des sächsischen Ingenieuroffiziers J.G.M. von Fürstenhoff (1686-1753), 1. Hälfte 18. Jh., in: Jaarboek Stichting Menno van Coehoorn 1978, S. 29-33.
— Festungspläne in der Staatsbibliothek Bamberg. Hinweise für niederländische und belgische Festungsforscher, in: Jaarboek Stichting Menno van Coehoorn 1979/80, S. 77-80.
— Jülich auf alten Fotografien 1860-1944, Jülich 1980.
— Das Ende einer Festung. Belagerungsübung, Schießversuche und erste Schleifungsmaßnahmen in Jülich im September 1860. Eine Text- und Bilddokumentation unter Berücksichtigung der heutigen baulichen Situation, Jülich 1987. Auszug als Meisterarbeit für das Schriftsetzerhandwerk von Uve WIEGMANN, Aachen 1988.
— und Udo LIESSEM: Die Klassizistische Großfestung Koblenz. Eine Festung im Wandel der Zeit: preußische Bastion, Spionageobjekt, Kulturdenkmal. Mit dem vollständigen Reprint der deutschen Ausgabe des »Spionagewerks« von J. H. HUMFREY: »Versuch eines neu angenommenen Fortifikations-Systems zur Vertheidigung der Rhein-Grenze«, Nürnberg 1842; Koblenz 1989 [darin S. 135 ff Traktate zum Festungsbau u. Artilleriewesen 1. Hälfte 19. Jh.] [Bd. 2 Architectura Militaris].
— Stadt und Festung Jülich auf bildlichen Darstellungen. Von der Tabula Peutingeriana bis zur Grundkarte des 20. Jahrhunderts: Siegel, Karten, Skizzen, Pläne, Gemälde, Holzschnitte, Kupferstiche, Lithographien, Medaillen, Treibarbeiten, Architekturmodelle. Ein beschreibender und illustrierter Katalog, Koblenz 1991 [Bd.5 Architectura Militaris].
— Reißbrett und Kanonendonner. Festungsstädte der Neuzeit, in: »Klar und lichtvoll wie eine Regel«. Planstädte der Neuzeit vom 16. bis 18. Jahrhundert. Textband zur Landesausstellung Baden-Württemberg im Badischen Landesmuseum Karlsruhe, Redaktion Michael MAASS, Klaus W. BERGER, Karlsruhe 1990, S. 51-76.
— [Hrsg.]: Architectura Militaris. Festungen in Deutschland. Bundesländer Brandenburg, Mecklenburg-Vorpommern, Sachsen, Sachsen-Anhalt, Thüringen und Berlin. Betrachtungen über Militärbaukunst und Militärbautechnik des 15. bis 20. Jahrhunderts in der ehemaligen DDR. Impressionen nach der Wende. Mit Anmerkungen zur Bau- und Kunstgeschichte, Denkmalpflege und Reisehinweisen [in Druckvorbereitung].
— Das Geschütz ›Wilder Mann‹ von 1586 [Teichhütte]. Seine Geschichte, Funktion und Einordnung [Vortragsmanuskript].
— Ein autographer Fortifikationstraktat des Maximilian von Welsch (1671-1745). Von der Fachwelt seit langem geahnt — jetzt entdeckt [Arbeitstitel].

NEUSÜSS, Arnhelm [Hrsg.]: Utopie Begriff und Phänomen des Utopischen, Berlin/Neuwied 1968 [Soziolog. Texte, Bd. 44].

NIDA, C.A. von: Einfluß der Geschütze auf die mittelalterliche Stadtbefestigung, in: Zeitschrift für Bauwesen, Bd. 75 (1925), S. 13-19.

NIEMEYER, J. [Redaktion]: Die Bewaffnung und Ausrüstung der Armee Friedrichs des Großen. Eine Dokumentation aus Anlaß seines 200. Todesjahres. Ausstellungskatalog, Koblenz/ Rastatt 1986.

N.N.: Ueber die architectonische Behandlung der Militair= Gebaeude, in: Archiv für die Officiere der Koeniglich Preußischen Artillerie=Ingenieur=Korps, Berlin/Posen/Bromberg 1841, Bd. 12, S. 140-166.

N.N.: [Das befestigte] Getreidemagazin zu Neugeorgiewsk (ehemals Modlin), in: Allgemeine Bauzeitung, Jg. 1844, S. 73-81, Taf. DLXXIX-DLXXXIV.

N.N.: Kunstdenkmäler-Inventarisation in Mitteleuropa. Verzeichnis der bisher erschienenen Bände, in: DKD Nr. 26 (1968)., S. 123-142, Nr. 27 (1969), S. 54-80, 197-198.

NOHN, Ernst August: Wehrtechnisches Kostendenken in Mittelalter und Neuzeit, in: Wehrtechnische Monatshefte Bd. 65 (1968), S. 9-13.

NORMAN, Vesey: Waffen und Rüstungen, Frankfurt a. M./Stuttgart o.J.

OECHSLIN, Werner und BUSCHOW, Anja: Festarchitektur. Der Architekt als Inszenierungskünstler, Stuttgart 1984.

ORTENBURG, Georg [Hrsg.] und Siegfried FIEDLER: Heerwesen der Neuzeit, 10 Bände, Koblenz 1984-1991 [z. Z. liegen 9 Bde vor].

OSTENECK, Volker: Denkmaltopographie Bundesrepublik Deutschland, in: DKD 1987, S. 86-92.

OSTERHAUSEN, F. W. von: Georg Christoph Sturm — Leben und Werk des Braunschweiger Hofbaumeisters, München 1978 [Kunstwissenschaftliche Studien 50].

PAETEL, G.: Die Organisation des hessischen Heeres unter Philipp dem Großmütigen, Berlin 1897.

PANOUILLE, Jean-Pierre: Die Festung Carcassonne, Rennes 1986.

PAPAGEORGIOU, Alexander: Stadtkerne im Konflikt. Die historischen Stadtkerne und ihre Rolle im künftigen räumlichen Gefüge, Tübingen 1970.

PAPKE, Eva und WETZIG, Sonja: Bibliophile Werke zur Geschichte der Fortifikation vom Ende des 16. bis zum Anfang des 18. Jahrhunderts in den Beständen des Armeemuseums der DDR, in: Militärgeschichte, Nr. 1, Berlin [Ost] 1980, S. 97-102.

PARENT, Michel: Vauban un encyclopediste avant la lettre, Paris 1982.

PARKER, Geoffrey: The Army of Flanders and the Spanish Road 1567-1659. The Logistics of Spanish Victory and Defeat in the Low Countries' Wars, Cambridge 1972 [Reprint ³1981].

— und Angela PARKER: Europese soldaten 1550-1650, Bussum 1978.

PARTINGTON, James Riddick: A History of greek fire and gunpowder, Cambridge 1960.

PEHLA, Hans-Klaus: Wehrturm und Bergfried im Mittelalter, Dissertation Aachen 1974.

PEROUSE DE MONTCLOS, Jean-Marie: »Les Prix de Rome«. Concours de l'Académie royale d'architecture au XVIIIe siècle, Paris 1984.

PETTER, Dietrich: Pioniere. Entwicklung einer deutschen Waffengattung, Darmstadt 1963.

PIEPER, Jan: Das Labyrinthische. Über die Idee des Verborgenen, Rätselhaften, Schwierigen in der Geschichte der Architektur, Braunschweig/Wiesbaden 1987.

PIPER, Otto: Burgenkunde. Bauwesen und Geschichte der Burgen zunächst innerhalb des deutschen Sprachgebietes, Leipzig ²1905; Ausgabe von 1912 ergänzt durch Werner MEYER, Frankfurt/München 1967.

PIRR, Margot: Die Architectura des Wendel Dietterlin, Dissertation Berlin 1940, Gräfenhainichen 1940.

PIWONSKI, Jan: Mury, Ktore Bronily Krakowa, Krakow 1986.

PLANITZ, Hans: Die Deutsche Stadt im Mittelalter. Von der Römerzeit bis zu den Zunftkämpfen, Graz/Köln 1954.

POPE, Dudley: Feuerwaffen Entwicklung und Geschichte, Wiesbaden 1971.

PORTER, Whitworth / WATSON, Charles M.: History of the Corps of Royal Engineers, Vol.I-IX, Chatham 1889, Reprint London 1951-1958 [Betrachtungszeitraum 1885 bis 1948; BS: ZBB 15745].

PRERADOVIC, D. von: Zeughausinventarien befestigter Plätze der windischen Grenze (1650) [d.i. der an Steiermark grenzende Teil Kroatiens], in: ZHWK Bd.6 (1912/1914), S. 291-295. Reprint Graz 1973.

PRINZLER, Heinz W.: Pyrobolia. Von griechischem Feuer, Schießpulver und Salpeter, Leipzig 1981.

PRŸSS, Joseph: Der Staatsroman des 16. und 17. Jahrhunderts und sein Erziehungsideal, Würzburg 1913. Reprint Leipzig 1973.

QUARG, Götz: Conrad Kyeser aus Eichstätt: Bellifortis. Kommentierter Faksimiledruck und Übertragung, D'dorf 1967.

RAABE, Paul: Die Welt in Büchern. Aus den Schätzen der Herzog August Bibliothek Wolfenbüttel, Ausstellungskatalog, 1982.

RATHGEN, Bernhard (1847-1927): Pulver und Salpeter (vor 1450). Schießpulver, Kunstsalpeter, Pulvermühlen im frühen Mittelalter, München 1926; auch in Zeitschrift für Naturwissenschaft Bd. 87, Nr. 3/4 (1925); BS: ZBB 6: 69.

— Die Punischen Geschosse des Arsenals von Karthago und die Geschosse von Lambaesis, in: ZHWK Bd. 5, Nr. 8 (1909)11), S. 236-244 [Reprint Graz 1972].

— Das Geschütz im Mittelalter, Berlin 1928. Reprint Düsseldorf 1987.

RAUCHENSTEINER, Manfred und PITSCH, Erwin: Die Stiftskaserne [Wien] in Krieg und Frieden, Wien 1977.

REHFELD, Paul: Die preußische Rüstungsindustrie unter Friedrich dem Großen, in: Forschungen zur Brandenburgischen und preußischen Geschichte, Nr. 55 (1944), S. 1-31.

REIMER, Paul: Die älteren Hinterladungsgeschütze, in: ZHWK Bd. 2 (1900-1902), S. 3-9, 39-43.

REINTGES, Theo: Ursprung und Wesen der spätmittelalterlichen Schützengilden, Bonn 1963 [Rheinisches Archiv, Bd. 58].

REISSIG, Harald: Das Berliner Lagerhaus 1713-1816. Zum Einfluß von Regierung und Wirtschaft auf die Entwicklung einer altpreussischen Staatsmanufaktur, in: Jahrbuch für die Geschichte Mittel- und Ostdeutschlands, hrsg. von Wilhelm BERGE u.a., Bd. 29 (1980), S. 68-95.

REITZENSTEIN, Alexander Freiherr von: Der Waffenschmied. Vom Handwerk der Schwertschmiede, Plattner und Büchsenmeister, München 1964.

— Über die Anfänge des Waffensammelns, in: ZHWK Bd. 11, Nr. 2 (1969), S. 69-75.

— Altbaierische Städte, München ²1971.

— Rittertum und Ritterschaft, München 1972.

REUTHER, Hans:

— Die Zeichnungen aus dem Nachlaß Balthasar Neumanns. Der Bestand in der Kunstbibliothek Berlin, Berlin 1979.

— Balthasar Neumann. Der mainfränkische Barockbaumeister, München 1983.

RICHTER, Friedrich: Gebäude für militärische Zwecke, in: Entwerfen, Anlage und Einrichtung der Gebäude des Handbuches der Architektur 4. Teil, 7. Halbband: Gebäude für Verwaltung, Rechtspflege und Gesetzgebung; Militärbauten, 2. Heft, Stuttgart ²1900, S. 73-223.

RICKEN, Herbert: — Der Architekt. Geschichte eines Berufs, Berlin [Ost] 1977;

— Historische Berufsbilder. Der Architekt zwischen Zweck und Schönheit, Leipzig 1990.

RIECKENBERG, Jürgen: Bertold, der Erfinder des Schießpulvers, in: Archiv für Kulturgeschichte 1971, S. 316 ff.

RITTER, Karl: Aufbau und Herstellung der schmiedeeisernen Steinbüchsen des Mittelalters, in: Techn. Mitteilungen Krupp Nr. 5 (1938), S. 113-128, XI Taff.

RÖSSING, Roger: Architekturfotografie, Leipzig ²1976.

RÖTTINGER, Heinrich: Die Holzschnitte zur Architektur und zum Vitruv teutsch des Walther Rivius, in: Studien zur deutschen Kunstgeschichte, Nr. 167, Straßburg 1914.

ROMOCKI, S. J. von: Geschichte der Explosivstoffe. Sprengstoffchemie, Sprengtechnik u. Torpedowesen. Mit Einführung von Max JÄHNS, Berlin ²1895 [Reprint Hildesheim ²1983].

ROSENAU, Helen: The Ideal City. Its architectural evolution in Europe, London/New York ³1983.

— The Engravings of the Grands Prix of the French Academy of Architecture, in: Architectural History, Bd. 3 (1960), S. 17 ff.

ROTH, Hans: Von alter Zunftherrlichkeit, Rosenheim 1981.

ROTH, Paul W.: Eine Geschützabbildung von 1376, in: ZHWK NR. 1 (1978), S. 57 f.

ROTTIER, Honoré: Stedelijke Structuren een inleiding tot de ontwikkeling van de Europese stad, Muiderberg 1978.

ROY VAN ZUYDEWIJN, Noortje de: Verschanste schoonheid een verrassende ontdekkingstocht langs historische verdedigingswerken in Nederland, Amsterdam 1977; neu bearbeitet als: Neerlands Veste, langs vestingsteden, forten, linies en stellingen, Den Haag 1988.

RUCKDESCHEL, Wilhelm/LUTHER, Klaus: Technische Denkmale in Augsburg. Eine Führung durch die Stadt, Augsburg 1984 [Rundgang 6: Gießhaus und Kanonenbohrturm von 1602].

RÜHMLAND, Ullrich: NVA Nationale Volksarmee in Stichworten, Bonn/Essen ⁷1985.

SAALMAN, Howard: Medieval Cities, New York 1968.

SCHADENDORF, Wulf: Das Holstentor. Symbol der Stadt. Gestalt, Geschichte und Herkunft des Lübecker Tores, Lübeck o. J.

SCHARF, Helmut: Kleine Kunstgeschichte des deutschen Denkmals, Darmstadt 1984.

SCHEDELMANN, Hans: Der Waffensammler, in: ZWK Bd. 5 (1963), S. 99-106.

SCHEFFLER, Wolfgang: Vasa Sacra aus fünf Jahrhunderten. Geborgenes und erworbenes Kulturgut im Archiv der Evangelischen Kirche der Union. Ein Katalog, Berlin 1984.

SCHEICHER, Elisabeth: Die Kunst- und Wunderkammern der Habsburger, hrsg. v. Christian BRANDSTÄTTER, Wien/München/Zürich 1979.

SCHEPERS, Josef; REES, Wilhelm; WILMS, Heinrich: Feste Türme und Wehrspeicher im heimatlichen Raum, Remscheid 1962.

SCHIEDLAUSKY, Günther: Martin Grünberg. Ein märkischer Baumeister aus der Wende vom 17. zum 18. Jahrhundert, Dissertation Marburg, Druck Burg b.[ei] M.[agdeburg] 1942.

SCHIEMANN, Joachim [Oberstleutnant i. G.]: Ganz auf Angriff geschneidert. Die Logistik des sowjetischen Heeres, in: Truppenpraxis Nr. 4 (1989), S. 395-399.

SCHLEIER, E.: Der heilige Michael: ein unbekanntes Hauptwerk Luca Giordanos, in: Pantheon Bd. 29 (1971), S. 510 ff.

SCHLOSSER, Julius von: Kunst- und Wunderkammern der Spätrenaissance. Ein Beitrag zur Geschichte des Sammelwesens, ed. princ. Leipzig 1908, erw. u. verm. Braunschweig ²1978.

SCHLOTTER, Hans: Das niedersächsische Bronzegießer-Geschlecht Mente, in: Heimatkalender für die Lüneburger Heide 1976, hrsg. v. Adolf MEYER, Celle 1975, S. 57-62.

SCHMIDTCHEN, Volker:
— Bombarden, Befestigungen, Büchsenmeister. Von den ersten Mauerbrechern des Mittelalters zur Belagerungsartillerie der Renaissance, Düsseldorf 1977.
— Kriegswesen im späten Mittelalter. Technik, Taktik, Theorie, Weinheim 1990 [Habilitation Bochum 1983].

SCHMOLLER, Gustav und NAUDE, Wilhelm: Die Getreidehandelspolitik und Kriegsmagazinverwaltung Brandenburg=Preußens bis 1740, 2 Bde, Berlin 1901.

SCHNEIDER, Ivo:
— Die mathematischen Praktiker im See-, Vermessungs- und Wehrwesen vom 15. bis zum 19. Jahrhundert, in: Technikgeschichte, Bd. 37 (1970), S. 210-242.
— Der Proportionalzirkel. Ein universelles Analogrecheninstrument der Vergangenheit, München/Düsseldorf 1970 [Deutsches Museum, Abhandlungen und Berichte 2/1970].

SCHNEIDER, Rudolf: Griechische Poliorketiker. Mit den handschriftlichen Bildern herausgegeben und übersetzt, in: Abhandlungen der Königl. Gesellschaft der Wissenschaften zu Göttingen, Philologisch-histor. Klasse, N. F., Teil I, Bd. X, Nr. 1 (1908), S. 1-65 + Taff.; Teil II, Bd. XI, Nr. 1 (1909), S. 1-109 + Taff.; Teil III, Bd. XII, Nr. 5 (1912), S. 1-87 + Taff. [Reprint 1970].

SCHOEN, Erich: Geschichte des Deutschen Feuerwerkswesens der Armee und Marine mit Einschluß des Zeugwesens. Zur Hundertjahrfeier des Bestehens eines selbständigen Feuerwerkspersonals in Preußen, Berlin 1936.

SCHOTT, Rudolf Christopher Heinrich: Die Stellung des Wehrbaus in der Baukunst des 16.-18. Jahrhunderts, Dissertation Karlsruhe 1941. [Masch.-schriftl. Manuskript + 1 Filmdose Kleinbildnegative i. d. UB Karlsruhe, Signatur DU 3492].

SCHRADER, Susanne: Architektur der barocken Hoftheater in Deutschland. München 1988 [Beiträge zur Kunstwissenschaft Bd. 21].

SCHRÖDER, Eberhard: Dürer Kunst und Geometrie. Dürers künstlerisches Schaffen aus der Sicht seiner »Underweysung«, Basel/Boston/Stuttgart 1980.

SCHUCHHARD, C.: Die Zeiller — Merianschen Topographien, in: a) Centralblatt für Bibliothekswesen 13. Jg., Nr. 5/6 Leipzig 1896, S. 193-232, b) Philobiblon. Eine Vierteljahrsschrift für Buch- u. Graphik-Sammler, Nr. 4 (1959), c) Neuauflage Hamburg 1960.

SCHÜTTE, Ulrich:
— »Ordnung« und »Verzierung«. Untersuchungen zur deutschsprachigen Architekturtheorie des 18. Jahrhunderts, Dissertation Heidelberg 1979; Druck Braunschweig/Wiesbaden 1986.
— Architekt & Ingenieur. Baumeister in Krieg & Frieden. Ausstellungskatalog der Herzog August Bibliothek Wolfenbüttel Nr. 42, bearbeitet von U. SCHÜTTE [architectura civilis] und H. NEUMANN [architectura militaris], Wolfenbüttel 1984.
— »Feste Schlösser«. Studien zur Wehrhaftigkeit der Schloßarchitektur im Deutschen Reich zwischen 1450 und 1650, Habilitationsschrift Frankfurt a. M. 1988 [masch.-schriftl.].

SCHWALM, Hansjörg: Militärbauten. Von den Anfängen bis zur Infrastruktur der Bundeswehr, Heidelberg/Hamburg 1982.

SEEL, Wolfgang: Altpreußische Salpeterwirtschaft, in: ZHWKK Nr. 1 (1983), S. 31-41.

SEGAL, Arthur: Einführung in die Archäologie. Stadtplanung im Altertum, Zürich/Köln 1979.

SEMRAU, Max: Zu Nicolaus Goldmanns Leben und Schriften, in: Monatshefte für Kunstwissenschaften Bd. 9 (1916), S. 349-361, 463-473.

SEVERINI, Giancarlo: Architettura Militari di Giuliano da Sangallo, Pisa 1970 [Istituto di Architettura e Urba nistica dell' Università di Pisa].

SIEVENICH, Gereon und BUDDE, Hendrik [Hrsg.]: Das Buch der Feuerwerkskunst. Farbenfeuer am Himmel Asiens und Europas, Nördlingen 1987.

SIMMS, D. L.: Archimedes and the Invention of Artillery and Gunpowder, in: Technology and Culture. The International Quarterly of the Society of the History of Technology, Bd. 28, Bd. III, Nr. 1 (1987), S. 67-79.

SIXL, P. [Oberst]: Entwicklung und Gebrauch der Handfeuerwaffen, in: ZHWK 28. Jg., Nr. 8, S. 231-236, Nr. 9, S. 269-271; Nr. 10, S. 285-289; Nr. 11, S. 327-329; Nr. 12, S. 361-365.

SKALECKI, Georg: Deutsche Architektur zur Zeit des Dreißigjährigen Krieges. Der Einfluß Italiens auf das deutsche Bauschaffen, Regensburg 1989.

SMITH, Robert D. / BROWN, Ruth Rhynas: Bombards Mons Meg and her sisters, Royal Armouries HM Tower of London, London 1989.

SNEEP, J.; TREU, H. A.; TYDEMAN, M.: Vesting Vier eeuwen vesting bouw in Nederland,'s-Gravenhage 1982 [Stichting Menno van Coehoorn].

SNODGRASS, A. M.: Wehr und Waffen im antiken Griechenland, Mainz 1984 [ed. princ. engl. London 1967].

SPIEGEL, Hans: Schutzbauten und Wehrbauten. Einführung in die Baugeschichte der Herrensitze, der Burgen, der Schutzbauten und der Wehrbauten. Grundlage einer Typologie, Braubach/Nürnberg ²1970.

STAATLICHE KUNSTSAMMLUNGEN DRESDEN [Hrsg.]: Das Dresdener Schloss. Monumente sächsischer Geschichte und Kultur. Ausstellungskatalog 1989/1990, Dresden 1989 [darin u. a. Gerhard GLASER: Das Grüne Gewölbe, S. 83-87].

STADT OSTERODE: Stadt Osterode am Harz ›Unser neues Rathaus‹ [Festschrift anläßlich der Einweihung des Harzkornmagazins als Rathaus], Osterode 1989.

STADT VILLINGEN-SCHWENNINGEN [Hrsg.]: Die Zähringerstädte, Villingen 1978.

STEGUWEIT, Wolfgang: Der Gothaer Kirschkern und andere Kostbarkeiten. 325 Jahre Kunst- und wissenschaftliche Sammlungen auf Schloß Friedenstein in Gotha, in: Dresdner Kunstblätter Nr. 2 (1985), S. 52-59.

STICHTING MENNO VAN COEHOORN:
— Atlas van Historische Vestingwerken in Nederland [bisher 5 Lieferungen, erscheint nicht im Buchhandel].
— Arsenalen en Kruitmagazijnen in Nederland. Een inventarisa tie [bearbeitet von P. J. VAN DER MARK], 2 Teile, 's-Gravenhage 1988 [Manuskript].

STIRLING, James: Die Neue Staatsgalerie Stuttgart. Text Thorsten RODIEK, Stuttgart 1984.

STOOB, Heinz:
— Forschungen zum Städtewesen in Europa, Bd.I, Köln/Wien 1970.
— Verbreitung der Städte in Mitteleuropa. Zeitstufen und Formen der Stadtbefestigung. Grundkarte zum Deutschen Städteatlas 1:2 Mill. Beilage in: Kersten KRÜGER: Europäische Städte im Zeitalter des Barock. Gestalt-Kultur-Sozialgefüge, Wien 1988.

STROMER, Wolfgang von: Zur »ars artificialiter scribendi« und weiteren »künsten« der Waldfoghel aus Prag und Girard Ferroses aus Trier, Nürnberg 1433-34 und Avignon 1444-46, in: Technikgeschichte Bd. 49/4 (1982), S. 280-289.

— Ein Lehrwerk der Urbanistik der Spätrenaissance. Die Baumeisterbücher des Wolf-Jacob Stromer 1561-1614 Ratsbaumeister zu Nürnberg, in: La Citta' Italiana del Rinascimento fra Utopia e Realta'— Die italienische Stadt der Renaissance im Spannungsfeld von Utopie und Wirklichkeit, hrsg. v. August BUCK und Bodo GUTHMÜLLER, Venezia 1984, S. 71-115.

SUOMENLINNAN KÄYTTÖSUUNNITELMAN TYÖRYHMÄ: Suomenlinnan Käyttösuunnitelmaehdotus, Helsinki 1974 [Bestandsaufnahme der Seefestung Sveaborg/Suomenlinna bei Helsinki].

SZALAY, Akos von und BOEHRINGER, Erich: Die Hellenistischen Arsenale. ›Garten der Königin‹. Staatl. Museen zu Berlin, Altertümer von Pergamon Bd. X, Berlin/Leipzig 1937.

TAVERNE, Ed: In't land van belofte: in de nieue stadt. Ideaal en werkelijkheid van de stadsuitleg in de Republiek 1580-1680, Maarssen 1978.

TEMESVARY, Ferenc: Waffenschätze Prunkwaffen, Budapest 1982 [ungarische Literatur zur Waffenkunde S. 54 f].

TH.[IEL, K. J.]: Wesel. Die ursprüngliche Gestalt des »Berliner Tores«, in: Denkmalpflege i. Rheinland, Nr. 4 (1987), S. 25 f.

THIEM, Gunther: Studien zu Jan van der Straat genannt Stradanus, in: Mitteilungen des Kunsthistorischen Instituts in Florenz, Düsseldorf, Nr. 8 (1957), S. 88-111.

THIES, Gunter: Territorialstaat und Landesverteidigung. Das Landesdefensionswerk in Hessen-Kassel unter Landgraf Moritz (1592-1627), Dissertation Marburg 1971, Darmstadt / Marburg 1973 [Quellen und Forschungen zur hessischen Geschichte 23].

TIMM, Albrecht: Einführung in die Technikgeschichte, Berlin/New York 1972.

TITTMANN, Wilfried: Der Mythos vom »Schwarzen Berthold«, in: ZHWK Nr. 1 (1983), S. 17-30.

TOLL [Major a. D.]: Eine Handschrift über Artillerie aus dem 14. Jahrhundert [Feuerwerkbuch], in: Archiv für die Offiziere der Königlich Preußischen Artillerie=und Ingenieur=Corps Bd. 60 (1866), S. 148-185.

TOY, Sidney: Castles. Their Construction and History, London 1939 [Reprint New York 1985].

TRENSCHEL, Hans-Peter: Drei Geschützfragmente aus der Burgunderbeute, in: Jahrbuch des Bernischen Historischen Museums in Bern, 1967/1968, S. 9-60.

TRUTTMANN, Philippe: Fortification, Architecture et Urbanisme aux XVIIe et XVIIIe Siècles. Essai sur l'œuvre artistique et technique des ingénieurs militaires sous Louis XIV et Louis XV, Thionville 1975.

VALDENAIRE, Arthur: Friedrich Weinbrenner. Sein Leben und seine Bauten, Karlsruhe 1919.

VALENTIN, H. E.; VALENTIN, E.; NÖLLE, E.; STIERHOF, H. H.: Die Wittelsbacher und ihre Künstler in acht Jahrhunderten, München 1980.

215

VELTER, André und LAMOTHE, Marie-José: Das Buch vom Werkzeug, frz. ed. princ. Paris 1977; germ. ed. Genf 1979.

VERHOEFF, L.: Sinte Barbara en de Artillerie een verzameling wetenswaardigheden over de beschermheilige der artillerie, o.O., o.J.

VIOLLET-LE-DUC, Eugène-Emmanuel (1814-1879): Histoire d'une forte resse, Paris 1874. [Reprint 1978]

VOLLMAR, Bernd: Die deutsche Palladio-Ausgabe des Georg Andreas Böckler, Nürnberg 1698. Ein Beitrag zur Architekturtheorie des 17. Jahrhunderts, Dissertation Erlangen-Nürnberg 1983 [Mittelfränkische Studien, Bd. 3].

VULPIUS, Christian August [Hrsg.]: Sogenanntes Scanderbegisches Ingenieur Kunst und Wunderbuch. Ein, in seiner Art, ganz sonderbares Manuscript, in: Curiositaeten der physisch= literarisch=artistisch=historischen Vor= und Mitwelt, Bd. 10/IV Weimar 1824 S. 289-308. [Original: HAB Za 127]

WAGNER, Eduard: Tracht, Wehr und Waffen im Dreissigjährigen Krieg, Prag/Hanau 1980.

— Hieb- und Stichwaffen, Prag/Hanau ^{1}1975, ^{2}1985.

WALDBURG-WOLFEGG, Johannes Graf: Das mittelalterliche Hausbuch. Betrachtungen vor einer Bilderhandschrift, München 1957.

WANGERIN, Gerda: Bauaufnahme. Grundlagen, Methoden, Darstellungen, Braunschweig / Wiesbaden 1986.

WARNKE, Martin [Hrsg.]: Politische Architektur in Europa vom Mittelalter bis heute. Repräsentation und Gesellschaft, Köln 1984.

WARRY, John: Die Kriegskunst der Griechen und Römer. Ein illustriertes Nachschlagewerk über Waffen, Krieger und Kriegskunst in Griechenland und Rom, Köln 1980.

WASTLER, Josef [Hrsg.]: Das Landhaus in Graz. I. Entstehung, Baugeschichte und künstlerische Bedeutung, von J. WASTLER; II. Politische Geschichte, von Josef von ZAHN, 1890. Wien 1880.

WEIHSMANN, Helmut: Utopische Architektur von Morus bis Hausrucker & CO., Wien 1982.

WEINBRENNER, Friedrich (1766-1826). Ausstellungskatalog zusammengestellt von Wulf SCHIRMER, Hanno BROCKHOFF, Werner SCHNUCHEL, Otto TESCHAUER, Karlsruhe ^{2}1982.

WEIZSÄCKER, Carl Friedrich von [Hrsg.]: Kriegsfolgen und Kriegsverhütung, München 1971.

WENZEL, Ernst: Ein Inventar ritterlichen Rüstzeugs von 1430, in: ZHWK Bd. 16 (1940/42), S. 28 f [Reprint Graz 1974].

WERKZEUGMASCHINENFABRIK OERLIKON BÜHRLE & CO [Hrsg.]: OERLIKON Taschenbuch, Zürich 1965.

WERNER, Johannes: Von Freudenstadt über Christianopolis nach Kopenhagen. Stadtplanung im 17. Jahrhundert, in: Zeitschrift für Kunstgeschichte Nr. 4 (1976), S. 312 f.

WETTENDORFER: Ein Zeughaus-Vokabular, in: ZHWK N. F. Bd. 8 (1943/44), Nr. 3/4, S. 74-77 [Reprint Graz 1974].

WEYL, Emile: La flotte de guerre et les arsenaux, Paris 1894.

WHEELER, Michael und TOD, Ian: Utopia Wereldhervormers tussen werkelijkheid en fantasie, Haarlem 1979.

WIECHEN, J. A. van: Munitievoorziening door de eeuwen heen. Een beschouwing vanaf de tijd van de huurlegers tot aan de hedendaagse Nederlandse krijgsmacht, 's-Gravenhage 1983.

WIJN, Jan Wellem: Het krijgswezen in den tijd van Prins Maurits, Dissertation, Utrecht 1934.

WILKINSON-LATHAM, Robert: Napoleons Artillerie, Bonn 1980.

WILLE, Jakob: Die Deutschen Pfälzischen Handschriften des XVI. und XVII. Jahrhunderts der Universitäts-Bibliothek in Heidelberg, Heidelberg 1903.

WILLERS, Johannes Karl Wilhelm:
— Die Nürnberger Handfeuerwaffen bis zur Mitte des 16. Jahrhunderts. Entwicklung, Herstellung, Absatz nach archivalischen Quellen, Nürnberg 1973.
— Bewaffnung und Ausrüstung im Dreissigjährigen Krieg, in: G. SCHUHMANN: Gustav Adolf, Wallenstein und der Dreissigjährige Krieg in Franken, Ausstellungskatalog Nürnberg 1982, Neustadt an der Aisch 1982, S. 74-81.

WISE, Terence: Artillery Equipments of the Napoleonic Wars, London 1979 [Reprint ^{3}1983].

WÖRNER, Friedrich J.: Burgen, Schlösser und Bauwerke der Hohenzollern in 900 Jahren. Geschichte und Baukultur einer Dynastie, Moers 1981.

WUNDERLICH, Herbert: Kursächsische Feldmeßkunst, artilleristische Richtverfahren und Ballistik im 16. und 17. Jahrhundert, Berlin [Ost] 1977.

WURLITZER, Bernd: Museen. Galerien, Sammlungen, Gedenkstätten [in der DDR], Berlin/Leipzig ^{3}1987 [vgl. unter K. MÖRMANN].

ZAPATERO, Juan Manuel: La Fortificacion Abaluartada en America, San Juan de Puerto Rico 1978.

ZHEWEN, Luo/ZHAO, Luo:
— Chinas Grosse Mauer. Anhang: Volkssagen über die Grosse Mauer, Beijing 1986.
— Die Große Mauer. Geschichte, Kultur- und Sozialgeschichte Chinas, Frankfurt a.M. 1982.

ZEUGHAUSMUSEUM [KOPENHAGEN]: Pulvermühlenmuseum Frederiksvaerk, o.J. [Faltblatt für den Rundgang].

ZINNER, Ernst: Deutsche und niederländische Astronomische Instrumente des 11.-18. Jahrhunderts, München ^{2}1967.

2.2 C. Codices

Es handelt sich bei den von mir eingesehenen Codices primär um Handschriften, Bildhandschriften, Manuskripte und Inkunabeln zu Büchsenmeisterei, Artilleriewesen und Pyrotechnik. Ausnahme bildet die Kupferstichserie Nr. 30 und der Fortifikationstraktat Nr. 31.

1. Kyeser, Konrad: »Bellifortis«. Handschrift um 1402/1405. UBG: Cod. Ms. philos. 63.
   Lit.: G. Quarg, 1967; H. Heimpel, 1971; W. Meyer, 1976.

2. »Disses ist ein Büchsenbuch und hat gemachet Augustinus Dachsberger von München ein moler und ein büchsenschiesser in dem Jahre do man zalt von Christi geburt 1443«.
   Stadtarchiv Köln: Bilderhandschrift J 1.

3. [Kriegsmaschinenbuch]. Bilderhandschrift des frühen 15. Jh.; 215 Bll.; mit aquarellierten Federzeichnungen; sine nota. HAB: Cod. Guelf. 161 Blankenburg.
   Lit.: H. Butzmann, Blankenburger Handschriften, 1966, S. 167.

4. [Fecht-, Kampf- u. Ringerbuch]. Bilderhandschrift aus der 2. Hälfte des 15. Jh.; 164 Bl. mit zahl. Zeichnungen; sine nota; HAB: Cod. Guelf. 78. 2 Aug. 2^0.

Lit.: O. v. Heinemann, Augusteische Handschriften, Bd. 4, 1966, S. 5; H.-P. Hils, Handschriften der Fecht- u. Ringmeister, 1987.

5. »Von Vestungen und dan von Feüer Werken. Die Kunst, Festungen zu vertheidigen, und Büchsenmeister-Kunst«; sine nota; o. Abb.;
o. D. [spätes 15./Anfang 16. Jh.]; 57 Bll.
HAB: Cod. Guelf. 19. 28. Aug. 4^0.
Lit.: O. v. Heinemann, Augusteische Handschriften, Bd. 4, 1966, Nr. 3209.

6. »De architectura bellicorum instrumentorum«. Lat. Text; gedruckt Rhostochio MDXV [Johannes Losch ?], (1515) bis fol 22 mit Holzschnitten von Geschützen, Lafetten, Tauchern, Leitern, Belagerungstürmen; ab fol 23 Federzeichnungen von Herzog Julius von Braunschweig-Lüneburg (reg. 1568-1589) m. p.; einige datiert 1572 und 1575.
HAB: Cod. Guelf. 43 Extrav.

7. Schermer, Hans: »Zu buchßen und buwen«. Handschrift; 1. Hälfte 16. Jh.; 52 Bll.
UB Heidelberg: Cod. Pal. Germ. 562.
Lit.: J. Wille, Deutsche Pfälzer Handschriften, 1903, S. 70; M. Jähns, H. Schermer und die Befestigungskunst, 1891.

8. [Geschützbuch Kaiser Karls V.]. 111 Bll. mit 203 gezeichneten Geschützrohren unterschiedlichster Provenienz, zumeist aus der Beute nach dem Schmalkaldischen Krieg 1546/47; sine nota, vor Mitte 16. Jh.
HAB: Cod. Guelf. 31 Helmst.; 5 Kopien in: Stadtarchiv Braunschweig, Sacksche Sammlung, Sign. HV Nr. 155.
Lit.: H. Neumann, Festungsbaukunst u. Festungsbautechnik, 1988, S. 290/291; H. Müller, Bronzegeschützrohre, S. 242 passim.

9. Jörg Sorg d. J.: [Harnischmusterbuch]; 1548-1563; vorgebunden einem späteren Traktat eines Dialogs über Geschützwesen und Feuerwerkskunst; 45 Bl.; Text und Federzeichnungen. Württembergische Landesbibliothek Stuttgart: Cod. milit. 20, 24.

10. »Drey Vnderschiedliche Bücher, darinnen allerley schreiben, anschlege vnd berichte, so an Churfürst Morizen vnd Churfürste Auguste zu Sachßen … etc., Ihrer Churfürstl. Gnaden Zeugk vnndt Bawmeister, Zeugschreiber vnd andere der gleichen beuehlich habere, der Zeugkheuser, Geschütze, Kugeln, Pulffer vnd anderme zur Artolorey gehorigen sachen, Item der vhesten vnd ander gebeude halben gethan von dem 1553. biß vff das 1584. jahr«.
Sächsisches Landeshauptarchiv Dresden: Loc. 9126.

11. [Handbuch der Kriegs-, Feuerwerker- und Büchsenmeisterkunst].
2. Hälfte 16. Jh.; 284 Bl. mit 61 Abbildungen [fast identisch mit Ms. Cas. 40].
Landesbibliothek Coburg: Ms. Cas. 39.
Lit.: F. G. Kaltwasser, Handschriften, 1960, S. 99-101.

12. Handbuch der Kriegs-, Feuerwerker- und Büchsenmeisterkunst:
»Ein büch züsamen getragen Auß vilen Probierten Künsten vnd erfarungen/Erstlichen von einem Zeughavß/sampt aller Munition, wie es Anheimisch gehalten werden solle …«; 1564; 278 Bl. mit 71 Abbildungen.
Landesbibliothek Coburg: Ms. Cas. 40 [fast identisch mit Ms.Cas. 39].
Lit.: F. G. Kaltwasser, Handschriften, 1960, S. 101 f.

13. »Ein Büech dürch ainen gelerten Kriegsuerstänndigen mit gros sem fleyss auss vilen probierten Kunst vnnd erfahrungen zusam men getzogen, wie ein zeughauss soll gehalten werden, auch vom Salbetter, Schweffel, Kolen vnnd Pulver, Prechzeug, Feurpfeil, auch sonste schöne vnd Lustige feurwerckh in bellisieren vnd kurczweil vor Künigen, Fürsten zu gebrauchen sampt der Kunst der Püchsenmaysterey. Auch ainen bericht der Wagenburg, wie man darinziehen, dieselben schlagen soll etc.«.
230 Bll.; zahlreiche kol. Federzeichnungen; Ledereinband mit Goldschnitt; Bild fol. 175r datiert 1576.
HAB: Cod. Guelf. 45.5. Aug. fol.
Lit.: O. v. Heinemann, Augusteische Handschriften, Bd. 3, 1966, Nr.2554.

14. [Feuerwaffen- und Konstruktionsbuch des Herzogs Julius von Braunschweig-Lüneburg]. Bilderkodex von 1586.
HAB: Cod. Guelf. 158 Extrav.
H. Neumann, Architekt & Ingenieur, 1984, S. 346 f.

15. [Instrumentenbuch des Herzogs Julius zu Braunschweig und Lüneburg]. Bilderkodex von 1573; sine nota.
Hauptstaatsarchiv Wolfenbüttel: 2 Ht 5228.

16. Fransperger, Leonhard (1520-1575): »Von Geschütz Der grossenn stück Büchssenn Auch Boller oder Mörsernn, durch welches die ser Zeit die starckkenn wörlichenn Gebew oder Befestigungenn zubetzwingenn vnnd eröbernn von dem vnd mogenn fürgenommen werdenn«.
Handschrift in Pergamenteinband, gez. Leonhart Fronsperger Burger zue Vlm. 62 Bll.; darin Bl.3-24 Daß Erste theyl. Frag vnnd Andtwort zwüschen Einem Zeüg: vnd Büchssenmaisster.
Original: Sächsische Landesbibliothek Dresden: Msc. Dresd. C 73.
Lit.: S. J. Romocki, Geschichte der Explosivwaffen, 1895, S. 257.

17. »Arckalei Municion vnnd Feuerwerck Buech«. Handschrift, Pergament mit Goldprägung; sine nota; 1587; unpag.; wenige Abb. graublau; Marginalie auf der Titelseite: Ex Bibliotheca Joannis Vita a Wurtzburg; Titelseite und Kapitelüberschriften in roter Tinte.
Freiherrlich von Würtzburgisches Familienarchiv: Unteres Schloß Mittwitz.

18. Brunner, Caspar [Nürnberger Zeugwart]: »Ein ordentliche und künstliche Beschreybung über ein Zeughaus und was demselben mit aller Munition und Artholerey anhengig sein mag …«. 216 Bll.; o. D.; (16. Jh.). Es existieren 4 Abschriften.
Stadtarchiv Nürnberg: Rep. 52 Nr. 23.
Lit.: O. Johannsen, Kaspar Brunners Bericht des Büchsengießens 1547, 1916.

19. [Artilleriebuch oder Kunstbuch]: »Ein Buch zusammengezogen aus vielen probirten Kunsten und Erfarung wie ein Zeughaus sampt aller monition anheimisch gehalten werden soll …«; unvollendete Handschrift; sine nota; 128 Blatt; o. D. (16. Jh.).
UB Marburg: Handschriften- und Rara-Abteilung, Ms Nr. 77.

20. »Ein Buch durch ainen gelerten Kriegsverstänndigen mit grossem fleyss auss vilen probierten Kunst vnnd erfahrungen zusamen getzogen, wie ein zeughauss sampt aller Munition vnd zu gehör soll gehalten werden, auch vom Salbetter, Schweffel, Kolen vnnd Pulver, Prechzeug, Feurpfeil, auch sonste schöne vnd Lustige feurwerckh in bellisieren vnd

kurczweiln vor Künigen, Fürsten zu gebrauchen sampt der Kunst der Püchsenmaysterey. Auch ainen bericht der Wagenburg, wie man darinziehen, dieselben schlagen soll etc.«. Handschrift mit zahlreichen farbigen Bildern; sine nota; 230 Bl.; o. D. (16. Jh.).
HAB: Cod. Guelf. 45.5 Aug. fol.
Lit.: O. v. Heinemann, Augusteische Handschriften, Bd. 3, S. 276 f.

21. »Kunst: oder Artholery-Buch, darinnen zu befündenn, waß Artholoria Ist, oder waß darzu gehöret, Auch Wie vnnd durch Wem, die selbe erfunden Ist worden, Auch Noch Heüdiges Tages Vonn Andern erfunden wirdt«; sine nota, o. D. (1. Hälfte 17. Jh.).
HAB: Cod. Guelf. 1101 Helmst.
Lit.: O. v. Heinemann, Helmstedter Handschriften, Bd. 3, Nr. 1101. — H. Neumann, Architekt & Ingenieur, 1984, Nr. 286.

23. »Das beste Puluer zu machen ... durch Stephan Schigkrahden Churfurstl: Sachs: Zeugkwärter und Buchsenmeister ...«; 1608, 54 Bl.; Goldschnitt.
Landesbibliothek Coburg: Ms. Cas 49.
Lit.: F. G. Kaltwasser, Handschriften, 1960.

24. »Feuerwerkerei=Akt«; um 1640, aus dem Nachlaß von Wolff Friedrich v. Ermreuth auf Ahorn (1609-1671); 50 Loseblätter unterschiedl. Zeiten und Hände, davon 49 mit Abbildungen. Staatsarchiv Coburg.
Lit.: F. Limmer, Handzeichnungen aus dem Nachlaß des ehemaligen Plassenburger Kommandanten Wolff Friedrich von Muffel, in: Nachrichten des Vereins Freunde der Plassenburg [Kulmbach] Nr. 4/6 (1935), S. 23 f.

25. »Feüerwercks Buch [des] Marcußen Heyden von Coburgh Anno i.6.5 0 «; 52 Bl.

Landesbibliothek Coburg: Ms. Cas. 92.
Lit.: F. G. Kaltwasser, Handschriften, 1960, S. 153 f.

26. Peter Julius Meisner: »Pandect von Kunstfeurwerck. Am 12. Januarii 1674«; Papierhandschrift; 14,5 x 18,7 cm; 66 Bl. [Rezept- und Musterbuch eines Feuerwerkers aus der Bibliothek Schimank].
Institut für Geschichte der Naturwissenschaften, Mathematik und Technik, Hamburg.

27. »Frag und Antwort eine Büchsenmeisters«; Handschrift; sine nota; 22 S.; o. D. (Ende 17. Jh.); zahlreiche Skizzen zum Artilleriewesen.
Institut für Geschichte der Naturwissenschaften, Mathematik und Technik, Hamburg.

28. »Nachricht Deß Uhralten Fürstligen Haußeß undt Ambtß Haartzburgh«; Sammelhandschrift.
HAB: Cod. Guelf. 86.5 Extrav. 2o.

29. [Augsburger Schützenfeste von 1411 bis 1567]; 389 + [7] Bl.; o. D. (letztes Viertel 16. Jh.).
HAB: Cod. Guelf. 1.2.1. Aug. 2o.
Lit.: HAB Herzog August Katalog 1979, Nr. 695.

30. »SAMMLUNG NICOLAI« in der Württembergischen Landesbibliothek Stuttgart: 155 Klebebände mit Karten, Veduten, Zeichnungen, Kupferstichen aller Art 16.-18. Jh., zusammengestellt von dem General, Schriftsteller und Kriegsminister Ferdinand Friedrich Freiherr von Nicolai (1730-1814). Vgl. ABB. NR. 222-228.
Lit.: R. Klein, Die Nicolaische Sammlung, 1985.

31. Overheide, Gebhard: Neu Beschriebene: Streit=Baukunst Nemlich: Wie ein Platz, ein Land: oder ein Reich zu befestigen. [o. O.] 1665. Manuskript HAB Cod. Guelf. 39.15 Aug. 2o.

3. Bautenverzeichnis

3.1 Vorbemerkungen

Das folgende Bautenverzeichnis der Rüstkammern, Zeughäuser, Arsenale des 15.-19. Jahrhunderts stellt für den deutschsprachigen Bereich ein nach Ländern geordnetes, aktuelles, ortsalphabetisches Inventar des Bautyps »Waffenspeicher« dar. Die Hauptgliederung erfolgt nach der heutigen geographisch-politischen Lage zuerst in Bundesrepublik Deutschland, dann in DDR, Österreich, Schweiz. Die Orte der früheren preußischen Provinzen, die heute unter Verwaltung anderer Staaten stehen, sind in der jeweiligen Länderrubrik zu finden. Länderalphabetisch sind auch die wichtigsten Bauten in anderen Sprachbereichen aufgenommen, soweit sie zu Vergleichszwecken herangezogen wurden. Die Gliederung erfolgt nach dem Schema:

Orts- bzw. Festungsname ergänzt durch Zusätze [ ],
◆ Kurznennung der Rüstkammern, Zeughäuser, Arsenale mit heutiger Straßenangabe und Bezeichnung; * bedeutet Erbauungszeit; † bedeutet in der Bausubstanz oberirdisch restlos vernichtet; es folgen Jahresangaben, Hinweise auf bedeutende Waffensammlungen und Militärmuseen, in denen Waffen und Gerät aus ehemaligem Zeughausinventar nachweisbar sind. Unter »ABB. NR.« folgen die zum jeweiligen Ort bzw. Objekt gehörenden Bildnummern des Tafelbandes. Im Vorspann des Tafelbandes findet man die Bildnummern ebenfalls in einem ortsalphabetischen Register.

Bautenverzeichnis und Bibliographie sind erstmalig. Sie sind entsprechend dem Gang der Forschung fortzuschreiben. Die Quellenhinweise erheben keinen Anspruch auf Vollständigkeit. Sie reichen aber im Kontext mit den obigen Angaben und den Abbildungen in den meisten Fällen aus, um das Gebäudecharakteristikum zu sichern. Auch Publikationen zur speziellen Denkmalpflege sind erfaßt. Die angezeigten Arbeiten haben unterschiedlichen Umfang und Gehalt. Verzeichnet sind sowohl Materialsammlungen, Magister- und Diplomarbeiten, Dissertationen, Habilitationen sowie wissenschaftliche Bücher und Aufsätze, als auch heimatkundlich orientierte und populäre Untersuchungen, Aufsätze, Beschreibungen, Führer, Faltblätter u.ä. Veröffentlichungen, in denen mehrere Waffenspeicher oder übergreifende Themen behandelt werden, sind im vorangestellten Literaturverzeichnis ANHANG 2.2 erfaßt. Sie werden in den jeweiligen Ortsverzeichnissen nur ausnahmsweise wiederholt. Entsprechend den sehr unterschiedlichen Forschungsansätzen und Forschungsintentionen, die der Bautypus Waffenspeicher bietet, behandeln die in dieser Bibliographie aufgenommen Autoren ihre Themen aus unterschiedlichsten Blickwinkeln. So läßt sich die Geschichte der Zeughäuser und Arsenale unter bau- und kunsthistorischen, technikgeschichtlichen, waffenkundlichen, technologischen, militärhistorischen, kartographischen, städtebaulichen, stadtplanerischen, ökonomischen, soziologischen, statistischen, denkmalpflegerischen, musealen, heimatkundlichen, touristischen u.v.a. Aspekten erforschen und darstellen. Zur Fortifikationsgeschichte des jeweiligen Ortes mit Waffenspeichern verweise ich ergänzend auf meine orts-alphabetische Bibliographie »Festungsforschung und Festungsnutzung 1945-1987« von 1988 mit über 1800 Titeln im Anhang meines Buches »Festungsbaukunst und Festungsbautechnik«. Die wichtigsten Traktate zum Militärbauwesen der 1. Hälfte des 19. Jh. findet man im Anhang meines Buches über die »Klassizistische Großfestung Koblenz« von 1989. Bei der zitierten Literatur zu ausländischen Waffenspeichern handelt es sich um exemplarisch ausgewählte Publikationen, die ich zu Vergleichszwecken herangezogen habe. Die Angaben in [ ] weisen auf besonders wichtige Passagen in der jeweiligen Publikation hin oder stellen Ergänzungen dar.

GLIEDERUNGSSCHEMA

1.0. DEUTSCHSPRACHIGER BEREICH
1.1. Bundesrepublik Deutschland
1.2. DDR
1.3. Österreich
1.4. Liechtenstein
1.5. Schweiz

2.0. LÄNDER IN EUROPA
2.1. Belgien
2.10. Norwegen
2.11. Polen
2.12. Portugal
2.13. Rumänien
2.14. Schweden
2.15. Sowjetunion
2.16. Spanien
2.17. Tschechoslowakei
2.18. Türkei
2.19. Ungarn
2.2. Dänemark
2.3. Frankreich
2.4. Griechenland
2.5. Großbritannien
2.6. Ialien
2.7. Jugoslawien [China, Brasilien]
2.8. Luxembourg
2.9. Niederlande

3.0. AUSSEREUROPÄISCHE LÄNDER

3.2 Katalog

1.1 BUNDESREPUBLIK DEUTSCHLAND

AACHEN ♦ Zeughaus »Halle« aus 3 Häusern am Marktturm, * ca. 1460, † Brand 1656.
Laurent, J.: Aachener Stadtrechnungen aus dem XIV. Jahrhundert, Aachen 1866 [S. 58, 182 zur ältesten Erwähnung von Geschützen].
AMBERG ♦ Kurfürstliches Zeughaus, Zeughausstr. 2, * nach 1490/1535-1540/1604-1607; z. Z. Sanierungsarbeiten für künftige Nutzung durch das Landratsamt;
♦ Städtisches Zeughaus, gen. Baustadel, Baustadelgasse/Zeughausstraße 18, * 1547, ab 1989 Städt. Museum.
Ammon, Johann: Armamentarivm Principale oder Kriegsmunition vnd Artillerey=Buch…, Franckfurt am Mayn 1625 [Langtitel vgl. Anhang 2.2 A Primärliteratur].
Bayerisches Armeemuseum Ingolstadt: Doppelkartaunen-Paar »Scherer und Schererin«, Bronzeguß in Neuburg a. D., ehemals im Kurfürstl. Zeughaus Amberg v. 1524-1621, heute Bayer. Armeemuseum Ingolstadt.
Bayerisches Landesamt für Denkmalpflege: Grabungsdokumentation 1989.
Buchner, Maximilian: Zur Geschichte und Topographie der Stadt Amberg im ausgehenden Mittelalter, in: Verhandlungen des historischen Vereins von Oberpfalz und Regensburg, N. F., Bd. 51 (1907), S. 289-303.
Finanzamt Amberg: Dokumentation über den Zeitraum 1954-1988.
Frank, Hans: Amberg in historischen Ansichten, Amberg 1983.
Mader, Felix [Bearb.]: Die Kunstdenkmäler von Oberpfalz & Regensburg, XVI Stadt Amberg, München 1909. Reprint Wien 1981 [Zeughaus S. 144-147].
Mayr, Vincent: Amberg. Baualtersplan zur Stadtsanierung, München 1972 [Baustadelgasse S. 27, Zeughausstr. S. 226-229].
Planungsbüro Emil Pollach GmbH Amberg: Verformungsgerechtes Bauaufmaß [Grundrisse, Längs-, Querschnitte, Ansichten] des Kurfürstlichen Zeughauses, 1988.
Schmidt, Otto: Zur Geschichte des Amberger [Kurfürstl.] Zeughauses [Mskpt., 8 S., im Stadtarchiv Amberg].
Schweiger, Michael: Chronica oder kurtze Beschreibung der churfürstlichen Stad Amberg/in der obern Pfalz in Beiern gelegen/…, Wittenberg 1564. [Beschreibung der Funktionen des Baustadels].
Stadtarchiv Amberg: kein histor. Planmaterial, aber Inventare von 1566, 1589, 1594, 1612; auch in den Stadtrechnungen immer wieder genannt.
Stadt Amberg, Baureferat: Moderne Bauaufnahmen und Planungsmaterial für den 1989 abgeschlossenen Umbau des Baustadels zum Museum.
Stadt Amberg [Hrsg.]: Stadtmuseum Amberg. Festschrift zur Wiedereröffnung des Stadtmuseums Amberg Juli 1989, Redaktion Judith von Rauchbauer, Amberg 1989 [darin u.a. Volkmar Greiselmayer: Zu Aussehen und Geschichte des Amberger Baustadels S. 17-27, Uwe Hoppe: Vom Baustadel zum Stadtmuseum — Aus der Sicht des Architekten, S. 29-32, Henning Großeschmidt: Die römische Hypokaustenheizung und das im Stadtmuseum Amberg angewandte Temperiersystem, S. 33-35].
ABB. NR. 115/116/267/278.
ASCHAFFENBURG ♦ Kurmainzisches Zeughaus, † AUGSBURG ♦ Zeughaus »Büchsenstadel« Nähe Wertachbrucker Tor, †1593, ♦ Korn- u. Zeughaus, *1505, †

◆ Städt. Zeughaus, *1602/07, seit 1980 Begegnungszentrum Stadt Augsburg/Evgl.-Luth. Landeskirche in Bayern [Veranstalter]: Welt im Umbruch. Augsburg zwischen Renaissance und Barock, Ausstellungskatalog Augsburg 1980, Bd. I: Zeughaus, Bd. II: Rathaus, Bd. III: Beiträge, hrsg. von der Städt. Kunstsammlungen Augsburg und dem Zentralinstitut für Kunstgeschichte München.
Stadt Augsburg [Veranstalter]: Elias Holl und das Augsburger Rathaus, Ausstellungskatalog, hrsg. v. Wolfram Baer, Hanno-Walter Kruft, Bernd Roeck, Augsburg 1985.
Stadt Augsburg, Baureferat [Hrsg.]: Das Augsburger Zeughaus, Augsburg o. J.
Stadt Augsburg [Hrsg.]: Zeughaus. Bildungs- und Begegnungszentrum, Verf. Manfred Buhl, Zeughausverwaltung, Augsburg o. J.
Augsburger Aktion: Rettet das Augsburger Zeughaus. Notruf der Augsburger Aktion, 1505-1967, Augsburg 1967.
Baum, Julius: Die Bauwerke des Elias Holl, Strassbourg 1908 [besonders S. 50-53].
Biedermann, Rolf; Dreher, Martin; Krämer, Gode [Bearb.]: Krieg. Viel Ehr — Viel Elend. Ausstellung zum 40. Jahrestag der Zerstörung Augsburgs, Zeughaus, Augsburg 1984.
Foto Marburg — Marburger Index Nr. 82363, 616194, 124453, 124455, 124457.
Friedel, H.: Bronze-Bildmonumente in Augsburg, Augsburg 1974.
Hering-Mitgau, Mane: Das Entwerfen und Kopieren barocker Silberfiguren, in: Zeitschrift für Schweizerische Archäologie und Kunstgeschichte, Bd. 44, Nr. 4 (1987), S. 271-301.
Horten AG [Hrsg.]: Das Zeughaus von Elias Holl in Augsburg und das Warenhaus der Firma Horten, verfaßt von Josef Wiedemann, Düsseldorf/München 1968.
Lieb, N.: Das reichsstädtische Zeughaus in Augsburg, in: Deutsche Kunst, Bd. IX, Bremen 1943.
Neumann, H.: Festungsbaukunst und Festungsbautechnik, 1988, S. 400.
Nilson, C. A.: Lebensbeschreibung des berühmten Elias Holl, Augsburg/Leipzig 1830.
Roeck, Bernd: Elias Holl. Architekt einer europäischen Stadt, Regensburg 1985.
Schleier, E.: Der hl. Michael: ein unbekanntes Hauptwerk Luca Giordanos [1634-1705], in: Pantheon Bd. 29 (1971), S. 510 ff.
Valentin, H. E.; Valentin, E.; Nölle, E.; Stierhof, H. H.: Die Wittelsbacher und ihre Künstler in acht Jahrhunderten, München 1980.
Zimmer, Jürgen: Joseph Heintz d.Ä. als Maler, Weißenhorn 1971.
Ders.: L'Arsenale della città imperiale di Augusta [Augsburg] assetto e significato nella storia della città, in: Ennio Concina [Hrsg.]: Arsenale e città nell'Occidente europeo, Roma 1987, S. 205-222.
BB. NR. 177/178/356/413/433/434/435.
BAMBERG ◆ Stadtbauhof »Burgerhof«, Heumarkt 1/3, als Rüst- und Zeughaus aptiert;
◆ »Jagdzeugstadel«, Siechenstr. 75, *1737/38, z.Z. Nutzung zu Lagerzwecken; Projektüberlegung Feuerwehrmuseum.
Bayer. Kriegsarchiv München: Plansammlung.
Egloffstein, Albrecht Graf von und zu: Barocke Jagdkultur der Fürstbischöfe von Bamberg, München 1984 [S. 14 f, 32 f passim].
Paschke: Die Au zu Bamberg, Bamberg 1965 [Besitzgeschichte].
Schuster, A.: Alt-Bamberg, Bd. 4, Bamberg 1901 (S. 175), Bd. 11 1909/10 (S. 119).
Stadtarchiv Bamberg: Bestand B 6 (Extrabauamt); Abbildungen Bestand B. S. 333, Siechenstr. 75; Pläne/Ansichten in A 22.

BERCHTESGADEN ◆ Zweibrücker Gewehrsammlung [Jagdgewehre] von 1777 im Schloßmuseum [Vgl. Lit.-Angaben unter ›Zweibrücken‹]
Kreisel, Heinrich: Schloss Berchtesgaden, München 1981 [Zwei Waffenkammern S. 23-25].
Reitzenstein, Alexander Freiherr von: Die Zweibrücker Gewehrkammer im Jahre 1777, in: Pfälzisches Museum, Festschrift für Karl Schultz, Speyer 1960, S. 341-349.
BERGEDORF [Hamburg] ◆ Rüstkammern im Obergeschoß vom NO-Flügel, *1593 des festen Schlosses, †1897.
Knorr, Martin: Das Bergedorfer Schloß. Bergedorf Porträt Nr. 3 des Museums für Bergedorf und die Vierlande, o.J.
BERLIN
[vgl. Lit.-Angaben unter ›Berlin — Ost‹]
Neumann, H.: Festungsbaukunst und Festungsbautechnik, 1988, S. 423.
BERLIN-SPANDAU ◆ Pulvermagazin/Zeughaus in der Zitadelle, * vor 1578, †1813, heute gesicherte Ruine;
◆ Zeughaus *1856/58 in der Zitadelle, z.Z. Ausbau zum Stadtgeschichtl. Museum Spandau;
◆ Arsenal mit Gewehrfabrik, 33 Gebäude und Werkstätten, 9 Schmieden — sämtl. spätes 18. Jh.; Feuerwerklabor Zitadelle 1817; Pulverfabrik 1823; Geschützgießerei Nr. 1 1846; Nr. 2 1855; Artilleriewerkstatt 1868; Artilleriedepot Neustadt 1872; Munitions-, Patronen-, Gewehrfabrik 1883, ††††.
Büsch, Otto: Festungsstadt und Industrie. Zur Geschichte von Spandau und Siemensstadt im Zeitalter der Industrialisierung, in: Jahrbuch für die Geschichte Mittel- und Ostdeutschlands, Nr. 20 (1971), S. 161-182.
Droste-Waidhaus, Birgit: Von der Geschützgießerei zum Kulturzentrum, in: Bauwelt 81. Jg., Nr. 33 (1990), S. 1598 f.
Fischer, G. / Kalesse, A. / Vogel, K. / Hengsbach, A. / Nowak, B.: Spandau. Eine neupreußische Festung, in: Grundrisse, Pläne und Ansichten von Spandau, Beiheft zu Blatt 6: »Plan von Spandau. 1859«, hrsg. vom Bürgerbeirat Zitadelle Spandau, Berlin 1986.
Hassenstein, Wilhelm: Zur Geschichte der Königlichen Gewehrfabrik in Spandau unter besonderer Berücksichtigung des 18. Jahrhunderts, in: Beiträge zur Geschichte der Technik und Industrie, Jahrbuch des VDI, hrsg. von Conrad Matschoss, Bd. 4, Berlin 1912, S. 27-62.
Derselbe: Die Gewehrfabrik Spandau im Übergang aus der privaten in die staatliche Leitung 1812-1852, in: Technik-Geschichte, Bd. 7 (1938), S. 60-75.
Jahn, Gunther: Die Bauwerke und Kunstdenkmäler von Berlin. Stadt und Bezirk Spandau, Berlin 1971 [Zeughaus S. 63, Taf. 64; Rüstungsbetriebe S. 407-411, Taf. 14, 15, 514, 510-515].
Kalesse, Andreas / Nowak, Barbara / Schade, Udo: »Spandau«. Malerische Ansicht aus der Mitte des 19. Jahrhunderts, in: Grundrisse, Pläne und Ansichten von Spandau, Nr. 2, hrsg. vom Bürgerbeirat Zitadelle Spandau, Berlin 1980 [mit Kommentarblatt].
Krüger, A.: Chronik der Stadt und Festung Spandau, Spandau 1862 [Rüstungsbetriebe S. 433-438, 445, 446].
Kuntzemüller, Otto: Urkundliche Geschichte der Stadt und Festung Spandau von Entstehung der Stadt bis zur Gegenwart, Berlin-Spandau, 2 Bde, 1928/1929 [Reprint Leipzig 1978; hier Bd. 1: Die königlichen Fabriken, S. 309-321].
Landesbildstelle Berlin: Fotoarchiv.
Neumann, H.: Festungsbaukunst und Festungsbautechnik, 1988, S. 48 f, 206, 417 f.
Ribbe, Wolfgang: Spandaus besonderer Weg. Strukturen der

Stadtgeschichte. Katalog der Historischen Ausstellung zur 750-Jahrfeier, Berlin 1983 [Rüstungsindustrie S. 65 ff, Kat. Nr. V/3-V/28].
Schoen, Erich [Bearb.]: Geschichte des Deutschen Feuerwerkswesens der Armee und Marine mit Einschluß des Zeugwesens, Berlin 1936 [Einrichtung einer Feuerwerksabteilung zu Spandau S. 175-178].
Senator für Stadtentwicklung und Umweltschutz Berlin: Plankonvolut Bestandsaufnahme Zitadelle Haus 13 v. 1954; 2 Zeichnungen Nutzungskonzept für Haus 13 von 1981; Fotoarchiv.
Wiebe, F.K.H. [Hrsg.]: Die Königliche Artillerie-Werkstatt Spandau. Mit Genehmigung des Königl. Preuss. Allgemeinen Kriegsdepartements Techn. Abteilung für Artillerie Angelegenheiten, Berlin 1871.
N.N.: Die Artillerie-Werkstätten in Spandau, Ansicht aus der Vogelschau mit Blick über die Spree auf Spandau, getönte Lithographie von 1869; Maße: 37 x 22 cm [Loeillot]. ABB. NR. 101/235/398/483.
BIBERACH ♦ Reichsstädtisches Zeughaus am Werkmarkt, *1593, †
Kunst- und Altertumsverein Biberach [Hrsg.]: Biberacher Bau-Chronik. Beiträge zu einer solchen von Stadt- und Stiftungsbaumeister a. D. Preiser gesammelt und ergänzt 1874-1916, Biberach 1928 [Reichsstädt. Zeughaus S. 64 f].
BIELEFELD — Sparrenberg ♦ Zeughaus in der Festung, *1750, geringe Mauerreste vorhanden.
Engel, Gustav: Die Ravensbergischen Landesburgen, Bielefeld 1934.
Neumann, H.: Festungsbaukunst und Festungsbautechnik, 1988, S. 174, 218, 401.
BRAUNSCHWEIG ♦ Fürstl. Zeughaus, Bohlweg, †
♦ Städt. Zeughaus im Remter des Brüdernklosters, *1569, Alter Zeughof 2/3, heute Evgl. Landeskirche;
♦ Neues Zeughaus *1695 im Dominikanerkloster bis 1735, Bau †1902, nach Translokation des Paulinerchores und Giebels 1903/06 zum Benediktinerkloster St. Ägidien, heute Teil des Braunschweigischen Landesmuseums, seit 1966 mit militärgeschichtlicher Abteilung. Vgl. Lit.-Angaben unter ›Wolfenbüttel‹ und ›Bad Blankenburg‹]
Biegel, Gerd: Das Benediktinerkloster St. Aegidien — als Baudenkmal »der eindrucksvollste Sammlungsgegenstand des Museums«, in: Informationen und Berichte Braunschweigisches Landesmuseum Nr. 2 (1987), S. 20-27.
Bohlmann, Robert: a) Aus dem Zeughause der Stadt Braunschweig, in: ZHWK Bd. 9, Nr. 1 (1921), S. 30 [Reprint Graz 1973]; b) Das Ende des herzoglichen Zeughauses zu Braunschweig, in: Braunschweigische Heimat, 52. Jg. (1966), S. 39-44.
Braunschweigisches Landesmuseum für Geschichte und Volkstum: Von der Gründung bis zur Gegenwart, Braunschweig 1966; Reprint o. J.
Braunschweigisches Landesmuseum für Geschichte und Volkstum: Fotosammlung, Plansammlung [darunter Entwurfszeichnung von J. C. Moll 1762 »Dessein zur Facade des Zeughauses«], Gemälde, Waffen, Rüstungen, Modelle aus ehemaligem Zeughausbestand im Magazin und z. T. in der ständigen Ausstellung.
Diestelmann, Jürgen und Kettel, Johannes: Die Brüdernkirche in Braunschweig, Königstein i. T., o. J. [Zeughausfunktion nicht erwähnt!].
Elster, O.: Geschichte der stehenden Truppen im Herzogtum Braunschweig=Wolfenbüttel, Bd. 2, 1714-1806, Leipzig 1901.

Floto, H. [Hrsg.]: [Zeugherr Zacharias] Boilings (†1663) Monita, in: Zeitschrift des historischen Vereins für Niedersachsen, Jg. 1869, Hannover 1870, S. 235-323 [Auszüge aus Manuskripten des Zeugherrn, Originale im Stadtarchiv Braunschweig].
Glage, Wolfgang: Das Kunsthandwerk der Büchsenmacher im Lande Braunschweig, Braunschweig 1983.
Hagen, Rolf: Einst Zeughaus der Hanse. Historische Waffen im Landesmuseum, in: Braunschweig, Berichte aus dem kulturellen Leben, 1973, S. 22, 25.
König, Joseph: Quellen zur Geschichte der Stadt Braunschweig im Niedersächsischen Staatsarchiv Wolfenbüttel, in: Brunswiek 1031. Braunschweig 1981, Festschrift des Städt. Museums Braunschweig, hrsg. v. Gerd Spies, Braunschweig 1981, S. 483-570.
Liebold, B. und Heuser, G.: Deutsche Renaissance. Eine Sammlung von Gegenständen der Architektur, Decoration u. Kunstgewerbe in Original-Aufnahmen, XXIX. Abtlg. Braunschweig und Wolfenbüttel, Leipzig/Berlin/Wien 1882.
Meier [Oberstleutnant z.D.]: Die Artillerie der Stadt Braunschweig, in: Zeitschrift des Harzvereins für Geschichte und Altertumskunde, Jg. 30 (1897), S. 35-112.
Meier, P. J. und Steinacker, K.: Bau- und Kunstdenkmäler der Stadt Braunschweig, Braunschweig ²1926, Neudruck 1940.
Neumann, H.: Festungsbaukunst und Festungsbautechnik, 1988, S. 347, 401.
Nieders. Staatsarchiv Wolfenbüttel: 1) 12 A Neu Nr. 5174 »Lageplan vom ehemaligen Pauliner Kloster zu Braunschweig«, 18.07.1900; 2) im Bestand 245, Nr. 2, Inventar von Geschütz und Zubehör für die Braunschweigischen Zeug- und Munition-Häuser 1753, darin: Inventarium des zur Curiosite und Antiquite im Braunschweigischen Zeughause auf behaltenen Rüst: Zeuges-Modelle, Machinen und andere Sachen de Anno 1753, u.a. Inventare von 1753; 3) 76 Neu Fb. 1, Nr. 153-159: Akten der Herzogl. Baudirektion betr. Militärgebäuden in Braunschweig, darunter Zeughaus, Altes Zeughaus am Brüderkirchhof, 2. Hälfte 19. Jh. In Nr. 133 Acta die Aufgabe der Nutzungsrechte des Militair Fiscus an der als Zeughaus dienenden ehemaligen Paulinerkirche hieselbst sowie Wahl eines Bauplatzes für ein neues Zeughaus betr., 1879 ff; Nr. 134 Acta Das alte Zeughaus= Gebäude auf dem Brüdern-Kirchhofe, in specie die Trennung der Gebäulichkeiten von denen der Brüdern Kirche 1861 etc.; Nr. 153 maßstabsgerechter Grundriß des Herzoglichen Zeughauses beim Versicherungsvertrag, Nr. 159 Dienstwohnung des Zeughauslieutenants und des Zeugwärters auf dem alten Zeughofe i. J. 1828; 4) 25 E Neu Fb. 1, Nr. 56 Zeughaus in Braunschweig 1834-1860; 5) 26 Neu Gr. 2, Nr. 24, 25: Herzogl. Kriegskommissariat: Zeughaus in Braunschweig 1837-1865; 6) 12A Neu Fb. 5, Nr. 5173-5179: Das Herzogl. Zeughaus in Braunschweig 1819-1901 [Hofbenutzung, Direktion, Unterbeamte, Zelteverkauf]; 7) 12A Neu Fb. 5, Nr. 5173: Acta varia Zeughaus Sachen betr. 1819-1865 Ankauf von Leder für Koppelzeug, Ankauf von Pulver für Artillerie und Flinten, Verkauf von alten Piken, Säbeln, auf engl. Caliber gebohrte u.a. Gewehre, ebenda Nr. 5174: Acta das Zeughaus hieselbst die ehemalige Paulinerkirche betreffend. 1827-1901, darin fol. 207 »Grundriss-Zeichnung für ein Zeughaus in Braunschweig 1895«, in Akte 3 fol 81 Lageplan, fol 97-99 farbige Grundrisse der Paulinerkirche mit Chor, Kreuzgang und Nebengebäuden, 8) 12A Neu Nachtrag Fb. 13 vorl. Nr. 464: Braunschweig. Acta der Kammer in Braunschweig. Das alte Zeughaus auf dem Brüdernkirchhof betr. 1915-1927 mit kol. Lageplan, Mietverträgen, Straßenreinigung, Fußweginstandsetzung u.a.; 9) Bestand

245 N, Nr. 2: Zeughäuser Braunschweig und Wolfenbüttel 1656-1753, Abschriften von Inventaren, ebenda Nr. 3 in 3 Bdn 1674-1836, 1841-1861, 1656-1753: Zeughaus Braunschweig, u. a. Instandsetzungskosten für Gewehre, Übersicht über die im Zeughaus befindl. Waffen, 1832.
N.N.: Drei Jahrhunderte Garnison Braunschweig. Chronik der Panzergrenadierbrigade 2, Braunschweig 1979.
Ortenburg, Georg: Braunschweigisches Militär, mit einem Anhang über Braunschweigische Kasernen von Jürgen Hodemacher, Cremlingen 1987.
Pfeifer, Hans: Das Fürstliche Zeughaus in Braunschweig und die Unterbringung des Vaterländischen Museum im Ägidienkloster daselbst, in: Braunschweiger Magazin Nr. 11 (1902), S. 121-131.
Reitzenstein, J. von: Das Geschützwesen und die Artillerie in den Landen Braunschweig und Hannover von 1365 bis zur Gegenwart; Bd. 1, Leipzig 1896; Bd. 2, Leipzig 1897; Bd. 3, Leipzig 1900.
Römer, Christof: Die Dominikaner in Braunschweig. Vom mittelalterlichen Paulinerkloster zum St.-Albertus-Magnus-Kloster, Braunschweig 1980.
Ders. [Bearb.]: 500 Jahre Krieg und Frieden. Braunschweigische Militärgeschichte vom Fehdezeitalter bis zum Ende des Absolutismus, Ausstellungskatalog des Braunschweigischen Landesmuseums 1982.
Sauerbrey, Beate: Die Wehrverfassung der Stadt Braunschweig im Spätmittelalter, Braunschweig 1989.
Schröder, H. und Assmann, W.: Die Stadt Braunschweig. Ein historisch-topographisches Handbuch, Braunschweig 1841.
Spies, Gerd [Hrsg.]: Braunschweig Das Bild der Stadt in 900 Jahren Geschichte und Ansichten, Städtisches Museum Braunschweig, 2 Bde, Braunschweig 1985 [Zeughausabb. II, S. 114, 119, 139, 185, 172, 242 f, 244].
Ders.: Braunschweig. Das Bild einer Stadt im 18. Jahrhundert. Arbeiten der Braunschweiger Kupferstecherfamilie Beck, Braunschweig 1974.
Stadtarchiv Braunschweig: 1) Bestand Altes Ratsarchiv, B II [Rechnungsbücher] Nr. 19: Zeugamtsrechnungen 1610-1670 mit 56 Positionen in Jahrbüchern geordnet unter dem Titel: Artillorey Oder Zeüg-Herren Rechnüng …; 2) Sacksche Sammlung Nr. 56, 153, 155.
ABB. NR. 123/130-133/269/312-314/372/373.
BREISACH ◆ Zeughaus *1664/65 † [?]
[Festung Alt-Breisach von 1703] in Modelli dell'Università di Bologna; Farbreproduktion auf dem Umschlag und Taf. XXXV A.
Fara: Il Sistema e La Città, Architettura fortificata dell' Europa moderna dai trattati alle realizzazioni 1464-1794, Genova 1989.
Neumann, H.: Festungsbaukunst und -technik, 1988, S. 401.
BREMEN ◆ Schotkamere 1395 erwähnt;
◆ Bussenhog 1503 Ecke Domshof/Sandstraße †;
◆ Katharinenkloster seit 1597, †.
Hauschild, H. M.: Alt=Bremen, Teil 2, Bremen 1904.
Neumann, H.: Festungsbaukunst und Festungsbautechnik, 1988, S. 240 f, 401 f.
Staatsarchiv Bremen: Zahlreiche Inventare, jedoch keine bildlichen Darstellungen. ABB. NR. 128/129.
BURG BREUBERG i. O. ◆ Wertheimer Zeughaus, *1528, heute Ruine;
◆ Erbacher Zeughaus, heute Scheune.
Antonow, Alexander: Burgen im Main-Viereck. Breuberg, Freudenberg, Miltenberg, Prozelten, Rothenfels, Wertheim, Wildenburg, Frankfurt 1987.

Breuberg-Bund e.V.: Archiv, Bildsammlung.
Wackerfuß, Winfried [Hrsg.]: Burg Breuberg im Odenwald, Breuberg ⁶1988.
Schaefer, Georg: Kunstdenkmäler im Großherzogthum Hessen, Inventarisirung und beschreibende Darstellung der Werke der Architektur, Plastik, Malerei und des Kunstgewerbes bis zum Schluss des XVIII. Jahrhunderts, A. Provinz Starkenburg, Bd. 2: Kreis Erbach, Darmstadt 1891 [IV Breuberg S. 16-41].
ABB. NR. 81/120/121.
BÜCKEBURG ◆ 2 Zeughäuser im Schloßbereich †
◆ Gewehrkammer im Schloß, *1780.
Habich, Johannes: Die künstlerische Gestaltung der Residenz Bückeburg durch Fürst Ernst 1610-1622, Bückeburg 1969 [Schaumburger Studien Nr. 26].
Niedersächs. Staatsarchiv Bückeburg: a) Gewehrkammer von 1780 im Schloß, Akte K6, Nr. 1034, b) Akten und Pläne zu Ballhaus, Renthaus, Gießhaus, Pulvermagazin K2 M, Nr. 1465, 1466 u. a.
BURG ZU BURGHAUSEN ◆ Altes Zeughaus im II. Vorhof * vor 1574;
◆ Neues Zeughaus im IV. Vorhof, * Mitte 17. Jh.
Balthasar, Albert: Die Baugeschichte der Burg und der Stadtbefestigung von Burghausen, Dissertation München 1950 [masch.-schriftl.].
Hager, Luisa u. Elmar D. Schmid: Burg zu Burghausen, hrsg. von der Bayer. Verwaltung der Staatl. Schlösser, Gärten und Seen, München ⁶1974 [Objekte 10, 11].
SCHLOSS BÜRRESHEIM ◆ Rüstkammer im spätgotischen Großen Rundturm nach 1473, * [?]
Landesamt für Denkmalpflege Mainz: Foto- und Planarchiv.
Werner, Karl von und Caspary, Hans: Schloss Bürresheim, Mainz ⁶1981. ABB. NR. 18.
CELLE ◆ Rüstkammer im Schloß 1457 erwähnt;
◆ Zeug- und Rüstkammer im Neuen Rathaus, Obergeschoß des Südflügels, 1725 gesamtes Inventar verkauft;
◆ Fürstl. Zeughaus am Südwall, * um 1659, †1784.
Atkinson, Catherine: Celle — Eine wehrhafte Stadt. Ausgrabungen an der ehemaligen Stadtbefestigung vor dem Hintergrund der frühneuzeitlichen Festungsgeschichte, Celle 1989 [Ausstellungskatalog des Bomann-Museums Celle].
Bomann-Museum Celle: »Charte der Stadt Celle im fürstenthum Lüneburg 1766« von Johann Friedrich Borchmann.
Cassel, C.: Geschichte der Stadt Celle, Bd. 1: Celle 1930 [Zeughaus S. 209, Rüstkammer S. 281].
HSAH: Repertorium Hann. 47, Kriegskanzlei, Rüstkammer Bd. I, 106 Vol. III, Inventare v. 1649, 1653 I 284 Vol. III; Zeughaus Bd. I 113, 116, 117, Zeughaussachen, Bestände, Ausgabe von Munition, Waffen, Armaturgegenständen, Materialien, Neubeschaffung, Reparaturen etc. für 1757-1780 Sign. IV 250.
Siebern, Heinrich und Lütgens, Hans [Bearb.]: Die Kunstdenkmäler der Provinz Hannover, III Regierungsbezirk Lüneburg, Heft 5, Stadt Celle, Hannover 1937.
Sprenger, Th.: Die ehemaligen herzoglichen Gebäude in Celle, in: Hannoversche Geschichtsblätter, 9. Jg. (1906), S. 64-102 [Zeughaus, Rüstkammer S. 30 f].
Stadtarchiv Celle: Inventar der Rüstkammer [Generalinventar], Signatur St. 36a.
COBURG ◆ Rüstkammern im Rathaus und auf der Vesten, †
◆ Herzogl. Zeughaus in der Herrengasse *1616/21, z. Z. Ausbau zum Depotgebäude des Staatsarchivs;

◆ Zeughaus »Hohes Haus« in der Veste, *1450 (?), heute Kunstsammlungen der Veste Coburg, darunter die »Rüstkammer« mit Beständen der oben genannten Waffenspeicher.
Doering, O.: Die Wiederherstellung der Veste Coburg, o. J. (um 1924).
Erdmann, Jürgen: Der Coburg-Pentateuch, ein neuentdecktes Dokument der mittelalterlichen Geistes- und Kulturgeschichte Coburgs. Zum Codex Ms Add 19776 in der Bibliothek des Britischen Museums in London, in: Jahrbuch der Coburger Landesstiftung 1980, S. 85-110.
Föhl, Walther: Coburg. Ein Führer durch Stadt und Residenz, Coburg 1959 [Zeughaus S. 41-43].
Kunstsammlungen der Veste Coburg: Bildarchiv, diverse Kataloge.
Kunstsammlungen der Veste Coburg: Reihe Museum Westermann, Braunschweig 1981.
Landbauamt Hof Dienststelle Coburg: Umbaupläne, Fotosammlung, Gutachten usw.
Landesbibliothek Coburg: Stammbuch des Coburger Zeughauses von 1618, Signatur: Ms 51.
Lehfeldt, P.[Bearb.]: Bau- und Kunstdenkmäler Thüringen, Bd. 33: Coburg/Veste. Landrathsamt, Jena 1907.
Loßnitzer, Johannes von: Studien aus der Waffensammlung der Veste Coburg, in: ZHWK Bd. 8, Nr. 1/2 (1918-1920), S. 346-349.
Maedebach, Heino: Veste Coburg, München/Zürich ^{8}1981.
Maedebach, Minni: Die Veste Coburg in alten Ansichten, Coburg 1981 [besonders Nr. 10].
Neumann, H.: Festungsbaukunst und -technik, 1988, S. 26, 402.
Oehm, Jürgern: Das Zeughaus Coburg im Wandel der Zeit, in: BAUINTERN. Zeitschrift der Bayerischen Staatsbauverwaltung, Nr. 3 (1988), S. 44 f und Titelseite.
Pellender, Heinz: Chronik der Stadt und der Veste Coburg der Herren und Herrscher über Coburg und das Coburger Land, Coburg ^{2}1984.
Staatsarchiv Coburg: a) Bestand LReg Nr. 10804 Inventare über Artillerie u. Munition von 1668 und 1695, Bd. A; b) dsgl. Inventare der Veste von 1700, Bd. B; c) dsgl. Inventare 1703-1747 Bd. C; d) LAF 3980 »Inventarium über Das Fürstl. Zeüghauß zu Coburg«, aufgerichtet Anno 1699. Sq. vom Secretario und Archivario [Hermann Burckhard] Rößlern; e) Repertorium E Bd. II, Min S. 1205: Akten die Einrichtung des Zeughauses zu verschiedenen Anstalten betreffend 1831-1866, Nr. 1169; 1866 ff, Nr. 1171; 1903 ff, Nr. 1171; f) Planslg. Großformat 110-112; g) NL Planslg. Prof. Leopold Oelenheinz (1871-1937) 42/43; h) Bildslg. I, Hohes Haus und Stadtzeughaus, Nr. 888, 892-939, 998-1002; i) In der Aktengruppe LA F 3621-4039 lassen sich 22 Inventare zu den Beständen bzw. Teilbeständen des Hohen Hauses auf der Veste Coburg nachweisen; k) LReg 7906 von 1801 Stadtzeughaus-Baupläne Nr. 891 von 1802; l) Stadtzeughaus Inventare LA F 3681 [Plünderungen von 1632], LA F 3980 von 1699; m) Akten über den Umbau des Stadtzeughauses und anderweitige Nutzung in den Beständen LReg [Landesregierung], Kammerarchiv, Kastenamt Coburg; n) Artollery Kunst, Lehrprogramm zum Artilleriewesen in 14 Punkten auf 3 Seiten von 1667 in LA F 3680 fol.20, 20, 25.
Teufel, Richard: Die mittelalterlichen Bauten der Veste Coburg, in: Jahrbuch der Coburger Landesstiftung 1956, S. 13-94. ABB. NR. 37/38/39/40/60/77/78/165/166/394/403/404.
DARMSTADT ◆ Exerzierhaus, *1711, zum Zeughaus aptiert 1772, †1892.
◆ Jagdzeughaus im Schloß Kranichstein, *1690, heute Jagdmuseum mit einer Kollektion hessischer Jagdwaffen.

Anthes, Eduard und Beck, Theodor: Das Zeughaus [ehemaliges Exerzierhaus] in Darmstadt, 1. Kurze geschichtliche Skizze, 2. Beschreibung des Baues, in: Quartalsblätter des histor. Vereins für das Grossherzogtum Hessen, N. F. Bd. 1 (1893), S. 283 ff.
Ben Sadi, Rabi: Cronica nach der neuen Zeitrechnung beschrieben im Jahr 1774 an seinen Freund Hussa Ismael, Darmstadt 1774. [Original: Hess. Landes- u. Hochschulbibliothek Darmstadt 43/1235, betrifft den Bau des Exerzierhauses].
D[ingel]d[e]y, [Hermann]: Das Exerzierhaus [Zeughaus] zu Darmstadt und seine Erbauer, in: Neue Hessische Volksblätter, Nr. 143-147 (1892).
Haupt, Georg [Bearb.]: Die Bau- und Kunstdenkmäler der Stadt Darmstadt, Darmstadt 1952. [Exerzierhaus S. 173-176, Zeughaus S. 191 f, Taf. Bd. Abb. 287-289, 292-301].
Hess. Landes- und Hochschulbibliothek Darmstadt: 1) Das alte Zeughaus zu Darmstadt, kol. Handzeichnung, Th. Beck, 1892, in: Mappe 154/10; 2) Neues Exercier-Haus in Darmstadt, Kupferstich, in: Ansichten 3496.
Klein, Friedrich Johannes: Das Zeughaus zu Darmstadt. Historische Skizze nach den Quellen des Grossherzoglichen Haus- und Staats-Archivs, in: Allgemeine Militär-Zeitung, 50. Jg., Darmstadt 1875, Nr. 17/18, S. 134 f, 140-143.
Zernin, Gebhard: Das ehemalige Zeughaus in Darmstadt, in: Darmstädter Zeitung, Nr. 116, 118, 120 (1893).
ABB. NR. 252.
DELMENHORST ◆ Zeughaus in der Burg, †1712.
Niedersächs. Staatsarchiv Oldenburg: a) Rechnung Bestand 298 Z, Nr. 809a [Inventare]; b) Handzeichnung »Standriss der Dellmenhoster Schlossgebäude [mit Zeughaus] wan sie repariert werden« von Kapitän-Ingenieur Honrichs datiert 7. Juni 1712; Rahmenformat: 40,6 x 32 cm; Bestand 298 OL B 192.
Grundig, Edgar: Geschichte der Stadt Delmenhorst bis 1848. Die politische Entwicklung und die Geschichte der Burg, Delmenhorst 1979.
Neumann, H.: Festungsbaukunst und Festungsbautechnik, 1988, S. 402.
DETMOLD ◆ »Gewachsene« Rüstkammer, Jagdwaffen, Arsenalmodelle von Geschützen im Schloß.
Neumann, H.: Festungsbaukunst und Festungsbautechnik, 1989, S. 217, 403.
Ullmann, Konrad: Waffenkammer [im Schloß Detmold], in: Bau- und Kunstdenkmäler von Westfalen, bearbeitet v. Otto Gaul u. a., Stadt Detmold, Münster 1968, S. 305-312.
DILLENBURG ◆ Büchsenhaus 1463/64 erwähnt.
Becker, E. [Hrsg.]: Schloß und Stadt Dillenburg. Ein Gang durch ihre Geschichte in Mittelalter u. Neuzeit, Dillenburg 1950 [S. 31 f].
Neumann, H.: Festungsbaukunst und Festungsbautechnik, 1988, S. 403.
DINKELSBÜHL ◆ Städt. Zeughaus, Elsässer Gasse 9, *16. Jh., heute Mietwohnungen und Feuerwehr.
Stadtarchiv Dinkelsbühl: a) Karteizettel Zeughaus, b) Plan über die Lateinschule in Dinkelsbühl [=Zeuhaus], Ansicht und Schnitt; Bauaufnahme Stadtbauamt v. 28. Sept. 1895; b) Ehemaliges Zeughaus, Ansicht, Schnitt, Lageplan, sine nota, Ende 19. Jh.; c) Häuserbogen
Neeser, F 6/19PP-1920. 4 Pläne von Max Neeser, Stadtbaumeister, von 1891-1913; d) Akten IX/A 4/90: Verwendung des Zeughauses ab 1872 für Landwehr nebst Magazin, 1876 Umbau zur Lateinschule; e) Grundrisse der 3 Stockwerke des Zeughauses 1:100 [Wohnungsbau für den Feldwebel und Landwehrmagazin].

223

Gabler, A.: Dinkelsbühl und seine Befestigung, in: Alt-Dinkelsbühl. Mitteilungen aus der Geschichte Dinkelsbühl und seiner Umgebung, Nr. 5 (1941), S. 33-40, Nr. 6 (1941), S. 41-46 [Bewaffnung S. 42-45].

Gebeßler, A.: Stadt und Lankreis Dinkelsbühl, Kurzinventar, S. 64.

DÜSSELDORF ◆ Rüstkammern †, Zeughausprojekt, Artilleriearsenal †, Jagdzeughaus †.

Historisches Archiv der Stadt Köln: 3 Pläne zum Zeughausprojekt Düsseldorf 1770, kol. Federzeichnungen gez. G. Bauer, 108 x 49 cm, im Bestand Plankammer 625, Bl. 1-3.

HSAD: Pläne für den Umbau des Artilleriearsenals zum Treibhaus des Botan. Gartens im Bestand Jülich-Berg II, 3903, fol.3 96 ff.

Neumann, H.: Festungsbaukunst und Festungsbautechnik, 1988, S. 23, 365, 403.

Spohr, Edmund: Düsseldorf Stadt und Festung, Dissertation Aachen 1973, Düsseldorf ²1979 [Flinger Tor als Rüsthaus S. 76, Arsenalprojekt S. 275-277].

Stadtarchiv Düsseldorf: Akte I 208, Verfügung des Kurfürsten Carl Theodor zur Umwandlung des Jesuitengymnasiums Düsseldorf in ein Zeughaus i. J. 1774.

ABB. NR. 327.

SCHLOSS DYCK ◆ Jagdkammer, Waffenmuseum.

Ehrenthal, M. von: Die Waffensammlung des Fürsten Salm-Reifferscheidt zu Schloss Dyck, Mönchen Gladbach 1906.

Kisky, Hans; v. Reitzenstein, A.; Mattern, H.: Schloss Dyck, [Rhein. Kunststätten] Köln ³1972.

EICHSTÄTT — Willibaldsburg ◆ Zeughaus, * zwischen 1609/1616, heute für Lagerzwecke und Sammlungsräume des Jura-Museums gegenutzt.

Bayer. Verwaltung der Staatl. Schlösser, Gärten und Seen, München: Planarchiv; Dokumente zur Willibaldsburg.

Endl, Edmund, Baudirektor a. D., Eichstätt: Fotoarchiv.

Fischer, Manfred F. [Bearb.]: Die Willibaldsburg in Eichstätt. Amtlicher Führer, München 1971.

Landbauamt Eichstätt: Planarchiv Neu- und Umbauten auf der Willibaldsburg, darunter: 1) Willibaldsburg Eichstätt. Ehem. Zeughaus, Erdgeschoß M 1:100, Eichstätt, den 14.7.1976, Landbauamt [Eichstätt], 2) Skizzenplanung für den Einbau eines Informationszentrums des Naturparks Altmühltal im Zeughaus der Willibaldsburg. Erdgeschoßgrundriß u. Schnitt. M 1:100. Eichstätt, den 10.7.1980, Landbauamt: [gez. Edmund] Endl.

Mader, Felix [Bearb.]: Die Kunstdenkmäler von Mittelfranken, Bd.I: Stadt Eichstätt, München 1924; Reprint München/Wien 1981 [S. 485-520].

Schloss- und Gartenverwaltung Ansbach: Planunterlagen in Kopien, darunter: 1) Bauris, des Kl: Stuckhauses zu S: Willibalts=Burg in Eichstädt ◆ [von] Michael Maurer .18.10; 2) Geometrischer Plan des Kl: Stuckhauses auf dem Schlosz S: Willibalts=Burg in Eichstädt [gez.:] Michael Maurer ◆ .18.21 [?]. 3) Uebersichts-Plan von der Willibaldsburg darstellend mit rother Farbe das bey dem Verkaufe des Schlosses im Jahre 1806 verbliebene Eigenthum des Königlichen Militair-Aerares, mit blauer Farbe die zu militärischen Zwecken im Jahre 1826 angekauften zwölf Parzellen und mit gelber Farbe die zum nämlichen Behufe noch anzukaufenden Werke, Gebäude und Gründe [gez. a:] Hoermann [m. p.] K: Ingenieur Hauptmann 1826 [»D. K: Zeughaus ist eine Remise mit einem großen Gewölbe«, daneben die »Schmidt u. Wagnerey«; 4) SOUTERRAINS= und MINEN=PLAN, [gez.:] Hoermann K: Ingenieur Hauptmann [m.p.]; 5) Einbau von Betriebsräumen für die Zucht von Champignon in das Zeughaus der Willibaldsburg von Eichstätt, [Lageplan und Schnitt, signiert:] Eichstätt Juli [19]63 Fred Weidinger Architekt BDA; 6) Willibaldsburg Eichstätt, Zeughaus, M 1:100, Grundriß Erdgeschoß mit Aufmaß; sine nota; o. D.

Staatsbibliothek Eichstätt: Inventare von 1648-1668 im Bestand Ms Nr. 625. ABB. NR. 89.

EINBECK ◆ Zeughaus im Augustinerkloster, †

HSAH: 1) Repertorium Hann.47, Kriegskanzlei, Zeughaus Einbeck Bd. I 106, Vol. IV: Extrakt aus den Einbeckischen Kontributionsrechnungen 1637-48 betr. Anschaffung für das Zeughaus, ebenda Vol. V; 2) Hann. 93-45: Nr. 29 Zeughausinventare von 1637 an, Nr. 49: Augustinerkloster i. J. 1785.

Garbe, Konrad: Zur Geschichte zweier ehemaliger Einbecker Kirchen, in: Jahrbuch der Gesellschaft für niedersächs. Kirchengeschichte, Bd. 46 (1941), S. 97 ff. [Augustinerkirche als Zeughaus und Kornmagazin].

Harland, H. L.: Einige Nachrichten über das Einbecker Zeughaus, in: Ders.: Geschichte der Stadt Einbeck, Bd. 2 Einbeck 1859, S. 447-439 und Stadtgrundriß von 1750 im Anhang.

ELLWANGEN [Jagst] ◆ Fürstpröbstische Rüstkammer/Zeughaus im Schloß, †

Neuhaus, August: Das Zeughaus der Fürstpröbste von Ellwangen, in: ZHWK Bd. 7 (1915/1917), S. 139-140 [Faksimile Graz 1973].

Staatsarchiv Ludwigsburg: Fürstpropstei Ellwangen, Bestand B 397. Ältere Fürstl. Akten, werden z.Z. neu verzeichnet. Laut frdl. Mitteilung von Dr. Hofmann v. 27.06.89 ergaben sich bisher keinerlei Hinweise auf Rüstkammer oder Zeughaus, eine Existenz aber ist zu vermuten. Ergebnislos blieb auch die Durchsicht der Karten- und Plankarteien.

Stadtarchiv Ellwangen: keinerlei Quellen, keinerlei Hinweise in der umfangreichen örtlichen Literatur nachweisbar.

EMDEN ◆ Städt. Waffenspeicher in der Halle an der Faldernstr., *1569, †

◆ Städt. Rüstkammer *1582 im 1575 erbauten Rathaus, heute museale Waffensammlung.

Baron Potier, Otmar: Die Rüstkammer der Stadt Emden, in: ZHWK Bd. 3 (1902/05), S. 15-23, 102-108 [mit Inventar von 1901].

Ders.: Inventar der Rüstkammer der Stadt Emden. Aufgenommen und bearbeitet im Jahre 1901, Emden 1903. [Original: ZBB B IV 314]

Ders.: Aus der Emdener Rüstkammer, in: ZHWK N. F. Bd. 1 Nr. 1 (1923), S. 25 f [Reprint Graz 1973].

Boeheim, Wendelin: Die Rüstkammer der Stadt Emden, in: ZHWK Bd. 2 (1900/1902), S. 89-94.

Eichhorn, Helmut: Für den interessierten Besucher der Sammlungen des Ostfriesischen Landesmuseums und der Emder Rüstkammer im Rathaus am Delft, Emden 1987.

HSAH: Acta betreffend Versetzung von Artillerie- und Zeughaus-Gegenständen von Emden nach Hannover 1827-38 im Bestand: Hann. 48, Nr. 874/875.

Henrici, K.: Die Renaissance in Ostfriesland: Emden, Norden und Jever. Reiseaufnahmen der Studierenden der Architektur a.d. Königl. Techn. Hochschule zu Aachen, 17. Abtlg., Leipzig 1886 [Das Rathaus in Emden Bl. 1-17].

Lübke, Wilhelm: Geschichte der Renaissance in Deutschland, Stuttgart ²1882 [Teil II Rathaus zu Emden S. 292].

Niedersächs. Landesverwaltungsamt / Landesbildstelle, Hannover: Vorkriegsaufnahme des Magazins der Kurfürstl. Werft in Emden, Negativ-Nr. D 282.

Petsch, Kurt: Seefahrt für Brandenburg-Preussen 1650-1815. Geschichte der Seegefechte, überseeische Niederlassungen und staatliche Handelskompanien, Osnabrück 1986 [darin Magazin der Kurfürstl. Werft 1685-1717 in Emden].
Rolffs, Alexander von: Die antike Rüstkammer des Emder Rathauses und ein kulturgeschichtlicher Beitrag zur Waffen- und Sittenkunde des Mittelalters, in: Emder Jahrbuch 1861.
Schnedermann [Senator in Emden]: Die Entstehung der Emder Rüstkammer, in: Emder Jahrbuch 1883, S. 80-94.
Siedel-Sande, Fritz: Emdener Rüstkammer — Zeugnis wehrhaften Bürgersinns, in: Deutsches Waffenjournal Nr. 3 (1976), S. 266-270.
Starcke, [Ernst]: Beschreibung mehrerer auserlesener Waffenstücke der Emder Rüstkammer, in: Emder Jahrbuch 1882, S. 95-97.
Ullmann, Konrad: Die schönsten Harnische in der Emder Rüstkammer. Ein Führer durch die Sammlung von Plattnerarbeiten in der Rüstkammer des Emder Rathauses, Emden 1968. ABB. NR. 26/27/456/457.
ESSLINGEN ◆ Zeughaus im Augustinerkloster *1550, †
◆ Zeughaus des Schwäbischen Kreises von 1736/37 im ehem. Sirnauer Kloster, heute Kaserne.
Stadtarchiv Eßlingen: a) Zeughaus in der ehem. Augustinerkirche ab 1550 bis zur Plünderung 1688: Inventare im Bestand Reichsstadt, Fsz. 150; b) Zeughaus des Schwäbischen Kreises im Sirnauer Kloster 1736/38 eingerichtet: Bestand Reichsstadt, Fsz. 318 für 1738-1797.
Fleck, E.: Esslingen a.N. als Artillerie- und Reiter-Garnison im Kurfürstentum und Königreich Württemberg (1803-1845), Eßlingen 1942 [Manuskript im Stadtarchiv].
Meckseper, Cord: Kleine Kunstgeschichte der deutschen Stadt im Mittelalter, Darmstadt 1982 [Taf. 9 Kupferstich Stadtansicht Eßlingen Sigmund Stuber excudit, Ende 17. Jh. »H daß Zeuhauß«].
FORCHHEIM ◆ Zeughaus *1605, Bamberger Str. 22/24, †1968, erhalten 2 Torhäuser des Zeughofs und Spolien.
Breuer, Tilmann: Stadt und Landkreis Forchheim. Kurzinventar der Bayerischen Kunstdenkmale Bd. 12, München 1961 [ehem. Zeughof S. 44].
Neumann, H.: Festungsbaukunst und Festungsbautechnik, 1988, S. 66, 366, 403.
Staatsarchiv Bamberg: Akten zur Fortifikationsgeschichte des 18. Jh.
Stadtarchiv Forchheim: a) Plan und Explication über die Stat und Vestung Vorgheim wie solche MDCCL auf genohmen worden ist. [Darauf Zeughaus mit dem Hofgarten]; b) Stadtplan Forchheim im Jahre 1825.
FRANKFURT a.M. ◆ Waffensammlung im Historischen Museum;
◆ Zeughaus Konstablerwache, *1544/45, † II. Weltkrieg;
◆ diverse Zeughäuser, alle †
Batton, Johann Georg: Oertliche Beschreibung der Stadt Frankfurt am Main, Frankfurt a.M. 1869, Bd. VI, S. 84, 128 [Konstablerwache].
Historisches Museum Frankfurt a.M.: 2 Fotografien vor dem Abbruch 1887, C 21919, Ph 18; Zeughaus Frankfort on the Main, Ansicht Drawn by C.F. Tomkins from a Sketch by J.R. Planché, On Stone by T.S. Cooper, o.J. Sign. C 13006; Die alte Constablerwache in Frankfurt a.M. Nach einer Photographie von Wehl in Frankfurt a.M., Holzstich o.J. [ohne Turm und Adler].
Neumann, H.: Festungsbaukunst und -technik, 1988, S. 404.

Reiffenstein, Karl Theodor: Auszug aus einer handschriftlichen Ueberlieferung des Inventariums der verschiedenen Zeughäuser Frankfurts in den Jahren 1764-1765, in: Archiv für Frankfurts Geschichte und Kunst, 1. Folge Nr. 8 (1858).
Schrotzenberger, Robert: Francofurtensia, Frankfurt a.M. 1884.
Wolff, Carl und Jung, Rudolf: Die Baudenkmäler in Frankfurt am Main, 3 Bde, Frankfurt a.M. 1896-1914, hier Bd. 2 Weltliche Bauten [Die ehemalige Konstabler-Wache, S. 315-319]. ABB. NR. 266.
FREUDENSTADT ◆ Zeughaus im ehemaligen Kaufhaus [Schickhardtbau] †;
◆ Neues Zeughaus, *1671, †1884.
Neumann, H.: Festungsbaukunst und Festungsbautechnik, 1988, S. 101, 404.
FRIEDBERG ◆ Zeughaus *1551/89, Haus Burg 28, total überbaut.
Einsingbach, Wolfgang: Friedberg. Burg. Adolfsturm. St. Georgenbrunnen, Kassel ²1983 [Faltblatt].
Herrmann, Fritz H.: Drei Pläne der Burg Friedberg aus dem 18. Jahrhundert, in: Wetterauer Geschichtsblätter (1970), S. 173-190.
Herrmann, Lore: a) Das Wohnhaus des Dichters Fritz Usinger. Ein Überblick über seine Geschichte, in: Die Götter lesen nicht. Festschrift zum 80. Geburtstag Fritz Usingers am 5. März 1975, hrsg. von Siegfried Hagen, Bonn 1975, S. 144-150; b) Vom Burgfriedberger Zeughaus. Heute ist es das Wohnhaus des Dichters Fritz Usinger, in: Wetterauer Geschichtsblätter Nr. 28 (1979), S. 99-104.
FULDA ◆ Rüstkammer/Zeughaus im Rathaus †.
Hohmann, J.: Ein Inventar der Fuldaer Rüstkammer aus dem Jahre 1609, als Kleinere Mitteilung in: Fuldaer Geschichtsblätter Nr. 8 (1909), S. 127 f.
GERMERSHEIM ◆ Zeughaus der Bundesfestung; *1834; ab Nov. 1989 erste Sanierungsmaßnahmen zum Umbauprojekt für die Herrichtung als Straßenbaumuseum sowie Nutzung durch Museums- und Kunstverein.
Bayer. Kriegsarchiv München: 2 Grundrisse von 1888/89, Maße: 58 x 33 cm bzw. 21 x 33 cm in der Plansammlung Germersheim Nr. 58-60; Artillerie-Dotation, Geschütze, Munition, Zeughaus und Laboratorium 1835-1920 Sign. MKr 8171-8177; Zeughaus, Dienstgebäude für das Artillerie-Depot 1845-1918 Sign. MKr 8205; Jahresberichte der Zeughausverwaltung Germersheim, später Artillerie-Depot 1841-1913 Sign. HS 1203-1252; weitere Quellen sind in den Beständen Festungs-Gouvernement Germersheim, Stellvertretendes Generalkommando II. Armeecorps, Generalkommando II. Armee-Korps und Alter Bestand C Germersheim zu erwarten. Bundesarchiv des Auswärtigen Amtes Bonn: Akten des Politischen Archivs, II F/M, F6/1: Gesetze, Erlasse, Denkschriften über deutsche Festungen, darunter: Nr. 182 Fortifikation Germersheim, 14 S.
Neumann, H.: Festungsbaukunst und Festungsbautechnik, 1988, S. 122, 404.
N.N.: Darstellung und Beschreibung verschiedener Gebäude der Festung Germersheim. Das Zeughaus, in: Allgemeine Bauzeitung, redigiert und hrsg. von Christ. Fried. Ludwig Förster, 14. Jg. Wien 1849, Text- u. Atlasband, S. 112-115, Taf. 258, 259, 260, 261.
N.N.: Die Germersheimer Festungslafette, in: Allgemeine Militaer=Zeitung, hrsg. v. einer Gesellschaft deutscher Offiziere und Militärbeamten, 18. Jg. Leipzig/Darmstadt Nr. 96 (1843), Sp. 764-768, Klapptafel.
Staatsarchiv Speyer: Zahlreiche Fortifikationspläne.
Stadtverwaltung Germersheim, Bauabteilung: Plankonvolut

Umbau und Sanierung des ehem. Zeughauses, Entwurf in Ansichten und Schnitten, M 1:200, Germersheim Dezember 1988.
Städt. Museum Germersheim: Festungsmodell Bauzustand 1880. ABB. NR. 106/211/212/275/392.

GIESSEN ♦ Landgräfl. Zeughaus, *1586/90, Senckenbergstraße, 1960/61 Wiederaufbau und Nutzung als Universitätsgebäude.
Bergér, Heinrich: »Inventarium und vertzeichnis deß Geschutzes und Munition sampt anderer zugehör« der Festung Gießen vom 23., 24. und 25. August 1658, in: Wochenbeilage der Darmstädter Zeitung Nr. 34 (1909).
Dietrich, Julius Reinhard und Müller, Bernhard [Hrsg.]: Philipp der Großmütige. Beiträge zur Geschichte seines Lebens und seiner Zeit, Marburg 1904.
Hess. Landes- u. Hochschulbibliothek Darmstadt: 1) Westfacade des Großherzogl. Zeughauses zu Gießen, Handzeichnung, gez. Schüßler, Bauaccessist., 1868, in: Mappe 4/23; 2) Einrichtung des Zeughauses zu Giessen zur Casernirung, Von […] Mann, M 1:200, 130 Fuss Gr.Hess.M., 1/200 d.N. [=16.3 cm], in: Sp Gießen 2.
Justus-Liebig-Universität: Fotosammlung; Umbaupläne und Bestandsaufnahmen.
Leibold, Wilhelm: Vom Gießener Zeughaus, in: Heimat im Bild. Beilage zum Gießener Anzeiger, Nr. 48, Gießen 3.12.1931.
Knauß, Erwin: Gießen Vergangenheit und Gegenwart, Stuttgart/Aalen 1977.
N.N.: Das Zeughaus in Gießen i.J. 1568, in: Anzeiger für Kunde der deutschen Vorzeit, NF 2 (1854).
Staatsbauamt Gießen: a) Drei Baubestandszeichnungen des Staatl. Universitäts-Bauamtes nach dem Wiederaufbau des Gebäudes von 1958-1961, b) 1 Plan: Querschnitt [zum] Proiect zum Umbau der Zeughaus Kaserne zu Giessen des Garnison-Bauinspectors v. 12. Nov. 1886; 2 Pläne mit Ansichten, Quer- und Längsschnitten der Zeughaus-Kaserne v. 2. Okt. 1907.
Voigt, Susanne: Eberdt Baldewein, der Baumeister Landgraf Ludwigs IV. von Hessen — Marburg (1567-1592), Dissertation Marburg 1942, S. 71-88 [masch.-schriftl.Exemplar]. ABB. NR. 59/157-160.

GIFHORN ♦ Harnischkammer 1. Hälfte 16.Jh.; ♦ »Gewolber zum Artilleri-Vorath«, * Ende 16. Jh. [?], †1783 im westl. Bereich des festen Schlosses.
Buthe, Ekkehard: Landkreis Gifhorn. Schloßumbau und Kreishausneubau 1978-1984, Gifhorn 1986.
Conrad, Jürgen: Von der Urzeit bis zur Gegenwart. II. Adel und Landvolk. Informationen zur Ausstellung im Kreisheimatmuseum, Gifhorn 1983 [S. 29 Inventarauszug Harnischkammer des 16. Jh.].
HSAH: Zeichnerische Bestandsaufnahme des Schlosses Gifhorn durch Landbaumeister Otto v. Bonn aus der Mitte des 18. Jh.

GLÜCKSTADT ♦ Zeughaus a. d. östl. Flethseite, *1641, nur der als Wohnhaus genutzte Mitteltrakt und Zeugschmiede erhalten.
Detlefsenmuseum Glückstadt: Festungsmodell, 1974 von dem Architekten i. R. Hans-Jürgen Thun gefertigt.
Habich, Johannes [Bearb.]: Glückstadt, in: ders.: Stadtkernatlas Schleswig-Holstein, Neumünster 1976, S. 51-55, 197, 203.
Michaelsen, Franz: Die Festung Glückstadt, in: Glückstadt im Wandel der Zeiten, hrsg. v.d. Stadt Glückstadt, Glückstadt 1963, Bd. 1, S. 42-94 [besonders Gebäude der Festung S. 78-87, Zeughaus S. 84 f].
Möller, Hans-Reimer: Ein Oldenburgisches Bronzegeschütz aus dem Berliner Zeughaus, gegossen von Franciscus Roen zu Glückstadt 1651, in: ZHWK (1980), S. 81-88 [Sonderdruck].

Neumann, H.: Festungsbaukunst und -technik, 1988, S. 405.
Oesau, Wanda: Alt-Glückstadts Tore und Bauten, Glückstadt o.J. [darin u.a. Zeughaus, Gießhaus, Stockhaus, Artillerie-Schmiede, Hauptwache, Toranlagen, Provianthaus].

GÖTTINGEN ♦ Zeughaus i. d. Barfüßer-Kirche von 1529 bis zum Abriß 1822.
HSAH: 1) Akten im Bestand Hann. 47 Bd. I, Nr. 106: Veränderungen im Zeughaus Göttingen 1731-36, 2) Ebenda Nr. 118: Das Zeughaus zu Göttingen: Bestände, Ausgaben von Munition, Waffen, Armaturgegenständen, Materialien etc., Neuanschaffungen, Reparaturen etc. für 1757-1761, 3) Grund Riß von der Baarfüßer-Kirche, jetzo Zeughause zu Göttingen, lavierte Federzeichnung sign. J. A. Overheide, Maße: 48 x 36,5 cm, M 1:230, aus: Hann. 47 I, Nr. 106, dazu: Göttingen Was alda Von Denen im Zeug=Haußè vorhandenen Sachen abgehen könte, und neu anzubauen wäre; ein weiterer fast identischer Plan von 1733/34 in: 23 d Göttingen 20 pm, sowie ein Profil des Zeughauses gez. Overheide, in: ebenda 19 pm, früher zur Akte Hann. 47 IV 1, Nr. 8 Vol. III: Akten zur Verfertigung mehrerer Böden in der Baarfüßer-Kirche zu Göttingen betr. gehörig.

HAMBURG ♦ 4 Zeughäuser, ††††
Clasen, Armin und Bocklitz, Klaus: Studien zur Topographie Hamburgs, Hamburg 1979.
Ehlers, Joachim: Die Wehrverfassung der Stadt Hamburg im 17. und 18. Jahrhundert, Boppard 1966.
Fuchs, Arnold: Aus dem Itinerarium des Christian Knorr von Rosenroth, in: Zeitschrift des Vereins für Hamburgische Geschichte, Bd. 24 (1921), S. 87-139 [Beschreibung zweier Zeughäuser und Inventar von 1663, S. 115-125].
Gaedechens, Cipriano Francesco: Historische Topographie der Freien und Hansestadt Hamburg, Hamburg ²1880 [Lage und Geschichte der Zeughäuser S. 135-138, 158, 217].
Ders.: Das hamburgische Militär bis zum Jahre 1811, in: Zeitschrift des Vereins für Hamburgische Geschichte, Bd. 8 (1889), S. 421-600 [Zeughäuserinventare 1653, S. 546 f, Geschichte der Zeughäuser S. 561 f].
Kellinghusen, Christopher: Inventarium auf allen Bollwercken, Thürnen und Zeughäusern umme und in dieser guten Statt [Hamburg] … gezeichnet und beschrieben 1652 d. 31. Oct. Handschrift in: Kongelige Bibliotek Kopenhagen, Ny Kongl Sammlung fol Nr. 106 [vgl. die Beschreibung im Kapitel 15.3].
Mielck, W. H.: Vergangenheit und Zukunft der Sammlung Hamburgischer Altertümer, Hamburg 1893 [S. 5-18 Rüstkammer der Bürgerartillerie, Zeughausinventar des Christopher Kellinghusen von 1641 und Schausammlung nicht mehr benutzter Waffen im Zeughaus].
Neumann, H.: Festungsbaukunst und Festungsbautechnik, 1988, S. 367, 405. ABB. NR. 322.

HAMELN ♦ Zeughaus im Hochzeitshaus von 1610/17, III. Stock, heute Stadtarchiv.
HSAH: Bestand Hann. 47 Kriegskanzlei: Bestände, Ausgaben von Munition, Waffen, Armaturgegenständen, Materialien etc., Neubeschaffungen, Reparaturen etc. für 1757-80, darunter Nr. 119: Extract von Demjenigen Geschütz, Bomben, Canon=und Trauben=Kugeln, wie auch der übrigen Ammunition so sich ultimo Martij 1760 alhier in Hameln würklich vorräthig befindet, Hameln 1. April 1760 [47 S.] und Untersuchung wegen entwandter Gewehre aus dem Zeughaus Hameln 1763; ebenda Nr. 116 Artillerie und Zeughaus zu Hameln, insbesondere Diebstähle und Unterschleife 1738-72.

Kreft, Herbert und Soenke, Jürgen: Die Weserrenaissance, Hameln ³1964 [S. 27, 249, Abb. 171, 172, 174, 268].
Mithoff, H. Wilhelm H.: Kunstdenkmale und Alterthümer im Hannoverschen, 1. Bd. Fürstenthum Calenberg, Hannover 1871 [S. 58 f].
Ortwein, August [Hrsg.]: Deutsche Renaissance. Eine Sammlung von Gegenständen der Architektur, Decoration und Kunstgewerbe in Original-Aufnahmen, Leipzig, 8 Bde, 1871-1888 [hier Bd. 2 Hochzeitshaus Hameln, perspektivische Ansicht, Details von Türen, Friesen, Giebeln, Schornstein].
Sprenger: Geschichte der Stadt Hameln, Hannover 1826 [S. 204].
HANAU ◆ Zeughaus in der Altstadt, genannt 1550, † ◆ Zeughaus, *1782 Translokation des Jagdzeughauses von Harreshausen bei Bebenhausen zum Parade-, heute Freiheitsplatz in der Neustadt, † II. Weltkrieg, heute in den alten Dimensionen nachempfundener Neubau.
Bildstelle Hanau des Main-Kinzig-Kreises: Fotoarchiv.
Hanauer Geschichtsverein [Hrsg.]: 675 Jahre Altstadt Hanau. Festschrift zum Stadtjubiläum und Katalog zur Ausstellung, Hanau 1978.
Hess. Staatsarchiv Marburg: Wiederaufbau von abgebrannten Häusern am Zeughaus Hanau i.J. 1865 im Bestand: 12 c 448.
Meise, Eckhard: Alt-Hanauer Postkarten Album, Hanau 1979. ABB. NR. 253/254.
HANNOVER ◆ Königl. Hauptzeughaus, *1849, †1855, Waterlooplatz; ◆ Städt. Zeughaus *1643/49, am Hohen Ufer, heute Teil des Historischen Museums; ◆ Städt. Zeughaus im Minoriten kloster † ◆ Stadtzeughaus auf der Sparrenbergbastion erwähnt.
HSAH: Im Bestand Hann. 47 I. Kriegswesen Nr. 120: Das Zeughaus Hannover, Bestände, Ausgabe von Munition, Waffen, Armaturengegenständen, Materialien etc., Neubeschaffungen, Reparaturen etc. und diverse Inventare 1757-67.
Hammer-Schenk, Harold / Kokkelink, Günther [Hrsg.]: Vom Schloß zum Bahnhof. Bauen in Hannover. Zum 200. Geburtstag des Hofarchitekten G. L. F.Laves (1788-1864), Hannover 1988 [Zeughaus S. 88, Entwürfe für das Zeughaus am Waterlooplatz 1833-35 v. Rudolf Wiegmann und Konrad Stremme S. 309-311; 355].
Hoerner, Ludwig: Hannover In frühen Photographien 1848-1910, mit einem Beitrag von Franz Rudolf Zankl, München 1979, S. 148 f, 232.
Krase, Waltraud: Neue Museumsbauten in der Bundesrepublik Deutschland, Frankfurt a. M. 1985 [S. 53-56 Historisches Museum am Hohen Ufer *1960-1966].
Leerhoff, Heiko: Niedersachsen in alten Karten. Eine Auswahl von Karten des 16.-18. Jahrhunderts aus den niedersächsischen Staatsarchiven, Neumünster 1985, S. 135, Nr. 56.
Neumann, H.: Festungsbaukunst und -technik, 1988, S. 406.
Nöldeke, Alfred [Bearb.]: Die Kunstdenkmäler der Stadt Hannover, 2 Bde, Hannover 1932, Reprint Osnabrück 1976 [Teil 1 Militärische Gebäude und Einrichtungen, S. 379-406, Städt., Herzogl., Königl. Zeughaus S. 396-404].
Plath, Helmut: Stadtgeschichtliche Abteilung, Hannover 1970 [Katalog des Historischen Museums Hohes Ufer Hannover].
Stadtarchiv Hannover: Altes Zeughaus — Akten zum Ankauf durch die Stadt, zur Auflösung des später darin eingerichteten Städt. Leihhauses, Wegeakte »Roßmühle« zum Durchbruch dieser Sackgasse zum Leineufer, darin Lagepläne und Schriftstücke zum Grundstücksverkehr, u.a. ein Schnitt und zwei Grundrisse des Zeughauses mit einer Durchfahrtsplanung.

Historischen Museum Hannover im ehemaligen Zeughaus: Stadt- und Festungsmodell v. 1965/66 im Bauzustand 1689; histor. Bild- und Kartenmaterial; die Waffenbestände des Museums haben keinerlei Nachweise über deren Herkunft, aus dem herzoglichen Zeughaus stammen nur ein Kinderharnisch und ein kupferner, vergoldeter Harnisch von ca. 1670/80, heute Musée de l'Armée Paris.
Niedersächs. Landesverwaltungsamt, Institut für Denkmalpflege Hannover: Fotoarchiv, Planarchiv Niedersächsische Landesbibliothek Hannover: J. J. Zeuner: Descrip tio Hanoverae urbis ejusdemque notabiliorum emblematica, 1675 [Ms XXIII 703].
Reitzenstein, J. von: Das Geschützwesen und die Artillerie in den Landen Braunschweig und Hannover von 1365 bis auf die Gegenwart, Teil I Leipzig 1896, Teil II Leipzig 1897, Teil III Leipzig 1900.
Städt. Hochbauamt Hannover: Akten über den Neubau des Museums unter Einbeziehung der Reste des Alten Zeughauses.
ABB. NR. 59/65/108/109/110/111/185/186/187/188/247/ 248/391/394.
HARBURG ◆ Festungszeughaus in der Zitadelle †
HSAH: Repertorium Hann. 47 Kriegskanzlei Bd. I 311, 466.
Neumann, H.: Festungsbaukunst und Festungsbautechnik, 1988, S. 177, 406.
Staatsarchiv Hamburg: Depositum Harburg, B39: Verwaltung von Zeughaus, Magazin und Pulverschuppen 1760-1865; B40: Instruktionen für den Zeughaus-Verwalter; B48 und B55: Gebäudeverzeichnisse der Festung um 1810; C103, C104, C105: Artillerie-Inventare des Zeughauses [Bestand noch unbearbeitet].
HEIDELBERG ◆ Schloß-Zeughaus *1535, †
◆ Stadtzeughaus am Fluß an der Krananlage, †1645.
◆ Haus zum Riesen, Hauptstr. 52, Adelspalais des Oberzeugmeisters v. Venningen, *1707.
Baier, Hermann: Heidelberg. Schlossführer, Heidelberg 4 o.J.
Gamer, J.: Der Marstall des Administrators Johann Kasimir in Heidelberg, in: Ruperto-Carola, 13. Jg., Bd. 29 (1961), S. 172-176.
Heinemann, Günter: Heidelberg, München ²1984 [Haus zum Riesen, S. 416 f].
Horn, A. von: Untersuchungen über die Entwicklung der Heidelberger Schloßbefestigung, in: Mitteilungen zur Geschichte des Heidelberger Schlosses, Bd. 2, Nr. 1 (1887), S. 4-49, Taff.
Landesdenkmalamt Baden-Württemberg, Außenstelle Karlsruhe: Liste der vorläufigen Kulturdenkmale Heidelberg (Altstadt), 1977/78, Baudenkmale S. 91.
Oechelhaeuser, Adolf von: Das Heidelberger Schloss. Bau- und kunstgeschichtlicher Führer, Heidelberg ⁵1921; gekürzter Nachdruck Heidelberg 1955.
Ders.: Die Kunstdenkmäler des Großherzogtums Baden, Bd. 8, Amtsbezirk Heidelberg, Tübingen 1913 [S. 251-258]. ABB. NR. 283.3
HEIDENHEIM-HELLENSTEIN ◆ Zeughaus im Komplex Burg/Schloß/Festung Hellenstein; heute Teil des Museums.
Akermann, Manfred: Schloß Hellenstein über Heidenheim a.d. Brenz.
Das Bauwerk, seine Geschichte, das Museum, Heidenheim 1977.
Finanzministerium Baden-Württemberg und Stadt Heidenheim [Hrsg.]: Heidenheim Schloß Hellenstein. Die Sanierungen in den letzten Jahren und die derzeitige Nutzung, Schwäbisch Gmünd 1987.
Gradmann, Eugen [Hrsg.]: Die Kunst = und Altertums=Denkmale im Königreich Württemberg, Inventar, 49./52. Lieferung: Jagstkreis Oberamt Heidenheim, Eßlingen a. N. 1913.

Neumann, H.: Festungsbaukunst und Festungsbautechnik, 1988, S. 73, 418.

HERRENBERG ♦ Zeughaus bzw. Zeughütte 1683/84 mit rom. Wohnturm und der Kelter mit Vorplatz durch die Geistliche Verwaltung mit dem erhaltenen Stiftsfruchtkasten an der südöstlichen Stadtmauerecke überbaut. Stadtverwaltung: Planaufnahme des Fruchtkastens, Einbau Erdgeschoß 1972-1978; Lagepläne.

HILDESHEIM ♦ Büchsenhaus, *1407, 1411 Neue Geschützkammer, beim Steintor, †
♦ Rüstkammern im Rathaus für Armbrüste und Handfeuerwaffen, *14. Jh., †
♦ Ratsbauhof ab 1444 als Zeughaus, †
♦ Zeughaus im Michaeliskloster, †
Gebauer, J.: Geschichte der Stadt Hildesheim, Bd. 1, Hildesheim 1922 [S. 205 f].
Gerland, Otto: Die artilleristische Ausrüstung der Stadt Hildesheim, in: Alt-Hildesheim. Jahrbuch für Stadt und Stift Hildesheim, Bd. 1 (1919), S. 12-19.
Stadtarchiv/Stadtbibliothek Hildesheim: Best. 100/11/Nr. 26: Inventar, was von Gewehr im Zeughause bei St. Michaelis zu finden ist. 17. Jh.; ebenda Nr. 45: Verzeichnis, was von 1618-1627 in das Zeughaus aus der Kämmerei gekauft worden; ebenda Nr. 68: Bericht der zum Zeughause Verordneten über ihre Besichtigung [Inventation] des Zeughauses und der Stadtbefestigung 1630; ebenda Nr. 69: Inventare, Rechnungen u. a. Schriftstücke über das Zeughaus, die Artillerie, Vorräthe an Munition u. dgl. 1631-1763; ebenda Nr. 135: Promemoria Hans Clages über das für die Artillerie und das zeughaus Erforderliche 1664; ebenda Nr. 172: Memorial der Zeugherren über erforderliche Reparaturen im Zeughause, 1679; ebenda Nr. 252: Inventarium der Stadt Hildesheim. Artillerie, Zeughäuser, Pulvermagazine und Thürme etc. von Joh. Joachim Colditz, Zeugwärter 1754; ebenda Nr. 276: Specification des Zeugwärters Homeyer über die auf dem Zeughause befindlichen Montirungsstücke und Quittung über an das Waisenhaus abgelieferte Montirungsstücke 1768/1769; Best. 101/272 Nr. 22: Das alte Zeughaus auf dem Michaelis-Kirchhofe, dessen Abbruch 1819. Über den Ankauf von Inventar vermutlich Nachrichten in den Kämmereirechnungen im Best. 50/Nr. 159, die ab 1379 vorhanden sind.
Zeller, Adolf: Die Kunstdenkmäler der Provinz Hannover, Bd. II, 4 Stadt Hildesheim, Kirchliche Bauten, Hannover 1911, Bd. II, 5 Stadt Hildesheim, Bürgerliche Bauten, Hannover 1912 [darin: Michaeliskloster, Ratsbauhof, Rathausbeschreibung].

HOHENASCHAU ♦ Mittelalterl. Rüstkammer in der Burg, †1810 und 1860
Bomhart, Peter von: Die Kunstdenkmäler der Stadt und des Landkreises Rosenheim, Teil II: Die KDM des Gerichtsbezirks Prien, Rosenheim 1955, S. 356 ff.
Reitzenstein, Alexander von: Hohenaschauer Waffen, in: ZHWK Bd. 4, Nr. 1 (1962), S. 34-50.
Schiedlausky, Günther: Das Hohenaschauer Rüstkammerinventar von 1567, in: ZHWK Bd. 4, Nr. 1 (1962), S. 25-34.

HOHENNEUFFEN ♦ Festungszeughaus des 16. Jh., Reste heute i. d. Burggaststätte.
Lauer, Gerhard: Der Hohenneuffen. Rundgang durch die Ruine. Die Geschichte der Festung, Hohenneuffen ²1984.
Miller, Max und Taddey, Gerhard [Hrsg.]: Handbuch der Historischen Stätten Deutschlands, Bd.6: Baden-Württemberg, Stuttgart ²1980.
Neumann, H.: Festungsbaukunst und -technik, 1988, S. 72.

HOHENTWIEL über Singen ♦ Zeughaus in der Oberen Festung, * zwischen 1550/1568, heute Ruine.
Landesdenkmalamt Baden-Württemberg, Außenstelle Freiburg i. B.: Miller, Max: Hohentwiel-Lagerbuch von 1562, Stuttgart 1968 [Katasterplan v. 1840].
Neumann, H.: Festungsbaukunst und Festungsbautechnik, 1988, S. 75-77, 406 f.
Restle, Günter: Die mittelalterliche Burg auf dem Hohentwiel, in: Hegau. Zeitschrift für Geschichte, Volkskunde und Naturgeschichte, 31./32. Jg., Bd. 43/44 (1986/87), S. 19-43.
Rudolphi, Friderich: Gotha Diplomatica, a. a. O., 1712, Bd. II, Teil 2, S. 338 f.
Staatl. Liegenschaftsamt Konstanz: Bauliche Unterhaltung der Festungsruine Hohentwiel. ABB. NR. 85.

HOHENZOLLERN über Hechingen ♦ Altes Zeughaus, *1623 anstelle der älteren »Risst Cammer«; †
♦ Neues Zeughaus nach 1848 auf den Fundamenten der Ruine.
Bothe, Rolf: Burg Hohenzollern. Von der mittelalterlichen Burg zum nationaldynastischen Denkmal im 19. Jahrhundert, Berlin 1979 [Abb. 34, 38 f, 52-55; S. 48-51, 98-100, 314].
Neumann, H.: Festungsbaukunst und Festungsbautechnik, 1988, S. 113, 407. ABB. NR. 472.

HOMBURG/Saar ♦ 2 Festungszeughäuser, ††
Florange, J.: Die Festung Homburg (1679-1714). Aus dem Französischen übersetzt und adaptiert von Paul Weber, in: Homburger Hefte 1972.

HORNBURG ♦ Zeughaus [??] *1565, Im Knick, erweitert 1609, modernisiert 1976, heute Stadtbücherei, Fremdenverkehrsamt u.a.

INGOLSTADT ♦ Zeughaus nach Fertigstellung des ursprünglichen Getreidekastens *1470/72 im Bereich Neues Schloß eingerichtet, Umbau 1589, 1804/05 Zuchthaus, 1827 Erhebung zum Festungsarsenal, heute Teil des Bayer. Armeemuseums.; ♦ Kurfürstl. Zeughauswerkstatt *1733, genutzt bis 1919 im Bereich Neues Schloß; ♦ ab 1821 Nutzung des gesamten Neuen Schlosses als Zeughaus; ♦ 1851 Herrichtung eines Zeuggartens zur Freiluftdeponierung von Munition vor dem Feldkirchner Tor und bald darauf im Kavalier Zweibrücken; ♦ Neues Zeughaus, *1872, seit 1983 Berufsschulzentrum.
AICHNER, Ernst: Der Ausbau und die beginnende Auflassung der bayerischen Landesfestung Ingolstadt (1848-1918), Dissertation München 1974 [unpubliziert, v. Verf. noch nicht eingesehen].
Ders.: Das Bayerische Armeemuseum in Ingolstadt, in: Waffen-Revue, Bd. 26 (1977), S. 4095-4114.
Bayerisches Armeemuseum, Reihe Museum bei Westermann, Braunschweig 1981.
Dittmar, Christian: Militärische Baudenkmäler in Ingolstadt. Ihre Sanierung und Nutzung, in: Schönere Heimat. Erbe und Auftrag, 76. Jg. Nr. 2 (1987), S. 67-71.
Fischer, Erhard: Sanierung und Umnutzung der Flandernkaserne in Ingolstadt zur Fachoberschule, in: DBZ Nr. 12 (1988), S. 1.1-1.6.
Ders.: Fotografische Bestandsaufnahme des Zeughauses Ingolstadt vor dem Umbau; Bestandsaufnahmen; Planungsunterlagen, Ausführungspläne, Architekturmodell Zeughaus nach dem Umbau.
Ders.: Berufsbildungszentrum Ingolstadt,in: Bauwelt Nr.19 (1984), S. 1230-1233.
Hackelsberger, Christoph: Ingolstadt 1983 Besinnung — Wiederbelebung, in: Kurier Ingolstadt Nr. 75, 31.03./1.04.1983.
Jaeckel, Peter: Das Bayerische Armeemuseum und sein neues

Haus, das Herzogschloß von Ingolstadt, in: ZHWK Nr. 14 (1972), S. 95-103.

Lipkowsky, Günther: Ingolstadt: Umbau des Zeughauses zur gewerblichen Berufsschule, in: Dokumentation von Beispielen der Umnutzung, hrsg. von der Zentralstelle für Normungsfragen und Wirtschaftlichkeit im Bildungswesen, Berlin 1986, S. 39-65.

Mayer, Fr.: Das Artillerie=Zeugwesen in Ingolstadt vom Mittelalter bis zum Weltkrieg, in: Ingolstädter Heimatgeschichte, Ingolstadt 10. Jg. Nr. 6 (1938), S. 21-23.

Neumann, H.: Festungsbaukunst und Festungsbautechnik, 1988, S. 12, 22, 36, 203, 226 f, 246 f, 407.

Reiter, Aksel: Modernes Dienstgebäude in restaurierter Kaserne: Das Finanzamt Ingolstadt, in: Bayerische Staatszeitung Nr. 48 v. 27. Nov. 1987.

Reitzenstein, Alexander Freiherr von: Das Bayerische Armeemuseum, Ingolstadt 1972.

Schalkhaußer, Erwin: Bronzegeschütze des 16. Jahrhunderts im Bayerischen Armeemuseum [Sonderdruck aus ZHWK 1977].

Ders.: Die »Alte Abteilung« des bayerischen Armeemuseums, in: ZHWK Nr. 1 (1981), S. 5-26.

Stadtarchiv Ingolstadt: 4 Bestandsaufnahmen als Mutterpausen von 1945, Sign. II A 271, 114b, 196a, 197a.

Stadt Ingolstadt [Hrsg.]: Berufschulzentrum Ingolstadt, Festschrift zur Einweihung am 1.07.1983, Ingolstadt 1983.

Vogl, Waltraud: Die ehemaligen Festungsanlagen von Ingolstadt. Heutige Nutzung und Auswirkungen auf die Stadtentwicklung. Nürnberg 1978. ABB. NR. 107/394/491/492/493.

ISERLOHN ♦ Preuß. Landwehrzeughaus, eingerichtet 1812 in einem Wohn und Fabrikantenhaus, ab 1892 Verwaltungsbau.

Kühn, Fritz: 1763-1963, Haus der Heimat. 200 Jahre Iserlohner Stadtgeschichte, Iserlohn 1963.

Stadtmuseum Iserlohn: Sammlung historischer bildlicher Darstellungen des »Zeughauses«.

JÜLICH ♦ Herzogl. Zeughaus in der Zitadelle, * 2. H. 16. Jh., †1944/45 und 1964. ♦ Festungszeughaus in der Zitadelle, Bau †1944/45 und 1964. ♦ Landwehrzeughaus in der Schloßkapelle einger. 1815, heute unvollständiger Festraum der Stadt.

Clemen, Paul (1854-1947) [Hrsg.]: Die Kunstdenkmäler der Rheinprovinz. Bd. 8: Die Kunstdenkmäler des Kreises Jülich, bearb. von Karl Franck-Oberaspach und Edmund Renard, Düsseldorf 1902; Reprint ebenda 1982 [Zeughaus S. 134].

Musée des Plans-Reliefs Paris: Maquette La Citadelle de Juliers, erbaut 1802, restauriert 1972, Maße: 1,29 x 1,18 m [unvollständiger Nachbau in der Zitadelle Jülich, Zeughaus nach Angaben v. Verf. ergänzt].

Neumann, Hartwig: Stadt und Festung Jülich auf bildlichen Darstellungen. Von der Tabula Peutingeriana bis zur Grundkarte der 2. Hälfte des 20. Jahrhunderts. Siegel, Skizzen, Pläne, Gemälde, Holzschnitte, Kupferstiche, Lithographien, Stahlstiche, Treibarbeiten, Architekturmodelle, Photographien. Ein beschreibender und illustrierter Katalog. Bonn 1991 [Architectura Militaris Bd. 4, Kat.-Nr. 204].

Ders.: a) Zitadelle Jülich. Großer Kunst- und Bauführer, Jülich 1986, darin: Erst 1964 verschwand die Ruine des Zeughauses. Um 1580 von Pasqualini erbautes Waffenlager, aus: Jülicher Nachrichten 13. Febr. 1986, b) Kleiner Kunst- und Bauführer Jülich 1987.

Ders.: Festungsbaukunst und Festungsbautechnik, 1988, S. 21, 44-47, 137, 141, 166, 343, 348, 360 f, 373, 407-409.

Ders.: Jülich auf alten Postkarten, Jülich ²1987 [S. 150].

Ders.: Die Hofkapelle von Schloß Jülich in der Zitadelle, Köln 1979 [Rhein. Kunststätten Nr. 225].

Ders.: Das »Rurtor« Hexenturm in Jülich. Köln 1987 [Rhein. Kunststätten Nr. 311].

Rhein. Amt für Denkmalpflege: Bildarchiv. ABB. NR. 26/96/97/98/99289/290.

KARLSRUHE ♦ Altes Jagdzeughaus *1740, † ♦ Markgräfl. Jagdzeughaus, Kaiserstr. 6, *1779, kriegszerstört, Aufbau 1955 ff, heute Verkehrstechn. Institut der Universität.

Badisches Landesmuseum Karlsruhe: 1. Umfangreiche Waffensammlung [vgl. weiter unten: J. M. Fritz, Waffensammlung]; 2. Fotosammlung von 1889 und nach dem I. Weltkrieg von den schon museal aufgestellten Waffenbeständen.

Bialek, Paul: Wilhelm Jeremias Müller, der Baumeister des Louis XVI. in Karlsruhe, Dissertation Karlsruhe 1955 [masch.-schriftl., BS: TH Karlsruhe].

Fritz, J. M.: Die Waffensammlung der Markgrafen und Großherzöge von Baden — Inventare und erhaltener Bestand, in: Jahrbuch der Staatl. Kunstsammlungen in Baden-Württemberg, Bd. XII (1975), S. 85 ff.

Generallandesarchiv Karlsruhe: Facade von dem Hochfürstl: Jagt Zeug Hauß zu Carols Ruhe; Kopie nach dem Original 1740, in: Baupläne Karlsruhe Nr. 148.

Hartleben, Th. K.: Statistisches Gemälde der Residenzstadt Karlsruhe, Karlsruhe 1815, Nachdruck ebenda 1938.

Landesdenkmalamt Baden-Württemberg, Außenstelle Karlsruhe: Foto und Plansammlung.

Lautenschlager, Friedrich: Bibliographie zur badischen Geschichte, Bd. 6 und 8, jeweils 2. Teil mit der Bibliographie ›F. Weinbrenner‹.

Rentsch, Dietrich: Zum Jadgwesen an südwestdeutschen Fürstenhöfen im Barockzeitalter, in: Barock in Baden-Württemberg, Ausstellungskatalog, Bd. 2 des Badischen Landesmuseums Karlsruhe 1981, S. 293-310 [Ansicht, Grundrisse, Schnittzeichnung des Neuen Jagdzeughauses S. 302 f; dto vom Alten Jagdzeughaus v. 1740, S. 304].

Rentschler, Adolf: Aus alter Zeit: Das Badische Armeemuseum Karlsruhe, in: Der Bote aus dem Wehrgeschichtlichen Museum [Rastatt], Nr. 1 (1977), S. 13-16, Nr. 2 (1978), S. 17-19.

Staatliche Kunsthalle Karlsruhe: 1 Blatt zur Plangruppe Zeughausprojekt 1795 von Friedrich Weinbrenner (1766-1826), Bestand P-K. 1483-9.

Stadtarchiv Karlsruhe: 5 Entwürfe zum Zeughausprojekt 1795 von Friedrich Weinbrenner im Bestand XV 1420-1423.

Stratmann, Rosemarie: Schloss Karlsruhe, München/Berlin 1976 [S. 22 f Großherzogliche Waffenkammer].

Universität Karlsruhe: Fotoarchiv zum Jagdzeughaus in a) Pressestelle der Universität, b) Institut für Baugeschichte, c) Institut für Verkehrswesen [Nutzer des ehem. Jagdzeughauses], d) Universitätsbauamt Planunterlagen zum Wiederaufbau bis 1956.

Valdenaire, Arthur: Friedrich Weinbrenner. Sein Leben und seine Bauten; Faksimile der ²1926 Karlsruhe 1976. ABB. NR. 112/437.

KASSEL ♦ Landgräfl. Rüstkammer, Kunst- u. Raritätenkabinett, Bibliothek, Ställe im Marstall, Graben Nr. 10, *1591/93, heute Markthalle, Büro und Archivräume. ♦ Landgräfl. Zeughaus am Töpfenmarkt Ecke Artilleriestr./Zeughausstr., *1580/83, noch ungenutzte Ruine des II. Weltkriegs. ♦ Jagdzeughaus im Ortsteil Waldau, Nürnbergerstr. 140, *1464 als Zehntscheune, um 1600 Umnutzung als Jagdzeughaus, 1717 Instandsetzung, heute Fachgeschäft für Tapeten.

Hess. Landes- und Hochschulbibliothek Darmstadt: 1) Plan der kurhessischen Haupt- und Residenzstadt Cassel ..., aufgen. und zugeeignet von F. W. Selig 1822, Kupferstich, in: Sp Kassel 6A [Lage des Zeughauses und zugehöriger Gebäude eingezeichnet].
Hess. Staatsarchiv Marburg: Nr. 78: Beschaffung von Schwefel und Salpeter für das Zeughaus Kassel 1592, 1607; Nr. 4131 Bestallung des Pulverbenders Hans Riesenberg im Zeughaus K. 1593; Nr. 3924: Inventare des Zeughauses K. 1599-1603, 1605; Nr. 3929: Das Zeughaus K.: Korrespondenzen, Rechnungen, Berichte des Zeugobristen Siegenrodt, des Kammerdirektors Craesbecke, Nennung der Büchsenmeister 1601-1625; Nr. 4214: Allerhand gemeine Schreiben betr. das Zeuhaus in K. 1601-1610; Nr. 91: Verhandlung mit Kasseler Bürgern wegen Hergabe ihrer Häuser für den Zeughofplatz 1607; Nr. 3804: Inventarium allerhand Kriegsmunition des Zeughauses in K. 1611; Nr. 219: Verzeichnis der bei der Inventarisierung des Zeughauses fehlenden Stücke nach dem Tod des Zeugwärters Schlenvogt 1623; Nr. 3930: Das Kasseler Zeughaus: Korrespondenzen, Rechnungen 1629-1640; Nr. 3926: Das Zeughaus zu K.: Bestellung der Zeugwärter, Zeugschreiber, Büchsenmacher Hans Peter Zwernemann, Heinrich Corsten, Joh. David Hodditz, Georg Corsten, Christoph Gehrung, Joh. Heine, Matthias Conrad Pistor, Joh. Christ. Ruder, Joh. Jost Brinckmann, Clemen Wolpert 1670-1728; Nr. 3535: Gewehrvorräte im Zeughaus K.; Nr. 3928: Das Kasseler Zeughaus: Personalia, Kanonenguß, Kanonendiebstahl, leihweise zum Theater verabfolgte Armaturstücke 1760-1815; Nr. 3161: Fund eines kupfernen Schiffs in der Fulda, Ablieferung an das Zeughaus K. 1789; Nr. 4213: Rapporte von sämtlichen Festungen und Zeughäusern 1790-1795; Verzeichnis unbrauchbarer Geschütze im Zeughaus zu Kassel 1782 im Bestand: 12 a 480; Zeughausvorräte, Zeughausbau, Zeughauspersonal, Bauunterhalt, Beleuchtung, Bekleidung, Verkauf, Ausleihe, Fahnen, Musterbuch aller auf dem Zeughaussaal befindlichen Waffen u. v. m. 1817-1866 in dem sehr umfangreichen Aktenbestand verzeichnet in: Hollenberg, Günter: Kurhessisches Kriegsministerium und Vorbehörden 1813-1867, Marburg 1985, S. 266-269.
Holtmeyer, A. [Bearb.]: Die Bau- und Kunstdenkmäler im Regierungsbezirk Cassel, Bd. IV: Marburg 1910 [Jagdzeughaus unter Waldau]; Bd. VI: Kreis Cassel-Stadt, Text- und Bildband, Cassel 1923 [Zeughaus im Töpfenmarkt S. 508 ff, Taf. 327-330].
Landesamt für Denkmalpflege Hessen [Hrsg.]: Denkmaltopographie Bundesrepublik Deutschland. Baudenkmale in Hessen. Stadt Kassel I, bearb. von Volker Helas, Jochen Bunse und Guntram Rother, Wiesbaden/Braunschweig 1984 [S. 47, 108].
Link, Eva: Schloß Friedrichstein. Militär- und Jagdabteilung der Staatl. Kunstsammlungen Kassel, Museumsführer, Fridingen 1982.
Neumann, H.: Festungsbaukunst und -technik, 1988, S. 174.
Noell, Werner: Aufbau eines Tages wieder Wirklichkeit, in: Hessische Niedersächsische Allgemeine v. 19.03.1976.
N.N.: a) Reste von geschichtlicher Bedeutung. Kasseler Bürger stürmten 1848 das Zeughaus, Kurfürst mauerte die Pforten zu, in: Hessische Niedersächsische Allgemeine vom 7.02.1970: b) Alte Mauern und Gewölbe bleiben stehen, in: ebenda vom 13.01.1973.
v. Schmidt [Generalleutnant z. D.]: Stadt und Festung Kassel im 16. Jahrhundert, in: Hessenland. Zeitschrift für hessische Geschichte und Literatur, 12. Jg., Kassel 1898, S. 2-5, 18-21, 44-47, 57-59 [hier besonders S. 31].
Stadt Kassel: Denkmalbuch der Stadt Kassel. Gesamtanlage Ortskern Waldau, Kassel 1979.

Stadtarchiv Kassel: Vorkriegsaufnahmen im Fotoarchiv; Graphik.
Wenzel, E.: Die Reste der Kasseler Festungswerke an der Fulda, in: Hessenland. Zeitschrift für hessische Geschichte und Literatur, 25. Jg. Kassel 1911, S. 337 f., ABB. NR. 66/167/168/169/288 C/377/394/420.
KEHL ♦ Festungszeughaus, *1681, †1815.
Fürstenberg, Landgraf von: Schreiben An Eine Hochloebliche allgemeine Reichs=Versammlung zu Regensburg, Von dem Kayserl. General Feld=Marchal-Lieutenant und interims-Commendanten in Kehl Landgrafen zu Fuerstenberg, de dato Kehl den 25. Febr. 1737. Die von denen Frantzosen evacuirte= und von denen Kayserl. und Reichs=Troupen uebernommene Veste Kehl betreffend. Mit Beylagen Lit. A, B, C, D, E, F & G. [Dictatum Ratisbonae die 4. Martii 1737. per Moguntium, gedruckt, Lit. D: Dererjenigen Mortiers, Canons, und uebrigen Artillerie Requisiten, was vor der Belagerung vorhanden gewesen, per Inventarium uebergeben worden, also noch abgaengig und beyzu schaffen ist; BS: Staatsarchiv Darmstadt E 1 C 43/3].
Generallandesarchiv Karlsruhe: Baupläne Kehl No. 8 [Zeughaus Grundriß und Schnitt Zustand um 1790].
Hanauer Museum Kehl: Festungsmodell, Bauzustand 1714, angefertigt 1954 durch Julius Gutekunst.
Historisches Museum Straßburg: Modell der Festung Straßburg und Umgebung, M 1:600, für Gebäude 1:500, Maße: 11,90 x 10,86 m, erbaut 1725-27, mit dem Zeughaus Kehl.
Neumann, H.: Festungsbaukunst und Festungbautechnik, 1988, S. 107.
Rodt, Freiherr von: Schreiben An den Hochloeblichen Reichs= Convent, Von dem dermahligen Commandanten Zu Kehl/ Freyherrn von Rodt/ Die Reparation Dasiger Vestung betreffend. Sambt denen darzugehoerigen Beylagen. De dato Kehl den 24. Maji 1726 [darin Verzeichnisse über die Artillerie, Munition, Kriegsgeräte, Laborier-Zeug, Handwercks=Zeug, Schantz=Graeber=Zeug u.a.; gedruckt].
Steckner, Carl-Helmut: Die Festung Kehl, in: Die Ortenau, Histor. Verein für Mittelbaden, Heft 1984, S. 260-271 [Modell S. 264, 266 mit dem Zeughaus].
KIEL / CHRISTIANSPRIES-FRIEDRICHSORT ♦ Kgl. Festungszeughaus, † II. Weltkrieg; ♦ Marinearsenal mit Artilleriedepot *1866, † Detlefsen, Nicolaus: Die Festung Christianspries/ Friedrichort (1631-1919), in: ders.: Die Kieler Stadtteile nördlich des Kanals: Holtenau, Pries, Friedrichsort, Schilksee, Neumünster 1978, S. 51-74.
Landesarchiv Schleswig-Holstein: Nachrichten betreffend die Festung Friedrichsorth benebst ihren Plans und der darinn vorhandenen Militair- und Civil-Gebäuden, welcher Platz aber auch in Ao. 1764. aus dem Festungs Detail deliret worden, darin Plan Nr. 17: Grund-, Auf- und Profil-Riß vom Königlichen Zeug-Hauss zu Friedrichsorth 1767, Signatur: Abt. 402 BX, Nr. 20 a-c.
Festungspläne des 18. Jh. von Friedrichsorth im Bestand: Abt. 402 BX, Nr. 20a-c.
Neumann, H.: Festungsbaukunst und Festungsbautechnik, 1988, S. 82 f, 171, 402, 409.
Stadtarchiv Kiel: Ordner »Friedrichsort«, darin Foto des ehemaligen Kgl. Zeughauses von 1938. ABB. NR. 102/189/190.
KOBLENZ ♦ Städt. Zeughaus 1661 im mittelalterl. Löhrtor eingerichtet, † ♦ Zeughaus Festung Ehrenbreitstein, *16. Jh., † ♦ Zeughaus in der Dominikanerkirche 1831 eingerichtet, † ♦ Artilleriewagenhäuser Nr. 1-6 1819/20/26/29 eingerichtet, sämtl. †
Neumann, Hartwig und Liessem, Udo: Die Klassizistische Groß-

festung Koblenz. Eine Festung im Wandel der Zeit: preußische Bastion, Spionageobjekt, Kulturdenkmal. Mit vollständigem Reprint der deutschen Ausgabe des ›Spionageberichts‹ von J. H. Humfrey: ›Versuch eines neu angenommenen Fortifikations-Systems zur Vertheidigung der Rhein-Grenze‹, Nürnberg 1842, Koblenz 1989 [Bd. II Architectura Militaris hrsg. v. H. Neumann].
Ders.: Festungsbaukunst und Festungsungsbautechnik, 1988, S. 123, 317, 409 f.
Wirtgen, Rolf: Wehrtechnische Studiensammlung [d. Bundeswehr in Koblenz], in: Deutsches Waffenjournal Nr. 4 (1987) S. 381-385.
Wischemann, Rüdiger: Die Festung Koblenz. Vom römischen Kastell und Preußens stärkster Festung zur größten Garnison der Bundeswehr, Koblenz ²1981. ABB. NR. 162.

KÖLN ◆ Städtisches Bliden- u. Werkhaus, 1348 genannt, ◆ Rüstkammern Rathausturm *1406, ◆ Reichsstädtisches Zeughaus, Zeughausstr. 1, *1596/1601, kriegszerstört, seit 1958 Köln. Stadtmuseum mit großer Waffensammlung.
Clemen, Paul: Gutachten über die Erneuerung des Portalaufsatzes [am Zeughaus Köln], 9. März 1909, in: Stadt-Anzeiger Köln 86 II, v. 23. Febr. 1913.
Dziobeck, [Ernst]: Die älteste Befestigung und das Zeughaus von Köln. Ein Beitrag zur Geschichte der Befestigungskunst und des Geschützwesens, in: Archiv für die Artillerie= und Ingenieur=Offiziere des deutschen Reichsheeres, Bd. 17 (1844), S. 143-160.
Ennen, L.: Das Rüsthaus und die Kornleuffen in Köln, in: Stadt-Anzeiger Köln 114, 116, 117 v. 29. Aug. 1877.
Ders.: Bilder vom alten Köln. Stadtansichten des 15. bis 18. Jahrhunderts und Beschreibung der Zustände vom Mittelalter bis nach der Franzosenzeit, Köln 1977.
H.[eimann]: Zur Geschichte des Zeughauses [Köln], in: Stadt-Anzeiger Köln 447 v. 30. Sept. 1894.
Historisches Archiv der Stadt Köln: Sign. 1/120 3/1-9 Wiederaufbau des Zeughauses und der alten Wache mit einem Verbindungsbau an der Zeughausstraße zur Unterbringung des Kölnischen Stadtmuseums, Entwurf 1:100 von 1954/55 durch Baudirektor Wibel; Abt. Militaria, Mappe Nr. 63 Fsz. 1: diverse Zeughausinventare 18. Jh., Fsz. 2: Inventarium des Zeug und Rüsthauses aufgerichtet 1729 und zahlreiche weitere Inventare rückwärts bis 1610; Fsz.3: Inventar des Zeughauses und der Bollwercke von 1746 [in Fotokopien], Inventarium Des Zeug- und Rüst=Hauses 1748, weiter Originale bis 1780.
Plankammer: a) Signatur 1/326: Lageplan der Munition im Erdgeschoß »abriß de unteren Theils hiesigen Zeughauß sampt Verzeichniß deren darin sich befindender Sachen«, Federzeichnung, sine nota, o.D. (um 1575), 1/120 3/1-9 Wiederaufbau des Zeughauses und der alten Wache mit einem Verbindungsbau an der Zeughausstraße zur Unterbringung des Kölnischen Stadtmuseums, Entwurf 1:100 von 1954/55, durch Baudirektor Wibel vom Hochbauamt Köln [9 Pausen].
Keussen, Hermann: Topographie der Stadt Köln, Bd. 2 Bonn 1910 [Sp. 263 b, Nr. 5].
Kölnisches Stadtmuseum: Graphische Sammlung, Bestand Köln: Planmaterial, Ansichten, div. Bleistiftzeichnungen, Stiche, Waffensammlung.
Kölnisches Stadtmuseum: Reihe Museum bei Westermann, Braunschweig 1984.
Neumann, H.: Festungsbaukunst und Festungsbautechnik, 1988, S. 410.
N.N.: a) Das altkölnische Zeughaus, in: Stadt-Anzeiger Köln 174 II v. 19. April 1906; b) Wiederherstellung des Zeughaus-Portals 1911, in: ebenda 485 IV v. 21. Okt. 1911, c) Erneuerungsarbeiten am Zeughause 1912, in: ebenda 331 v. 20. Juli 1912; d) Das stadtkölnische Zeughaus, in: ebenda 32/33 v. 11. und 18. Aug. 1912; e) Das alte stadtkölnische Zeughaus, in: ebenda 403 v. 20. Sept. 1922.
Rheinisches Bildarchiv — Foto Marburg: Fotosammlung Mikrofiche Nr. 284.
Stadtverwaltung Köln — Hochbauamt: Bauaufnahmen, Unterlagen zum Wiederaufbau.
Stelzmann, Arnold und Frohn, Robert: Illustrierte Geschichte der Stadt Köln, Köln ¹⁰1984 [darin zur Erwähnung des Zeughauses 1348].
Steuer, Heiko: Die Bauten des Kölnischen Stadtmuseums, in: Kölnisches Stadtmuseum. Auswahlkatalog, Köln 1984, S. 10-26.
Vogts, Hans: Die Kunstdenkmäler der Stadt Köln. Die profanen Denkmäler, Bd. 2 der IV. Abteilung der KDM der Rheinprovinz, hrsg. von Paul Clemen, Köln 1930 [Zeughaus S. 321-330].
Zander, Ernst: Köln als befestigte Stadt und militärischer Standort, in: Jahrbuch des Kölnischen Geschichtsvereins Bd. 23 (1941), S. 1-132.
Ders.: Befestigungs- und Militärgeschichte Kölns [einschließlich der ehemals selbständigen Festungen Deutz und Mülheim] vom Beginn der Franzosenzeit (1794) bis zum Ende der britischen Besatzungszeit (1926), 2 Bde., Köln 1944 [nur als einmaliges, stark bebildertes Manuskript im Histor. Archiv der Stadt Köln erhalten]. ABB. NR. 113/114/161/241/241/242/243/264/265/370/371/393/451/452.

KÖNIGSHOFEN i.G. ◆ Zeughaus, †1811 ◆ Zeughaus † nach Entfestung Germanisches Nationalmuseum Nürnberg: Bestand Historisches Archiv Würzburg-Königshofen, Fsz. 44/2 einziges überliefertes Inventar: Inventarium und Verzeichnus der Kriegsrüstung und Munition in meines gnedigen Fürsten und Herrn von Wurz[burg] Zeugkhaus zu Konigshoven; um 1600; mitgeteilt v. J. Sperl, in: Am Kornstein. Heimatkundl. Beilage zum Boten vom Grabfeld, Folgen 14/15 (1972).
Neumann, H.: Festungsbaukunst und Festungsbautechnik, 1988, S. 175, 410.

KÖNIGSTEIN i.T. ◆ Zeughaus in der Festung, heute Ruine über erhaltenem Kellergewölbe.
Neumann, H.: Festungsbaukunst und Festungsbautechnik, 1988, S. 410.
Stadtmuseum: Modell der Festung, Situation vor der Zerstörung.
Weißbecker, Karl und Krönke, Rudolf: Die Festung Königstein im Taunus, Königstein/Ts. ⁹1987 [Lageplan der Ruine Zeughaus Nr. 16].

KONSTANZ ◆ 1477 ff Blidenhaus westl. Seite des Münsterhofes, 1523 Zeughaus, 1845 Verkauf, heutiges Geschäfts und Wohnhaus Wessenbergstr. 30, überbaut. ◆ Oberösterreichisches Zeughaus †
Kraus, Franz Xaver [Bearb.]: Die Kunstdenkmäler des Kreises Konstanz, Freiburg i.B. 1887 [Zevg-Blei-Plid- oder Blidhaus, S. 275].
Marmor, Johannes: Geschichtliche Topographie der Stadt Konstanz, Konstanz 1860 [S. 307 f].
Motz, Paul: Das alte Blid- oder Zeughaus. Das ehemalige Konstanzer Waffenarsenal an der Hofhalde, in: Die Kulturgemeinde. Monatsblätter der Volksbühne Konstanz e.V., 10. Jg., Nr. 5 (1969), S. 2-5.
Rosgartenmuseum Konstanz: Waffensammlung mit unbestimmbaren Teilen aus dem Zeughausbestand.
Seigel, Rolf: Konstanz um 1600. Zum »Stadtplan von Konstanz«

von Nikolaus Kalt, in: Schnetztor-Initiative der Konstanzer Blätzlebuebe-Zunft e.V. [Hrsg.]: Trutziges Costantz. Tore und Türme einer Freien Reichsstadt, Konstanz 1981, o. S. [Nr. 80 Statt-Zeughauß, 81. Oberösterreichisches Zeughaus].
KREMPE ♦ Zeughaus, im 16. Jh. nachweisbar.
Breitenburger Familienarchiv [Depositum im Landesarchiv Schleswig-Holstein] Aktenbestand D, darin ausführliche Nachrichten über das Zeughaus Krempe von 1604; Inventar des Zeughauses Krempe von 1614 in Abt. 127.21, Familienarchiv D Nr. 42.
Habich, Johannes [Bearb.]: Krempe, in: ders.: Stadtkernatlas Schleswig-Holstein, Neumünster 1976, S. 84-87.
Landesarchiv Schleswig-Holstein: Inventar des Zeughauses Krempe im Bestand Abt. 103 AR von 1606.
Kramer, Karl S.: Die Steinburger Inventare von 1553/55 und 1606/14. Ein Beitrag zur Zusammenarbeit zwischen volkskundlicher Realienforschung und Mittelalterarchäologie, in: Offa Nr. 37 (1980), S. 352-359.
Städtebauliches Institut Stuttgart: Plan 4755 Rekonstruktion der Festung Krempe 3. Bauperiode 1595-1603, darauf Zeughaus Nähe Borsflether Tor.
KRONACH ♦ Altes Zeughaus in der Festung Rosenberg, *1477, heute Stadtmuseum mit Kleiner Rüstkammer, Ständige Ausstellung zur Deutschen Frage [Grenze]; ♦ Neues Zeughaus in der Festung Rosenberg, *1588/91, heute Bayer. Nationalmuseum mit der Skulpturensammlung.
Bayerisches Hauptstaatsarchiv München: Abtlg. IV Kriegsarchiv, Akten der Zeughausverwaltung 1803-1868, Signatur: Fzm. 5116, HS 1281 f.
Breuer, Tilmann: Landkreis Kronach, Kurzinventar Bayerische Kunstdenkmale, München 1964 [Festung Rosenberg S. 87-118].
Ders.: Festung Rosenberg über Kronach, München/Berlin 1984.
Fehn, Georg: Baugeschichte der Festung Rosenberg ob Kronach, 6 Bde, Kronach 1950 ff.
Neumann, H.: Festungsbaukunst und Festungsbautechnik, 1988, S. 78 f, 375, 410.
Stadtarchiv Kronach: Plan-, Bildunterlagen. ABB. NR. 87/405/406.
KULMBACH ♦ Arsenal in der Festung, *1572/74; ♦ Waffenhalle, * vor 1554, im Nordflügel des Hochschlosses mit Leihgaben der Kunstsammlungen Veste Coburg.
Bachmann, Erich: Plassenburg ob Kulmbach. Amtlicher Führer, München 1976.
Ders. und Lorenz Seelig: Plassenburg ob Kulmbach. Amtlicher Führer, München [6]1983 [Waffenhalle S. 36-39, Arsenalbau S. 70].
Gebessler, August: Stadt und Landkreis Kulmbach. Kurzinventar der Bayer. Kunstdenkmale, München 1958 [Arsenalbau S. 22-24].
Köberlein, Fritz [Hrsg.]: Deutsche Renaissance. Eine Sammlung von Gegenständen der Architektur, Dekoration und Kunstgewerbe in Original-Aufnahmen, XLVII. Abtlg. Die Plassenburg bei Kulmbach, Wien/Leipzig/Berlin 1882.
Kreisel, Heinrich: Plassenburg ob Kulmbach. Amtlicher Führer, München 1935 [Waffenhalle S. 47-50].
Kunstmann, Hellmut: Burgen am Obermain unter besonderer Berücksichtigung der Plassenburg, Kulmbach 1975.
Limmer, Fritz: Handzeichnungen aus dem Nachlaß des ehemaligen Plassenburger Kommandanten Wolff Friedrich von Muffel, in: Nachrichten des Vereins der Freunde der Plassenburg, 7. Jg. Nr. 4/6 (1935), S. 23 ff.
Neumann, H.: Festungsbaukunst und Festungsbautechnik, 1988, S. 56, 410 f. ABB. NR. 19/84/394/407/408.

LANDAU [Pfalz] ♦ Zeughaus 113 auf dem Kugelgarten *1780, †1794 ♦ 1795 Zeughausprojekt der Artillerie-Direktion, unausgeführt, 1864 erneut Projekt, ♦ 1794 Umwandlung des 1791 aufgehobenen Augustinerklosters in der Königstraße, †1871, heute Stadtbauamt. ♦ Lafettenstadel *1720/28, Ende 18. Jh. in das ehemalige Augustinerkloster verlegt. ♦ Artillerie-Wagenhaus *1861 an der Weißquartierstraße, aufgehoben 1871, † Abriß 1976.
Birnbaum, Johannes, Geschichte der Stadt Landau. Zweibrücken 1826.
Haab, Emil: Die Explosion des Zeughauses zu Landau anno 1794, in: Der Rheinpfälzer v. 20.12.1927.
Heß, Hans: Bilder aus der Stadtgeschichte. Die Explosion des Zeughauses am 20. Dezember 1794, in: Landauer Monatshefte Nr. 7 (1963), S. 10-17.
Ders.: Die Katharinenkapelle — ein vergessenes Kleinod der Stadt, in: Kath. Kirchenbote Landau, Folge 22 v. 3. Juni 1973 [S. 1-2].
Lehmann, Johann Georg: Urkundliche Geschichte der ehemaligen freien Reichsstadt und jetzigen Bundesfestung Landau, Neustadt 1851.
N.N.: a) Aufsprengung des Zeughauses im Jahre III, in: Landauer Wochenblatt Nr. 22/23 (1821).
Stadtarchiv Landau: AA 171 a) Namenslisten Zeughaus 1693-1800 Kgl. bayer. Oberzeugwarte und Kgl. bayer. Zeugwarte; b) Aktenbestand frz. Geniedirektion AXVII 33 Verzeichnis der in Landau schon bestehenden als auch projektierten Militärgebäude einschließlich Magazinen für 1740-1815; Bildarchiv: Nr. 224, 702B, 715B, 738B Augustinerkirche profanierter Zustand 1870, 1001 B; c) Zeughaus u. Augustinerkirche, Federzeichnung o.D. Planfach 60 SM Nr. 3, Landau. Steindruck aus dem Grundkataster Planfach 11 [große Mappe]; Festungsplan, Kupferstich, 80 x 50 cm, v. 1735 ebenda; Zeughaus Landau, Facade gegen die Königstr., M 1:200, aufgenommen P. Arnold Landau im Mai 1900. Stadtbauamt, kol. Federzeichnung, Planfach 59; Zeughaus [Kreuzgang] Lichtpause im Planfach 79; Zeughaus Landau Erdgeschoß 1:200, Federzeichnung auf Pergaminpapier, o. D., sine nota, ebenda; Plan de Landau qui indique les Nouvelles Divisions des quartiers Noms des Rues et Numéros de toux les Batimens Civils et M. res, kol. Federzeichnung, nach 1789, Original im Planfach 13 [fehlt z.Z.].
Raithel, Fred und Übel, Rolf: 300 Jahre Festung Landau, Landau 1989 [Magazinbauten der Festung S. 99-112].
Zeitler, J.: Die Explosion des Landauer Zeughauses 1794, in: Landavia. Unterhaltungsblatt zur Landauer Zeitung Nr. 61/62 (1884).
LANDSHUT ♦ Ehem. Harnischhaus heute Gaststätte. Ein ›Zeughaus‹ ist nicht bekannt!
Stadtmuseum Landshut: Landshuter Plattnerkunst. Ein Überblick. Ausstellungskatalog, Landshut 1975.
LEMGO ♦ Städt. Zeughaus, Papenstr. 9, *1548; heute städtischer Verwaltungsbau.
Gaul, Otto und Korn, Ulf-Dietrich, mit einer Einleitung von Hans Hoppe: Stadt Lemgo. Bau- und Kunstdenkmäler von Westfalen, 49. Bd./Teil I Stadt Lemgo, Münster 1983 [Zeughaus S. 584-592].
Stadt Lemgo [Hrsg.]: Alte Hansestadt Lemgo. Baudenkmale, Lemgo [4]1981 [Zeughaus Nr. 9]. ABB. NR. 138/140.
LINDAU [Bodensee] ♦ Kaiserl. Zeughaus Unterer Schrannenplatz 10, *1508/26, Übergang an die Stadt 1745, heute Jugendheim; ♦ Städt. Zeughaus auf dem Platz der Max-Kaserne, †1804
Horn, Adam und Meyer, Werner [Bearb.]: Die Kunstdenkmäler von Schwaben, IV Stadt und Landkreis Lindau (B), München 1954 [S. 205].

Jordan [General]: Beitrag zur Geschichte des kaiserlichen Zeughauses in Lindau, in: Bodenseeheimatschau 16. Jg. (1936), Nr. 12, S. 45 f; Nr. 13, S. 52; Nr. 14, S. 53-55.
Kulturamt Lindau: Stadtarchiv Reichsstädtische Akten Sign. RA 44,1 1 Bd. Schriftquellen zum kaiserl. Zeughaus (1508-1745).
Schläger, H.: Bürgerliches Theaterwesen im alten Lindau, in: Neujahrsblätter des Lindauer Museumsvereins Nr. 13 (1954) [Theater im Zeughaus]. ABB. NR. 56/361.
LUDWIGSBURG ◆ Zeughaus/Arsenal Arsenalplatz, *1761/62 und ◆ Gewehrzeughaus, Mathildenstraße, *1873/75, z. Z. Ausbau für das Staatsarchiv.
Biehler, Ernst: Ludwigsburg — die Soldatenstadt, in: Ludwigsburg, Kreisstadt und Garnison, hrsg. von der Standortkommandantur Stuttgart/Ludwigsburg, Ludwigsburg 1960, S. 48 f.
Bolay, Th.: Das Ludwigsburger Arsenal vor 100 Jahren, in: Hie gut Württemberg, in: Beilage zur Ludwigsburger Kreiszeitung 5. Jg., Nr. 10 (1954), S. 67 f.
Gräf, Ulrich: Kunst- und Kulturdenkmale im Kreis Ludwigsburg, Stuttgart 1986.
HSAS: 1) Bauakten des Ludwigsburger Arsenals im Bestand A 248 Büschel 2258: Das Jägerhaus-, Generalhospital-, Arsenal- und Artilleriekasernenbauwesen in Ludwigsburg 1761/62, 40 Schriftstücke, 5 Pläne; 2) Abteilung Militärarchiv Bestand M 311 Akte zum Artilleriedepot Ludwigsburg (19. Jh.).
Humpert, Klaus; Rosenstiel, Volker; Stadtplanungsamt Ludwigsburg: Ludwigsburg Rahmenplan Innenstadt, Ludwigsburg 1986 [nicht im Handel].
Müller, Anton: Ludwigsburg und seine Kasernen. Ein Beitrag zur Ludwigsburger Häusergeschichte, in: Hie gut Württemberg. Beilage zur Ludwigsburger Kreiszeitung 20. Jg. Nr. 11 (1969).
Sauner, Michael: Geschützmodelle [aus dem Zeughaus Ludwigsburg], in: Baden und Württemberg im Zeitalter Napoleons, Ausstellungskataloge, Bd. 1.1 Stuttgart 1987, S. 410 f.
Staatliches Hochbauamt II Stuttgart: Bauaufnahmen mit historischem Bestand, Abbruchmaßnahmen, neuen Planungen von 1986/87, Kopien historischer Grundrisse.
Stadtarchiv: Situationspläne, Aufrisse usw. vom 1872/75 errichteten Zeughaus des Königl. Militärbauamtes [Zweitausfertigung] Bestand L 63 Büschel 347 (1-4);
Städt. Museum: Ansicht des Arsenals, Lithographie, 12 x 7,9 cm, Inv. Nr. 641.
Steiglehner, Wilhelm und Frisch, Wilhelm: Das Zeugwesen in Württemberg und Ulm im Frieden und Krieg, in: Ulmer Garnison und Festung, Festschrift zum Garnisontreffen, Ulm 1954, S. 165 f.
Wetzel [Major z.D.]: Das K. W. Arsenal zu Ludwigsburg, in: Besondere Beilage des Staats=Anzeigers für Württemberg, No Jaromer 1983. ABB. NR. 179/180/181/441/476/477/478/479/480/481.
LÜBECK ◆ Zeughaus, *1594, Großer Bauhof 12, heute Völkerkundemuseum, Teil des Bauverwaltung u. d. Historischen Archivs; ◆ Waffensammlung im Holstentor.
Amt für Denkmalpflege Lübeck: Mappe Großer Bauhof/Zeughaus, Fotos und Baupläne aus der Nachkriegszeit.
Archiv der Hansestadt Lübeck: Plansammlung Umbaupläne von 1923, 1981, 1982.
Habich, Johannes [Bearb.]: Hansestadt Lübeck, in: ders.: Stadtkernatlas Schleswig-Holstein, Neumünster 1976, S. 94-105, 198.
Hochbauamt der Hansestadt Lübeck: Planmaterial für den jüngsten Um- und Ausbau.
Kruse, K. B.: Zu Untersuchungs- und Datierungsmethoden mittelalterlicher Backsteinbauten im Ostseeraum, in: Archäologisches Korrespondenzblatt, Nr. 12 (1982), S. 555-562.
Museum für Kunst und Kulturgeschichte Lübeck: Der Kernbestand der heutigen Waffensammlung stammt aus dem Zeughaus.
Neumann, H.: Festungsbaukunst und Festungsbautechnik, 1988, S. 96, 412.
Rathgens, Hugo: Die Bau- und Kunstdenkmäler der Hansestadt Lübeck, 1. Bd., 1. Teil: Stadtpläne und -ansichten, Stadtbefestigung, Wasserkünste und Mühlen, Lübeck 1939; überarbeitet und ergänzt von Lutz Wilde, Lübeck 1974.
St. Annen Museum Lübeck: a) im Depot die stark verwitterte originäre Skulptur des Mars 16. Jh. vom Zeughaus, b) im Bildarchiv Fotos, Lithographien vom Zeughaus und dem Paradeplatz, Zeichnungen von J. M. David.
Warnke, J. W.: Das Holstentor in Lübeck ein Wehrmuseum, in: ZHWK Bd. 8 (1918/1920), S. 129-135 [Faksimile Graz 1973]. ABB. NR. 57/58/146/147/229/230/231/274.
LÜNEBURG ◆ Altes Zeughaus Am Marienplatz †; ◆ Glockenhaus, 1412 erwähnt, Glockenhof; ◆ Rüstkammer im Rathaus †; ◆ Zeughaus im Dormitorium des Franziskanerklosters auf dem Marienkirchhof †.
Brebbermann, Adolf: Ansicht der Stadt Lüneburg von Süden [Kupferstich nach den Vorzeichnungen von Daniel Frese (1540-1611) mit der ältesten Darstellung des Glockenhauses]. Faltblatt 5 (1976) des Museumsvereins für das Fürstentum Lüneburg.
Reinecke, Wilhelm: Das Rathaus zu Lüneburg, Lüneburg 1925.
Ders. und Krüger, Franz [Bearb.]: Die Kunstdenkmäler der Provinz Hannover, III Regierungsbezirk Lüneburg, Bd. 3 Stadt Lüneburg, Hannover 1906 [Das Glockenhaus S. 303-306].
Stadtarchiv Lüneburg: In jedem Jahrgang der Kämmerei- oder Baurechnungen finden sich Zahlungen für Rüstkammern, Zeughaus, Büchsenmeister der Stadt. Wichtige Bestände: Artillerie Sign. AA S 8b; Schützengesellschaften Sign. AA S4; Inventarium über Wehr und Waffen, Artillerie und Munition bey der Stadt Lüneburg Sign. AB 549.
Stadt Lüneburg [Hrsg.]: 500 Jahre Glockenhaus zu Lüneburg, Lüneburg 1982. ABB. NR. 61/62.
MAINZ ◆ Zeughaus an der Altmünsterpforte, †1657; ◆ Altes Zeughaus (Sautanz), *1602/25, heute Annex der Staatskanzlei; ◆ Neues Zeughaus, *1738/40, heute Staatskanzlei, Sitz des Ministerpräsidenten von Rheinland-Pfalz und Stresemann-Gedenkstätte; ◆ Zeughaus in der Zitadelle, Mitte 17. Jh. überbaut.
Arens, Fritz, unter Verwendung eines Vortragstextes von Wolfgang Einsingbach: Maximilian von Welsch. Architekt der Schönbornbischöfe, München/Zürich 1986 [Zeughaus Mainz, S. 84-86].
Dölling, Regine: Mainz. Die Palais des Barock. Rheinische Kunststätten, Köln 1970.
Einsingbach, Wolfgang: Johann Maximilian Welsch. Neue Beiträge zu seinem Leben und zu seiner Tätigkeit für den Fürsten Georg August von Nasau-Idstein, in: Nassauische Annalen Bd. 74 (1963).
Ders.: Zum Leben des Mainzer Barockarchitekten Maximilian von Welsch zwischen 1693 und 1704 und der Bericht seiner Reise in die Niederlande, nach Frankreich und England in den Jahren 1699-1700, in: Mainzer Zeitschrift Bd. 67/68 (1972/73), S. 214-229.
Foto Marburg — Marburger Index: Neues Zeughaus Mainz, Foto 1920, Nr. 623449.
Hanfgarn, Werner [Redaktion]: Saudantzsens Abenteuerliche Historie. Das ist/Beschreibung des heutigen SUED/WESTFUNK-LANDESSTUDIOS, Jubiläumsschrift Mainz 1961.

Leitermann, Heinz: Das Zeughaus »Zum Sautanz«, in: Mainzer Almanach 1958.
Meintzschel, Joachim: Studien zu Maximilian von Welsch, Würzburg 1963.
Ders.: Maximilian von Welsch, in: Fränkische Lebensbilder Bd. 6, Würzburg 1975, S. 185-204.
Neumann, Hans-Rudolf: Die Bundesfestung Mainz 1814-1866. Entwicklung und Wandlungen. Von der Blockhausfortifikation zum steinernen Bollwerk Deutschlands, Dissertation Berlin, Mainz 1986 [Zeughäuser S. 212 f, 225].
Poppel, Johann: Das Grossherzogtum Hessen in malerischen Original-Ansichten seiner interessantesten Gegenden, merkwürdigsten Städte, Badeorte, Kirchen, Burgen und sonstigen Baudenkmäler ... Nach der Natur aufgenommen von verschiedenen Künstlern und in Stahl gestochen von J.Poppel u. a., Darmstadt 1847 [Zeughaus S. 93 f, Original: Stadtbibliothek Mainz, Sign. Mog m 3033].
Rübenach, Bernhard: Der Sautanz. Die Geschichte eines Mainzer Hauses. Hörfunkmanuskript des SWF 1957 [masch.-schriftl. Exemplar Stadtbibliothek Mainz, Sign. Mog m: 4°/1525].
Seeger, W.: Der Wiederaufbau des Zeughauses in Mainz, in: Die Bauverwaltung, Nr. 7 (1961), S. 292-297.
Staatshochbauamt Nord, Mainz: Plankonvolut vom Umbau und Renovierungen des Alten Zeughauses der Baumaßnahme Landtag und Staatskanzlei Rhld.-Pfalz.
Staatsbauamt Mainz-Süd: a) Plankonvolut lavierter Tuschzeichnungen vom Neuen und Alten Zeughaus: Lagepläne, Ansichten, Schnitte aus dem Bestand des ehemaligen Militär-Bauamtes II, gez. durch Baurat Schrader 1915; b) Bauaufnahmen, Fotosammlung.
Staatskanzlei Rheinland-Pfalz: Das Neue Zeughaus [Faltblatt für den Besucher], Mainz o.J.
Stadtarchiv Mainz: Foto-, Bild- u. Plansammlung [keine Inventare!].
Wegner, Ewald [Bearb.]: Stadt Mainz. Altstadt. Denkmaltopographie Bundesrepublik Deutschland. Kulturdenkmäler in Rheinland-Pfalz, Bd. 2.2, Düsseldorf 1988 [Altes Zeughaus S. 160-162, Neues Zeughaus S. 284]. ABB. NR. 11/76/374/375/376/401/402/428.

MANNHEIM ♦ Zeughaus, Quadrat C 5, *1777/78, heute Reiß-Museum mit Abteilungen Kunst-, Stadt-, Theatergeschichte, Archäologie, Völkerkunde.
Bayerisches Kriegsarchiv München: Grund- und Aufrisse, Projektpläne [20 Stück] zum Zeughaus Mannheim, a) Sign. Alter Bestand C1, 105; b) Plansammlung Mannheim, Nr. 1-15.
Böhm, L. W.: Das Reiß-Museum im Zeughaus, in: Badische Heimat, Mein Heimatland, Nr. 37 (1957), S. 188 ff.
Generallandesarchiv Karlsruhe: Bildersammlung: Pläne Zeughaus Mannheim; Akten über Zeughausinventar von 1762 [112 S.], über Gießhaus und Zeugwerkstätten 1796-98 [160 S.], Zeughaus 1803 [6 S.] Bestand: GLA J/B/62-64;
Huth, Hans: Die Planungsgeschichte des Zeughauses in Mannheim, in: Mannheimer Hefte Nr. 2 (1978), S. 111-119.
Ders.: Die Kunstdenkmäler des Stadtkreises Mannheim, hrsg. vom Landesdenkmalamt Baden-Württemberg, München/Berlin 1982 [Zeughaus S. 133-149 mit weiteren Quellenangaben].
Kurpfälzisches Museum Heidelberg: Planbestand Zeughaus Mannheim im Nachlaß des Architekten und Bildhauers Peter Anton von Verschaffelt (1710-1793).
Landesdenkmalamt Baden-Württemberg — Außenstelle Karlsruhe: Fotosammlung.

Oberndorf, L. Graf von: Der Bildhauerschmuck des Mannheimer Zeughauses, in: Mannheimer Geschichtsblätter Nr. 27 (1926), Sp. 259.
Speyer, K.: Beiträge zur Geschichte des Zeughauses in Mannheim, in: Mannheimer Geschichtsblätter Nr. 23 (1922), Sp. 53 ff.
UB Heidelberg: 2 Handzeichnungen des beim Zeughausbau verwendeten Krans aus der Hinterlassenschaft des kurpfälz. Ing.-Cap. Ferdinand Denis im Bestand Slg. Batt Nr. 219 [1 abgebildet in M. Bitz: Fabriken und ihre Technologie im 17. u. 18. Jh. in Südwestdeutschland, in: Barock in Baden-Württemberg, Ausstellungskatalog, Bd. 2 des Badischen Landesmuseums Karlsruhe 1981, S. 467]. ABB. NR. 245/246/288 F/357/358/429/430.

MARBURG [Lahn] ♦ Landgräfliche Rüstkammern, † ♦ Zeughaus des Landgrafenschlosses, heute Studentenwohnheim.
Foto Marburg-Marburger Index: Nr. 810115 v. 1869/1900 und zahlreiche andere Fotos; Reproduktion der Zeichnung von Caspar Scheuren von 1826 unter Nr. 221183.
Justi, Karl: Das Marburger Schloß. Baugeschichte einer deutschen Burg, Marburg 1942 [S. 34, 72; S. 130 f Inventar von 1607].
Küch, Friedrich und Niemeyer, Bernhard [Bearbeiter]: Die Bau- und Kunstdenkmäler im Regierungsbezirk Kassel, Bd. VIII Kreis Marburg-Stadt, Atlasband Kassel 1934: [S. 123, 125, 141, 204; Textband nicht erschienen!].
Philippi, Hans [Bearb.]: Politische Akten nach Philipp d. Gr. 1567-1821, Abteilung h: Kriegssachen 1592-1806/14, 2 Bde, Marburg 1981.
Staatsarchiv Marburg: Verzeichnis der aus dem Zeughaus zu Marburg abgeführten Geschütze und Munition 1692 [?], Signatur Nr. 2400; Ein und Ausgabe des Zeughauses zu Marburg 1741-1742, Sign. Nr. 3903.
Staatsbauamt Marburg-Stadt: Baustandszeichnungen, Serie Landgrafenschloß Marburg/Lahn, Ansichten und Schnitte, aufgestellt am 15.05.1958. ABB. NR. 80/347.

MEPPEN ♦ Zeughaus, *1751 auf dem Gelände der geschleiften Paulsburg, heute Wohnungen und Nebenstelle des Amtsgerichts.
vom Bruch, Rudolf: Meppen, in: ders.: Die Rittersitze des Emslandes, Münster 1969, S. 53-58.
Geppert, Alexander: Meppen. Abriß einer Stadtgeschichte, Meppen 1951 [Zeughaus S. 39, 75]. ABB. NR. 74/423.

MINDEN ♦ Landwehrzeughaus Johanniskirche, 1824 eingerichtet, heute Bürgerzentrum; ♦ Artillerie-Zeughof St. Mauritius, Königstr. 13, *1820, heute privat.
Mindener Museum für Geschichte, Landes- und Volkskunde: 2 Originalzeichnungen über das Artilleriezeughaus im ehemaligen Mauritiuskloster: 1. Kol. und lavierte Tuschzeichnung von Daniel, 12. Nov. 1848, Format 83,9 x 60,3 cm; 2. Kol. Federzeichnung, gez. durch Daniel am 21.9.1847, berichtigt 1847 durch Major und Platzingenieur Hardenack, Format 50,5 × 57,5 cm.
Neumann, H.: Festungsbaukunst und -technik, 1988, S. 412 f.
Soenke, Jürgen: Minden unter Bischof Anton. Nachrichten aus den Varenholzschen Geldregistern 1587-1599, in: Mindener Heimatblätter Nr. 7/8 (1963), S. 81-88 [Hans Betting, der Mindener Büchsengießer, S. 82-85].
Stadt Minden [Hrsg.]: Stadt Minden 977-1977. Baudenkmale, Denkmalschutzzonen, Minden 1977.
Dies.: Minden. Zeugen und Zeugnisse seiner städtebaulichen Entwicklung, Minden 1979 [S. 183 f, 201 f, 269].
Stadtarchiv Minden: Zum Landwehrzeughaus in der Johanniskirche 3 Kopien der Ausführungszeichnungen des Heeresbauamtes [Längsschnitt und Ostansicht]. ABB. NR. 26.

MONTROYAL [Traben-Trarbach] ♦ Arsenal, *1687, †, Flügelbau an das Moselufer nach Traben transloziert, andere Teile angeblich nach Saarlouis, †.
Castendyck, Giselher: Burgen, Festungen und Ruinen rund um Traben-Trarbach, Traben-Trarbach ²1986.
Hauptstaatsarchiv Koblenz: Zahlreiche Schrift- und Bildquellen, u. a. Abt. 702, Nr. 2268, Festungsplan ca. 1697; Nr. 585 Umgebung der Festung, o. D.; Nr. 8 Pläne 1702.
Neumann, H.: Festungsbaukunst und Festungsbautechnik, S. 102, 413.
Vogts, H. [Bearb.]: Die Kunstdenkmäler des Kreises Zell an der Mosel, Düsseldorf 1938. ABB. NR. 42/43/47/90.
MÜNCHEN ♦ Städtisches Zeughaus, St. Jacobsplatz 2, * um 1431, heute Münchner Stadtmuseum mit bedeutender Waffensammlung. ♦ Kurfürstl. Zeughaus, Salvatorstr. 18, *1630, †1810. ♦ Kurfürstl. Zeughäuser (5) östl. der Residenz, † nach 1804. ♦ Arsenal Oberwiesenfeld, *1861, †.
Bassermann-Jordan, E.: Die Waffensammlung des bayerischen National-Museums in München, in: ZHWK Bd. II (1900/1902), S. 283-286.
Bayerisches Kriegsarchiv München: Inventare des kurfürstlichen Hauptzeughauses München a) Inventar v. 1627 Sign. A VI, 6b, Fasc. 59; b) Inventar v. 1689 Sign. A VIb Fasc. 57.
Bayerisches Nationalmuseum: Führer durch die Schausammlungen, München ⁴²1985.
Braun, Kaspar [Oberzeugwart]: Das Landwehr=Zeughaus in München, München 1866.
Braun, Rainer: Quellen zur Regionalgeschichte Frankens im Schrifttum der bayerischen Armee, in: Jahrbuch für fränkische Landesforschung, Bd. 38 (1979), S. 139-152 [S. 157 f].
Dreesbach, Martha: Das Münchner Stadtmuseum. Eine Chronik, München 1977.
Fahrmbacher, Hans und Feistle, Sigmund: Das Münchener kurfürstliche Hauptzeughaus, in: ZHWK Bd. 5 (1909/11), S. 174-184, 252-257, 301-307 [mit Entgegnung von Hans Stöcklein].
Gordon, Michael: Das Münchner Zeughaus und seine Schätze, in: DWJ Nr. 6 (1987), S. 644-647.
Lehmbruch, Hans: Ein neues München. Stadtplanung und Stadtentwicklung um 1800. Forschungen und Dokumente, Buchendorf 1987.
Reitzenstein, Alexander von: Die Zweibrücker Gewehrkammer, in: Festschrift Historisches Museum der Pfalz, Speyer 1960, S. 341-346.
Schalckhaußer, Erwin: Die Handfeuerwaffen des Bayerischen Nationalmuseums [Katalog], in: ZHWK Jahrgänge 1966-1972 [auch als Sonderdruck].
Ders.: Die »Alte Abteilung« des bayerischen Armeemuseums, in: ZHWK Nr. 1 (1981), S. 5-26.
Schalckenhaußer, Erwin [Bearb.]: Katalog des Bayerischen Nationalmuseums, Bd. XIX Handfeuerwaffen, Jagdgewehre, Scheibenbüchsen, Pistolen, München 1988.
Solleder, Fridolin: München im Mittelalter, München/Berlin 1938 [S. 441-460, dort die ältere Zeughaus-Lit.].
Stadtarchiv München: 1) Bürgerl. Artilleriekorps u. bürgerl. Brigade 1537-1812, Sign. Wehrpflichtige Bürger Nr. 22-28; 2) Zeughaus a. Inventare 1444-1765, Nr. 88-106, b. Waffen 1535-1920, Nr. 107-114, c. Rechnungen 1610-1809, Nr. 115-128; 3) zahlreiche Akten zum Schützenwesen von 1518 bis Mitte 19. Jh., Nr. 443-509.
Stöcklein, Hans: Orientalische Waffen aus der Residenzbüchsenkammer im Ethnographischen Museum zu München, in: Münchener Jahrbuch der Bildenden Kunst, Nr. 1/2 (1914/15).
Wackernagel, Rudolf: Zur Neuaufstellung der Waffensammlung des Bayerischen Nationalmuseums, in: ZHWK Bd.17, Nr. 1 (1975), S. 41-60.
Ders.: Das Münchner Zeughaus, München/Zürich 1983.
Wirtgen, Rolf: Die Waffenhalle des Bayerischen Nationalmuseums, in: DWJ Nr. 5 (1987), S. 496-499. ABB. NR. 119/213/214/297/500.
MÜNDEN ♦ Zeughaus †
HSAH: Repertorium Hann. 47, Kriegskanzlei 1610-1813. Bd. I 106 Vol. V Artillerie- und Zeughaussachen 1716-1746, Bd. I 284 Vol. VI dto.
Verzeichnis der Feuerwaffen der Stadt Münden von 1461 in: Anzeiger für Kunde der deutschen Vorzeit, Nürnberg Nr. 3/4 (1883), S. 84.
MÜNSTER ♦ Rüstkammern 1551 genannt, †1766; ♦ Zeughäuser † Mitte 19. Jh.
Geisberg, Max: Bau- und Kunstdenkmäler von Westfalen. Die Stadt Münster, 2 Bde Münster 1933, Nachdruck ebenda 1976 [Bd. 1 Magazinbau S. 69, 136, 221, 225, 251 ff, 256; Bd. 2 Archivalische Hinweise zur Rüstkammer S. 405-407].
Neumann, H.: Festungsbaukunst und Festungsbautechnik, 1988, S. 169, 211, 224 f, 413.
NEUBURG a.d.D. ♦ Rüsthaus im Schloß † ♦ Zeughaus im Schloßbereich + Bayer. Hauptstaatsarchiv München: Inventarium über das fürstliche Zeug vnd rüsthauß allhier zu Neuburg Anno 1628, in: Bestand Dreißigjähriger Krieg XXIV, Fasz. 222.
Reitzenstein, Alexander von: Die Harnische der Neuburger Rüstkammer, in: ZHWK Bd. 7 (1918/1920), S. 41-51 [Faksimile Graz 1973].
Ders.: Die Harnischkammer des Neuburger Schlosses im Jahre 1628, in: ZHWK Nr. 2 (1973), S. 146-158.
Ders.: Die Feuerwaffen in der Rüstkammer von Pfalz-Neuburg 1628 und 1654, in: ZHWK Bd. 23, Nr. 2 (1981), S. 87-100.
Inventar der Rüstkammer von 1750 in: Neuburger Kollektaneenblatt 1873.
NEUMARKT (OBERPFALZ) ♦ Zeughaus »Reitstadel« Am Hofplan, seit 1981 Kulturhaus.
Gebhard, Torsten und Hart, Franz: Neubelebte alte Speicher- und Hallenbauten II, in: Der Bauberater. Werkblatt des Bayer. Landesvereins für Heimatpflege e.V., 46. Jg., Nr. 2/3 (1981), S. 17-22.
Heinloth, Bernhard [Bearb.]: Neumarkt, München 1967.
N.N.: »Preisgekrönte« Ziegeldächer, in: Der Dachdeckermeister 39. Jg., Nr. 3 (1986), S. 24 f. [Hauptpreis für das Zeughausdach].
Ried, Karl: Neumarkt in der Oberpfalz, Neumarkt 1960.
Stadt Neumarkt [Hrsg.]: Wiederaufgebauter historischer Reitstadel Neumarkt i.d. Opf., Programmheft zur Eröffnung 1981.
Stadtbauamt Neumarkt: Baupläne, Baubeschreibung, Planungsunterlagen zum Umbau.
NEUSS ♦ Zeughaus in der Franziskanerkirche, *1637/39, 1826-1864 preuß. Landwehr-Zeughaus, heute städt. Festhalle.
Feldhaus, Irmgard: Zur Geschichte des Neusser Zeughauses, in: Neusser Jahrbuch für Kunst, Kulturgeschichte u. Heimatkunde, Neuss 1971, S. 5-19.
HSAD: Die 2 von I. Feldhaus publizierten Pläne von Vagedes, datiert 1825, sind als Originale nicht mehr auffindbar! ABB. NR. 138.
NIENBURG [Weser] ♦ Zeughaus + HSAH: 1) Hann. 47 I Nr. 69: Die Ablieferung der Ausschuß-Gewehre und Montierungsstücke ins Zeughaus zu Nienburg 1764-68, 2) ebenda Nr. 121 Vol. I Acta

betr. Artillerie= und Zeughaus=Sachen, spec. das Zeughaus zu Nienburg, Ausgabe von Munition, Waffen, Armaturgegenständen, Materialien etc. Neubeschaffung, Reparaturen etc. 1757-79.
NÖRDLINGEN ♦ Städt. Zeughaus, am Löpsinger Tor, *1607, †1823; ♦ Städt. Büchsenhof am Barfüßer Friedhof †.
Gröber, Karl und Horn, Adam [Bearb.]: Die Kunstdenkmäler von Schwaben u. Neuburg, II Stadt Nördlingen, München 1940 [Reprint München/Wien 1981; Zeughaus S. 257 f, Abb. 265].
Kessler, Hermann: Die Stadtmauer der Freien Reichsstadt Nördlingen, Nördlingen 1982 [besonders S. 113, 116].
Stadtarchiv Nördlingen: Umfangreiche Inventare erst aus der Zeit nach dem Dreißigjährigen Krieg von 1652, 1653, 1706, 1719, 1742, 1765.
NÜRNBERG ♦ Städtisches Zeughaus, *15./16. Jh., Pfannenschmiedsgasse Nr. 24, Reste heute Polizeirevier; ♦ Zeughaus des Fränkischen Reichskreises, Lorenzer Platz/Nonnengasse, *1706, †1845; ♦ »Kleines Zeughaus« im Germanischen Nationalmuseum von Johann Carl; bedeutende Waffensammlung.
Bayerisches Kriegsarchiv: 1. Zeughausgeschichte 1340-1867, 1888-1895 in: Fzm 5141, HS 1272-1276, 2. Reichsstädt. Gebäude 1816-1818 in: MKr 9172, 3. Pläne 1828 in: Plankammer Nürnberg 106-108.
Braun, Rainer: Quellen zur Regionalgeschichte Frankens im Schriftgut der bayerischen Armee, in: Jahrbuch f. Fränkische Landesforschung, Bd. 39 (1979), S. 139-152 [hier S. 189].
von Dotzauer [Generalmajor z.D.]: Das Zeughaus der Reichsstadt Nürnberg, in: Mitteilungen des Vereins für Geschichte der Stadt Nürnberg, Nr. 16 (1904), S. 151-178.
Hirschmann, Gerhard: Das Zeughaus des Fränkischen Kreises in Nürnberg, in: Mitteilungen des Vereins für Geschichte der Stadt Nürnberg, Bd. 59 (1972), S. 211-221.
Königer, Ernst: Das kleine Zeughaus, Nürnberg 1967 [Bilderheft des Germanischen Nationalmuseums Nr. 3].
Ders.: Zur Wiedereröffnung der Waffen- und Jagdsammlung im Germanischen Nationalmuseum Nürnberg, in: ZHWK Nr. 1 (1977), S. 25-44.
Kunze, W.: Wo Mörser und Bombenkessel lagerten. Das alte Zeughaus — eine besondere Nürnberger Sehenswürdigkeit, in: Fränkischer Kurier v. 18.08.1938.
Neumann, H.: Festungsbaukunst und -technik, 1988, S. 58-61, 414. S. 58-61, 414.
Schwemmer, Wilhelm [Bearb.]: Die Stadt Nürnberg. Bayerische Kurzinventare Bd. X, München ²1977 [S. 186].
Stadtarchiv Nürnberg: 1. Zeughausinventar von 1512 Rep. 86 Nr. 70a; 2. Lageplan des Zeughauses d. Fränk. Kreises aus der Zeit kurz vor dem Abbruch des Gebäudes 1845 in: Plansammlung Nürnberg Nr. 1340; 3. Abbildungen in: HR III d 1d Nr. 12; 4. Brunner, Caspar [Zeugwart]: Ein ordentliche und künstliche Beschreibung über das Zeughaus und was demselben mit aller munition und Artholerey angengig sein mag..., Handschrift um 1542, 216 Bll. mit zahlreichen Zeichnungen und Skizzen, in: Sign. Rep. 53 Nr. 23.
Waldau, Georg Ernst: Vermischte Beiträge zur Geschichte der Stadt Nürnberg, Bd. 4, Nr. 30, Nürnberg 1789, S. 406 f.
Willers, Johannes Karl Wilhelm: Bemerkungen zu Albrecht Dürers Interesse an Waffen, Kriegstechniken und Festungsbau, in: Anzeiger des Germanischen Nationalmuseums 1976, Nürnberg 1976, S. 72-76. ABB. NR. 117/284/312/368/369/395/417.
OLDENBURG [OLDB.] ♦ Altes Zeughaus†; ♦ Zeughaus, *1862/65, Ofener Str. 15, derzeitig Planungen zum Umbau für eine Verwaltungsbehörde.

Gilly de Montaut, Wilhelm: Oldenburg zur Zeit des Zweiten Deutschen Kaiserreichs 1871-1918, Oldenburg 1985 [darin Foto vom Zeughaus 2 Jahre nach der Erbauung 1867].
Ders.: Festung und Garnison Oldenburg, Oldenburg 1980 [Zeughaus S. 43-47].
Kulturdezernat der Stadt Oldenburg [Hrsg]: Landesbibliothek Oldenburg [ehemals im Zeughaus], Faltblatt Museen und Sammlungen in Oldenburg, o.J.
Meinhardt, Horst [Bearb.]: Baudenkmäler im Oldenburger Land. Führer zu Boden-, Bau- und Siedlungsdenkmälern, Oldenburg 1980 [S. 197].
Niedersächs. Staatsarchiv Oldenburg: 1) Kol. Zeichnung des [alten] Zeughauses 18. Jh. im Bestand 298 OL, B 192; 2) Verkauf von Kriegsmaterial der Festungswerke und des Zeughauses in Oldenburg 1764, im Bestand 20-33C Nr. 20 m; 3) Verkauf des Zeughauses Oldenburg 1767 im Bestand 20-33C Nr. 20; 4) Plangruppe Zeughaus, Arsenalkasernen, Werkstätten, Wagenhaus, Artillerie- und Arsenal-Etablissements und Projekte in Best. 54 ad 1, 2, 89.
Staatshochbauamt Oldenburg-Süd: 1) Bauliche Betreuung des angelaufenen Zeughausumbaus; 2) Plan- und Fotosammlung, darin besonders Darstellungen um 1867 nebst Baubeschreibung, Einrichtung des Zeughauses v. 1865;
Stadtmuseum Oldenburg: 1) Foto von 1867 [siehe W.Gilly]; 2) Etwa 20 Lageplänen der Zeughausgegend mit den Militärbauten; 3) Wilhelm Gustav Friedrich Wardenburg (1781-1839). Oldenburgischer Soldat, Altertumsforscher und Sammler, Ausstellungskatalog, Oldenburg 1981.
Zugermeier, Klaus A.: 1) Leben und Werk des Grossherzoglich-Oldenburgischen Oberbaurats Hero Diedrich Hillern (1807-1885), Oldenburg 1983 [S. 100-103 Arsenalbauten, S. 128-138 Zeughaus, Abbildungen S. 225-229, mit ausführlichen Quellenangaben]; 2) Plan- und Fotoarchiv von Prof. Dr.-Ing. K. A. Zugermeier. ABB. NR. 151/399/414/473/474/475/496.
OSNABRÜCK ♦ Rüstkammer †, ♦ Die Klöster Natrup und Gertrudenberg als Zeughäuser 1816-1860 aptiert.
HSAH: Im Bestand Hann. 48 Nr. 872: Einrichtung des Klosters Natrup, später des Klosters Gertrudenberg zu Osnabrück als Zeughaus 1816-1860, Nr. 876 Aufhebung des Zeughausetablissements in Osnabrück 1849-1850.
Niedersächs. Staatsarchiv Osnabrück: Dep 3 b IV Nr. 106 Rüstkammer der Stadt, Inventaria derselben 1625-1683; Dep. 3 b IV Nr. 1057 Artillerie der Stadt 1541, 1600-1820.
PASSAU ♦ Städt. Zeughaus, heute Jugendzentrum; ♦ Zeughaus in der Festung Oberhaus, Schloßflügel östl. vom Tor (?); ♦ Waffensaal im Oberhausmuseum.
Erhard, Alexander: Der Stat Passauw zewg Regisster (1488), in: Verhandlungen des hist. Vereins f. Niederbayern, Bd. 10, S. 78-89.
Heilmann, Johann: Kriegsgeschichte von Bayern, Pfalz, Franken und Schwaben, 3 Bde, München 1868. [Bd. 1, S. 397 f].
Mader, Felix [Bearb.]: Die Kunstdenkmäler von Niederbayern, Bd. III Stadt Passau, München 1919; [Reprint München/Wien 1981; S. 421].
Staatsarchiv Nürnberg: 1) Inventarium des Geschütz und Zeugs in allen Wehren der hohen Stadt und Zwingermauern 1517. Gemacht durch Lindhard Grundherr, Konrad Imhof Zeugherrn im Beisein Niklaus Tuchers und zwei Büchsenmeister Matern und Albrecht Ernst; 2) Copie und Auszug oder Inventarium auf der Stadtmauer und Thürmen, 1577.
Stadtarchiv: 3 Zeughausinventare des 15. und 16. Jh., Sign.: II A 42, 53, 56; einige Fotos vom Stadtzeughaus.

Neumann, H.: Festungsbaukunst und Festungsbautechnik, 1988, S. 237, 414.
Oberhausmuseum der Stadt Passau [Hrsg.]: Das Oberhausmuseum Passau. Führer durch die Sammlungen, Passau ²1984 [darin u. a. Heinz-Robert Uhlemann: Die Waffensammlung S. 120-133].
Uhlemann, Heinz-Robert: »Walter von Arle, pchsenmaister zu Passaw« (1379-1382), und die Passauer Steinbüchse, in: Ostbairische Grenzmarken. Passauer Jahrbuch für Geschichte, Kunst und Volkskunde, Bd. 19 (1977), S. 101-107.
Schmidt, W. M.: Illustrierte Geschichte der Stadt Passau, Passau 1927 [S. 108].
PHILIPPSBURG ♦ Zeughaus in der Festung †1734
Brutsche, Helmut: Das Festungs- und Waffengeschichtliche Museum der Stadt Philippsburg, in: Deutsches Soldatenjahrbuch Bd. 32 (1984), S. 253-256.
Ders.: Das Festungs- und Waffengeschichtliche Museum der Stadt Philippsburg, Faltblatt, o. J.
Ders.: Das Festungs- und Waffengeschichtliche Museum der Stadt Philippsburg. Führer durch die Waffen- und Militariasammlung, Philippsburg 1987.
Deutsche Gesellschaft für Festungsforschung: Festung im Spiegel der Quellen. Im Mittelpunkt: Die Reichsfestung Philippsburg, Wesel 1988 [darin Beiträge von W. Greiselis, H. Musall, R. Schott, R. Futterer, H. Brutsche zur Festungsgeschichte von Philippsburg].
Neumann, H.: Festungsbaukunst und -technik, 1988, S. 337, 415.
Nopp, Hieronymus: Geschichte der Stadt und ehenmaligen Reichsfestung Philippsburg, Philippsburg 1881, ²1980 [Zeughausband S. 389].
ZBB: Philippsburgische Fortifications=Bau=Rechnung, de Annis 1726. 1727. 1728. 1729. & 1730. Mit 3. Bund Beylagen à Num. I. usque 225. incl., Regensburg bei Oettingen 1730-32. 24 ungez. Bl., Sign. 34406/4°.
Musée des Plans-Reliefs Paris: Maquette Philippsbourg, *1720, restauriert 1791; Maße: 5,62 x 4,35 m [Zeughaus in der Nähe von Marstall (?), Kanzlei (?), Schloß unweit des Weißen Tores]. ABB. NR. 95/287.
PIRMASENS ♦ Exerzierhaus, *1764, Ecke Allee /Löwenbrunnerstr., zum Zeughaus aptiert, †.
Hess. Landes- u. Hochschulbibliothek Darmstadt: 1) Ein Bund von dem zu Pirmasens 1770 erbauten Exercier Hauses, Handzeichnung, gez. Hill (Dachstuhl), in: Mappe 28/4; Facade eines Exerzierhauses mit Kuppelbau (Pirmasens), kol. Handzeichnung, sine tota, o. D., in: Mappe 721/4.
Lehnung, Julius B.: Geliebtes Pirmasens, Bd. 1 740-1790, Pirmasens 1978 [S. 206 f].
RASTATT ♦ Markgräfl. Jagd- und Zeughaus, *1760/70, Engelstr. 31, heute Polizeistation; ♦ Zeughaus der Bundesfestung, * Mitte 19. Jh., Lützower Str. 2 [Bastion 20]; ♦ Wehrgeschichtliches Museum der Bundesrepublik Deutschland Schloß Rastatt, *1956, Sammelgebiet: Gesamtdeutsche Wehrgeschichte. Waffensammlungen.
GLAK: Jagdzeughaus: Ansicht, Grundriß / Grundriß I. Stock / vordere Fassade / Situationsplan im Bestand G Rastatt 67/68/69/ 71. Die Pläne stammen aus Fasz. 391/31121 [Forst- und Domänendirektion]: ›Die Rastatter Militärlazarettgebäude und der Vorschlag, das Jagdzeughaus zu einem Militärhospital einzurichten, auch die an dem Jagdzeughaus vorgefallenen Reparaturen‹ 1804-1819; darin noch ein Querschnitt des Gebäudes. Folgende Faszikel beziehen sich ebenfalls auf das Jagdzeughaus:
-220/81 Militärlazarett, bürgerliches Spital und Einrichtung des Jagdzeughauses zu einem bürgerlichen Spital, 1778-1814;
-220/95 Das ehem. Zeughaus, nun Bordwarenmagazin, den dazugehörigen Platz und eine nach dem Garten des Rechnungsrats Huyer aufzu richtende Mauer, 1794; -391/31199 Das herrschaftliche Jagdhaus in Rastatt, die beabsichtigte Verwendung desselben zu einem Militärlazarett sowie überhaupt dessen Benutzungsart und endlich den Verkauf desselben an Hofzimmermeister Frei in Rastatt, 1811-1834; -422/1018 [Baudirektion] Das Georg August Victoria Armen-Er ziehungshaus, dessen Einrichtung im ehemaligen Zeughaus, 1834.
Kaufmann, Rainer: Die Festung Rastatt. Eine Beschreibung der ehemaligen Bundesfestung anhand eines Rundganges durch die Stadtmittels beigefügter Falt-Karte, hrsg. v. Großen Kreisstadt Rastatt 1982.
Landesdenkmalamt Baden-Württemberg, Außenstelle Karlsruhe: Foto sammlung; Auszug aus der Denkmalliste Ortsteil Georgenstadt, Altstadt und »Dörfle« der ehemaligen Leopoldsfeste.
Neumann, H.: Festungsbaukunst und Festungsbautechnik, 1988, S. 415.
Schmidt, Arthur: Das Wehrgeschichtliche Museum zu Rastatt, in: Waffen-Revue Bd. 18 (1975), S. 2795-2826.
Stadt Rastatt: Baudenkmäler in der Stadt Rastatt. Ein Wegweiser, Rastatt o. J. [Nr. 12 Fruchthalle von 1852/53, Nr. 17 Jagd- und Zeug haus].
Dies.: Museen in Rastatt, Faltblatt o. J.
Stadtarchiv Rastatt: Schrift- und Bildquellen zum »Körnermagazin« und der »Fruchthalle« der Bundesfestung [für Vergleichszwecke].
Wehrgeschichtliches Museum Rastatt: Führer durch das [Wehr-|Histo rische Museum Schloss Rastatt, bearbeitet von Erich Blankenhorn, Bd. 1, 1960; Bd. 2, 1961; Bd. 3, 1962.
Dass. [Hrsg.]: Die Sammlungen des Wehrgeschichtlichen Museums im Schloß Rastatt, [Abteilung] 4 Festungswesen, bearbeitet durch Rudolf Schott, Teil I Festungsmodelle nach Alexander von Zastrow, Teil II Pläne von Festungen und befestigten Städten, Freiburg. i. B. 1985/1985.
Dass.: Wehrgeschichtl. Museum Schloß Rastatt, [Faltblatt], o. J.
RAVENSBURG ♦ Zeughaus ab 1479 genannt; Mittelbau des Bruderhauses, bedeutende Reste im Alters heim verbaut.
Dreher, Alfons: Geschichte der Reichsstadt Ravensburg und ihrer Landschaft von den Anfängen bis zur Mediatisierung 1802, Bd. 1 Ravensburg 1972 [Zeughaus S. 148 f, Abb. 46 von 1616].
Stadtarchiv Ravensburg: 1. diverse Grundrisse des 18./19. Jh. nach barockem Umbau des Zeughauses zum Zuchthaus des Schwäbischen Kreises, 2. Wehrlisten mit den Namen der wehrpflichtigen und ihrer Bewaffnung, jedoch keine Inventare.
Landesdenkmalamt Baden-Württemberg, Außenstelle Tübingen: Fotoarchiv.
REGENSBURG ♦ Büchsenstadel † ♦ Zeughaus †1804
Stadtarchiv Regensburg: Keinerlei Quellen zum Thema!
Neumann, H.: Festungsbaukunst und Festungsbautechnik, 1988, S. 333 [Zeughaus auf dem Stich v. Merian mit H bezeichnet].
Wiedamann, Richard: Artillerie- und Zeugwesen der Reichsstadt Regensburg, in: Der Zwiebelturm. Monatsschrift für das bayerische Volk und seine Freude, 15. Jg. Nr. 8 (1960), S. 180-183. ABB. NR. 67.
RENDSBURG ♦ Hohes Arsenal, *1694, heutiger Nutzer Bundeswehr, ♦ Niederes Arsenal, *1694, heutiger Nutzer Stadtbücherei, Volkshochschule.

Archiv der Stadt Rendsburg: Bildarchiv [Fotos, Ansichtskarten].
Askgaard, Finn: Det kongelige Rustkammer i Rendsborg 1827, in: Vaabenhistoriske Aarboeger Bd. XI a, Koebenhavn 1962, S. 72-137.
Beseler, Hartwig [Hrsg.]: Kunst-Topographie Schleswig-Holstein, bearb. im Landesamt f. Denkmalpflege Schleswig-Holstein und im Amt f. Denkmalpflege der Hansestadt Lübeck, Neumünster 1969, [S. 646].
Bogsch, Walter: Beiträge zu einer Pelli-Biographie, in: Heimatkundliches Jahrbuch für den Kreis Rendsburg, 16. Jg. Rendsburg 1966, S. 49-63.
Ders.: Domenico Pelli betreffend, in: Heimatkundliches Jahrbuch für den Kreis Rendsburg, 19. Jg. Rendsburg 1969, S. 70-73.
Ders.: Zur Geschichte der Familie Pelli (Pelly) in Rendsburg, in: Heimatkundliches Jahrbuch für den Kreis Rendsburg, 21. Jg., Rendsburg 1971, S. 33-56.
Faupel, Emma: Das Niedere Arsenal in seiner Wandlung von der dänischen Rüstkammer zum Haus der Kultur, in: Heimatkundliches Jahrbuch für den Kreis Rendsburg, 13. Jg., Rendsburg 1963, S. 23-28.
Gullann, Heinrich Lorenz: Beschreibung des Königlichen Zeughauses in Rendsburg im allgemeinen und der dasigen Rüstkammer im Jahre 1827 insbesondere. Von dem Oberkriegscommissar Heinrich Lorenz Gullann, Zeughausverwalter bey dem Rendsburger Arsenal. [Manuskript von 52 Seiten, ohne Abb., Original: Städtisches Museum Flensburg, Sign. Gt 19].
Habich, Johannes [Bearb.]: Rendsburg, in: ders.: Stadtkernatlas Schleswig-Holstein, Neumünster 1976, S. 152-159, 198.
Kaster, Gert: Stadtsanierung in Rendsburg-Neuwerk, in: Deutsche Kunst und Denkmalpflege, 41. Jg. München/Berlin 1983, S. 124-130.
Katasteramt Rendsburg: Uraufnahme Rendsburg, M 1:3935 kartiert im Jahre 1874 vom Feldmesser v. Stemann.
Klose, Olaf und Martius, Lilli: Ortsansichten und Stadtpläne der Herzogtümer Schleswig, Holstein und Lauenburg, 2 Bde, Neumünster 1962.
Landesamt für Denkmalpflege Schleswig-Holstein, Kiel: Vorkriegsaufnahmen ZV 10826, 6759; FD 28/7-15 [von 1935]; FD 18/17, 19.
Müller, Karl: Pellibauten in Rendsburg, in: Heimatkundliches Jahrbuch für den Kreis Rendsburg, 1. Jg., Rendsburg 1951, S. 17-26.
Neumann, H.: Festungsbaukunst und Festungsbautechnik, 1988, S. 100.
N.N.: Feuer im Arsenal, in: Rendsburger Wochenblatt Nr. 88/89 vom 3. und 6. Nov. 1875.
Palumbo-Fossati, Carlo: Aranno ed alcuni episodi della sua emigrazione artistica, in: Almanacco Malcantonese 1973 [BS Archiv der Stadt Rendsburg Sign. Q3ca mit Übersetzung].
Rendsburger Heimatmuseum: 1. Originalpläne der Arsenale [abgebildet in F. Schröder, s. o.]; 2. Taxation des militair-Staatseigenthums der Festung Rendsburg von 1864 [?].
Schröder, Friedrich: Rendsburg als Festung, Neumünster 1939, Reprint 1972 [S. 163-169, 236 f].
Stadtbauamt Rendsburg: Planarchiv, diverse Bauaufnahmen als Kopien von verschollenen Plänen des Niederen und Hohen Arsenals von 1933, 1936, 1957 u. a.
Toejhusmuseet Kopenhagen: diverses Plan- und Bildmaterial, museale Gegenstände, Waffensammlungen.
Wittje [Hauptmann]: Charakteristik der Festung Rendsburg, Beilage, o. O., o. J. (um 1848). Manuskriptdruck Lippische Landesbibliothek Detmold, Sign. H 5768/40.
Wulf, Claus: Toejhuset og dets Rustkamre, in: Flensborg Avis Nr. 76 v. 29. März 1956.
Ders.: Das Rendsburger Arsenal und seine beiden Rüstkammern, in: Schleswig-Holsteinische Landeszeitung, Rendsburg, Nr. 4 v. 5. Januar 1963.
Ders.: Aus der Geschichte der beiden Rendsburger Zeughäuser. Nebst einer zeitgenössischen Beschreibung der Rüstkammern, in: Jahrbuch für den Kreis Rendsburg, 16. Jg., Rendsburg 1966, S. 20-48. ABB. NR. 124/125/387/388/389.

RINTELN ◆ Zeughaus in der Festung †

Hess. Staatsarchiv Marburg: Im Bestand Garnisonsbauwesen Vorgang Verkauf älterer Akten des Landbaumeisters zu Rinteln, ein Schriftwechsel mit der Oberfinanzkammer Kassel betr. das Inventar des ehem. Zeughauses und der Wachthäuser in Rinteln (1834-50), Sign.: 12 c 680. Dazu: Hollenberg, Günter: Kurhess. Kriegsministerium und Vorbehörden 1813-1867, Marburg 1985.
Niedersächs. Staatsarchiv Bückeburg: Plan von der Situation des Rintelischen Zeughauses, Mitte 18. Jh., Sign. Sl B 10366.
Vogt, Karl: Stadt und Festung Rinteln, Rinteln 1964 [Zeughaus S. 46 ff]. ABB. NR. 75.

ROTHENBERG ◆ Zeugamtsgebäude, *1734, in der Festung, heute Ruine.

Heimatverein Schnaittach e.V.: Archiv Festung Rothenberg.
Neumann, H.: Festungsbaukunst und Festungsbautechnik, 1988, S. 90 f, 352 f, 416.
Schönwald, Claus: Die Geschichte der Festungsruine Rothenberg seit 1838, Schnaittach 1989.
Schütz, Martin: Rundgang durch die heutige Festungsruine Rothenberg, Schnaittach [1]1938, zuletzt 1979. ABB. NR. 91.

ROTHENBURG ◆ Waffengewölbe im Rathaus †; ob der Tauber ◆ Zeughaus hinter der St. Jacobsschule †; ◆ Kurpfalzbayer. Zeughaus im Franziskanerkloster †.

Heller, Karl: Rothenburg in Wehr und Waffen, Rothenburg ob der Tauber [2]1926 [S. 61, 76, 78 f].

ROTTWEIL ◆ Städt. Zeughaus im Waldtorort † ◆ Zeughaus der Stadt und des Schwäbischen Kreises, *1616/18, Hochbrückstr. 28.

Ebert, Hartwig und Hecht, Winfried: Kulturdenkmale in Rottweil, Rottweil 1986 [Zeughaus S. 108 f].
Fetzer, Karl: Das Renaissanceportal am ehemaligen Zeughaus, in: Rottweiler Heimatblätter 21. Jg., Nr. 6 (1954), [S. 1 f].
Stadtarchiv Rottweil: Zu 1. keinerlei Unterlagen; zu 2. Bestandsverzeichnisse a) 16./17.02.1752 Sign. I, 31, 41 Inventarium über die ao 1752 in dem allhiesigen Stadtzeughaus zugegen erfunden Stück dergl. Sachen, auch kleine Geschütz, Stück Kugeln und requisiten (4 S.); b) Nov. 1802, Sign.: I, 31, 42 Consignation über die im Rotweilischen Stadtzeughaus vorhandener Kriegs Effecten [7 S.].
Steinhauser, August: Die Rottweiler Stadtbefestigung von der Stauferzeit bis zum Dreißigjährigen Krieg, Rottweil 1987.
Stochdorph, Otto: Der Wiederaufbau der Rottweiler Stadtbefestigung nach 1643, in: Rottweiler Heimatblätter, 39. Jg., Nr. 2 (1978).

RÜSSELSHEIM ◆ Zeughaus in der Festung, Teile im Museum der Stadt Rüsselsheim.

Städt. Museum im Zeughaus: 1. keinerlei Quellen; 2. Katalog der Abteilung II Rüsselsheim vom Mittelalter bis zur Industrialisierung, Rüsselsheim 1980.
Traiser, Friedrich P.: Die Festung Rüsselsheim, Rüsselsheim 1971.

SAARLOUIS ♦ Arsenal, *1680 ff hinter Bastion 4 und der Kurtine östl. der St. Ludwigs-Kirche, † Anfang 19. Jh.
Huber, Traudel: Saarlouis. Beispiele einer barocken Festungsstadt im Vergleich mit Longwy, Landau und Neubreisach, Saarbrücken 1980.
Landesarchiv Saarbrücken: Plan, Profil et Elevation d'un rang decasernes faites a Sarlouis [Arsenal]; kol. Handzeichnung, o. D., sine nota, Format: 36,5 x 26 cm, Signatur: Dep. H. V. Pläne.
Stadt Saarlouis [Hrsg.]: Saarlouis 1680-1980. Entstehung und Entwicklung einer Vauban'schen Festungsstadt, Ausstellungskatalog, Saarlouis 1980 [Nr. 111 Arsenal]. ABB. NR. 251.
SCHLESWIG ♦ Zeug- u. Kornhaus in der Festung Gottorp, * spätes 16. Jh., †1855.
Beseler, Hartwig [Hrsg.]: Kunst-Topographie Schleswig-Holstein, bearb. im Landesamt für Denkmalpflege Schleswig-Holstein und im Amt f. Denkmalpflege der Hansestadt Lübeck, Neumünster 1969, [S. 713-718].
Habich, Johannes [Bearb.]: Schleswig, in: ders.: Stadtkernatlas Schleswig-Holstein, Neumünster 1976, S. 160-169, 199.
Hoff, Arne: Geschichte der Sammlungen des Tojhusmuseums, in: Kist, J. B.; Van der Sloot, R. B. F.; Puype, J. P.; Van der Mark, W.: Niederländische Musketen und Pistolen. Waffenschmiedekunst des 17. Jahrhunderts in den Niederlanden, Graz/London/Den Haag 1974, S. 13 f.
Königliche Bibliothek Kopenhagen: a) Zitadelle Gottorp. Kol. Handzeichnung von R. M. Dallin v. 1707. Blattformat: 61,4 x 102,3 cm. Bestand: Kortbordet; b) Nachrichten betreffend die Fortresse Gottorff nebst ihren Plan und übrigen darinn befindlichen Militair und Civil-Gebäuden, welche Fortresse aber in AO 1764. aus dem Festungs-Detail deliret worden; signiert von de Feignet und von Winterfeldt 17. Martii. 1762. 6 Textseiten und 9 lavierte Tuschzeichnungen, darunter: Grund=Riss, Facade und Profile von dem auf der Königl: Fortress Gottorff befindlichen Zeug=Proviant=und Reit=Hause, Signatur: Ny kgl sml., 1634, 20; 5 Pläne der Schloßinsel Gottorp i. d. Kartensammlung.
Landesarchiv Schleswig-Holstein: a) Plan vom Zeug- und Kornhaus in der Akte Abt. 66, Resolutionen 1778, Sept. 3-1. Schleswiger Kontor Nr. 87, Format: 104 × 38,5 cm [z. Z. im Original nicht nachweisbar]; b) Aktenmaterial Zeughaus Abt. 7, Nr. 3543, 3544, 3638 ff.
Landesmuseum Schleswig-Holstein [im Schloß]: Festungsmodell Zustand vor 1710/20.
Neumann, H.: Festungsbaukunst und Festungsbautechnik, 1988, S. 84, 418.
Schlee, Ernst: Das Schloss Gottorf in Schleswig, Neumünster ²1978. ABB. NR. 203/204.
SCHORNDORF ♦ Žeughaus im Schloß (?) Hauptstaatsarchiv Stuttgart: Inventare in A 202 Bü 2338 und 2339.
Maurer, Hans-Martin: Die landesherrliche Burg in Wirtemberg im 15. und 16. Jahrhundert, Stuttgart 1958.
Neumann, H.: Festungsbaukunst und Festungsbautechnik, 1988, S. 359, 418 f.
SCHWÄBISCH HALL ♦ Büchsenhaus, *1505, heute Stadthalle u. Kulturzentrum.
Architekturbüro H. Mögel Stuttgart: Zeughausumbau, Bestandsaufnahmen in Grundrissen, Ansichten, Schnitten und Fotos.
German, Wilhelm: Geschichte des »Neubaus« in Schwäb. Hall, in: Blätter des Schwäbischen Albvereins, 39. Jg. (1927), Nr. 9, Sp. 252-254.
Gradmann, Eugen [Bearb.]: Die Kunst= und Altertums=Denkmale im Königreich Württemberg, Inventar Jagstkreis, Eßlingen 1907.
Haller Tagblatt vom 18.12.1926: [Zur Einweihung] Der Festsaal im »Neubau«, Technisches zum Saalbau.
Krüger, Eduard: Die Stadtbefestigung von Schwäbisch Hall, Schwäbisch Hall 1966 [S. 63-67].
Ders.: Schwäbisch Hall. Ein Gang durch Geschichte und Kunst, Schwäbisch Hall ²1982 [S. 112-114].
Landesbildstelle Württemberg: Vorkriegsaufnahmen von 1929, 1939.
Stadtarchiv Schwäbisch Hall: a) Generalkartei Schlagwort Neubau, b) Findbuch Nr. 4, Nr. 3689: Inventarium über die innere und äußere Zeug- und Rüstkammer 1666/67; c) Bestand 5, Nr. 1700: Inventare über die innere und äußere Rüstkammer. 2 Libelle, von 1608 und 1666 [letztere analog Inventar b)].
Stadt Schwäbisch Hall [Hrsg.]: Der Neubau, Schwäbisch Hall 1980.
Ulshöfer, Kuno: Bilder einer alten Stadt Schwäbisch Hall, Schwäbisch Hall 1971. ABB. NR. 7/71/72/73.
SCHWEINFURT ♦ Zeughaus, *1589/90, Am Zeughaus 2, seit 1940 Schweinfurter Tagblatt.
Mader, Felix und Lill, Georg [Bearb.]: Die Kunstdenkmäler von Unterfranken und Aschaffenburg, Heft XVII: Stadt und Bezirksamt Schweinfurt, München 1917 [Zeughaus S. 76].
Mühlich, A. und Hahn, G.: Chronik der Stadt Schweinfurt, 3 Bde, Schweinfurt 1817-19 [Bd. 2, S. 316].
Saffert, Erich: Die Reichsstadt Schweinfurt von 1554 bis 1615. Der Wiederaufbau der Stadt nach dem Stadtverderben im Markgräfler Kriege, Dissertation Würzburg 1951, 2 Bde [masch.-schriftl., BS USB Köln] [Zeughaus S. 86 f].
Ders.: Wappen am festen Turm, in: Schweinfurter Tagblatt, Jubiläumsausgabe, VI 1 (1956).
Stadtarchiv Schweinfurt: a) Zeughaus, in: Schweinfurter Heimatkundl. Wörterbuch S. 29 [masch.-schriftl.]; b) Archivalien zur Zeughausgeschichte in den reichsstädt. Akten Faszikel I 12, I 14, Bauamtsrechnungen B7-9 und B 245 von 1558-1584; c) Aktenbestand 19. Jh. Sign. VII-A-7-86 Erwerb des Zeughauses durch Wilhelm Sattler; d) Zeughausinventare von 1790 und 1799 im Bestand Varia Sign. V 265 und V 266; e) Sammlung bildliche Darstellungen und Fotos.
Zierl: Das »Schweinfurter Tagblatt« bezieht heute das Zeughaus, in: Schweinfurter Tagblatt Nr. 193 (1940). ABB. NR. 257/258/259/384/385/418.
SIEGEN ♦ Zeughaus, *Anfang 17. Jh., Burgstr., heute Wohnungen.
Achenbach, Heinrich von: Aus des Siegerländers Vergangenheit, Bd. 1 Siegen 1895 [Inventarium des Zeughauses S. 72-75].
Fickeler, Paul und Lück, Alfred: Stadt auf eisernem Grund, ein Rundgang durch Siegen, Siegen 1963/64, S. 44-50.
Güthling, Wilhelm: Stadt und Land Siegen in alten Bildern und Karten, Siegen 1957.
Hahlweg, Werner: Die Heeresreform der Oranier. Das Kriegsbuch des Grafen Johann von Nassau-Siegen, Wiesbaden 1973.
Kruse, Hans: Kriegsgerät vergangener Tage. Das Inventarium im Zeughaus zu Siegen, in: Das Volk [Zeitung], Jg. 31, Nr. 24 v. 29.01.1919 [auch in v. Achenbach, siehe oben].
Lück, Alfred: Siegen in alten Ansichten, Siegen 1977, Abb. 68.
Scheppig, Johannes: Die Burg Siegen. Eine baugeschichtliche Studie, in: Siegen und das Siegerland 1224/1924. Festschrift aus Anlaß der Siebenhundertjahrfeier von Burg und Stadt Siegen, hrsg. v. Hans Kruse, Siegen 1924, S. 29 f.

Siegerland-Museum: Prospect der Stadt Siegen vom Abend, Margaretha Goetzin d 2:8bris 1785, kol. Federzeichnung, Blattformat: 41,5 x 29 cm. Signatur: L. 402. ABB. NR. 63/64/382.
SIGMARINGEN ◆ Waffenhalle im Schloß, 1864 eingerichtet. ABB. NR. 453.
SOEST ◆ Städtische Rüstkammer im Westwerk von St. Patrocli (*954) in den Räumen über der offenen Vorhalle, genutzt bis Ende 19. Jh. ◆ Osthofentor (*1523) — Museum, *1982, größte Armbrustbolzensammlung.
Neumann, H.: Festungsbaukunst und -technik, 1988, S. 18, 416 f.
Schwartz, Hubertus: Soest in seinen Denkmälern, Bd. 2 Romanische Kirchen, Soest 1956 [Rüstkammer].
Verein für Geschichte und Heimatpflege und Stadtarchiv Soest [Hrsg.]: Osthofentormuseum, Faltblatt, Soest o.J.
SPANGENBERG ◆ Zeughaus im Schloßbereich, Ruine, seit 1982/83 Jagdmuseum der Stiftung Kranichstein.
Neumann, H.: Festungsbaukunst und Festungsbautechnik, 1988, S. 231.
Pfeiffer, Ludwig: Die Geschichte des Schlosses Spangenberg, Spangenberg 1987.
STADE ◆ »Des Rades Bussenhus«, südöstl. vom Hohen Tor, 1556/86 genannt, †1712 genannt, †1712; ◆ Kgl. Capital Zeughaus, Pferdemarkt 11, *1697/98, heute Kino.
Bauamt der Stadt Stade: Hausakte Zeughaus, darunter Umbau zum Kino seit 1948, Bauaufnahmen von 1952 vor dem Umbau, weitere Umbauten.
Bohmbach, Jürgen und Rihsé, Viktor: Der Schwedenspeicher in Stade. Vom Provianthaus zum Museum, Stade 1978.
Clasen, Carl W. und Kiecker, Oskar [Bearb.]: Die Kunstdenkmäler der Stadt Stade, Text- u. Bildband, ²1978 [Zeughaus S. 162 f].
Eichberg, Henning:
a) Militär und Technik. Schwedenfestungen des 17. Jahrhunderts in den Herzogtümern Bremen und Verden, Düsseldorf 1976 [S. 155-160, 191, 216, 223 f].
b) Festung, Zentralmacht und Sozialgeometrie. Kriegsingenieurwesen des 17. Jahrhunderts in den Herzogtümern Bremen und Verden, Köln / Wien 1989 [besonders S. 44-86, 267 f].
Fritzel, Nils Werner: Der Stader Raum zur Schwedenzeit. Studien zur Kultur- u. Geistesgeschichte, Stade 1976, S. 34 f.
HSAH: 1) Bestand Hann. 47 I Nr. 122, 134, 252, 255, 305, 311; daraus besonders wichtig Nr. 122 Acta der Kriegs=Kanzlei zu Hannover betr. Artillerie=und Zeughaus=Sachen, spec. das Zeughaus zu Stade, Bestände, Ausgaben von Munition, Waffen, Armaturengegenständen, Materialien etc., Neubeschaffungen, Reparaturen etc. 1734-1779;
2) Hann. 48, Nr. 873: Acta betreffend Localität des Zeughauses in Stade 1817-1854, u.a. Einrichtung eines Arbeitszimmers für den Rüstmeister 1817, Reparaturen im Zeughaus 1818-27, Lieferung an Torf für die Zeughauswerkstätten 1827, Überweisung des Magazinschuppens vor dem Zeughaus an das Zeughaus, Überweisung des unteren Raumes des Proviantmagazins an das Zeughaus, ebenda Nr. 877: Die Verhältnisse des Zeughausetablissements in Stade, Fortschaffung des sämtl. Armeematerials durch preuß. Truppen, dazu Inventar v. 29.06.1866.
Museumsverein Stade [Hrsg.]: Schwedenspeicher — Museum Stade, Stade ²1982.
Neumann, H.: Festungsbaukunst und Festungsbautechnik, 1988, S. 304, 306, 362, 418.
Niedersächs. Archivverwaltung: Zwischen London und Byzanz, Ausstellungskatalog, Göttingen 1979.

Schultze, Karl-Egbert: Zur Chronologie des Stader Zeughaus-Baues, in: Stader Geschichts- u. Heimatverein, 28. Jg. Nr. 4/5 (1953), S. 50-52.
Reichsarchiv Stockholm: Grund-, Aufriß, Querschnitt, Ansichten der nicht ausgeführten Zeughausentwürfe für Stade von Anthon Dreyer 1698 und Martin Danielson Neubergh o.J. sowie des ausgeführten Entwurfs von Andreas Henne 1696, in: Abt. Bremensia 132.
Stadtarchiv Stade: 1. Seitenrisse und Ansicht für ein [unausgeführtes] Königliches Capital Zeughaus, kol. Federzeichnungen von Anthon Dreyer 1701 auf 2 Blätter je 15 x 19 cm aufgeklebt, Originale: Rep. 5a, F. 202 nr. 132, Bl. 207, 208; 2. Fotoarchiv FCN 611, F 3318, LUC 1820, LU 166; 3. Bauaufnahmen Preuß. Hochbauamt von 1923 in: 43 m Stade 64.
Wirtgen, Bernhard: Der Umbau des Stader Zeughauses, in: Stader Geschichts- u. Heimatverein 28. Jg. Nr. 4/5 (1953), S. 2-6.
Ders.: Blick auf Stade. Ansichten und Pläne aus sieben Jahrhunderten, aus dem Nachlaß überarbeitet von Jürgen Bohmbach, Stade 1974. ABB. NR. 26/44/422.
STUTTGART ◆ Harnischhaus † ◆ Zeughaus †1566 ◆ Zeughof †1834.
Königl. statistisch-topographisches Bureau [Hrsg.]: Beschreibung des Stadtdirektions-Bezirkes Stuttgart, Stuttgart 1856 [S. 125 f Inventar v. 1540].
Pfaff, Kurt: Geschichte der Stadt Stuttgart, Teil I, Stuttgart 1845; Teil II, Stuttgart 1846 [S. 61 bzw. 71].
Wais, Gustav: Alt Stuttgart. Die ältesten Bauten, Ansichten und Stadtpläne, Stuttgart 1941 [S. 128]. ABB. NR. 454.
THALLICHTENBERG ◆ Herzogl. Rüstkammer in der Burg Lichtenberg, 1719 in die Kapelle verlegt †.
Haarbeck, Walther: Geschichte der veldenz-zweibrückischen Burg Lichtenberg, Kusel/Lichtenberg ²1975 [S. 80 f Inventar der Rüstkammer v. 1625, S. 90 Inventar v. 1716].
TÖNNING ◆ Zeughaus *1709/13, †1723/24.
Habich, Johannes [Bearb.]: Tönning, in: ders.: Stadtkernatlas Schleswig-Holstein, Neumünster 1976, S. 170, 174, 199.
Landesarchiv Schleswig-Holstein: Archivmaterial Zeughaus in Abt. 7, Nr. 3543, 3544, 3638 ff.
TRIER ◆ Rüstkammern im Rathaus †1945 Rüst- u. Zeughaus gegen St. Gangolf mit Anbau d. Neuen Zeughauses von 1572/78 †.
Stadtarchiv Trier: Fotosammlung.
Stadtbibliothek Trier: Maschinenschriftliches, korrigiertes Manuskript von ca. 1940, welches die weltlichen Kunstdenkmäler der Stadt beschreibt und für die Veröffentlichung in der Reihe Kunstdenkmäler der Rheinprovinz vorgesehen war, wegen der Kriegsumstände aber nie in Druck ging. Darin S. 4 erwähnte Pläne und Abbildungen nicht mehr nachweisbar.
ÜBERLINGEN (Bodensee) ◆ Zeughaus, *1471, Zeughausgasse 2, heute Zeughaus Hege Jagd & Sporthandel, mit Historischem Waffen-Museum.
Allgeyer, L.: Die Beraubung des Ueberlinger Zeughauses im Jahre 1800 durch die Franzosen, in: Schriften des Vereins für Geschichte des Bodensees und seine Umgebung, Nr. 11, Lindau 1882, S. 125 f.
Hebsacker, Friedrich: Die Renovierung des Überlinger Zeughauses, in: Geschichte des Bodensees Nr. 93 (1975), S. 74-76.
Ders. und Hebsacker, Heide: Zeughaus Überlingen. Dokumentation über die Eröffnungsfeier am 10. Dez. 1976.
Koberg, Gerda: Zeughaus, Wehrwesen und Waffenhandwerk in Überlingen in reichsstädtischer Zeit, aus: Geschichte des Bodensees Nr. 93 (1975), S. 55-74.

Schankliss, H.: Zeughaus Überlingen, in: DWJ Nr. 8 (1986), S. 888 f.
Stadtarchiv Überlingen: Entwurf für die Unterbringung der Bibliothek im Zeughaus.
Zeughaus Überlingen: Historisches Waffenmuseum. ABB. NR. 141/142.
ULM ♦ Alter Büchsenstadel †; ♦ Neuer Büchsenstadel *1485, Platzgasse 18 [Jugendheim]; ♦ Zeughauskomplex *1522-1700; Zeughausgasse 16/17; ♦ K.Württemberg. Filial-Artillerie depot 1872-1900 im ehem. Salzstadel, Salzstadelgasse 10; ♦ Württemberg. Nemenartilleriedepot Ulm ab 1910 Zinglerstr.43 †.
Baurechtsamt Ulm: Planungsunterlagen von den Umbauten 1975/77 des Zeughauskomplexes.
Foto Marburg — Marburger Index: Vorkriegsaufnahmen Nr. 60625, 60626, 60627.
Häberle, Adolf: Das Schicksal der Ulmer Zeughäuser, des einstigen Stolzes der Reichsstadt, in: Ulmer Historische Blätter 3. Jg. (1927), Nr. 6-9 [Inventarium über eines Hoch Edlen und Hochweissen Raths Zeughaus allhier zu Ulm. Anno 1793].
HSAS — Militärarchiv: Artilleriedepot Ulm im Bestand M 313.
Koepf, Hans: Ulmer Profanbauten. Ein Bildinventar, Ulm 1982 [S. 169-173].
Landesarchivdirektion Baden-Württemberg/Stadt Ulm: Der Stadtkreis Ulm. Amtliche Kreisbeschreibung, Ulm 1977 [Zeughaus S. 191, 202 f, 744-746].
Landesdenkmalamt Baden-Württemberg, Außenstelle Tübingen: Bauaufnahmen, Grundrisse, Schnitte, Vorkriegsfotos.
N.N.: Ulmer Zeughausinventare von 1793, in: Ulmer historische Blätter Jg. 1927, v. 29.06.1927 ff.
Pflüger, Hellmut: Ulm. Das alte Stadtbild, Weißenhorn ⁴1973, Bd. 1 [Nr. 76, 79, 80, 81], Bd. 2 [Nr. 14].
Ders.: Das Zeughaus — vergessenes Symbol der Freien Reichsstadt, in: Ulmer Forum Nr. 43 (1977), S. 10-13.
Ders.: Gelungene Renovierung sollte ein zündender Impuls sein. Das Ulmer Zeughaus, vergessenes Symbol der Freien Reichsstadt, in: Südwestpresse 33/1977, S. 139.
Schallenberger, Martha: Löwen- und Reiterbau, ein Stück altes Ulm, in: Schwäbische Zeitung Nr. 101 (1971).
Schefold, Max und Pflüger, Hellmut: Ulm. Das Bild der Stadt in alten Ansichten, Weißenhorn 1967 [Zeughaus Abb. 22, 26, 29, 41, 46, 59, 61].
Staatl. Hochbauamt I Ulm: Unterlagen über Aufbau und Restaurierung der Zeughaustrakte 2 u. 6.
Stadtarchiv Ulm: Fotoarchiv Nr. Ulm 52 P-1978, F Nr. 647a, Nr. 46 B-1977161/18-82; Bestand G Fotoserie Zeughaus aus den Jahren 1970/71 und 1978; Fotos vom ehem. Salzstadel; Bestand A 3530: Ratsprotokolle ab 1501 ff, erschlossen durch alphhabetisch angelegte Registerbände [A 3581]; Akten zum Bau- und Holzgewerbe sowie des Zeugamtes [Zettelrepertorium XII, XIII] und H Nachlässe [darunter ›Furttenbach‹ und ›Faulhaber‹]; Inventar von 1793 mit 412 [ur sprüngl. 422] Blatt und Register unter A(1113); Inventar von 1797 der im Zeughaus aufgestellten und ab 1803 verlorenen Arsenalmodelle in U 3332 [10 Blatt].
Steiglehner, Wilhelm und Frisch, Wilhelm: Das Zeugwesen in Württemberg und Ulm im Frieden und Krieg, in: Ulm Garnison und Festung. Festschrift zum Garnisontreffen anläßlich der 1100-Jahrfeier, Ulm ²1954, S. 165 f. ABB. NR. 215/216/217/232/459.
VECHTA ♦ Fürstbischöfl. Zeughaus, *1688, Zitadelle Nr. 5, z.Z. Jugendstrafanstalt, demnächst Museum in der teilrekonstruierten Zitadelle.

Hellbernd, Franz: Festung und Stadt Vechta 1697. Kommentarblatt zum Faksimile des von Ing. P.B. von Smidts gezeichneten Festungsplans [Original Nds. Staatsarchiv Oldenburg, Bestand Nr. 2298 Z 1749], Vechta 1980.
Meinhardt, Horst [Bearb.]: Baudenkmäler im Oldenburger Land. Führer zu Boden-, Bau- und Siedlungsdenkmälern, Oldenburg 1980 [S. 194].
Niedersächs. Staatsarchiv Oldenburg: 1. Kol. Federzeichnung Zeughaus, Zitadelle: Grundriß, Vorder- und Seitenansicht, 1698, Format 56 x 43 cm, im Bestand 298 Nr. 825a; 2. in den Beständen 20 [Grafschaft Oldenburg] und 110 [Oldenburger Münsterland] noch unausgewertete Akten über die Festung.
Ottenjan, Helmut [Hrsg.]: Fürstbischof Christoph Bernhard von Galen und das Niederstift Münster. Ausstellungskatalog des Museumsdorfes Cloppenburg [S. 19 f].
Staatshochbauamt Oldenburg-Süd: Planung und Bauleitung des Umbaus.
Stadtarchiv Vechta [Depositum im Nieders. Staatsarchiv Oldenburg]: Spezifikation der für den Bau des Vechtaer Zeughauses erforderlichen Materialkosten 1698 im Best. 262-11 Nr. 2477, [vgl.
Hartmann, Stefan: Findbuch zum Bestand Stadtarchiv Vechta, Heft 1 Oldenburg 1978, S. 266, Festung S. 251 f].
Willoh: Der Wiederaufbau der Stadt Vechta nach dem Brande von 1648, in: Oldenburger Jahrbuch Nr. 7 (1898), S. 87-106. ABB. NR.153/154/424.
WARENDORF ♦ Fürstbischöfl. Zeughaus † ♦ a) Preuß. Zeughäuser im Franziskanerkloster, b) Elementarschulgebäude Lange Kesselstr., c) Klassizistischer Neubau 1826 Freckenhorster Str. 42, heute St. Georg Apotheke.
Baumeister, Stefan: Das Bürgerhaus in Warendorf. Ein volkskundlicher Beitrag zur Geschichte des Profanbaus in Westfalen, Münster 1974 [Zeughaus S. 42, 115, 119, 129].
Leidinger, Paul: a) Warendorf in alten Ansichten, Zaltbommel 1976 [Zeughaus Abb. 54], b) Warendorf als Garnisonstadt in fürstbischöflicher und preußischer Zeit, in: Warendorfer Schriften Nr. 11/12 (1981/82), S. 102-122 [Zeughaus S. 106 f, 114].
Schücking, L.E.: Um Zeughaus und Pulverturm. Die Garnisongeschichte Warendorfs im 19. Jh., in: Neuer Emsbote v. 9.07.1939.
Stadtarchiv Warendorf: Konvolut über die erste Einrichtung des Zeughauses (c) bis 1841 im Bestand NA Abt. 1, A IV, 7.
Stadtbauamt Warendorf: Urkataster Warendorf von 1829 / Hausnummernplan Warendorf von 1968, Zeughaus Areal Nr. 346.
WESEL ♦ Gewehrhaus †; ♦ Arsenal Ecke Kreuzstr./Esplanade, †; ♦ Zeughaus im Alten Kloster 1756/57 Dominikanerkloster †; ♦ Arsenalneubau 1788 südliche Esplanade †.
WILHELMSHAVEN ♦ Reste des Kaiserl. Marinearsenals, *1856 ff, Außenstelle siehe unter TSINGTAU.
Koop, Gerhard/Galle, Fritz/Klein, Fritz: Von der Kaiserlichen Werft zum Marinearsenal. Wilhelmshaven als Zentrum der Marinetechnik seit 1870, München 1982.
Koop, Gerhard und Mulitze, Erich: Die Marine in Wilhelmshaven. Eine Bildchronik zur deutschen Marinegeschichte von 1853 bis heute, Koblenz 1987.
Die Kriegsmarine, Deutschland zur See: Kriegshafen Wilhelmshaven, 6. Jg., Nr. 4 (1937).
FESTUNG WILHELMSTEIN ♦ Bestückter Kugelvorratsraum in der 1761/65 erbauten Inselfestung, heute Schaumburg-lippisches Militärmuseum. Festung Wilhelmstein: Kurzführer, o.J.
Neumann, H.: Festungsbaukunst und Festungsbautechnik, 1988, S. 420.

Niedersächs. Staatsarchiv Bückeburg: Diverse Festungspläne, Angaben zum Zeughaus um 1770 in Akten Fl A XXXV 18.205 und L2 W Nr. 1a.

Ochwadt, Curd: Wilhelmstein und Wilhelmsteiner Feld. Vom Werk des Grafen Wilhelm zu Schaumburg-Lippe (1724-1777), Hannover o.J.

WOLFENBÜTTEL ◆ Rüstkammern † ◆ Hochfürstl. Rüst- und Harnischkammer im Zeughaus, *1732, †. ◆ Zeughaus *1506 am Ziegenmarkt [?] ◆ Zeughaus *1613/19 Schloßplatz, heute Bibliotheksquartier der HAB. [Vgl. auch die Angaben unter ›Braunschweig‹]

Arbeitsgruppe Altstadt Martin Thumm & Partner: Schloß Wolfenbüttel. Bauhistorische Untersuchung, II. Archivalien, Braunschweig 1981.

Birken, S. von: Guelfis oder Nider Sächsischer Lorbeerhagen, Nürnberg 1669. [HAB Lo 398].

Foto Marburg-Marburger Index: Zeughaus Wolfenbüttel i. J. 1919, Ng. 619788, und Mikrofiche Wolfenbüttel Nr. 2: Fotos von 1962.

Giesau, Peter: Der Ausbau des Zeughauses in Wolfenbüttel, in: Berichte zur Denkmalpflege in Niedersachsen, Nr. 3/4 (1981), S. 38-41.

Günther, Ewald: Der bauliche Zustand des Zeughauses in Wolfenbüttel und Vorschläge zur Bauwerksicherung, Hannover 1973 [unveröffentlicht].

HSAH: Bestand Cal. Br. 21 Nr. 718 Korrespondenz des Herzogs Julius mit seinem Diener, dem Zeugmeister Jakob Wildschütz 1582-1586.

HAB: 1) Festtage zur Eröffnung des Bibliotheksquartiers 1981, Festblatt; 2) Das Zeughaus. Faltblatt, 1981; 3) Umzug ins Zeughaus, in: Wolfenbütteler Bibliotheks-Informationen, 6. Jg. Nr. 2 (1981); 4) Fotosammlung.

Jürgen Ponto-Stiftung zur Förderung junger Künstler: Frühjahrsakademie für Architektur, Herzog August Bibliothek Wolfenbüttel 1987 [u.a. Schloßplatzgestaltung vor dem Zeughaus].

Kraemer, Friedrich Wilhelm: a) Das Bibliotheksquartier der Herzog August Bibliothek Wolfenbüttel. Zum 10jährigen Bestehen der Gesellschaft der Freunde der Herzog August Bibliothek Wolfenbüttel 1981; b) Das Bibliotheksquartier der Herzog August Bibliothek Wolfenbüttel, in: Wolfenbütteler Bibliotheks-Informationen, 6. Jg. Nr. 3 (1981).

Kraemer, Sieverts & Partner, Braunschweig: Planungs- und Umbauunterlagen, Fotoarchiv.

Liebold, B. und Heuser, G.: Deutsche Renaissance. Eine Sammlung von Gegenständen der Architektur, Decoration und Kunstgewerbe in Original-Aufnahmen, 29. Abtlg., Braunschweig und Wolfenbüttel, Leipzig/Wien/Berlin 1882 [Zeughausportal S. 59].

Meier, Paul Jonas und Steinacker, K. [Bearb.]: Die Kunstdenkmale der Stadt Wolfenbüttel, Wolfenbüttel 1904 [Reprint Osnabrück 1978, S. 167-171].

Neumann, Hartwig: a) Zeughaus Wolfenbüttel. Kleine Dokumentation zur Denkmalpflege nur für die Bibliotheksleitung, Wolfenbüttel 1983 [Manuskript i.d. HAB], b) Architectura Militaris, in: Ders. und Ulrich Schütte: Architekt & Ingenieur. Baumeister in Krieg & Frieden, Ausstellungskatalog der HAB 1984 [Ausstellung in der Geschützhalle des Zeughauses]; c) Festungsbaukunst und Festungsbautechnik, 1988, S. 143, 239, 303, 318 f, 354-357, 420 f; c) Bildliche Darstellungen der Festungsstadt Wolfenbüttel aus fünf Jahrhunderten [Manuskript].

Nieders. Landesverwaltungsamt, Denkmalpflege, Hannover und Braunschweig: Gutachten, Plan- und Fotoarchiv.

Nieders. Staatsarchiv Wolfenbüttel: 1) 1 Alt 9 Nr. 257 Bd. 1, u.a. Bedarf des Zeughauses und Befestigung Wolfenbüttel 1568-1582; 2), Nr. 258 Bd. 2 Verwendung neuer [bleierner] Kanonenkugeln; 3) Abbildungskartei 50 Slg. 100, 54 Nr. 12 u. 13, 32.1016 Nr. 61; 4) Inventarium über Ihro Hochfürstl. Durchl. Herrn Ludewieg=Rudolph Regierenden=Hertzog zu Braunsweig und Lünebourg Die auff den hiesigen Hochfürstl. Wolffenbüttelschen=Zeüghauß Anno. 1732. Neü=angelegte Rüst=und Harnisch=Cammer, [103 Bl.], in: 1 Alt 25 Nr. 17; 5) Inventarium über Ihro Hochfürstl: Durchl. des regierenden Herrn Herzogs, neu angelegte Rüst=Kammer auf dem Schloße zu Wolfenbüttel, ebenda; 6) Der Bau und die Reparaturen der Kaserne [=Zeughaus] sowie sonstigen Militärgebäude zu Braunschweig, Wolfenbüttel, Blankenburg, [19. Jh.], im Bestand: 25B Neu Fb.1 Nr. 81; 7) im Bestand: 245 Nr. 2 u.a. Inventar der Fürstl. Harnischkammer von 1667, Inventar der Fürstl. Rüstkammer 1705, Inventar Zeughaus 1.01.1723, Specification der brauchbaren Flinten-Gewehre so in hiesigem Zeughause befindlich, v. 20.02.1741; 8) Im Bestand 38 Alt IX Nr. 127: Einige Berichte von dem Oberzeugmeister Claus von Eppen, und Befehl an ihn, auch dergleichen von dem Oberrüst- und Harnischmeister Wolf Gabriel und dem Zeugwärter Jacob Wildschütz; Nr. 137: Miscellana, Munition und Gewehr, im gleichen das Zeughaus und das Gießhaus betr. 1603, 1611, 1615, 1625-1627; Nr. 141: Rechnungen, die Armatur und Ammunition in den Fürstl. Zeughäusern zu Braunschweig und Wolfenbüttel betr. 1676-1680, 1682, 1683; Nr. 144: Reparaturen am Zeughaus etc. in Wolfenbüttel 1778; Nr. 144 a: Inventarium Zeughaus Wolfenbüttel von 1557, Nr. 145: Inventaria über... und in dem Zeughaus, auf den Festungswerken und in den Gewölben befindliche Geschütze und Kriegsmunition in dplo, von 2 Notarien aufgenommen. 1582 und 1583.; Unterschiedl. Inventaria über die Fürstl. Rüstkammer und Zeughaus Wolfenbüttel 1586-1672, auch 1705; Nr. 147: Inventarien über die Fürstl. Zeughäuser in Wolfenbüttel und Braunschweig 1692-1746, 1753, 1763, 1771, 1789, 1798; 9) im Bestand 76 Neu Fb.1 Nr. 161: Acta Versicherung der Gebäude der Militair=Caserne [=Zeughaus] zu Wolfenbüttel, Assekurranz Nr. 31 von 1856, ebenda Nr. 162 der Husaren=Pferdestall [=Kornhaus]; 10) im Bestand 4 Alt 6, 2690 Verfügungen, darin: Spezifikation derer fürstlicher Gebäude, welche von fürstlicher Cammer erhalten werden (Ziegel, Schiefer, Bley, Dachdeckerarbeiten an sämtl. fürstl. Gebäuden in Wolfenbüttel v. 1772, 1786-1792; 11) im Bestand 245 N Nr. 2: Abschrift des Inventarium der Artolory Armatur und Munition der Frl. Br. Lüneburgl: Capitahl Vestung Wulfenbüttel den 12 May Anno 1656; 12) 40 Slg.1,794: Liste der zur Bekämpfung eines Brandes erforderlichen Geräte, die vom Zeugmeister ausgegeben werden; 13) 2 Alt 2998 Gesuche der Witwe des Oberzeugmeisters Kurt Mente um Versorgung 1585/86.

N.N.: Erneuerung und Ausbau des Zeughauses in Wolfenbüttel, in: Deutsche Bauzeitschrift Nr. 4 (1983), S. 1.1-1.6.

N.N.: Herzog August Bibliothek Wolfenbüttel Erweiterung im Zeughaus und Leibnizhaus, in: Detail Nr. 3 (1983), S. 247-250.

Norddeutsche Landesbank Braunschweig: Münzen- und Medaillenkabinett, Fotosammlung.

Pantel, Etta [Bearb.]: Denkmaltopographie Bundesrepublik Deutschland, Baudenkmale in Niedersachsen, 9.1 Stadt Wolfenbüttel, Braunschweig/Wiebaden 1983.

Reitzenstein, J. von: Das Geschützwesen und die Artillerie in den Landen Braunschweig und Hannover von 1365 bis auf die Gegenwart, Teil I Leipzig 1896, Teil II Leipzig 1897, Teil III Leipzig 1900 [hier besonders Teil I, darin auch S. 108 f »Zeughausinventar von

Wolfenbüttel de 1557«, Original HAB, hier ohne Signaturangabe].
Sm.[alian], F.: Nicht Dammühle, sondern Proviantboden, in: Wolfenbütteler Zeitung v. 27.Juli 1984, S. 8.
Staatshochbauamt I Braunschweig: Unterlagen zum Umbau des Zeughauses.
Thöne, Friedrich: Wolfenbüttel Geist und Glanz einer alten Residenz, München ²1968. ABB. NR.10/21/22/24/68/69/70/163/ 236/237/238/239/255/256/280/288 G+D/379/397/409/410/421/436/461/468.

WORMS ♦ Städt. Zeughaus, auf Rathausgrund, *1232, †1259; ♦ Armbrusthaus, Neubau, *1265, † 16. Jh.
Boos, Heinrich [Hrsg.]: Quellen zur Geschichte der Stadt Worms, 3 Bde, Worms 1866 ff, hier Bd. 3 Monumenta Wormatiensia, S. 241 und Klapptafel »Historische Karte der Freien Statt Worms und ihres Territoriums 1893« Zeughaus als Nr. 47 genannt.

WÜLZBURG ♦ Rüstkammern im Schloß †; ♦ Festungszeughaus im Schloßbau, *Ende 16. Jh., heute Teil der Ausbildungsstätten des Missionsdienstes für Christus der Evgl. Kirche in Bayern.
Heilmann, Johann: Kriegsgeschichte von Bayern, Pfalz, Franken und Schwaben, 3 Bde, München 1868.
Neumann, Hartwig: Die Festung Wülzburg. Streifzüge durch Vergangenheit und Gegenwart der ehemals ansbachischen Wehranlage, Weißenburg i. Bay. ³1987.
Ders.: Festungsbaukunst und Festungsbautechnik, 1988, S. 52-55, 313, 420 f. ABB. NR.86.

WÜRZBURG ♦ Fürstbischöfliches Altes Zeughaus Marienberg beim Scherenbergtor, *1576, später Alter Artilleriebau genannt; ♦ Fürstbischöfliches Neues Zeughaus Marienberg *1709/12, heute Mainfränkisches Museum; ♦ Städt. Zeughaus »Zum Grünen Baum« †; ♦ Fürstbischöfliches Jagdzeughaus *1724 Zellerstraße 40; heute Katasteramt; ♦ Gräflich Schönbornsche Gewehrkammer.
Brod, Walter M. und Mälzer, Gottfried: Würzburg Bilder einer alten Stadt. Druckgraphik aus der Sammlung Brod in der Universitätsbibliothek Würzburg 1493-1938, Würzburg 1987.
Freeden, Max H. von: Würzburg. Festung Marienberg, München/ Berlin 1973.
Ders. [Hrsg.]: Mainfränkisches Museum Würzburg, Würzburg ³1976.
Ders.: Festung Marienberg, Würzburg 1982 [S. 70 f, 132 ff].
HSAM — Kriegsarchiv: Listen des Zeughauses Marienberg mit 1849 in Unterfranken beschlagnahmten und dort zusammengetragenen Waffen, Sign. C 226, 228.
Kuhn, Rudolf Edwin: Die Festung Marienberg, Würzburg 1978.
Mader, Felix [Bearb.]: Die Kunstdenkmäler von Unterfranken und Aschaffenburg, Bd. XII Stadt Würzburg, München 1915 [Reprint München/Wien 1981; S. 395-397, 498, 548 ff].
Neumann, H.: Festungsbaukunst und Festungsbautechnik, 1988, S. 116-118, 316, 421.
Seberich, Franz: Die Stadtbefestigung Würzburgs, Bd. 2 Würzburg 1963.
Sitte, A.: Die gräflich Schönbornsche Gewehrkammer zu Würzburg, Inventar von 1724, in: ZHWK Bd. 4 (1906-1908), S. 105-109.
Stadtarchiv Würzburg: 1) Inventare des städt. »Zeughauß zum Gruenbaum« [Rathauskomplex] von 1487, 1580, 1587 im Bestand Ratsakt Nr. 1229 sowie Ankaufs- und Verkaufsverzeichnis über die Jahre 1580-87; 2) vom Jagdzeughaus ausführl. Bauaufnahme, Umbaupläne und Beschreibungen.

Stahr, Werner: Die historischen Gebäude der Flurbereinigungsdirektion Würzburg. Kurzinformation. Komturei des Deutschherren-Ordens und Fürstbischöfl. Jagdzeughaus [S. 4,6], Würzburg 1983 [hektograph.]. ABB. NR. 92/145/288 A/390/394.

ZIEGENHAIN ♦ Zeughaus †1807, Grundmauern und Kugelkeller erhalten.
Appel, F. von: Die ehemalige Festung Ziegenhain, in: Zeitschrift d. Vereins f. Hess. Geschichte u. Landeskunde Bd. 25 (1901), S. 192-320 [mit Plan, Gebäudebeschreibung und Inventarverzeichnisssen].
Hess. Staatsarchiv Marburg: Inventar und teilweiser Verkauf der Zeughausgerätschaften zu Ziegenhain 1837 im Bestand: 12 b 117. Dazu: Hollenberg, G.: Kurhess. Kriegsministerium und Vorbehörden 1813-1867, a.a.O., 1985.
Landesamt für Denkmalpflege Hessen [Hrsg.]: Denkmaltopographie Bundesrepublik Deutschland, Baudenkmale in Hessen, Schwalm-Eder-Kreis I, bearb. v. Brigitte Warlich-Schenk und Hans Josef Böker, Braunschweig/Wiesbaden 1985 [Ziegenhain S. 429 ff].
Museum der Schwalm Ziegenhain: 1) Festungsmodell, 3,30 x 2,80 m, fertiggestellt 1982, 2) bildliche Darstellungen.
Neumann, H.: Festungsbaukunst und Festungsbautechnik, 1988, S. 42 f, 421.
Reuter, Heinz: Achthundert Jahre Garnison und Festung Ziegenhain, in: 255. Ziegenhainer Salatkirmes 1983, Programmheft.
Schwank, Joseph: Die Artillerie des Landgrafen Philipps des Großmütighen, in: Zeitschrift des Vereins für hess. Geschichte und Landeskunde 1891, S. 22.
Staatl. Kunstsammlungen Kassel: Graph. Sammlung 1) Zeughaus Ziegenhain. Grundrisse der 1. und 2. Etage, Tuschzeichnung von Karl Friedrich Robert i.J. 1825, Sign. LA 3689/30; Umzeichnung durch E. Bollmann 1947 im Stadtarchiv; 2) Ansicht des Zeughauses im Zusammenhang mit sehr zahlreichen Baulichkeiten der Festungsstadt Ziegenhain in Streifen, Zeichnungen von P. W. Leopold im Januar 1776, Sign. LA 3689/48; 3) div. Darstellungen von Bauten in einer gebundenen querformatigen buchartigen Mappe; 4) PLAN de ZIEGENHAIN, kol. Festungsplan, o. D., sine nota, in der Legende Hervorhebung von Rondellen, Zeughaus, Kaserne, Schloß. Signatur: LA 3689/54.
Staatsarchiv Marburg: Register und Rechnungen über das Zeughaus 1592-1603 Nr. 3904; Inventare 1593-1603, 16100 Nr. 4464; Quittungen und Rechnungen 1595-1603 Nr. 4154; Inventare 1600, 1604, 1606, 1610, 1611, 1612 Nr. 3441; Inventar 1606 Nr. 3444; Inventare 1607-1609 Nr. 3906; Inventar 1639 Nr. 3443; Auszüge über die Zeughausrechnungen 1648 Nr. 3442. Vgl. dazu: Philippi, H.: Politische Akten nach Philipp d.Gr. 1567-1821, Abteilung h: Kriegssachen 1592-1806/14, a.a.O. 1981. Inventar und teilweiser Verkauf der Zeughausgerätschaften i.J. 1837 in 12 b 117. Vgl. dazu: Hollenberg, G.: Kurhessisches Kriegsministerium und Vorbehörden 1813-1867, a.a.O. 1985. ABB. NR. 93/173/ 174/288 B.

ZWEIBRÜCKEN ♦ Zeughaus *1558, †1677. [Vgl. Lit.-Angaben unter ›Berchtesgaden‹] Lehmann, J. G.: Vollständige Geschichte des Herzogthums Zweibrücken und seiner Fürsten etc., München 1867.
Molitor, Ludwig: Zweibrücken, Burg und Stadt, vor den Zerstörungskriegen des siebzehnten Jahrhunderts, insbesondere unter der Regierung Johannes I., Pfalzgrafen bei Rhein und Herzogs in Bayern, Zweibrücken 1879.

1.2 DDR

BAD BLANKENBURG ♦ Zeughaus im Tiergarten †
♦ Waffensammlung im Schloß †
Bohlmann, Robert: Die Braunschweigischen Waffen auf Schloß Blankenburg am Harz, in: ZHWK Bd. 6, Nr. 10 (1916), S. 335-358.
Braunschweigisches Landesmuseum: Fürstl. Zeughaus zu Blankenburg im Tiergarten; Öl auf Leinwand; sine nota; o. D. (um 1730); Ständige Ausstellung.
Exhibition of Arms, Armour and Militaria lent by H. R. H. the Duke of Brunswick and Lüneburg at the Armouries of the Tower of London, London 1952 [Ausstellungskatalog mit der Mehrzahl der Waffen, die bis 1945 auf Schloß Blankenburg waren und gerettet wurden].
BERLIN [OST] ♦ Zeughaus, *1695, Unter den Linden, heute Museum für Deutsche Geschichte mit Militariasammlungen, darunter Geschütze aus Altbestand.
Adler, Friedrich: Aus Andreas Schlüters Leben, in: Zeitschrift für Bauwesen, Bd. 13 (1863).
Architekten-Verein zu Berlin und Vereinigung Berliner Architekten [Bearb./Hrsg.]: Berlin und seine Bauten. II und III Der Hochbau, Berlin 1896 [Das Zeughaus S. 233-237].
Arndt, Monika: Die Ruhmeshalle im Berliner Zeughaus. Eine Selbstdarstellung Preußens nach der Reichsgründung, Berlin [West] 1985.
Autorenkollektiv: Bauten unter Denkmalschutz. Berlin, Hauptstadt der DDR, Berlin-Information, Berlin [Ost] 1985 [Zeughaus S. 56-61].
Baarmann [Hauptmann z. D.]: Die »Faule Magd« der Königlichen Arsenalsammlung zu Dresden, in: ZHWK Bd. IV (1906/1908), S. 229-235.
Beger, Lorenz: Thesauri Electoralis Brandenburgici continuatio: Sive NUMISMATUM ROMANORUM, Coloniae Marchiae Berolini/Lipsiae, 3 Bde, 1696-1701 [Bd. 2 Stiche S. 523, 525. Original: HAB Fg 202 (1-3)]
Berlin-Archiv: [Kupferstich von Schleuen, um 1770], Blatt B 03037
Braunschweig April 1983.
Bildarchiv Foto Marburg: Marburger Index.
Bleckwenn, H. [Hrsg.]: Vorlesungen so denen gemeinen Canoniers zu Berlin von ihren Officiers in dem Zeughaus allda anno 1772 ist gehalten worden. Druck des Manuskriptes der Landesbibliothek Darmstadt, Nachlaß Ludwig IX., in: Zur Ausbildung und Taktik der Artillerie, Osnabrück 1982, S. 1- 27.
Boeheim, Wendelin: Handbuch der Waffenkunde, Leipzig 1890 [Reprint ebenda 1982; Kgl. Zeughaus S. 622 f].
Borrmann, R. [Bearb.]: Die Bau- und Kunstdenkmäler von Berlin, Berlin 1893. [Reprint Berlin 1982; Zeughaus S. 377-383, Artilleriedepot S. 398].
Brandt, Brigitte: Bismarcks Überrock und Bebels Siegelring. Ein Rundgang durch das Ost-Berliner Museum für deutsche Geschichte, in: Das Parlament, Nr. 20/21 vom 17./24. Mai 1986.
Broebes, Jean Baptiste (* ca. 1660, † ca. 1720): Prospect der Palläste und Lust=Schlösser seiner Königlichen Mayestätt in Preussen abgezeichnet und in Kupffer gebracht von I. B. Broebes Königl. Preüssischen Ingenieur und Architecte. Nun aber in verlag zu finden bey Iohann Georg Merz Kunsthandlern in Augsburg 1733. Cum Gratia et Privilegio Sacr. Caesar. May. Anno MDCCXXXIII. [Originale: UBG Math. Arch. I 2593; Anton Ulrich-Museum Braunschweig Signatur KK 2° 1251]

Brücke, Wilhelm (1800-1874): Zeughaus und Neue Wache; Ölgemälde; Maße: 165 x 90 cm; o. D. [nach 1842]; heute Exponat auf Burg Hohenzollern.
Closs, Adolf G.: Die Neuaufstellung der Sammlungen des Zeughauses in Berlin, in: ZHWK Bd. 9 (1921), S. 140-141 [Reprint Graz 1973].
Demps, Laurenz: Die Neue Wache. Entstehung und Geschichte eines Bauwerkes, Berlin [Ost] 1988.
Deutsche Staatsbibliothek Berlin [Ost]: Kartenabteilung. Auszug aus dem handschriftlichen Katalog, Teil Zeughaus Berlin, pag. 443, 445, 447, 449 [Handschrift o. D.].
Dohme, R.: Die Masken der sterbenden Krieger im Lichthof des königlichen Zeughauses zu Berlin von Andreas Schlüter, Berlin 1895 [ed. princ. Berlin 1877].
Eckardt, Götz [Hrsg.]: Schicksale deutscher Baudenkmale im Zweiten Weltkrieg. Eine Dokumentation der Schäden und Totalverluste auf dem Gebiet der DDR, 2 Bde, Berlin/München 1978; hier Bd. 1: Militärbauten, S. 47-49.
Eckert, Helmut: Berliner Zeughaus, Festung Spandau und Garnisonkirche Potsdam 1764. Bericht eines Besuchers, in: Zeitschrift für Heereskunde, Bd. 85, Nr. 317 (1985), S. 113-116.
Engel, Helmut: Johann Arnold Nehring, in: Wolfgang Ribbe und Wolfgang Schäche [Hrsg.]: Baumeister, Architekten, Stadtplaner. Biographien zur baulichen Entwicklung Berlins, Berlin 1987, S. 35-46.
Eyßen, Eduard: Friedrich Krüger, ein Berliner Waffensammler des 18. Jahrhunderts, und seine Rüstkammer. Ein Beitrag zur Geschichte der Berliner Zeughaus-Sammlung, in: ZHWK Bd. V (1909/1911), S. 267-273 [Faksimile Graz 1972].
Fründt, Edith: Der Bildhauer Andreas Schlüter, Leipzig 1969.
Gesamtdeutsches Institut. Bundesanstalt für Gesamtdeutsche Aufgaben, Bonn: Fotoarchiv Bestand Ost-Berlin Zeughaus.
Gurlitt, Cornelius: Andreas Schlüter, Berlin 1891.
Derselbe: Das Barock- und Rococo-Ornament Deutschlands, Berlin 1889 [darin u. a. 6 Fototafeln zum Zeughaus].
HAB Wolfenbüttel: Graphische Sammlung, Mappe Berlin.
HSAH: Bestand Hann. 48 XIII Nr. 845: Acta betreffend Herbeischaffung von Nachrichten und Zeichnungen von Zeughaus=Etablissements mehrerer auswärtiger Staten 1833/34, darunter Zeughaus Berlin; 35 seitige Handschrift des Architekten am Königl. Preuß. Kriegsministerium Berlin, Hampel, vom October 1833 und 29. Januar 1834, mit genauer Beschreibung des Zeughauses. [Die nach Begleitschreiben des Generals v. Witzleben erst in 3-4 Wochen vollendeten Zeichnungen nicht in der Akte!]
Hahlweg, Werner: Drei neuaufgefundene Pläne vom Berliner Zeughaus aus dem Jahre 1732, in: ZHWK N. F. Nr. 6 (1937/39), S. 154 f [Originale Kriegsverlust!].
Ders.: Die Weltkriegsabteilung im Staatlichen Zeughaus zu Berlin, in: Museumskunde Nr. 9 (1937), S. 134 ff.
Hiltl, George: Historische Stätten des deutschen Reiches. I. Ein Gang durch das Zeughaus zu Berlin; Faksimile des Artikels aus der Leipziger Familienzeitung »Daheim« von 1873 in: Der Bote aus dem Wehrgeschichtlichen Museum [Rastatt], Nr. 2 (1978), S. 1- 5.
Ders.: Waffen-Sammlung Sr. Königlichen Hoheit des Prinzen Carl v. Preussen. Mittelalterliche Abtheilung. Beschrieben und zusammengestellt sowie mit historischen Bemerkungen und Erläuterungen versehen, Berlin 1876. Reprint Fridingen 1981.
Ders.: Das Königliche Zeughaus zu Berlin, in: Der Bär. Berlinische Blätter für vaterländische Geschichte und Alterthumskunde, 2. Jg., Nr. 4 (1876), S. 33-35.

Hirzel, Stephan: Arnold Nering, ein märkischer Baumeister, Dissertation Dresden 1924 [masch.-schriftl., Exemplar der UB RWTH Aachen].

Hitzig, F.: Der Umbau des Zeughauses zu Berlin, in: Deutsche Bauzeitung Nr. 67 (1881), S. 373 f; Nr. 69, S. 383 f; Nr. 71, S. 395 f; Nr. 77, S. 427-430.

Humbert [Abraham de], Major Ingénieur: Lettre à Mr. le Capitaine de Knobelsdorff, sur le Gout en fait d'Architecture Civile, in: Bibliothèque Germanique, Bd. 44, Amsterdam 1723 S. 100-128; dasselbe germ.: Schreiben vom guten Geschmacke in der Baukunst, in: Hamburgisches Magazin oder gesammelte Schriften zum Unterricht und Vergnügen aus der Naturforschung und den angenehmen Wissenschaften überhaupt, Hamburg/Leipzig, 26 Bde, 1747-67, hier Bd. 3, 4.Stück (1752), S. 383-409 [Zeughaus Berlin] [Original: Staats- und UB Hamburg]

Institut für Denkmalpflege [Hrsg.]: Die Bau- und Kunstdenkmale in der DDR, Bd. I Berlin, Berlin [Ost] 1984 [Zeughaus S. 144-149].

Internationale Bauausstellung Berlin [Hrsg.]: Dokumentation zum Gelände des ehemaligen Prinz-Albrecht-Palais und seine Umgebung, Berlin 1982.

Keller, Fritz-Eugen: Andreas Schlüter, in: Wolfgang Ribbe und Wolfgang Schäche [Hrsg.]: Baumeister, Architekten, Stadtplaner. Biographien zur baulichen Entwicklung Berlins, Berlin 1987, S. 47-70.

Das Königliche Zeughaus [Hrsg.]. Führer durch das Königliche Zeughaus in Berlin, Berlin ³1887.

Das Königliche Zeughaus. Führer durch die Ruhmeshalle und die Sammlungen, Berlin 1900 [nur in diesem Katalog ist die heute zu ca. 3/4 zerstörte »Uniformensammlung Sammlung 1786« mit genauen Farbangaben beschrieben!].

Dass.: Führer durch die Ruhmeshalle und die Sammlungen, Berlin ⁵1910.

Dass.: Das Zeughaus. Amtlicher kurzer Gesamtführer, Berlin ²1942.

Dass.: Das Zeughaus. Die Ruhmeshalle, Amtlicher Führer, Berlin 1942.

Ladendorf, Heinz: Der Bildhauer und Baumeister Andreas Schlüter. Beiträge zu seiner Biographie und zur Berliner Kunstgeschichte seiner Zeit, in: Forschungen zur deutschen Kunstgeschichte, Bd. 2, Berlin 1935.

Ders.: Andreas Schlüter, Berlin 1937.

Landesbildstelle Berlin: Fotoarchiv, Bestand Zeughaus.

Lessing, Julius: Zeughaus und Ruhmeshalle in Berlin, Faksimile des Artikels aus Westermanns Illustrierte Deutsche Monatshefte Nr. 330 (1884), S. 801-815 in: Berlin-Archiv, Ausgabe 09 (1986) eingeleitet von Klünner.

Lindner, Klaus: Randansichten auf Berliner Stadtplänen des 18. Jahrhunderts, in: Lüneburger Beiträge zur Vedutenforschung, hrsg. von Eckhard Jäger, Lüneburg 1983, S. 155-172.

Löschburg, Winfried: Unter den Linden. Gesichter und Geschichten einer berühmten Straße, Berlin [Ost] 1972.

Möbius, Hanno: 400 Jahre technische Sammlungen in Berlin. Von der Raritätenkammer der Kurfürsten zum Museum für Verkehr und Technik, Berlin 1983 [Rüstkammer und Zeughaus S. 29-32].

Möller, Hans-Reiner: Ein Oldenburgisches Bronzegeschütz aus dem Berliner Zeughaus, gegossen von Franciscus Roen [†1678] zu Glückstadt 1651, in: ZHWK Bd. 22, Nr. 2 (1980), S. 81-88 [Reprint Graz 1973].

Müther, Hans: Berlins Bautradition, Berlin 1956.

N.N.: a) Sturm des Pöbels auf das Zeughaus in Berlin am 14. Juni [1848]; Maße: 15 x 17,5 cm; Holzstich von 1848; b) Plünderung des Zeughauses zu Berlin am 14. Juni [1848]; Maße: 18 x 14,5 cm; Holzstich von 1848 [beide Blätter im Graphikhandel, vgl. ABB. NR. 470].

Mützel, Hans: Eine Offiziersuniform des 30jährigen Krieges im Berliner Zeughaus, in: ZHWK Bd. 9, Nr. 5 (1921), S. 164-166 [Reprint Graz 1973].

Payne, A. H.: Album mit 20 Stahlstichansichten [von Berlin], Leipzig o.J.

Papst, Artur: Skulpturenschmuck am Königlichen Zeughaus zu Berlin, Berlin 1885.

Peschken, Gerd: Neue Literatur über Andreas Schlüter, in: Zeitschrift für Kunstgeschichte, Bd. 30 (1967), S. 229-246.

Post, Paul: Zeughaus-Erwerbungen seit 1912, in: ZHWK Bd. 7 (1915/1917), S. 15-22 [Reprint Graz 1973].

Ders.: Eine mittelalterliche Geschützkammer mit Ladung im Berliner Zeughaus, in: ZHWK Bd. 9, Nr. 4 (1922), S. 117-121.

Ders.: Ein Feldharnisch König Franz's I. von Frankreich im Berliner Zeughaus von Jörg Seusenhofer, in: ZHWK Bd. 11, Nr. 9 (1928), S. 201-207.

Ders.: Das Zeughaus. Die Waffensammlung. Erster Teil. Kriegs-, Turnier- und Jagdwaffen vom frühen Mittelalter bis zum Dreißigjährigen Krieg, Berlin 1929 [mehr nicht erschienen].

Rave, Paul Ortwin [Begründer], Margarete Kühn [Hrsg.]: Karl Friedrich Schinkel Lebenswerk, Berlin. I. Bauten für die Kunst, Kirchen, Denkmalpflege, erw. Nachdruck der Ausgabe 1941, Berlin 1981 [Zeughaus Wiederherstellung der Bildwerke S. 378-380].

Reclams Kunstführer Berlin. Kunstdenkmäler und Museen, Stuttgart ²1977 [Zeughaus S. 104-107].

Reuter [Hauptmann]: Das Militärische Berlin. Zusammenstellung der militärischen Einrichtungen und Etablissements von Berlin in ihrer historischen Entwicklung. Nach amtlichen Quellen dargestellt, Berlin 1873.

Reuther, Hans: Barock in Berlin. Meister und Werke der Berliner Baukunst 1640-1786, Berlin 1969.

Ribbe, W. und Schäche, W. [Hrsg.]: Baumeister, Architekten, Stadtplaner. Biographien zur baulichen Entwicklung Berlins, Berlin 1987 [u.a. Johann Arnold Nering, Andreas Schlüter, Carl Gotthard Langhans, David und Friedrich Gilly, Karl Friedrich Schinkel, Friedrich August Stüler, ...].

Ru[?]: Freies Zeughaus, in: Bauwelt Nr. 34 (1983).

Schiedlausky, G.: Martin Grünberg. Ein märkischer Baumeister an der Wende des 17. zum 18. Jahrhundert, Dissertation Marburg 1944, Druck Burg 1944.

Schneider, Wolfgang: Berlin. Eine Kulturgeschichte in Bildern und Dokumenten, Leipzig/Weimar 1980.

Sievers, Johannes: Bauten für den Prinzen Karl von Preussen, Berlin 1942 [Zur Waffenhalle im Palais am Wilhelmsplatz].

Steche, R.: Plaene fuer das K. Zeughaus und ein K. Stallgebaeude zu Berlin aus dem Nachlasse des Generals de Bodt, Berlin 1891.

Voigt, Chr.: Drei alte Geschütze im Berliner Zeughaus, in: Mitt. des Vereins für die Geschichte Berlins, Nr. 5/6 (1923), S. 19-22.

Weinitz, Franz: Der Hundertpfünder Asia, in: ZHWK Bd. III (1902/05), S. 209-214. Faksimile Graz 1973.

Winkler, Kurt: Schuhsohlen aus dem Schimmel Condé. Das Schicksal des Berliner Zeughauses. Das meiste kam nach Moskau, in: Der Frontsoldat erzählt, Flensburg Nr. 8 (1955).

Willebrand, Johann Peter: Grundriß einer schoenen Stadt, Bd. 1 Leipzig/Hamburg 1775 [Zeughaus Berlin S. 243-245].

Zeughaus und Rüstkammer zu Berlin in einem Reimgedichte vom Jahre 1730, in: ZHWK Bd. 8 (1918/20), S. 215 f.
Zeughausverwaltung: Aus dem Berliner Zeughaus, in: ZHWK Nr. 37-39 (1932), S. 344 [Aufruf zu den 1919 vernichteten, gestohlenen und »in Schutzhaft« genommenen Exponaten, die an Frankreich gegeben werden sollten].

MUSEUM FÜR DEUTSCHE GESCHICHTE [MFDG]:

Berlin-Information und MfDG [Hrsg.]: Berlin-Hauptstadt der DDR.
Museum für Deutsche Geschichte, Berlin 1982, 1987.
Das ehemalige Zeughaus, in: Berliner Museen, Berlin 1953.
Museum für Deutsche Geschichte Berlin Unter den Linden. Werbeblatt, Berlin o.J.
Beiträge und Mitteilungen Museum für Deutsche Geschichte Berlin, bis 1988 13 Hefte erschienen.
Katalog: Waffen und Uniformen in der Geschichte, Berlin 1957.
Katalog: Sozialistisches Vaterland DDR. Entstehung und Entwicklung, Berlin o.J.
Katalog: Deutsche Geschichte 500-1789, o.J.
Katalog: Deutsche Geschichte 1789-1917, ³1986.
Katalog: Deutsche Geschichte 1917-1945.
Katalog: Alte Helme, 1979.
Katalog: Alte Hieb- und Stichwaffen, 1986.
Köpfe sterbender Krieger von Andreas Schlüter, MFDG, Reichenbach o.J. [²1981, Fotoserie].
Ewald, Gisela: Zum Wiederaufbau des ehemaligen Zeughauses, in: Beiträge und Mitteilungen MFDG Nr. 7 (1981), S. 24-32.
Dies.: Zur Wiederherstellung des bauplastischen Schmucks am ehemaligen Zeughaus, in: Beiträge und Mitteilungen MFDG Nr. 13 (1987), S. 63-67, XIV, XV.
Grau, Ingeborg: Ansichten des ehemaligen Zeughauses im Kunstbestand des Museums für Deutsche Geschichte, in: Beiträge und Mitteilungen MFDG Nr. 13 (1987), S. 54-56, IX-XI.
Heinz, Helmut: Die Gründung des Museums für Deutsche Geschichte und die Konzeption der ersten Ausstellung 1952, in: Beiträge und Mitteilungen MFDG Nr. 7 (1981), S. 7-23.
Müller, Heinrich: Alte Geschütze. Kostbare Stücke aus der Sammlung des Museums, Berlin 1968 [²1980]
Ders. und F. Kunter: Europäische Helme aus der Sammlung des Museums für deutsche Geschichte, Berlin 1971.
Ders. und Kölling, H.: Europäische Hieb- und Stichwaffen aus der Sammlung des Museums für Deutsche Geschichte, Berlin 1981.
Müller, Regina: Der Umbau des Berliner Zeughauses zur Ruhmeshalle der preußischen Armee, in: Beiträge und Mitteilungen MFDG Nr. 13 (1987), S. 57-62, XIII.
Quiringer, Heinz: Das Museum für Deutsche Geschichte in Berlin, Leipzig ³1983. ABB. NR. 12/13/126/127/244/268/291/292/324/336/337/359/360/386/412/439/440.1-12/451/461/462/463/464/465/470/482.
BERNAU ♦ Rüstkammer im Steintor, *nach 1450 mit Barockhaube *1752, heute Heimatmuseum mit Rüstkammer.
Closs, Adolf G.: Waffen aus der Rüstkammer von Bernau im Berliner Zeughaus, in: ZHWK Bd. 11 Nr. 5 (1926), S. 97-102.
DÖMITZ ♦ Zeughaus in der Zitadelle, * 2. Hälfte 16. Jh., †.
Bundesarchiv Koblenz: Von den 12 unter der Signatur Kart Schwerin aufbewahrten Plänen zeigen die folgenden das Zeughaus: (1) Veßte Deumitz 1612; (2) Dömitz 1702; (3) Plan der Vestung Dömitz 1767; (4) PLAN De la Ville et Fortresse de DÖMITZ, o.J. [vgl. ABB. NR. 94]; (5) Plan von Dämnitz o.J.; (6) PLAN DER VESTUNG DÖMITZ 1795; (7) PROIECT Von DÖMITZ o.J. [18. Jh.].
Neumann, H.: Festungsbaukunst und Festungsbautechnik, 1988, S. 67, 423. ABB. NR. 100.
DRESDEN ♦ Rüstkammer bestehend aus 10 einzelnen Kammern, seit 19. Jh. Bezeichnung Historisches Museum. ♦ Altes Zeughaus *1530, †. ♦ Zeughaus in der Franziskanerkirche, †. ♦ Kurfürstl. Hauptzeughaus *1559/63, Umbau 1884/87 zum Museum Albertinum, dort noch Baureste. ♦ Arsenal in der Albertstadt *1873, heute im Hauptgebäude Armeemuseum der DDR und Zentrale Militärbibliothek der DDR, Dr. Kurt-Fischer-Platz 3. [Vgl. auch die Lit.-Angaben unter ›Königstein‹]
Armeemuseum der DDR Dresden — [ab 1990] Militärhistorischs Museum Dresden: a) Fotothek, Bibliothek, b) Waffen und Militärtechnik der Nationalen Volksarmee 1956-1971 im Armeemuseum der DDR, Dresden 1977, c) Das Geschützwesen im Kurfürstentum Sachsen, Ausstellungskatalog des Armeemuseums der DDR im Alten Zeughaus der Festung Königstein, o.J. (1979), dazu auch ein Faltblatt, d) Armeemuseum der DDR in Dresden, o.J., dazu ein Faltblatt, e) Die deutsche Arbeiterklasse im Kampf gegen Konterrevolution, Reaktion und Faschismus 1917-1945, Ausstellungskatalog Dresden 1975, f) Armeemuseum der DDR, Faltblatt, 1.-10. Tausend, o.J., g) Gärtner, Dieter [Redaktion]: Sachsen und seine Armee, o.D. (1990).
Arnold, Ulli und Schmidt, Werner [Hrsg.]: Barock in Dresden. Kunst und Kunstsammlungen unter der Regierung des Kurfürsten Friedrich August II. von Sachsen und König August II. von Polen genannt August der Starke 1694-1733 und des Kurfürsten Friedrich August II. von Sachsen und Königs August III. von Polen 1733-1763. Ausstellungskatalog Staatl. Kunstsammlungen Dresden/Kulturstiftung Ruhr, Leipzig 1986 [darin u.a. Kunstsammeln im augusteischen Dresden S. 191-201; Die Gewehrgalerie S. 260-276].
Baarmann, O.: Die »Faule Magd« der Königlichen Arsenalsammlung zu Dresden, in: ZHWK Bd. 4 (1906-1908), S. 229-235.
Bir[c]ken, Siegmund von: Chur- und Fürstlicher Sächsischer Heldensaal, Nürnberg 1677 [Kupferstiche von Fürstenbildern aus der Gewehrgalerie Dresden nach Miniaturen von Göding; 5 Originale in der SLB].
Bruck, Robert: Holzmodelle alter Dresdner Schloßbauten, in: Mitteilungen aus den sächsischen Kunstsammlungen Nr. 6 (1915), S. 1-10.
Deutsche Fotothek Dresden: Nr. 196812, 196818, 51817, 312835, 312836, 165056, 165055, 100050.
Diener-Schönberg, Alfons: Der Bestand der chursächsischen Zeughäuser zu Ende des 16. Jahrhunderts, in: ZHKW Bd. 4 (1906-1908), S. 306-311 [Zeughäuser Dresden, Pleißenburg, Wittemberg, Zwickau, Pirna].
E.: Die historische Waffen- und Modellsammlung im königlichen Arsenal zu Dresden, in: ZHWK Bd. 1 Nr. 3 (1897/99), S. 66 f.
Ehrenthal, M. von: Führer durch die K. Gewehrgalerie zu Dresden, Dresden 1900.
Erbstein, Albert: Beschreibung des Königlichen Historischen Museums und der Königlichen Gewehrgalerie zu Dresden, Dresden 1889.
Feuker [Oberstleutnant a.D.]: Das Artilleriedepot Dresden, in: Schoen, Erich [Bearb.]: Geschichte des Deutschen Feuerwerkswesens der Armee und Marine mit Einschluß des Zeugwesens, Berlin 1936, S. 1107-1111.

Friesen, Ernst Freiherr von: Verfassung des Hauptzeughauses in Dresden zu Anfang des 18. Jahrhunderts, in: Dresdner Geschichtsblätter, 9. Jg. Nr. 2 (1900), S. 241-248.

Gurlitt, Cornelius: Dresdener Waffenschmiede, in: ZHWK Bd. 1 (1897/99), S. 265-271.

Ders.: Paul Buchner, ein Dresdner Baumeister der Renaissance, in: Dresdner Geschichtsblätter 9. Jg., Nr. 3 (1900), S. 249-260.

Ders.: Beschreibende Darstellung der älteren Bau- und Kunstdenkmäler des Königreiches Sachsen, Dresden 1901/1903 [Die Gewehrgalerie S. 410-412; Das Zeughaus S. 418-444].

Haenel, Erich: Zur ältesten Geschichte der Dresdner Rüstkammer, in: ZHWK Bd. VII (1917), S. 311-317, Bd. 8 (1918), S. 182-192 [Reprint Graz 1975].

Ders.: Alte Jagdwaffen in der Kurfürstlichen Rüstkammer zu Dresden, in: Tharandter Forstliches Jahrbuch, Berlin, Bd. 89, Nr. 11/12 (1938), S. 798-815.

Ders.: Kostbare Waffen aus der Dresdner Rüstkammer, Leipzig 1923.

Ders.: Der alte Stallhof in Dresden, Dresden 1937.

Hantzsch, Viktor: Beiträge zur älteren Geschichte der kurfürstlichen Kunstkammer in Dresden, in: Neues Archiv für Sächsische Geschichte und Altertumskunde, Bd. 23 (1902), S. 220-296.

Hasche, J.Chr.: Umständliche Beschreibung Dresdens ..., Bd. 1 Leipzig 1781 [Das Hauptzeughaus S. 736-755].

Heckmann, Hermann: Matthäus Daniel Pöppelmann. Leben und Werk, München/Berlin 1972 [Bauten für militärische Anlagen S. 224-236].

Heres, Gerald: Zur Aufstellung der Dresdner Rüstkammer im 18. Jahrhundert, in: Jahrbuch der Staatlichen Kunstsammlungen Dresden, Bd. 16 (1984), S. 71-73.

Ders.: August der Starke und die Reorganisation der Dresdner Sammlungen, in: Dresdner Hefte Nr. 3 (1984), S. 48-58.

Ders.: Der erste Umbau des Dresdener Stallgebäudes [ehem. Rüstkammer] im Lichte der Engelbrechtschen Architekturstiche, in: Jahrbuch der Staatlichen Kunstsammlungen Dresden Nr. 13 (1981), S. 101-105.

Ders.: Eine Denkschrift über die Dresdener Kunstkammer von 1730, in: Jahrbuch der Staatlichen Kunstsammlungen Dresden, Bd. 17 (1985), S. 31-33.

Herrmann, Joachim: Das Hauptzeughaus zur Zeit des Kurfürsten, in: Dresdner Hefte. Beiträge zur Kulturgeschichte Nr. 9 (1986), S. 41-49.

Heyn, K.: Aus den Fremdenbüchern der Dresdner Kunstkammer, in: Mitteilungen aus den Sächs. Kunstsammlungen Bd. VI (1915), S. 72-83.

Institut für Denkmalpflege Dresden: Grundrisse vom barocken Umbau des Zeughauses.

H...g: Das Zeughaus [in Dresden], in: Sammler im Elbthal, Bd. 2 Dresden (1837), S. 511 f.

Historisches Museum Dresden: Acta die Königl: Sächß: Rüstkammer betr: von 1824 bis mit 1834 [von mir nicht eingesehen].

Koerner, Ernst von: »Französische« Stangenwaffen in der Dresdner Rüstkammer, in: ZHWK Bd. 3, Nr. 1 (1929/31), S. 11-19 [Reprint Graz 1974].

Kozakiewicz, Stefan: Bernardo Bellotto genannt Canaletto, Bd. I Leben und Werk, Bd. II Katalog, Recklinghausen 1972.

Kroener, Dietmar: Die Schlacht bei Klissow am 19. Juli 1702. Felddegen und Wehrgehänge des schwedischen Königs Karl XII., in: Dresdener Kunstblätter 28. Jg., Nr. 6 (1984), S. 177-186.

Lieber, Elfriede: Verzeichnis der Inventare der Staatlichen Kunstsammlungen Dresden 1568-1945, Dresden 1979 [nicht im Buchhandel]; Rüstkammer S. 24-72; vgl. dazu Gerald Heres: Elfriede Liebers »Verzeichnis der Inventare« Marginalien nach einem Jahrzehnt, in: Dresdner Kunstblätter Nr. 5 (1989), S. 157 f].

Löffler, Fritz: Das Alte Dresden, Geschichte seiner Bauten, Dresden ^{1}1955, ^{7}1983.

Menz, Henner: Kunstkammer und Gemäldegalerie in Dresden und der Gedanke der Sammlungseinheit, in: Dresdner Kunstblätter Nr. 6 (1985), S. 161-167.

Menzhausen, Joachim: Dresdener Kunstkammer und Grünes Gewölbe, Leipzig 1977.

Ders.: Kurfürst Augusts Kunstkammer. Eine Analyse des Inventars von 1587, in: Jahrbuch der Staatl. Kunstsammlungen Dresden, Bd. 17 (1985), S. 21-29.

Ders.: Die Kunstkammer des Kurfürsten, in: Dresdner Hefte. Beiträge zur Kulturgeschichte Nr. 9 (1986), S. 28-32.

Militärlexikon aus dem Militärverlag der DDR, Berlin ^{2}1973, Schlagwort: Armeemuseum der DDR [in Dresden].

Mörtzsch, Otto: Eine volkspoetische Schilderung des Dresdner Zeughauses und der Rüstkammer. Ao. 1591. [von Daniel Winzenberger], in: ZHWK Bd. 8, Nr. 5/6 (1918/20), S. 170-171 [Reprint Graz 1973].

Müller, Reinhold / Rother, Wolfgang: Die Kurfürstlich-Sächsische Armee um 1791. 200 Kupferstiche. Entworfen, gezeichnet und koloriert von Friedrich Johann Christian Reinhold in den Jahren von 1791 bis 1806 zu Dresden, Berlin [Ost] 1990 [Zeughauspersonal S. 26 f, Hauptzeughaus Dresden Taf. 138].

Museum für Geschichte der Stadt Dresden: Neudresden und Altendresden. Federzeichnung von Gabriele da Thola (1523-1569); Maße: 196,5 x 25 cm.

Neumann, H.: Festungbaukunst und Festungsbautechnik, 1988, S. 342, 423.

N.N.: [Entwürfe zum Umbau des Zeughauses und zum Neubau eines Kunstakademie- und eines Kunstausstellungs-Gebäudes zu Dresden], in: Deutsche Bauzeitung, Nr. 18 (1884), S. 4 f, 67-70, 130 f, 144, 152-154, 157, 299.

N.N.: [Auktionen von Objekten aus der Dresdner Rüstkammer 1919 und 1920], in: ZHWK Bd. 8 (1918/1920), S. 259-262, S. 392 f.

Nollain, Friedrich und Clauss, Carl: Die K. Gewehrgalerie zu Dresden, Dresden 1873, ^{1}1835.

Pagenstecher, Wolfgang: Das letzte Rennen des Kurfürsten August von Sachsen dargestellt in der Königlichen Gewehrgalerie zu Dresden, in: ZHWK Bd. 6, Nr. 10 (1912/14), S. 359-364 [Reprint Graz 1973].

Pichelkastner, E.: Die Rekonstruktion der Dresdner Kunstkammer, in: Jahrbuch Staatlichen Kunstsammlungen Dresden 1960, S. 33-38.

Reibisch, Friedrich Martin: Eine Auswahl merkwürdiger Gegenstände aus der Königl. Sächsischen Rüstkammer, Dresden 1825/26 [BS: 9 Hefte in quer-4o SLB Sign. Hist. Sax. G 271 mit kol. Lithographien].

Sächs. Ingenieur- und Architekten-Verein und Dresdner Architekten-Verein [Hrsg.]: Die Bauten technischen und industriellen Anlagen von Dresden, Dresden 1878 [Arsenalkomplex Taf. IV, S. 258-273; Beilage: Plan von Dresden 1878, bearbeitet vom Stadtvermessungsamte, Alfred Hottenrath, Stadtvermessungs-Inspector; Lithographie 1:10000, 1878].

Schaal, Dieter: Suhler Feuerwaffen. Exponate aus dem Historischen Museum zu Dresden, Berlin [Ost] 1981.

Ders.: Die Rüstkammer des Kurfürsten, in: Dresdner Hefte. Beiträge zur Kulturgeschichte Nr. 9 (1986), S. 33-40.

Schmidt, Walter: Familie Hilliger in Freiberg in Sachsen. Glocken- und Geschützgießer. Der Herzog und sein Kanonengießer, in: Archiv für Sippenforschung Nr. 79 (1980), S. 513-516.

Schöbel, Johannes: Prunkwaffen und Rüstungen aus dem Historischen Museum Dresden, Leipzig [3]1976.

Schönberg, Alfons Diener v.: Der Bestand der churSächsischen Zeughäuser zu Ende des 16. Jahrhunderts, in: ZHWK Bd. 4 (1906/ 1908), S. 306-311.

Sommerfeldt, Gustav: Biographisches über die Rüstmeister in Dresden Johann v. Schukowski und Johann Kempff, in: ZHWK Bd. 8, Nr. 10/11 (1918/20), S. 350-352 [Reprint Graz 1973].

Streubel, J.: Die Konservierung der »Faulen Magd«, in: ZHWK 3. Folge, Bd. 25 (1983), S. 54-58.

Volk, Waltraud: Dresden. Historische Straßen und Plätze heute, Berlin [Ost] [4]1984.

Watzdorf, Erna von: Kursächsische Jagdwaffen von Gabriel Gipfel in der Dresdner Rüstkammer, in: ZHWK Bd. 14 (1935/36), S. 4-14, Taf. I, II, III [Reprint Graz 1974].

Weck, Anton: Der Chur=Fuerstlichen Saechsischen weitberuffenen Residentz= und Haupt=Vestung Dresden Beschreib: und Vorstellung/ Auf der Churfuerstlichen Herrschaft gnaedigstes Belieben in Vier Abtheilungen verfaßet/ mit Grund: und andern Abrißen/auch bewehrten Documenten/erlaeutert Durch Ihrer Churfuerstlichen Durchl. zu Sachsen/etc. Rath/zu den Geheimen: und Reichs=Sachen bestalten Secretarium auch Archivarium. Antonium Wecken. Mit Churfuerstl. Saechsischen gnaedigsten Privilegio. Nuernberg/In Verlegung Johann Hoffmanns/Buch- und Kunsthaendler/Gedruckt daselbst bey Christian Sigismund Froberger. Anno. MDCLXXX, [Kapitel 8 Ruest: und Har- nisch-Cammer, Kapitel 9 Von dem Churfuerstl. Saechs. Artollerie: oder Haupt=Zeughause/und unter selbigen vorhandenen Zeugkeller]. Originale: Sächsische Landesbibliothek Dresden; HAB a) T 853 2o Helmst.(1), b) Gm 4o 270, c) 155.6 Hist. 2o. Vgl. Titelblatt ABB. NR. 196.

Wunderlich, Herbert: Kursächsische Feldmeßkunst, artilleristische Richtverfahren und Ballistik im 16. und 17. Jahrhundert, Berlin 1977 [Dresdner Zeughaus S. 171 f, Paulus Puchner S. 172 f]. ABB. NR. 5/59/182/195/196/197/294/329/460/469/470/ 484/485/486/487/488.

ERFURT ◆ Zeughaus Zitadelle Petersberg, preuß. Umbau der rom. Kapelle, Kriegsverlust.

Becker, Karl; Brückner, Margarethe; Haetge, Ernst; Schürenberg, Lisa [Bearb.]: Die Kunstdenkmäler der Provinz Sachsen. Die Stadt Erfurt. Dom-Severikirche-Peterskloster-Zitadelle, Burg 1929 [Ehem. Leonhardskapelle auf dem Petersberg, ab 1677 Zeughaus, S. 531 ff, 643-648].

Grobe, Karsten: Zitadelle Petersberg Erfurt. Festung und Zwingburg. Postgradualstudium Denkmalpflege Technische Universität Dresden 1984 [masch.-schriftl.]. ABB. NR. 26/135.

FRANKFURT a.d. Oder ◆ Altes Zeughaus, * um 1530, † 23. Juni 1579 Einsturz, ◆ Neues Zeughaus im Obergeschoß des Leinwandhauses, †

Buxbaum, Erich: Das Zeughaus zu Frankfurt a.d. Oder, in: Frankfurter-Oder-Zeitung v. 28.12.1927.

Jobst, Wolfgang und Johann Christoph Beckmann: Kurtze Beschreibung Der Alten Loeblichen Stat Franckfurt an der Oder/ Auch von ihrer ersten Fundation/Erbauung und Herkommen/und was sonst derselben Belegenheit vor Alters gewesen und noch sey/ von der Zeit des Kaeiers Antonini Pii/Im Jahr nach Christi Geburt 146. biß auff gegenwaertige Zeit/Durch Wolffgangum Jobsten/ Der Artznei Doctorem und Physices Professorem daselbst. Die Dritte Edition, Nebst Unterschiedenen Historischen Accessionen Die Stadt Franckfurt und herumbliegende Gegenden belangende/ Auch dazu gehoerigen Kupfern Hervorgegeben von Johann Christoph Beckmann/D. Franckfurt an der Oder/Verlegts Jeremias Schrey und Joh. Christoph Hartmann/Gedruckt bei Christoph Zeitlern/im Jahr 1706. [Zeughaus im Kupferstich nach einer Zeichnung von L. Chr. Sturm; Exemplare: 1) Stadtarchiv Frankfurt a.d. Oder, 2) DSB Berlin, Sign. Td 2⁰ 5536a [ohne den Stich]; weiteres Exemplar, welches von Isolde Küster: Leonhard Chr. Sturm, a.a.O., 1940, S. 139 zitiert wird, ist Kriegsverlust].

Seilkopf, Karl: Frankfurt (Oder) als feste Stadt, Frankfurt (Oder) 1932 [Zeughaus S. 10].

Sturm, Leonhard Christoph (1669-1719): Prodromus architecturae Goldmannianae, a.a.O., 1714 [zur Entstehungsgeschichte seiner Ehrenpforten in Frankfurt a.d.O., ohne Pag.].

Stadtarchiv Frankfurt a.d. Oder: Inventarium des Zeughauses, Sign. Stadt A Ffo. IX.1.1: a) von 1559 [mit Nachtrag von 1563], b) v. 1583. Inventarium von 1559 [-1567 mit einem Nachtrag zum Einsturz des Zeughauses 1579] in: Sign. Stadt A Ffo. IX. 1.2. c) Foto vom Leinwandhaus [†1908] 2. H. 19. Jh. Sign. OU V 1890. ABB. NR. 134.

GOTHA ◆ Herzogliches Zeughaus im Schloß, *1643/54; heute Depotraum des Staatsarchivs Weimar/Außenstelle Gotha.

Bonsack: Die Heeresgeschichtliche Sammmlung [des Kirchenrates a.D. Bonsack] im Schloss Friedenstein zu Gotha, in: ZHWK Nr. 101 (1937), S. 81-86.

Forschungsbibliothek Gotha: 1) Inventarium über die in dem Herzoglichen Zeughauße und auf den Bastionen befindliche Artillerie, Friedenstein 1784, Sign. Chart. A 564; 2) diverse Feuerwerks-, Büchsenmeister- und Artilleriebücher, darunter das des Johann Andreas Daniel aus Erfurth von 1673, Sign. Chart. A.567, und des Gothaer Zeughausverwalters Caspar Voigtmann von 1680, Sign. Chart. A. 559, sowie Gießordnungen.

Heubach, Hans Heinrich: Geschichte des Schlossbaues in Thüringen 1620 bis 1670, Jena 1927 [Friedenstein S. 65-116].

Lehfeldt, P. [Bearb.]: Die Bau- und Kunstdenkmäler Thüringens. Herzogthum Sachsen-Coburg und Gotha. Sachsen-Gotha I. Bd., Landrathsamtsbezirk Gotha, Jena 1891 [Zeughaus S. 61, 80 f].

Museen der Stadt Gotha [Hrsg.]: Von der Kunstkammer zum Schloßmuseum. 325 Jahre Sammlungen für Kunst und Wissenschaft auf Schloß Friedenstein, Gotha [2]1987.

Rathgeber, Georg: Beschreibung der Herzoglichen Gemälde-Gallerie zu Gotha, Gotha 1834 [S. 389 Anmerkung 11 zum Zeughausinventar].

Rudolphi, Friedrich: Gotha Diplomatica Oder Ausfuehrliche Historische Beschreibung Des Fuerstenthums Sachsen=Gotha, 2 Bde, Frankfurt/Leipzig 1717 [Original: Verfasser].

Steguweit, Wolfgang und Schäfer, Bernd: Gotha Schloß Friedenstein, Leipzig 1985. ABB. NR. 202/362.

BURG KAPELLENDORF ◆ »Harnnaszchhuse« [Harnischhaus], * 2. Hälfte 14. Jh., †

Beyer, Carl [Bearb.]: Urkundenbuch der Stadt Erfurt, Bd. II, Halle 1889, Nr. 1019, S. 734-736.

Stadtarchiv Erfurt: Inventar der Wasserburg Kapellendorf, Urkunde vom 26.03.1392 im Bestand 0-1/II-2 [vgl. Lit. Verz. Heinrich Müller 1988].

Moszner, Karl: Die Wasserburg Kapellendorf. Ihre Geschichte

und Baugeschichte, hrsg. v. Stadtmuseum Weimar, Weimar ²1975, ⁴1986.

Müller, Heinrich: Waffenverzeichnis der Burg Kapellendorf von 1392, in: Aus der Vergangenheit der Stadt Erfurt, hrsg. v. Rat der Stadt Erfurt, N. F. Nr. 5 (1988), S. 67-79.

KÖNIGSTEIN ◆ Altes Zeughaus in der Festung, *1594, seit 1979 Ausstellung: Das Geschützwesen im Kurfürstentum Sachsen; ◆ Neues Zeughaus in der Festung, *1631 mit Heldensaal, heute Raum für Wechselausstellungen des Militärhistorischen Museums Dresden [Vgl. Lit. unter ›Dresden‹]

Armeemuseum der DDR: Militärtechnik und Gesellschaftsordnung: Das Geschützwesen im Kurfürstentum Sachsen, Ständige Ausstellung im Alten und Neuen Zeughaus Königstein. Faltblatt o.O., o.J.

DEWAG [Hrsg.]: Burgen & Schloesser Aerofoto DDR, Potsdam o.J. (1989) [Luftbildserie der Interflug, darunter Festung Königstein].

Hilbert, Klaus: Sächsisches Depressionsgeschütz aus dem 19. Jahrhundert, in: Militärgeschichte Nr. 2 (1987), Berlin [Ost] S. 180-182.

Kozakiewicz, Stefan: Bernardo Bellotto genannt Canaletto, Bd. I Leben und Werk, Bd. II Katalog, Recklinghausen 1972.

Lachmann, Manfred; Nissel, Dieter; Richter, Peter; Töpfer, Rolf; Turra, Axel: eyn rohr aus eisern stangen. Zur Geschichte des Stabringgeschützes »Faule Magd«, Dresden o.J. [1987].

Neumann, H.: Festungsbaukunst und -technik, 1988, S. 110 f, 423.

Schuster, Heinrich: Die Baugeschichte der Festung Königstein, Berlin/Stuttgart 1926 [S. 89-97].

Taube, Angelika: Festung Königstein. Zur Geschichte eines Baudenkmals der Sächsischen Schweiz, Festung Königstein 1990.

Thiede, G.: Ausstellung des deutschen Armeemuseums auf der Festung Königstein, in: Zeitschrift für Militärgeschichte, 4. Jg. (1965), S. 598-602.

Weber, Dieter: Die Festung Königstein, Postkartenleporello, Leipzig 1983.

Ders.: Die Festung Königstein, Königstein ¹1988 [identisch mit ed. Berlin/Leipzig ²⁷1987].

Wirtgen, Rolf: Der Königstein. Von der Landesfestung zum Baudenkmal und Waffenmuseum, in: DWJ Nr. 6 (1986), S. 616-621. ABB.NR.32/82/83/152/205/206/207/208/233/234/363/364.

LEIPZIG ◆ Zeughaustrakt *1481 oder 1498, als Südflügel des Gewandhauses, *1480/1500 zwischen Universitätsstraße und Neumarkt, †1895 für einen Neubau abgetragen.

Große, Karl: Geschichte der Stadt Leipzig von der ältesten bis auf die neueste Zeit, 2 Bde, Leipzig 1839/1842 [Zeughaus Bd. I S. 590, Bd. II S. 821].

Gurlitt, Cornelius [Bearb.]: Beschreibende Darstellung der älteren Bau- und Kunstdenkmäler des Königreichs Sachsen, Stadt Leipzig, Dresden 1895 [Zeughausbestand S. 368-372, Baugeschichte S. 346-351].

Landesbibliothek Coburg: Stephan Schigkrahden: Handbuch der Büchsenmeisterkunst, Vorbesitzer i.J. 1607 der Senat von Leipzig, Ms. Cas. 49 [vgl. Literatur- und Quellenverzeichnis 2.2 Teil C].

Lichtenberger, S.: Das Alte Rathaus zu Leipzig. Leipzig 1987 [Faltblatt].

Museum für Geschichte der Stadt Leipzig: a) Waffensammlung aus den Beständen des ehemaligen Zeughauses, b) Das Zeughaus und Die Raths Bibliotech in Leipzig, Kupferstich von Gabriel Bodenehr, Bestand: Müller-Sammlung V/63.

*r.: Gemaelde von Leipzig und seiner Umgegend fuer Fremde und Einheimische, mit besonderer Ruecksicht auf die Schlachten bei dieser Stadt etc., Leipzig 1823 [Zeug- und Gewandhaus S. 107-112].

Volk, Waltraut: Leipzig. Historische Straßen und Plätze heute, Berlin [Ost] 1979 [Zeughaus S. 151]. ABB. NR. 20.

MAGDEBURG ◆ Städtisches Zeughaus †
◆ Fürstliches Arsenal des 18. Jh. †

Eiz, Günter: Magdeburg als preußische Festung um 1750. Ein Führer durch das Modell der Festung, hrsg. v. Museen, Gedenkstätten und Sammlungen, Magdeburg o.J.

Priegnitz, Werner: Die Altstadt Magdeburg um 1600. Ein Führer zum Stadtmodell, hrsg. v. Kulturhistorischen Museum, Magdeburg o.J.

Wolfrom, Erich: Die Baugeschichte der Stadt und Festung Magdeburg, Magdeburg 1937. ABB. NR. 149/150.

PIRNA ◆ Zeughaus im Ostflügel der Festung Sonnenstein, †.

Bachmann, Walter und Hentschel, Walter [Bearb.]: Die Stadt Pirna, Bd. 1 Dresden 1929 [S. 17-49].

Deutsche Fotothek Dresden: »Die Heilanstalt Sonnenstein bey Pirna als Festung«, Kupferstich, sine nota, 1813, 18 x 14,6 cm, Nr. 166621.

Kozakiewicz, Stefan: Bernardo Bellotto genannt Canaletto, Bd. I Leben und Werk, Bd. II Katalog, Recklinghausen 1972.

Neumann, H.: Festungsbaukunst und -technik, 1988, S. 109.

POEL ◆ Rüstkammer in der Festung 1619 eingerichtet, †

Wigger, F.: Die Festung Poel, in: Jahrbücher und Jahresberichte des Vereins für mecklenburgische Geschichte und Alterthumskunde, 48. Jg., Schwerin 1883, S. 1-49 [Rüstkammer S. 21].

QUERFURT ◆ Korn- und Rüsthaus in der Burg, *1535 unter Verwendung des ältesten Palas des 10./11. Jh., heute Museum, darin auch zahlreiche Waffen als Leihgabe des Zeughaus-Museums Berlin.

Glatzel, Kristine: Burg Querfurt, Leipzig ²1983 [Baudenkmale 46].

Neumann, H.: Festungsbaukunst und Festungsbautechnik, 1988, S. 208 f, 424.

Mrusek, Hans-Joachim: Ergebnisse, Methoden und Probleme bei der Erschließung und kulturellen Nutzung historischer Bauwerke [mit einer Nutzungsstudie Burg Querfurt], in: Zu Wirkungsaspekten bei der kulturellen Nutzung historischer Bauten und bei der Kunstrezeption in der entwickelten sozialistischen Gesellschaft, hrsg. von H.-J. Mrusek, Halle 1981, S. 7-38 [hier S. 11-14].

Schmitt, Reinhard: Bauarchäologische Forschungen auf den Burgen Querfurt, Neuenburg/Freyburg und Heldrungen, in: Beiträge zur Burgenforschung. Hermann Wäscher zum 100. Geburtstag, hrsg. von Irene Roch, Halle 1989, S. 138-151.

Wäscher, Hermann und Giesau, Hermann: Burg Querfurt, Querfurt 1941; Neubearbeitung als Nr. 7 der Schriftenreihe der Staatlichen Galerie Moritzburg, Halle 1956. ABB. NR. 137.

ROSTOCK ◆ Balistarium Lange Straße † ◆ Bussenhaus †

UDOLSTADT ◆ Waffensammlung Heidecksburg

Staatl. Museen Heidecksburg: Waffensammlung Schwarzburger Zeughaus, Rudolstadt o.J.

SCHWARZBURG ◆ Harnischkammer * um 1453, †
◆ Zeughaus †

Deubler, H. und Koch, A.: Historische Kriegs- und Jagdwaffen. Aus den Beständen des Schwarzburger Zeughauses, Schloß Heidecksburg, Rudolstadt ³1973.

Ossbahr, C. A.: Das Fürstliche Zeughaus in Schwarzburg, Rudolstadt 1895.

Schönberg, Alfons Diener von: Das Fürstliche Zeughaus zu Schwarzburg, in: ZHWK Bd. 4 (1906/08), S. 325-366.
Wirtgen, Rolf: Waffensammlung »Schwarzburger Zeughaus«, in: DWJ Nr.5 (1986), S. 490-494.
SCHWERIN ◆ Rüstkammer/Zeughaus im Schloß, †1843; ◆ Arsenal *1840/44, Am Pfaffenteich/Karl-Marx-Straße, heute Polizeibehörde.
Ende, Horst und Bartzel, Berna: Das Schweriner Schloß, Schwerin 1987.
Jesse, Wilhelm: Geschichte der Stadt Schwerin von den ersten Anfängen bis zur Gegenwart, Schwerin 1913 [S. 171 f, 254].
Ohle, Walter: Schwerin-Ludwigslust, Leipzig 1960 [S. 78-80].
Schlie, Friedrich [Bearb.]: Die Kunst- und Geschichts-Denkmäler des Grossherzogthums Mecklenburg-Schwerin, 2 Bde, Schwerin 1898, hier Bd. II, S. 624 u. Taf. zwischen S. 602/603, 607/608.
Staatsarchiv Oldenburg: Arsenal zu Schwerin, Grundriß und Beschreibung im Bestand 54 ad. 8.
Staatsarchiv Schwerin: Schrift- und Bildquellen. ABB. NR. 466/467.
STOLPEN ◆ Zeughaus in der Festung †
DEWAG [Hrsg.]: Burgen & Schloesser Aerofoto DDR, Potsdam o.J. (1989) [Luftbildserie der Interflug, darunter Festung Stolpen].
Staatsarchiv Dresden: Inventarium derer Zeughäuser zu Stolpen, 1562, in: Rep. XX, Dresden Nr. 103, Loc. 32450.
Neumann, H.: Festungsbaukunst und Festungsbautechnik, 1988, S. 80, 424.
STRALSUND ◆ Mehrere kleine Zeughäuser, †
◆ Adaptation der Katharinenkirche durch das Meeresmuseum, übrige Klostergebäude durch das Kulturhistorische Museum.
TORGAU ◆ Zeughaus 1812 im ehem. Kornhaus von 1479-1538, 1877/78 Umbau.
Findeisen, Peter und Magirius, H. [Bearb.]: Die Denkmäler der Stadt Torgau, Leipzig 1976 [S. 83 f].
Henze, E.: Geschichte der ehemaligen Kur- und Residenzstadt Torgau, Torgau 1925. ABB. NR. 136.
WEIMAR ◆ Herzogl. Zeughaus am Theaterplatz, *1753
Lehfeldt, P. [Bearb.]: Bau- und Kunst-Denkmäler Thüringens. H. XVI. Grossherzogthum Sachsen-Weimar-Eisenach, Jena 1892 [Zeughaus S. 401, Lageplan S. 398].
WISMAR ◆ Zeughaus, *1700, Ulmenstraße, Nutzer Techn. Hochschule Wismar, z.Z. Umbaupläne zum Stadtarchiv.
Baudouin, Hiltrud: Studie zur Umgestaltung des Zeughauses zum Stadtarchiv mit Ratsbibliothek. Hochschulabschlußarbeit a.d. Ingenieurschule Wismar 1976 [maschinen-schriftl.].
Burmeister, Werner: Wismar, Berlin 1926 [S. 33, Taf.44].
Sohm=Wismar [Senator]: Die Königlich Schwedische Festung Wismar und ihre Kriegserlebnisse, in: Mecklenburg. Zeitschrift des Heimatbundes Mecklenburg, 9. Jg., Nr. 2 (1914).
Neumann, Helga: Komplexe Farb- und Oberflächengestaltung des ehemaligen Zeughauses in Wismar, Ulmenstraße 15.; Fachschulabschlußarbeit a.d. Fachschule für angewandte Kunst, Heiligendamm 1980 [masch.-schriftl.].
Stadtarchiv Wismar: 1. Pläne und Akten zum Umbau des Zeughauses zur Ingenieur-Akademie 1935, 2. Bauuntersuchung Zeughaus Wismar von W. Preiss, Dresden, i.J. 1984, 3. Akten über den Bau der Festungsanlagen von Wismar, 4. Foto- und Bildarchiv.
Techen, Friedrich: Geschichte der Seestadt Wismar, Wismar 1929.
Willgeroth, Gustav: Bilder aus Wismars Vergangenheit, Wismar 1903 [S. 85]. ABB. NR. 258/259/274.
WITTENBERG ◆ Rüstkammer i. Rathaus, †1795 durch preuß. Besatzung geräumt; ◆ Zeughaus im Vorschloß †; ◆ Zeughaus auf dem Arsenalplatz, heute durch sowjetisches Militär genutzt.
Bellmann, F.; Harksen, M.-L.; Werner, R.: Die Denkmale der Lutherstadt Wittenberg, Weimar 1979.
Stadtarchiv Wittenberg: Urbarium Nr. 6, S. 630, 1. Teil 4. Absatz [Räumung der Rüstkammer]; Inventar von 1605.
ZWICKAU ◆ Unteres Magazin, *1480, früher Zeughaus, heute als Kornhaus bezeichnet, Schloß Osterstein.
Herzog, Emil: Chronik der Kreisstadt Zwickau, Zwickau 3 Bde 1839/1845.
N.N.: Kornhaus — einst Getreidespeicher, Pulsschlag-Sonderheft Zwickauer Baudenkmale Heft Juli/Augsut 1983.
Schmidt, Tobias: Chronica Cygnea oder Beschreibung der sehr alten löblichen und churfürstlichen Stadt Zwickau, 1656.
Stadtarchiv Zwickau: Inventare von 1548-1607 vorhanden, aber keine Baurechnungen.
Steinmüller, Karl: Die Zwickauer Kornhäuser, in: Pulsschlag Nr. 7 (1959).

1.3 ÖSTERREICH

BERNSTEIN ◆ Rüstkammer †1617 durch Blitz; das genannte Zeughaus heute nicht mehr zu lokalisieren. Waffensammlung mit Kriegsgerät 16./17. Jh. im Pulverturm.
Schmeller-Kitt, Adelheid u.a. [Bearb.]: Österreichische Kunsttopographie, Bd. XL Die Kunstdenkmäler des politischen Bezirks Oberwart, Wien 1974 [Bernstein S. 100-129, Rüstkammer S. 103, 127 f].
BRAUNAU AM INN ◆ Zeugamt Mitte des 15. Jh. †; ◆ Zeughaus am Labtor *1798/99, †1807; ◆ Festungs-Zeughaus *1672/76, †1970 durch Abriß.
Neumann, H.: Festungsbaukunst und Festungsbautechnik, 1988, S. 431.
Stadtarchiv Braunau: Konvolut Geschichte der Festung Braunau von Theodor Wührer aus Linz.
CHURBURG [=Castel Coira] ◆ Rüstkammern
Meyer, Werner/Lessing, Erich: Deutsche Ritter Deutsche Burgen, München 1976, Gütersloh ²1984 [S. 192-199 großformatige Farbaufnahmen aus der Rüstkammer].
Trapp, Oswald Graf von: Die Churburger Rüstkammer, London 1929.
FORCHTENSTEIN ◆ Fürstl. Esterházysches Zeughaus *1640/45, Leibrüstkammer, Jagdkammer, heute Museum.
Thomas, Bruno: Gesammelte Schriften zur historischen Waffenkunde, Graz 1977, Bd. I, S. 273-282.
Verwaltung Burg Forchtenstein [Hrsg.]: Burg Forchtenstein, Wien 1979, veränderte ed. ebenda 1984.
GÖTTWEIG ◆ Stiftische Rüstkammer, ehem. in der Hauptmannschaft im Pfortentrakt, heute museale Sammlungen.
Lechner, Gregor Martin [Redaktion]: 900 Jahre Stift Göttweig 1083-1983. Ein Donaustift als Repräsentant Benediktinischer Kultur, Ausstellungskatalog, Stift Göttweig 1983 [G. M. Lechner: Die Baugeschichte des Stiftes S. 322-383; Ludwig Fischer: Die Göttweiger Waffenkammer, S. 429-442].
Ders.: Stift Göttweig und seine Kunstschätze, St. Pölten/Wien ²1983.
Niederösterreich. Landesarchiv: Inventarium über das Gottshauß Gottweich De Anno 1610, in: Reg A, Klosterrat Karton 62, Fasz. 2, Nr. 14.
Ressmann, Christine: Das Benediktinerstift Göttweig und seine

Voraussetzungen in der Klosterbaukunst des 17. und 18. Jahrhunderts, in: Studien und Mitteilungen der Geschichte des Benediktiner Ordens und seiner Zweige, Nr. 90 (1979), S. 214-314.

GRAZ ◆ Steiermärkisches Landeszeughaus *1642/44, Herrengasse 16, heute Landeszeughaus am Landesmuseum Joanneum.
Landzeughauses Graz, Ausstellungskataloge:
1. Der Grazer Harnisch in der Türkenabwehr, 1971, 2. Alte Schlagwaffen und Stangenwaffen aus Kroatien, 1974, 3. Das Steiermärkische Landeszeughaus in Graz. Eine Übersicht über seine Geschichte und seine Waffen, 1974, ^{2}1978, 4. Schwert und Säbel aus der Steiermark, 1975, 5. Trommeln und Pfeifen — Militärzelte — Anderthalbhänder — Nürnberger Waffen — Waffenhandel und Gewehrerzeugung in der Steiermark, 1976, 6. Die steirische Landwehr — einst und heute, 1977, 7. Das Grazer Bürgerkorps, 1978.
Bild- und Tonarchiv Graz: Fotos von Gebäude und Sammlungen.
Cermak, Wilhelm: Das Landhaus zu Graz und seine Bestände, in: ZHWK Bd. 2, Nr. 11 (1926/27), S. 259-264 [Reprint Graz 1974].
Forenbacher, Rudolf: Das Garnisonmuseum von Graz, in: Deutsches Soldatenjahrbuch 1982, München 1982, S. 273-275.
Kamniker, Kurt: Das »gekrönte Pi« als Klingenmarke im Grazer Zeughaus, in: ZHWK Nr. 21 (1979), S. 71-81.
Krenn, Peter: Zur Geschichte des Steiermärkischen Landeszeughauses in Graz, in: Festschrift 150 Jahre Johanneum, Graz 1969.
Ders.: Die Grazer Plattner und ihre Werke, Graz 1970.
Ders.: Das Steiermärkische Landeszeughaus in Graz. Seine Ausstellung »Der Grazer Harnisch in der Türkenabwehr«, in: Burgen und Schlösser Nr. 2 (1971), S. 82-85.
Ders.: Das Steiermärkische Landeszeughaus in Graz. Eine Übersicht über seine Geschichte und seine Waffen, Graz 1974.
Ders.: Die Nürnberger Waffenlieferungen von 1578/79 an das Steiermärkische Landeszeughaus in Graz, in: Veröffentlichungen des Landeszeughauses Graz Nr. 6 (1976), S. 82-96.
Ders.: Das Steiermärkische Landeszeughaus in Graz, in: Die Steiermark. Land, Leute, Leistungen, 20. J., S. 483-493.
Ders.: Gestiefelt und gespornt. Das vollständigste Zeughaus der Welt, in: Landesmuseum Joanneum Graz, Reihe Museum Westermann, Braunschweig 1982, S. 56-76.
Ders.: Harnische made in Graz, ebenda S. 76-79.
Landesmuseum Joanneum Graz: 1.Sammlungsführer Landeszeughaus Graz 1978, Steiermärkisches Landeszeughaus Graz. Graz o.J. [fünfsprachiger Museumsprospekt].
Ders.: Harnisch und Helm. Landeszeughaus Graz am Steiermärkischen Landesmuseum Joanneum, Ried im Innkreis 1987.
Ders.: Gewehr und Pistole. Rifles and Pistols. Landeszeughaus Graz am Steiermärkischen Landesmuseum Joanneum, Ried im Innkreis 1990.
Pichler, Fritz: Das Landschafts-Zeughaus in Grätz, in: Mittheilungen der K.K. Central-Commission zur Erforschung und Erhaltung der Baudenkmale, hrsg. v. Karl Lind, 18. Jg., Wien 1973, S. 33-37.
Schwarz, O.: Das steiermärkische Landeszeughaus in Graz, Graz 1953.
Stadtgemeinde Graz: Stadtbild-Ausstellung Alt- und Neu-Graz, Graz 1928.
Steiermärkisches Landesarchiv: Großer Bestand an Schriftquellen zur Zeughausgeschichte in sog. Zeughausschubern.
Wastler, Josef [Hrsg.]: Das Landhaus in Graz. I. Entstehung, Baugeschichte und künstlerische Bedeutung, von J.Wastler; II. Politische Geschichte, von Josef von Zahn, Wien 1890. ABB. NR. 298/299/300/301/302/303/304/305/306/425/426/427.

STIFT HERZOGENBURG ◆ Stiftische Rüstkammer

Payrich, Wolfgang: Stift Herzogenburg, St. Pölten 1975.
Thomas, Bruno: Gesammelte Schriften zur historischen Waffenkunde, Bd. 1, Graz 1977, S. 283-292.
Thomas, Bruno und Gamber, Ortwin: Das Stift Herzogenburg. Die Stiftliche Rüstkammer, St. Pölten o.J.

HOCHOSTERWITZ ◆ Waffenkammer, heute Museum
Khevenhüller-Metsch, Georg: Die Burg Hochosterwitz in Kärnten und ihre Geschichte, Hochosterwitz o.J., Überarbeitung durch Max Khevenhüller-Metsch, Wien 1986.
Neumann, H.: Festungsbaukunst und -technik, 1988, S. 74.

HOHENWERFEN ◆ Getreidekasten, *1568, noch im 16. Jh. Adaption zum Zeughaus.
Baron Potier, Otmar: Aus dem Zeughause der Veste Hohenwerfen, in: ZHWK Bd. 3, Nr. 9 (1902/05), S. 241-247.
Neumann, H.: Festungsbaukunst und Festungsbautechnik, 1988, S. 70.

INNSBRUCK [mit] AMBRAS ◆ Herzogl. Büchsenhaus 1437 † ◆ Kaiserl. Zeughaus an der Sill, *1500/02, heute Landeskundl. Museum; ◆ Leib- und Heldenrüstkammer Schloß Ambras; ◆ Harnischkammer Schloß Rodeneck.
Allmayer-Beck, Johann Christoph: Die Tirolischen Zeughäuser des Kaisers Maximilian, in: Tiroler Heimat. Jahrbuch für Geschichte und Volkskunde, hrsg. von Franz Huter, Bd. 27/28 (1963/64), S. 65-80.
Auer, Alfred: Das Inventarium der Ambraser Sammlungen aus dem Jahr 1621. Teil 1: Rüstkammern, in: Jahrbuch der Kunsthistor. Sammlungen in Wien, Bd. 80, Wien 1984, S. I-CXXI [Anhang zahlr. Hinweise auf die Inventare; Inventar 1621 wörtlich].
Boeheim, Wendelin: Die Zeugbücher des Kaisers Maximilian I., in: Jahrbuch der Kunsthistorischen Sammlungen des Allerhöchsten Kaiserhauses, Prag/Wien/Leipzig Bd. XIII 1892, S. 94-201; Bd. XV 1894, S. 295-391.
Ders.: Die aus dem kaiserlichen Schlosse Ambras stammenden Harnische und Waffen im Musée d'Artillerie zu Paris, in: Jahrbuch der Kunsthistorischen Sammlungen des Allerhöchsten Kaiserhauses, Bd. 19 (1898), S. 217-239 [Napoleonische Beraubung i.J. 1806].
Felmayer, Johanna [Bearb.]: Österr. Kunsttopographie Bd. XXLV. Die profanen Kunstdenkmäler der Stadt Innsbruck ausserhalb der Altstadt, Wien 1981 [Zeughausgasse S. 208-212].
Gamber, Ortwin: Rede zur Eröffnung der Rüstkammern von Schloß Ambras bei Innsbruck am 1. Juni 1981, in: ZHWK Bd. 23, Nr. 2 (1981), S. 143-145.
Garber, Josef: Das Zeughaus Kaiser Maximilians I. in Innsbruck, in: Wiener Jahrbuch für Kunstgeschichte, Bd. 5 (1928), S. 142-160.
Ders.: Jörg Kölderers Zeichnungen des Innsbrucker Zeughauses, Festschrift für Konrad Fischnalers, Schlernschriften Nr. 12 (1927).
Hirn, Josef: Erzherzog Ferdinand II. von Tirol, 2 Bde, Innsbruck 1885/88 [Heldenrüstkammer I 349-353; II 425-434, 442, 448 f, 505-507].
Ilg, A. u. Boeheim, W.: Das k. k. Schloß Ambras in Tirol. Beschreibung des Gebäudes und der Sammlungen, Wien 1882.
Kunsthistorisches Museum Wien [Hrsg.]: Sammlungen Schloß Ambras. Die Kunstkammer, Innsbruck 1977 [einschließlich Großer und Kleiner Rüstkammer].
Dass.: Sammlungen Schloss Ambras. Die Rüstkammern, Wien 1981.
Lahrkamp, H.[Hrsg.]: Lambert Friedrich Corfey: Reisetagebuch 1698-1700, Münster 1977 [S. 285 ff].

Landesregierungsarchiv Innsbruck: Inventare des Büchsenhauses von 1486, 1493 u. a.

Luchner, L.: Denkmal eines Renaissancefürsten — Versuch einer Rekonstruktion des Ambraser Museums von 1583, Wien 1958.

Neuhaus, August: Die Harnischkammer des Freiherrn Christoph v. Wolkenstein in Innsbruck, in: ZHWK Bd. 7 (1915/1917), S. 192-196 [mit Inventaren von 1564, 1567. Reprint Graz 1973].

Neumann, Hartwig: Herzog Wilhelm V. von Jülich-Kleve-Berg und die Ambraser Sammlungen. Leibrüstung 1555/60 — Hochzeitsbild 1545 — Bildinventar 1601/03, in: Jahrbuch Kreis Düren 1985, S. 78-83.

Sacken, Eduard von: Die K.K. Ambraser Sammlung, 2 Bde, Wien 1855 [Reprint Zürich 1981].

Ders.: Die vorzüglichsten Rüstungen und Waffen der k.k. Ambraser Sammlung, 2 Bde [mit Originalphotographien], Wien 1859/62.

Scheicher, Elisabeth: Schloß Ambras, in: Oswald Trapp [Hrsg.]: Tiroler Burgenbuch, Bd. 6 Bozen/Innsbruck/Wien 1982, S. 139-190.

Dies.: Schloss Ambras Innsbruck/Tirol, München/Zürich 1981.

Schrenk von Notzing, J.: Armamentarium Ambrasianum Heroicum/Ambrasische Heldenkammer. Der Aller Durchleuchtigisten und Großmächtigen Kayser, Königen und Ertzhertzogen, Fürsten, Grafen, Herren vom Adel, und anderer berühmbter Kriegßhelden, warhafftige Bildtnus- sen, und kurtze Beschreibungen ihrer thaten und handlungen. Deren Waffen und Rüstungen ... Fast auß allen Landen der Welt, [welche] in der Rüstkammer in dem Fürstlichen Schloß Ombraß auffbehalten werden. Lat.ed.princ. Innsbruck 1601; germ. ed. transferiert durch J. E. Noyse von Campenhouten, ebenda 1603. Faksimile lat. und germ. Ausgabe des Kupferstich-Bildinventars hrsg., eingeleitet und erläutert v. Bruno Thomas, Osnabrück 1981. [Rezension dazu von Ortwin Gamber in: ZHWK Nr. 2 (1982) S. 154.] Die dritte Auflage in geändertem Format und nachgestochenen Kupfertafeln von Jakob David Koehler: Ambraßische Helden-Rüst-Kammer, Nürnberg 1735; Nürnberg/Wien/Linz 1750. [Originale der Prachtausgaben: HAB 1. A. Hist. 2o/Uo gr. 2o 3; ed. 1735 Staatsbibliothek Preußischer Kulturbesitz Berlin Ns 7041].

Tiroler Landesmuseum Ferdinandeum: Landeskundliches Museum im Zeughaus Maximilians I., o.J. (1983) [Museumsführer]. ABB. NR. 118/199/200/201/271/289 E/290.

KLAGENFURT ◆ Kaiserl. Zeughaus, 1566 nachweisbar, baul. Reste im Untergeschoß des nördl. Landhauses.

Hartwagner, Siegfried: Das Landhaus zu Klagenfurt, in: Die Landeshauptstadt Klagenfurt, Bd. 1, Klagenfurt 1970, S. 145-167.

Jaksch, A. von: Die Klagenfurter Stadterweiterung und die Erbauung des Landhauses im 16. Jahrhundert, in: Carinthia I (1907).

Kärntner Landesarchiv Klagenfurt: Umfangreiche Archivalien in Abtlg. Ständisches Archiv, besonders i.d. Schachteln 424, 540, 653, jedoch keine histor. Grundrisse.

Kohla, Franz X.: Festungswerk Klagenfurt des 16. Jh. Eine militärbaugeschichtliche Studie, in: Die Landeshauptstadt Klagenfurt, Bd. 1, Klagenfurt 1970, S. 125-144.

Valvasor, Johann Weichard: Topographia Archiducatus Carinthiae, Das ist Vollkomne und gruendliche Land=Beschreibung deß beruehmten Erz=Herzogthums Kaerndten, Nuernberg 1688 (u. a. S. 20^v: Das Landhavs in Clagenfurth, Kupferstich A: Trost f:, Maße: 20,7 × 11,9 cm. Original: HAB Gm 4^0 495).

Wießner, Hermann: Das Landhaus in Klagenfurt, Klagenfurt 1957.

Wutte, Martin: Das Zeughaus in Klagenfurt, in: Klagenfurter Zeitung v. 27.02.1927, S. 1-3 [Inventare v. 1618 u.a.]. ABB. NR. 46.

KREMSMÜNSTER ◆ Stiftische Rüstkammer im Konventsflügel des 17. Jh., * Mitte 16. Jh.; ◆ Äbtliche Jagdkammer ebenda.

Amt der vö. Landesregierung [Hrsg.]: 1200 Jahre Kremsmünster. Stiftsführer. Geschichte, Kunstsammlungen, Sternwarte, Kremsmünster, Linz 51977 [Rüstkammer und Jagdkammer S. 184-192].

Baron Potier, Otmar: Die Waffenkammer des Stiftes Kremsmünster, in: ZHWK Bd. 4 (1906/1908), Teil I, S. 9-24; Teil II, S. 78-83; Teil III, S. 181-183; Teil IV, S. 215-222; Teil 5, S. 235-240.

Institut für Österreich. Kunstforschung des Bundesdenkmalamtes: Österreichische Kunsttopographie. Bd. 43: Stift Kremsmünster, im Teil 2: Bruno Thomas: Die Rüstkammer, S. 266-268.

Institut für österr. Kunstforschung des Bundesdenkmalamtes [Hrsg.]: Die Kunstdenkmäler des Benediktinerstiftes Kremsmünster, Wien 1977. Teil 1: Das Stift. Der Bau und seine Einrichtungen, Teil 2: Die stiftischen Sammlungen und die Bibliothek [Bruno Thomas: Die Rüstkammer S. 266-282, Abb. 593-605].

Thomas, Bruno: Die Rüstkammern von Stift Kremsmünster in Oberösterreich, in: ZHWK Bd. 5 (1963), S. 41-62 [auch in ÖKT Kremsmünster, s.o.].

Ders.: Gesammelte Schriften zur historischen Waffenkunde, Graz 1977, Bd. 1, S. 309-348 [mit heutigem und Inventar von 1905).

LANDSKRON ◆ Rüstkammer, * nach 1542, ab 1715 Zerfall der gesamten Anlage; heute Ruine.

Görlich, Walter: Die Geschichte des Schlosses Landskron in Kärnten, Klagenfurt o.J.

LINZ ◆ Zeughaus *1509, †1800 ◆ Waffensammlung im Schloßmuseum.

Institut für österreich. Kunstforschung des Bundesdenkmalamtes: Band XLII Die Profanen Bau- und Kunst-Denkmäler der Stadt Linz, Wien 1977 [Teil 1, Nr. 19: Ehemaliges Zeughaus S. 425].

Neumann, H.: Festungsbaukunst und Festungsbautechnik, 1988, S. 431 f.

Thomas, Bruno: Gesammelte Schriften zur historischen Waffenkunde, Bd. 1, Graz 1977, Waffensammlung im Schloßmuseum Linz S. 293-308.

RIEGERSBURG ◆ Waffenkammer und Zeughaus der Feste Riegersburg, Waffensaal, *1952 eingerichtet.

Gordon, Emmerich: Die Riegersburg in Geschichte, Kunstgeschichte und Sage, bearb. von Roland Pöschl, Graz/Wien ^{9}1975.

SALZBURG ◆ Festung Hohensalzburg: Zeughaus *1559; Zeughaus auf dem Hasengraben *1633; Zelt- und Rüstkammer *1666/69.

Grenier, Louis [Ing. Hauptmann]: Inventare Zeughaus Hohensalzburg von 1540, 1605, 1639/1642, 1790, 1806 [Kopien mir unbekannter Provenienz].

Neumann, H.: Festungsbaukunst und Festungsbautechnik, 1988, S. 432.

Pirckmayer [Archivar]: [Rüstungen und Antiquitäten Zeughaus Hohensalzburg 1806], in: Mitteilungen der Gesellschaft für Salzburger Landeskunde, Bd. XII (19??), S. 377 [Sonderdruck].

Schlegel, Walter: Festung Hohensalzburg. Ein Führer durch Bauwerk, Geschichte und Kunst, Salzburg 1983 [Gebäudenummern der Zeughäuser 18, 25, 60].

Verwaltung der Festung Hohensalzburg: Linearskizzen Zeughaus, Arrestantenturm und Büchsenmacherei 1914.

SIGISMUNDSKRON ◆ Ehem. Burg Formigar a.d. Etsch bei Bozen, 1473/83 zum erzherzoglichen Zeughaus umgebaut, heute Ruine.

WEISSENSTEIN [Osttirol] ◆ Rüstkammer in der Burg, †

Ghedina, Rosa: Die Weißensteiner Rüstkammer zu Windisch-

Matrei, in: ZHWK Bd. 8, Nr. 1 (1943/44), S. 132 f [mit Inventar v. 1596, Reprint Graz 1974.

WIEN ♦ Altes Bürgerliches Zeughaus, seit 1463 Artilleriedepot †, ♦ Neues Bürgerliches Zeughaus, *1561/62, umgebaut 1731/32, Am Hof 9/10; Vorgänger Zeugkasten hinter St. Laurenz Alter Fleischmarkt 1445 erwähnt. ♦ Stallburg, kaiserl. Zeug- und Rüsthaus bis 1559. ♦ Kaiserl. Zeughaus »Oberes Arsenal« *1584/87 Renngasse 5-9, 1672 erweitert, †1858. ♦ Kaiserl. Zeughaus »Unteres Arsenal«, *1677 Seilerstätte 22, †. ♦ Arsenal *1849/51 mit Heeresgeschichtlichem Museum. ♦ Rüstkammer- u. Zeughausbestände im Histor. Museum der Stadt Wien am Karlsplatz und im Kunsthistorischen Museum Wien, Neue Burg. ♦ Flußstreitschiffsarsenal beim Neutor †1516. [Vgl. Lit.-Angaben unter ›Innsbruck-Ambras‹]

Boeheim, Wendelin: Album hervorragender Gegenstände aus der Waffensammlung des Allerhöchsten Kaiserhauses, 2 Bde, Wien 1894/98.

Braun, Edmund Wilhelm: Ein Zeughaus aus der zweiten Hälfte des 17. Jahrhunderts, in: ZHWK Bd. IV (1906/1908), S. 188. Entgegnung durch Koetschau und Weinitz ebenda S. 226 f.

Czeike, Felix: Das Grosse Groner Wien Lexikon, Wien/München/Zürich 1974 [Stichwort Zeughaus].

Düriegel, Günter: Das Wiener Bürgerliche Zeughaus. Die Geschichte einer Waffensammlung, in: Das Wiener Bürgerliche Zeughaus. Rüstungen und Waffen aus fünf Jahrhunderten; Ausstellungskatalog Schallaburg 1977.

Feigius, Johannes Constantin: Wunderbahrer Adlers-Schwung/ Oder Fernere Geschichts-Fortsetzung ORTELII REDIVIVI ET CONTINUATI, Das ist: Eine außführliche Historische Beschreibung Deß noch anhaltenden Türcken-Kriegs/..., Wien 1694 [Zeughausbeschreibung Bd. 2, S. 613-615; vgl. Hummelberger 1972, S. 75 f].

Gamber, Ortwin/Beaufort-Spontin, Chr./Pfaffenbichler, M.: Kunsthistorisches Museum Wien. Katalog der Leibrüstkammer, Teil II: Der Zeitraum von 1530-1560, Wien 1990.

Gross, August und Thomas, Bruno: Katalog der Waffensammlung in der Neuen Burg, Wien 1936.

Heeresgeschichtl. Museum Wien: 6 aquarellierte Federzeichnungen von Ansichten der Arsenalkammer [Bestandsaufnahmen] im Kaiserl. Zeughaus Wien von den Feuerwerkern Paul Loebhart (1774-1850) und Matthäus Waniek (†1834) von 1817/18 im Bestand, Inv. Nr. BI 811, BII. 821, 825, 826, 829, 830, 832. Vgl. dazu: Maria Theresia und ihre Zeit. Zur 200. Wiederkehr des Todestages. Ausstellungskatalog Schloß Schönbrunn, Wien 1980, S. 277 f. [Vgl. ABB. NR. 443-448]

Historisches Museum Wien: Katalog des Historischen Museums der k. k. Haupt- und Residenzstadt Wien, IV. Abteilung: Waffensammlung, Wien 1888.

Dass.: Das Wiener Bürgerliche Zeughaus. Rüstungen und Waffen aus fünf Jahrhunderten, Katalog der 49. Sonderausstellung Schloß Schallaburg bei Melk 1977.

Dass.: Fotoarchiv, Planarchiv, Graphik u.a.

Historisches Museum Wien [Hrsg.]: Historisches Museum Wien. Führer durch die Sammlungen, Wien 1988 [Waffensammlung S. 387-431].

Hummelberger, Walter: Über den Bestand und die Verwaltung des Wiener Bürgerlichen Zeughauses im Barock, in: Das Wiener Bürgerliche Zeughaus. Barock und Klassizismus. Katalog Sonderstellung, Wien 1962.

Ders.: Das älteste erhaltene Inventar des Wiener bürgerlichen Zeughauses vom Jahre 1686, in: Studien aus Wien, N. F., Nr. 27 (1969), S. 7 ff.

Ders.: Das Bürgerliche Zeughaus, Wien/Hamburg 1972.

Klapsia, Heinrich: Die Neuaufstellung der Wiener Waffensammlung, in: ZHWK Bd. 14 (1935/36), S. 93-99 [Reprint Graz 1974].

Kunsthistorisches Museum Wien: Katalog der Sammlung für Plastik und Kunstgewerbe, II. Teil Renaissance, Wien 1966.

Dass.: Katalog der Leibrüstkammer, Teil I Der Zeitraum von 500 bis 1530, bearb. v. Bruno Thomas u. Ortwin Gamber, Wien 1976.

Dass.: Curiositäten und Inventionen aus Kunst- und Rüstkammer, bearb. von Ortwin Gamber und Christian Beaufort-Spontin, Wien 1978.

Dass.: Kriegswesen und Waffenerzeugung der Renaissance in Österreich, bearb. von Ortwin Gamber, Wien o.J.

Leber, F. von: Wien's Kaiserliches Zeughaus. Zum ersten Male aus historisch-kritischem Gesichtspunkte betrachtet, für Alterthumsfreunde und Waffenkenner beschrieben, Leipzig 1846 [Original: HAB Uc 204].

Leitner, Quirin von: Die Schatzkammer des Allerhöchsten Kaiserhauses, Wien ²1882.

Neumann, H.: Festungsbaukunst und Festungsbautechnik, 1988, S. 242, 432.

Österreichisches Staatsarchiv — Kriegsarchiv: Planmaterial [ortsalphabetisch].

Schalk, Karl: Die historische Waffensammlung der Stadt Wien im Zusammenhange mit der militärischen Organisation der Stadt, in: ZHWK Nr. 2, (1900/02), S. 247-251, 303-309, 380-385; Nr. 3 (1902/05), S. 25-29, 76-77, 199-203.

Schedelmann, Hans: Die Neuaufstellung der Wiener Waffensammlung [Kunsthistor. Museums], in: ZHWK Bd. 10 (1968), S. 72-74.

Schlager, Johann Evangelist: Beiträge zur Geschichte des Wiener Flußstreitschiff-Arsenals vor dem Neuthore, in: Wiener Skizzen aus dem Mittelalter, N. F., Bd. 3, Wien 1846, S. 273-292.

Teply, Karl: Der Kopf des Abaza Kör Hüseyin Pascha. Vom »umgehenden Türken« und von anderem Zeughausspuk [in Wien], in: Jahrbuch des Vereins für Geschichte der Stadt Wien, Bd. 34 (1978), S. 165-179.

Thomas, Bruno: Gesammelte Schriften zur historischen Waffenkunde, Graz 1977, Bd. I Leibrüstkammer S. 61-154, Bürgerl. Zeughaus S. 265-268.

Ders.: Das Städtische Zeughaus zu Wien, in: ZWHK Nr. 102 (1937), S. 136-138.

Ders.: Die Wiener Waffensammlung in der Neuen Burg, in: ebenda Nr. 102 (1937), S. 133-136.

Ders.: Die Wiener Kaiserliche Rüstkammer, in: Revue Internationale d'Histoire Militaire, Nr. 21, Wien 1960, S. 12-27.

Tower of London: Exhibition Armour of Kings and Captains. From the National Collections of Austria at the Tower of London, London ²1949.

Uhlirz, Karl: Der Wiener Bürger Wehr und Waffen (1426-1648). Auszüge aus den städtischen Kämmerei-Rechnungen, in: Berichte und Mitteilungen des Altertumsvereins in Wien, Teil I Bd. 27 (1891), S. 131-144, Teil II Bd. 28 (1892), S. 27-48, Teil III Bd. 29 (1893), S. 35-57.

Verein für Landeskunde von Niederösterreich und Wien [Hrsg.]: Bibliographie zur Geschichte und Stadtkunde von Wien, Bd. I, Wien 1947, Kapitel III: Festungswerke und Kriegswesen, Zeughäuser, Kasernen, Miliz, S. 124 ff.

Wiener Stadtbauamt: Plan- und Schriftenkammer.

ARSENAL DES 19. JAHRHUNDERTS:

A. D.: Das Artillerie=Arsenal bei Wien, in: Archiv für die Offiziere der Königlich Preußischen Artillerie= und Ingenieur=Korps, Bd. 57 (1865), S. 71-89.
Allmayer-Beck, Johann Christoph: Das Heeresgeschichtliche Museum Wien. Bd. I Das Museum. Die Repräsentationsräume, Salzburg 1981; Bd. II Saal I. Von den Anfängen des stehenden Heeres bis zum Ende des 17. Jahrhunderts, ebenda 1982; Bd. III Saal II. Das 18. Jahrhundert bis 1790, ebenda 1983.
Arndt, Monika: Das Wiener Arsenal, in: dies.: Die Ruhmeshalle im Berliner Zeughaus. Eine Selbstdarstellung Preußens nach der Reichsgründung, Berlin 1986, S. 108-112.
Boeheim, Wendelin: Die alten Geschütze im k.k. Artillerie-Arsenale zu Wien, in: Mitteilungen der k. k. Central-Commission zur Erforschung u. Erhaltung der kunst- u. historischen Denkmale, Bd. IX und X., Wien 1883/84/85.
Gerdenitsch, Josef: Das Wiener Arsenal in der Ersten Republik. Die politische, wirtschaftliche und militärische Bedeutung in den Jahren 1918-1927, Wien 1968 [masch.-schriftl. Dissertation, BS: ZBB Nr. 26099].
Heeresgeschichtliches Museum Wien — Auswahl der Publikationen und Kataloge: 1) Prinz Eugen von Savoyen, 1663-1736. Ausstellungskatalog zum 300. Geburtstag, Wien 1963. 2) Das Heeresgeschichtliche Museum in Wien, Graz/Köln 1960. 3) Das k.k. Waffenmuseum im Arsenal, Wien 1961. 4) Die Streitkräfte der Republik Österreich, 1918-1968, Katalog, Wien 1968. 5) Von der Luntenmuskete zum Sturmgewehr, Katalog 1967. 6) Maria Theresia, Beiträge zur Geschichte des Heereswesens ihrer Zeit, Wien 1967. 7) Aus drei Jahrhunderten. Beiträge zur Österreichischen Heeres- und Kriegsgeschichte von 1645-1938, Wien 1969. 8) Die k. k. Militärgrenze. Beiträge zu ihrer Geschichte, Wien 1973. 9) Kaiserliche Holzkriegsschiffe auf der Donau, Katalog 1978. 10) Gabriel, Erich: Geschützrohre des 17., 18. und 19. Jahrhunderts [Inventar von 158 Rohren des Heeresgeschichtlichen Museums], Wien o.J. [1984].
Institut für österreichische Kunstforschung des Bundesdenkmalamtes [Hrsg.]: Österreichische Kunsttopographie. Die Kunstdenkmäler Wiens. Die Profanbauten des III., IV. und V. Bezirkes, bearb. von von Géza Hajós, Eckart Vancsa u. a., Wien 1980, [darin: Arsenalstrasse S. 3-21, S. 6 Ansichten, Pläne, Quellen, Literatur].
Leitner, Querin von: Waffensammlung des österreichischen Kaiserhauses im k. k. Artillerie-Arsenal-Museum zu Wien, Wien 1866/70.
Loidel, F.: Die Arsenalkirche, Wien 1955.
N.N.: 1) Das neue Artillerie=Arsenal von Wien, in: Allgemeine Bauzeitung, hrsg. v. Christ. Friedr. Ludwig Förster, Nr. 15 (1850), S. 25-31, Taf. 307; 2) Das k. k. Artillerie-Arsenal zu Wien, in: ebenda Nr. 15 (1850), Taf. 307, Nr. 29 (1864), S. 4-6, Taf.622-636; Nr. 30 (1865), Taf. 706-727; 3) Heinrich Ritter von Förster: Das k. k. Artillerie-Arsenal zu Wien; Nr. 31 (1866), S. 316-325, Bl.19-22 [Grundrisse und Ansichten].
Parall, Lenz: Das Wiener Arsenal, Wien 1929.
Popelka, Liselotte: Heeresgeschichtliches Museum Wien. 120 farbige Illustrationen, Graz/Köln/Florenz [germ. ed.] 1988.
Schubert, P.: Das Wiener Arsenal. Ein historischer Überblick, Wien 1975.
Steiner, Ferdinand: Die Plünderung des Arsenals, Wien 1926.
Ders.: Das verkrachte Wiener Arsenal, Wien 1926.
Strobel, Alice: Das K. K. Waffenmuseum im Arsenal. Der Bau und seine künstlerische Ausschmückung, Graz/Köln 1961. ABB. NR. 9/338/339/340/400/438/443/444/445/446/447/448/449/471/489.
WIENER NEUSTADT ◆ Kaiserl. Zeughaus *1524, † II.Weltkrieg; ◆ Bürgerliches Zeughaus, heute Gasthaus »Liesinger Brauhof«.
Gerhartl, Gertrud: Wiener Neustadt. Geschichte, Kunst, Kultur, Wirtschaft, Wien o.J. [Zeughaus S. 208-213].
Dies.: Die Hinrichtung der kroatischen Adeligen Peter Zrinyi und Franz Christoph Frankopan im Bürgerlichen Zeughaus zu Wiener Neustadt, in: Amtsblatt u. Mitteilungen der Stadt Wiener Neustadt Nr. 11-14 (1971).
Lind, Karl: Das Portal des ehemaligen k. Zeughauses in Wiener-Neustadt, in: Mittheilungen der K. K. Central-Commission zur Erforschung und Erhaltung der Baudenkmale, 18. Jg., Wien 1873, S. 275 f.
Magistrat der Stadt Wiener Neustadt [Hrsg.]: Festung, Residenz, Garnison. 740 Jahre Priv. Unif. Wiener Neustädter Bürgerkorps, Ausstellungskatalog, Wiener Neustadt 1972.
Mayer, Josef: Geschichte von Wiener Neustadt, 4 Bde, Wiener Neustadt 1924/28 [Bd. 3, S. 41 f, 210; Bd. 4, S. 314].
Stadtmuseum Wiener Neustadt: Waffenbestände aus Beständen des Bürgerl. Zeughauses, darunter Harnische, Schwerter, Fahnen, Orgelgeschütz, Sturmgabel, Mörser, Armbrust. ABB. NR. 365/366/367.
STIFT ZWETTL ◆ Stiftische Rüstkammer, Museum
Buberl, Paul [Bearb.]: Die Kunstdenkmäler des Zisterzienserklosters Zwettl. Ostmärkische Kunsttopographie Bd. 29, Baden bei Wien 1940.
Schmidt, Leopold: Katalog der Waffensammlung des Stiftes Zwettl, Schloßmuseum Gobelsburg, Wien 1976.

1.4 LIECHTENSTEIN

VADUZ ◆ Fürstlich Liechtensteinische Rüstkammer im Schloß
Wilhelm, Gustav: Katalog der Ausstellung der Fürstlich Liechtensteinischen Rüstkammer, Vaduz 1952/53.
Ders.: Die Rüstkammer des Fürsten Johann Adam Andreas von Liechtenstein (1662-1712) im Schlosse Feldsberg, in: Jahrbuch des Historischen Vereins für das Fürstentum Liechtenstein, Bd. 70/5 (1971), S. 421-457.

1.5 SCHWEIZ

AARBURG ◆ Festung/Schloß Aarburg, Oberes und Unteres Zeughaus, 1804 insgesamt zum Kantonalen Zeughaus bestimmt; ◆ 1816 Verlegung in ein Kornhaus in die Stadt.
Baudepartement des Kantons Aargau, Abtlg. Hochbau [Hrsg.]: Erziehungsheim Aarburg. Um- und Ausbau der Festungsanlage, Schaffung einer geschlossenen Anstalt für Nacherziehung, Werkstattneubau, Aarburg 1988.
Dass.: Planarchiv, Inventare.
Brunisholz, Albert: Die Geschichte der Kriegsmaterialverwaltung. L'histoire de l'Intendance du matériel de guerre, 1850, 1975, hrsg. von der Kriegsmaterialverwaltung, Bern 1977 [S. 25].
Brunner, Hans und Heitz, Fritz: Aarburg, Bern 1983 [Zeughäuser S. 6 f].
Kanton Aargau, Denkmalpflege: Plan- und Bildarchiv.
Leu, E.: Zeughäuser-Arsenaux 1403-1946, Bern 1946 [S. 53 f].
Merz, W.: Zur Geschichte der Festung Aarburg. Denkschrift zur Eröffnung der Zwangserziehungsanstalt auf derselben, Aarau

1893 [mit Verzeichnis der bildlichen Darstellungen und Quellen]. Öffentliche Kunstsammlung Basel: Ansichten der Festung Aarburg von 1756.
Stettler, Michael: Schloß und Festung Aarburg, in: Ders.: Die Kunstdenkmäler des Kantons Aargau, Bd. 1, Basel 1894 [Neudruck Bern 1982, Schloß und Festung S. 256-264]. ABB. NR. 88.
ALTDORF ◆ Zeughaus auf dem Schießhüttenplatz, †1799; ◆ danach im Korn- u. Salzmagazin auf dem Schachengrund, *1733, 1902 privatisiert, totaler Umbau; ◆ daraufhin Kaserne auf dem Lehn als Kantonales Zeughaus, *1799, eingerichtet.
Campiotti, B.: Jubiläumsschrift zum 100jährigen Bestehen des Eidgenössischen Zeughauses in Thun, 1957 [S. 7 f].
Leu, E.: Zeughäuser-Arsenaux 1403-1946, Bern 1946 [S. 10 f].
APPENZELL ◆ 1560 erwähntes Zeughaus Ende 19. Jh. abgebrochen; ◆ Kantonales Zeughaus *1893/94.
Brunisholz, A.: Geschichte der Kriegsmaterialverwaltung, a.a.O., 1975, S. 24.
Leu, E.: Zeughäuser-Arsenaux 1403-1946, Bern 1946 [S. 48].
BADEN ◆ Altes Zeughaus am Rathaus † ◆ Neues Zeughaus am Rathaus *1614 ◆ Zeughaus Mittlere Gasse Nr. 7 †
Brunisholz, A.: Geschichte der Kriegsmaterialverwaltung, a.a.O., 1975, S. 28.
Hoegger, Peter: Die Kunstdenkmäler des Kantons Aargau, Bd. VI Der Bezirk Baden, I, Basel 1976 [S. 215-217, 220-222]. ABB. NR. 380/381.
BASEL ◆ Korn-, Werg- und Züghus, Am Petersplatz, *1438, †1936 ◆ Kleines Zeughaus * um 1500 †1884 ◆ Heutiges Zeughaus *1912/14 [Vgl. Lit. unter ›Liestal‹]
Brunisholz, A.: Geschichte der Kriegsmaterialverwaltung, a.a.O., 1975, S. 21, 87.
Bühler, Hans: Das alte Zeughaus, in: Baseler Jahrbuch 1938, S. 33-39.
Geßler, Eduard A.: Basler Wehr= und Waffenwesen im 16. Jahrhundert — 116. Neujahrsblatt der Gesellschaft zur Beförderung des Guten und Gemeinnützigen, Basel 1938, S. 1-57 [Zeughaus S. 7, 26-37].
Ders.: Beiträge zum altschweizerischen Geschützwesen. Die großen Geschütze aus dem Zeughausbestand der Stadt Basel, in: ZHWK Bd. 6, H. 1/2 (1912/14), S. 3-12, 50-61 [Faksimile Graz 1973].
Ders.: Ein Basler Zeughausinventar von 1415, in: Anzeiger für schweizerische Altertumskunde N. F. XII, Nr. 1 (1910) S. 229-234.
Historisches Museum Basel: Bedeutende Waffensammlung in der Barfüsserkirche, darunter ehemalige Zeughausbestände.
Leu, E.: Zeughäuser-Arsenaux 1403-1946, Bern 1946 [S. 40-44].
Meier, Eugen A.: Das verschwundene Basel, Basel 1968 [Zeughaus S. 133-136].
Neumann, H.: Festungsbaukunst und -technik, 1988, S. 434.
Reinhard, Hans: Zeughaus und Petersplatz [in Basel], hrsg. von der Schweizer. Vereinigung für Heimatschutz, Basel 1936.
Schneewind, W.: Die Waffensammlung des Historischen Museums Basel, Basel 1958.
Stadt- und Münstermuseum: Stadtmodelle, historische Stadtansichten. ABB. NR. 31.
BELLINZONA ◆ 1803 Einrichtung des Kantonalen Zeughauses im Castello Maggiore [=Castello d'Uri], *15. Jh., aufgegeben 1876.
Brunisholz, A.: Geschichte der Kriegsmaterialverwaltung, a.a.O., 1975, S. 26.
Hauser, Andreas: Bellinzona, Inventario Svizzero di Architettura 1850-1920, Bern 1986.

Leu, E.: Zeughäuser-Arsenaux 1403-1946, Bern 1946 [S. 57, 59].
BERN ◆ Altes Zeughaus 1579 aus einem Kornhaus,*1517/26, hergerichtet, †1876; ◆ Projekte zum Zeughausneubau 1740-1790; ◆ Artilleriezeughaus *1748/53, versetzt 1856/57, †; ◆ Zeughauskomplex [9 Gebäude] *1873/75.
Bächtiger, Franz: Tell-Mythos und Tell-Gewandung. Unser Nationalheld als Reisläufer und Bauernbursche, in: echo. Die Zeitschrift der Schweizer im Ausland, 59. Jg. (1979), Nr. 8, S. 16 f.
Bernisches Historisches Museum: Bedeutende Waffensammlung, schmiedeeiserne Hängewaage von 1752 für Geschütze, Schrankengitter, u. a. aus dem Zeughausbestand.
Brunisholz, A.: Geschichte der Kriegsmaterialverwaltung, a.a.O., 1975, S. 22.
Häusler, Fritz: Spes pacis in armis. Zeughaus und Artillerie der Stadt und Republik Bern an der Schwelle des Schicksalsjahres 1789, in: a) Berner Zeitschrift für Geschichte und Heimatkunde, Nr. 40 (1978), S. 164-238, b) Festschrift Militärdirektion Bern 1978, S. 40-114.
Hofer, Paul: Die Kunstdenkmäler des Kantons Bern, Bd. III Die Staatsbauten der Stadt Bern, Basel 1947 [Zeughäuser S. 201-551, Projekte S. 208-210, Quellen- und Literaturverzeichnis S. 221-223, 251].
Ders.: Die Wehrbauten Berns. Burg Nydegg und Stadtbefestigung vom 12. bis zum 19. Jahrhundert, Bern 1953 [Abb. 38 f].
Leu, E.: Zeughäuser-Arsenaux 1403-1946, Bern 1946 [S. 28-33].
Militärdirektion des Kantons Bern [Hrsg.]: 100 Jahre kantonale Militäranstalten Bern 1878-1978, Sonderdruck aus der Berner Zeitschrift für Geschichte und Heimatkunde Nr. 3 (1978).
Neumann, H.: Festungsbaukunst und Festungsbautechnik, 1988, S. 120, 434.
Rudolphi, Friderich: Gotha Diplomatica, a.a.O., 1712, Bd. II, Teil 2, S. 350.
Wegeli, Rudolf: Inventar der Waffensammlung des Bernischen Historischen Museums Bern, 4 Bde, Bern 1920/48. ABB. NR. 498.
BURGDORF ◆ Zeugkammer
Huber-Renfer, Fritz: Die Zeugkammer der Stadt Burgdorf, Bern o.J.
CHUR ◆ Altes Zeughaus 1827/28 in ein bestehendes Gebäude eingerichtet, †1859; ◆ Neues Zeughaus *1862.
Brunisholz, A.: Geschichte der Kriegsmaterialverwaltung, a.a.O., 1975, S. 25.
Leu, E.: Zeughäuser-Arsenaux 1403-1946, Bern 1946 [S. 52].
Stadtarchiv Chur: 1) Handschriftl. Zeughausinventar von 1719, Sign. F. 45.0; 2) Flinten- und Gewehrbüchli von 1717-1732, Sign. F. 45.1.
COLOMBIER ◆ Arsenal *1869/71, 1894.
Bauer, Eddy: Arsenal cantonal neuchâtelois 1871-1971. Cent ans de vie militaire à Colombier, Colombier 1971.
Jeanneret, Maurice: Le chateau de Colombier. Son histoire, ses embellissements, Neuchâtel o.J.
Leu, E.: Zeughäuser-Arsenaux 1403-1946, Bern 1946 [S. 66].
Schloß Colombier: Waffenmuseum seit 1952.
Schnegg, Alfred: Les doléances d'un garde-arsenal au début de la République, in: Musée Neuchâtelois, 6. Jg. (1969), S. 68-77.
FRAUENFELD ◆ Städt. Zeughaus, *1680, 1905/6 dem murgseitigen Rathaus eingegliedert. ◆ Kantonales Zeughaus *1820, Erweiterung 1855. ◆ Heutiges Zeughaus *1913/14.
Brunisholz, A.: Geschichte der Kriegsmaterialverwaltung, a.a.O., 1975, S. 25.

Knoepfli, Albert: Die Kunstdenkmäler des Kantons Thurgau, Bd. I Der Bezirk Frauenfeld, Basel 1950 [S. 155 f].
Leu, E.: Zeughäuser-Arsenaux 1403-1946, Bern 1946 [S. 55 f].
Staatsarchiv des Kantons Thurgau: Planmaterial 1818 ff, Zeughausinventare ab 1828, Zeughausrechnungen ab 1875.
FREIBURG ◆ Städt. Zeughaus, Murtenstr., *1403. ◆ Zeughaus 1890 i. d. Waggonfabrik verlegt. ◆ Neues Zeughaus *1897 †1928, ◆ Neues Zeughaus *1928/29.
Brunisholz, A.: Geschichte der Kriegsmaterialverwaltung, a.a.O., 1975, S. 22.
Leu, E.: Zeughäuser-Arsenaux 1403-1946, Bern 1946 [S. 34-36].
GENF [Genève] ◆ Als erstes Zeughaus diente der Stadtturm »Baudet« *1455/89; ◆ Zeughaus St. Aspre *1557, † 2. Hälfte 18. Jh.; ◆ Von 1720 — 877 Zeughaus in der Markthalle des 15. Jh; ◆ Arsenal *1856 Zeughaus »Grand Pré«; ◆ Arsenal in Plainpalais *1877.
Blondel, Louis: La maison forte de Saint-Aspre à Genève, in: Martin, Paul-Edmond: Mélanges, Genève 1961, S. 341-349.
Brunisholz, A.: Geschichte der Kriegsmaterialverwaltung, a.a.O., 1975, S. 27.
Bosson, C.: Les pistolets à rouet du Musée d'Art et d'Histoire [à Genève], in: Genava Nr. 1 (1953), S. 143-175.
Leu, E.: Zeughäuser-Arsenaux 1403-1946, Bern 1946 [S. 69 f].
Rudolphi, Friderich: Gotha Diplomatica, a.a.O., 1712, Bd. II, Teil 2, S. 368.
GIORNICO ◆ Altes Arsenal *1535/36, †1798
Burckhardt, Felix: Das Zeughaus zu Giornico, o.O., o.J. [Sonderdruck der Schweizerischen Landesbibliothek Bern unter Nq 2390023, S. 110-125].
Campiotti, B.: Jubiläumsschrift zum 100jährigen Bestehen des Eidgenössischen Zeughauses in Thun, 1957 [S. 6].
Brunisholz, A.: Geschichte der Kriegsmaterialverwaltung, a.a.O., 1975, S. 28.
GLARUS ◆ Rüstkammer im Rathaus 1506 nachweisbar, 3 Rüstkammern 1663, 1798 ein evangelisches und ein katholisches und ein gemeines Zeughaus erwähnt, Neues Zeughaus *1846.
Amt für Kulturpflege des Kantons St. Gallen [Hrsg.]: Der restaurierte Nordflügel des Regierungssgebäudes [Zeughaus] in St. Gallen. Die Erfüllung einer kulturellen, denkmalpflegerischen und städtebaulichen Aufgabe, St. Gallen 1979 [S. 14 ff].
Brunisholz, A.: Geschichte der Kriegsmaterialverwaltung, a.a.O., 1975, S. 14, 21.
Leu, E.: Zeughäuser-Arsenaux 1403-1946, Bern 1946 [S. 26].
Schubiger, Benno: Felix Wilhelm Kubly 1802-1872. Ein Schweizer Architekt zwischen Klassizismus und Historismus, St. Gallen 1984.
GLURNS [Glorenza] ◆ Zeughaus neben dem Rathaus in der Laubengasse Nr. 3, *13. Jh.(?), heute Wohnhaus.
HERISAU ◆ Beinhaus bei der Kirche seit 1615 Zeughaus, †1810; ◆ Zeughaus *1810 hinter dem Obstmarkt, † ◆ Zeughaus auf der Emdwiese, Poststr. 13, *1836/38; ◆ Heutiges Zeughaus *1917.
Amt für Kulturpflege des Kantons St. Gallen [Hrsg.]: Der restaurierte Nordflügel des Regierungssgebäudes [Zeughaus] in St. Gallen. Die Erfüllung einer kulturellen, denkmalpflegerischen und städtebaulichen Aufgabe, St. Gallen 1979 [S. 14 ff].
Leu, E.: Zeughäuser-Arsenaux 1403-1946, Bern 1946 [S. 47].
Schubiger, Benno: Felix Wilhelm Kubly 1802-1872. Ein Schweizer Architekt zwischen Klassizismus und Historismus, St. Gallen 1984.
Steinmann, Eugen: Die Kunstdenkmäler des Kantons Appenzell Ausserrhoden, Bd. I Der Bezirk Hinterland, Basel 1973 [Zeughäuser Herisau I, II, III S. 117-119]. ABB. NR. 494.
LIESTAL ◆ Altes Zeughaus, Zeughausplatz 28, * ca.1530 als Korn- und Zeughaus, Umbau 1979/81 zum Kantonsmuseum Baselland.
[Vgl. Lit. unter ›Basel‹]
Amt für Museen und Archäologie des Kantons Basel-Landschaft: Dokumente Zeughausgeschichte, Renovation, Nutzung, Fotosammlung.
Heyer, Hans-Rudolf: Die Kunstdenkmäler des Kantons Basel-Landschaft, Bd. II Der Bezirk Liestal, Basel 1974 [Zeughaus S. 248-250].
Museum im Alten Zeughaus: Museumsprospekt [Faltblatt], o.J.
N.N.: Urtheil zur Feststellung des Maßstabes bei der Theilung des Zeughausmaterials, vom 14. Nov. 1933 [irrtüml. 1834 angegeben] und 12. Febr. 1834 [samt Vertrag und »Quittung« über die Teilung zwischen Stadt und Landschaft Basel anläßlich der Trennung in zwei Halbkantone 1832/33], in: Gesetze, Verordnungen und Beschlüsse für den Kanton Basel-Landschaft vom 29. Febr. 1832 — 11. Dec. 1833, Bd. 1, Liestal 1838, S. 381-400.
Tüller, Max: Vom Kornhaus zum Zeughaus und Kantonsmuseum, in: Baselbieter Heimatblätter 8. Jg., Nr. 8 (1943), S. 212-217 [das hier vorgestellte Museumsprojekt für das Zeughaus wurde in geänderter Form erst ab 1975 realisiert]. ABB. NR. 143/144.
LUZERN ◆ Zeughaus Pfistergasse 24, *1567, seit 1978/79 Historisches Museum. ◆ Das Große Museggmagazin, *1684/ 86 als städt. Vorratsspeicher, Museggstr. 37, heute Militärspeicher. ◆ Karrenmagazin an der Litzi, Hirschgraben 48, *1664, heute Garage.
Botschaft des Regierungsrates des Kantons Luzern an den Grossen Rat zum Dekret über den Umbau des ehemaligen Zeughauses an der Pfistergasse in Luzern zum Historischen Museum, 11. April 1983.
Brunisholz, A.: Geschichte der Kriegsmaterialverwaltung, a.a.O., 1975, S. 20, 41.
Gessler, E. A. und Meyer, J.: Katalog der Historischen Sammlungen im Rathause zu Luzern, Luzern o.J.
Historisches Museum Luzern [im Zeughaus]: Museumsprospekt, o.J.
Hochbauamt des Kantons Luzern: Zeughaus Pfistergasse 24, Luzern.
Dokumentation 1/Aeusseres: Bauuntersuchung und Befund, Luzern 1977 [hektographiert] mit Plansammlung.
Leu, E.: Zeughäuser — Arsenaux 1403-1946, Bern 1946 [S. 18 f].
Liebenau, Theodor von: Das Alte Luzern, Luzern 1881 [S. 52-54].
Reinle, Adolf: Die Kunstdenkmäler des Kantons Luzern, Bd. III Die Stadt Luzern, Teil II, Basel 1954, [Zeughaus S. 52-57; Museggmagazin S. 61 f, 65; Karrenmagazin S. 62 f].
Staatsarchiv des Kantons Luzern: Zeughausinventare: 1471 Akten 13/213; 1577-1763 Akte 13/239-253; 1587 Cod. 2095; 1615 Cod. 225; 1623 Cod.2260, 2265, 2270; 1680 Cod. 2300,2305; 1756 Cod.2285; ca.1770 Cod. 2310; 1774 Cod. 2315, 2320, 2325; 1798 PA 926/19, 219. Zeughausrechnungen: 1610-1798 Akten 13/254-309. Zeughauspläne 1865-1906 PL 1883-1890, Akten 23/114. Akten 1900-1950. Fassade, Renovation, Raumverhältnisse, Verschiedenes Akten 43/999-1004. ABB. NR. 8/26/155/ 156/396/397/414.
MORGES ◆ Burgschloß *1286/1296, 1804 in ein Zeughaus des Kantons Waadt umgewandelt, 1932 Gründung des Waadtländischen Militärmuseums.

Brunisholz, A.: Geschichte der Kriegsmaterialverwaltung, a.a.O., 1975, S. 26, 215-218, 269.
Leu, E.: Zeughäuser-Arsenaux 1403-1946, Bern 1946 [S. 60-62].
Musée Militaire Vaudois: Museumsprospekt, o.J.; Zeughausdokumente noch ungeordnet in der Museumsbibliothek.
Bisseger, Paul und Rapin, Raymond: Le Château de Morges, Berne 1986.
NEUENBURG ◆ Städt. Zeughaus bis 1697 Rue du Temple neuf; ◆ Zeughaus i.d. Spitalkapelle und Maison du Trésor, ab 1786 auch Rathaus; ◆ Kantonales Zeughaus *1818 in der Faubourg du Crete bis 1873.
Brunisholz, A.: Geschichte der Kriegsmaterialverwaltung, a.a.O., 1975, S. 27.
SARNEN ◆ Altes Zeughaus 1564 erwähnt. ◆ Neues Zeughaus *1599, 1927 Umbau zur Bibliothek. ◆ Kantonales Zeughaus *1710 und Schützenhaus *1752 auf dem Burghügel.
Brunisholz, A.: Geschichte der Kriegsmaterialverwaltung, a.a.O., 1975, S. 20.
Durrer, Robert: Kunstdenkmäler des Kantons Unterwalden, Zürich 1928 [Zeughaus S. 712-721, Katalog der Waffensammlung des Historisch-Antiquarischen Vereins von Obwalden, die zum großen Teil aus dem Zeughaus stammt, S. 713 ff].
Leu, E.: Zeughäuser-Arsenaux 1403-1946, Bern 1946 [S. 16 f].
SCHAFFHAUSEN ◆ Im Mittelalter ein »Kolbenhaus« und das Stadtwerkhuis genannt. ◆ Zeughaus *1617, Beckenstube Nr. 7, 1912/14 innerer Umbau als Regierungsgebäude. ◆ 1854 Zeughausverlegung in das Kornhaus.
Brunisholz, A.: Geschichte der Kriegsmaterialverwaltung, a.a.O., 1975, S. 23.
Frauenfelder, Reinhard: Die Kunstdenkmäler des Kantons Schaffhausen, Bd. 1 Die Stadt Schaffhausen, Basel 1951 [Zeughaus S. 228-230].
Harder, H. W.: [Nr.]58. An der Beckenstube, in: R. Frauenfelder: Siebzig Bilder aus dem alten Schaffhausen, Schaffhausen 1937, S. 75 f.
Leu, E.: Zeughäuser — Arsenaux, Neuchatel 1946 [S. 45 f].
Neumann, H.: Festunsgbaukunst und Festungsbautechnik, 1988, S. 222 f, 435.
Rudolphi, Friderich: Gotha Diplomatica, a.a.O., 1712, Bd. II, Teil 2, S. 340.
Schib, Karl: Miszellen. 1. Die Inschrift am alten Zeughaus, in: Schaffhauser Beiträge zur vaterländischen Geschichte, Nr. 17, Schaffhausen 1940, S. 126-128.
Staatsarchiv Schaffhausen: Zahlreiche Zeughausinventare und Zeughausrechnungen.
Zimmermann, Jürg: Beiträge zur Militärgeschichte Schaffhausens bis zum Beginn des 19. Jahrhunderts, Dissertation Zürich, Druck Schaffhausen 1961.
SCHWYZ ◆ Zeughaus auf der Hofmatt, *1595, 1801 zum Schulhaus umgebaut, †1825; ◆ heutiges Kantonales Zeughaus im 1711/17 erbauten Kornhaus seit 1803.
Brunisholz, A.: Geschichte der Kriegsmaterialverwaltung, a.a.O., 1975, S. 19.
Campiotti, B.: Jubiläumsschrift zum 100jährigen Bestehen des Eidgenössischen Zeughauses in Thun, 1957 [S. 12-14].
Castell, Anton: Die Zeughäuser im alten Lande Schwyz, in: Mitteilungen des Historischen Vereins des Kanton Schwyz, Nr. 46 (1947), S. 67-103.
Leu, E.: Zeughäuser-Arsenaux 1403-1946, Bern 1946 [S. 12-14].
SITTEN ◆ Stadtturm »Savièse« im 16. Jh. zum Zeughaus umgebaut, † Mitte 19. Jh. ◆ Zeughaus Rue de Conthey *1828; ◆ heutiges Kantonales Zeughaus *1896.
Leu, E.: Zeughäuser — Arsenaux 1403-1946, Neuchatel 1946 [S. 64 f].
SOLOTHURN ◆ Harnischhüsli, Spiesshüsli, Büchsenhaus Mitte 15. Jh. genannt; ◆ Altes Zeughaus, Zeughausplatz 1, *1610/15, seit 1919 Waffen- und Uniformenmuseum.
Altes Zeughaus: Faltblatt des Museums, o.J.
Brunisholz, A.: Geschichte der Kriegsmaterialverwaltung, a.a.O., 1975, S. 22.
Campiotti, B.: Jubiläumsschrift zum 100jährigen Bestehen des Eidgenössischen Zeughauses in Thun, 1957 [S. 11].
Kantonales Hochbauamt Solothurn: Bauaufnahmen, Planungsunterlagen.
Leu, E.: Zeughäuser-Arsenaux 1403-1946, Bern 1946 [S. 37-39].
Schlappner, B.: Rundgang durch das Solothurnische Zeughaus, Solothurn 1897.
Lautenegger, Marco A.R.: Altes Zeughaus Solothurn. Mehr als ein Museum, in: Solothurner Jahrbuch 1986, S. 50-58.
Ders.: Museum Altes Zeughaus Solothurn, Ausstellungskatalog — Neuanschaffungen 1984-1986, Solothurn 1987.
Ders.: Museum Altes Zeughaus Solothurn, [Museumsfaltblatt germ., frz., ital., engl. ed.] Solothurn o.J.
Neumann, H.: Festungsbaukunst und Festungsbautechnik, 1988, S. 98 f, 435.
Vital, Nicolo: Altes Zeughaus in Solothurn, Basel germ. ed. ²1981; Musée de l'Ancien Arsenal à Soleure, Bâle 1976, Berne 1985; Museo del Vecchio Arsenale di Soletta, Basilea 1976, Berna 1985; The Old Arsenal Museum in Solothurn, Basle 1976, Berne 1985. [Schweizerischer Kunstführer, Serie 20, Nr. 200].
Ders. und Weibel, Bendicht: Das Alte Zeughaus Solothurn. Solothurn 1980 [viersprachig].
Wegeli, Rudolf: Katalog der Waffensammlung im Zeughause zu Solothurn, Solothurn 1905. ABB. NR. 41/50/122/296/348/349/414.
STANS ◆ Zeughaus Nidwalden *1666; ◆ Zeughaus auf dem Landenberg *1711.
Brunisholz, A.: Geschichte der Kriegsmaterialverwaltung, a.a.O., 1975, S. 20.
Campiotti, B.: Jubiläumsschrift zum 100jährigen Bestehen des Eidgenössischen Zeughauses in Thun, 1957 [S. 12].
Durrer, Robert: Die Kunstdenkmäler des Kantons Unterwalden, Zürich 1928 [Zeughaus S. 893 f].
Leu, E.: Zeughäuser-Arsenaux 1403-1946, Bern 1946 [S. 15].
Museum Stans: 3 Geschütze aus Zeughausbestand, Stangenwaffen aus heimischem Besitz.
STEIN AM RHEIN ◆ Zeughaus, Kirchhofplatz 198, *1621/24, heute Feuerwehr.
Frauenfelder, Reinhard: Die Kunstdenkmäler des Kantons Schaffhausen, Bd. II Der Bezirk Stein am Rhein, Basel 1958 [Zeughaus S. 204-207].
Gessler, Eduard Achilles: Die Rathaus-Sammlung Stein am Rhein, Basel 1932.
Knoepfli, Albert: Stein am Rhein, Bern ²1984 [Schweizerische Kunstführer, Serie 22, Nr. 218/19].
Stadtarchiv Stein am Rhein: Bauaufnahme 1:50 zur Renovation i.J. 1953.
Stadtverwaltung: Waffensammlung in der Rathaussammlung mit 227 Positionen.
Stadtarchiv: Bestand Militaria Mi 10-70 1) Verzeichnis der mit

Harnischen ausgestatteten Männer ca. 1498, b) Handel mit Rüstungen 1552, c) Mahnung von Zürich, Pulver anzuschaffen 1668, d) Zeughaus-Visitation 31.07.1693, e) Inventar Städt. Zeughauses 1733/34, f) Anschaffung von Kanonenkugeln 1746, g) Verzeichnis der Waffen in den schweizerischen Zeughäusern 1804 [61 Aktenstücke]; Bestand Mi 71-90 Inspektion von Zeughaus und Befestigungsanlagen 1693, u.v.a.

Verkehrsverein Stein am Rhein [Hrsg.]: Stein am Rhein, Stein am Rhein 1950 [Zeughaus Abb. 12, Luftbild Abb. 4]. ABB. NR. 394.

ST. GALLEN ◆ Altes Zeughaus auf dem Bohl, *1556; ◆ Kantonales Zeughaus am Klosterplatz, *1838/41, seit 1979 Stifts- und Staatsarchiv.

Amt für Kulturpflege des Kantons St. Gallen [Hrsg.]: Der restaurierte Nordflügel des Regierungsgebäudes [Zeughaus] in St. Gallen. Die Erfüllung einer kulturellen, denkmalpflegerischen und städtebaulichen Aufgabe, St. Gallen 1979.

Dass.: Die Kaserne auf der Kreuzbleiche in St. Gallen 1878-1980. Ein Beitrag zur Geschichte und Gegenwart der militärischen Ausbildung im Kanton St. Gallen, St. Gallen 1982.

Blum, R.: Der Klosterhof in St. Gallen und die Neugestaltung des Zeughausflügels des Regierungsgebäudes, in: Schweizerische Bauzeitung Nr. 91 v. 24.05.1973.

Brunisholz, A.: Geschichte der Kriegsmaterialverwaltung, a.a.O., 1975, S. 24.

Historisches Museum St.Gallen: Stadtmodell, erbaut 1920.

Leu, E.: Zeughäuser-Arsenaux 1403-1946, Bern 1946, S. 49-51.

Risch, G.: Ein Umbau des alten Zeughauses in St. Gallen, in: Schweizerische Bauzeitung Nr. 81 v. 8.08.1963.

Schubiger, Benno: Die Vollendung des St.Galler Klosterplatzes im 19. Jahrhundert, in: Zeitschrift für Schweizerische Archäologie und Kunstgeschichte, Nr. 37 (1980), S. 123-144.

Ders.: Felix Wilhelm Kubly 1802-1872. Ein Schweizer Architekt zwischen Klassizismus und Historismus, St. Gallen 1984.

Staatsarchiv St. Gallen: Projekt- und Baupläne Zeughaus, Kantonsakten R 58, F 1a, Nr. 2.

Ziegler, Ernst: St.Gallen vor 1800 in Abbildungen des Landauer Zeichners und Kupferstechers Johann Conrad May, St. Gallen 1982.

THUN ◆ Altes Zeughaus im Kornhaus im Bälliz eingerichtet; ◆ 1819 Gründung des Kriegsdepots ebenda; ◆ Zeughaus auf der Thuner Allmend in der alten Geschützhalle, *1861, †1917; ◆ Ausbau zum Eidg. Kriegsdepot [Arsenal] mit weiteren Zeughausneubauten bis 1918.

Brunisholz, A.: Geschichte der Kriegsmaterialverwaltung, a.a.O., 1975, S. 36, 218 f.

Campiotti, Bruno: Aus den Anfängen und dem Werden der Zeughäuser, unter besonderer Berücksichtigung des Eidgenössischen Zeughauses Thun. Jubiläumsschrift zum 100jährigen Bestehen des Zeughauses in Thun, 1857-1957.

Hildebrandt, Carl: Zeughaus-Chronik Thun 1857-1982, Bern 1982.

Staatsarchiv Bern: Album Waffenplatz Thun, um 1870.

URI ◆ Zeughaus *1607, †1799

Brunisholz, A.: Geschichte der Kriegsmaterialverwaltung, a.a.O., 1975, S. 19.

WINTERTHUR ◆ Zeughaus *1405, †

Meyer von Knonau, Gerold: Der Canton Zürich, historisch-geographisch-statistisch geschildet, Bd. 2 St. Gallen/Bern 1846 [S. 304, Inventar v. 1764].

ZUCHWIL ◆ Zeughaus *1907

Denkmalpflege im Kanton Solothurn: Sonderdruck des Berichtes, 1986, S. 309.

ZUG ◆ Altes Zeughaus Kapuzinerstiege, †1581, heute u.a. Stadtbibliothek; ◆ Heutiges Kantonales Zeughaus, *1896.

Birchler, Limes: Kunstdenkmäler der Schweiz, Kanton Zug, Halbband II Zug-Stadt, Basel 1959 [S. 406].

Brunisholz, A.: Geschichte der Kriegsmaterialverwaltung, a.a.O., 1975, S. 21.

Bürgerarchiv Zug: Inventarien des Zeughauses 1656-1861 Sign. A 22.6; Zeughausrechnungen 1755-1850 Sign. A 22.13; Verschiedene Schriften zum Zeughaus, Ausrüstungsverzeichnisse, Mannschaftsrodel usw. Sign. A 22.11.

Frei, Karl: Historisch-Antiquarische Sammlung in Zug [im Rathaus, heute in der Burg], Basel 1931.

Leu, E.: Zeughäuser-Arsenaux 1403-1946, Bern 1946 [S. 27].

Stadtbibliothek Zug im Zeughaus: Fotosammlung.

Weber, A.: Wehr und Waffen im Zugerland, in: Zuger Kalender, Jgg. 1912/13.

ZÜRICH ◆ Grosses [Gelbes] Zeughaus, In Gassen 17, *1487 als Büchsenhaus/Kornmagazin, 1926/27 totaler Umbau; ◆ Venetianisches Zeughaus, In Gassen 18, 1867 totaler Umbau; ◆ Zeughaus Löwenhof, In Gassen 10 u. 12, Privathaus bis 1417, Umbau zur Kornschütte, dann 1693 zum Zeughaus, †1917; ◆ Zeughaus im Thalacker gen. Feld-hof, *1686, †1873 Abriß; ◆ Zeughaus Sandhof beim Schützenhaus †; ◆ Neues Zeughaus *1838/44, †1864; ◆ Zeughaus in Aussersihl *1868.

Artillerie-Collegium Zürich: Festkarte [zum] 200jährigen Jubiläum 1686-1886 [Schweizer. Landesbibliothek Zürich Sign. Nq 127 327].

Baasch, Hans: Die zürcherische Artillerie im 17. und 18. Jahrhundert. Festschrift zum 300-Jahr-Jubiläum des zürcherischen Artillerie-Kollegiums 1686-1986, Zürich 1986.

Brunisholz, A.: Geschichte der Kriegsmaterialverwaltung, a.a.O., 1975, S. 21.

Campiotti, B.: Aus den Anfängen und dem Werden der Zeughäuser, unter besonderer Berücksichtigung des Eidgenössischen Zeughauses Thun, Jubiläumsschrift zum 100jährigen Bestehen des Eidgenöss. Zeughauses in Thun, 1957 [S. 8-11].

Castell, Anton: Die Zeughäuser im alten Lande Schwyz, in: Mitteilungen des Historischen Vereins des Kantons Schwyz, Nr. 47 (1947), S. 67-103.

Escher, Konrad: Die Kunstdenkmäler des Kantons Zürich, Bd. IV Die Stadt Zürich, Teil 1, Basel 1939 [S. 394-398].

Gessler, Eduard Archilles [E.A.G.]: Das alte Zeughaus in Zürich, in: Zürcher Monats=Chronik Nr. 5 (1932), S. 95-97.

Hegi, F.: Geschichte der Zunft zur Schmiden in Zürich, Zürich 1912 [S. 37, 179].

Hochbauamt der Stadt Zürich: Baugeschichtliches Archiv.

Leu, E.: Zeughäuser — Arsenaux 1403-1946, Bern 1946 [S. 20-25].

Meyer von Knonau, Gerold: Der Canton Zürich, historisch-geographisch-statistisch geschildert, Bd. 2 Militärwesen, St. Gallen/Bern 1864 [S. 300-310].

Michel, Gottfried Leonhard: Illustrirtes Zürcherisches Zeughausbüchlein, ein Führer durch die Sammlungen alter Waffen, Zürich 1881.

N.N.: Das alte Zeughaus. Zur Erinnerung eines Restaurants, in: Neue Zürcher Zeitung Nr. 477 v. 8.11.1963.

Rudolphi, Friderich: Gotha Diplomatica, a.a.O., 1712, Bd. II, Teil 2, S. 343.

Schneider, Hugo: Die Waffensammlung im Schweizerischen Landesmuseum, in: ZHWK Bd. 1, Nr. 1/2 (1959), S. 115-117.
Ders.: Hans Stoll und Hans Bartholomäus Bachofen [Büchsenschäfter im Zeughaus], in: ZHWK Bd. 17, Nr. 1 (1975), S. 29-40.
Schweizerisches Landesmuseum Zürich: Die in den Inventaren genannten Gegenstände befinden sich — soweit noch erhalten — mehrheitlich seit 1892 in der Sammlung des Museums, darunter Waffen, Fahnen, Zürcher Staatsaltertümer.
Staatsarchiv des Kantons Zürich: I Zürcher Zeughausarchiv a) Aktenzeitraum 1484-1876 Sign.QII, b) Bücher Zeitraum 1529-1890 Sign. QQII; II Zeugamt a) Akten Zeitraum 1524-1795 Sign. A37.1-2; b) Urkunden Zeitraum 1626-1784 Sign. CIII 30; c) Rechnungen Zeitraum 1544-1798 Sign. F III 42; III Zahlreiche Inventare, von denen 2 [Sign. QQII 81 und 86] mit farbigen Illustrationen versehen sind; IV Planarchiv mit zahlreichen Plänen der älteren und neueren Zeughäuser. ABB. NR. 4/6/183/184/191/285/294/307/314/316/317/393.

2. LÄNDER IN EUROPA

2.1 BELGIEN

ANTWERPEN ◆ Marine-Arsenale a) vor der Zitadelle *1803-1814, b) Arsenal im Süden der Zitadelle *1811 ff, c) Arsenal in dem Stadtprojekt »Marie-Louise« von 1809 ff. ◆ Arsenal de Guerre *1870, †1965 wegen Autobahnbau.
Hastir, Carine: Inventaire des plans des batiments militaires belges (1836-1914), Bruxelles 1982 [Pläne Nr. 15, 17, 22].
Lombaerde, Piet [Redaktion]: Antwerpen Tijdens Het Franse Keizerrijk 1804-1814. Marine-Arsenaal, Metropool en Vestingstad, Antwerpen 1989 [Buch zur gleichnamigen Ausstellung der Simon Stevinstichting 1989, darin u.a. P.Lombaerde: De bouwgeschiedenis van het scheepsarsenaal te Antperpen; Robert Gils: De Vesting Antwerpen tijdens het Franse Keizerrijk].
Ders.: Het scheepsarsenaal, de stad Maerie Louise en de fortengordel rond Antwerpen, in: Antwerpen. Tijdschrift der Stad Antwerpen, Nr. 1 (1984), S. 11-20.
Maton, J.: Quel sera l'emplacement du nouvel arsenal de construction, aménagement du fortin de Berchem, projet pour la création d'un quai pour les transports militaires des ports du Haut- et du Bas-Escaut de Waelhem, etc., Anvers 1886.
Mounnier, A.: La création de l'arsenal d'Anvers et l'escadre de l'Escaut (1803-1814), [maschinenschriftl. Manuskript von 1937 in der Stadtbibliothek Antwerpen, v. Verf. nicht eingesehen].
Simon Stevinstichting Antwerpen: Atlas »Place d'Anvers-Arsenal de Guerre«, o.D. [2. Hälfte 19. Jh.], ohne Editionsvermerk, Format 100 x 69 cm [vollständige Bauunterlagen, Kopien beim Verf.].
BRÜSSEL ◆ Waffenmuseum Porte de Hal, ◆ Arsenal Rue de Laeken.
Hastir, Carine: Inventaire des plans des bâtiments militaires belges (1836-1914), Bruxelles 1982 [Pläne Nr. 58, 59].
Macoir, G.: Le Musée royal d'armes et d'armures de la Porte de Hal à Bruxelles, Bruxelles 1928.
Paridaens, Marie-Anne: Inventaire di fonds d'archives »Batiments militaires Belges«, Bruxelles 1984 [Nr. 163-226 64 Dokumente l'arsenal Rue de Laeken 1881-1903, Nr. 23483 von 1874].
DENDERMONDE ◆ Grand Arsenal
Hastir, Carine: Inventaire des plans des bâtiments militaires belges (1836-1914), Bruxelles 1982 [Pläne Nr. 15, 17, 22].

DIEST ◆ Arsenal in der Zitadelle
MECHELEN ◆ Zeughaus/Arsenal, †
Roosens, Ben: Het arsenaal van Mechelen en de wapenhandel (1551-1567), in: Bijdragen tot de geschiedenis, 60. Jg., Nr. 3/4 (1977), S. 175-247.
NAMUR ◆ Arsenal *1692/93, ab 1981 Kulturhaus.
André, Jacques; Baudson, Etienne; Bruch, Vincent: Images de Namur, Namur 1982.
Département d'Histoire à l'occasion de l'ouverture officielle de l'Arsenal: Namur, un Arsenal parmi tant d'autres?, Namur 1982 [Ausstellungskatalog].
Jacquet, Ph.: L'arsenal de Namur (1693). Notes inédites sur sa construction et son histoire, in: Annales de la Société d'Archéologie de Namur, Nr. 59 (1979), S. 84-95.
Musée des Plans-Reliefs Paris: Maquette Stadt und Festung Namur, *1750, restauriert 1806; Maße: 7,76 x 6,50 m; mit dem Arsenal am Sambre-Ufer. ABB. NR. 260/261/262/263.
OSTENDE ◆ Arsenal, †
Grodecki, Louis: OSTENDE, in: Plans en Relief de Villes Belges. Levés par des ingénieurs militaires francais-XVIIe-XIXe siècle, Bruxelles 1965 [S. 152 f, 156 f, Nr. 42, Maquette im Musée des Plans-Reliefs Paris, Maße: 5,20 x 4 m].
Philippeville ◆ Zeughaus * Ende 17. Jh., heute Kapelle.
Berckmans, O.: Marienbourg et Philippeville, villes neuves et fortes de la Renaissance, in: Bulletin de la Commission Royale des Monuments et des Sites, Tome 6 (1977), Bruxelles, S. 65-85.
YPRES ◆ Arsenal †
Hastir, Carine: Inventaire des plans des bâtiments militaires belges (1836-1914), Bruxelles 1982 [Pläne Nr. 85].

2.2 DÄNEMARK

KOPENHAGEN † HOLMEN ◆ Zeughaus, *1598-1604, Tojhusgade 3, Internationale Sammlung von Waffen, Uniformen, Fahnen u.a.; zugehörig: Krudtvaerksmuseet in Frederiksvaerk, *1838. ◆ Arsenalet Holmen — Marinearsenal. ◆ Zeughaus/Arsenal in Citadellet Frederikshavn, *1665 als Soendre Magasin, welches zu Beginn 18. Jh. Militärbäckerei wurde.
Askaard, Finn: »Der bewaffnete Arm des Reichs«, in: Forum Europarat, Heft Februar 1988, S. 20-22.
Blom, Otto: Kjobenhavns Toihus. En Udsigt over dets Bygningshistorie, Kjobenhavn 1888.
Elling, Christian und Moller, Viggo Sten: Holmens Bygningshistorie 1680-1930, Kobenhavn 1932.
Forsvarets Bygningstjeneste Kobenhavn: Planarchiv.
Hoff, Arne: Geschichte der Sammlung des Tojhusmuseums, in: J. B. Kist, J. P. Puype, R. B. F. van der Slot: Musket, Roer & Pistolet. 17-eeuws wapenhandwerk in de Lage Landen, Den Haag 1974, S. 13 f.
Jacobaeus, Holger: Museum Regium Seu Catalogus Rerum tam naturalium, quàm artificialium, Quae In Basilica Bibliothecae Augustissimi Daniae Norvegiaeq; Monarchae Christiani Quinti Hafniae asservantur. Hafniae M. DC. XCVI (1696). Prachtexemplar in HAB a) Uc 2o8 [Einbandsammlung] Goldprägung, Goldschnitt, handschriftliche Dedikation des Autors an die Herzöge von Braunschweig-Lüneburg Rudolf August und Anton Ulrich; b) Nx 4o6 (1) ed. 1710, c) Uc 2o7 ed. 1710.
Königliche Bibliothek Kopenhagen: Kartensammlung, Lagepläne 1814, 1816, 1841, 1931, 1942 vom Arsenal Holmen.
Krabbe, Herluf: Kastellet gennem 300 år, Kopenhagen 1964.

Madsen, Emil: De kongelike Rustkamre i det 16de Aarhundrede, in: Vort Forsbar. Organ for Foreningeme til Forsvarsfagens Fremme, Nr. 535, 23. Juni 1901; Nr. 536, 7. Juli 1901; Nr. 537, 21. Juli 1901; Nr. 538, 4. August 1901.
Nationalmuseum Kopenhagen: Kupferstich HAFNIA METROPOLIS 1611, gemalt vom Hofmaler Christians IV. Jan van Wyck, gestochen von J. Dircksen, Neg. Nr. 50710 [nur in 3 Abzügen bekannt!].
Reichsarchiv Kopenhagen: Planmaterial Arsenal Holmen von 1743, Sign. A 791 und A 1277 [nicht fotografierbar].
Smith, Otto: Chr. IV's Tojhus, Kopenhagen 1926.
Thiede, C. E.: The Frederikshavn Citadel. An outline of the History of the citadel, Copenhagen 1957 [Ruses Projekt von 1666 mit dem »Tuygh Huys« als Klapptafel]; dän.ed. ebenda.
Tojhusmuseet [Hrsg.]: Das königliche dänische Zeughausmuseum. Illustrierter Katalog für die permanente Ausstellung, Kopenhagen 1979 [viersprachig].
Dass.: Tojhusmuseets Vejledninger: Vabensalen, Kopenhagen ²1952.
Dass.: The Cannon Hall, Copenhagen ³1971. ABB. NR. 50/191/192/193/194/276/294/431/432.

2.3 FRANKREICH

ARRAS ◆ Arsenal in der Zitadelle, *1668/80, heute militärische Nutzung.
BESANCON ◆ Arsenal in der Zitadelle *1677-1711, heute Muséum des Science naturelles.
Dutriez, Robert: Besançon Ville Fortifiée de Vauban à Sérié de Rivières, Besançon 1981 [Plan S. 275, Nr. 23, 280 f].
BREST ◆ Marinearsenal
BROUAGE ◆ Arsenal und Magasin aux Vivres, *1630 ff, heute ruinös.
CALAIS ◆ Marinearsenal, *17. Jh., Ausbau 18. Jh.
CHERBOURG [mit] PORT NAPOLEON ◆ Marinearsenal, * Anfang 19. Jh.
Archives de la Premiere Région Maritime Cherbourg: Umfangreiche Schrift- und Bildquellen, u. a. Série G: Constructions navales; Série K: Traveaux maritimes mit Plänen ab 1686, verzeichnet im gedruckten Repertorium.
Demangeon, A. und Fortier, B.: Les vaisseaux et les villes. L'Arsenal de Cherbourg, Brüssel/Lüttich 1978.
Opitz, Ursula: Kriegsarsenal statt Hafenstadt. Das Beispiel Cherbourg, in: Daidalos. Berlin Architectural Journal, Nr. 20 (1986), S. 76-84.
DÜNKIRCHEN ◆ Marinearsenl, *17. Jh., Ausbau 18. Jh.
GRAVELINE ◆ Le Château genannt Arsenal
Ville de Gravelines [Hrsg.]: Gravelines et son patrimoine, Inventaire général des monuments et richesses artistiques de la France no 110, Dunkerque 1983 [S. 40 ff].
Musée du Dessin et de l'Estampe Originale en l'Arsenal de Gravelines.
HÜNINGEN [Huningue] ◆ Festungszeughaus, *1679-1681.
LAON ◆ Arsenal St.Vincent
LE PALAIS ◆ Arsenal in der Zitadelle, *1775/80, heute Baudenkmal.
Le Pourhiet-Salat, Nicole: La défense des Iles Bretonnes de l'Atlantique, des Origines à 1860, Text- u. Tafelband, Vincennes 1983 [S. 44 f, planche IX-XII].
Ministère de la Culture et de l'Environnement [Hrsg.]: Inventaire Général des Monuments et des Richesses Artistiques de la France, Commission Régionale de Bretagne, Morbihan, Canton Belle-Ile-en-Mer, Belle-Ile-en-Mer 1978 [S. 98, Abb. 166].
LILLE ◆ Arsenal in der Zitadelle, *1673, †1919; ◆ Arsenal in der Stadt, *1733, †1877.
Enaud, François: Vauban — Lille et le Nord de la France, in: Bulletin des Internationalen Burgen-Instituts, Nr. 40 (1982), S. 10-37.
Milot, Jean: La Citadelle de Lille »Reine des Citadelles«, Lille 1967 [S. 49]. ABB. NR. 104.
LORIENT ◆ Marinearsenal
MARSEILLE ◆ Marinearsenal
HAB: Plan Geometral de la Ville, Citadelles, Port et Arcenaux de Marseille. Kupferstich von Nicolaus Vischer nach Zeichnung von Ing. Razaud [BS kol. in Cb gr 23.2 Bl. 39; BS unkol. in Cb gr 23.1 Bl. 38].
Zysberg, André: L'arsenale delle galere a Marsiglia [Marseille] al tempo del Re Sole (1665-1715): un'architettura emblematica dell'età classica, in: Ennio Concina [Hrsg.]: Arsenali e città nell'Occidente europeo, Roma 1987, S. 115-132.
MAUBEUGE ◆ Arsenal
METZ ◆ Zeughaus des 16. Jh., † ◆ Arsenal [I] *1725/30 im Retrenchement Guise, †1739, ◆ Arsenalprojekte 1847 ◆ Nouvell Arsenal de la Citadelle de Metz [Arsenal II »Ney«], *1859/63, heute Konzertsaal der Stadt. ◆ Arsenal [III] im Vorort Devant-les-Ponts
Agence des Bâtiments de France Metz: Aufmaß des Arsenals II.
Archives Municipales: Notes Historiques sur le service du matériel à Metz, Manuskriptdruck Sign. CB Br4 A20.
Barbé, Jean-Julien: Ville de Metz. Répertoire numérique des Archives Communales, II. Période moderne (1801-1870), Metz 1928 [S. 11].
Barthel, Jocelyne: Metz rétro. Arsenal en scene, in: Vive à Metz [Mitteilungsblatt des Bürgermeisters] Nr. 135 (1989), S. 20.
Mutelet, Marius: Metz d'autrefois en un choix iconographique du Moyen-Age à la Révolution, Metz 1965 [S. 99 f].
Ecole des Art Appliqués Metz: Modell des Arsenals II.
Bibliothèque — Médiathèque de Metz: 1) Zeitungsartikel ab 1974 zu Projekten zur Umnutzung des Arsenals III [Polizeirevier, Festungsmuseum u. a.]; 2) Collection privée de Marius Mutelet [bildl. Darstellungen].
Turrel, Claude: Metz Deux Mille ans d'Architecture Militaire, Metz 1986 [Maquette von 1821 mit dem Arsenal S. 2/3, 93-99, 174/175]. ABB. NR. 26/495.
MÖMPELGARD [Montbéliard] ◆ Zeughaus, *1595 †
MONTDAUPHIN ◆ Zeughaus am Markt
MONTREUL-SUR-MER ◆ Arsenal in der Zitadelle, *17. Jh., ruinös
NAVARRENX ◆ Arsenal, *1680
Desplat, Chr.; Tucoo-Chala, P.: Navarrenx, Navarrenx 1981.
NEU-BREISACH [Neuf-Brisach] ◆ Festungsarsenal, *1698 †, ABB. NR. 103.
PARIS ◆ Arsenal in der Bastille †. ◆ Grand Arsenal, Rue de Sully, heute u. a. Bibliothèque des Arsenals. ◆ Musée de l'Armée und Musée des Plans-Reliefs, Dôme des Invalides.
Anderhub, Andreas und Berthold, Roland [Hrsg.]: Die Bastille — Symbolik und Mythos in der Revolutionsgraphik, Ausstellungskatalog des Landesmuseums und der UB Mainz, Mainz 1989
Archives Nationales: Section ancienne, P.1189, pieces XV2, XV und 16 Inventare des Arsenals in der Bastille von 1428, 1430, 1435, 1463, 1505.
Armee-Museum: Museumsfaltblatt, germ. ed., Paris o. J.

Babelon, Jean-Pierre: Le Palais de l'Arsenal à Paris. Etude architecturale et essai de répertoire iconographique critique, in: Bulletin Monumental, Paris, Vol. 128-IV (1970), S. 267-310 und Taff.
Bibliotheque Nationale Paris: Hotel de ville, manuscrits francais 6970, fol.392/394.
Blanc, H.: Le Musée de l'Armée, in: Revue Internationale d'Histoire Militaire, Paris 1955, Bd. 17 (1955), S. 435-445.
Bonaparte, Louis-Napoléon: Etudes sur le passé et l'avenir de l'artillerie, 6 Bde, Paris 1846/81 [Bd. 1 Zeughausinventare Paris S. S. 366-383].
Brissac, Catherine: Le Musée des Plans-Reliefs Hôtel national des Invalides, Paris 1981 [Katalog der Modellsammlung].
Huber, Traudel: Saarlouis. Beispiele einer barocken Festungsstadt im Vergleich mit Longwy, Landau und Neubreisach, Saarbrücken 1980 [Plan des Arsenals Abb.73].
Humbert, Jean: L'Hotel des Invalides. Musée de l'Armée, Paris 1978.
Institut de France, Bibliothèque, Fonds Manuscrits: Zahlreiche Inventare und Berichte zu den Arsenalen Paris, Boulonge, Anvers, Hambourg von 1670-1816; Projektpläne zu einem Arsenal zwischen Jardin du Roi und Arsenal Paris unter Louis XVI.; Arsenalplan von Marseille.
Musée de l'Armee: Les Invalides et le Musée de l'Armée. Guide Officiel, Paris 1939.
Dass. [Hrsg.]: Les Invalides Trois Siecles d'Histoire, Paris 1974.
Niox, G. L.: Le Musée de l'Armée, armes et armures anciennes et souvenirs historiques les plus précieux, 2 Bde, Paris 1917.
Reverseau, J. P.: Les armures des rois de France au Musée de l'Armée, in: ZHWK Bd. 21 (1979), S. 3-10.
Robert, L.: Catalogue des collections composant le Musée d'Artillerie en 1889, 4 Bde, Paris 1889/93. ABB. NR. 455.
PORT LOUIS ♦ Arsenal in der Zitadelle, heute Musée de Marine.
ROCHEFORT ♦ Marinearsenal *1666, Ausbau 2. Hälfte 18. Jh.
Acerra, Martine: Rochefort: l'arsenal, l'eau et les vaisseaux, Paris 1985.
Bitaubé, Pierre: Corderie Royale de Rochefort L'Histoire retrouvée, Rochefort 1985.
Dupont, Amiral und Fardet, Marc: L'Arsenal de Colbert Rochefort, La Rochelle 1986.
La Corderie Royale: a) Rochefort, au fil de la Charente, Rochefort 1985 [Ausstellungskatalog; La Charente et l'Arsenal Nr. 35-79].
Mémain, René: La Marine de guerre sous Louis XIV. Le matériel. Rochefort, arsenal modèle de Colbert (1666-1690), Paris 1937.
Pineau, Xavier: L'Arsenal de Colbert, hrsg.v. Centre International de la Mer. La Corderie Royale, Rochefort 1988 [Faltblatt].
ROUEN ♦ Marinearsenal, *17. Jh., Ausbau 18. Jh.
SCHLETTSTADT [Sélestat] ♦ Zeughaus Ste Barbara, *1534 aus einem Kaufhaus von 1500; ♦ Arsenal du Grand Couvert, † ; ♦ Arsenal St Hilaire.
STRASSBURG [Strasbourg] ♦ Städt. Zeughaus, Place de Broglie, *1529/1575, Reste vorh. ♦ Arsenal *1832, Fonderie *1703.
Archives de la Ville: Invendarium Aller Municion vonn Geschitz und anderem voratt, so die Stat Strassburg Inn Irem Zeughaus auch uff denn Thürnenn Inn Ründelenn und auch anderswo habenn, 1592, Sign.: V. C. G. Corp. C. (Lad. 45).
Martin, Paul: a) Von Alt-Straßburger Geschütz- und Gießkunst, in: Sonntag am Oberrhein, Strassburger Neueste Nachrichten v. 15.06.1941, S. 13 f. b) Die Waffen- und Uniformensammlung des Historischen Museums der Stadt Straßburg, in: ZHWK Bd. 2, Nr. 2 (1960), S. 118-121.

Musée des Plans-Reliefs Paris: Maquette, erbaut 1836, restauriert 1857/63; Maße: 10,86 x 6,65 m.
Musée Historique de la Ville de Strasbourg: Exponate aus ehemaligen Zeughausinventaren.
Musée de l'Armée Paris: Exponate aus dem Inventar des 1799 und 1830 aufgelösten Zeughauses Straßburg.
Rudolphi, Friderich: Gotha Diplomatica, a. a. O., 1712, Bd. II, Teil 2, S. 373 f.
Seyboth, Ad.: Strasbourg historique et pittoresque, Straßburg 1894 [Geschichte und Beschreibung des Zeughauses bis 18. Jh., S. 105-119, dazu Beilagen Stadtpläne unterschiedlicher Epochen mit den jeweiligen Militärgebäuden].
TOULON ♦ Arsenal Maritime, *1738.
Guillerme, Jacques und Vernin, Hélène: Tolone [Toulon]: il disinganno della razionalità tecnica, in: Ennio Concina [Hrsg.]: Arsenali e città nell'Occidente europeo, Roma 1987, S. 151-168. ABB. NR. 352.1-2.
VINCENNES ♦ Château 1808 zu Arsenalzwecken umgebaut; heute Museum und Archives de l'Armee de Terre: Archives du Génie.
Enaud, Francois: Das Schloss Vincennes, Paris 1965.

2.4 GRIECHENLAND

Rethymnon [Kreta] ♦ Festungsarsenal *1580/81
Malagari, A. und Stratidakis, Ch.: Réthymnon. Ein Führer durch die Stadt und ihre Umgebung, Athen 1985/86 [S. 44].

2.5 GROSSBRITANNIEN

CHATHAM ♦ Marinearsenal
Coad, J. G.: Historic Architecture of the Royal Navy. An Introduction, London 1983.
Denison [Lieutenant im Kgl.Ingenieurcorp]: Beschreibung des Verfahrens, mittelst welchem, nach Taylor's Angaben, die Vorratshaeuser der Schiffswerft zu Chatham mit Moertelbauwerk unterbaut wurden, in: Archiv für die Offiziere der Königl. Preuß. Artillerie- und Ingenieur-Korps, Bd. 22 (1847), S. 64-67.
FORT GEORGE ♦ Twin Ordnance Storehouses *1759/61 for arms and military equipment in der 1749-54 erbauten Festung; im späten 18. Jh. Umbau zum Hospital.
Fort George. The most considerable Fortress in Great Britain; [Museumsfaltblatt mit Luftbild] o.J.
MacIvor, Iain: Fort George, Edinburgh ^{1}1970, ^{3}1983.
LONDON ♦ The Armouries, H. M. Tower of London, erbaut seit 1097, Sammlungen seit 1660; ♦ New Armouries *1670 am White Tower des 11. Jh.
Blackmore, H. L.: The Armouries of the Tower of London, Vol. I, Ordnance, London 1977.
Borg, A.: Heads and Horses: Two Studies in the History of the Tower Armouries, Oxford 1976.
Butler, Thomas: Her Majesty's Tower of London, 1973.
Charlton, John: The Tower of London: its Buildings and Institutions, London 1978.
Department of the Environement: The Tower of London, London ^{5}1983.
Dillon, H. A. L. Viscount: On the development of gunlocks from examples in the Tower of London, in: Archaeological Journal, London 1893, Bd. 50, S. 115-131.

Ders.: Arms and Armour at Westminster, the Tower and Greenwich, 1547, in: Archaeologia, London 1888, Bd. 51, S. 219-280.
Ders.: Armour notes, in: Archaeological Journal, London 1903, Bd. 60, S. 96-136.
Dufty, A. R. und Reid, W.: European Armour in the Tower of London, London 1968.
Ders. und Borg, A.: European Swords and Daggers in the Tower of London, London 1974.
Ders.: An outline of Arms and Armour in England from the early Middle Ages to the Civil War by the late Sir James Mann, London ²1970.
Ffoulkes, Charles J.: Inventory and Survey of the Armouries of the Tower of London, Bd. I [defensive Armour, etc.], Bd. II [Offensive arms] London 1916.
[Original: UBG 4⁰ H. Brit. p. I, 3401].
Ders.: Guide to the Armouries, London 1936.
Grose, Fr.: Treatise on ancient armour and weapont, London 1786 [Waffenverzeichnis im Tower].
Hammond, Peter: Royal Fortress. The Tower of London through nine centuries, London 1978.
Hibbert, Christopher: Tower of London, New York 1971.
Hogg, Oliver: The Royal Arsenal. Its background, origin, and subsequent history, 2 Bde, London/New York/Toronto 1963.
Minney, R. J.: The Tower of London, London 1970.
Norman, A.V.B. und Wilson, G. M.: Treasures from the Tower of London, Arms and Armour, London 1982.
Restall, E., Norman, A.V.B., Hammond, P.: The Tower of London: Royal Palace & Fortress, London 1980.
Rowse, A. L.: The Tower of London in the History of the Nation, London 1972.
The British Museum: Catalogue of printed maps, charts and plans, London 1964, Vol. 1, Sp. 155 f.
Dass.: Catalogue of the Manuscript maps, charts, and plans and of the topographical drawings, London 1962, Vol. II, S. 30-32.
Smith, Robert D./Brown, Ruth Rhynas: Bombards Mons Meg and her sisters, London 1989 [Royal Armouries Monograph 1].
Wilson, D.: The Tower of London, London 1978.
Wilson, G.: Crossbows, Treasures of the Tower's series, London 1976. ABB. NR. 450.
NORTHFLEET ◆ Marinearsenal
PLYMOUTH ◆ Marinearsenal, * 2. Hälfte 19. Jahrhundert
Coad, J. G.: Historic Architecture of the Royal Navy. An Introduction, London 1983.
PORTSMOUTH ◆ Marinearsenal, * 2. Hälfte 19. Jahrhundert
Coad, J. G.: Historic Architecture of the Royal Navy. An Introduction, London 1983.
WARWICK [Avon] ◆ Rüstkammer
Mann, James G.: Die alten Rüstkammerbestände auf Warwick Castle, in: ZHWK Bd. 14 (1935/36), S. 157-160 † Taf.XII [Reprint Graz 1974].
Unstead, R.J.: Warwick Castle. The Castle as a Fortress, Warwick Castle 1979 [Faltblatt].
WOOLWICH ◆ Royal Arsenal
Coad, J. G.: Historic Architecture of the Royal Navy. An Introduction, London 1983.
Ffoulkes, C.: Armour from the Rotunda, Woolwich, transferred to the Armouries of the Tower, London 1927.
Hogg, Oliver: The Royal Arsenal. Its background, origin, and subsequent history, 2 Bde, London 1963.
Knell, Henry: Arsenal Guide, Woolwich 1865.

The British Museum: Catalogue of printed maps, charts and plans, London 1964, Vol. 1, Sp. 317 f.
Dass.: Catalogue of the Manuscript maps, charts, and plans and of the topographical drawings, London 1962, Vol. I, S. 112 f.

2.6 ITALIEN

BOLOGNA ◆ Zeughaus *1712 im Forte Urbano *1628.
Braham, Allan und Hager, Hellmut: Carlo Fontana. The Drawings at Windsor Castle, London 1977 [S. 194 f, 5 Bll. Drawings at Windsor Castle, London 1977 [S. 194 f, 5 Bll. Abb. 533-537].
Roversi, Giancarlo: Le Mura Perdute. Storia e immagini dell'ultima cerchia fortificata di Bologna, Bologna 1985.
CIVITAVECCHIA ◆ Marinearsenal
Buchicchio, Fabiano T. und Fagliari, Zeni: La Rocca del Bramante a Civitavecchia: Il Cantiere e le Maestranze da Giulio II a Paolo III, in: Römisches Jahrbuch für Kunstgeschichte, Bd. 23/24 (1988), 273-383 [S. 314 ff].
COMACCHIO ◆ Marinearsenal
FLORENZ ◆ Rüstkammern
Meyerson, Ake: Die großherzogliche Rüstkammer zu Florenz im Jahre 1666, in: ZHWK Bd. 6 N. F. (1937/39), [Reprint Graz 1974].
GENUA ◆ Marinearsenal
Dellepiane, Riccardo: Mura e Fortificazioni di Genova, Genova 1984.
Forti, Leone Carlo: Le Fortificazioni di Genova, Genova ³1975.
Poleggio, Ennio: L'arsenale della Repubblica di Genova (1594-1797), in: Ennio Concina [Hrsg.]: Arsenali e città nell'Occidente europeo, Roma 1987, S. 83-96.
LA SPEZIA ◆ Marinearsenal, *1808
MONSELICE ◆ L'Armeria
Hayward, John [Hrsg.]: L'Armeria del Castello di Monselice, Catalogo, Venezia 1980.
PALMANOVA ◆ Palazzo delle Monizioni o Arsenale im Borgo Aquileia, *1616, heute Caserma Montezemolo.
Di Sopra, Luciano: Palmanova Analisi di una città-fortezza, Milano 1983.
Istituto Italiano dei Castelli Sezione Friuli Venezia Giulia [Hrsg.]: Palmanova, Kassette mit 3 Bd., Venedig 1982: 1. Damiani, Piero: Palmanova la storia, Venezia 1982; 2. Palmanova borghi e monumenti Grafici; 3. Palmanova da fortezza veneta a fortezza napoleonica.
Università degli studi di Triesti, facoltà di ingegneria, istituto di disegno [Hrsg.]: palmanova il significato di una forma, Trieste 1985. ABB. NR. 148.
PISA ◆ Zeughaus * 15. Jahrhundert
Angiolini, Franco: L'arsenale di Pisa fra politica ed economia: continuità e mutamenti (secoli XV-XVI), in: Ennio Concina [Hrsg.]: Arsenali e città nell'Occidente europeo, Roma 1987, S. 69-82.
Garzella, Gabriella: L'arsenale medievale di Pisa: primi sondaggi sulle fonti scritte, in: ebenda S. 51-61.
Redi, Fabio: L'arsenale medievale di Pisa: le struttura superstiti e i primi sondaggi archeologici, in: ebenda S. 63-68.
ROM ◆ »Zeughaus« — Waffenkammer-Museum in der Engelsburg
Borgatti, Mariano: Castel Sant'Angelo in Roma. Storia e Descrizione, Roma 1890.
D'Onofrio, Cesare: Come visitare Castel S. Angelo nella storia di Roma e del Papato, Roma 1980.

Museo dell'Istituto Storico e di Cultura dell'Arma del Genio, Roma, Lungotevere della Vittoria 31.
Santini, Loretta: Die Engelsburg, Narni-Terni 1982.
TRIENT ◆ Österr. Zeughaus im späten 16., frühen 17. Jh. im Schloß Buon Consiglio.
TRIEST ◆ Armeria in der Zitadelle S. Giuste; ◆ Arsenal des Österreichischen Lloyds *1855 †
Hansen, Chr.: Arsenal des Österreichischen Lloyd in Triest, in: Allgemeine Bauzeitung, 22. Jg., Bd. 1857, Bl. 129-134, Bd. 1839 Bl. 129-132, S. 335 [Ansichten, Grundrisse].
Loseri, Laura Ruaro: Castello e Museo di S. Giusto a Trieste, Udine 1982.
TURIN [Torino] ◆ Il Vecchio Arsenale, *1563; ◆ Il Nuovo Arsenale, Via dell'Arsenale, heute u.a. Scuola d'Applicazione del Genio.
Amoretti, Guido: L'Arsenale di Torino 1570-1981. Note Storiche. [Torino] 1981.
Angelucci, Angelo: Catalogo della Armeria Reale [Torino] illustrato con incisioni in legno, Torino 1890.
Hayward, John F.: Historical arms and armour in the Armeria Reale of Turin, in: Bollettino della Società Piemontese d'Archeologia e di Belle Arti, Nr. 2, Turin 1948, S. 1-18.
Maglioli, V.: Armeria reale di Torino, Torino 1959.
Mazzini, Franco [Hrsg.]: L'armeria reale di Torino, Torino 1982.
Museo Pietro Micca e dell'Assedio di Torino del 1706: Papacino d'Antonio, Alessandro Vittorio (1714-1786): Esame della Polvere, Turin 1765.
Seyssel, d'Aix, Vittorio: Armeria antica e moderna di S. M. Carlo Alberto, Torino 1840.
VENEDIG [Venezia] ◆ Arsenal, *1104, Rio del Arsenale ◆ La Sala d'Armi Palazzo Ducale in La Torresella, seit 1532 Rüstkammer der Republik, heute Museum.
Amelot de La Houssaie, Abraham Nicolas: Histoire du Gouvernement de Venise, Paris 1676, 3 Bde Amsterdam 1705 [Original: HAB Gh 582].
Angeletti, Glauco: L'armeria storica di Castel Sant'Angelo. Guida. Roma 1991.
Chirivi, Romano: L'Arsenale di Venezia storia e obiettivi di un piano, Venezia 1976.
Comune di Venezia [Hrsg.]: Venezia e la difesa del Levante. Da Lepanto a Candia 1570-1670, Venezia 1986.
Concina, Ennio: L'Arsenale della Repubblica di Venezia. Tecniche e istituzioni dal medioevo all'età moderna, Milano 1984.
Ders.: Venezia: arsenale, spazio urbano, spazio marittimo. L'età del primato e l'età del confronto, in: Ders. [Hrsg.]: Arsenali e città nell'Occidente europeo, Roma 1987, S. 11-32.
De'Barberi, Jacopo (* um 1445 †1516): Perspektivplan von Venedig, Venedig 1500, mit einer Einführung von Terisio Pignatti, Nördlingen 1976 [Originale des 282 x 135 cm messenden Riesenholzschnittes: a) Civici Musei Veneziani d'Arte e di Storia, Museo Correr, Venezia, b) British Museum PS 104296].
Edizioni Storti [Hrsg.]: Venedig und seine Kunstschätze, Venezia 1977 [Rüstkammern S. 32-34, Arsenal S. 66 f].
Enciclopedia Italiana, Vol. 4 Milano, 1929, Stichwort: Arsenale, S. 604-615.
Francoi, Umberto: 1) Die Waffensammlung des Dogenpalastes in Venedig, Venedig 1966; 2) L'Armeria del Palazzo Ducale a Venezia, Treviso 1990.
Gennaro, Paola [Hrsg.]: L'Arsenale Riordinato. Nuovi Progetti per Venezia, XVI Triennale di Milano/Venezia 1987.

Graevenitz, A. E. G. von: Das Arsenal in Venedig und seine Sammlungen, in: ZHWK Bd. 5 (1909/11), S. 65-72 [Reprint Graz 1972].
Heyd, Wilhelm: Handschriften und Handzeichnungen des herzoglich-württembergischen Baumeisters Heinrich Schickhardt, Stuttgart 1902 [S. 260-262 Zeughaus Venedig].
Lane, Frederic Chapin: Venice. A maritime republic, Baltimore 1973.
Ders.: Venetian Ships and Shipbuilders of the Renaissance, engl. ed. Baltimore 1934, frz. ed. Paris 1965 [S. 460 ff Lit. und Quellenhinweise].
Mocenigo, M.N.: L'Arsenale di Venezia, Roma 1927.
Mothes, Oskar: Geschichte der Baukunst und Bildhauerei Venedigs, 2 Bde, Leipzig 1859/60.
Museo Storico Navale, Fondamenta dell'Arsenale: Exponate zur Arsenalgeschichte, besonders Schiffsmodelle, und die 1866 durch Österreich und Frankreich an Italien zurückgegebenen einst geraubten musealen Artefakte, Graphik, Plansammlung.
Perbellini, Giann M. und Roggero, Mario F.: L'Arsenal de Venise. Arzanà de'Viniziani. Architetture Fortificate della Provincia di Venezia, Verona 1983 [ed. ital.-frz.].
Schulz, Jürgen: Jacopo de' Barbari's View of Venice: Map Making, City Views, and Moralized Geography Before the Year 1500, in: The Art Bulletin, Vol. LX Nr. 3 (1978), S. 425-474.
Zedlers Universallexikon, Leipzig/Halle 1745, Bd. 45 Stichwort Venedig, Sp. 1256-1259. ABB. NR. 15/16/415/416/449.
VERONA ◆ Zeughaus Kaiser Maximilians I. von 1509-1516, †

2.7 JUGOSLAWIEN

DUBROVNIK ◆ Marinearsenal, * im 12. Jh., Ausbau 1386/87, 1535 Vergrößerung, †
Beritic, Luksa: Die Stadtmauern von Dubrovnik, Dubrovnik [4]1976.
ZADAR ◆ Kleines Arsenal, ursprüngl. Kastellturm mit Hauptzugang; ◆ Großes Arsenal [Hafenmagazin]; Gebäude der Tankerschiffahrt, *18. Jh., Erdgeschoß ursprüngl. venetianisches Artilleriemagazin.

2.8 LUXEMBOURG

LUXEMBOURG ◆ Städt. Waffenkammer des MA im Rathaus †; ◆ Arsenal, ab 1544 nachweisbar, in den zweietagigen Souterrains der Bastion Ste Marie und Kavalier, später hinter der Bastionskehle durch Vauban *1685, † nach 1850.
Dollar, Jacques: Vauban à Luxembourg. Place Forte de l'Europe (1684-1697), Luxembourg 1983 [S. 78].
Koltz, J.-P.: Baugeschichte der Stadt und Festung Luxemburg, Bd. I: Von den Uranfängen bis 1867, Luxemburg 1944, Neuauflage 1970.
Landesmuseum Luxemburg: 1) Waffensammlung, 2) Modell der Festungsstadt aus Bronze im Saal 108, im Bauzustand 1867 von Capitaine Guillaume Weydert 1891 angefertigt.
Musée des Plans-Reliefs Paris: Maquette Luxembourg von 1805; Maße: 5,50 x 5,40 m. Nachbau von 1980 im Zentrum Cercle.
Neumann, H.: Festungsbaukunst und Festungsbautechnik, 1988, S. 430.
Pauly, Jos und Spang, Paul: Luxembourg, la forteresse éclatée. Monuments d'hier à visiter aujourd'hui, avec une étude sur la vie quotidienne à Luxembourg à l'époque naoléonienne, Luxembourg 1984 [Maquette mit Arsenal S. 12 f, 75, 82 f, 87].

Vekene, Emile van der: Les Plans de la Ville et Forteresse de Luxembourg édités de 1581 à 1867. Catalogue descriptif et illustré, Luxembourg 1976.

2.9 NIEDERLANDE

AMSTERDAM ◆ Stadsbushuis, *1606, Singel 423, heute Universitätsbibliothek; ◆ Bushuis O. I. Comp., *17. Jh., Hoogstraat; ◆ Lands Zeemagazijn, * 17. Jh., Waterlooplein; ◆ Admiraliteitszeemagazijn, Kattenburgerstraat, *1657, heute Nederlands Scheepvaartmuseum.
Jansen, L.: Het Oude Zijds Huiszittenhuis [Arsenal], in: Ons Amsterdam, 16. Jg. (1964), S. 258-264.
N.N.: Het Gebouw van de Academie voor Bouwkunst, in: Bouwkundig Weekblad, 63./64. Jg. (1945/1946), S. 179-182.
N.N.: Oude turfpakhuizen, later »Arsenaal« aan het Waterlooplein te Amsterdam, in: Buiten, 17. Jg. (1923), S. 564.
N.N.: Gerestaureerde gevel van het voormalig arsenaal aan het Singel te Amsterdam, in: Buiten, 15. Jg. (1921), S. 156.
Visser, J.B.: Het Arsenaal gerestaureerd, in: Ons Amsterdam, 1961, S. 204 f.
BATH ◆ Arsenal, Arsenalstraat 19, *1787 als Munitiemagazijn für das Fort Bath bei Reimerswaal
BERGEN-OP-ZOOM ◆ Groot Arsenaal, N. Z. Haven, *1764, Umschlagplatz für NATO- Güter; ◆ Klein Arsenaal, Dubbelstraat 90, *1787, heute Magazin der Armee.
Allgemeines Reichsarchiv: Collecte Genie, darunter Arsenalpläne.
Gemeente-Archief: Bildarchiv.
Slootmans, Kornel: Bergen op Zoom een Stad als een Huis, Zaltbommel [4]1974 [S. 68 f].
BREDA ◆ Arsenaal René de Chalon, * ca. 1540 im Kastell, †1774; ◆ 2 Zeughäuser an der Ostseite des Platzes zwischen Haagdyksche- und Ginnekenstor, *1682, †; ◆ Grote Arsenaal, *1771, Fellenoordstraat auf dem Gebiet der Seelig-Kaserne, heute militär. Magazin und Ausbildungsstätte; ◆ Klein Arsenaal, auf dem Gebiet der Seelig-Kaserne, *1836, heute Offiziersmesse; ◆ Wapenmagazijn, Ecke Halstraat Oude Vest, *1774, 1892 eingerichtet, heute Frisiersalon.
van Goor, Thomas Ernst: Beschryving der Stadt en Lande van Breda, 's Gravenhage 1744 [Reprint Den Haag o.J.; S. 58 f].
Kalf, Jan: De Monumenten van geschiedenis en kunst in de provincie Noordbrabant, 1.Stuk: De monumenten in de voormalige Baronie van Breda, Utrecht 1912 [S. 56].
Peeters, C. J. A. C.: Militaire gebouwen in Breda, in: Jaarboek Geschied- en Oudheidkundige Kring »De Oranjeboom«, Nr. 25 (1972), S. 18-21.
Rooyen, Maurits van: Breda Vroeger en nu, Tilburg 1978 [S. 154-155] ABB. NR. 51,383.
BRIELLE ◆ Arsenal, Rozemarijnstraat 46, *1708, vergrößert 1781, seit 1983 Stadtbibliothek.
de Jonge, W.: De Vesting Brielle, Brielle 1975.
COEVORDEN ◆ Arsenaal en Musketkogelhuis, Haven 4/6, *Ende 17. Jh. als Packhaus, seit 1974 Stadtbibliothek mit Lesesaal. ABB. NR. 51.
DELFT ◆ Armamentarium am Zusammenfluß der Grachten Oude Delft und Geer, *1602, erweitert 1692, heute Nederlands Leger en Wapenmuseum »General Hoefer«.
Berends, G.: Het Armamentarium, in: Delftse Studiën, Assen 1987, S. 125-142.

Feitsma, W. A.: Zestig Jaar Legermuseum 1913-1973; in: Armamentaria Bd. 8 (1973), S. 42-55.
Hansen, C. L.: Het arsenaal te Delft, in: Buiten, 15. Jg. (1921), S. 22 f.
Nägele, Heinz und Schaap, Dick: Geen oorlog, geen munitie. De geschiedenis van 300 jaar militaire produktie, Amsterdam 1979.
Schmidt, A.[rthur]: Das Armamentarium zu Delft, in: Waffen-Revue Nr. 14 (1974), S. 2183-2192.
Westhoff, W. B.: Oorsprong, Ontwikkeling en Tegenwoordige Toestand der Artillerie-Inrichting te Delft, 's-Gravenhage 1880.
Wielen, J. E. van der: Leids Pesthuis en Delfts Arsenaal un verval, in: Heemschut, Nr. 57 (1980), S. 10 f. ABB. NR. 51.
DEN HELDER [Nieuwe Diep] ◆ Marinearsenal, *1805 ff.
Rijksmuseum Amsterdam [Hrsg.]: de Physique Existentie dezes lands Jan Blanken Inspecteur-Generaal van de Waterstaat (1755-1838), Ausstellungskatalog Amsterdam 1987 [darin u. a. R. Rolf: J.Blanken en de architectuur [mit den 2 Entwürfen für Helderse Magazijn, cat. nr. 79]; P. C. Saal: Jan Blanken en de vestingbouw. Fortificatieontwerpen voor het Nieuwe Diep, 1801-1811].
DEVENTER ◆ Arsenal, 1647 im O. L. Vrouwekerk eingerichtet, †.
Acquoy, J.: De timmermeesters, weidegraven, hoofd-, brug-, straat-, wegen- en artilleriemeesters [in Deventer], Deventer 1924 [S. 27 f, 114-128].
Ter Kuile, E.H.: Zuid-Salland. Met een overzicht van de geschiedenis van Deventer door A. C. F. Koch, 's-Gravenhage 1964 [S. 56 ff].
DORDRECHT ◆ Arsenal, Houttuinen 32, *1795 als »Tuighuis der kantonniers«, heute Parkhaus.
GEERTRUIDENBERG ◆ Arsenal, Haven 48, *1770/78, heute »party-centrum«.
Allgemeines Reichsarchiv: Pläne inv. OBZ nr. 592, 593.
Loosjes, A.: Geertruidenberg, in: Buiten 17. Jg. (1923) S. 508-510, 521-524, 510. ABB. NR. 51.
GORINCHEM ◆ Tuighuis, Boerenstraat 44, *1755, heute Militärmagazin.
GRAVE ◆ Arsenalkomplex aus Groot und Klein Arsenaal und Pulvermagazin, * Ende 18. Jh., heute Gefängnis.
HELLEVOETSLUIS ◆ Marinearsenal
Buitenhuis, Klaas: Flitsen uit de geschiedenis van Hellevoetsluis, Hellevoetsluis 1981.
Rijksmuseum Amsterdam [Hrsg.]: de Physique Existentie dezes lands Jan Blanken Inspecteur-Generaal van de Waterstaat (1755-1838), Ausstellungskatalog Amsterdam 1987 [darin J. F.Grosfeld: De sluisen dokwerken te Hellevoetsluis S. 164-187, cat. nr. 47-56].
LEIDEN ◆ Arsenal, Cleveringaplaats, * 18. Jh., heute Universität Abteilung Sinologie/Japanologie. ◆ Nederlands Leger en Wapenmuseum »General Hoefer«, Pesthuislaan 7.
Hartmann, C. A.: Das Niederländische Heeres- und Waffenmuseum »General Hoefer« in Leiden, in: ZHWK Bd. 2 Nr. 2 (1960), S. 121-124.
Nederlands Leger en Wapenmuseum: Zahlreiche Kataloge; jährliches Periodikum »Armamentaria« hrsg. v. Vrienden van het Legermuseum.
Schmidt, Arthur: Das Königlich Niederländische Heeres- und Waffenmuseum »Generaal Hoefer« zu Leiden, in: Waffen-Revue Nr. 16 (1975), S. 2481-2499.
LOEVESTEIN ◆ Gewehrkammer im Schloß, † ◆ Oude Arsenaal/ Oude Tuighuis, † ◆ Nieuwe Arsenal im Fort, *1781, heute Ausstellungsräume und Besucherinformation.

Caminada-Voorham, A. M. G.: Loevestein een fort aan de grens van holland, Zutphen 1989 [S. 74 f, 79-90].
Makken, B.: De voorlopige afbeelding van het slot en fort Loevestein te Brakel in Gelderland, Coevorden 1976.
Stamkot, Bert: Kijkgids Loevestein, Utrecht 1986.
MAASTRICHT ◆ Lands Magasyn, Adaption der Minderbroederskerk an der St. Pieterstraat von 1675-1867, heute Rijksarchief in Limburg.
Craght, Franco van der: Afbeeldinge der voornaemste vertrekken binnen s'lands magasyn te Maestrigt. In Order gebragt, gerangeert en gestapeld onder de directie van den Commis van s'Lands Magasynen te Maestrigt Franco Van der Craght en afgeteekend door Egidius Pickhart Bombardier onder de Artillerye ten dienste der Vereenigde Neederlanden, Maestrigt den VI. Maert MDCCLIX (1759).
Original: Rijksarchief Limburg, Sammlung Karten Nr. 367.
Dingemans, P. A. W.: De Oude Minderbroeders, her eerste minderbroedersklooster, Maastricht 1983 [Arsenaal, Militair Hospitaal en Weeshuis S. 25-33]. ABB. NR. 300/309/310/311.
MIDDELBURG ◆ Bushuis O. I. Comp., * 17. Jh., Fragmente erhalten.
NAARDEN ◆ Groot Arsenaal, *1688, erweitert 1728 mit dem Klein Arsenaal, heute noch militärische Nutzung. ◆ Festungsmuseum in der Bastion Turfpoort mit bedeutender Geschützsammlung.
Bijlevelt, K. C.: Naarden in oude ansichten, Zaltbommel 1969 [S. 61]. ABB. NR. 198.
NIEUWERSLUIS ◆ Arsenal, Rijksstraatweg 31, *1793.
NIEUWPOORT ◆ Arsenal, Buitenhaven 11, *1781, zukünftig »Dorpshuis«.
De Historische Kring: Een wandeling langs de historie van Nieupoort, o. J. [hektographierter Rundgang durch die Festungsstadt].
NIJMWEGEN ◆ Tuighuis der Festung, Marienburg 95, *1822, heute Gemeindearchiv.
ARSENAAL 1978. Uitgave ter gelegenheid van de ingebruikneming van Het Arsenaal als Gemeentearchief, 1978 [Sonderdruck].
ROTTERDAM ◆ Seearsenal
STEVENSWEERT ◆ Arsenal mit Pulvermagazin, seit 1760 Wohnhaus.
TERNEUZEN ◆ Arsenal, Nieuwstraat 27-33, * 19. Jahrhundert, heute an Unternehmer vermietet.
THOLEN ◆ Lands Magazijn of Ammunitiehuis †1835.
Gemeindearchiv: Keine Inventare, Rechnungen, Gerät, Publikationen nachweisbar, einzig mehrere Darstellungen auf Kupferstichen des 17. Jh., dort allerdings in bevorzugter Lage als herausragendes Gebäude, z.B. Smallegange, M.: Nieuwe Cronyk van Zeeland, tot Middelburg gedrukt by Iohannes Meertens, ordinaris Stads-Drucker 1696, Blatt DE STAD THOLEN, Ziffer 12. [BS Privatbesitz]
UTRECHT ◆ Provinzialarsenal; ◆ Städt. Arsenal; ◆ Festungszeughaus Vredenburch.
VEERE ◆ Lands- en Admiraliteitsarsenaal of Magazijn van Oorlogstuig im nördl. Hafengebiet, *1540, erweitert 1565, †1885; z.Z. Projekt der Sichtbarmachung der Fundamente.
Encyclopedie van Zeeland: Arsenaal in Veere, Teil 1, Middelburg 1982, S. 69 f.
Frederiks, J. A.: Het Arsenaal te Veere, in: Bouwkundig Weekblad, 5. Jg., Nr. 42 (1885).
Hendrikse, H. und van den Driest, F.: Veere in oude ansichten, Teil 2, Zaltbommel 1975 [S. 48].

Provinciaal Archeologische Dienst Middelburg: Grabungsunterlagen.
Rijksarchief Middelburg: Bauaufnahmen des Zeughauses 1:100 durch J. A. Frederiks ca. 1884 in: Topografischer Atlas van het Zeeusch Genootschap [Zelandia Illustrata].
Rijksdienst voor de Monumentenzorg Zeist: Bauaufnahmen des Zeughauses 1:50 und 1:100 von 1881.
Smallegange, M.: Nieuwe Cronyk van Zeeland, tot Middelburg gedrukt by Iohannes Meertens, ordinaris Stads-Drucker 1696. [BS Privatbesitz]
Verwey, H.: Het Arsenaal te Veere, in: Zeeuws Tijdschrift Nr. 4 (1985), S. 140-147. ABB. NR. 272.
VENLO ◆ Arsenal, *1751/59, †1944/45. ABB. NR. 51.
VLISSINGEN ◆ Groot- of Nieuw Arsenaal, *1767, Nähe Rammekensport, †1968. ◆ Arsenaal Ecke Paarden-/Gravenstraat, *1649, heute Wohnungen. ◆ Artilleriearsenaal, am Fischerhafen, *1823, heute soziokulturelles Zentrum.
Geelhoed, L. J.: Het muziekarsenaal: renovatie arsenal te Vlissingen tot muziektheater, muziekschool, bibliotheek, Vlissingen, Hogere Technische School, 1982 [BS Techn. Bibliotheek Zeeland].
Gemeente Archief: Handschriftl. Arsenalbeschreibung mit Plänen.
Leeuwen, J. L. van: Vlissingen in oude ansichten, II, Zaltbommel, 1978 [Abb.4,71].
WIERICKERSCHANS ◆ Arsenal in der bastionierten Schanze von 1673, *1748.
WILLEMSTAD ◆ Arsenal an der Benedenkade, *1793, heute Empfangsräume einer Privatfirma.
Nispen, C. A. I. L. van: Willemstad, een brilliant in de gouden delta: momentopname van 1973-1977, Haarlem, Enschede 1973 [S. 25].
Pilger, Nico: Willemstad in oude ansichten, II, Zaltbommel 1980 [S. 25].
Ders.: Het Arsenaal te Willemstad, o.J. [Manuskript im Gemeindearchiv].
Rijksdienst Monumentenzorg Zeist: Plan- und Bildarchiv.
Smit, D. J.: P. W. Schonck (1735-182?). Architect van stadhouder Willem V., Delft 1981 [masch.-schriftl., darin Arsenalpläne]. ABB. NR. 171/437.
WOERDEN ◆ Arsenal, Groenendaal 2, *1762, ab 1979 Sociaal-Cultureel Centrum.
Gemeindearchiv: Ansicht und Schnitt, kol. Federzeichnung von Sergent Major G. Dieltchens, 29.01.1830; Rahmenformat: 50 x 40 cm; Sign. Plansammlung Nr. 6. ABB. NR. 51.
WOUDRICHEM [Woerkum] ◆ Groot Arsenaal, Kerkstraat 41, *1851, heute Restaurant und Museum.
ZIERIKZEE ◆ Arsenal im St. Jacobsgilde-Haus auf Ratsbeschluß 1582 eingerichtet, heute stark überbaut.

2.10 NORWEGEN

OSLO ◆ Festung Akershus, Arkelihuset [Artilleriehaus] *1584. ◆ Haermuseet, *1946 unter Übernahme des 1860 gegründeten Arsenal-Museums, Festung Akershus.
Madsen, Stephan Tschudi: Akershus Slott, Oslo 1980 [germ.-frz. Führer].
TRONDHEIM ◆ Rustkammeret, Kongsgarden, Waffen- und Uniformenmuseum.

2.11 POLEN

BÜTOW [Bytów] ♦ Neues Haus in der Burg als Zeughausflügel für die Landwehr Mitte 19. Jh. aptiert, heute Ruine.
Böttger, Ludwig [Bearb.]: Die Bau- und Kunstdenkmäler des Regierungsbezirks Köslin. Bd. II, Nr. 1 Kreis Stolp, Stettin 1894 [Burg Bütow S. 152-184]. ABB. NR. 270.
DANZIG [Gdansk] ♦ Großes Arsenal, Wollwebergasse, *1601/09, heute Handelspassage, heute u. a. Höhere Schule für plastische Künste; ♦ Neues Zeughaus, *1644, †.
Bildarchiv Foto Marburg: Negativ-Nr. 618973, 618983 [Aufnahmen von 1919].
Curicke, Reinhold: Der Stadt Dantzig Historische Beschreibung worinnen von dero Vhrsprung/ Situation, Regierungs=Art/gefuehrten Kriegen/Religions- und Kirchen=Wesen außfuehrlich gehandelt wird. Verfasset und zusamen getragen durch Reinhold Curicken Secretarium. Im Jahre Christi 1645. Anitzo aber mit sonderbahrem Fleiß/nebst vielen dazu gehoerigen Kupferstueken in offentlichen Druck außgegeben Von Georg Reinhold Curicken. Anno Domini 1686. Vnd mit vielen newen Additionibus vermehret und continuiret biß auff die gegenwertige Zeit. Amsterdam und Dantzig. Verlegt durch Johan und Gillis Janssons von Waesberge Buchhanedlern. 1688, [Original: HAB Gm 4⁰ 255].
Deutsche Fotothek Dresden: Fotoarchiv [Vorkriegsaufnahmen].
Engel: Waffengeschichtliche Studien aus dem Deutschordensgebiet, in: ZHWK Bd. 4 (1906-1908), S. 118 f.
Habela, J.: a) Antonis van Obberghen, Gdansk 1965 [maschinenschriftl. Arbeit Politechnikum Danzig, v. Verf. nicht eingesehen]; b) Antoni van Obberghen (1543-1611), architekt i fortyfikator gdànski [Antoni van Obberghen (1545-1611), Danziger Architekt und Festungsbaumeister], in: Zaskuzeni ludzie Pomorza XVI wieku, Gdansk 1977.
Hahlweg, Werner: Das Kriegswesen der Stadt Danzig. I. Die Grundzüge der Danziger Wehrverfassung 1454-1793, Osnabrück ²1982.
Hoffmann, Julius [Hrsg.]: Baukunst und decorative Skulptur der Renaissance in Deutschland, Stuttgart 1909 [Foto der Zeughaushauptfassade 1909, S. 33].
Klopfer, Paul: Baukunst und dekorative Skulptur der Renaissance in Deutschland, Stuttgart 1909.
Kozakiewicz, Helena und Kozakiewicz, Stefan: Die Renaissance in Polen, Warschau/Leipzig 1976, Taf. 237-240.
Lübke, Wilhelm: Geschichte der deutschen Renaissance, Stuttgart 1873 [Zeughaus Danzig, Bauaufnahme der Hinteren Fassade Abb. 50].
Neumann, H.: Festungsbaukunst und -technik, 1988, S. 425 f.
Stankiewicz, Jerzy: Strakowscy Fortifikatorzy Architekci i Budowniczowie Gdanscy, Gdansk 1955.
Derselbe und Slawomir Swieciochowski: Entwicklung und Architektur der Danziger Befestigungen, in: Zeitschrift für Festungsforschung 1988, S. 9-20.
Wenig, Hans: Danzig. Betrachtungen der Stadt in vier Jahrhunderten, Gdansk, Hamburg 1980. ABB. NR. 172/175/176/240/343/344/345/411/419.
BRESLAU [Wroclaw] ♦ Zeughaus, *1443 als Kornhaus auf dem Burgfeld, aus dem 1578 der Zeughauskomplex erwuchs, bis ins 17. Jh. stetig erweitert, heute Historisches Museum Wroclaw; ♦ Neues Zeughaus neben der Kirche Maria in Arena [Sandkirche], *1551, †1906; ♦ Corpus-Christi-Kirche zeitweise als Rüstkammer aptiert.

Bukowski, Marcin: Arsenal Wroclawski Przy Bramie Mikolajskiej, Wroclaw 1979.
Gieraths, Günther: Breslau als Garnison und Festung 1241-1941, Hamburg 1961 [S. 19].
Goldstein, Walter B.: Tausend Jahre Breslau. Bilder aus Breslaus Vergangenheit, Darmstadt 1974 [Abb. Nr. 18].
Pilch, Jozef: Zabytki Architektury Dolnego Slaska, Wroclaw 1978 [S. 328 f mit Grundriß des Arsenals].
Schreiner, Rupert [Bearb.]: Ostdeutsche Galerie Regensburg. Breslau. Ansichten aus sechs Jahrhunderten, Regensburg 1983 [Nr. 13 Armamentarium ad Portam Arenarium, Burgus, und Armamentarium ad Portam S. Nicolai, Kupferstich v. Nikolaus Häublein 1668; Nr. 36 Burgfeldzeughaus; Radierung v. Steidlin; Nr. 48 Stadtansicht v. 1750 mit dem Zeughaus am Sandthor, Kupferstich v. F. B. Werner].
Starzewska, Maria [Bearb.]: Die Museen in Wroclaw. Führer, Wroclaw 1974 [Zeughaus S. 52 f]. ABB. NR. 351.
KRAKAU [Kraków] ♦ Rüstkammer auf dem Wawel, heute Waffenmuseum, ♦ Arsenal Miejski — Stadtarsenal, *15. Jh., Umbau im 19. Jh. in pseudogotischer Manier, heute zum Czartoryski-Museum gehörig, ♦ Arsenal Wladyslawa.
Bogdanowski, Janusz: Warownie i Zielen twierdzy Kraków, Kraków 1979 [Rekonstruktion des Zeughauses S. 56].
Krzyzanowska-Kalkowska, Emilia: Krakow. Spaziergänge durch die Stadt und Umgebung, Kraków 1978.
N.N.: Die Sammlungen des Königsschlosses auf dem Wawel, Hersching; 20. J., [Rüstkammer S. 28-35, Katalog Nr. 403-407, ausführliches Literaturverzeichnis besonders der polnischsprachigen Publikationen. 420 f]; poln. ed. princ.: Zbiory zamku królewskiego na Wawelu, Warsaw 1975.
Petrus, Jerzy T.: Wawel Armoury. Guide Book, Kraków 1976.
Piwowonski, Jan: Mury, Które Bronily Krakowa, Kraków 1986 [Abb. 12, 13].
Szablowski, Jerzy: Zbrojownia wawelska [Die Wawel-Rüstkammer], Kraków 1963. ABB. NR. 164.
LÖTZEN / BOYEN) [Gizycko] ♦ Projekt defensibler Landwehrzeughäuser für Lötzen, Osterode [Ostpreußen], Adelnau [südwestlich v. Ostrowo] und Kopernitz [ostwärts Züllichau], nach 1818, unausgeführt.
Ehrhardt, Traugott: Die Feste Boyen. Das Masurische Sperrsystem im 19. und 20. Jahrhundert. Zur Rekonstruktion der Feste Boyen, der Seen- und Waldsperren, in: Deutsches Soldatenjahrbuch 1970, München 1969, S. 209-221, Teil 2 1971, München 1970, S. 190-195.
Biskup, K.: Der Bau der Festung Lötzen, in: Festungsforschung als kommunale Aufgabe, Germersheim, Bd. 5 der Deutschen Gesellschaft für Festungsforschung, Wesel 1986, S. 167-179 [hier S. 168, 171].
Grieben, Olaf: Die Entwürfe für die »Feste Boyen« bei Loetzen/Ostpreußen. Eine Richtigstellung. Manuskript aus dem Nachlaß von 1977 [Kopie im Besitz d. Verf.].
MARIENBURG [Malbork] ♦ Kgl. Zeughaus genannt KARWAN, Umbau zum Landwehrzeughaus i. J. 1886/87.
Domanska, Hanna: Arsenal artylerii koronnej w Malborku [Das Arsenal der Artillerie der Krone in Marienburg], in: Studia i Materialy i Historii Wojskowsci, Bd. 16 (1970) S. 11-25.
Nowak, Tadeusz: Arsenaly artylerii koronnej w latach 1632-1655, in: ebenda Bd. 14 (1968), S. 92-135.
NEISSE [Nysa] ♦ Bischöfliches Zeughaus, *1608, †1808, ♦ Kaiserliches Zeughaus, *1681, † ♦ Zeughaus im Dominikanerkloster

1810-17, Gewehrfabrik, †1871, ♦ Artilleriedepot †, ♦ Neues Zeughaus 1866/68, erhalten.
Klose, Arwed: Festung Neisse, Hagen 1980.
OSTERODE [Ostróda] ♦ Defensibles Landwehrzeughaus, *1843/45 auf dem Kirchhofberg über dem Drewenz-See †.
DSB: Kol. Handzeichnung »Plan von der Stadt und Gegend von Osterode in Ostpreussen. Croquirt und gezeichnet von Koenig P. L. im I. C.« [m. p.], mit Legende, o. J. (vor 1850), Format: 30 x 23,5 cm, Signatur: X 31870/10 [vgl. Klemp, Egon [Hrsg.]: Kartograph. Bestandsverzeichnisse der DSB. Bd. 3 Pläne und Grundrisse von Städten sozialistischer Länder Europas (1574-1850), bearb. von Wolfram Klaus, Berlin [Ost] 1976, Nr. 1565].
Grieben, Olaf: Die Entwürfe für die »Feste Boyen« bei Loetzen/Ostpreußen. Eine Richtigstellung, Manuskript von 1977 aus dem Nachlaß [Kopie im Besitz d. Verf.].
POSEN [Poznan] ♦ Altes Zeughaus † ♦ Neues Zeughaus [?]
STARGARD [Szczecinski] ♦ Stadtzeughaus auf dem Stadthof, * um 1500, † ch.: Das alte Zeughaus in Stargard i. Pommern, in: Die Denkmalpflege, 23. Jg. Nr. 7/8 (1921), S. 88-90 [Bauaufnahme- und Instandsetzungspläne].
THORN [Torun] ♦ Arsenal *1824, heute Ethnographisches Museum
Neumann, H.: Festungsbaukunst und Festungbautechnik, 1988, S. 426.
Stankiewicz, Jerzy: Twierdza Torun, in: Zapiski Historyczne, Bd. 37/4 (1972), S. 9-68; Bd. 38/1 (1973), S. 31-97 [hier S. 78]; Bd. 38/4 (1973), S. 81-121; mit K. Biskup Bd. 43/4 (1978), S. 77-125. ABB. NR. 164.
WARSCHAU ♦ Arsenal, *1638/43, seit 1958 Staatl. Archäologische Museum.
Chroscicki, Juliusz A./Rottermund, Andrzej: Architekturatlas von Warschau, Warschau 1978 [S. 61].
Hentschel, Walter: Die sächsische Baukunst des 18. Jahrhunderts in Polen, Text- und Bildband, Berlin [Ost] 1967 [Zeughaus Kapitel IV 6].
Sieklicki, Jan: Arsenal in Warsaw, o. O., o. J.
ZAMOSC ♦ Arsenal, * 16. Jahrhundert
Horodyski, B.: Armata z arsenalu zamojskiego [Ein Geschütz aus dem Arsenal von Zamosc], in: Teka Zamojska Bd. 1, Nr. 3, Zamosc 1938.
Kadluczka, Andrzej: Arsenal Zamojski w XVI i XVII wieku, in: Kwartalnik Architektury i Urbanistyky, Bd. 25 (1980), S. 147-155.

2.12 PORTUGAL

LISBOA [Lissabon] ♦ Marinearsenal, * 18. Jh. ♦ Musen Militar, Arsenal-Museum *1851 im Arsenal Largo do Musen de Artilharia.

2.13 RUMÄNIEN

TEMESCHWAR [Banat] ♦ Artillerie Zeug Stadl † ♦ Artillerie-Schloß Hunyádikastell, Ursprung 1307/15, Adaptation zum Zeughaus nach 1716, heute Banater Regionalmuseum.
Petri, Anton Peter: Die Festung Temeschwar im 18. Jahrhundert. Beiträge zur Erinnerung an die Befreiung der Banater Hauptstadt vor 250 Jahren, München 1966 [Zeughaus S. 38, 52 f, 86].

2.14 SCHWEDEN

GÖTEBORG ♦ Zeughaus Kronhuset, *1642/54, Museum und Kronhusbodarna.
Norgren, Herman: Kronhuset, in: Tidskrift för Göteborgs stadtjänstemän, Nr. 9 (1934), S. 142-146.
Stendahl, Göran: Kronhuset i Göteborg, in: Göteborgs historiska-museums arstryck, Göteborg 1951/52, S. 116-132. ABB. NR. 209/210.
KARLSKRONA ♦ Marinearsenal, * 18. Jahrhundert
STOCKHOLM ♦ Kungl. Livrustkammaren, *1628 mit 4 ehemals privaten Waffensammlungen; ♦ Arsenal *1767/69, 1884, seit 1879 Kungl. Armémuseum.
Bauer, Walter: Parker, Trädgardar, Landskap. Förnya och bevara, Stockholm 1990 [Artillerigarden S. 298-300].
Cederström, Rudolf: Gustav II Adolf vid Lützen-Livrustkammarens Lützenminnen, Stockholm 1944.
Fleetwood, Georg W.: Die Methode der Königl. Schwedischen Leibrüstkammer für die Abbildungen von Waffenschmiedemarken, in: ZHWK Bd. 9 (1921), S. 141-143 [Reprint Graz 1973].
Jakobsson, Theodor: Ein waffengeschichtlich wertvoller Geschützfund im Armeemuseum von Stockholm, in: ZHWK Bd. 8, Nr. 5/6 (1943/44), S. 124-127 [Reprint Graz 1974].
Derselbe: Svenskt Lantförsvar fran Meddeltid till Nutid i Armémuseum, Malmö 1946.
Kungl. Livrustkammaren: Journal of the Royal Armoury [Periodikum].
Dies.: Gustav II. Adolf — 350 Jahre nach Lützen, Katalog (1982).
Dies.: The Royal Armoury. The Assembling of Royal Relics, Costumes, Arms, Armour, Uniforms and Coaches from about 1500 to the Present, 1978 [Katalog].
Kuylenstierna, Oswald von: Die schwedische Staatssammlung eroberter Bronzekanonen, in: ZHWK Bd. 7 (1917), S. 64-68 [Reprint Graz 1973].
Meyerson, Ake: Geschichte der Sammlung in der Livrustkammaren und im Skoklosters Slott, in: Niederländische Musketen und Pistolen, Graz 1974, S. 15 f.
Seitz, H.: Royal Army Museum Stockholm. Guide. Stockholm 1964.
Svärdström, Svante: The Royal Armoury. A Guide to historical Mementoes from five centuries, Stockholm 1966.
SVEABURG
[heute SUOMENLINNA Finnland] ♦ Marinearsenal, *1748, bis 1918 Sveaborg, russ., dann finnisch; Küstenartilleriemuseum.
Kauppi, Ulla-Riitta: Länsi-Mustasaaren rekennushistoria, Museovirasto 1985 [besonders Kaserne Abb. 15 im Vergleich zum Zeughaus Germersheim].
Suomenlinnan Käyttösuunnitelmaehdotus, Helsinki 1974.

2.15 SOWJETUNION

CHERSON [Ukraine] ♦ Zeughaus, *1778 ff, †? ♦ Marinearsenal, *1778 ff, †?
Halm, Hans: Gründung und erstes Jahrzehnt von Festung und Stadt Cherson (1778-1788), Wiesbaden 1961.
KÖNIGSBERG ♦ Waffenkammer im Schloß † ♦ Zeughaus im Fort Friedrichsburg, *1796, †1892
Boetticher, Adolf [Bearb.]: Die Bau- und Kunstdenkmäler in Königsberg, Königsberg 1897 [S. 25 ff].

Franz, Walther: Das Königsberger Kunstgewerbe zur Ordenszeit, in: Altpreußische Forschungen, 17./18. Jg. 1940/1941, S. 29-57. Neudruck Hamburg 1989 [Büchsen-, Glockengießer, Plattner S. 51- 56].
KRONSTADT ♦ Marinearsenal, * 2. Hälfte 18. Jh.
LENINGRAD — ST. PETERSBURG ♦ Artillerie-Zeughaus in der Peter- und Paul-Festung, *1703; ♦ Artilleriegeschichtliches Museum Festung Kronverk, *1872. ♦ Admiralität [Marinearsenal], *1704; ♦ Zentrales Museum für Artillerie, Ingenieur- und Signaltruppen, erbaut 1850/60; ♦ Staatliches Museum Eremitage mit Waffensammlung z. T. aus dem Tsarskoselskiy-Arsenal.
Bastareva, L. I. und Sidorova, W. I.: Petropavlovskaja Krepost, Lenisdat 1978 [russ. ed.].
Gille, F. und Rockstuhl, A.: Museé de Tzarskoe-Selo ou Collection d'Armes de l'empereur de toutes les Russies, Petersburg/Carlsruhe 1835-1853.
Lenz, Eduard von: Die Waffensammlungen Russlands, I. Die Waffensammlung in der Kaiserlichen Eremitage zu St. Petersburg, II. Die Waffensammlung in der Rüstkammer zu Moskau, in: ZHWK Bd. 1 (1897), S. 13-19.
Tarussuk, Leonid: The Collection of Arms and Armour in the State Heritage, Leningrad, in: Journal of the Arms and Armour Society, London, Bd. 3 (1959), S. 1- 39.
MOSKAU ♦ Arsenal im Kreml zwischen Dreifaltigkeits-Tor und Nikolski-Tor, *1702-1736, oft umgebaut; ♦ Rüstkammer im Kreml, Kronschatzamt, *1547, heute Staatliches Museum.
Arendt, W.: Ein Werk des Kunz Lochner in der Moskauer Rüstkammer, in: ZHWK Bd. 14 (1935/36), S. 69-72 [Reprint Graz 1974].
Ascher, Abraham: Der Kreml, Wiesbaden 1975.
Gontscharenko, W. und Naroshnaja, W.: Die Rüstkammer [im Kreml]. Wegleitung, Moskau 1976 [germ. ed.].
Gontscharowoi, A. A. und Gordeewa, N. W.: Der Moskauer Kreml, [viersprachiger Bildband] Moskau 1965.
Lenz, Eduard von: Die Waffensammlungen Russlands, I. Die Waffensammlung in der Kaiserlichen Eremitage zu St. Petersburg, II. Die Waffensammlung in der Rüstkammer zu Moskau, in: ZHWK Bd. 1 (1897), S. 13-19.
Martynowa, Marina und Tschorny, Valentin: Der Kreml. Geschichte — Architektur — Museen, Gütersloh 1987 [Rüstkammer S. 199-286, Arsenal S. 333 f.]; Leipzig 1990.
N.N.: Der Kreml. Bauwerke und Kunstschätze, Leipzig/Gütersloh 1976 [Rüstkammer S. 36-39, 203; russischsprachige Lit. Hinweise S. 218].
Rodimzewa, Irina: Der Moskauer Kreml, Leningrad 1988 [deutschsprachiger Museumsführer; Arsenal, Rüstkammer S. 63-86].
Rybakow, Boris Aleksandrovic: Der Moskauer Kreml. Die Rüstkammer, Moskau/Prag 1962.
NIESWICZ [Litauen] ♦ Rüstkammer
Ehrenthal, M. von: Die fürstlich Radziwillsche Rüstkammer [auf Schloß Nieswiez], in: ZHWK Bd. 2 (1900/02), S. 142-145, 221-223, 276.

2.16 SPANIEN

CADIZ ♦ Marinearsenal, * 2. Hälfte 18. Jahrhundert,
CARTAGENA ♦ Marinearsenal, *1749
De la Pinera y Rivas, A.: El ingeniero militar Sebastian Feringan, constructor del real arsenal de Cartagena, in: Revista de Historia Naval, Bd. III, Nr. 8 (1985), S. 3-139.
CORUNA ♦ Arsenal de Pertrechos de Artilleria, *1726; ♦ Marinearsenal, *1778.
Blond, Jose Ramon Soraluce: Castillos y fortificaciones de Galicia. La Arquitectura Militar de los Siglos XVI-XVIII, La Coruna 1985 [S. 80 ff, 89-93].
FERROL ♦ Arsenal de Marina, *1732 ff.
Blond, Jose Ramon Soraluce: Castillos y fortificaciones de Galicia. La Arquitectura Militar de los Siglos XVI-XVIII, La Coruna 1985 [S. 128 ff].
Merino, José: La città e l'arsenale di El Ferrol nel XVIII secolo, in: Ennio Concina [Hrsg.]:Arsenali e città nell'Occidente europeo, Roma 1987, S. 175-188.
LA CARRACA ♦ Marinearsenal, *1760, Umbau 1785
MADRID ♦ Real Armeria de Madrid, im Palacio Real, Plaza de la Armeria.
Calvert, Albert F.: Spanish Arms and Armour: Being a Descriptive Account of the Royal Armoury of Madrid, London 1907.
Don Juan el Conde V do Valencia de: Catalogo Historico-Descreptivo de la Real Armeria de Madrid, Madrid 1898 [vgl. Rezension in: ZHWK Bd. 1 (1897/99), S. 237 f].
Jubinal, Achille: La Armeria real ou Collection des princip: pieces de la Galeria d'Armes anciennes de Madrid, Paris 1840.
Real Armeria de Madrid: Catalogo General del Museo de Artilleria, 4 Bde, Madrid 1908.

2.17 TSCHECHOSLOWAKEI

Jaromer — Josefov [Ples] ♦ Arsenal, *1780 ff
Mertliková, Olga: Josefov pruvodce mestskou památkovou rezervaci, Jaromer 1983.

2.18 TÜRKEI

Istanbul ♦ Arsenale, darunter auch die zum Zeughaus aptierte St. Irenen-Kirche unter Mohammed II.
Lenz, Eduard von: Arsenalzeichen oder Beschau? [Zeichen des Sultans Mohammmed II.], in: ZHWK Bd. 6 (1912/1913), S. 299-303 [Reprint Graz 1973].
Mantran, Robert: Arsenali di Istanbul dal XV al XVII secolo: Quasim Pascià e Top-Hané, in: Ennio Concina [Hrsg.]: Arsenali e città nell'Occidente europeo, Roma 1987, S. 97-113.

2.19 UNGARN

HOLITSCH [Holic, Gács] ♦ Bastionierte K. K. Schloß, *1762-77, mit Zeughaus.
Neumann, H.: Festungsbaukunst und Festungsbautechnik, 1988, S. 243.
SAROS [Oberungarn] ♦ Zeughaus im Schloß
Preradovi, D. v.: Das Artillerieinventar von Schloß Sàros in Oberungarn (1569), in: ZHWK Bd. 8 (1918/1920), S. 386-389 [Reprint Graz 1973].

3.0 AUSSEREUROPÄISCHE LÄNDER

1. CHINA

TSINGTAU ♦ Artilleriedepot mit Marinezeughaus, *1807 im Hsian-pan-Tau-Tal, †1914.
Arlt, Jork: Tsingtau. Deutsche Stadt und Festung in China 1897-1914, Düsseldorf 1984 [S. 100 ff].

2. SÜDAMERIKA

2.1 BRASILIEN

RIO DE JANEIRO ♦ Arsenal of War, Av. Pres. Wilson, *1762, heute Museo Histórico Nacional.

4. Register der Abbildungen im Bildband

Die 784 Abbildungen sind mit einer Nummer ABB. NR. versehen, mit denen sie auch im Textband zitiert werden. Mehrere Abbildungen unter einer ABB. NR. sind nicht besonders angeführt, wenn es sich um einen Ort bzw. ein Objekt handelt. Das Register ist städte- bzw. festungsalphabetisch geordnet. In [ ] stehen Länderhinweise unter Benutzung der bekannten Abkürzungszeichen. Abbildungen von Objekten, die nicht einem bestimmten Zeughaus zuzuordnen sind, findet man unter ›VERSCHIEDENES‹ am Schluß des Registers. Die in den Legenden benutzten Abkürzungen sowie die vereinzelt in Kurzform genannte Literatur findet man im Abkürzungs- und Literaturverzeichnis im Anhang des Textbandes. Auf die ergänzenden Informationen zu Bild- und Textquellen sowie objektspezifischer Literatur im Bautenverzeichnis ebenda sei nochmals hingewiesen.

AARBURG [CH] 88.
AMBERG 115/116/267/278.
AMBRAS [A] 79/288 E/289/290/458.
ARRAS [F] 105.
ATHEN [GR] 23.
AUGSBURG 177/178/356/413/433/434/435.
AUSSERSIHL [CH] 14.
BADEN [CH] 380/381.
BASEL [CH] 31.
BERLIN 12/13/126/127/244/268/291/292/324/336/337/ 359/360/386/412/439/440.1-12/451/461/462/463/464/ 465/470/482.
BERN [CH] 498.
BRAUNSCHWEIG 123/130/131/132/133/269/312/313/314/ 372/373.
BREDA [NL] 51/383.
BREMEN 128/129.
BRESLAU [P] 351.
BREUBERG 81/120/121.
BÜRRESHEIM 18.
BÜTOW [P] 270.
COBURG 37/38/39/40/60/77/78/165/166/394/403/404.
COEVORDEN [NL] 51.
DANZIG [P] 172/175/176/240/343/344/345/411/419.
DARMSTADT 252.
DELFT [NL] 51.
DÖMITZ 100.
DRESDEN 5/59/182/195/196/197/294/329/460/469/470/ 484/485/486/487/488.
DÜSSELDORF 327.
EICHSTÄTT / WILLIBALDSBURG 89.
EMDEN 26/27/456/457.
ERFURT 26/135.
FRANKFURT AM MAIN 266.
FRANKFURT AN DER ODER 134.
FREDERICIA [DK] 29.
GERMERSHEIM 106/211/212/275/392.
GERTRUIDENBERG [NL] 51.
GIESSEN 59/157/158/159/160.
GOTHA 202/362.
GÖTEBORG [S] 209/210.
GRAZ [A] 298/299/300/301/302/303/304/305/306/425/ 426/427.
HAMBURG 322.
HANAU 253/254.
HANNOVER 59/65/108/109/110/111/185/186/187/188/ 247/248/391/394.
HARDEGSEN 26.
HEIDELBERG 283.3
HERISAU [CH] 494.
HOHENTWIEL 85.
HOHENZOLLERN 472.
HOLITSCH [H] 350.
INGOLSTADT 107/394/491/492/493.
INNSBRUCK [A] 118/199/200/201/271/289/290.
JÜLICH 26/96/97/98/99/289/290.
KARLSRUHE 112/437.
KASSEL 66/167/168/169/288.C/377/394/420.
KIEL / FRIEDRICHSORT 102/189/190.
KLAGENFURT [A] 46.
KOBLENZ 162.
KÖLN 113/114/161/241/242/243/264/265/370/371/393/ 451/452.
KÖNIGSTEIN 32/82/83/152/205/206/207/208/233/234/ 363/364.
KOPENHAGEN [DK] 50/192/193/194/276/294/431/432.
KRAKAU [P] 164.
KRONACH / ROSENBERG 87/405/406.
KULMBACH / PLASSENBURG 19/84/394/407/408.
LEIPZIG 20.
LEMGO 139/140.
LIESTAL [CH] 143/144.
LILLE [F] 104.
LINDAU i.B. 56/361.
LONDON [GB] 450.

LUDWIGSBURG 179/180/181/441/476/477/478/479/480/
  481.
LÜBECK 57/58/146/147/229/230/231/274.
LÜNEBURG 61/62.
LUZERN [CH] 8/26/155/156/396/397/414.
MAASTRICHT [NL] 308/309/310/311.
MAGDEBURG 149/150.
MAINZ 11/76/374/375/376/401/402/428.
MANNHEIM 245/246/288 F/357/358/428/429/430.
MARBURG 80/347.
MEPPEN 74/423.
METZ [F] 26/495.
MINDEN 26.
MODLIN [P] 26.
MONT ROYAL 42/43/47/90.
MÜNCHEN 119/213/214/297/500.
MÜNSTER 28.
NAARDEN [NL] 198.
NAMUR [B] 260/261/262/263.
NEUMARKT IN DER OBERPFALZ 45.
NEUSS 138.
NEUBREISACH [F] 103.
NÜRNBERG 117/284/312/368/369/395/417.
OLDENBURG 151/398.2/399/414/473/474/475/496.
PALMANOVA [I] 148.
PARIS [F] 455.
PHILIPPSBURG 94/287.
POSEN [P] 490.
QUERFURT 137.
REGENSBURG 67.
RENDSBURG 124/125/387/388/389.
RHEYDT 312.
RINTELN 75.
ROTHENBERG 91.
SAARLOUIS 251.
SCHAFFHAUSEN [CH] 341/342.
SCHLESWIG / GOTTORP 203/204.
SCHWÄBISCH-HALL 7/71/72/73.

SCHWEINFURT 257/258/259/384/385/418.
SCHWERIN 466/467.
SIEGEN 63/64/382.
SIGMARINGEN 453.
SOLOTHURN [CH] 41/50/122/296/348/349/414.
SPANDAU 101/235/398/483.
STADE 26/44/422.
STEIN AM RHEIN [CH] 394.
STUTTGART 454.
THORN [P] 164.
TORGAU 136.
TOULON [F] 352.
ÜBERLINGEN 141/142.
ULM 215/216/217/232/459.
VECHTA 153/154/424.
VEERE [NL] 272.
VENEDIG [I] 15/16/415/416/449.
VENLO [NL] 51.
WARSCHAU [P] 346.
WIEN [A] 9/338/339/340/400/438/443/444/445/446/447/
  448/449/471/489.
WIENER NEUSTADT [A] 365/366/367.
WILLEMSTAD [NL] 171/437.
WISMAR 274.
WOERDEN [NL] 51.
WOLFENBÜTTEL 10/21/22/24/68/69/70/163/236/237/
  238/239/255/256/280/288 G+D/293/379/397/409/410/
  421/436/468.
WÜLZBURG 86.
WÜRZBURG / MARIENBERG 92/145/288 A/390/394.
ZIEGENHAIN 93/173/174/288 B.
ZÜRICH [CH] 4/6/183/184/191/285/294/307/314/316/317/
  393.

VERSCHIEDENES 1- 3/17/25/30/33-36/47-49/52-55/95/
  170/218-221/222-228/249-251/273/277/279/281/282/
  283/286/293/ 295/315/318/319-322/323.1- 23/323/325/
  326/328/330-335/353-355/378/442/461/482/497/499.

Tabellarischer Lebenslauf

29. 04. 1942 Geburt in Brandenburg
1948 Einschulung in Jena
1955 Flucht aus der »DDR« in die Bundesrepublik
1956 Abschlußzeugnis der Volksschule in Celle
1960 Versetzungszeugnis in die 11. Klasse des Gymnasiums Staatliche Heimschule Iburg
1961 - 1963 Besuch der Chemiefachschule Dr. Heinemann in Braunschweig
31. 03. 1963 Staatliches Examen zum Chemotechniker
1963 - 1965 Chemotechniker am Institut für Kern- und Radiochemie der TH Braunschweig
1965 - 1966 Chemotechniker am Institut für Reaktorwerkstoffe der Kernforschungsanlage Jülich
29. 06. 1968 Sonderprüfung für die Zulassung zum Studium an einer Pädagogischen Hochschule des Landes NRW in Bonn, WS 1968 ff. Studium an der Pädagogischen Hochschule Rheinland, Abteilung Bonn: Geschichte / Deutsch / Chemie-Physik, Psychologie / Soziologie / Pädagogik; Studentischer Mitarbeiter am Rheinischen Landesmuseum Bonn
01. 05. 1971 Diplom-Vorprüfung in Erziehungswissenschaften [uneingeschränkte Hochschulreife]
05. 11. 1971 I. Staatsexamen für das Lehramt an Grund- und Hauptschulen; Schriftl. Hausarbeit: Die Zitadelle Jülich. Ein Gang durch die Geschichte. Erschienen als Bd. 8 der Heimatkundlichen Schriftenreihe des Jülicher Landes, Jülich 1971.
ab 1972 Lehrer an der Städtischen Gemeinschaftshauptschule Jülich
26. 01. 1973 II. Staatsexamen für das Lehramt an Grund- und Hauptschulen; Schriftl. Hausarbeit: Einsatz und Anwendung originärer Quellen im Geschichtsunterricht und im Fach Politik. Mit Unterrichtsbeispielen aus dem 5. und 9./10. Schuljahr
07. 08. 1974 Ernennung zum Beamten auf Lebenszeit
WS 1974/75 Seminarleitung an der PH Rheinland, Abteilung Aachen: Geschichtsunterricht an Hauptschulen
SS 1985 Immatrikulation an der RWTH Aachen. Neben-
WS 1989/90 berufliches Vollstudium Baugeschichte, Kunstgeschichte, Germanistik. 24. Oktober 1990 Abschluß mit der Promotion magna cum laude zum Dr. phil. im Fach Baugeschichte; Thema: DAS ZEUGHAUS. Die Entwicklung eines Bautyps von der spätmittelalterlichen Rüstkammer bis zum Arsenal im deutschsprachigen Bereich vom XV. bis XIX. Jahrhundert.
07. 01. 1992 verstorben